Ertragsteuerrechtliche Behandlung grenzüberschreitender Spaltungen von Rechtsträgern

FINANZ- UND STEUERRECHT IN DEUTSCHLAND UND EUROPA

Herausgegeben von Klaus-Dieter Drüen,
Hanno Kube und Rainer Wernsmann

Band 23

Zur Qualitätssicherung und Peer Review der vorliegenden Publikation

Die Qualität der in dieser Reihe erscheinenden Arbeiten wird vor der Publikation durch Herausgeber der Reihe geprüft.

Notes on the quality assurance and peer review of this publication

Prior to publication, the quality of the work published in this series is reviewed by editors of the series.

Andreas Königer

Ertragsteuerrechtliche Behandlung grenzüberschreitender Spaltungen von Rechtsträgern

Unter besonderer Beachtung der Vorgaben des Unionsrechts

PL ACADEMIC RESEARCH

Bibliografische Information der Deutschen Nationalbibliothek
Die Deutsche Nationalbibliothek verzeichnet diese Publikation in der Deutschen Nationalbibliografie; detaillierte bibliografische Daten sind im Internet über http://dnb.d-nb.de abrufbar.

Zugl.: Augsburg, Univ., Diss., 2013

Gedruckt auf alterungsbeständigem,
säurefreiem Papier.

D 384
ISSN 1863-141X
ISBN 978-3-631-65109-4 (Print)
E-ISBN 978-3-653-04218-4 (E-Book)
DOI 10.3726/978-3-653-04218-4

PL Academic Research ist ein Imprint der Peter Lang GmbH.

Peter Lang – Frankfurt am Main · Bern · Bruxelles · New York · Oxford · Warszawa · Wien

Dieses Buch erscheint in einer Herausgeberreihe bei PL Academic Research und wurde vor Erscheinen peer reviewed.

www.peterlang.com

Meinen Eltern

Vorwort

Die vorliegende Arbeit wurde im Sommersemester 2013 von der Juristischen Fakultät der Universität Augsburg als Dissertation angenommen. Für die Publikation konnten Rechtsprechung und Literatur bis Juli 2013 berücksichtigt werden. Ebenfalls werden Änderungen und Neuerungen durch das Amtshilferichtlinie-Umsetzungsgesetz angesprochen.

Herzlich bedanken möchte ich mich bei meinem Doktorvater Herrn Prof. Dr. Joachim Englisch für die Betreuung meiner Arbeit.

Für die Erstellung des Zweitgutachtens gilt mein Dank Herrn PD Dr. Hagen Kobor.

Herrn Dr. Moritz Glahe danke ich für die zahlreich geführten Diskussionen über das Europäische Steuerrecht sowie die Durchsicht des Manuskripts.

Für die Aufnahme meiner Dissertation in die vorliegende Schriftenreihe danke ich den Herausgebern Prof. Dr. Klaus-Dieter Drüen, Prof. Dr. Hanno Kube und Prof. Dr. Rainer Wernsmann.

Mein besonderer Dank gilt meinen Eltern, die mich stets unterstützt haben.

Stuttgart, im Dezember 2013 Andreas Königer

Inhaltsverzeichnis

Darstellungsverzeichnis

Abkürzungsverzeichnis

a.A.	anderer Auffassung
a.F.	alte Fassung
A.S.	Akciová společnost
AB	Aktiebolag
ABl.	Amtsblatt
Abs.	Absatz
AEUV	Vertrag über die Arbeitsweise der Europäischen Union
AG	1. Aktiengesellschaft; 2. Die Aktiengesellschaft (Zeitschrift)
AktG	Aktiengesetz
Alt.	Alternative
Anh.	Anhang
AO	Abgabenordnung
AOA	Authorised OECD Approach
Art.	Artikel
AStG	Außensteuergesetz
Aufl.	Auflage
BayOblG	Bayerisches Oberstes Landesgericht
BB	Betriebs-Berater (Zeitschrift)
BewG	Bewertungsgesetz
BFH	Bundesfinanzhof
BFH/NV	Sammlung amtlich nicht veröffentlichter Entscheidungen
BFHE	Sammlung der Entscheidungen des Bundesfinanzhofs
BGB	Bürgerliches Gesetzbuch
BGBl.	Bundesgesetzblatt
BGH	Bundesgerichtshof
BGHZ	Entscheidungen des Bundesgerichtshof in Zivilsachen
BMF	Bundesministerium der Finanzen

BR-Drs.	Bundesrats-Drucksache
BStBl.	Bundessteuerblatt
BT-Drs.	Bundestags-Drucksache
Buchst.	Buchstabe
BVerfG	Bundesverfassungsgericht
BVerfGE	Entscheidungen des Bundesverfassungsgerichts
BZSt	Bundeszentralamt für Steuern
bzw.	beziehungsweise
d.h.	das heißt
Darst.	Darstellung
DB	Der Betrieb (Zeitschrift)
DBA	Doppelbesteuerungsabkommen
Doppelbuchst.	Doppelbuchstabe
DStJG	Deutsche Steuerjuristische Gesellschaft e.V.
DStR	Deutsches Steuerrecht (Zeitschrift)
DStZ	Deutsche Steuer-Zeitung (Zeitschrift)
EFG	Entscheidungen der Finanzgerichte
EFTA	European Free Trade Association
EG	1. Europäische Gemeinschaft; 2. Vertrag zur Gründung der Europäischen Gemeinschaft
EGBGB	Einführungsgesetz zum Bürgerlichen Gesetzbuch
EGV	Vertrag zur Gründung der Europäischen Gemeinschaft
endg.	endgültig
EStB	Der Ertrag-Steuer-Berater (Zeitschrift)
EStG	Einkommensteuergesetz
EStH	Einkommensteuer-Hinweise
ET	European Taxation (Zeitschrift)
EU	1. Europäische Union; 2. Vertrag über die Europäische Union
EuGH	Europäischer Gerichtshof
EuR	Europarecht (Zeitschrift)
EUV	Vertrag über die Europäische Union
EuZW	Europäische Zeitschrift für Wirtschaftsrecht (Zeitschrift)
EWG	Europäische Wirtschaftsgemeinschaft
EWIV	Europäische wirtschaftliche Interessenvereinigung

EWIV-VO	Verordnung über die Schaffung einer Europäischen wirtschaftlichen Interessenvereinigung
EWR	Europäischer Wirtschaftsraum
EWS	Europäisches Wirtschafts- und Steuerrecht (Zeitschrift)
F.	Fach
f.	folgende
ff.	fortfolgende
FGO	Finanzgerichtsordnung
Fn.	Fußnote
FR	Finanzrundschau (Zeitschrift)
FRL	Fusionsrichtlinie
FS	Festschrift
GA	Generalanwalt/Generalanwältin
GAufzV	Gewinnaufzeichnungsverordnung
GbR	Gesellschaft bürgerlichen Rechts
gem.	gemäß
GenG	Genossenschaftsgesetz
GewStG	Gewerbesteuergesetz
GG	Grundgesetz
ggf.	gegebenenfalls
GmbH	Gesellschaft mit beschränkter Haftung
GmbHG	Gesetz betreffend die Gesellschaften mit beschränkter Haftung
GmbHR	GmbH-Rundschau (Zeitschrift)
Gr.	Gruppe
h.M.	herrschende Meinung
Halbs.	Halbsatz
HFR	Höchstrichterliche Finanzrechtsprechung
HGB	Handelsgesetzbuch
Hrsg.	Herausgeber
i.d.F.	in der Fassung
i.d.R.	in der Regel
i.e.S.	im engeren Sinne
i.H.	in Höhe
i.H.v.	in Höhe von
i.R.	im Rahmen
i.S.	im Sinne

i.S.v.	im Sinne von
i.V.m.	in Verbindung mit
I/S	Interessentskab
INF	Die Information über Steuer und Wirtschaft (Zeitschrift)
IntGesR	Internationales Gesellschaftsrecht
IStR	Internationales Steuerrecht (Zeitschrift)
IWB	Internationale Wirtschafts-Briefe (Zeitschrift, Loseblatt)
JbFStR	Jahrbuch der Fachanwälte für Steuerrecht
JStG	Jahressteuergesetz
KG	Kommanditgesellschaft
KGaA	Kommanditgesellschaft auf Aktien
KOM	Mitteilung der Kommission
KStG	Körperschaftsteuergesetz
Lfg.	Lieferung
LLC	Limited Liability Company
Ltd.	Limited
m.E.	meines Erachtens
MoMiG	Gesetz zur Modernisierung des GmbH-Rechts und zur Bekämpfung von Missbräuchen
MTRL	Mutter-Tochter-Richtlinie
n.n.v.	noch nicht veröffentlicht
N.V.	Naamloze vennootschap
NJW	Neue Juristische Wochenschrift
Nr.	Nummer
NWB	Neue Wirtschafts-Briefe (Zeitschrift, Loseblatt)
NZG	Neue Zeitschrift für Gesellschaftsrecht (Zeitschrift)
OECD	Organisation für wirtschaftliche Zusammenarbeit und Entwicklung
OECD-MA	OECD-Musterabkommen zur Vermeidung der Doppelbesteuerung auf dem Gebiet der Steuern vom Einkommen und vom Vermögen
OECD-MK	OECD-Musterkommentar
OHG	Offene Handelsgesellschaft
OLG	Oberlandesgericht
PartGG	Partnerschaftsgesellschaftsgesetz
Plc.	Public company limited by shares

PwC	PricewaterhouseCoopers AG
RFH	Reichsfinanzhof
RIW	Recht der internationalen Wirtschaft (Zeitschrift)
Rn.	Randnummer
Rs.	Rechtssache
RStBl.	Reichssteuerblatt
Rz.	Randziffer
S.	Seite
SC	Sociedad en comandita
SCE	Societas Cooperativa Europaea
SCE-VO	Verordnung über das Statut der Europäischen Genossenschaft (SCE)
SE	Societas Europaea
SEStEG	Gesetz über steuerliche Begleitmaßnahmen zur Einführung der Europäischen Gesellschaft und zur Änderung weiterer steuerrechtlicher Vorschriften
SE-VO	Verordnung über das Statut der Europäischen Gesellschaft (SE)
Slg.	Sammlung der Rechtsprechung des Gerichtshofes und des Gerichts erster Instanz
sog.	sogenannte/sogenannter/sogenannten
SolZG	Solidaritätszuschlaggesetz
SPE	Societas Privata Europaea
SPLR	Société privée à respnsabilité limitée
StbJb	Steuerberater-Jahrbuch
SteuerStud	Steuer und Studium (Zeitschrift)
StuB	Steuern und Bilanzen (Zeitschrift)
StuW	Steuer und Wirtschaft (Zeitschrift)
SWI	Steuer & Wirtschaft International (Zeitschrift)
TNI	Tax Notes International (Zeitschrift)
Tz.	Textziffer
u.a.	und andere
Ubg	Die Unternehmensbesteuerung (Zeitschrift)
UmwG	Umwandlungsgesetz
UmwStG	Umwandlungssteuergesetz
URL	Uniform Resource Locator
US	United States

UStG	Umsatzsteuergesetz
v.	vom
vgl.	vergleiche
VO	Verordnung
VVaG	Versicherungsverein auf Gegenseitigkeit
WM	Wertpapier-Mitteilungen (Zeitschrift)
WPg	Die Wirtschaftsprüfung (Zeitschrift)
z.B.	zum Beispiel
ZHR	Zeitschrift für das gesamte Handelsrecht und Wirtschaftsrecht (Zeitschrift)
ZIP	Zeitschrift für Wirtschaftsrecht (Zeitschrift)
ZRP	Zeitschrift für Rechtspolitik (Zeitschrift)

Einleitung

Die gesellschaftsrechtliche Konfiguration einer Unternehmung muss deren wirtschaftlichen Bedürfnissen gerecht werden. Bei der Erschließung neuer Märkte sowie angesichts der sich im internationalen Umfeld dynamisch verändernden ökonomischen und rechtlichen Rahmenbedingungen werden grenzüberschreitend agierende Unternehmen vor die Herausforderung gestellt, ihre Konzernstrukturen auf den Prüfstand zu stellen und ggf. den jeweiligen betriebswirtschaftlichen Erfordernissen anzupassen. Aus diesem Streben transnational operierender Unternehmen nach einer bedarfsgerechten gesellschaftsrechtlichen Organisation kann die Notwendigkeit einer Implementierung von grenzüberschreitenden Spaltungen erwachsen. Neben der Abhandlung der steuerlichen Folgen solcher Unternehmenstransaktionen nach deutschem Recht wird i.R. der vorliegenden Arbeit analysiert, inwieweit ein Spannungsverhältnis zwischen den maßgeblichen nationalen Steuerrechtsnormen sowie dem Recht der Europäischen Union besteht und welche Schlüsse hieraus zu ziehen sind.

Unter den Begriff der Spaltungen werden in dieser Untersuchung Aufspaltungen, Abspaltungen und Ausgliederungen gefasst. Entsprechend den umwandlungssteuerrechtlichen Regelungen des § 1 Abs. 2 und 3 UmwStG erfolgt insoweit ein Rückgriff auf die gesellschaftsrechtlichen Definitionen des § 123 Abs. 1 bis 3 UmwG. Hinsichtlich der Frage, wann eine Spaltung aus steuerrechtlicher Perspektive als grenzüberschreitend gilt, kann hingegen keine Orientierung an den Regelungen des UmwG erfolgen. Zwar lässt sich aus einer analogen Anwendung des § 122a Abs. 1 UmwG die Erkenntnis gewinnen, dass Spaltungen aus gesellschaftsrechtlicher Sicht dann als grenzüberschreitend zu betrachten sind, wenn die übertragenden sowie übernehmenden Rechtsträger nach dem Internationalen Privatrecht unterschiedlichen zivilrechtlichen Statuten unterliegen. Angesichts des Anliegens dieser Schrift, die ertragsteuerrechtliche Behandlung grenzüberschreitender Spaltungen herauszustellen, wäre eine Übernahme dieser gesellschaftsrechtlichen Definition jedoch nicht zielführend, da die Anwendbarkeit unterschiedlicher Zivilrechtsordnungen nicht zwangsläufig besondere steuerliche Folgen zeitigt.[1]

---

1 Gliedert beispielsweise eine britische Ltd., deren Ort der Geschäftsleitung sich in Deutschland befindet, inländisches Betriebsvermögen auf eine ebenfalls in Deutschland

Mangels steuergesetzlicher Definition ist für Zwecke der vorliegenden Untersuchung somit autonom zu bestimmen, wann eine Spaltung als grenzüberschreitend im steuerlichen Sinn zu betrachten ist. Dies erfolgt dahingehend, dass Gegenstand der Betrachtung solche Spaltungen sind, bei denen die beteiligten übertragenden und übernehmenden Rechtsträger ihre jeweiligen Orte der Geschäftsleitung i.S. des § 10 AO in unterschiedlichen Staaten haben. Diese Anknüpfung gewährleistet, dass die Einkünfte und stillen Reserven, die den jeweiligen Geschäftsleitungsbetriebsstätten der beteiligten Rechtsträger zuzuordnen sind, in unterschiedlichen Steuerrechtsordnungen der Besteuerung unterliegen und somit zwangsläufig verschiedene Steuerjurisdiktionen betroffen sind.

Gegenstand der vorliegenden Arbeit sind grenzüberschreitende Spaltungen unter Beteiligung von Körperschaften, Personengesellschaften und natürlichen Personen; eine Einschränkung auf bestimmte Rechtstypen erfolgt nicht. Wie bereits eingangs angedeutet, gilt es zum einen, die für die ertragsteuerrechtliche Behandlung grenzüberschreitender Spaltungen maßgeblichen einfachgesetzlichen deutschen Rechtsnormen[2] zu identifizieren und darzustellen. Soweit die Besteuerung grenzüberschreitender Spaltungen derjenigen rein innerstaatlicher Spaltungen entspricht und diese rechtliche Gleichbehandlung auch keine faktische Ungleichbehandlung begründet, werden Ausführungen hierzu jedoch weitestmöglich vermieden. Einen besonderen Schwerpunkt dieser Arbeit bildet die Untersuchung, inwiefern das Unionsrecht auf die ertragsteuerrechtliche Behandlung grenzüberschreitender Spaltungen nach deutschem Recht einwirkt. Soweit angezeigt, werden in der Konsequenz Lösungsvorschläge unterbreitet, die sowohl dem Verhältnis von nationalem und europäischem Recht als auch den wirtschaftlichen Bedürfnissen von Unternehmen sowie den berechtigten staatlichen Interessen Rechnung tragen.

steuerlich ansässige GmbH aus, so wird dieser Sachverhalt aus gesellschafts- und steuerrechtlicher Sicht unterschiedlich gewürdigt. Während dieser Vorgang gesellschaftsrechtlich aufgrund der parallelen Einschlägigkeit der deutschen und britischen Gesellschaftsstatute als grenzüberschreitend zu werten ist, liegt nach steuerrechtlicher Beurteilung ein rein innerstaatlicher Vorgang vor, da beide Gesellschaften in Deutschland unbeschränkt steuerpflichtig sind.

2 Einschlägig sind das UmwStG, EStG, KStG und GewStG. Da die Regelungen des UmwStG, die eine Privilegierung betriebswirtschaftlich sinnvoller Umstrukturierungen bezwecken, als *lex specialis* i.R. ihres Anwendungsbereichs den allgemeinen Regelungen des EStG, KStG und GewStG vorgehen, sind auch sie dem Ertragsteuerrecht zuzuordnen.

Gliederungstechnisch erfordert die Komplexität des Unionsrechts die Voranstellung eines Grundlagenteils, der allgemein die Anwendbarkeit und Wirkung der für diese Untersuchung bedeutsamen Regelungen des Rechts der EU beleuchtet. Die primäre Rechtsquelle des Unionsrechts bzw. des Rechts der EU sind die Gründungsverträge EUV und AEUV (sog. primäres Unionsrecht bzw. Primärrecht), auf denen die EU gem. Art. 1 Abs. 3 Satz 1 EUV basiert.[3] Ausgehend von der gründungsvertraglichen Zielsetzung der Errichtung eines EU-Binnenmarkts werden die steuerrechtlichen Implikationen der diesem Bestreben zum Durchbruch verhelfenden europäischen Grundfreiheiten analysiert. Voraussetzungen, Inhalt und Grenzen der grundfreiheitlichen Schutzwirkungen werden dabei beleuchtet.

Zu den wegen ihrer derivativen, auf dem Primärrecht beruhenden Herkunft als sog. sekundäres Unionsrecht bzw. Sekundärrecht bezeichneten Rechtsakten der EU zählen insbesondere Richtlinien und Verordnungen. Soweit das Sekundärrecht von Bedeutung für die Besteuerung grenzüberschreitender Spaltungen ist, wird dieses ebenfalls bereits i.R. des Grundlagenteils behandelt.

Im daran anschließenden Hauptteil werden zunächst die Auswirkungen grenzüberschreitender Spaltungen nach deutschem Steuerrecht dargestellt. Je nach Art der Spaltung wird hierbei zwischen der steuerlichen Behandlung des übertragenden und übernehmenden Rechtsträgers sowie ggf. der beteiligten Anteilseigner unterschieden. Einer Betrachtung werden ausschließlich diejenigen Regelungen unterzogen, aus denen sich eine rechtliche oder tatsächliche Abweichung der steuerlichen Behandlung von grenzüberschreitenden gegenüber rein innerstaatlichen Spaltungen ergibt.

Im Anschluss an die Ausführungen zu den jeweiligen Steuerrechtsnormen werden diese auf den Prüfstand des Unionsrechts gestellt, wobei auf die im Grundlagenteil gewonnenen Erkenntnisse zurückgegriffen werden kann. Soweit diese Überprüfung Inkompatibilitäten zwischen deutschen Rechtsnormen sowie den unionsrechtlich gesteckten Rahmenbedingungen zu Tage fördert, werden daraus die notwendigen Schlüsse gezogen und ggf. Vorschläge zur Anpassung des nationalen Steuerrechts gemacht.

---

3 Durch den Vertrag von Lissabon tritt die EU gem. Art. 1 Abs. 3 Satz 3 EUV als Nachfolgerin an die Stelle der EG.

Teil 1: Unionsrechtliche Vorgaben

A. Vorgaben des primären Unionsrechts

Die EU basiert auf den Gründungsverträgen EUV und AEUV, welche gleichzeitig die zentrale Rechtsquelle der EU sind und deshalb das primäre Unionsrecht bilden. Der territoriale Geltungsbereich der Gründungsverträge der EU erstreckt sich auf die Hoheitsgebiete der einzelnen in Art. 52 Abs. 1 EUV genannten EU-Mitgliedstaaten.[4] Somit gilt das primäre Unionsrecht unter anderem innerhalb des Hoheitsgebiets der Bundesrepublik Deutschland.

---

4 Vgl. GA *Tizzano* v. 06.04.2006, Rs. C-145/04 und C-300/04 – *Spanien/Vereinigtes Königreich und Eman und Sevinger*, Slg. 2006, S. I-7917, Rn. 15; GA *Cruz Villalón* v. 08.09.2011, Rs. C-347/10 – *Salemink*, n.n.v., Rn. 43; *Schnitger*, Grenzen, 2006, S. 101; *Kokott*, in: Streinz, EUV/EGV, 2003, Art. 299 EG Rz. 4. Zum Hoheitsgebiet eines Mitgliedstaats zählen neben dessen jeweiligem Landgebiet inklusive des Festlandssockels auch das Küstenmeer mit dem dazugehörigen Meeresboden und -untergrund sowie der Luftraum, vgl. EuGH v. 29.03.2007, Rs. C-111/05 – *Aktiebolaget NN*, Slg. 2007, S. I-2697, Rn. 57; EuGH v. 17.01.2012, Rs. C-347/10 – *Salemink*, n.n.v., Rn. 35 f.; GA *Cruz Villalón* v. 08.09.2011, Rs. C-347/10 – *Salemink*, n.n.v., Rn. 44 und 77; *Schnitger*, Grenzen, 2006, S. 101; *Kokott*, in: Streinz, EUV/EGV, 2003, Art. 299 EG Rz. 4. Mitgliedstaaten der EU sind entsprechend Art. 52 Abs. 1 EUV das Königreich Belgien, die Republik Bulgarien, die Tschechische Republik, das Königreich Dänemark, die Bundesrepublik Deutschland, die Republik Estland, Irland, die Hellenische Republik, das Königreich Spanien, die Französische Republik, die Republik Kroatien, die Italienische Republik, die Republik Zypern, die Republik Lettland, die Republik Litauen, das Großherzogtum Luxemburg, die Republik Ungarn, die Republik Malta, das Königreich der Niederlande, die Republik Österreich, die Republik Polen, die Portugiesische Republik, Rumänien, die Republik Slowenien, die Slowakische Republik, die Republik Finnland, das Königreich Schweden und das Vereinigte Königreich Großbritannien und Nordirland. Gem. Art. 52 Abs. 2 EUV sind außerdem die Bestimmungen des Art. 355 AEUV zu beachten. Entsprechend Art. 355 Abs. 1 AEUV gelten die Verträge ausdrücklich für Guadeloupe, Französisch-Guayana, Martinique, Réunion, Saint-Martin, die Azoren, Madeira und die Kanarischen Inseln. Besonderheiten gelten nach Art. 355 Abs. 4 AEUV für die Anwendbarkeit des Unionsrechts auf die Ålandinseln, siehe hierzu *Kokott*, in: Streinz, EUV/EGV, 2003, Art. 299 EG Rz. 25; *Geiger*, in: Geiger/Khan/Kotzur, EUV/AEUV,

I. Binnenmarktkonzept

Als eines der wesentlichen ökonomischen Ziele strebt die EU gem. Art. 3 Abs. 3 Unterabs. 1 Satz 1 EUV eine umfassende wirtschaftliche Integration der Mitgliedstaaten durch die Errichtung eines Binnenmarkts an.[5] Nur so kann sich freier Wettbewerb[6] entfalten,[7] der essentiell für eine optimale örtliche Zuordnung von Produktionsfaktoren innerhalb des Unionsgebiets ist.[8] Eine optimale Ressourcenallokation dient letztlich der Steigerung des Wohlstands innerhalb der EU.[9] Auf dem Weg zu diesem Oberziel ist die Verwirklichung des Binnenmarkts somit ein zu realisierendes Unterziel.[10] Zur Errichtung eines funktionsfähigen Binnenmarkts wiederum ist gem. Art. 26 Abs. 2 AEUV die Gewährleistung des freien Verkehrs von Waren, Personen, Dienstleistungen und Kapital vorauszusetzen.[11] Das

---

2010, Art. 355 AEUV Rz. 8. Nach Art. 355 Abs. 3 AEUV gelten der EUV und der AEUV auch in Hoheitsgebieten, deren auswärtige Beziehungen mangels eigener Außenkompetenz einer der in Art. 52 Abs. 1 EUV genannten EU-Mitgliedstaaten wahrnimmt. Von dieser Regelung betroffen ist die britische Kronkolonie Gibraltar, vgl. *Frenz*, Handbuch Europarecht, Band 5, 2010, S. 156; *Schnitger*, Grenzen, 2006, S. 102 f.; *Geiger*, in: Geiger/Khan/Kotzur, EUV/AEUV, 2010, Art. 355 AEUV Rz. 10 f. Ein Ausschluss der Anwendung der Verträge wurde in Art. 355 Abs. 5 Buchst. a AEUV hinsichtlich der Färöer normiert. Eine stark eingeschränkte Anwendung des primären Unionsrechts sieht Art. 355 Abs. 5 Buchst. b bzw. c AEUV hinsichtlich der Hoheitszonen des Vereinigten Königreichs auf Zypern bzw. der Kanalinseln und der Insel Man vor, siehe dazu *Geiger*, in: Geiger/Khan/Kotzur, EUV/AEUV, 2010, Art. 355 AEUV Rz. 7 und 12. Für die in Anhang II des AEUV genannten überseeischen Länder und Hoheitsgebiete gilt gem. Art. 355 Abs. 2 AEUV das in den Art. 198 ff. AEUV normierte Assoziierungssystem.

5 Vgl. EuGH v. 09.12.1997, Rs. C-265/95 – *Kommission/Frankreich*, Slg. 1997, S. I-6959, Rn. 25 f. Dem Binnenmarktziel kommt dabei rechtliche Bindungswirkung zu, vgl. EuGH v. 21.02.1973, Rs. 6/72 – *Europemballage*, Slg. 1973, S. 215, Rn. 23.

6 Siehe zum unionsrechtlichen Konzept einer binnenmarktlichen Wettbewerbsneutralität *Englisch*, Wettbewerbsgleichheit, 2008, S. 220 ff.

7 Vgl. EuGH v. 11.06.1991, Rs. C-300/89 – *Kommission/Rat (Titandioxid)*, Slg. 1991, S. I-2867, Rn. 14.

8 Siehe Art. 120 Satz 2 AEUV. Vgl. dazu auch *Schön*, in: FS Reiß, 2008, S. 571 (578); *Ruf*, StuW 2008, S. 62 (62).

9 Vgl. *Schön*, DStJG 23 (2000), S. 191 (193 f.).

10 Vgl. *Bizioli*, EC Tax Rev. 1998, S. 239 (245 f.); *Schön*, EuR 2001, S. 216 (216); *Schön*, IStR 2004, S. 289 (290); *Streinz*, in: Streinz, EUV/EGV, 2003, Art. 2 EGV, Rn. 32.

11 Vgl. *Streinz*, in: Streinz, EUV/EGV, 2003, Art. 2 EG Rz. 32.

rechtliche Fundament hierfür stellen die Grundfreiheiten dar, die im Einzelnen als Warenverkehrsfreiheit[12], Arbeitnehmerfreizügigkeit[13] für abhängig Beschäftigte, Niederlassungsfreiheit[14] für selbständige Unternehmer bzw. Gesellschaften, als Dienstleistungsfreiheit[15] sowie als Kapital- und Zahlungsverkehrsfreiheit[16] ausgeprägt sind.[17] Die Sicherstellung des sog. *effet utile*, also der praktischen Wirksamkeit des Unionsrechts,[18] setzt voraus, dass deren Auslegung stets vom Ziel der bestmöglichen Verwirklichung des Binnenmarkts geleitet ist.[19] Durch die Beseitigung von Hemmnissen des freien Wirtschaftsverkehrs garantieren die Grundfreiheiten somit in erster Konsequenz einen funktionierenden Binnenmarkt und folglich auch Wettbewerbsgleichheit von grenzüberschreitenden und rein innerstaatlichen Transaktionen sowie letztlich eine optimale Allokation der Produktionsfaktoren im Unionsraum.[20]

II. Leistungsfähigkeitsprinzip als Fundamentalprinzip der europäischen Steuerrechtsordnung

Im Schrifttum besteht Einigkeit darüber, dass die Grundfreiheiten trotz unterschiedlicher Formulierung sowohl auf Tatbestands- als auch auf Rechtfertigungsebene konvergieren und sich somit grundsätzlich durch eine einheitliche

---

12 Siehe Art. 34 ff. AEUV.

13 Siehe Art. 45 ff. AEUV.

14 Siehe Art. 49 ff. AEUV.

15 Siehe Art. 56 ff. AEUV.

16 Siehe Art. 63 ff. AEUV. Die Zahlungsverkehrsfreiheit nach Art. 63 Abs. 2 AEUV, welche in sachlicher Hinsicht die Übertragung von Zahlungsmitteln schützt, stellt regelmäßig eine bloße Annexfreiheit der anderen Grundfreiheiten dar, welche die Abwicklung einer i.R. eines grenzüberschreitenden Wirtschaftsvorgangs vom Leistungsempfänger geschuldeten Gegenleistung schützt, vgl. *Schönfeld*, Hinzurechnungsbesteuerung, 2005, S. 47.

17 Vgl. *Cordewener*, DStR 2004, S. 6 (6); *Weber-Grellet*, Europäisches Steuerrecht, 2005, S. 44.

18 Vgl. im Zusammenhang mit europäischem Sekundärrecht EuGH v. 04.12.1974, Rs. 41/74 – *van Duyn*, Slg. 1974, S. 1337, Rn. 12.

19 Vgl. *Englisch*, Dividendenbesteuerung, 2005, S. 229; EuGH v. 25.02.1988, Rs. 299/86 – *Drexl*, Slg. 1988, S. 1213, Rn. 24.

20 Vgl. *Englisch*, Wettbewerbsgleichheit, 2008, S. 220 f.; *Schön*, in: FS Wassermeyer, 2005, S. 489 (502 f.); *Schönfeld*, Hinzurechnungsbesteuerung, 2005, S. 33; *Rödder/Schönfeld*, IStR 2005, S. 523 (525).

Dogmatik auszeichnen.[21] Dies ergibt sich aus der binnenmarktfinalen Ausrichtung *aller* Grundfreiheiten,[22] die i.S. einer möglichst optimalen Zielverwirklichung eine dahingehende teleologische Auslegung erfordern.[23]

Fraglich ist, ob ein Leitprinzip ausgemacht werden kann, welches im steuerrechtlichen Kontext zur Konkretisierung des Binnenmarktziels geeignet ist und damit gleichermaßen als praktisch handhabbarer Maßstab der Zielverwirklichung dient. Hierzu ist festzustellen, dass die europäische Steuerrechtsordnung im Allgemeinen und die Grundfreiheiten im Besonderen trotz ihres supranationalen Charakters auf den gemeinsamen Wertvorstellungen und Überzeugungen der einzelnen mitgliedstaatlichen Verfassungen beruhen.[24] Aus Art. 6 Abs. 3 EUV kann geschlossen werden, dass die Grundfreiheiten die innerhalb der EU-Mitgliedstaaten vorzufindenden verfassungsrechtlichen Prinzipien, welche als allgemeine Grundsätze Teil des Unionsrechts sind, widerspiegeln.[25] Festzustellen ist, dass alle Mitgliedstaaten ein allgemeines Gleichheitsprinzip kennen, aus welchem wiederum nahezu alle Mitgliedstaaten das Gebot der Steuergerechtigkeit ableiten.[26] Zur Herstellung von Steuergerechtigkeit bedarf es eines geeigneten Kriteriums zur Verteilung der Steuerlast, wofür sich insbesondere jenes der Leistungsfähigkeit anbietet.[27] Dieses ist besser als andere Kriterien[28] geeignet, eine gerechte Verteilung der Steuerlast herbeizuführen.[29] Das Leistungsfähigkeitsprinzip gebietet insbesondere, Steuerpflichtige mit gleicher Leistungsfähigkeit gleich hoch und Steuerpflichtige mit unterschiedlicher Leistungsfähigkeit

---

21 Vgl. *Cordewener/Schnitger*, StuW 2006, S. 50 (52); *van Thiel*, Free Movement, 2002, S. 79; *Englisch*, Intertax 2005, S. 310 (313).

22 Vgl. *Vanistendael*, in: FS Wassermeyer, 2005, S. 523 (534); *Englisch*, in: Cordewener/Enchelmaier/Schindler, Meistbegünstigung, 2006, S. 163 (169 und 177).

23 Vgl. *Englisch*, Intertax 2005, S. 310 (313); *Englisch*, in: Cordewener/Enchelmaier/Schindler, Meistbegünstigung, 2006, S. 163 (169); *Kofler*, Doppelbesteuerungsabkommen, 2007, S. 46 f.

24 Vgl. *Wouters*, EC Tax Rev. 1999, S. 98 (98); *Englisch*, Intertax 2005, S. 310 (311); *Lang/Englisch*, in: Amatucci, International Tax Law, 2006, S. 251 (255).

25 Vgl. *Englisch*, Intertax 2005, S. 310 (311).

26 Vgl. *Peters/Snellaars*, EC Tax Rev. 2001, S. 13 (13); *Englisch*, Intertax 2005, S. 310 (311); *Lang/Englisch*, in: Amatucci, International Tax Law, 2006, S. 251 (255).

27 Vgl. *Lang/Englisch*, in: Amatucci, International Tax Law, 2006, S. 251 (256).

28 Z.B. das Äquivalenzprinzip, wonach sich die Höhe der steuerlichen Belastung nach den in Anspruch genommenen staatlichen Leistungen bemisst.

29 Vgl. *Englisch*, Intertax 2005, S. 310 (311).

unterschiedlich hoch zu besteuern.[30] Im Ergebnis bildet das die Steuergerechtigkeit konkretisierende und international anerkannte[31] Leistungsfähigkeitsprinzip den quasi-verfassungsrechtlichen Kern der europäischen Steuerrechtsordnung.[32] Sofern dem Gebot der Besteuerung nach der Leistungsfähigkeit Genüge getan wird, wird gleichermaßen auch dem Postulat des freien Wirtschaftsverkehrs[33] entsprochen. Folglich gewährleistet die Wahrung des grenzüberschreitenden Leistungsfähigkeitsprinzips eine ungeminderte grenzüberschreitende Wirtschaftsaktivität und damit die Erreichung des Binnenmarktziels. Wenn eine nationale steuerliche Regelung aufgrund eines bestimmten wirtschaftlichen Vorgangs eine Zu- oder Abnahme von Leistungsfähigkeit unterstellt, so muss hinsichtlich der Belastung des Steuerpflichtigen grundsätzlich außer Acht bleiben, ob die leistungsfähigkeitsbeeinflussende Aktivität grenzüberschreitend oder rein innerstaatlich durchgeführt wurde.[34]

Die supranationale, normative Rechtsgrundlage des grenzüberschreitenden Leistungsfähigkeitsprinzips ist – wie oben bereits erwähnt – durch teleologische Auslegung in den Grundfreiheiten zu finden.[35] Obwohl die Grundfreiheiten nicht ausdrücklich Bezug auf nationale steuerliche Regelungen nehmen, sind mitgliedstaatliche Rechtsnormen dennoch an den grundfreiheitsrechtlichen Vorgaben zu messen,[36] da zum einen die Formulierung der Grundfreiheiten keinen Anhaltspunkt für eine Bereichsausnahme liefert und zum anderen eine am dynamischen europäischen Integrationsprozess[37] orientierte Auslegung der Grundfreiheiten dies erfordert.[38]

---

30 Vgl. BVerfG v. 29.05.1990, 1 BvL 20/84, BVerfGE 82, S. 60, unter C. III. 3. c) bb); BVerfG v. 04.12.2002, 2 BvR 400/98 und 2 BvR 1735/00, BVerfGE 107, S. 27, unter C. I. 1. b); BVerfG v. 21.06.2006, 2 BvL 2/99, BVerfGE 116, S. 164, unter C. I. 2.; BVerfG v. 12.05.2009, 2 BvL 1/00, BVerfGE 123, S. 111, unter B. I. 1. b).

31 Vgl. *Lang*, in: Tipke/Lang, Steuerrecht, 2010, § 4 Rz. 83.

32 Vgl. *Lang/Englisch*, in: Amatucci, International Tax Law, 2006, S. 251 (257); *Englisch*, Intertax 2005, S. 310 (312).

33 Siehe dazu Art. 26 Abs. 2 AEUV.

34 Vgl. *Lang/Englisch*, in: Amatucci, International Tax Law, 2006, S. 251 (269 f.).

35 Vgl. *Garcia-Herrera/Herrera*, EC Tax Rev. 2004, S. 57 (62); *Englisch*, Intertax 2005, S. 310 (312); *Lang/Englisch*, in: Amatucci, International Tax Law, 2006, S. 251 (261).

36 Vgl. *Englisch*, Intertax 2005, S. 310 (312); *Lang/Englisch*, in: Amatucci, International Tax Law, 2006, S. 251 (261).

37 Vgl. *Cordewener*, Grundfreiheiten, 2002, S. 25 und 202.

38 Vgl. *Steichen*, in: FS Debatin, 1997, S. 417 (435 f.).

III. Grenzüberschreitender Bezug

Dem Wortlaut der gründungsvertraglichen Regelungen über die Grundfreiheiten ist zu entnehmen, dass nur grenzüberschreitend tätige Wirtschaftssubjekte grundfreiheitlichen Schutz vor Benachteiligungen beanspruchen können.[39] Daraus folgt, dass die als umgekehrte Diskriminierung bzw. Inländerdiskriminierung bezeichnete Schlechterstellung des rein innerstaatlich Tätigen gegenüber einem grenzüberschreitend Agierenden unter grundfreiheitlichen Gesichtspunkten nicht zu beanstanden ist.[40] Der erforderliche grenzüberschreitende Bezug liegt vor, wenn entweder die Transaktionspartner verschiedenen Mitgliedstaaten zuzuordnen sind oder ein Wirtschaftsteilnehmer eine Investition in einem anderen Mitgliedstaat tätigt, indem er z.B. dort eine Zweigniederlassung gründet oder Anteile an einer dort ansässigen Gesellschaft erwirbt.[41]

IV. Unmittelbare Anwendbarkeit und Vorrangigkeit der Grundfreiheiten

Anders als es gewöhnliche völkerrechtliche Verträge vermögen, wurde durch die Gründungsverträge zur europäischen Union eine eigene, innerhalb der Mitgliedstaaten anzuwendende Rechtsordnung geschaffen.[42] Nach ständiger Rechtsprechung des EuGH sind die Grundfreiheiten in den einzelnen Mitgliedstaaten unmittelbar anwendbar.[43]

---

39 Siehe hinsichtlich der Warenverkehrsfreiheit Art. 34 Abs. 1 AEUV („zwischen den Mitgliedstaaten"), zur Niederlassungsfreiheit Art. 49 Abs. 1 AEUV („freie Niederlassung von Staatsangehörigen eines Mitgliedstaats im Hoheitsgebiet eines anderen Mitgliedstaats"), hinsichtlich der Dienstleistungsfreiheit Art. 56 AEUV („in einem anderen Staat") und zur Kapitalverkehrsfreiheit Art. 63 Abs. 1 AEUV („zwischen den Mitgliedstaaten").

40 Vgl. *Cordewener*, Grundfreiheiten, 2002, S. 317 ff.; *Stewen*, Niederlassungsfreiheit, 2007, S. 162 f.

41 Vgl. *Schnitger*, Grenzen, 2006, S. 104 f.

42 Vgl. EuGH v. 15.07.1964, Rs. 6/64 – *Costa*, Slg. 1964, S. 1253 (1269).

43 Vgl. EuGH v. 03.12.1974, Rs. 33/74 – *Van Binsbergen*, Slg. 1974, S. 1299, Rn. 27; EuGH v. 04.12.1974, Rs. 41/74 – *van Duyn*, Slg. 1974, S. 1337, Rn. 5 bis 7; EuGH v. 21.06.1974, Rs. 2/74 – *Reyners*, Slg. 1974, S. 631, Rn. 32; EuGH v. 10.07.1986, Rs. 79/85 – *Segers*, Slg. 1986, S. 2375, Rn. 12; EuGH v. 27.09.1988, Rs. 81/87 – *Daily Mail*, Slg. 1988, S. 5483, Rn. 15; EuGH v. 29.04.1999, Rs. C-311/97 – *Royal*

Gleichzeitig folgt jedoch aus der Kompetenzverteilung des AEUV insbesondere für den Bereich des Steuerrechts, dass die Mitgliedstaaten grundsätzlich souverän in der Ausgestaltung ihrer Steuersysteme sind.[44]

Aus dem Zusammenspiel der unmittelbaren Geltung und Anwendbarkeit des Unionsrechts sowie der Steuersouveränität der Mitgliedstaaten folgt, dass bestimmte Sachverhalte sowohl vom nationalen Recht als auch vom autonomen Unionsrecht erfasst sein können.[45] Somit stellt sich die Frage nach dem hierarchischen Verhältnis von nationalem Recht und Unionsrecht bzw. den hieraus abzuleitenden Konsequenzen. Ungeachtet des Fehlens einer ausdrücklichen Kollisionsnorm geht der EuGH zugunsten des Unionsrechts von einem Anwendungsvorrang aus.[46] Somit liegt die Kompetenz zur Ausgestaltung des direkten Steuerrechts zwar bei den Mitgliedstaaten, jedoch darf sie nur innerhalb des unionsrechtlich gesteckten Rahmens ausgeübt werden.[47] Die grundfreiheitlichen Gewährleistungen stellen für die einzelnen mitgliedstaatlichen Gesetzgeber damit Kompetenzausübungsschranken dar.[48] Das Unionsrecht ist auch gegenüber den in DBA enthaltenen Bestimmungen

---

Bank of Scotland, Slg. 1999, S. I-2651, Rn. 22; EuGH v. 21.09.1999, Rs. C-307/97 – *Saint-Gobain*, Slg. 1999, S. I-6161, Rn. 33; EuGH v. 13.04.2000, Rs. C-251/98 – *Baars*, Slg. 2000, S. I-2787, Rn. 27; EuGH v. 08.03.2001, Rs. C-397/98 und C-410/98 – *Metallgesellschaft und Hoechst*, Slg. 2001, S. I-1727, Rn. 41.

44 Vgl. *Schön*, EuR 2001, S. 216 (216 f.); *Bernhard*, IStR 2001, S. 647 (648); *Laule*, IStR 2001, S. 297 (298).

45 Vgl. *Kofler*, Doppelbesteuerungsabkommen, 2007, S. 267.

46 Vgl. EuGH v. 15.07.1964, Rs. 6/64 – *Costa*, Slg. 1964, S. 1253 (1269 f.); EuGH v. 09.03.1978, Rs. 106/77 – *Simmenthal II*, Slg. 1978, S. 629, Rn. 17 f.; EuGH v. 19.06.1990, Rs. C-213/89 – *Factortame*, Slg. 1990, S. I-2433, Rn. 18; ebenso auch BVerfG v. 09.06.1971, 2 BvR 225/69, BVerfGE 31, S. 145, unter B. II. 3. a); BFH v. 20.04.1988, I R 219/82, BStBl. II 1990, S. 701, unter B. II. 3. b). Lediglich gegenüber dem deutschen Verfassungsrecht besteht kein bedingungsloser Anwendungsvorrang des Unionsrechts, siehe dazu *Schmidt/Sedemund*, DStR 1999, S. 2057 (2061).

47 Vgl. EuGH v. 14.02.1995, Rs. C-279/93 – *Schumacker*, Slg. 1995, S. I-225, Rn. 21; EuGH v. 11.08.1995, Rs. C-80/94 – *Wielockx*, Slg. 1995, S. I-2493, Rn. 16; EuGH v. 27.06.1996, Rs. C-107/94 – *Asscher*, Slg. 1996, S. I-3089, Rn. 36; EuGH v. 29.04.1999, Rs. C-311/97 – *Royal Bank of Scotland*, Slg. 1999, S. I-2651, Rn. 19; EuGH v. 13.04.2000, Rs. C-251/98 – *Baars*, Slg. 2000, S. I-2787, Rn. 17; EuGH v. 08.03.2001, Rs. C-397/98 und C-410/98 – *Metallgesellschaft und Hoechst*, Slg. 2001, S. I-1727, Rn. 37; EuGH v. 12.12.2002, Rs. C-324/00 – *Lankhorst-Hohorst*, Slg. 2002, S. I-11779, Rn. 26; EuGH v. 07.09.2004, Rs. C-319/02 – *Manninen*, Slg. 2004, S. I-7477, Rn. 19.

48 Vgl. *Langheim*, Einbringung, 2008, S. 26.

vorrangig anzuwenden, soweit diese gegen die Grundfreiheiten verstoßen.[49] Dies ergibt sich daraus, dass durch die erforderliche Ratifizierung[50] völkerrechtlicher Abkommen die darin enthaltenen Regelungen Bestandteil des nationalen Rechts werden und sich somit hinsichtlich ihres normhierarchischen Rangs nicht vom nationalen Recht rein innerstaatlichen Ursprungs unterscheiden.[51]

Anders als bei einem Geltungsvorrang, der zu einer Nichtigkeit der gegen Unionsrecht verstoßenden Norm führen würde, wird das nationale Recht durch den Anwendungsvorrang lediglich überlagert. Eine tatsächliche Einwirkung des Unionsrechts auf die mitgliedstaatlichen Rechtsordnungen erfolgt dabei nur in den Fällen, in denen tatsächlich ein Verstoß gegen die Grundfreiheiten vorliegt.[52] Damit steht das Unionsrecht der Anwendung einer in Einzelfällen unionsrechtswidrigen Rechtsnorm insoweit nicht entgegen, als diese Regelung auch unionsrechtlich nicht geschützte Sachverhalte betrifft.[53]

Fraglich ist, welche konkreten Konsequenzen der unionsrechtliche Anwendungsvorrang zeitigt. Falls der Verstoß gegen das Unionsrecht darin besteht, dass eine mitgliedstaatliche Regelung bestimmte Privilegierungen in ungerechtfertigter Weise nur i.R. von nationalen Sachverhalten vorsieht, sind diese Vorteile auch i.R. von grenzüberschreitenden Sachverhalten zu gewähren, indem die nationale Regelung in entsprechender Weise, d.h. grundfreiheitskonform, ausgelegt wird.[54]

Soweit eine nationale Rechtsnorm dadurch gegen Unionsrecht verstößt, dass sie ohne Rechtfertigung eine spezielle Benachteiligung von grenzüberschreitenden

---

49 Vgl. *van den Hurk*, EC Tax Rev. 1999, S. 211 (216); *Kluge*, Steuerrecht, 2000, S. 699; *Peritz/Schuch*, in: Gassner u.a., Verteilung der Besteuerungsrechte, 2005, S. 123 (125 f.); *Wassermeyer*, DStJG 19 (1996), S. 151 (156 f.).

50 Siehe Art. 59 Abs. 2 GG, wonach ein Zustimmungsgesetz erforderlich ist, um völkerrechtlich ausgehandelte Rechtsnormen in die deutsche Rechtsordnung zu integrieren.

51 Vgl. GA *Mischo* v. 02.03.1999, Rs. C-307/97 – *Saint-Gobain*, Slg. 1999, S. I-6161, Rn. 77; *Wassermeyer*, DStJG 19 (1996), S. 151 (154); *Peritz/Schuch*, in: Gassner u.a., Verteilung der Besteuerungsrechte, 2005, S. 123 (125). In Deutschland besteht eine Gleichrangigkeit mit *bundesrechtlichen* Gesetzesvorschriften, vgl. BFH v. 13.07.1994, I R 120/93, BStBl. II 1995, S. 129, unter II. 2.; BFH v. 17.05.1995, I B 183/94, BStBl. II 1995, S. 781, unter II. 2.; FG Rheinland-Pfalz v. 30.06.2009, 6 K 1415/09, EFG 2009, S. 1649, unter 1.; kritisch dazu *Vogel*, in: Vogel/Lehner, DBA, 2008, Einleitung, Rz. 63 und 202 bis 205.

52 Vgl. *Rust*, IStR 2009, S. 382 (385).

53 Vgl. *Wunderlich/Albath*, DStZ 2005, S. 547 (548).

54 Vgl. EuGH v. 26.01.1999, Rs. C-18/95 – *Terhoeve*, Slg. 1999, S. I-345, Rn. 57; dazu auch *Hey*, StuW 2010, S. 301 (314 f.).

gegenüber rein innerstaatlichen Sachverhalten vorsieht, führt dies grundsätzlich zu einem Anwendungsausschluss jener Norm.[55] Sofern eine bestimmte Rechtsnorm gänzlich unangewendet bleibt, kann dies jedoch dazu führen, dass ein grundfreiheitsrechtlich geschützter Sachverhalt besser behandelt wird als beispielsweise ein entsprechender rein innerstaatlicher Sachverhalt ohne Unionsbezug. Entgegen der unionsrechtlichen Idealvorstellung des gleichgestellten *free movers* könnte der grenzüberschreitend Agierende dadurch zum bessergestellten *free rider* werden.[56] Zwar ist eine Besserstellung des grenzüberschreitenden gegenüber dem rein innerstaatlichen Wirtschaftsverkehr (sog. umgekehrte Diskriminierung bzw. Inländerdiskriminierung) unionsrechtlich unbedenklich,[57] doch ist dies unter dem Aspekt des Leistungsfähigkeitsprinzips als eine unerwünschte Nebenwirkung der Grundfreiheitsausübung anzusehen. Um eine Besserstellung des Grundfreiheitsträgers zu verhindern, sah der BFH bereits mehrfach von einer Nichtanwendung benachteiligender Rechtsnormen ab und ging stattdessen dazu über, solche Regelungen im Wege einer sog. geltungserhaltenden Reduktion[58] einzuschränken oder tatbestandlich zu erweitern, um auf diesem Wege Regelungen zu entwickeln, zu welchen eigentlich bereits der Gesetzgeber unter Beachtung des Unionsrechts hätte gelangen sollen.[59] Problematisch ist an dieser Herangehensweise jedoch, dass sie die Motivation des Gesetzgebers, auf Anhieb unionsrechtskonforme Regelungen zu erlassen, schmälern könnte.[60] Nach hier vertretener Auffassung sollte

---

55 Vgl. EuGH v. 09.03.1978, Rs. 106/77 – *Simmenthal II*, Slg. 1978, S. 629, Rn. 24; EuGH v. 20.10.1993, Rs. C-92/92 und C-326/92 – *Collins* u.a., Slg. 1993, S. I-5145, Rn. 34; EuGH v. 10.04.2008, Rs. C-309/06 – *Marks & Spencer II*, Slg. 2008, S. I-2283, Rn. 63; EuGH v. 12.01.2010, C-341/08 – *Petersen*, Slg. 2010, S. I-47, Rn. 81; EuGH v. 19.11.2009, Rs. C-314/08 – *Filipiak*, Slg. 2009, S. I-11049, Rn. 82; *Cordewener*, DStR 2004, S. 6 (9 und 12); *Rust*, IStR 2009, S. 382 (383).

56 Vgl. *Cordewener* u.a., ET 2004, S. 218 (221).

57 Vgl. *Streinz*, in: Streinz, EUV/EGV, 2003, Art. 12 EG Rz. 58; *Cordewener*, Grundfreiheiten, 2002, S. 318 f.; *Stewen*, Niederlassungsfreiheit, 2007, S. 162 f.; ablehnend *Gosch*, DStR 2007, S. 1553 (1557).

58 M.E. wäre der Begriff der anwendbarkeitserhaltenden Reduktion treffender, da ein Unionsrechtsverstoß im äußersten Fall zu einer Nichtanwendung der betreffenden mitgliedstaatlichen Rechtsnorm führt, während eine Fortgeltung dieser Rechtsnorm keinesfalls in Frage gestellt wird.

59 Vgl. BFH v. 09.08.2006, I R 31/01, BStBl. II 2007, S. 838, unter III. 7.; BFH v. 10.01.2007, I R 87/03, BStBl. II 2008, BStBl. II 2008, S. 22, unter II. 4. c); BFH v. 22.07.2008, VIII R 101/02, BStBl. II 2010, S. 265, unter IV. 1.; zustimmend *Gosch*, DStR 2007, S. 1553 (1555 f.); *Gosch*, Ubg 2009, S. 73 (77 f.).

60 Vgl. *Graw*, FR 2009, S. 837 (842); *Glahe*, Einkünftekorrektur, 2012, S. 300.

eine geltungserhaltende Reduktion nur in den Fällen erfolgen, in denen aus Sicht des Gesetzgebers vor der Feststellung eines Unionsrechtsverstoß von einem solchen nicht auszugehen war. Die bloße Einleitung eines Vorabentscheidungs- oder Vertragsverletzungsverfahrens genügt m.E. nicht für die Begründung eines ausreichend starken Verdachts. Mit der Unionsrechtswidrigkeit einer Regelung zu rechnen hat der Gesetzgeber abgesehen von offensichtlichen Fällen m.E. nur dann, wenn sich dies aus der bereits ergangenen Rechtsprechung des EuGH mit hoher Wahrscheinlichkeit ableiten lässt. Sofern dies der Fall ist, hat ein nationaler Gesetzgeber kein schutzwürdiges Interesse an einer geltungserhaltenden Reduktion der jeweiligen Rechtsnorm. Um der Verpflichtung zum unionstreuen Verhalten gerecht zu werden und nicht zuletzt auch den durch eine vollständige Nichtanwendung der unionsrechtswidrigen Norm entstehenden fiskalischen Schaden abzuwenden, ist der betreffende Mitgliedstaat dann gehalten, die Unionsrechtswidrigkeit durch den Erlass einer unionsrechtskonformen Neuregelung zu beseitigen.[61]

V. Adressaten der grundfreiheitlichen Verpflichtungen

Die grundfreiheitlichen Gewährleistungen begründen insbesondere Verpflichtungen für die Mitgliedstaaten. Adressiert sind sowohl der von einer Transaktion betroffene Bestimmungs- bzw. Aufnahme- bzw. Inbound-Staat als auch der Ausgangs- bzw. Herkunfts- bzw. Outbound-Staat.[62]

Der grundfreiheitlich gebundene Bestimmungsstaat ist der Staat, in dem ein Wirtschaftsteilnehmer künftig eine wirtschaftliche Tätigkeit ausüben möchte. Dies kann z.B. dadurch geschehen, dass ein Wirtschaftssubjekt zukünftig in diesem Staat Kapital anlegt, eine nichtselbständige Tätigkeit ausübt, eine Dienstleistung anbietet, eine Tochtergesellschaft oder Zweigniederlassung gründet oder gar

---

61 Vgl. EuGH v. 16.12.1960, Rs. 6/60 – *Humblet*, Slg. 1960, S. 1165 (1185 f.); EuGH v. 21.06.2007, Rs. C-231/06, C-232/06 und C-233/06, – *Jonkman, Vercheval und Permesaen*, Slg. 2007, S. I-5149, Rn. 37.

62 Vgl. EuGH v. 18.11.1999, Rs. C-200/98 – *X AB und Y AB*, Slg. 1999, S. I-8261, Rn. 26; EuGH v. 14.12.2000, Rs. C-141/99 – *AMID*, Slg. 2000, S. I-11619, Rn. 21; EuGH v. 27.09.1988, Rs. 81/87 – *Daily Mail*, Slg. 1988, S. 5483, Rn. 16; EuGH v. 16.07.1998, Rs. C-264/96 – *ICI*, Slg. 1998, S. I-4695, Rn. 21; *Thömmes*, in: FS Wassermeyer, 2005, S. 201 (211 f.); *Reimer*, in: Lehner, Grundfreiheiten, 2000, S. 39 (51); *Englisch*, Dividendenbesteuerung, 2005, S. 227 f.; *Kofler*, Doppelbesteuerungsabkommen, 2007, S. 980; *Englisch*, RIW 2005, S. 187 (188); *Cordewener/Schnitger*, StuW 2006, S. 51 (52 f.); *Cordewener*, DStR 2004, S. 6 (8).

dorthin den Schwerpunkt seiner selbständig ausgeübten Tätigkeit verlegt. Die Verpflichtung des Bestimmungsstaats zur diskriminierungsfreien Zugangsgewährung ist bereits dem Wortlaut einiger Normierungen der Grundfreiheiten zu entnehmen. So verbietet Art. 34 AEUV „Einfuhrbeschränkungen" und nach Art. 49 Abs. 2 AEUV sind die „Bestimmungen des Aufnahmestaats für seine eigenen Angehörigen" auch in Inbound-Fällen anzuwenden.[63]

Der neben dem Bestimmungsstaat verpflichtete Ausgangsstaat ist der Staat, von dem aus der grenzüberschreitend Tätige eine Transaktion ausführt oder gar seine Wirtschaftsaktivität teilweise oder gänzlich in einen anderen Staat verlagert.[64] Der Outbound-Staat darf grundsätzlich keine Maßnahmen ergreifen, die einen grenzüberschreitenden Vorgang gegenüber einem rein innerstaatlichen behindern oder weniger attraktiv machen.[65] Eine dahingehende extensive Auslegung der Grundfreiheiten, dass auch der Herkunftsstaat in die Pflicht genommen wird, ist entsprechend der primärrechtlichen Zielsetzung, den Binnenmarkt innerhalb der EU zu verwirklichen, geboten.[66] Dürfte der Ausgangsstaat grenzüberschreitende Transaktionen beliebig benachteiligen oder unterbinden, so könnte der Wirtschaftsteilnehmer unter Umständen die Grundfreiheiten auch im Bestimmungsstaat erst gar nicht gelten machen, was letztlich die Sinnentleerung der Grundfreiheiten bedeuten würde.[67]

Die Frage, ob nicht nur Hoheitsträger, sondern auch Subjekte des Privatrechts an die Grundfreiheiten gebunden sind,[68] kann i.R. dieser Untersuchung mangels Relevanz außer Acht gelassen werden.

63 Vgl. *Englisch*, Dividendenbesteuerung, 2005, S. 227.

64 Vgl. zur Gebundenheit des Ausgangsstaats an die grundfreiheitlichen Vorgaben EuGH v. 27.09.1988, Rs. 81/87 – *Daily Mail*, Slg. 1988, S. 5483, Rn. 16; EuGH v. 15.12.1995, Rs. C-415/93 – *Bosman*, Slg. 1995, S. I-4921, Rn. 95 bis 97; EuGH v. 13.04.2000, Rs. C-251/98 – *Baars*, Slg. 2000, S. I-2787, Rn. 28; *Englisch*, Dividendenbesteuerung, 2005, S. 227 f.; *Lackhoff*, Niederlassungsfreiheit, 2000, S. 356; *Fischer*, Gemeinschaftsrecht, 2001, S. 213; *Thömmes*, DStJG 19 (1996), S. 81 (88).

65 Vgl. *Englisch*, StuW 2003, S. 88 (88 f.).

66 Vgl. *Knobbe-Keuk*, DB 1990, S. 2573 (2574); *Cordewener, Grundfreiheiten*, 2002, S. 203; *Cordewener/Schnitger*, StuW 2006, S. 50 (54).

67 Vgl. EuGH v. 27.09.1988, Rs. 81/87 – *Daily Mail*, Slg. 1988, S. 5483, Rn. 16; *Lackhoff*, Niederlassungsfreiheit, 2000, S. 356; *Langheim*, Einbringung, 2008, S. 50.

68 Siehe dazu *Müller-Graff*, in: Streinz, EUV/EGV, 2003, Art. 43 EG Rz. 38; *Jarass*, EuR 2000, S. 705 (715 f.).

VI. Aktive und passive Schutzwirkung der Grundfreiheiten

Die Grundfreiheiten bieten nicht nur dem aktiv tätigen Marktteilnehmer, sondern auch dessen passivem Transaktionspartner Schutz.[69] Der passive Schutz bezieht sich z.B. auf den Empfang von Dienstleistungen, die Aufnahme von Kapital oder die Übernahme von Betriebsvermögen.

VII. Gewährleistungsgehalt der Grundfreiheiten

Aus dem Wortlaut verschiedener Grundfreiheitsnormen ergibt sich ein primärrechtliches Verbot von „Beschränkungen" des grenzüberschreitenden Wirtschaftsverkehrs.[70] Der Terminus der Beschränkung umfasst als Oberbegriff die diskriminierende und nicht-diskriminierende Beschränkung. Das Verbot der diskriminierenden Beschränkung, welches im Folgenden als Diskriminierungsverbot bezeichnet wird, untersagt die aufgrund bestimmter verbotener Differenzierungskriterien erfolgende rechtliche Differenzierung zwischen bzw. Ungleichbehandlung von grenzüberschreitenden und vergleichbaren rein innerstaatlichen Sachverhalten. Sofern hingegen zwischen einem grenzüberschreitenden sowie einem nicht vergleichbaren rein innerstaatlichen Sachverhalt rechtlich nicht differenziert wird, und sich gerade aus dieser Gleichbehandlung der beiden Vorgänge eine faktische Benachteiligung der grenzüberschreitenden Wirtschaftsaktivität ergibt, liegt eine verbotene nicht-diskriminierende Beschränkung vor.[71]

---

69 Vgl. EuGH v. 07.09.2004, Rs. C-319/02 – *Manninen*, Slg. 2004, S. I-7477, Rn. 22 f.; EuGH v. 06.06.2000, C-35/98 – *Verkooijen*, Slg. 2000, S. I-4071, Rn. 34 f.; EuGH v. 12.12.2006, Rs. C-446/04 – *FII Group Litigation*, Slg. 2006, S. I-11753, Rn. 64; EuGH v. 20.05.2008, Rs. C-194/06 – *Orange European Smallcap Fund*, Slg. 2008, S. I-3747, Rn. 74; EuGH v. 11.06.2009, Rs. C-521/07 – *Kommission/Niederlande*, Slg. 2009, S. I-4873, Rn. 39; EuGH v. 17.09.2009, Rs. C-182/08 – *Glaxo Wellcome*, Slg. 2009, S. I-8591, Rn. 57 f.; EuGH v. 31.01.1984, Rs. 286/82 und 26/83 – *Luisi und Carbone*, Slg. 1984, S. 377, Rn. 16; EuGH v. 26.10.1999, Rs. C-294/97 – *Eurowings*, Slg. 1999, S. I-7447, Rn. 34; *Cordewener*, Grundfreiheiten, 2002, S. 234; *Englisch*, IFSt-Schrift Nr. 449, 2008, S. 14.

70 Siehe Art. 49 Abs. 1, Art. 56 Satz 1, Art. 63 Abs. 1 AEUV.

71 Vgl. *Englisch*, Dividendenbesteuerung, 2005, S. 241 und 244; *van Thiel/Achilles*, IStR 2003, S. 530 (533).

Das den Grundfreiheiten inhärente, steuerspezifische Gebot der Besteuerung nach der Leistungsfähigkeit fordert damit letztlich eine Gleichstellung grenzüberschreitender und rein innerstaatlicher Wirtschaftsvorgänge im steuerlichen Belastungserfolg.[72] Während bei Diskriminierungen ein Verstoß gegen die Belastungsgleichheit bereits durch die rechtliche Ungleichbehandlung indiziert wird, muss bei nicht-diskriminierenden Beschränkungen eine tatsächliche Ungleichheit im Belastungserfolg festgestellt werden.[73]

Die Feststellung einer Beschränkung erfolgt mangels Geringfügigkeitsschwelle unabhängig davon, ob die Schlechterstellung in einer betragsmäßig niedrigen Steuermehrbelastung besteht oder der steuerliche Nachteil nur von vorübergehender Natur ist.[74]

1. Diskriminierungsverbot

Eine Diskriminierung liegt vor, wenn zwei verschiedene, als Vergleichspaar herangezogene Sachverhalte aufgrund eines unzulässigen Differenzierungskriteriums unterschiedlich behandelt werden. Zur Klärung der Frage, ob ein Wirtschaftsteilnehmer benachteiligt wird, hat ein Vergleich mit der rechtlichen Behandlung eines hypothetisch herangezogenen anderen Wirtschaftsteilnehmers zu erfolgen, der einen lediglich hinsichtlich des verbotenen Unterscheidungskriteriums abweichenden, aber ansonsten entsprechenden Sachverhalt verwirklicht. Der Inhalt der Diskriminierung kann neben der Begrenzung einer nachteiligen Besteuerungsregel

---

72 Vgl. *Englisch*, Dividendenbesteuerung, 2005, S. 250; *van Thiel*, Free Movement, 2002, S. 599 f.; *van Thiel/Achilles*, IStR 2003, S. 553 (554).

73 Vgl. *Englisch*, Dividendenbesteuerung, 2005, S. 250.

74 Vgl. *Cordewener*, Grundfreiheiten, 2002, S. 246 und 976; *Lang/Englisch*, in: Amatucci, International Tax Law, 2006, S. 251 (270); EuGH v. 28.01.1986, Rs. 270/83 – *avoir fiscal*, *Slg. 1*986, S. 273, Rn. 21; EuGH v. 11.03.2004, Rs. C-9/02 – *de Lasteyrie du Saillant*, Slg. 2004, S. I-2409, Rn. 43; EuGH v. 14.12.2006, Rs. C-170/05 – *Denkavit Internationaal*, Slg. 2006, S. I-11949, Rn. 50. Damit sind beispielsweise bereits Zins- und Liquiditätsnachteile generell diskriminierend, vgl. EuGH v. 08.03.2001, Rs. C-397/98 und C-410/98 – *Metallgesellschaft und Hoechst*, Slg. 2001, S. I-1727, Rn. 87; EuGH v. 13.12.2005, Rs. C-446/03 – *Marks & Spencer*, Slg. 2005, I-10837, Rn. 32 f.; EuGH, EuGH v. 18.12.2007, Rs. C-436/06 – *Grønfeldt*, Slg. 2007, S. I-12357, Rn. 15; EuGH v. 22.01.2009, Rs. C-377/07 – *STEKO*, Slg. 2009, S. I-299, Rn. 29. Der Intensität eines Eingriffs kommt erst auf Ebene der Rechtfertigungsprüfung Bedeutung zu, vgl. *Englisch*, Dividendenbesteuerung, 2005, S. 238 f.; *Jarass*, EuR 2000, S. 705 (713).

auf die diskriminierten Wirtschaftsteilnehmer auch in der Vorenthaltung von steuerlichen Vorteilen für jene bestehen.[75]

a) Vertikale Vergleichspaarbildung

Von einer sog. vertikalen Diskriminierung wird gesprochen, wenn eine mitgliedstaatliche Regelung an einen Wirtschaftsvorgang, der ein transnationales Element aufweist, ungünstigere Rechtsfolgen knüpft als an einen entsprechenden, rein innerstaatlichen Sachverhalt.

Als verbotenes Differenzierungskriterium gilt entsprechend dem Wortlaut des AEUV zunächst das Kriterium der Staatsangehörigkeit.[76] Der sog. offenen Diskriminierung nach der Staatsangehörigkeit, bei der nachteilige Rechtsfolgen in die direkte Abhängigkeit von der Staatsangehörigkeit gestellt sind, wird von Teilen der Literatur im Bereich des Steuerrechts nur geringe Bedeutung beigemessen, da im nationalen Steuerrecht nicht die Staatsangehörigkeit, sondern regelmäßig die steuerliche Ansässigkeit als Anknüpfungspunkt für einen fiskalischen Zugriff dient.[77] Während dieser Auffassung hinsichtlich der Besteuerung natürlicher Personen zuzustimmen ist, muss dem Verbot der offenen Diskriminierung nach der Staatsangehörigkeit i.R. der steuerlichen Behandlung von Gesellschaften eine größere Relevanz beigemessen werden, da nach den Regelungen über die Niederlassungs- und Dienstleistungsfreiheit ein Satzungs- oder Verwaltungssitz innerhalb der EU als gleichwertiges Substitut für die EU-Staatsangehörigkeit gilt.[78] Verbindet eine nationale Regelung also die in einem anderen Mitgliedstaat vorliegende steuerliche Ansässigkeit einer Gesellschaft mit deren steuerlicher Benachteiligung, so liegt eine offene Diskriminierung vor.[79] Allein die Tatsache, dass eine

75 Vgl. EuGH v. 13.12.2005, Rs. C-446/03 – *Marks & Spencer*, Slg. 2005, I-10837, Rn. 33 f.; *Englisch*, IFSt-Schrift Nr. 449, 2008, S. 14.

76 Siehe ausdrücklich hinsichtlich der Arbeitnehmerfreizügigkeit Art. 45 Abs. 2 AEUV; hinsichtlich der Niederlassungsfreiheit Art. 49 Abs. 2 AEUV; hinsichtlich der Dienstleistungsfreiheit Art. 57 Abs. 3 AEUV. Aufgrund der Konvergenz der Grundfreiheiten (siehe dazu Teil 1,A.II.) ist eine Unterscheidung nach der Staatsangehörigkeit auch i.R. der Kapitalverkehrsfreiheit grundsätzlich verboten, vgl. *Schönfeld*, Hinzurechnungsbesteuerung, 2005, S. 59 f.; *Englisch*, Dividendenbesteuerung, 2005, S. 236; *Englisch*, in: Cordewener/Enchelmaier/Schindler, Meistbegünstigung, 2006, S. 163 (169).

77 Vgl. *Kofler*, Doppelbesteuerungsabkommen, 2007, S. 57; *Thömmes*, DStJG 19 (1996), S. 81 (83); *Saß*, StuW 1999, S. 164 (166).

78 Siehe Art. 54 Abs. 1, Art. 62 AEUV; dazu auch *Meussen*, EC Tax Rev. 2003, S. 144 (145).

79 Vgl. EuGH v. 28.01.1986, Rs. 270/83 – *avoir fiscal*, *Slg. 1986*, S. 273, Rn. 18; EuGH v. 13.07.1993, Rs. C-330/91 – *Commerzbank*, Slg. 1993, S. I-4017, Rn. 14;

Differenzierung nach der steuerlichen Ansässigkeit bei natürlichen Personen keine offene Diskriminierung darstellt, lässt die Unzulänglichkeit und Ergänzungsbedürftigkeit dieses Differenzierungskriteriums offensichtlich werden. Um den Grundfreiheiten i.S. des *effet utile* zur Verwirklichung des Binnenmarkts zu verhelfen, erweiterte der EuGH das von den Grundfreiheiten erfasste Spektrum verbotener Differenzierungskriterien zunächst um das der sog. versteckten Diskriminierung nach der Staatsangehörigkeit.[80] Demnach besteht nicht nur ein Verbot der offenen Diskriminierung nach der Staatsangehörigkeit, sondern auch ein Verbot von sonstigen Differenzierungskriterien, die faktisch zum selben Ergebnis führen wie eine Differenzierung aufgrund der Staatsangehörigkeit.[81] Hierbei handelt es sich gleichsam um Merkmale, die typischerweise von ausländischen Staatsangehörigen verwirklicht werden.[82] Steuerregelungen, die beispielsweise nach der steuerlichen Ansässigkeit unterscheiden, diskriminieren ohne explizite Bezugnahme auf das Kriterium der Staatsangehörigkeit vor allem ausländische Staatsangehörige,

---

EuGH v. 29.04.1999, Rs. C-311/97 – *Royal Bank of Scotland*, Slg. 1999, S. I-2651, Rn. 23; EuGH v. 22.01.2009, Rs. C-377/07 – *STEKO*, Slg. 2009, S. I-299, Rn. 37; EuGH v. 22.12.2008, Rs. C-282/07 – *Truck Center*, Slg. 2008, S. I-10767, Rn. 32; EuGH v. 18.06.2009, Rs. C-303/07 – *Aberdeen Property Fininvest Alpha*, Slg. 2009, S. I-5145, Rn. 38. In der Literatur wird eine Diskriminierung aufgrund des Sitzes einer Gesellschaft zuweilen als versteckte Diskriminierung betrachtet, um so auch im Zusammenhang mit Diskriminierungen von Gesellschaften eine Anwendung der *rule of reason* (siehe dazu Teil 1,A.VII.5.b)) i.R. der Rechtfertigungsprüfung zu begründen, vgl. *Kofler*, Doppelbesteuerungsabkommen, 2007, S. 58, dort Fn. 44.

80 Vgl. EuGH v. 23.05.1996, Rs. C-237/94 – *O'Flynn*, Slg. 1996, S. I-2617, Rn. 17; *Thömmes*, DStJG 19 (1996), S. 81 (83); *Reimer*, in: Lehner, Grundfreiheiten, 2000, S. 39 (41 f.). Die Rechtsprechung spricht insoweit auch teilweise von einer mittelbaren, verschleierten oder indirekten Diskriminierung, siehe EuGH v. 27.06.1996, Rs. C-107/94 – *Asscher*, Slg. 1996, S. I-3089, Rn. 49; EuGH v. 12.06.2003, Rs. C-234/01 – *Gerritse*, Slg. 2003, S. I-5933, Rn. 28; EuGH v. 06.07.2006, Rs. C-346/04 – *Conijn*, Slg. 2006, S. I-6137, Rn. 15.

81 Vgl. EuGH v. 23.05.1996, Rs. C-237/94 – *O'Flynn*, Slg. 1996, S. I-2617, Rn. 17; EuGH v. 14.02.1995, Rs. C-279/93 – *Schumacker*, Slg. 1995, S. I-225, Rn. 26; EuGH v. 11.08.1995, Rs. C-80/94 – *Wielockx*, Slg. 1995, S. I-2493, Rn. 16; EuGH v. 16.05.2000, Rs. C-87/99 – *Zurstrassen*, Slg. 2000, S. I-3337, Rn. 18; EuGH v. 12.04.1994, Rs. C-1/93 – *Halliburton Services*, Slg. 1994, S. I-1137, Rn. 15; EuGH v. 08.07.1999, Rs. C-254/97 – *Société Baxter*, Slg. 1999, S. I-4809, Rn. 10; EuGH v. 08.05.1990, Rs. C-175/88 – *Biehl*, Slg. 1990, S. I-1779, Rn. 14; EuGH v. 12.02.1974, Rs. 152/73 – *Sotgiu*, Slg. 1974, S. 153, Rn. 11.

82 Vgl. *Hahn*, DStZ 2005, S. 469 (476); *Müller-Graff*, in: Streinz, EUV/EGV, 2003, Art. 43 EG Rz. 48.

da diese zumeist beschränkt steuerpflichtig sind.[83] Eine verdeckte Diskriminierung nach der Staatsangehörigkeit ist hier gegeben, weil Nichtansässige „meist“[84] bzw. „oft“[85] bzw. „häufiger“[86] bzw. „ganz überwiegend“[87] ausländische Staatsangehörige sind. Teilweise hat es der EuGH sogar bereits genügen lassen, wenn ein Differenzierungskriterium „eher“ bei ausländischen Staatsangehörigen vorliegen „kann“.[88] Ohne diese vage mengenmäßige Angabe konkreter zu bestimmen oder einen statistischen Nachweis für die besondere Betroffenheit ausländischer Staatsangehöriger zu fordern,[89] unterstellt der EuGH hier eine Absicht des nationalen Gesetzgebers zur Diskriminierung ausländischer Staatsangehöriger. Da Auslandsansässige aber nicht zwangsläufig auch ausländische Staatsangehörige sind, bedeutet dies, dass auch gebietsfremde eigene Staatsangehörige durch das Verbot der verdeckten Diskriminierung geschützt sind.[90]

Da sowohl offene als auch verdeckte Diskriminierungen auf dem Differenzierungskriterium der Staatsangehörigkeit beruhen und ein entsprechendes grundfreiheitliches Verbot damit lediglich an den Bestimmungsstaat gerichtet ist,[91] genügt die Ausprägung der Grundfreiheiten als Gebot der Inländerbehandlung[92] nicht zur Verwirklichung des Binnenmarkts.[93] Insbesondere schließt ein Verbot der offenen und verdeckten Diskriminierung nach der Staatszugehörigkeit nicht die durch den Ausgangsstaat erfolgende Benachteiligung eigener Staatsangehöriger aus, die grenzüberschreitende Wirtschaftsaktivitäten entfalten wollen.[94] Hier zeigt sich die Notwendigkeit eines Verbots von rechtlichen Differenzierungen zwischen grenzüberschreitenden und rein innerstaatlich durchgeführten Transaktionen, das der

---

83 Vgl. EuGH v. 14.02.1995, Rs. C-279/93 – *Schumacker*, Slg. 1995, S. I-225, Rn. 28.

84 EuGH v. 14.02.1995, Rs. C-279/93 – *Schumacker*, Slg. 1995, S. I-225, Rn. 28.

85 EuGH v. 08.05.1990, Rs. C-175/88 – *Biehl*, Slg. 1990, S. I-1779, Rn. 14.

86 EuGH v. 21.02.2006, C-152/03 – *Ritter-Coulais*, Slg. 2006, I-1711, Rn. 36.

87 EuGH v. 03.10.2000, Rs. C-411/98 – *Ferlini/Centre hospitalier de Luxembourg*, Slg. 2000, S. I-8081, Rn. 58.

88 Vgl. EuGH v. 23.05.1996, Rs. C-237/94 – *O'Flynn*, Slg. 1996, S. I-2617, Rn. 20.

89 Vgl. *Englisch*, Dividendenbesteuerung, 2005, S. 231; EuGH v. 25.07.1991, Rs. C-221/89 – *Factortame II*, Slg. 1991, S. I-3905, Rn. 32.

90 Vgl. *Schnitger*, Grenzen, 2006, S. 180.

91 Vgl. *Kofler*, Doppelbesteuerungsabkommen, 2007, S. 60.

92 Das Recht auf Inländerbehandlung garantiert ausländischen EU-Bürgern, wie inländische Staatsangehörige behandelt zu werden, vgl. *Meussen*, EC Tax Rev. 2003, S. 144 (145); *Schönfeld*, Hinzurechnungsbesteuerung, 2005, S. 58.

93 Vgl. *Cordewener*, Grundfreiheiten, 2002, S. 189; *Cordewener/Schnitger*, StuW 2006, S. 50 (53).

94 Vgl. *Lang/Englisch*, in: Amatucci, International Tax Law, 2006, S. 251 (265).

EuGH parallel zum Verbot der versteckten Diskriminierung entwickelte.[95] Als verbotenes Differenzierungskriterium ist in diesem Fall nicht das der Staatsangehörigkeit, sondern jenes des grenzüberschreitenden Charakters des Wirtschaftsvorgangs einschlägig.[96] Bei der Prüfung auf rechtliche Ungleichbehandlungen ist dem grenzüberschreitenden Vorgang hier also ein entsprechender rein innerstaatlicher Vorgang gegenüber zu stellen.[97] Um eine Diskriminierung aufgrund des grenzüberschreitenden Elements festzustellen, muss die nationale Regelung allerdings nicht ausdrücklich auf dieses Kriterium abstellen. Sofern ein anderes Merkmal in gleicher Weise speziell grenzüberschreitende Sachverhalte benachteiligt, ist ebenso das Kriterium der Grenzüberschreitung als Wurzel dieses sonstigen Differenzierungsmerkmals zu identifizieren.[98] In diesen Fällen könnte demnach auch von einer versteckten Diskriminierung aufgrund der Grenzüberschreitung gesprochen werden. Da sich das Verbot der Schlechterstellung grenzüberschreitender Transaktionen neben dem Ausgangs- auch an den Bestimmungsstaat richtet,[99] erweist sich nunmehr das Verbot der verdeckten Diskriminierung als überflüssig, da sich dieses schließlich ebenfalls gegen eine Diskriminierung grenzüberschreitender Sachverhalte richtet und somit vom Verbot letztgenannter

---

95 Vgl. EuGH v. 27.09.1988, Rs. 81/87 – *Daily Mail*, Slg. 1988, S. 5483, Rn. 16; EuGH v. 16.07.1998, Rs. C-264/96 – *ICI*, Slg. 1998, S. I-4695, Rn. 21; EuGH v. 18.11.1999, Rs. C-200/98 – *X AB und Y AB*, Slg. 1999, S. I-8261, Rn. 26; EuGH v. 13.04.2000, Rs. C-251/98 – *Baars*, Slg. 2000, S. I-2787, Rn. 28; EuGH v. 14.12.2000, Rs. C-141/99 – *AMID*, Slg. 2000, S. I-11619, Rn. 21; EuGH v. 11.03.2004, Rs. C-9/02 – *de Lasteyrie du Saillant*, Slg. 2004, S. I-2409, Rn. 42; *Farmer*, EC Tax Rev. 2003, S. 75 (77).

96 Vgl. EuGH v. 15.05.2008, Rs. C-414/06 – *Lidl Belgium*, Slg. 2008, S. I-3601, Rn. 25; *Englisch*, Dividendenbesteuerung, 2005, S. 237; *Lang/Englisch*, in: Amatucci, International Tax Law, 2006, S. 251 (265); EuGH v. 23.10.2008, Rs. C-157/07 – *Krankenheim Ruhesitz am Wannsee*, Slg. 2008, S. I-8061, Rn. 38; *Cordewener*, Grundfreiheiten, 2002, S. 827; *Cordewener*, EC Tax Rev. 2007, S. 210 (210); *Rödder*, in: FS Wassermeyer, 2005, S. 163 (166); *Glahe*, Einkünftekorrektur, 2012, S. 131.

97 Vgl. *Kofler*, Doppelbesteuerungsabkommen, 2007, S. 74; *Glahe*, Einkünftekorrektur, 2012, S. 131; EuGH v. 21.11.2002, Rs. C-436/00 – *X und Y*, Slg. 2002, S. I-10829, Rn. 36; EuGH v. 29.03.2007, Rs. C-347/04 – *Rewe Zentralfinanz*, Slg. 2007, S. I-2647, Rn. 30; EuGH v. 23.10.2008, Rs. C-157/07 – *Krankenheim Ruhesitz am Wannsee*, Slg. 2008, S. I-8061, Rn. 38.

98 Vgl. *Englisch*, Dividendenbesteuerung, 2005, S. 237.

99 Vgl. *Englisch*, Intertax 2005, S. 310 (314); *Lang/Englisch*, in: Amatucci, International Tax Law, 2006, S. 251 (265).

konsumiert wird.[100] Während der EuGH eine aufgrund der Grenzüberschreitung erfolgende Diskriminierung von Gebietsansässigen häufig unspezifisch als Beschränkung deklariert,[101] nimmt er im Fall einer an die beschränkte Steuerpflicht anknüpfenden Schlechterstellung allerdings regelmäßig weiterhin eine verdeckte Diskriminierung nach der Nationalität an und hält damit an dieser Kategorie fest.[102] Demgegenüber ist das Fortwähren des Verbots der offenen Diskriminierung nach der Staatsangehörigkeit und damit das Nebeneinander der Verbote der offenen Diskriminierung nach der Staatsangehörigkeit und der Diskriminierung aufgrund der Grenzüberschreitung deshalb nicht in Frage zu stellen, weil die offene Diskriminierung nach der Staatsangehörigkeit einen Sonderfall darstellt, der nicht zwangsläufig einen geographische Staatsgrenzen überschreitenden Sachverhalt betrifft.

Die Ergänzung des Verbots der offenen Diskriminierung um das umfassende Verbot der Diskriminierung aufgrund des grenzüberschreitenden Elements zeigt, dass der durch die Gründungsverträge der EU in Gang gesetzte Integrationsprozess dynamisch verläuft[103] und die Grundfreiheiten im Sinne einer fortschreitenden Annäherung an die vollständige Verwirklichung des Binnenmarktziels einer teleologischen Auslegung nach Maßgabe des *effet utile*-Gedankens unterliegen.[104]

b) Horizontale Vergleichspaarbildung

Von einer sog. horizontalen Diskriminierung ist auszugehen, wenn eine nationale Regelung zwischen verschiedenen grenzüberschreitenden Wirtschaftsvorgängen differenziert. Anders als bei den vertikalen Diskriminierungen kann eine rein innerstaatlich durchgeführte Transaktion hier also nicht als Vergleichsmaßstab dienen. Vielmehr erfolgt eine Vergleichspaarbildung dergestalt, dass die rechtliche Behandlung einer grenzüberschreitenden Transaktion mit der einer anderen

---

100 Vgl. *Englisch*, Intertax 2005, S. 310 (314).

101 Vgl. EuGH v. 14.12.2000, Rs. C-141/99 – *AMID*, Slg. 2000, S. I-11619, Rn. 27; EuGH v. 21.11.2002, Rs. C-436/00 – *X und Y*, Slg. 2002, S. I-10829, Rn. 35 bis 37; EuGH v. 13.12.2005, Rs. C-446/03 – *Marks & Spencer*, Slg. 2005, I-10837, Rn. 34 f.; *Dürrschmidt/Schiller*, EuR 2006, S. 266 (277).

102 Vgl. EuGH v. 12.06.2003, Rs. C-234/01 – *Gerritse*, Slg. 2003, S. I-5933, Rn. 28; EuGH v. 06.07.2006, Rs. C-346/04 – *Conijn*, Slg. 2006, S. I-6137, Rn. 15.

103 Vgl. *van Thiel*, Free Movement, 2002, S. 154; *Lang/Englisch*, in: Amatucci, International Tax Law, 2006, S. 251 (263).

104 Vgl. *Englisch*, Intertax 2005, S. 310 (313, dort. Fn. 32); *Lang/Englisch*, in: Amatucci, International Tax Law, 2006, S. 251 (265).

grenzüberschreitenden Transaktion, die lediglich hinsichtlich eines bestimmten Differenzierungskriteriums von der erstgenannten abweicht, verglichen wird.

Auf ihre grundfreiheitliche Zu- bzw. Unzulässigkeit ist die Verwendung potentieller Differenzierungskriterien zu überprüfen. Beispielsweise ist fraglich, ob verschiedene Niederlassungsformen wie Tochtergesellschaften und Betriebsstätten i.S. einer Rechtsformneutralität rechtlich gleich behandelt werden müssen oder eine entsprechende horizontale Diskriminierung grundfreiheitlich irrelevant ist.[105]

Denkbar ist weiterhin, dass ein Mitgliedstaat bei der steuerlichen Behandlung grenzüberschreitender Wirtschaftsvorgänge danach unterscheidet, welcher andere Staat neben ihm von dieser Transaktion betroffen ist. Als Vergleichsmaßstab dient hier also eine grenzüberschreitende Transaktion, von der neben dem diskriminierenden Staat nicht der tatsächlich involvierte Staat, sondern ein bestimmter anderer Staat betroffen ist. Zu untersuchen ist, ob derartige horizontale Ungleichbehandlungen zulässig sind oder aufgrund der Existenz einer Meistbegünstigungspflicht beseitigt werden müssen.[106]

Darüber hinaus besteht die Möglichkeit, dass eine mitgliedstaatliche Regelung zwischen grenzüberschreitenden Wirtschaftsvorgängen in Abhängigkeit von deren Finanzierung mit Eigen- oder Fremdkapital differenziert.[107]

Die Feststellung einer horizontalen Diskriminierung allein genügt allerdings nicht, um hieraus auf einen Eingriff in die Grundfreiheiten zu schließen. Ob eine horizontale Diskriminierung durch die Grundfreiheiten grundsätzlich verboten ist, hängt davon ab, ob eine Vergleichbarkeit der verschiedenen grenzüberschreitenden Vorgänge, die in die Vergleichsbetrachtung einbezogen sind, gegeben ist.[108]

---

105 Vgl. *Cordewener*, DStR 2004, S. 6 (8). Eine grundfreiheitliche Obligation zur Sicherstellung einer derartigen „Rechtsformneutralität" ablehnend *Aarnio*, EC Tax Rev. 2006, S. 18 (25 f.); *Hey*, StuW 2005, S. 317 (318); *Englisch*, StuW 2003, S. 88 (94); *Cordewener* u.a., ET 2004, S. 218 (231). Für ein grundfreiheitsrechtliches Gebot einer Gleichbehandlung aller sekundären Niederlassungen i.S. des Art. 49 Abs. 1 Satz 2 AEUV hingegen *Kinzl*, IStR 2005, S. 693 (695 f.); *Pohl/Raupach*, in: FS Wassermeyer, 2005, S. 179 (198); *Balmes/Brück/Ribbrock*, BB 2005, S. 966 (970); *Dörr*, IStR 2004, S. 265 (271).

106 Für das Gebot einer grundfreiheitsrechtlichen Meistbegünstigung *Weber/Spierts*, ET 2004, S. 65 (67 f.). Gegen eine grundfreiheitsrechtliche Meistbegünstigungspflicht *Kemmeren*, EC Tax Rev. 1997, S. 146 (147 ff.); *Avery Jones*, EC Tax Rev. 1998, S. 95 (97); *van den Hurk*, EC Tax Rev. 1999, S. 211 (216 ff.); *Dourado*, EC Tax Rev. 2002, S. 147 (151 f.).

107 Vgl. *Dautzenberg*, Unternehmensbesteuerung, Halbband 1, 1997, S. 65.

108 Siehe dazu Teil 1.A.VII.4.b).

2. Verbot nicht-diskriminierender Beschränkungen

a) Doppelregulierungen

Eine Beschränkung der Grundfreiheiten ist nicht zwangsläufig durch eine Diskriminierung bedingt, sondern kann ebenso die Folge der Anwendung diskriminierungsfreier mitgliedstaatlicher Maßnahmen auf nicht vergleichbare Sachverhalte sein. Selbst die unterschiedslose Anwendung von Regelungen sowohl auf grenzüberschreitende als auch auf rein innerstaatliche Sachverhalte kann also beschränkend hinsichtlich erstgenannter Sachverhalte wirken.[109] Voraussetzung für die Entstehung einer solchen nicht-diskriminierenden Beschränkung ist in jedem Fall das Zusammenwirken zweier nicht aufeinander abgestimmter Rechtssysteme, wodurch der Steuerpflichtige einer doppelten Regulierung ausgesetzt ist.[110] Wenn der Bestimmungsstaat einen bestimmten Aspekt reguliert, hinsichtlich dessen bereits den hiervon abweichenden Anforderungen des Ausgangsstaats genügt wurde, so erschwert diese doppelte Hürde die grenzüberschreitende wirtschaftliche Betätigung des Steuerpflichtigen.[111] Der die EU umspannende Blickwinkel des grundfreiheitlichen Gleichheitsgebots erfordert einen Vergleich der addierten in- und ausländischen Steuerbelastungen des grenzüberschreitend tätigen Steuerpflichtigen mit der ausschließlich inländischen Belastung eines rein innerstaatlich agierenden Wettbewerbers. Damit ergibt sich aus der Kumulationswirkung zweier parallel anzuwendender Rechtsordnungen eine faktische Schlechterstellung des grenzüberschreitend Tätigen.[112] Weil somit der den Grundfreiheiten innewohnende Gleichheitsgrundsatz verletzt ist,[113] liegt hier trotz der bei separater Betrachtung festzustellenden diskriminierungsfreien Ausgestaltung der involvierten Rechtsordnungen eine faktische Diskriminierung des grenzüberschreitenden Wirtschaftsvorgangs vor.[114]

---

109 Vgl. EuGH v. 27.06.1996, Rs. C-107/94 – *Asscher*, Slg. 1996, S. I-3089, Rn. 40; EuGH v. 11.08.1995, Rs. C-80/94 – *Wielockx*, Slg. 1995, S. I-2493, Rn. 17; EuGH v. 14.02.1995, Rs. C-279/93 – *Schumacker*, Slg. 1995, S. I-225, Rn. 30; *Lang/Englisch*, in: Amatucci, International Tax Law, 2006, S. 251 (266).

110 Eine allein durch die Regelungen eines einzelnen Staats ausgelöste nicht-diskriminierende Beschränkung kann mangels freiheitsrechtlicher Schutzkomponente der Grundfreiheiten ausgeschlossen werden, siehe dazu Teil 1, A.VII.2.d).

111 Vgl. *Kofler*, Doppelbesteuerungsabkommen, 2007, S. 95.

112 Vgl. *Englisch*, Dividendenbesteuerung, 2005, S. 244; *Kofler*, Doppelbesteuerungsabkommen, 2007, S. 95.

113 Vgl. *Lang/Englisch*, in: Amatucci, International Tax Law, 2006, S. 251 (266).

114 Vgl. *Lyal*, EC Tax Rev. 2003, S. 68 (74).

In der Rechtsprechung des EuGH kam das Verbot nicht-diskriminierender Beschränkungen erstmals in der Rs. *Cassis-de-Dijon*[115] zum Tragen. Da in Deutschland für Fruchtsaftliköre ein Mindestalkoholgehalt von 25% vorgeschrieben war, konnte der in Übereinstimmung mit französischen Vorgaben hergestellte *Cassis-de-Dijon* nicht nach Deutschland exportiert werden. Der EuGH geht in derartigen Situationen von einem Anerkennungsgrundsatz aus, wonach der Inbound-Staat die im Outbound-Staat bereits erfüllten regulatorischen Anforderungen grundsätzlich als Äquivalent zu den eigenen anzusehen hat.[116] In der die Warenverkehrsfreiheit betreffenden Rs. *Keck und Mithouard* schränkte der EuGH diese Rechtsprechung jedoch dahingehend ein, dass im Inbound-Staat geltende reine Verkaufsmodalitäten selbst bei Abweichung von denen des Outbound-Staats keinen Verstoß gegen die Grundfreiheiten begründen können.[117] Hierdurch wird weder der Marktzugang für Importwaren versperrt, noch besteht eine insgesamt höhere Belastung des grenzüberschreitend Tätigen, da dieser hinsichtlich der Importgüter ausschließlich die Verkaufsmodalitäten des Inbound-Staats beachten muss und somit keiner höheren Gesamtbelastung ausgesetzt ist als ein Steuerpflichtiger, der im Inbound-Staat rein innerstaatlich tätig ist.[118] Da die Grundfreiheiten hinsichtlich der direkten Steuern keine Freiheitsrechte beinhalten,[119] ist die *Keck*-Rechtsprechung auf den Bereich der direkten Steuern übertragbar.[120]

b) Juristische Doppelbesteuerung

Eine juristische Doppelbesteuerung entsteht, wenn derselbe Steuerpflichtige durch zwei oder mehr Steuerhoheitsträger für denselben Steuergegenstand und denselben Zeitraum mit einer vergleichbaren Steuer belastet wird.[121] Somit ähneln sich Doppelbesteuerungssituationen und Fälle der Doppelregulierung, da in

---

115 EuGH v. 20.02.1979, Rs. 120/78 – *Cassis de Dijon*, Slg. 1979, S. 649.

116 Vgl. EuGH v. 20.02.1979, Rs. 120/78 – *Cassis de Dijon*, Slg. 1979, S. 649, Rn. 15; EuGH v. 25.07.1991, Rs. C-76/90, *Säger*, Slg. 1991, S. I-4221, Rn. 14.

117 Vgl. EuGH v. 24.11.1993, Rs. C-267/91 und C-268/91 – *Keck und Mithouard*, Slg. 1993, S. I-6097, Rn. 16 bis 18.

118 Vgl. EuGH v. 24.11.1993, Rs. C-267/91 und C-268/91 – *Keck und Mithouard*, Slg. 1993, S. I-6097, Rn. 16.

119 Siehe dazu Teil 1.A.VII.2.d).

120 A.A. *Schnitger*, Grenzen, 2006, S. 242; *Hinnekens*, EC Tax Rev. 2004, S. 65 (66).

121 Vgl. OECD-MK, Einleitung, Rz. 1. Sofern die durch einen bestimmten Lebenssachverhalt bedingten Einkünfte in den verschiedenen betroffenen Staaten zeitversetzt der Besteuerung unterliegen, ist dennoch von einer Doppelbelastung im selben Zeitraum auszugehen, vgl. dazu auch *Vogel*, DStZ 1997, S. 269 (276 f.).

beiden Fällen ein grenzüberschreitend agierender Steuerpflichtiger mit der kumulierten Belastung durch verschiedene Steuerjurisdiktionen und damit einer Mehrbelastung gegenüber rein innerstaatlich tätigen Steuerpflichtigen konfrontiert wird.[122] Ebenso wie auch Doppelregulierungen entsteht die juristische Doppelbesteuerung grenzüberschreitender Marktakteure aufgrund des Zusammenwirkens der betroffenen nationalen Steuerrechtsordnungen, die für sich betrachtet jeweils diskriminierungsfrei ausgestaltet sind.[123] Erst eine supranationale Gesamtschau aller von einem grenzüberschreitend tätigen Steuerpflichtigen zu tragenden steuerlichen Belastungen offenbart eine dem Leistungsfähigkeitsprinzip widersprechende mehrfache steuerliche Erfassung von Einkünften, deren Beseitigung aufgrund ihrer wettbewerbsverzerrenden Wirkung als ein Grundanliegen des Binnenmarkts zu betrachten ist.[124]

Bereits aus der früheren, seit dem Vertrag von Lissabon weggefallenen Bestimmung des Art. 293 Spiegelstrich 2 EG, welche die Mitgliedstaaten zur Aufnahme von Verhandlungen zur Beseitigung von Doppelbesteuerungen anhielt, konnte der einzelne Steuerpflichtige entsprechend der Rechtsprechung des EuGH keine Anspruchsgrundlage herleiten.[125]

Der EuGH verweist darauf, dass die Union bislang keine allgemeinen, auf die Beseitigung von Doppelbesteuerungssituationen gerichteten harmonisierenden Maßnahmen ergriffen hat.[126] Mit Blick auf die Grundfreiheiten entschied der EuGH, dass es allein Sache der Mitgliedstaaten ist, Doppelbesteuerungssituationen

---

122 Vgl. *Schnitger*, Grenzen, 2006, S. 259; *Englisch*, IFSt-Schrift Nr. 449, 2008, S. 111 f. Allgemein zur Behinderung des internationalen Wirtschaftsverkehrs durch Doppelbesteuerungssituationen *Vogel*, DStZ 1997, S. 269 (277).

123 Vgl. *Schnitger*, Grenzen, 2006, S. 259; *Cordewener*, Grundfreiheiten, 2002, S. 877; *Englisch*, Intertax 2005, S. 310 (323 f.); *Schön*, EWS 2000, S. 281 (290); *Wessel*, Doppelbesteuerung, 1988, S. 148.

124 Vgl. EuGH v. 12.05.1998, Rs. C-336/96 – *Gilly*, Slg. 1998, S. I-2793, Rn. 16; EuGH v. 19.01.2006, Rs. C-265/04 – *Bouanich*, Slg. 2006, S. I-923, Rn. 49; GA *Colomer* v. 26.10.2004, Rs. C-376/03 – *D*, Slg. 2005, S. I-5821, Rn. 78.

125 Vgl. EuGH v. 11.07.1985, Rs. 137/84 – *Mutsch*, Slg. 1985, S. 2681, Rn. 11; EuGH v. 10.02.1994, Rs. C-398/92 – *Mund & Fester*, Slg. 1994, S. I-467, Rn. 11; EuGH v. 12.05.1998, Rs. C-336/96 – *Gilly*, Slg. 1998, S. I-2793, Rn. 15 und 17; zustimmend *de Graaf*, EC Tax Rev. 1998, S. 258 (272).

126 Vgl. EuGH v. 14.11.2006, Rs. C-513/04 – *Kerckhaert und Morres*, Slg. 2006, S. I-10967, Rn. 22; EuGH v. 06.12.2007, C-298/05 – *Columbus Container Services*, Slg. 2007, S. I-10451, Rn. 45; EuGH v. 12.02.2009, Rs. C-67/08 – *Block*, Slg. 2009, S. I-883, Rn. 30; EuGH v. 16.07.2009, Rs. C-128/08 – *Damseaux*, Slg. 2009, S. I-6823, Rn. 28 f.; EuGH v. 13.03.2007, Rs. C-524/04 – *Thin Cap*, Slg. 2007, S. I-2107, Rn. 91.

beispielsweise durch die bilaterale Vereinbarung völkerrechtlicher Verteilungsregelungen zu begegnen.[127] Allerdings ist ein Mitgliedstaat keinesfalls verpflichtet, eine sich bei einem grenzüberschreitend tätigen Steuerpflichtigen aus dem Nebeneinander verschiedener nicht aufeinander abgestimmter Rechtsordnungen ergebende mehrfache Einkünfteerfassung zu beseitigen.[128] Somit stehen die Grundfreiheiten entsprechend der Rechtsprechung des EuGH einer juristischen Doppelbesteuerung, die sich aus der diskriminierungsfreien parallelen Ausübung der den verschiedenen Staaten zustehenden Besteuerungsbefugnisse ergibt, nicht entgegen.[129]

c) Wirtschaftliche Doppelbesteuerung

Grenzüberschreitende wirtschaftliche Doppelbesteuerungen treten auf, wenn zwei verschiedene Personen für denselben wirtschaftlichen Vorgang durch mehrere Staaten in demselben Zeitraum mit einer vergleichbaren Steuer belastet werden.[130] Wirtschaftliche Doppelbesteuerungen, die ausschließlich bei grenzüberschreitenden Vorgängen auftreten, ergeben sich regelmäßig aus dem Zusammenspiel verschiedenartig ausgestalteter, nicht harmonisierter nationaler Steuerrechtsnormen.[131] Die grenzüberschreitende wirtschaftliche Doppelbesteuerung resultiert aus der parallelen Anwendung nicht aufeinander abgestimmter mitgliedstaatlicher Besteuerungsregelungen.[132] Damit beruht die Schlechterstellung nicht wie bei der juristischen Doppelbesteuerung lediglich auf einem Nebeneinander verschiedener Rechtsordnungen, sondern letztlich auf der bloßen Unterschiedlichkeit der verschiedenen anzuwendenden Rechtsordnungen.[133] Die Schlechterstellung des

---

127 Vgl. EuGH v. 14.11.2006, Rs. C-513/04 – *Kerckhaert und Morres*, Slg. 2006, S. I-10967, Rn. 23; EuGH v. 16.07.2009, Rs. C-128/08 – *Damseaux*, Slg. 2009, S. I-6823, Rn. 28 bis 30; EuGH v. 13.03.2007, Rs. C-524/04 – *Thin Cap*, Slg. 2007, S. I-2107, Rn. 91.

128 Vgl. EuGH v. 12.02.2009, Rs. C-67/08 – *Block*, Slg. 2009, S. I-883, Rn. 31; EuGH v. 28.02.2008, Rs. C-293/06 – *Deutsche Shell*, Slg. 2008, S. I-1129, Rn. 42 f.; EuGH v. 23.10.2008, Rs. C-157/07 – *Krankenheim Ruhesitz am Wannsee*, Slg. 2008, S. I-8061, Rn. 49 f.

129 Vgl. EuGH v. 03.06.2010, Rs. C-487/08 – *Kommission/Spanien*, Slg. 2010, S. I-4843, Rn. 56; EuGH v. 14.11.2006, Rs. C-513/04 – *Kerckhaert und Morres*, Slg. 2006, S. I-10967, Rn. 20 bis 24.

130 Vgl. *Vogel*, in: Vogel/Lehner, DBA, 2008, Einleitung, Rz. 4.

131 Vgl. *Schnitger*, Grenzen, 2006, S. 269 f.

132 Vgl. *Schnitger*, Grenzen, 2006, S. 270.

133 Vgl. *Schnitger*, Grenzen, 2006, S. 270.

grenzüberschreitend Tätigen ergibt sich also nicht aus einer Überlagerung der einzelnen Rechtsordnungen bzw. aus einer Doppelregulierung, sondern daraus, dass die Steuersysteme der verschiedenen Staaten nicht deckungsgleich ausgestaltet sind[134] und somit eine diskriminierungsfreie, ungünstige Regelung des einen Staats nicht durch eine damit korrespondierende, günstige Regelung des anderen Staats kompensiert wird. Regelmäßig würden wirtschaftliche Diskriminierungen beseitigt, indem die entscheidenden mitgliedstaatlichen Rechtsnormen einander angeglichen würden. Hieraus wird deutlich, dass wirtschaftliche Doppelbesteuerungen üblicherweise die Folge grundfreiheitsrechtlich unangreifbarer bloßer Regelungsdisparitäten sind. Allgemein zeichnen sich primärrechtlich unbedenkliche bloße Disparitäten zwischen den Rechtsnormen der von einem grenzüberschreitenden Sachverhalt betroffenen Staaten dadurch aus, dass die durch sie ausgelösten Mehrbelastungen von grenzüberschreitend tätigen Steuerpflichtigen verschwinden würden, wenn die divergierenden nationalen Rechtsnormen einander angeglichen würden.[135] Angesichts ihrer Steuersouveränität sind die Mitgliedstaaten aber nicht grundfreiheitsrechtlich verpflichtet, ihr Steuerrecht auf dasjenige anderer Mitgliedstaaten abzustimmen.[136] Folglich ist festzustellen, dass eine wirtschaftliche Doppelbesteuerung grundsätzlich keinen Verstoß gegen die Grundfreiheiten darstellt.[137]

Eine grundfreiheitliche Diskriminierung kann nur dann angenommen werden, wenn die wirtschaftliche Doppelbesteuerung ausnahmsweise Ergebnis einer diskriminierenden mitgliedstaatlichen Maßnahme ist.[138]

d) Kein grundfreiheitliches Freiheitsrecht im Bereich des Steuerrechts

Fraglich ist, ob das Verbot nicht-diskriminierender Beschränkungen über ein Gleichheitsrecht hinaus auch ein Freiheitsrecht gewährt. Gleichheitsrechte weisen

134 Vgl. *Glahe*, Einkünftekorrektur, 2012, S. 226 f.

135 Vgl. dazu allgemein *Wattel*, EC Tax Rev. 2003, S. 194 (199).

136 Vgl. EuGH v. 06.12.2007, C-298/05 – *Columbus Container Services*, Slg. 2007, S. I-10451, Rn. 51; EuGH v. 28.02.2008, Rs. C-293/06 – *Deutsche Shell*, Slg. 2008, S. I-1129, Rn. 43; EuGH v. 23.10.2008, Rs. C-157/07 – *Krankenheim Ruhesitz am Wannsee*, Slg. 2008, S. I-8061, Rn. 49 f.; EuGH v. 12.02.2009, Rs. C-67/08 – *Block*, Slg. 2009, S. I-883, Rn. 31.

137 Vgl. *Glahe*, Einkünftekorrektur, 2012, S. 227 f.

138 Vgl. EuGH v. 13.03.2007, Rs. C-524/04 – *Thin Cap*, Slg. 2007, S. I-2107, Rn. 90; EuGH v. 14.12.2006, Rs. C-170/05 – *Denkavit Internationaal*, Slg. 2006, S. I-11949, Rn. 37; EuGH v. 18.06.2009, Rs. C-303/07 – *Aberdeen Property Fininvest Alpha*, Slg. 2009, S. I-5145, Rn. 44.

einen relativen Charakter auf, wonach die Feststellung eines Grundfreiheitsverstoßes einer Norm einen vorherigen Belastungsvergleich zweier Vergleichssachverhalte voraussetzt.[139] Gleichheitsrechte zielen also auf die Beseitigung einer unterschiedlichen Belastung des Vergleichspaars.[140] Freiheitsrechte hingegen entfalten einen absolut wirkenden Schutz, indem bestimmte Sachverhalte selbst dann vor jeglicher staatlichen Regulierung bewahrt werden, wenn es an einer Mehrbelastung dieser Sachverhalte gegenüber Vergleichssachverhalten fehlt.[141] Teilweise wird die Auffassung vertreten, dass die Grundfreiheiten nur in ihrer Ausprägung als Diskriminierungsverbote gleichheitsrechtlich strukturiert seien, während das Verbot nicht-diskriminierender Beschränkungen eine freiheitsrechtliche Ausrichtung erkennen lasse.[142] Begründet wird dies dadurch, dass durch die Beseitigung nicht-diskriminierender Beschränkungen eine Gleichbehandlung des grenzüberschreitenden Sachverhalts durch den beschränkenden Staat gerade vermieden werden solle.[143] Nach zutreffender Auffassung entfalten die Grundfreiheiten im Bereich des Steuerrechts[144] aber nur einen gleichheitsrechtlichen Schutz.[145] Selbst bei der Prüfung nicht-diskriminierender Beschränkungen ist hier zur Feststellung eines Grundfreiheitsverstoßes zunächst ein Vergleichspaar zu bilden, um i.R. einer Vergleichsprüfung eine eventuelle Mehrbelastung eines der Vergleichsobjekte feststellen zu können.[146] Da ein freiheitsrechtlicher Gewährleistungsgehalt der Grundfreiheiten im Bereich des Steuerrechts regelmäßig zu einer Besserstellung des grenzüberschreitend Tätigen gegenüber dem rein innerstaatlich Tätigen

139 Vgl. *Englisch*, Dividendenbesteuerung, 2005, S. 247; *Lackhoff*, Niederlassungsfreiheit, 2000, S. 245; *Classen*, EWS 1995, S. 97 (97).

140 Vgl. *Englisch*, StuW 2003, S. 88 (90).

141 Vgl. *Englisch*, StuW 2003, S. 88 (89); *Classen*, EWS 1995, S. 97 (98); *Englisch*, Dividendenbesteuerung, 2005, S. 247 bis 249; *Cordewener*, Grundfreiheiten, 2002, S. 176 f. und 180 f.; *Lackhoff*, Niederlassungsfreiheit, 2000, S. 245.

142 Vgl. *Jarass*, EuR 2000, S. 705 (712); *Körner*, BB 2003, S. 2436 (2442); *Lehner*, in: FS Offerhaus, 1999, S. 117 (119 und 124); *Reimer*, in: Lehner, Grundfreiheiten, 2000, S. 39 (56 f.); *Weber-Grellet*, Europäisches Steuerrecht, 2005, S. 44 f.; *Schnitger*, Grenzen, 2006, S. 171 f.; *Musil*, IStR 2001, S. 482 (482); *Weber-Grellet*, DStR 2009, S. 1229 (1229).

143 Vgl. *Kofler*, Doppelbesteuerungsabkommen, 2007, S. 54.

144 Außerhalb des Steuerrechts wurde ein Freiheitsrecht durch den EuGH hingegen bejaht, vgl. EuGH v. 25.07.1991, Rs. C-76/90, *Säger*, Slg. 1991, S. I-4221, Rn. 12.

145 Vgl. *Englisch*, Dividendenbesteuerung, 2005, S. 247 bis 249.

146 Vgl. *Englisch*, StuW 2003, S. 88 (90); *Lang*, Rechtsprechung des EuGH, 2007, S. 34 f.; *Englisch*, Dividendenbesteuerung, 2005, S. 248; *Staringer*, in: Lechner/Staringer/Tumpel, Kapitalverkehrsfreiheit, 2000, S. 93 (103).

bedeuten würde, würde dies die durch die Errichtung des Binnenmarkts angestrebte Verwirklichung von Wettbewerbsgleichheit geradezu konterkarieren.[147]

Somit weisen die Grundfreiheiten hinsichtlich ihrer steuerrechtlichen Implikationen eine einheitliche, gleichheitsrechtliche Struktur auf, unabhängig davon, ob eine Diskriminierung oder eine nicht-diskriminierende Beschränkung vorliegt.[148]

3. Grundfreiheitlich immunisierte Bereiche

Fraglich ist die grundfreiheitliche Würdigung sog. Verteilungsnormen in DBA, da diese regelmäßig an die Ansässigkeit bzw. in seltenen Fällen auch an die Staatsangehörigkeit der Abkommensberechtigten anknüpfen. Entgegen ihrer Bezeichnung dienen diese Verteilungsnormen aber genau genommen nicht einer Verteilung von Besteuerungsrechten, sondern vielmehr der Einschränkung von Besteuerungsrechten, die den von dem jeweiligen DBA betroffenen Vertragsstaaten aufgrund ihrer Steuersouveränität und entsprechend der verwirklichten nationalen Steuertatbestände grundsätzlich zustehen.[149] Aufgrund dieser rein steuerbeschränkenden Wirkung der abkommensrechtlichen Allokationsnormen kann eine Beschränkung der Grundfreiheiten durch selbige somit ausgeschlossen werden.[150] Es ist insoweit also ein außerhalb des Anwendungsbereichs der Grundfreiheiten liegender und damit grundfreiheitlich irrelevanter bzw. immunisierter Bereich festzustellen.[151] Sofern beispielsweise der niedriger besteuernde Staat bestimmte Einkünfte zugunsten des höher besteuernden Staats freistellt, ist dies für den Steuerpflichtigen ungünstiger als die umgekehrte Konstellation. Allerdings ergibt sich hierdurch keine Mehrbelastung des grenzüberschreitend tätigen Steuerpflichtigen gegenüber

147 Vgl. *Englisch*, Wettbewerbsgleichheit, 2008, S. 239 f.; *Glahe*, Einkünftekorrektur, 2012, S. 137.

148 Vgl. *Lang*, Rechtsprechung, 2007, S. 34 f.; *Schönfeld*, Hinzurechnungsbesteuerung, S. 84 f.; *Musil*, DB 2009, S. 1037 (1041); *Englisch*, Dividendenbesteuerung, 2005, S. 247 f.; *Englisch*, Intertax 2010, S. 197 (203); *Reimer*, FR 2007, S. 217 (225).

149 Vgl. *Vogel*, in: Vogel/Lehner, DBA, 2008, Einleitung Rz. 43.

150 Vgl. *Kofler*, Doppelbesteuerungsabkommen, 2007, S. 128; *van der Linde*, EC Tax Rev. 2004, S. 10 (14).

151 Vgl. *Kofler*, Doppelbesteuerungsabkommen, 2007, S. 128; *Cordewener*, Grundfreiheiten, 2002, S. 837; EuGH v. 21.09.1999, Rs. C-307/97 – *Saint-Gobain*, Slg. 1999, S. I-6161, Rn. 56; EuGH v. 12.12.2002, Rs. C-385/00 – *de Groot*, Slg. 2002, S. I-11819, Rn. 93; EuGH v. 23.02.2006, Rs. C-513/03 – *van Hilten-van der Heijden*, Slg. 2006, S. I-1957, Rn. 47; EuGH v. 12.12.2006, Rs. C-374/04 – *ACT Group Litigation*, Slg. 2006, S. I-11673, Rn. 52; *Heinicke*, DStR 1998, S. 1332 (1337); GA *Colomer* v. 20.11.1997, Rs. C-336/96 – *Gilly*, Slg. 1998, S. I-2793, Rn. 44.

einem ausschließlich im höher besteuernden Staat tätigen Steuerpflichtigen.[152] Der Nachteil ist lediglich Ausdruck der Koexistenz unterschiedlich ausgeprägter Steuersysteme, in deren Ausgestaltung die jeweiligen Staaten aufgrund ihrer Steuersouveränität grundsätzlich frei sind und somit keine Rücksicht auf die Besonderheiten anderer Steuerrechtsordnungen nehmen müssen.[153] Unterschiedliche Steuersätze oder Bemessungsgrundlagen sind damit als sog. bloße Disparitäten grundfreiheitlich immunisiert.[154] Der Steuerpflichtige hat keinen grundfreiheitlich fundierten Anspruch auf eine Besteuerung durch den niedriger besteuernden Staat.[155]

Teilweise wird angenommen, dass die durch die Anrechnungsmethode herbeigeführte Kapitalexportneutralität,[156] wonach im Inbound-Staat erzielte und dort einer Besteuerung unterliegende Einkünfte auf ein ggf. höheres Steuerniveau des Outbound-Staats heraufgeschleust werden,[157] grundfreiheitswidrig sei, da dies den Anreiz zur Investition in einem niedrig besteuernden Staat unterbinde.[158] Dies ist jedoch abzulehnen, da der als Bestandteil der Verteilungsnormen anzusehende abkommensrechtliche Methodenartikel zu keiner Mehrbelastung des grenzüberschreitend tätigen Steuerpflichtigen gegenüber einem ausschließlich

---

152 Vgl. dazu allgemein EuGH v. 19.03.2002, Rs. C-393/99 und C-394/99 – *Hervein und Lorthiois*, Slg. 2002, S. I-2829, Rn. 51; EuGH v. 29.04.2004, Rs. C-387/01 – *Weigel*, Slg. 2004, S. I-4981, Rn. 55, EuGH v. 15.07.2004, Rs. C-365/02 – *Lindfors*, Slg. 2004, S. I-7183, Rn. 34; EuGH v. 12.05.1998, Rs. C-336/96 – *Gilly*, Slg. 1998, S. I-2793, Rn. 47.

153 Vgl. *Kofler*, Doppelbesteuerungsabkommen, 2007, S. 125.

154 Vgl. *Kofler*, Doppelbesteuerungsabkommen, 2007, S. 125.

155 Vgl. *Englisch*, IFSt-Schrift Nr. 449, 2008, S. 115 f.; *Englisch*, Intertax 2005, S. 310 (325); *Lang/Englisch*, in: Amatucci, International Tax Law, 2006, S. 251 (285).

156 Vgl. dazu *Lehner*, StuW 1998, S. 159 (165).

157 Kapitalexportneutralität liegt vor, wenn ein Steuerpflichtiger seine gesamten im In- und Ausland erzielten Einkünfte entsprechend dem Steuerniveau seines Ansässigkeitsstaats zu versteuern hat, vgl. *Terra/Wattel*, European Tax Law, 2008, S. 172. Da es bei einer geringeren Steuerbelastung in ausländischen Quellenstaaten zu einem inländischen steuerlichen Nachholeffekt kommt, profitiert der Steuerpflichtige nicht vom Steuergefälle, vgl. *Fischer/Kleineidam/Warneke*, Steuerlehre, 2005, S. 44; *Terra/Wattel*, European Tax Law, 2008, S. 173; *Lehner*, in: Vogel/Lehner, DBA-Kommentar, 2008, Einleitung Rz. 267. Während die konsequente Umsetzung der Kapitalexportneutralität jedoch die volle Anrechnung der im Quellenstaat erhobenen Steuern zur Folge haben müsste, beschränkt § 34 EStG bzw. § 26 KStG die Anrechnung allerdings auf den Betrag der deutschen Steuer, der auf die entsprechenden ausländischen Einkünfte entfällt.

158 Vgl. *Lehner*, in: FS Wassermeyer, 2005, S. 241 (253); a.A. *Lehner*, StuW 1998, S. 159 (172 f.).

innerhalb des Ansässigkeitsstaats tätigen Steuerpflichtigen führt. Auch wenn es für den Steuerpflichtigen günstiger wäre, wenn der Ansässigkeitsstaat statt der Anrechnungsmethode die Freistellungsmethode[159] anzuwenden hätte, ist dieser Nachteil grundfreiheitsrechtlich unbedenklich, da er allein auf die Unterschiedlichkeit der einzelnen nationalen Rechtsordnungen zurückzuführen ist.[160] Solche bloßen Disparitäten[161] der verschiedenen Steuersysteme begründen keine nichtdiskriminierenden Beschränkungen, da die Grundfreiheiten keine Harmonisierung der Rechtsordnungen innerhalb der EU herbeiführen können.[162] Folglich sind Nachteile aufgrund bloßer Disparitäten, d.h. der bloßen Unterschiedlichkeit der betroffenen Steuerrechtsordnungen, keiner grundfreiheitsrechtlichen Korrektur zugänglich.[163] Aufgrund der Primärrechtskompatibilität der Kapitalexportneutralität[164] ist ein grundfreiheitliches Gebot der Anwendung der Freistellungsmethode abzulehnen.[165] Aus dem bereits Gesagten ist auch auf die Grundfreiheitsverträglichkeit von Anrechnungsüberhängen als Folge der abkommensrechtlichen

---

159 Vermeidet der Ansässigkeitsstaat eine Doppelbesteuerung durch die Anwendung der Freistellungsmethode, so bemisst sich die Steuerbelastung ausschließlich nach dem Steuerniveau des Quellenstaats. Bei einem Steuergefälle zwischen Ansässigkeits- und Quellenstaat erfolgt keine Hinaufschleusung auf das Steuerniveau des Ansässigkeitsstaats, vgl. *Fischer/Kleineidam/Warneke*, Steuerlehre, 2005, S. 44; *Lehner*, in: Vogel/ Lehner, DBA, 2008, Einleitung Rz. 267.

160 Vgl. EuGH v. 12.05.1998, Rs. C-336/96 – *Gilly*, Slg. 1998, S. I-2793, Rn. 47; *Desens*, IStR 2003, S. 613 (615 f.); *Cordewener/Schnitger*, StuW 2006, S. 50 (62); GA *Geelhoed* v. 06.04.2006, Rs. C-446/04 – *FII Group Litigation*, Slg. 2006, S. I-11753, Rn. 45.

161 Von einer grundfreiheitsrechtlich unbedenklichen bloßen Disparität ist auszugehen, wenn ein steuerlicher Nachteil bei einer gedachten identischen Ausgestaltung der betroffenen Steuersysteme vollständig eliminiert würde, vgl. *Kofler*, Doppelbesteuerungsabkommen, 2007, S. 124 f.; *Terra/Wattel*, European Tax Law, 2008, S. 69.

162 Vgl. *Kofler*, Doppelbesteuerungsabkommen, 2007, S. 123. Vielmehr ist der Unionsgesetzgeber zur positiven Harmonisierung berufen, vgl. *Kofler*, Doppelbesteuerungsabkommen, 2007, S. 126; GA *Geelhoed* v. 23.02.2006, Rs. C-374/04 – *ACT Group Litigation*, Slg. 2006, S. I-11673, Rn. 47.

163 Vgl. EuGH v. 12.07.2005, Rs. C-403/03 – *Schempp*, Slg. 2005, S. I-6421, Rn. 34; *Terra/Wattel*, European Tax Law, 2008, S. 69; *Schön*, DStJG 23 (2000), S. 191 (211); *Cordewener/Schnitger*, StuW 2006, S. 50 (62); *Glahe*, Einkünftekorrektur, 2012, S. 135.

164 Vgl. *Cordewener/Schnitger*, StuW 2006, S. 50 (64); *Schnitger/Papantonopoulos*, BB 2005, S. 407 (411); *Hey*, StuW 2004, S. 193 (201).

165 Vgl. *Englisch*, Intertax 2005, S. 310 (325); *Lang/Englisch*, in: Amatucci, International Tax Law, 2006, S. 251 (285); *Englisch*, IFSt-Schrift Nr. 449, 2008, S. 51; *Kokott*,

Anrechnungsmethode zu schließen. Wäre der Outbound-Staat zur vollständigen Anrechnung ausländischer Einkünfte auch dann verpflichtet, wenn diese die inländischen Einkünfte überstiegen, so würde dies zu einer Verringerung seiner Steuereinnahmen aus anderen Einkunftsquellen des Steuerpflichtigen führen.[166] Dies würde jedoch die unionsrechtliche Zulässigkeit von Disparitäten untergraben, da der Outbound-Staat nur durch Anhebung seines Steuerniveaus weitere Steuerausfälle verhindern könnte.[167] Eine solche durch die Grundfreiheiten faktisch erzwungene Harmonisierung der Rechtsordnungen ist angesichts der mitgliedstaatlichen Kompetenz zur Ausgestaltung der eigenen Steuerrechtsordnung abzulehnen. Darüber hinaus ist auch hier wiederum festzustellen, dass der grenzüberschreitend tätige Steuerpflichtige insgesamt keiner höheren Besteuerung unterliegt, als ein rein im Inbound-Staat tätiger Steuerpflichtiger. Der Nachteil ergibt sich letztlich allein aus dem höheren Steuerniveau des Inbound-Staats und ist als reine Disparität deshalb aus grundfreiheitlicher Sicht unbedenklich.[168]

4. Vergleichbarkeit

Eine festgestellte Beschränkung des grenzüberschreitenden Wirtschaftsverkehrs ist entsprechend der Rechtsprechung des EuGH nur dann vorbehaltlich einer Rechtfertigung verboten, wenn unterschiedliche Vorschriften auf vergleichbare Situationen angewendet werden, oder wenn dieselbe Vorschrift auf unterschiedliche Situationen angewandt wird.[169] Daraus ergibt sich, dass eine Diskriminierung nur dann grundsätzlich verboten ist, wenn sich – im Fall von vertikalen Vergleichspaaren – der grenzüberschreitend Tätige in einer mit einem rein innerstaatlich tätigen Steuerpflichtigen

---

in: Lehner, Grundfreiheiten, 2000, S. 1 (22 f.); einschränkend *Schönfeld*, StuW 2006, S. 79 (82 f.).

166 Vgl. EuGH v. 12.05.1998, Rs. C-336/96 – *Gilly*, Slg. 1998, S. I-2793, Rn. 48.

167 Vgl. *Schnitger*, Grenzen, 2006, S. 250.

168 Vgl. EuGH v. 12.05.1998, Rs. C-336/96 – *Gilly*, Slg. 1998, S. I-2793, Rn. 47; EuGH v. 06.12.2007, C-298/05 – *Columbus Container Services*, Slg. 2007, S. I-10451, Rn. 38 f.; *Cordewener*, Grundfreiheiten, 2002, S. 885; *Glahe*, Einkünftekorrektur, 2012, S. 135.

169 Vgl. EuGH v. 14.02.1995, Rs. C-279/93 – *Schumacker*, Slg. 1995, S. I-225, Rn. 30; EuGH v. 29.04.1999, Rs. C-311/97 – *Royal Bank of Scotland*, Slg. 1999, S. I-2651, Rn. 26; EuGH v. 11.08.1995, Rs. C-80/94 – *Wielockx*, Slg. 1995, S. I-2493, Rn. 17; EuGH v. 27.06.1996, Rs. C-107/94 – *Asscher*, Slg. 1996, S. I-3089, Rn. 40. Damit dient die Vergleichbarkeitsprüfung dem Ziel der Besteuerung nach der Leistungsfähigkeit, vgl. *Englisch*, Dividendenbesteuerung, 2005, S. 264; *van Thiel*, EC Tax Rev. 2003, S. 4 (13).

vergleichbaren Situation befindet bzw. – im Fall horizontaler Vergleichspaare – die Situation des einen grenzüberschreitend Tätigen mit der eines anderen grenzüberschreitend Tätigen vergleichbar ist. Hinsichtlich einer nicht-diskriminierenden Beschränkung ergibt sich aus der dargestellten EuGH-Rechtsprechung hingegen, dass diese nur dann grundsätzlich verboten ist, wenn es just an der Vergleichbarkeit der Situationen der grenzüberschreitend und rein innerstaatlich tätigen Wirtschaftssubjekte fehlt.[170] Nur wenn eine festgestellte Beschränkung grundsätzlich verboten ist, bedarf deren Aufrechterhaltung einer Rechtfertigung.

a) Vertikale Vergleichspaare

Fraglich ist, unter welchen Voraussetzungen ein grenzüberschreitender Sachverhalt mit einem diesem gegenübergestellten, rein innerstaatlichen Sachverhalt vergleichbar ist. Teilweise deutet der EuGH im Zusammenhang mit vertikalen Vergleichspaaren eine widerlegbare Vermutung der Vergleichbarkeit an, indem er diese – ggf. nach Widerlegung der von den Mitgliedstaaten vorgebrachten Gegenargumente – ohne Weiteres annimmt.[171]

Eine tatsächliche Vergleichbarkeit zwischen verschiedenen Sachverhalten ist dann gegeben, wenn diese insofern in einem Konkurrenzverhältnis stehen, dass ihre Verwirklichung vergleichbaren wirtschaftlichen Zwecken dient.[172] Die Ziele, die mit den verglichenen Vorgängen erreicht werden sollen, müssen sich ihrer Art nach also entsprechen.[173] Hieraus folgt, dass es Sachverhalten, die sich lediglich hinsichtlich des Vorliegens eines transnationalen Elements unterscheiden, regelmäßig nicht an einer tatsächlichen Vergleichbarkeit fehlt.

Zum anderen setzt die Vergleichbarkeit von Sachverhalten voraus, dass diese durch den beschränkenden Mitgliedstaat grundsätzlich rechtlich gleich behandelt werden.[174] Die rechtliche Vergleichbarkeit korrespondiert nach hier vertretener Auffassung mit der Besteuerungshoheit des beschränkenden Staats. Sofern ein

170 Vgl. EuGH v. 12.09.2002, Rs. C-431/01 – *Mertens*, Slg. 2002, S. I-7073, Rn. 30 f.; *Lang*, EC Tax Rev. 2009, S. 98 (99 f.).

171 Vgl. EuGH v. 13.12.2005, Rs. C-446/03 – *Marks & Spencer*, Slg. 2005, I-10837, Rn. 40; EuGH v. 18.06.2009, Rs. C-303/07 – *Aberdeen Property Fininvest Alpha*, Slg. 2009, S. I-5145, Rn. 55; *Glahe*, Einkünftekorrektur, 2012, S. 141.

172 Vgl. *Englisch*, IFSt-Schrift Nr. 449, 2008, S. 14; *Englisch*, Wettbewerbsgleichheit, 2008, S. 293.

173 Vgl. *Englisch*, IFSt-Schrift Nr. 449, 2008, S. 14.

174 Allein auf die rechtliche Gleichbehandlung abstellend *Gutmann*, EC Tax Rev. 2003, S. 154 (155).

Mitgliedstaat hinsichtlich bestimmter Einkünfte ein Besteuerungsrecht für sich in Anspruch nimmt, hat er dem grenzüberschreitend tätigen Steuerpflichtigen in diskriminierungsfreier Weise auch die damit zusammenhängenden Steuervorteile zu gewähren bzw. von zusätzlichen Benachteiligungen abzusehen. Wann eine Besteuerungshoheit in diesem Sinne und damit eine rechtliche Vergleichbarkeit gegeben ist, wird im Folgenden überprüft.

aa) Vergleichbarkeit bei Inbound-Fällen

In Inbound-Fällen wird häufig zwischen unbeschränkter und beschränkter Steuerpflicht und damit zwischen Ansässigkeit und Nichtansässigkeit unterschieden. In der Rs. *Schumacker* stellte der EuGH fest, dass sich „Gebietsansässige und Gebietsfremde in der Regel nicht in einer vergleichbaren Situation" befinden sollen.[175] In diesem Urteil setzte sich der EuGH mit der Frage auseinander, ob ein Staat die persönliche und familiäre Lage einer natürlichen Person unabhängig davon zu berücksichtigen hat, ob die Person unbeschränkt oder beschränkt steuerpflichtig ist.[176] Der EuGH argumentierte, dass die Unvergleichbarkeit daraus folge, dass die persönliche und familiäre Situation am leichtesten im Wohnsitzstaat berücksichtigt werden könne.[177] Außerdem würde das Einkommen, das ein Gebietsfremder im Inbound-Staat erzielt, zumeist nur einen geringen Teil seines Gesamteinkommens ausmachen. Der EuGH stützt sich implizit auf die Feststellung, dass nur der Ansässigkeits- bzw. Outbound-Staat eine Besteuerung nach dem Welteinkommensprinzip vornimmt.[178] Der EuGH betrachtet die Gewährung persönlicher Entlastungen damit als originäre Pflicht des Ansässigkeitsstaats.[179] Hinsichtlich des Inbound-Staats soll eine Vergleichbarkeit der Situation des Gebietsfremden mit der eines Ansässigen ausnahmsweise nur dann gegeben sein,

---

175 Vgl. EuGH v. 14.02.1995, Rs. C-279/93 – *Schumacker*, Slg. 1995, S. I-225, Rn. 31.

176 Vgl. EuGH v. 14.02.1995, Rs. C-279/93 – *Schumacker*, Slg. 1995, S. I-225, Rn. 12 und 14.

177 Vgl. EuGH v. 14.02.1995, Rs. C-279/93 – *Schumacker*, Slg. 1995, S. I-225, Rn. 32.

178 Vgl. EuGH v. 14.02.1995, Rs. C-279/93 – *Schumacker*, Slg. 1995, S. I-225, Rn. 32 f.; EuGH v. 12.12.2002, Rs. C-385/00 – *de Groot*, Slg. 2002, S. I-11819, Rn. 89 f. und 98; EuGH v. 12.06.2003, Rs. C-234/01 – *Gerritse*, Slg. 2003, S. I-5933, Rn. 43.

179 Vgl. hinsichtlich der Verpflichtung des Ansässigkeitsstaats zur steuerlichen Berücksichtigung persönlicher Lebensverhältnisse auch EuGH v. 12.06.2003, Rs. C-234/01 – *Gerritse*, Slg. 2003, S. I-5933, Rn. 43; EuGH v. 12.12.2002, Rs. C-385/00 – *de Groot*, Slg. 2002, S. I-11819, Rn. 89 f.

wenn der Gebietsfremde seine gesamten oder nahezu gesamten Einkünfte im Inbound-Staat erwirtschaftet.[180]

Fraglich ist die richtige Interpretation der *Schumacker*-Rechtsprechung, die bei uneingeschränkter Anwendung den Inbound-Staat vom Diskriminierungsverbot weitgehend befreien würde.[181] Einschränkend könnte angenommen werden, dass die *Schumacker*-Doktrin nur hinsichtlich des subjektiven Leistungsfähigkeitsprinzips zur Anwendung kommt,[182] während hinsichtlich des objektiven Leistungsfähigkeitsprinzips von einer grundsätzlichen Vergleichbarkeit der Situationen auszugehen ist.[183] Hierfür sprechen auch einige die objektive Leistungsfähigkeit betreffende Judikate des EuGH, in denen sich die *Schumacker*-Doktrin nicht durchzusetzen vermochte.[184]

Nach hier vertretener Auffassung ist jedoch auch hinsichtlich der objektbezogenen Besteuerungsmerkmale die Vergleichbarkeit grundsätzlich nur dann gegeben, wenn die begehrte Beseitigung eines steuerlichen Nachteils bzw. Gewährung eines steuerlichen Vorteils in einem unmittelbaren wirtschaftlichen

---

180 Vgl. EuGH v. 14.02.1995, Rs. C-279/93 – *Schumacker*, Slg. 1995, S. I-225, Rn. 36; EuGH v. 11.08.1995, Rs. C-80/94 – *Wielockx*, Slg. 1995, S. I-2493, Rn. 20; EuGH v. 05.07.2005, Rs. C-376/03 – *D*, Slg. 2005, S. I-5821, Rn. 29; EuGH v. 18.07.2007, C-182/06 – *Lakebrink*, Slg. 2007, S. I-6705, Rn. 30; EuGH v. 16.10.2008, Rs. C-527/06 – *Renneberg*, Slg. 2008, S. I-7735, Rn. 61.

181 Vgl. *Schnitger*, Grenzen, 2006, S. 187 f.

182 Vgl. *Englisch*, StuW 2003, S. 88 (92); *Englisch*, Dividendenbesteuerung, 2005, S. 265; *Hey*, StuW 2004, S. 193 (195); *Schön*, IStR 2004, S. 289 (292); *Schnitger*, Grenzen, 2006, S. 188; Seer, IWB v. 08.10.2003, F. 11 Gr. 2, S. 573 (577).

183 Vgl. *Schön*, IStR 2004, S. 289 (292); *Lang/Englisch*, in: Amatucci, International Tax Law, 2006, S. 251 (273); *van Thiel*, EC Tax Rev. 2003, S. 4 (12); *Glahe*, Einkünftekorrektur, 2012, S. 148 f. Bei juristischen Personen könnte mangels Privatsphäre eine völlige Irrelevanz der *Schumacker*-Doktrin angenommen werden, vgl. *Desens*, IStR 2003, S. 613 (620); *Englisch*, Dividendenbesteuerung, 2005, S. 263; *Dautzenberg*, BB 2001, S. 2137 (2139); EuGH v. 29.04.1999, Rs. C-311/97 – *Royal Bank of Scotland*, Slg. 1999, S. I-2651, Rn. 29; *Kofler*, Doppelbesteuerungsabkommen, 2007, S. 84.

184 Vgl. dazu auch *Schnitger*, FR 2003, S. 745 (750 f.); zur Festlegung des Steuersatzes beschränkt Steuerpflichtiger EuGH v. 12.06.2003, Rs. C-234/01 – *Gerritse*, Slg. 2003, S. I-5933, Rn. 52 f.; *Saß*, FR 1998, S. 1 (4 f.); *Suhrbier-Hahn*, EuZW 2003, S. 464 (464); hinsichtlich der Ermittlung steuerlichen Bemessungsgrundlage eines beschränkt Steuerpflichtigen EuGH v. 29.04.1999, Rs. C-311/97 – *Royal Bank of Scotland*, Slg. 1999, S. I-2651, Rn. 29; EuGH v. 19.01.2006, Rs. C-265/04 – *Bouanich*, Slg. 2006, S. I-923, Rn. 39 bis 41; EuGH v. 21.09.1999, Rs. C-307/97 – *Saint-Gobain*, Slg. 1999, S. I-6161, Rn. 47.

Zusammenhang mit der Einkünfteerzielung im Inbound-Staat steht. Diese Auffassung entspricht der Rechtsprechung des EuGH in der Rs. *Futura Participations*, wonach der Inbound-Staat grundsätzlich nicht zur Berücksichtigung von im Outbound-Staat entstandenen Verlusten verpflichtet ist, da er aufgrund des Territorialitätsprinzips auch zur Besteuerung korrespondierender positiver Einkünfte nicht berechtigt ist.[185] Entsprechend dem den allgemeinen völkerrechtlichen Grundsätzen zuzuordnenden Territorialitätsprinzip kann ein Mitgliedstaat die ausländischen Einkünfte eines beschränkt Steuerpflichtigen mangels hinreichendem persönlichen oder sachlichen Bezug nicht besteuern.[186] Die das Territorialitätsprinzip kennzeichnenden Symmetrieüberlegungen[187] sind m.E. auch innerhalb der Vergleichbarkeitsprüfung grundsätzlich maßgebend. Soweit der Inbound-Staat bestimmte Einkünfte eines auslandsansässigen Steuerpflichtigen der Besteuerung unterwirft, ist demnach die rechtliche Situation dieses Wirtschaftsteilnehmers mit der eines rein inländisch agierenden Steuerpflichtigen vergleichbar.[188] D.h., der Bestimmungsstaat hat dann auch die Ausgaben des Steuerpflichtigen zum Abzug zuzulassen, die unmittelbar durch die in diesem Staat ausgeübte steuerpflichtige Tätigkeit veranlasst sind.[189] Soweit der Inbound-Staat jedoch aufgrund des völkerrechtlichen Territorialitätsprinzips auf eine Besteuerung ausländischer Einkünfte zu verzichten hat, muss er im Zusammenhang mit diesen Einkünften grundsätzlich auch keine steuerlichen Vorteile gewähren.[190] Insoweit stellt die steuerliche Ungleichbehandlung durch den

---

185 Vgl. EuGH v. 15.05.1997, Rs. C-250/95 – *Futura Participations*, Slg. 1997, S. I-2471, Rn. 20 bis 22.

186 Vgl. *Englisch*, IFSt-Schrift Nr. 449, 2008, S. 17 f. Allgemein zum am Territorialitätsprinzip ausgerichteten Besteuerungsrecht des Quellenstaats *Fischer/Kleineidam/Warneke*, Steuerlehre, 2005, S. 45.

187 Vgl. *Dörr*, IStR 2004, S. 265 (267).

188 Vgl. EuGH v. 14.12.2006, Rs. C-170/05 – *Denkavit Internationaal*, Slg. 2006, S. I-11949, Rn. 35 f.; EuGH v. 12.12.2006, Rs. C-374/04 – *ACT Group Litigation*, Slg. 2006, S. I-11673, Rn. 68; EuGH v. 31.03.2011, Rs. C-450/09 – *Schröder*, Slg. 2011, S. I-2497, Rn. 40; EuGH v. 12.06.2003, Rs. C-234/01 – *Gerritse*, Slg. 2003, S. I-5933, Rn. 27 f.; EuGH v. 06.07.2006, Rs. C-346/04 – *Conijn*, Slg. 2006, S. I-6137, Rn. 20; EuGH v. 03.10.2006, Rs. C-290/04 – *Scorpio*, Slg. 2006, S. I-9461, Rn. 49.

189 Vgl. EuGH v. 31.03.2011, Rs. C-450/09 – *Schröder*, Slg. 2011, S. I-2497, Rn. 44; EuGH v. 12.06.2003, Rs. C-234/01 – *Gerritse*, Slg. 2003, S. I-5933, Rn. 27 bis 29; EuGH v. 03.10.2006, Rs. C-290/04 – *Scorpio*, Slg. 2006, S. I-9461, Rn. 49; *Kellersmann/Treisch*, Unternehmensbesteuerung, 2002, S. 158.

190 Vgl. *Schön*, IStR 2004, S. 289 (294 f.); *Pistone*, EC Tax Rev. 2003, S. 149 (150); *Lehner*, in: FS Wassermeyer, 2005, S. 241 (260).

Inbound-Staat somit keine grundfreiheitlich relevante Diskriminierung dar, da aus dessen Sicht die Situation eines beschränkt Steuerpflichtigen nicht mit der eines unbeschränkt Steuerpflichtigen rechtlich vergleichbar ist.[191] Die Berücksichtigung beispielsweise von im Ansässigkeitsstaat erwirtschafteten und somit aus Sicht des Bestimmungsstaats ausländischen Verlusten eines grenzüberschreitend tätigen Steuerpflichtigen fällt folglich entsprechend dem wirtschaftlichen Zusammenhang in die Zuständigkeit des erstgenannten Staats. Etwas anderes gilt nach hier vertretener Auffassung ausnahmsweise nur dann, wenn der grenzüberschreitend Tätige eine besondere Nähe zur Steuerrechtsordnung des Inbound-Staats aufweist. Auf eine solche besondere Nähe kann entsprechend der Rechtsprechung des EuGH in den Rs. *Lakebrink* und *Renneberg* geschlossen werden, wenn der grenzüberschreitend tätige Steuerpflichtige seine gesamten oder nahezu gesamten Einkünfte im Inbound-Staat erzielt.[192] Damit überträgt der EuGH die Grundsätze der *Schumacker*-Rechtsprechung auch auf die Frage nach der Pflicht zur Berücksichtigung objektiver Besteuerungsmerkmale durch den Inbound-Staat.[193] Aufgrund des besonderen Umstands, dass beinahe sämtliche zu versteuernden Einkünfte im Inbound-Staat erzielt werden, hat dieser insoweit die eigentlich originären Verpflichtungen des Outbound-Staats ersatzweise zu erfüllen. Dass der EuGH auf das „zu versteuernde[] Einkommen“[194] bzw. die „zu versteuernden Einkünfte“[195] abstellt, ist kritisch zu sehen. Sofern den vom EuGH verwendeten Begriffen die gleiche Bedeutung beigemessen würde, wie dem „zu versteuernden Einkommen“ i.S. des deutschen Ertragsteuerrechts, könnte dies dazu führen, dass bei einer umfangreichen, aber defizitären Tätigkeit im Outbound-Staat die entstandenen Verluste im Inbound-Staat selbst dann zu berücksichtigen wären, wenn die in letzterem Staat ausgeübte Tätigkeit eine untergeordnete Rolle spielen würde. Geeignet wäre demgegenüber ein Abstellen auf die Höhe der (Betriebs-) Einnahmen.

Auch wenn der Inbound-Staat entsprechend den dargestellten Grundsätzen eine besondere Nähe zu ausländischen Verlusten hat, fehlt es dennoch an einem tatsächlichen wirtschaftlichen Zusammenhang der ausländischen Verluste mit den

---

191 Vgl. EuGH v. 15.05.1997, Rs. C-250/95 – *Futura Participations*, Slg. 1997, S. I-2471, Rn. 20 bis 22; EuGH v. 15.02.2007, Rs. C-345/04, *Centro Equestre*, Slg. 2007, S. I-1425, Rn. 22; *Pistone*, EC Tax Rev. 2003, S. 149 (150).

192 Vgl. EuGH v. 18.07.2007, C-182/06 – *Lakebrink*, Slg. 2007, S. I-6705, Rn. 30; EuGH v. 16.10.2008, Rs. C-527/06 – *Renneberg*, Slg. 2008, S. I-7735, Rn. 66 und 71.

193 Vgl. EuGH v. 16.10.2008, Rs. C-527/06 – *Renneberg*, Slg. 2008, S. I-7735, Rn. 63 f.

194 EuGH v. 18.07.2007, C-182/06 – *Lakebrink*, Slg. 2007, S. I-6705, Rn. 30.

195 EuGH v. 16.10.2008, Rs. C-527/06 – *Renneberg*, Slg. 2008, S. I-7735, Rn. 66.

in seinem Hoheitsgebiet erzielten Einkünften. M.E. können die Grundsätze der *Marks & Spencer*-Rechtsprechung[196] dahingehend auf die steuerliche Behandlung eines beschränkt Steuerpflichtigen durch den Inbound-Staat übertragen werden, dass dieser die Berücksichtigung ausländischer Verluste von der Voraussetzung abhängig machen kann, dass der Steuerpflichtige im Ansässigkeitsstaat alle Möglichkeiten des Verlustabzugs ausgeschöpft hat und dort auch in Zukunft keine Verlustnutzung möglich ist.[197] Außerdem kann der Inbound-Staat für den Fall, dass die Verluste zu einem späteren Zeitpunkt im Outbound-Staat berücksichtigt werden, eine Nachbesteuerungsregelung vorsehen.

bb) Vergleichbarkeit in Outbound-Fällen

In Outbound-Fällen ist die Vergleichbarkeit zwischen der steuerlichen Behandlung rein inländischer und grenzüberschreitender Transaktionen und damit zwischen inländischen und ausländischen Einkünften vorzunehmen. Beschränkende Regelungen des Outbound-Staats betreffen Gebietsansässige. Da der Outbound-Staat bei unbeschränkt Steuerpflichtigen das Welteinkommensprinzip anwendet und somit grundsätzlich auch die ausländischen Einkünfte der Besteuerung unterwirft,[198] ist die Vergleichbarkeit gegeben.[199] Deshalb hat der Outbound-Staat auch grenzüberschreitend Tätigen grundsätzlich alle steuerlichen Vorteile zu gewähren bzw. von spezifischen Benachteiligungen des grenzüberschreitenden Wirtschaftsverkehrs abzusehen. Dass diese Feststellung auch im Fall einer durch eine Grenzüberschreitung ausgelösten abkommensrechtlichen Einschränkung des mitgliedstaatlichen Besteuerungsrechts Bestand hat,[200] zeigt der EuGH regelmäßig, indem er sich nach der Feststellung einer Beschränkung unmittelbar der Rechtfertigungsprüfung widmet und eine Vergleichbarkeit somit stillschweigend

---

196 EuGH v. 13.12.2005, Rs. C-446/03 – *Marks & Spencer*, Slg. 2005, I-10837. Siehe zu dieser Rechtsprechung auch Teil 1,A.VII.5.b)bb)(6).

197 Ähnlich EuGH v. 16.10.2008, Rs. C-527/06 – *Renneberg*, Slg. 2008, S. I-7735, Rn. 71.

198 Vgl. *Fischer/Kleineidam/Warneke*, Steuerlehre, 2005, S. 45.

199 Vgl. GA *Geelhoed* v. 23.02.2006, Rs. C-374/04 – *ACT Group Litigation*, Slg. 2006, S. I-11673, Rn. 58; *Schön*, IStR 2004, S. 289 (292); *Englisch*, Intertax 2005, S. 310 (330).

200 Vgl. *Lehner*, in: FS Wassermeyer, 2005, S. 241 (260), wonach unabhängig von doppelbesteuerungsrechtlichen Regelungen entscheidend ist, ob entsprechend den allgemeinen völkerrechtlichen Grundsätzen ein Anknüpfungspunkt für die Besteuerung durch den jeweiligen Staat gegeben ist.

annimmt.[201] In diesen Fällen bleibt dem beschränkenden Mitgliedstaat nur die Möglichkeit einer Rechtfertigung der Grundfreiheitsbeschränkung.[202]

cc) Ausschluss der Vergleichbarkeit

(1) Anerkennungsgrundsatz

Wie oben bereits ausgeführt, verstoßen auf unterschiedslosen Maßnahmen beruhende Doppelregulierungen und damit faktische Diskriminierungen vorbehaltlich einer Rechtfertigung gegen die Grundfreiheiten.[203] Da zu den bereits erfüllten Regulierungen des Outbound-Staats jene des Inbound-Staats hinzutreten, liegt die Verantwortung zur Beseitigung der faktischen Diskriminierung beim Inbound-Staat.[204] Hinsichtlich der fraglichen Regulierung hat der Bestimmungsstaat den grenzüberschreitenden Vorgang als nicht mit einem rein innerstaatlichen Vorgang vergleichbar anzusehen,[205] weshalb eine unterschiedslose Regulierung beider unterbleiben muss. Allerdings dürfen die beiden Vorgänge nicht in beliebiger Weise ungleich behandelt werden, da dies unverhältnismäßig wäre.[206] Vielmehr muss die ungleiche Behandlung auf die Verwirklichung der Belastungsgleichheit von grenzüberschreiter und rein innerstaatlicher Transaktion gerichtet sein. Da die Erfüllung ausländischer Regulierungen als ausreichend anzuerkennen ist, selbst wenn diese zwar nicht identisch, wohl aber mit gleicher Intention ausgestattet sind, wird die ungleiche Behandlung grenzüberschreitender Sachverhalte durch den Inbound-Staat regelmäßig im Verzicht auf entsprechende Regulierungen bestehen müssen.

---

201 Vgl. EuGH v. 13.04.2000, Rs. C-251/98 – *Baars*, Slg. 2000, S. I-2787, Rn. 31 f.; EuGH v. 18.11.1999, Rs. C-200/98 – *X AB und Y AB*, Slg. 1999, S. I-8261, Rn. 28 f.; EuGH v. 21.11.2002, Rs. C-436/00 – *X und Y*, Slg. 2002, S. I-10829, Rn. 37 bis 41; EuGH v. 11.03.2004, Rs. C-9/02 – *de Lasteyrie du Saillant*, Slg. 2004, S. I-2409, Rn. 45 bis 49; EuGH v. 21.02.2006, C-152/03 – *Ritter-Coulais*, Slg. 2006, I-1711, Rn. 37 bis 39; EuGH v. 15.05.2008, Rs. C-414/06 – *Lidl Belgium*, Slg. 2008, S. I-3601, Rn. 26 f.; EuGH v. 23.10.2008, Rs. C-157/07 – *Krankenheim Ruhesitz am Wannsee*, Slg. 2008, S. I-8061, Rn. 39 f.

202 Siehe allgemein zur Möglichkeit einer Rechtfertigung beschränkender Regelungen Teil 1,A.VII.5.

203 Siehe Teil 1,A.VII.2.a).

204 Vgl. *Englisch*, Dividendenbesteuerung, 2005, S. 251.

205 Die Frage nach der Pflicht zur Anerkennung ausländischer Regulierungen hingegen innerhalb der Verhältnismäßigkeitsprüfung ansiedelnd *Reimer*, FR 2007, S. 217 (219).

206 Vgl. *Lang*, Die Rechtsprechung des EuGH, 2007, S. 88 f.; *Lang*, EC Tax Rev. 2009, S. 98 (100).

(2) Vollständiger Nachteilsausgleich

Bei der Prüfung, ob ein grenzüberschreitender Vorgang durch eine Diskriminierung steuerlich benachteiligt wird, sind die betroffenen mitgliedstaatlichen Steuerrechtsordnungen grundsätzlich separat und unabhängig voneinander zu untersuchen. Innerhalb jeder der involvierten Steuerrechtshoheiten muss somit für sich betrachtet im Grundsatz eine Gleichbehandlung gewährleistet sein.[207] Dies bedeutet, dass steuerliche Benachteiligungen durch einen bestimmten Hoheitsträger grundsätzlich nicht durch steuerliche Vorteile ausgeglichen werden können, die in einem anderen Mitgliedstaat gewährt werden.[208] Nach der Rechtsprechung des EuGH gilt dieses Kompensationsverbot jedoch unter Umständen nicht. In der Rs. *de Groot*[209] ging es um die Frage, ob ein Ansässigkeitsstaat von der Pflicht zur umfänglichen Berücksichtigung der persönlichen und familiären Lage eines unbeschränkt Steuerpflichtigen insoweit befreit werden kann, als der Inbound-Staat eine entsprechende Entlastung gewährt. Der EuGH entschied, dass der Ansässigkeitsstaat die persönlichen bzw. familiären Umstände einerseits nicht zu berücksichtigen hat, soweit sich der Inbound-Staat dazu im Wege eines völkerrechtlichen Abkommens, also insbesondere eines DBA, verpflichtet hat.[210] Weiterhin kann der Ansässigkeitsstaat in bestimmten Fällen auch ohne eine solche Übereinkunft von der Erfüllung seiner Verpflichtungen absehen, sofern dies nur unter der Voraussetzung geschieht, dass eine entsprechende Kompensation durch den Bestimmungsstaat erfolgt.[211] Entscheidend für die Berücksichtigungsfähigkeit eines steuerlichen Vorteils im Ausland ist somit, dass entweder vermittels einer zwischenstaatlichen Vereinbarung oder durch unilaterale gesetzliche Vorkehrungen des Ansässigkeitsstaats sichergestellt wird, dass die Mitgliedstaaten durch ihr Zusammenwirken eine Besteuerung entsprechend der subjektiven Leistungsfähigkeit des Steuerpflichtigen gewährleisten.[212]

Auch wenn eine staatenübergreifende Belastungsanalyse entsprechend der *de Groot*-Rechtsprechung Zustimmung verdient, ist zu kritisieren, dass diese Rechtsprechung eine eindeutige dogmatische Einordnung der Wirkungen der aggregierten Betrachtungsweise vermissen lässt. Einerseits wird diese Problematik i.R. der

207 Vgl. *Cordewener*, Grundfreiheiten, 2002, S. 829 f.; *Hey*, StuW 2004, S. 193 (194).

208 Vgl. EuGH v. 26.10.1999, Rs. C-294/97 – *Eurowings*, Slg. 1999, S. I-7447, Rn. 42 bis 45; EuGH v. 03.10.2002, Rs. C-136/00 – *Danner*, Slg. 2002, S. I-8147, Rn. 56.

209 EuGH v. 12.12.2002, Rs. C-385/00 – *de Groot*, Slg. 2002, S. I-11819.

210 Vgl. EuGH v. 12.12.2002, Rs. C-385/00 – *de Groot*, Slg. 2002, S. I-11819, Rn. 99.

211 Vgl. EuGH v. 12.12.2002, Rs. C-385/00 – *de Groot*, Slg. 2002, S. I-11819, Rn. 100.

212 Vgl. EuGH v. 12.12.2002, Rs. C-385/00 – *de Groot*, Slg. 2002, S. I-11819, Rn. 101 f.

Rechtfertigungsprüfung diskutiert, andererseits wird aber nur bei fehlender grenzüberschreitender Kompensation eine Ungleichbehandlung angenommen.[213]

Nach hier vertretener Auffassung kommt ein Ausschluss der Vergleichbarkeit nicht in Betracht, sofern eine Schlechterstellung im Inland nicht vollständig in einem ausländischen Staat kompensiert wird. Auf die Unvergleichbarkeit kann sich der diskriminierende Staat nur berufen, sofern eine vollständige transnationale Kompensation erfolgt, d.h. die einzelnen mitgliedstaatlichen Regelungen sich hinsichtlich ihrer steuerlichen Wirkungen gegenseitig exakt egalisieren. Sofern der diskriminierende Staat diesen vollständigen Nachteilsausgleich rechtlich absichert, indem er die notwendigen Vorkehrungen für eine Kompensation im Ausland trifft, ist die Diskriminierung im Ergebnis nicht grundsätzlich verboten und damit auch nicht als rechtfertigungsbedürftig einzustufen, da die Situation des grenzüberschreitend Tätigen aufgrund der steuerlichen Vorteile im Ausland mit der eines rein innerstaatlich Tätigen nicht vergleichbar ist. Die Vergleichbarkeit eines rein innerstaatlichen sowie eines korrespondierenden, jedoch steuerlich benachteiligten grenzüberschreitenden Vorgangs scheidet demnach aus, wenn nur im Fall des letztgenannten Vorgangs ein Anspruch auf die Gewährung eines steuerlichen Vorteils in einem weiteren Staat besteht, und dieser Vorteil zugleich den im diskriminierenden Staat erlittenen Nachteil aufwiegt.[214]

Wie die Rs. *de Groot*[215] betraf auch die Rs. *Schempp*[216] die subjektive Leistungsfähigkeit, wobei es konkret um Unterhaltszahlungen eines Inländers an seinen im Ausland lebenden geschiedenen Ehegatten ging. Der EuGH hielt es hier für zulässig, dass ein Staat entsprechend dem Korrespondenzprinzip[217] die Abzugsfähigkeit der Zahlungen im Inland davon abhängig macht, dass diese beim Empfänger im ausländischen Staat steuerpflichtig sind.[218] Ausgangspunkt der Überlegung war dabei, dass im rein innerstaatlichen Kontext mit dem Abzug der Unterhaltszahlungen beim Leistenden zwangsläufig eine Besteuerung derselben beim Begünstigten

213 Vgl. EuGH v. 12.12.2002, Rs. C-385/00 – *de Groot*, Slg. 2002, S. I-11819, Rn. 101.

214 Vgl. hierzu grundsätzlich EuGH v. 19.11.2009, Rs. C-540/07 – *Kommission/Italien*, Slg. 2009, S. I-10983, Rn. 36 f.; EuGH v. 03.06.2010, Rs. C-487/08 – *Kommission/ Spanien*, Slg. 2010, S. I-4843, Rn. 59 f. Siehe zur Detailkritik an dieser Rechtsprechung Teil 2,B.I.4.b)cc).

215 EuGH v. 12.12.2002, Rs. C-385/00 – *de Groot*, Slg. 2002, S. I-11819.

216 EuGH v. 12.07.2005, Rs. C-403/03 – *Schempp*, Slg. 2005, S. I-6421.

217 Siehe § 1a Abs. 1 Nr. 1 EStG.

218 Vgl. EuGH v. 12.07.2005, Rs. C-403/03 – *Schempp*, Slg. 2005, S. I-6421, Rn. 30 bis 33.

verbunden wäre.[219] Somit lehnte der EuGH eine Diskriminierung mangels Vergleichbarkeit einer grenzüberschreitenden Situation mit einer rein innerstaatlichen ab, wenn im grenzüberschreitenden Fall keine Besteuerung der Unterhaltszahlungen durch den Ansässigkeitsstaat des Empfängers erfolgt.[220] Die durch den EuGH in der Rs. *Schempp* vorgenommene staatenübergreifende Gesamtschau ist in diesem konkreten Fall zwar abzulehnen, da die geschiedenen Ehegatten keine wirtschaftliche Einheit mehr bilden;[221] eine Besserstellung des die Unterhaltszahlungen empfangenden Ehegatten darf somit keine Schlechterstellung des zahlenden Ehegatten auslösen.[222] Grundsätzlich ist die die Urteile *de Groot* und *Schempp* prägende transnationale, intersubjektive Kompensationsanalyse[223] allerdings ein sinnvolles und über Einzelfälle hinaus anzuwendendes Instrument zur Verwirklichung der grundfreiheitlich angestrebten Wettbewerbsgleichheit im Binnenmarkt.[224] Eine Durchführung dieser Analyse ist somit beispielsweise im Zusammenhang mit der die objektive Leistungsfähigkeit eines Steuerpflichtigen betreffenden Problematik der Verhinderung der doppelten Verlustberücksichtigung bzw. der Sicherstellung der Einmalbesteuerung erforderlich. Nur bei Zugrundelegung eines supranationalen Fokus kann eine belastungsmäßige Gleichbehandlung grenzüberschreitender und rein innerstaatlicher Vorgänge gewährleistet werden.[225] Dementsprechend ist es nicht nur möglich, einen inländischen steuerlichen Nachteil durch einen entsprechenden ausländischen steuerlichen Vorteil zu kompensieren. Vielmehr ist es auch denkbar, einen ausschließlich aufgrund einer Grenzüberschreitung im Ausland gewährten steuerlichen Vorteil durch eine gezielte korrespondierende Benachteiligung im Inland aufzuzehren. Auf diese Weise wird verhindert, dass das grenzüberschreitende Element einer wirtschaftlichen Tätigkeit nicht zu ungerechtfertigten steuerlichen Vorteilen gegenüber entsprechenden rein innerstaatlichen Tätigkeiten führt.[226] Die supranationale Gesamtbetrachtung verwirklicht somit ein grenzüberschreitendes Leistungsfähigkeitsprinzip innerhalb der EU. Gleichzeitig

219 Siehe § 10 Abs. 1 Nr. 1, § 22 Nr. 1a EStG. Vgl. dazu GA *Geelhoed* v. 27.01.2005, Rs. C-403/03 – *Schempp*, Slg. 2005, S. I-6421, Rn. 30.

220 Vgl. EuGH v. 12.07.2005, Rs. C-403/03 – *Schempp*, Slg. 2005, S. I-6421, Rn. 29 bis 36.

221 Vgl. *Englisch*, IFSt-Schrift Nr. 449, 2008, S. 124 f.; *Lang*, ET 2006, S. 421 (425).

222 Vgl. *Englisch*, IFSt-Schrift Nr. 449, 2008, S. 125.

223 Vgl. *Kofler*, Doppelbesteuerungsabkommen, 2007, S. 88 f.

224 Vgl. *Englisch*, IFSt-Schrift Nr. 449, 2008, S. 23 f.

225 Vgl. GA *Geelhoed* v. 23.02.2006, Rs. C-374/04 – *ACT Group Litigation*, Slg. 2006, S. I-11673, Rn. 72; *Englisch*, Intertax 2005, S. 310 (321 f.).

226 Vgl. GA *Maduro* v. 07.04.2005, Rs. C-446/03 – *Marks & Spencer*, Slg. 2005, I-10837, Rn. 67.

wird verhindert, dass ein grundfreiheitlich geschütztes Steuersubjekt über den ihm zugedachten Status des sich frei innerhalb des Binnenmarkts bewegenden sog. *free mover* hinaus zum sog. *free rider*, der durch die Grundfreiheitsausübung einer Besteuerung entgeht, wird.[227]

Konsequenter Weise bezog der EuGH auch in der die objektive Leistungsfähigkeit betreffenden Rs. *Manninen*[228] die ausländische Rechtslage in eine Gesamtschau ein. Er stellte bezüglich eines Anrechnungssystems zur Vermeidung wirtschaftlicher Doppelbelastungen im Zusammenhang mit Dividendenausschüttungen heraus, dass die Situation eines grenzüberschreitend Tätigen, dem im Ansässigkeitsstaat in diskriminierender Weise eine Steueranrechnung verweigert wird, nicht mit der Situation eines rein innerstaatlich Tätigen vergleichbar sei, wenn im grenzüberschreitenden Fall bereits im Quellenstaat eine entsprechende Entlastung erfolge.[229] Da somit entsprechend dem Leistungsfähigkeitsprinzip eine Belastungsgleichheit grenzüberschreitend und rein innerstaatlich agierender Steuerpflichtiger gegeben ist, ist die Diskriminierung durch den Outbound-Staat nicht grundsätzlich verboten und bedarf damit keiner Rechtfertigung.

Die in der Rs. *Oy AA* streitgegenständlichen nationalen Regelungen limitierten die steuermindernde Geltendmachung eines sog. Konzernabzugs auf Konstellationen, in denen sowohl die den Beitrag zahlende Tochtergesellschaft als auch deren Muttergesellschaft im Inland ansässig sind, während ein steuermindernder Konzernabzug in grenzüberschreitenden Konstellationen ausgeschlossen war.[230] Der EuGH stellte zu Recht fest, dass der an den ausländischen Sitz der Muttergesellschaft anknüpfende pauschale Ausschluss der Abzugsmöglichkeit eine Diskriminierung darstellt.[231] Daran ändert auch die Tatsache, dass der von der Muttergesellschaft vereinnahmte Konzernbeitrag nicht im Ansässigkeitsstaat der Tochtergesellschaft besteuert werden kann, nichts.[232]

Die Situation einer im Inland ansässigen Tochtergesellschaft einer inländischen Muttergesellschaft ist grundsätzlich vergleichbar mit der einer ausländischen

---

227 Dazu allgemein *Kofler*, Doppelbesteuerungsabkommen, 2007, S. 113 f.; *Englisch*, Intertax 2010, S. 197 (207).

228 EuGH v. 07.09.2004, Rs. C-319/02 – *Manninen*, Slg. 2004, S. I-7477.

229 Vgl. EuGH v. 07.09.2004, Rs. C-319/02 – *Manninen*, Slg. 2004, S. I-7477, Rn. 34; *Kofler*, Doppelbesteuerungsabkommen, 2007, S. 997; *Englisch*, IStR 2004, S. 684 (684); *Schnitger*, FR 2004, S. 1357 (1358).

230 Vgl. EuGH v. 18.07.2007, Rs. C-231/05 – *Oy AA*, Slg. 2007, S. I-6373, Rn. 17.

231 Vgl. EuGH v. 18.07.2007, Rs. C-231/05 – *Oy AA*, Slg. 2007, S. I-6373, Rn. 39.

232 Vgl. EuGH v. 18.07.2007, Rs. C-231/05 – *Oy AA*, Slg. 2007, S. I-6373, Rn. 38.

Muttergesellschaft.[233] Dabei spielt es keine Rolle, dass regelmäßig kein Besteuerungsrecht hinsichtlich der Einkünfte einer auslandsansässigen Muttergesellschaft besteht.[234] In dem Fall, dass die ausländische Muttergesellschaft den Konzernbeitrag auch im Ausland nicht versteuern muss, wäre deren Tochtergesellschaft jedoch gegenüber Tochtergesellschaften inländischer Muttergesellschaften im Vorteil. Da im Verbund zwischen Tochter- und Muttergesellschaften bzw. Gesellschaften und ihren Gesellschaftern eine wirtschaftliche Einheit zu sehen ist, ist der steuerliche Vorteil der Muttergesellschaft bei der Beurteilung der steuerlichen Behandlung der Tochtergesellschaft mit einzubeziehen.[235] Folglich ergibt sich aus den in die Betrachtung einzubeziehenden ausländischen Steuerregelungen ausnahmsweise eine Unvergleichbarkeit zwischen grenzüberschreitenden und rein innerstaatlichen Vorgängen, sofern der diskriminierende Staat die notwendigen Maßnahmen zur Sicherstellung eines vollständigen transnationalen Nachteilsausgleichs ergriffen hat. Um eine Privilegierung des grenzüberschreitenden Vorgangs zu vermeiden und Wettbewerbsgleichheit im Binnenmarkt herzustellen, ist der Ansässigkeitsstaat der Tochtergesellschaft deshalb befugt, die Möglichkeit der steuermindernden Geltendmachung eines Konzernabzugs von der tatsächlichen Besteuerung dieses Betrags im Staat der empfangenden Gesellschaft abhängig zu machen.[236] Eine die Vergleichbarkeit zwischen einem grenzüberschreitenden und einem rein innerstaatlichen Vorgang ausschließende Begünstigung durch den ausländischen Staat liegt dann vor, wenn die durch den ausländischen Staat gewährte Begünstigung als funktionelles Äquivalent zur Belastung durch den diskriminierenden Staat anzusehen ist.[237]

Wie bereits oben festgestellt, hat ein Steuerpflichtiger bei mehreren beteiligten Staaten keinen Anspruch auf eine Besteuerung durch denjenigen Staat mit dem niedrigeren Steuerniveau.[238] Somit ist es grundfreiheitlich unbedenklich, wenn die steuerliche Belastung im höher besteuernden Staat erfolgt, während die steuerliche Entlastung im niedriger besteuernden Staat gewährt wird.[239] Soweit sich Steuerminderung und Steuererhöhung betragsmäßig nicht entsprechen, ist dies

233 Vgl. EuGH v. 18.07.2007, Rs. C-231/05 – *Oy AA*, Slg. 2007, S. I-6373, Rn. 38.

234 Vgl. EuGH v. 18.07.2007, Rs. C-231/05 – *Oy AA*, Slg. 2007, S. I-6373, Rn. 38.

235 Insoweit weicht die Situation hier von der der Rs. *Schempp* (EuGH v. 12.07.2005, Rs. C-403/03 – *Schempp*, Slg. 2005, S. I-6421) zugrundeliegenden ab, wo gerade keine wirtschaftliche Einheit vorlag.

236 Vgl. EuGH v. 18.07.2007, Rs. C-231/05 – *Oy AA*, Slg. 2007, S. I-6373, Rn. 36 f.

237 Vgl. *Englisch*, IFSt-Schrift Nr. 449, 2008, S. 26.

238 Siehe Teil 1.A.VII.3. Vgl. dazu auch *Englisch*, IFSt-Schrift Nr. 449, 2008, S. 24 f.

239 Vgl. *Englisch*, IFSt-Schrift Nr. 449, 2008, S. 25.

unbeachtlich, sofern diese Differenz die schiere Folge von Steuersatzunterschieden, also bloßer Disparitäten im nicht harmonisierten Steuerrecht der einzelnen Mitgliedstaaten, ist.[240]

In der Rs. *Denkavit Internationaal* entschied der EuGH, dass eine Diskriminierung durch den Quellenstaat in der Form, dass nur bei Dividenden an auslandsansässige Anteilseigener inländischer Kapitalgesellschaften eine Quellensteuer erhoben wird,[241] zwar grundsätzlich gegen die Grundfreiheiten verstoße.[242] Dies gelte allerdings nicht, sofern sich der Ansässigkeitsstaat des Dividendenempfängers durch ein DBA zur vollständigen Anrechnung der Quellensteuer und damit zur Neutralisation der Benachteiligung verpflichtet habe.[243] Fraglich ist die dogmatische Einordnung dieser Überlegung, wozu sich der EuGH nicht konkret äußert. M.E. kann der Nachteilsausgleich hier nicht als ein Aspekt der Vergleichbarkeitsprüfung angesehen werden. Dies erschließt sich daraus, dass auch eine im ausländischen Ansässigkeitsstaat erfolgende vollständige Steueranrechnung kein funktionelles Äquivalent zur Erhebung der Quellensteuer durch den diskriminierenden Inbound-Staat darstellt, da die Anrechnung erst i.R. der jährlichen Steuerveranlagung und damit zeitlich versetzt erfolgt. Die hierdurch auftretenden Liquiditätsnachteile sind Symptom der funktionellen Inäquivalenz von steuerlichem Vor- und Nachteil.[244] Sofern ein dem erlittenen Nachteil nicht exakt funktionell entsprechender Nachteilsausgleich gegenübersteht, kann letzterer allenfalls der Rechtfertigung einer grundsätzlich verbotenen Diskriminierung dienen, da ein Ausschluss der Vergleichbarkeit mangels vollständiger belastungsmäßiger Gleichstellung nicht in Betracht kommt.[245]

Untermauert wird diese Auffassung durch die Rechtsprechung des EuGH in der Rs. *Amurta*[246], in der ebenfalls die grundfreiheitliche Vereinbarkeit einer auf ins

---

240 Vgl. *Englisch*, IFSt-Schrift Nr. 449, 2008, S. 117.

241 Vgl. EuGH v. 14.12.2006, Rs. C-170/05 – *Denkavit Internationaal*, Slg. 2006, S. I-11949, Rn. 3.

242 Vgl. EuGH v. 14.12.2006, Rs. C-170/05 – *Denkavit Internationaal*, Slg. 2006, S. I-11949, Rn. 29.

243 Vgl. EuGH v. 14.12.2006, Rs. C-170/05 – *Denkavit Internationaal*, Slg. 2006, S. I-11949, Rn. 45 bis 48.

244 Vgl. *Englisch*, IFSt-Schrift Nr. 449, 2008, S. 26 f. Siehe allgemein hinsichtlich der diskriminierenden Wirkung bloßer Liquiditätsnachteile aufgrund einer zeitlich verzögerten Gewährung steuerlicher Vorteile EuGH v. 08.03.2001, Rs. C-397/98 und C-410/98 – *Metallgesellschaft und Hoechst*, Slg. 2001, S. I-1727, Rn. 87.

245 Vgl. *Englisch*, SWI 2007, S. 399 (401).

246 EuGH v. 08.11.2007, Rs. C-379/05 – *Amurta*, Slg. 2007, S. I-9569.

Ausland gezahlte Dividenden beschränkten Besteuerung durch den Quellenstaat überprüft wurde. Aus den gerichtlichen Ausführungen ist zu schließen, dass der Nachteilsausgleich durch Anrechnung der Quellensteuer im Ansässigkeitsstaat erst auf Rechtfertigungsebene relevant ist.[247] Die Feststellung des EuGH, dass ein durch einen Staat einseitig gewährter Nachteilsausgleich keine Rechtfertigung bewirken könne,[248] stellt lediglich eine Absage an einen zufällig entstandenen Ausgleich dar. Berücksichtigungsfähig ist dagegen insbesondere eine abkommensrechtliche Vereinbarung, wonach sich die Abkommensstaaten verpflichten, bestimmte durch den jeweils anderen Vertragsstaat verursachte grundfreiheitsrechtliche Beschränkungen zu neutralisieren.[249] Da das Abkommensrecht Bestandteil der jeweiligen nationalen Rechtsordnungen ist, wird einem beschränkenden Abkommensstaat eine durch den jeweiligen anderen Vertragsstaat gewährte Kompensation zugerechnet.[250] Dazu ist jedoch anzumerken, dass der Nachteilsausgleich hierdurch nur bei Beteiligung solcher Staaten hergestellt ist, mit denen der beschränkende Staat entsprechende abkommensrechtliche Vereinbarungen getroffen hat.[251]

Eine andere, ebenfalls anzuerkennende Methode des staatenübergreifenden Nachteilsausgleichs besteht in der Möglichkeit einer unilateralen, abstrakten Bezugnahme auf die steuerliche Behandlung im anderen Staat. Ein Staat kann gesetzlich vorsehen, dass eine Beschränkung grenzüberschreitender Sachverhalte nur dann erfolgt, wenn der jeweils andere von dem grenzüberschreitenden Sachverhalt betroffene Staat keinen neutralisierenden Nachteilsausgleich gewährt. Anders formuliert ist ein Staat berechtigt, i.S. eines Vorteilsausgleichs eine diskriminierende Maßnahme für die Fälle vorzusehen, in denen im Ausland ein steuerlicher Vorteil gewährt wird. Da sich der diskriminierende Staat durch den abstrakten Verweis auf das jeweils anzuwendende ausländische Steuerrecht dessen Regelungen

---

247 Vgl. EuGH v. 08.11.2007, Rs. C-379/05 – *Amurta*, Slg. 2007, S. I-9569, Rn. 75 und 79 f.

248 Vgl. EuGH v. 08.11.2007, Rs. C-379/05 – *Amurta*, Slg. 2007, S. I-9569, Rn. 78.

249 Vgl. EuGH v. 14.12.2006, Rs. C-170/05 – *Denkavit Internationaal*, Slg. 2006, S. I-11949, Rn. 45; EuGH v. 13.03.2007, Rs. C-524/04 – *Thin Cap*, Slg. 2007, S. I-2107, Rn. 54; EuGH v. 08.11.2007, Rs. C-379/05 – *Amurta*, Slg. 2007, S. I-9569, Rn. 79 f.; EuGH v. 12.12.2002, Rs. C-385/00 – *de Groot*, Slg. 2002, S. I-11819, Rn. 99; EuGH v. 07.09.2004, Rs. C-319/02 – *Manninen*, Slg. 2004, S. I-7477, Rn. 21.

250 Vgl. EuGH v. 14.12.2006, Rs. C-170/05 – *Denkavit Internationaal*, Slg. 2006, S. I-11949, Rn. 45 bis 47; EuGH v. 13.03.2007, Rs. C-524/04 – *Thin Cap*, Slg. 2007, S. I-2107, Rn. 54; EuGH v. 08.11.2007, Rs. C-379/05 – *Amurta*, Slg. 2007, S. I-9569, Rn. 79 f.

251 Vgl. *Seiler/Axer*, IStR 2008, S. 838 (842).

insoweit zu eigen macht, wird er seiner Pflicht zur Wahrung des Leistungsfähigkeitsprinzips stets gerecht. Unabhängig von einer Vorteilsgewährung im anderen Staat kann sich ein grenzüberschreitend tätiger Steuerpflichtiger in jedem Fall auf die Wahrung der grenzüberschreitenden Belastungsgleichheit verlassen. Hierbei spielt es keine Rolle, ob der im Ausland gewährte Vorteil rein zufällig oder aufgrund einer abkommensrechtlichen Verpflichtung erfolgt. Sofern ein Staat von einer Beschränkung stets absieht, falls im anderen betroffenen Staat kein korrespondierender Vorteil gewährt wird, ist eine grundfreiheitskonforme Besteuerungssituation nicht mehr vom Zufall abhängig, sondern zwangsläufiges Ergebnis der Bezugnahme auf die ausländische Rechtsordnung.

Zusammenfassend muss der diskriminierende Staat durch eine abkommensrechtliche Vereinbarung oder eine Bezugnahme auf ausländisches Recht selbst die Weichen für den Nachteilsausgleich durch den anderen Staat stellen, damit die sich gegenseitig neutralisierende Wirkung von steuerlichen Vor- und Nachteilen berücksichtigungsfähig ist. Ob der andere Staat nach den Wertungen des nationalen Rechts des diskriminierenden Staats zum Nachteilsausgleich verpflichtet wäre, ist dagegen ohne Belang.[252] Dies ergibt sich aus der Zulässigkeit von Regelungsdisparitäten innerhalb der EU, wonach kein Staat verpflichtet ist, sein Steuersystem an das eines anderen Staates anzugleichen. Eine Besonderheit gilt nach hier vertretener Auffassung jedoch dann, wenn der andere Staat europarechtlich zur Gewährung eines einen Nachteilsausgleich bewirkenden Steuervorteils verpflichtet wäre. Hier kann der diskriminierende Staat m.E. ausnahmsweise davon absehen, selbst Vorkehrungen für einen Nachteilsausgleich zu schaffen, da er sich einerseits auf ein bündnistreues Verhalten der anderen Mitgliedstaaten verlassen können muss und andererseits der Steuerpflichtige sein Recht auf Nachteilsausgleich im anderen Staat durchsetzen kann.

b) Horizontale Vergleichspaare

Bei der horizontalen Diskriminierung liegt eine Schlechterbehandlung eines grenzüberschreitenden Sachverhalts gegenüber einem anderen grenzüberschreitenden Sachverhalt vor. Es wird in diesem Fall also nicht aufgrund eines grenzüberschreitenden Merkmals rechtlich differenziert. Diese Ungleichbehandlung ist jedoch nur dann als grundsätzlich verbotene Diskriminierung zu qualifizieren, wenn die einander gegenübergestellten Sachverhalte auch vergleichbar sind.

252 Vgl. *Kofler*, Doppelbesteuerungsabkommen, 2007, S. 1021, dort Fn. 775; *Dautzenberg*, BB-Beilage 16/2004, S. 8 (14).

aa) Rechtsformwahlfreiheit

Dem Wortlaut des Art. 49 Abs. 1 Satz 2 AEUV kann kein dahingehendes Gebot der Rechtsformwahlfreiheit entnommen werden, dass Betriebsstätten und Tochtergesellschaften i.R. grenzüberschreitender Sachverhalte gleich zu behandeln sind.[253] Aus einem *obiter dictum* des EuGH in der Rs. *avoir fiscal*, wonach grenzüberschreitend Tätige hinsichtlich der Wahl dieser „Rechtsform[en]“ frei seien,[254] wurde in der Literatur teilweise auf ein Gebot der Gleichbehandlung von sekundären[255] Niederlassungen Gebietsfremder geschlossen.[256] Anders als in der Rs. *avoir fiscal*, in der der EuGH wegen des gleichzeitigen Vorliegens einer vertikalen Diskriminierung letztlich von einer horizontalen Vergleichspaarbildung absah,[257] stellte er in der Rs. *Saint-Gobain* sowohl eine vertikale als auch eine horizontale Diskriminierung fest.[258] Demnach werde eine grenzüberschreitende Transaktion seitens des Inbound-Staats auch horizontal beschränkt, wenn bestimmte Steuervergünstigungen nicht durch eine Betriebsstätte eines beschränkt Steuerpflichtigen, wohl aber durch eine Tochtergesellschaft dieses Steuerpflichtigen in Anspruch genommen werden können.[259] Wie in der Rs. *avoir fiscal* hätte der EuGH jedoch auch in der Rs. *Saint-Gobain* von der Feststellung einer horizontalen Diskriminierung Abstand nehmen können, da die horizontale Diskriminierung lediglich Reflex der vertikalen Ungleichbehandlung von im Inbound-Staat belegenen Betriebsstätten Nichtansässiger und im Inbound-Staat ansässigen Tochtergesellschaften, die ebenfalls dort Betriebsstätten unterhalten, ist.[260] Dies ist dadurch begründet, dass aus der Perspektive der Tochtergesellschaft unabhängig von der Ansässigkeit ihrer Anteilseigner eine inländische Transaktion vorliegt. Genießen die Betriebsstätten der ansässigen Tochtergesellschaft eines Gebietsfremden

---

253 Vgl. *Cordewener*, Grundfreiheiten, 2002, S. 833 f.; a.A. *Schönfeld*, in: Debatin/Wassermeyer, DBA, vor Art. 1 OECD-MA Rz. 108 (103. Lfg., 2008).

254 Vgl. EuGH v. 28.01.1986, Rs. 270/83 – *avoir fiscal*, *Slg.* 1986, S. 273, Rn. 22.

255 Im Gegensatz zur primären Niederlassung, die der Geschäftsleitungsbetriebsstätte eines Unternehmens entspricht, werden unter den Begriff der sekundären Niederlassung sonstige Betriebsstätten sowie Tochtergesellschaften gefasst.

256 Vgl. *Herzig/Dautzenberg*, DB 1997, S. 8 (13).

257 Vgl. EuGH v. 28.01.1986, Rs. 270/83 – *avoir fiscal*, *Slg.* 1986, S. 273, Rn. 10 und 16.

258 Vgl. EuGH v. 21.09.1999, Rs. C-307/97 – *Saint-Gobain*, Slg. 1999, S. I-6161, Rn. 37 f.

259 Vgl. EuGH v. 21.09.1999, Rs. C-307/97 – *Saint-Gobain*, Slg. 1999, S. I-6161, Rn. 38 und 41.

260 Vgl. GA *Maduro* v. 07.04.2005, Rs. C-446/03 – *Marks & Spencer*, Slg. 2005, I-10837, Rn. 47; *Cordewener*, Grundfreiheiten, 2002, S. 671 ff.; *Cordewener*, EC Tax Rev. 2007, S. 210 (210); *Glahe*, Einkünftekorrektur, 2012, S. 155 f.

steuerliche Vorteile gegenüber Betriebsstätten eines Nichtansässigen, so liegt primär eine Schlechterstellung grenzüberschreitender Vorgänge gegenüber rein innerstaatlichen Vorgängen vor. Die horizontale Ungleichbehandlung verschiedener Formen der sekundären Niederlassung erweist sich bei näherer Betrachtung somit lediglich als Ausfluss einer gleichzeitig vorliegenden vertikalen Diskriminierung. Gleiches müsste hinsichtlich des Sachverhalts in der Rs. *CLT-Ufa* gelten, in der es um die unionsrechtliche Zulässigkeit unterschiedlicher Steuersätze für Betriebsstätten und Tochtergesellschaften Nichtansässiger ging. Anstatt der Feststellung einer horizontalen Diskriminierung von Betriebsstätten gegenüber Tochtergesellschaften eines Nichtansässigen[261] wäre der Vorwurf einer vertikalen Diskriminierung des aufgrund einer inländischen Betriebsstätte beschränkt Steuerpflichtigen gegenüber einer unbeschränkt steuerpflichtigen, rein innerstaatlich tätigen Tochtergesellschaft näher liegend gewesen.[262]

Während nach der Rechtsprechung des EuGH der Inbound-Staat das Gebot der Rechtsformneutralität zu beachten hat, lehnte der EuGH dies jedoch in Outbound-Fällen ab.[263] In der Rs. *X-Holding* verneinte der EuGH die Vergleichbarkeit einer grenzüberschreitenden wirtschaftlichen Betätigung durch eine ausländische Betriebsstätte mit einem grenzüberschreitenden Engagement unter Zwischenschaltung einer auslandsansässigen Tochtergesellschaft, da die Einkünfte einer ausländischen Betriebsstätte im Gegensatz zu denen einer auslandsansässigen Tochtergesellschaft prinzipiell der Besteuerung durch den Outbound-Staat unterliegen.[264] Wie i.R. der Vergleichbarkeitsprüfung bei vertikalen Diskriminierungen schließt der EuGH zugunsten des diskriminierenden Staats auch hier eine Vergleichbarkeit aus, sofern einer der Vergleichssachverhalte schon aufgrund des völkerrechtlichen Territorialitätsprinzips von der Besteuerung durch diesen Staat ausgenommen ist.

Während die in einer ausländischen Betriebsstätte erwirtschafteten Einkünfte eines unbeschränkt Steuerpflichtigen grundsätzlich aufgrund des Welteinkommensprinzips im Outbound-Staat steuerpflichtig sind, gilt dies nicht für die Einkünfte einer auslandsansässigen Tochtergesellschaft eines solchen Steuerpflichtigen. Zwar kann das Gebot der Rechtsformneutralität in Inbound-Fällen nicht durch

261 So EuGH v. 23.02.2006, Rs. C-253/03 – *CLT-UFA*, Slg. 2006, I-1831, Rn. 16.

262 Vgl. *Glahe*, Einkünftekorrektur, 2012, S. 156.

263 Vgl. EuGH v. 25.02.2010, C-337/08 – *X Holding*, Slg. 2010, S. I-1215, Rn. 35 bis 42; EuGH v. 06.12.2007, C-298/05 – *Columbus Container Services*, Slg. 2007, S. I-10451, Rn. 53.

264 Vgl. EuGH v. 25.02.2010, C-337/08 – *X Holding*, Slg. 2010, S. I-1215, Rn. 38.

derartige Überlegungen ausgeschlossen werden, da sowohl im Inbound-Staat errichtete Betriebsstätten als auch dort ansässige Tochtergesellschaften entsprechend dem Territorialitätsprinzip dessen Besteuerung unterliegen. Dennoch ist auch in Inbound-Konstellationen ein Gebot der Rechtsformneutralität abzulehnen. Die Grundfreiheiten intendieren nach richtigem Verständnis allein die steuerliche Gleichbelastung von grenzüberschreitenden und rein innerstaatlichen Vorgängen.[265] Da das Gebot der Rechtsformneutralität hingegen zur Besserstellung von grenzüberschreitenden Sachverhalten führen könnte,[266] würde sich gerade hieraus die Gefahr von Verzerrungen des Wettbewerbs im Binnenmarkts ergeben. Sofern als Vergleichsmaßstab für die steuerliche Behandlung sekundärer Niederlassungen eines Gebietsfremden ausschließlich rein innerstaatliche Sachverhalte herangezogen werden, besteht somit kein Konflikt mit dem Binnenmarktziel,[267] sondern vielmehr eine weitreichendere Verwirklichung desselben.

bb) Finanzierungsneutralität

Teilweise wurde aus der Kapitalverkehrsfreiheit ein Gebot der Finanzierungsneutralität abgeleitet, wonach bei einer grenzüberschreitenden Investition nicht danach unterschieden werden darf, ob diese mit Eigenkapital oder Fremdkapital erfolgt.[268] Entsprechend den Ausführungen zum vermeintlichen Gebot der Rechtsformneutralität[269] ist auch das Gebot der Finanzierungsneutralität unter Hinweis auf ansonsten entstehende Wettbewerbsverzerrungen im Binnenmarkt abzulehnen.[270]

cc) Abkommensrechtliche Meistbegünstigung

Eine Ungleichbehandlung verschiedener grenzüberschreitender Sachverhalte kann daher rühren, dass ein Mitgliedstaat nur bei der Betroffenheit bestimmter anderer Staaten gewisse steuerliche Vorteile gewährt, da diese Vorteile nur in den mit diesen Staaten abgeschlossenen DBA vereinbart wurden.[271] Die Befürworter einer Meistbegünstigung halten eine Anwendung der günstigsten

265 Vgl. *Englisch*, StuW 2003, 88 (94).
266 Vgl. *Cordewener*, Grundfreiheiten, 2002, S. 833.
267 Vgl. *Glahe*, Einkünftekorrektur, 2012, S. 157.
268 Vgl. *Dautzenberg*, Unternehmensbesteuerung, Halbband 1, 1997, S. 65; *Dautzenberg*, Unternehmensbesteuerung, Halbband 2, 1997, S. 713 bis 716.
269 Siehe dazu Teil 1.A.VII.4.b)aa).
270 Vgl. auch *Glahe*, Einkünftekorrektur, 2012, S. 158.
271 Vgl. *Cordewener*, in: Cordewener/Enchelmaier/Schindler, Meistbegünstigung, 2006, S. 123 (128).

Abkommensregelungen, die ein Mitgliedstaat mit irgendeinem anderen Staat vereinbart hat, im Verhältnis zu sämtlichen Mitgliedstaaten für erforderlich, um einheitliche Wettbewerbsverhältnisse innerhalb des Binnenmarkts zu verwirklichen.[272] Da die Allokation von Besteuerungsrechten dem Anwendungsbereich der Grundfreiheiten entzogen ist,[273] kommt eine mitgliedstaatliche Pflicht zur Ausdehnung vorteilhafter abkommensrechtlicher Regelungen jedoch allenfalls hinsichtlich nicht-allokativer Normen in Betracht.[274] Die Pflicht eines Mitgliedstaats zur Gewährung eines mit einem bestimmten Staat vereinbarten Steuervorteils auch bei entsprechenden Transaktionen mit Bezug zu anderen Mitgliedstaaten setzt aber voraus, dass die einander gegenübergestellten Transaktionen als vergleichbar anzusehen sind.[275]

Nach der Rechtsprechung des EuGH ergibt sich aus der auf die jeweiligen Vertragsstaaten beschränkten Gegenseitigkeit von Abkommensnormen, dass die einzelnen in DBA enthaltenen Regelungen nicht isoliert betrachtet werden können, sondern ausschließlich als integraler Bestandteil des jeweiligen gesamten, in sich stimmigen und ausgewogenen DBA.[276] Die Substitution einzelner Regelungen eines DBA durch günstigere Regelungen eines anderen DBA würde dementsprechend das zwischenstaatlich ausgehandelte Gleichgewicht des gesamten Abkommens stören.[277] Somit ist hinsichtlich abkommensrechtlich gewährter Vorteile eine Vergleichbarkeit verschiedener grenzüberschreitender Vorgänge generell zu verneinen, da gerade unterschiedliche anzuwendende DBA eine Vergleichbarkeit dieser Vorgänge ausschließen.[278] Dem ist zuzustimmen, da ansonsten im Verhältnis zwischen allen Mitgliedstaaten faktisch ein aus den günstigsten Normen zusammengesetztes, multilaterales DBA entstünde,[279] das den besonderen rechtlichen

---

272 Vgl. *Rädler*, in: Cordewener/Enchelmaier/Schindler, Meistbegünstigung, 2006, S. 213 (215).

273 Siehe Teil 1,A.VII.3.

274 Vgl. *Glahe*, Einkünftekorrektur, 2012, S. 160 f.

275 Vgl. EuGH v. 05.07.2005, Rs. C-376/03 – *D*, Slg. 2005, S. I-5821, Rn. 58 f.

276 Vgl. EuGH v. 05.07.2005, Rs. C-376/03 – *D*, Slg. 2005, S. I-5821, Rn. 62.

277 Vgl. GA *Geelhoed* v. 23.02.2006, Rs. C-374/04 – *ACT Group Litigation*, Slg. 2006, S. I-11673, Rn. 95 f.; *Kemmeren*, EC Tax Rev. 1997, S. 146 (148); *van den Hurk*, EC Tax Rev. 1999, S. 211 (217).

278 Vgl. EuGH v. 20.05.2008, Rs. C-194/06 – *Orange European Smallcap Fund*, Slg. 2008, S. I-3747, Rn. 51; EuGH v. 05.07.2005, Rs. C-376/03 – *D*, Slg. 2005, S. I-5821, Rn. 61; EuGH v. 12.12.2006, C-374/04 – *ACT Groupt Litigation*, Slg. 2006, I-11673, Rn. 87 bis 91; *O'Shea*, EC Tax Rev. 2005, S. 190 (195 f.).

279 Vgl. *Englisch*, in: Cordewener/Enchelmaier/Schindler, Meistbegünstigung, 2006, S. 163 (181).

Gegebenheiten der jeweils beteiligten Staaten nicht mehr gerecht werden würde.[280] Dies könnte sich beispielsweise in einer dem Leistungsfähigkeitsprinzip zuwider laufenden Steuerfreiheit grenzüberschreitend erzielter Einkünfte ausdrücken.[281]

dd) Unilaterale Meistbegünstigung

Begünstigen unilaterale Rechtsvorschriften eines Mitgliedstaats grenzüberschreitende Wirtschaftsaktivitäten nur bei Berührung bestimmter anderer Staaten, so stellt sich auch hier die Frage nach einer Meistbegünstigungspflicht.[282] Anders als im Zusammenhang mit der abzulehnenden abkommensrechtlichen Meistbegünstigung kann hier die Vergleichbarkeit der verschiedenen grenzüberschreitenden Vorgänge und damit die Pflicht zur Ausdehnung unilateral gewährter Steuervorteile auch auf andere grenzüberschreitende Sachverhalte nicht mit der Begründung ausgeschlossen werden, dass die fraglichen Rechtsnormen als integraler Bestandteil für die Ausgewogenheit von DBA erforderlich sind.[283]

In mehreren Urteilen des EuGH gingen der Feststellung von Diskriminierungen sowohl vertikale als auch horizontale Vergleichspaarbildungen voraus. So führte der EuGH in der Rs. *Cadbury Schweppes* aus, dass die dort untersuchten Hinzurechnungsbesteuerungsregelungen zur Benachteiligung bestimmter grenzüberschreitender Vorgänge sowohl gegenüber rein innerstaatlichen, als auch gegenüber anderen grenzüberschreitenden Vorgängen führen.[284] Auch in der die Kapitalverkehrsfreiheit betreffenden Rs. *A* konstatierte der EuGH das gleichzeitige Vorliegen einer vertikalen und horizontalen Diskriminierung, falls an Inlandsansässige entrichtete Dividenden nur dann steuerfrei sind, wenn die ausschüttende Gesellschaft entweder ebenfalls im Inland oder aber innerhalb der EU bzw. des EWR ansässig ist, nicht jedoch bei deren Ansässigkeit in einem Drittstaat.[285] Gegen die Parallelität von vertikaler und horizontaler Diskriminierung lässt sich auch nicht die Formulierung des EuGH, dass Dividenden von Drittstaatengesellschaften „steuerlich ungünstiger behandelt werden als solche,

---

280 Vgl. *Glahe*, Einkünftekorrektur, 2012, S. 161.

281 Vgl. *Englisch*, in: Cordewener/Enchelmaier/Schindler, Meistbegünstigung, 2006, S. 163 (163 f.); *Glahe*, Einkünftekorrektur, 2012, S. 161 f.

282 Vgl. *Cordewener*, in: Cordewener/Enchelmaier/Schindler, Meistbegünstigung, 2006, S. 123 (127 f.).

283 Vgl. *Schnitger*, Grenzen, 2006, S. 305; a.A. *Lang*, Rechtsprechung, 2007, S. 75.

284 Vgl. EuGH v. 12.09.2006, Rs. C-196/04, *Cadbury Schweppes*, Slg. 2006, S. I-7995, Rn. 45.

285 Vgl. EuGH v. 18.12.2007, Rs. C-101/05 – *A*, Slg. 2007, S. I-11531, Rn. 41 bis 43.

die von einer in einem Mitgliedstaat des EWR niedergelassenen Gesellschaft ausgeschüttet werden"[286], anführen. Da der EuGH nicht ausschließlich auf in *anderen* Mitgliedstaaten des EWR ansässige Gesellschaften abstellt, umfasst die zitierte Formulierung auch reine Inlandsfälle und stellt keine besondere Betonung des horizontalen Vergleichs dar. Entsprechendes gilt für die Rs. *Kommission/Niederlande*[287], in der es um die grundfreiheitsrechtliche Vereinbarkeit einer in einem EU-Staat geltenden Beschränkung von Privilegierungen hinsichtlich des Quellensteuerabzugs auf Sachverhalte innerhalb der EU ging.[288] Der EuGH stellte fest, dass Dividenden inländischer Gesellschaften an Empfänger im Inland oder der EU besser behandelt würden als Ausschüttungen an Empfänger, die innerhalb der anderen Staaten des EWR ansässig sind, weshalb insofern eine Diskriminierung vorliege.[289] Der EuGH nannte zunächst die nationalen Rechtsnormen, die eine Privilegierung sowohl rein innerstaatlicher als auch grenzüberschreitender Vorgänge innerhalb der EU bewirkten.[290] Im Anschluss stellte er eine Schlechterstellung der im EWR ansässigen Dividendenempfänger gegenüber solchen fest, die „in einem [EU-] Mitgliedstaat"[291] ansässig sind. Da der EuGH nicht ausdrücklich auf in einem *anderen* EU-Mitgliedstaat ansässige Empfänger abstellte, wurde auch die steuerliche Behandlung inländischer Empfänger in die Vergleichsbetrachtung einbezogen. Somit nahm der EuGH zugleich einen vertikalen und einen horizontalen Vergleich vor und stellte damit das gleichzeitige Vorliegen einer vertikalen und horizontalen Diskriminierung fest. Fraglich ist deshalb, ob eine *ausschließlich* i.R. einer horizontalen Vergleichsbetrachtung festzustellende Ungleichbehandlung durch unilaterale nationale Regelungen ebenso als grundsätzlich verbotene Diskriminierung anzusehen ist.

---

286 EuGH v. 18.12.2007, Rs. C-101/05 – *A*, Slg. 2007, S. I-11531, Rn. 42.

287 Vgl. EuGH v. 11.06.2009, Rs. C-521/07 – *Kommission/Niederlande*, Slg. 2009, S. I-4873.

288 Vgl. EuGH v. 11.06.2009, Rs. C-521/07 – *Kommission/Niederlande*, Slg. 2009, S. I-4873, Rn. 17.

289 Vgl. EuGH v. 11.06.2009, Rs. C-521/07 – *Kommission/Niederlande*, Slg. 2009, S. I-4873, Rn. 36 bis 39.

290 Vgl. EuGH v. 11.06.2009, Rs. C-521/07 – *Kommission/Niederlande*, Slg. 2009, S. I-4873, Rn. 36. Die streitgegenständlichen niederländischen Rechtsnormen sahen eine Privilegierung rein innerstaatlicher sowie grenzüberschreitender EU-Sachverhalte vor, siehe dazu auch EuGH v. 11.06.2009, Rs. C-521/07 – *Kommission/Niederlande*, Slg. 2009, S. I-4873, Rn. 7 f.

291 EuGH v. 11.06.2009, Rs. C-521/07 – *Kommission/Niederlande*, Slg. 2009, S. I-4873, Rn. 37.

In der Rs. *Columbus Container Services*[292] ging es um eine unilaterale sog. *switch-over*-Klausel, wonach hinsichtlich niedrig besteuerter ausländischer Betriebsstätteneinkünfte im Outbound-Staat die Anrechnungsmethode zur Anwendung kommt, selbst wenn in dem im konkreten Fall anwendbaren DBA die Freistellungsmethode vorgesehen ist. In seinem Urteil lehnte der EuGH eine vertikale Diskriminierung ab, da der Wechsel zur Anrechnungsmethode lediglich die Anwendung desselben Steuersatzes wie bei rein innerstaatlichen Vorgängen bewirkt und damit keine vertikale Schlechterstellung erzeugt.[293] Hinsichtlich der horizontalen Ungleichbehandlung verschiedener grenzüberschreitender Sachverhalte in Abhängigkeit davon, welches Steuerniveau im jeweiligen ausländischen Betriebsstättenstaat vorherrscht, führte der EuGH an, dass ein Mitgliedstaat nicht verpflichtet sei, sein Steuersystem an dasjenige anderer Mitgliedstaaten anzupassen.[294] Diese Begründung erscheint zwar fraglich, da die *switch-over*-Klausel doch gerade eine Reaktion auf anders ausgestaltete ausländische Steuersysteme darstellt. Allerdings könnte aus den Ausführungen des EuGH geschlossen werden, dass dessen ablehnende Haltung gegenüber einer unilateralen Meistbegünstigung ausschließlich auf den Sonderfall mitgliedstaatlicher *switch-over*-Klauseln beschränkt ist, welche lediglich der Modifikation grundfreiheitsrechtlich immunisierter, abkommensrechtlicher Allokationsnormen dienen. Somit ist nicht klar erkennbar, welche Haltung der EuGH gegenüber der Meistbegünstigung im Zusammenhang mit nicht-allokativen unilateralen Rechtsnormen einnimmt. Nach hier vertretener Auffassung sollte sich der Gewährleistungsgehalt der Grundfreiheiten auch in diesen Fällen in der Sicherstellung einer Inländerbehandlung erschöpfen. Sofern eine Besserstellung bestimmter grenzüberschreitender Vorgänge grundsätzlich im Interesse eines Mitgliedstaats gelegen ist, sollte es ihm deshalb unbenommen sein, diese über die Inländerbehandlung hinausgehende Privilegierung nur dann zu gewähren, wenn auch der jeweils andere beteiligte Staat in der umgekehrten Konstellation entsprechend verfahren würde. Gerade wegen der Schwierigkeit, auf sekundärrechtlichem Weg Harmonisierungsmaßnahmen durchzusetzen,[295] könnten einzelne Mitgliedstaaten auf diese Weise mit privilegierenden, aber auf Gegenseitigkeit beruhenden Regelungsmechanismen vorpreschen, ohne dabei größere Steuerausfälle zu riskieren.

---

292 EuGH v. 06.12.2007, C-298/05 – *Columbus Container Services*, Slg. 2007, S. I-10451.

293 Vgl. EuGH v. 06.12.2007, C-298/05 – *Columbus Container Services*, Slg. 2007, S. I-10451, Rn. 38 f.

294 Vgl. EuGH v. 06.12.2007, C-298/05 – *Columbus Container Services*, Slg. 2007, S. I-10451, Rn. 51.

295 Siehe dazu Teil 1.B.III.

5. Rechtfertigung

Sofern eine mitgliedstaatliche Rechtsnorm grundfreiheitsrechtlich geschützte Sachverhalte in diskriminierender Weise beschränkt und die Vergleichbarkeit vorliegt, bedeutet dies nur grundsätzlich die Europarechtswidrigkeit dieser Regelung. Ebenso ist eine nicht-diskriminierende Beschränkung nicht unmittelbar mit einem Grundfreiheitsverstoß gleichzusetzen, sofern es an der Vergleichbarkeit fehlt. Die fortdauernde Anwendung von Regelungen, die solche grundsätzlich verbotenen Beschränkungen enthalten, ist dann zulässig, wenn deren Rechtfertigung gelingt.[296]

Die Rechtfertigungsprüfung dient dazu, einen angemessenen Ausgleich zwischen dem Interesse der Marktteilnehmer an einer beschränkungsfreien grenzüberschreitenden wirtschaftlichen Betätigungsmöglichkeit und davon abweichenden mitgliedstaatlichen Interessen zu erzielen.[297] Der für eine Rechtfertigung durch den beschränkenden Mitgliedstaat zunächst vorzubringende Rechtfertigungsgrund kann jedoch nicht beliebig gewählt werden, sondern muss unionsrechtlich legitimiert sein.[298] Neben den im AEUV normierten, geschriebenen Rechtfertigungsgründen hat der EuGH auch bestimmte ungeschriebene Rechtfertigungsgründe anerkannt.[299] Sofern ein solcher Rechtfertigungsgrund für die beschränkende Norm angeführt wird, ist diese auf ihre Verhältnismäßigkeit zu untersuchen. Die Verhältnismäßigkeit einer beschränkenden mitgliedstaatlichen Regelung ist dann gegeben, wenn diese Regelung zur Erreichung des angestrebten, legitimen Ziels geeignet und erforderlich ist, sowie außerdem nicht über das Angemessene hinausgeht.

a) Geschriebene Rechtfertigungsgründe

Der AEUV gesteht den Mitgliedstaaten nach den Art. 45, 51, 52, 62 und 65 AEUV ausdrücklich das Recht zu, die grundfreiheitlichen Rechte zur Wahrung der öffentlichen Ordnung, Sicherheit und Gesundheit zu beschränken.[300] Entsprechend der EuGH-Rechtsprechung zu ertragsteuerlichen Sachverhalten, in der diese

296 Vgl. *Englisch*, StuW 2003, S. 88 (90).

297 Vgl. *Kube*, IStR 2003, S. 325 (332); *Drüen/Kahler*, StuW 2005, S. 171 (178).

298 Vgl. *Englisch*, Intertax 2005, S. 310 (326).

299 Da die Konvergenz der Grundfreiheiten (siehe hierzu bereits Teil 1,A.II.) auch die Rechtfertigungsebene prägt, sind die anerkannten Rechtfertigungsgründe unabhängig von der jeweils einschlägigen Grundfreiheit zu prüfen, vgl. EuGH v. 21.11.2002, Rs. C-436/00 – *X und Y*, Slg. 2002, S. I-10829, Rn. 72; *Lausterer*, IStR 2003, S. 19 (22).

300 Vgl. *Cordewener*, DStR 2004, S. 6 (8).

Vorbehalte entweder unbeachtet bleiben oder deren Einschlägigkeit ohne Weiteres ausgeschlossen wird,[301] sind diese Rechtfertigungsgründe i.R. dieser Untersuchung irrelevant, da kein Zusammenhang zwischen der Beschränkung grenzüberschreitender Spaltungen und der Erreichung der genannten Ziele hergestellt werden kann.[302]

Einer näheren Betrachtung bedarf allein der die Kapitalverkehrsfreiheit betreffende Art. 65 Abs. 1 Buchst. a AEUV, wonach die Mitgliedstaaten trotz der in Art. 63 AEUV enthaltenen Beschränkungsverbote eine Ungleichbehandlung von Steuerpflichtigen mit unterschiedlichem Kapital- oder Anlageort vornehmen dürfen. Diese Bestimmung erweckt dem ersten Anschein nach den Eindruck einer die Ertragsteuern betreffenden grundfreiheitsrechtlichen Bereichsausnahme.[303] Nach dem in diesem Kontext zu beachtenden Art. 65 Abs. 3 AEUV dürfen nationale Vorschriften jedoch weder ein „Mittel zur willkürlichen Diskriminierung noch eine verschleierte Beschränkung des freien Kapital- und Zahlungsverkehrs" i.S. des Art. 63 AEUV darstellen.[304] Eine Exklusion ertragsteuerlicher Sachverhalte vom grundfreiheitlichen Schutz ist folglich nicht gegeben.[305] Letztlich spiegeln die durch den Vertrag von Maastricht eingeführten Regelungen des Art. 65 Abs. 1 Buchst. a, Abs. 3 AEUV lediglich die zu diesem Zeitpunkt bereits ergangene Rechtsprechung des EuGH wider, wonach Differenzierungen sowohl zwischen nicht vergleichbaren Sachverhalten,[306] als auch bei Vorliegen einer Rechtfertigung aufgrund zwingender Allgemeininteressen zulässig sind.[307] Da Art. 65 Abs. 1 Buchst. a AEUV nicht über die Rechtsprechung des EuGH hinausgeht, enthält

301 Vgl. EuGH v. 29.04.1999, Rs. C-311/97 – *Royal Bank of Scotland*, Slg. 1999, S. I-2651, Rn. 32; EuGH v. 21.09.1999, Rs. C-307/97 – *Saint-Gobain*, Slg. 1999, S. I-6161, Rn. 50.

302 Vgl. allgemein zur regelmäßigen Unbeachtlichkeit der geschriebenen Rechtfertigungsgründe im Zusammenhang mit nationalen Regelungen des direkten Steuerrechts *Englisch*, Intertax 2005, S. 310 (326); *Cordewener*, Grundfreiheiten, 2002, S. 926; *Hahn*, DStZ 2005, S. 507 (507); *Englisch*, Dividendenbesteuerung, 2005, S. 273; *Schnitger*, Grenzen, 2006, S. 309; *Lang/Englisch*, in: Amatucci, International Tax Law, 2006, S. 251 (288); *Lang*, Rechtsprechung, 2007, S. 47.

303 So bereits durch einige Mitgliedstaaten vertreten, vgl. EuGH v. 06.06.2000, C-35/98 – *Verkooijen*, Slg. 2000, S. I-4071, Rn. 38.

304 Der Begriff „verschleiert" hat i.S. einer konvergenten Auslegung der Grundfreiheiten keine Bedeutung, vgl. *Sedlaczek*, in: Streinz, EUV/EGV, 2003, Art. 58 EG Rz. 20.

305 Vgl. EuGH v. 06.06.2000, C-35/98 – *Verkooijen*, Slg. 2000, S. I-4071, Rn. 44; *Eicker/Obser*, IStR 2004, S. 443 (444 f.).

306 Siehe zur Vergleichbarkeitsprüfung Teil 1.A.VII.4.

307 Siehe dazu Teil 1.A.VII.5.b).

er keinen eigenständigen Vorbehalt und ist damit nur deklaratorischer Natur.[308] Dementsprechend bedeutete die Einführung der Steuerklausel des Art. 65 Abs. 1 Buchst. a AEUV keine der bereits zuvor ergangenen Rechtsprechung des EuGH entgegenstehende Minderung der Schutzwirkung der Kapitalverkehrsfreiheit.[309]

Aus dem Gesagten folgt, dass für den Bereich des Ertragsteuerrechts allein die durch den EuGH entwickelten ungeschriebenen Rechtfertigungsgründe relevant sind.[310]

b) Ungeschriebene Rechtfertigungsgründe

Die EU ist entsprechend Art. 4 Abs. 3 EUV vom Prinzip der Unionstreue geprägt. Aus dem Grundsatz der loyalen Zusammenarbeit lässt sich eine Pflicht zur aufrichtigen gegenseitigen Rücksichtnahme auf die grundlegenden Interessen von EU und Mitgliedstaaten ableiten.[311] Daraus folgt, dass sich weder die Interessen der Union, noch die der Mitgliedstaaten gegenüber ihrem jeweiligen Gegenstück durchsetzen dürfen, sondern ein angemessener Ausgleich angestrebt werden muss.[312]

In der die Warenverkehrsfreiheit betreffenden Rs. *Cassis de Dijon* stellte der EuGH erstmals fest, dass Beeinträchtigungen des Binnenhandels zulässig sind, sofern sie aufgrund zwingender Erfordernisse notwendig sind.[313] Diese sog. *rule of reason*, die aufgrund des Konvergenzgedankens auch i.R. der anderen Grundfreiheiten Anwendung findet,[314] wurde durch den EuGH in der Rs. *Gebhard* dahingehend inhaltlich präzisiert, dass eine nationale Maßnahme dann aufrechterhalten werden kann, wenn sie in nichtdiskriminierender Weise angewandt wird und aus

---

308 Vgl. EuGH v. 06.06.2000, C-35/98 – *Verkooijen*, Slg. 2000, S. I-4071, Rn. 43; *Englisch*, Intertax 2005, S. 310 (326); *Witzel*, IStR 2002, S. 758 (761); *Saß*, FR 2000, S. 1270 (1272); *Lang/Englisch*, in: Amatucci, International Tax Law, 2006, S. 251 (288); *Lausterer*, IStR 2003, S. 19 (22).

309 Vgl. *Witzel*, IStR 2002, S. 758 (761); *Englisch*, Dividendenbesteuerung, 2005, S. 280 f.; *Dautzenberg*, StuB 2000, S. 720 (725).

310 Vgl. *Lang/Englisch*, in: Amatucci, International Tax Law, 2006, S. 251 (288).

311 Vgl. EuGH v. 22.10.1998, Rs. C-36/97 und C-37/97, *Kellinghusen und Ketelsen*, Slg. 1998, S. I-6337, Rn. 30; EuGH v. 13.07.1990, Rs. C-2/88, *Zwartveld*, Slg. 1990, S. I-3365, Rn. 17.

312 Vgl. *Englisch*, Intertax 2005, S. 310 (327).

313 Vgl. EuGH v. 20.02.1979, Rs. 120/78 – *Cassis de Dijon*, Slg. 1979, S. 649, Rn. 8.

314 Vgl. EuGH v. 15.12.1995, Rs. C-415/93 – *Bosman*, Slg. 1995, S. I-4921, Rn. 104; EuGH v. 15.05.1997, Rs. C-250/95 – *Futura Participations*, Slg. 1997, S. I-2471, Rn. 26; EuGH v. 28.01.1992, Rs. C-204/90 – *Bachmann*, Slg. 1992, S. I-249, Rn. 14 bis 28.

zwingenden Gründen des Allgemeininteresses gerechtfertigt ist. Letzteres ist der Fall, wenn eine Maßnahme geeignet ist, die Verwirklichung des mit ihr verfolgten grundfreiheitsrechtlich anerkannten Ziels zu gewährleisten und nicht über das hinausgeht, was zur Erreichung dieses Ziels erforderlich ist.[315] Entsprechend der Formulierung, wonach die mitgliedstaatliche Maßnahme in nicht-diskriminierender Weise ausgestaltet sein muss, war eine Rechtfertigung aufgrund ungeschriebener Rechtfertigungsgründe insbesondere entsprechend der früheren EuGH-Rechtsprechung zur *rule of reason* nur bei nicht-diskriminierenden nationalen Maßnahmen möglich.[316] Während der EuGH diese strenge Haltung hinsichtlich versteckter Diskriminierungen bereits früh aufgab,[317] zeigt sich hinsichtlich der Möglichkeit, offene Diskriminierungen durch zwingende Allgemeininteressen zu rechtfertigen, ein uneinheitliches Bild.[318] Im Bereich des Steuerrechts ist die Frage, ob eine offene Diskriminierung einer Rechtfertigung nach der *rule of reason* zugänglich ist, praktisch ausschließlich im Zusammenhang mit Gesellschaften von Bedeutung. Nach Art. 54 Abs. 1 AEUV werden unter anderem die nach den Rechtsvorschriften eines Mitgliedstaats gegründeten Gesellschaften, deren Ort der Geschäftsleitung sich innerhalb der EU befindet, den natürlichen Personen, die Staatsangehörige eines Mitgliedstaats sind, gleichgestellt. Sofern eine steuerliche Regelung zwischen beschränkter und unbeschränkter Steuerpflicht von Gesellschaften unterscheidet

---

315 Vgl. EuGH v. 30.11.1995, Rs. C-55/94 – *Gebhard*, Slg. 1995, S. I-4165, Rn. 37; EuGH v. 12.12.1996, Rs. C-3/95 – *Reisebüro Broede*, Slg. 1996, S. I-6511, Rn. 28; EuGH v. 31.03.1993, Rs. C-19/92 – *Kraus*, Slg. 1993, S. I-1663, Rn. 32; *Dautzenberg*, BB-Beilage 16/2004, S. 8 (9 f.).

316 Vgl. EuGH v. 26.04.1988, Rs. 352/85 – *Bond van Adverteerders*, Slg. 1988, S. 2085, Rn. 32; EuGH v. 29.04.1999, Rs. C-224/97 – *Ciola*, Slg. 1999, S. I-2517, Rn. 16; EuGH v. 29.04.1999, Rs. C-311/97 – *Royal Bank of Scotland*, Slg. 1999, S. I-2651, Rn. 32.

317 Vgl. EuGH v. 28.01.1992, Rs. C-204/90 – *Bachmann*, Slg. 1992, S. I-249, Rn. 14 bis 28; EuGH v. 14.02.1995, Rs. C-279/93 – *Schumacker*, Slg. 1995, S. I-225, Rn. 39 bis 47; zustimmend *Peters/Snellaars*, EC Tax Rev. 2001, S. 13 (17); *Weiß*, EuZW 1999, S. 493 (497).

318 Die grundsätzliche Möglichkeit der Rechtfertigung sämtlicher Arten von nicht-diskriminierenden und diskriminierenden Beschränkungen durch ungeschriebene Rechtfertigungsgründe befürwortend: *Cordewener*, DStR 2004, S. 6 (8 f.); *Jarass*, EuR 2000, S. 705 (719); GA *Jacobs* v. 21.03.2002, Rs. C-136/00 – *Danner*, Slg. 2002, S. I-8147, Rn. 40. Eine Rechtfertigung offener Diskriminierungen aufgrund ungeschriebener Rechtfertigungsgründe dagegen ablehnend: EuGH v. 29.04.1999, Rs. C-224/97 – *Ciola*, Slg. 1999, S. I-2517, Rn. 16; EuGH v. 29.04.1999, Rs. C-311/97 – *Royal Bank of Scotland*, Slg. 1999, S. I-2651, Rn. 32; *Helminen*, EU Tax Law, 2009, S. 111; *Weber*, EC Tax Rev. 2003, S. 220 (224).

und damit nach deren steuerlicher Ansässigkeit differenziert, entspricht diese Unterscheidung einer Diskriminierung aufgrund der Staatsangehörigkeit bei natürlichen Personen.[319] Da Art. 54 Abs. 1 AEUV nur i.R. der Niederlassungsfreiheit Anwendung findet, stellt eine Differenzierung nach der steuerlichen Ansässigkeit von Gesellschaften i.R. der Kapitalverkehrsfreiheit dagegen keine offene, sondern lediglich eine versteckte Diskriminierung nach der Staatsangehörigkeit dar.[320] Weil bei Anwendbarkeit der Kapitalverkehrsfreiheit eine Rechtfertigung von an die Ansässigkeit von Gesellschaften anknüpfenden Diskriminierungen aufgrund der *rule of reason* möglich ist, sollte dies i.S. einer konvergenten Auslegung der Grundfreiheiten auch hinsichtlich der Niederlassungsfreiheit gelten.[321] Im Ergebnis sind bei allen Kategorien von Beschränkungen ungeschriebene Rechtfertigungsgründe zu berücksichtigen.[322] Der unterschiedlichen Eingriffstiefe von Diskriminierungen und nicht-diskriminierenden Beschränkungen ist allein durch eine entsprechende Berücksichtigung i.R. der Verhältnismäßigkeitsprüfung Rechnung zu tragen.[323]

Fraglich ist, wann ein als ungeschriebener Rechtfertigungsgrund angeführtes zwingendes Interesse des Allgemeinwohls als europarechtlich legitim gilt. Vorauszusetzen ist, dass das behauptete mitgliedstaatliche Interesse nicht mit den Wertungen des AEUV konfligiert oder den europäischen Integrationsprozess gefährdet. Darüber hinaus muss das vorgetragene mitgliedstaatliche Anliegen ein durch das Primärrecht angestrebtes Ziel widerspiegeln. Als steuerspezifisches, zwingendes Allgemeininteresse der Mitgliedstaaten kommt dementsprechend die Verwirklichung des in beinahe allen Verfassungen verankerten Leistungsfähigkeitsprinzips in Betracht. Da die Verwirklichung dieses Prinzips im steuerrechtlichen Kontext als Kernanliegen der Grundfreiheiten anzusehen ist,[324] stehen hierauf aufbauende, nationale Rechtfertigungsgründe in Einklang mit den vertraglichen

---

319 Vgl. EuGH v. 13.07.1993, Rs. C-330/91 – *Commerzbank*, Slg. 1993, S. I-4017, Rn. 14; EuGH v. 29.04.1999, Rs. C-311/97 – *Royal Bank of Scotland*, Slg. 1999, S. I-2651, Rn. 23; *Cordewener*, Grundfreiheiten, 2002, S. 124 und 826.

320 Eine offene Diskriminierung nach der Staatsangehörigkeit liegt im Zusammenhang mit der Kapitalverkehrsfreiheit dementsprechend nur dann vor, wenn die steuerliche Regelung danach unterscheidet, ob die jeweilige Gesellschaft dem deutschen oder einem ausländischen Gesellschaftsstatut unterliegt.

321 Vgl. *Glahe*, Einkünftekorrektur, 2012, S. 173.

322 Vgl. GA *Jacobs* v. 21.03.2002, Rs. C-136/00 – *Danner*, Slg. 2002, S. I-8147, Rn. 40; GA *Maduro* v. 07.04.2005, Rs. C-446/03 – *Marks & Spencer*, Slg. 2005, I-10837, Rn. 33; *Cordewener*, DStR 2004, S. 6 (8 f.); *Lang*, Rechtsprechung, 2007, S. 48.

323 Vgl. *Hahn*, DStZ 2005, S. 507 (514).

324 Siehe dazu Teil 1,A.2. Vgl. dazu auch *Englisch*, Intertax 2005, S. 310 (311 f. und 331).

Grundlagen der EU und sind somit durch den EuGH als legitim anzuerkennen. Obgleich sowohl die grundfreiheitlichen Anforderungen als auch die mitgliedstaatlichen Interessen auf das Leistungsfähigkeitsprinzip gestützt sind, ergibt sich dennoch ein Spannungsverhältnis zwischen diesen Anliegen. Das grundfreiheitliche Beschränkungsverbot basiert auf der Annahme, dass eine Belastungsgleichheit zwischen grenzüberschreitenden und rein innerstaatlichen Sachverhalten nur dann vorliegt, wenn vergleichbare Sachverhalte gleich und nicht vergleichbare Sachverhalte in angemessener Weise ungleich behandelt werden.[325] Somit liegt der Diskriminierungs- bzw. Beschränkungsprüfung eine eher formalistische Betrachtungsweise zugrunde, die jedoch aufgrund der Besonderheiten des jeweiligen Einzelfalls dazu führen kann, dass grenzüberschreitend tätige Steuerpflichtige tatsächlich besser gestellt werden als rein innerstaatlich agierende. Da eine aus einer uneingeschränkten Anwendung der Grundfreiheiten resultierende Besserstellung grenzüberschreitender Wirtschaftsvorgänge somit das Ziel der binnenmarktlichen Wettbewerbsgleichheit untergraben würde,[326] können korrigierende mitgliedstaatliche Gegenmaßnahmen dann gerechtfertigt sein, wenn sie der Annäherung an eine tatsächliche Belastungsgleichheit zwischen grenzüberschreitenden und rein innerstaatlichen Vorgängen dienen.

Im Folgenden werden verschiedene durch die Mitgliedstaaten vorgetragene Rechtfertigungsgründe dargestellt, die – je nach Kompatibilität mit dem Ziel einer tatsächlichen Belastungsgleichheit innerhalb des Binnenmarkts – vom EuGH abgelehnt bzw. als zulässig verworfen wurden.

aa) Nicht anerkannte Rechtfertigungsgründe

Sofern ein Rechtfertigungsgrund nicht auf die Herstellung einer tatsächlichen Belastungsgleichheit bzw. einer Besteuerung entsprechend der tatsächlichen Leistungsfähigkeit von grenzüberschreitend und rein innerstaatlich Tätigen gerichtet ist, ist dessen Vereinbarkeit mit den Zielen des AEUV abzulehnen.

(1) Verlust von Steueraufkommen

Das Anliegen, einen Verlust von Steueraufkommen zu verhindern, kann als rein fiskalisches mitgliedstaatliches Interesse keine Beschränkung der Grundfreiheiten rechtfertigen.[327] Da mit der Beseitigung von Beschränkungen regelmäßig ein

---

325 Siehe dazu bereits Teil 1,A.VII.4.

326 Vgl. *Englisch*, Wettbewerbsgleichheit, 2008, S. 239 f.

327 Vgl. EuGH v. 21.09.1999, Rs. C-307/97 – *Saint-Gobain*, Slg. 1999, S. I-6161, Rn. 50; EuGH v. 06.06.2000, C-35/98 – *Verkooijen*, Slg. 2000, S. I-4071, Rn. 59;

Verlust von Steuereinnahmen einhergeht,[328] wären die Grundfreiheiten ansonsten ihrer Effektivität entzogen,[329] was im Ergebnis auf eine Bereichsausnahme für das Steuerrecht hinauslaufen würde.[330] Da sich die Mitgliedstaaten auf die Errichtung eines Binnenmarkts geeinigt haben, haben sie folglich auch die Kosten für die Beseitigung von steuerlichen Hindernissen zu tragen.[331]

(2) Fehlende Harmonisierung

Die Ausgestaltung des Ertragsteuerrechts liegt zwar grundsätzlich in der Zuständigkeit der Mitgliedstaaten, jedoch haben diese ihre Befugnisse unter Wahrung des Unionsrechts auszuüben.[332] Da sich die Grundfreiheiten durch unmittelbare und vorrangige Anwendbarkeit auszeichnen, dienen sie unabhängig von sekundärrechtlichen Harmonisierungsmaßnahmen als europarechtlicher Maßstab

---

EuGH v. 08.03.2001, Rs. C-397/98 und C-410/98 – *Metallgesellschaft und Hoechst*, Slg. 2001, S. I-1727, Rn. 59; EuGH v. 03.10.2002, Rs. C-136/00 – *Danner*, Slg. 2002, S. I-8147, Rn. 56; EuGH v. 21.11.2002, Rs. C-436/00 – *X und Y*, Slg. 2002, S. I-10829, Rn. 50; EuGH v. 18.09.2003, Rs. C-168/01 – *Bosal Holding*, Slg. 2003, S. I-9409, Rn. 42; EuGH v. 13.12.2005, Rs. C-446/03 – *Marks & Spencer*, Slg. 2005, I-10837, Rn. 44; *Fischer*, Gemeinschaftsrecht, 2001, S. 216 f.; *Falthauser*, in: FS Solms, 2005, S. 153 (162); *Cordewener*, Grundfreiheiten, 2002, S. 936 f.; *Englisch*, Dividendenbesteuerung, 2005, S. 287; *Lambrecht*, StuW 2006, S. 201 (206).

328 Vgl. *Dautzenberg*, BB 2001, S. 2137 (2139 f.).

329 Vgl. *Englisch*, StuW 2003, S. 88 (95); *Englisch*, Intertax 2005, S. 310 (329).

330 Vgl. *Schnitger*, Grenzen, 2006, S. 313 f.

331 Vgl. *Lang/Englisch*, in: Amatucci, International Tax Law, 2006, S. 251 (292); *Englisch*, Intertax 2005, S. 310 (329).

332 Vgl. EuGH v. 14.02.1995, Rs. C-279/93 – *Schumacker*, Slg. 1995, S. I-225, Rn. 21; EuGH v. 11.08.1995, Rs. C-80/94 – *Wielockx*, Slg. 1995, S. I-2493, Rn. 16; EuGH v. 27.06.1996, Rs. C-107/94 – *Asscher*, Slg. 1996, S. I-3089, Rn. 36; EuGH v. 29.04.1999, Rs. C-311/97 – *Royal Bank of Scotland*, Slg. 1999, S. I-2651, Rn. 19; EuGH v. 14.09.1999, Rs. C-391/97 – *Gschwind*, Slg. 1999, S. I-5451, Rn. 20; EuGH v. 21.09.1999, Rs. C-307/97 – *Saint-Gobain*, Slg. 1999, S. I-6161, Rn. 57; EuGH v. 26.10.1999, Rs. C-294/97 – *Eurowings*, Slg. 1999, S. I-7447, Rn. 32; EuGH v. 06.06.2000, C-35/98 – *Verkooijen*, Slg. 2000, S. I-4071, Rn. 32; EuGH v. 14.12.2000, Rs. C-141/99 – *AMID*, Slg. 2000, S. I-11619, Rn. 19; EuGH v. 12.09.2002, Rs. C-431/01 – *Mertens*, Slg. 2002, S. I-7073, Rn. 25; EuGH v. 23.02.2006, Rs. C-513/03 – *van Hilten-van der Heijden*, Slg. 2006, S. I-1957, Rn. 36; EuGH v. 06.12.2007, C-298/05 – *Columbus Container Services*, Slg. 2007, S. I-10451, Rn. 28.

nationaler Regelungen.[333] Eine Rechtfertigung lässt sich somit nicht auf eine mangelnde Harmonisierung der mitgliedstaatlichen Rechtsordnungen stützen.[334]

(3) Fehlende Reziprozität von Steuervorteilen

Weil die Mitgliedstaaten grundsätzlich frei in der Ausgestaltung ihrer Steuersysteme sind, existiert zu bestimmten nationalen Steuerentlastungsmechanismen häufig kein Pendant in ausländischen Steuerrechtsordnungen.[335] Eine Gegenseitigkeitsbedingung käme jedoch einem Harmonisierungsvorbehalt gleich, welcher nicht mit der unmittelbaren und vorrangigen Anwendung der Grundfreiheiten vereinbar ist.[336] Ebenso wie die Steuerpflichtigen Nachteile aufgrund bloßer Disparitäten hinzunehmen haben, müssen auch die Mitgliedstaaten die Unterschiedlichkeit der verschiedenen Steuerrechtsordnungen akzeptieren.[337] Somit können sich die Mitgliedstaaten der Pflicht zur Inländerbehandlung nicht unter Berufung auf die fehlende Reziprozität von Steuervorteilen entziehen.[338]

(4) Konformität mit DBA-Bestimmungen

Da DBA durch das für ihre Anwendbarkeit erforderliche nationale Zustimmungsgesetz Teil der jeweiligen nationalen Rechtsordnung werden,[339] unterliegen auch sie den Anforderungen der Grundfreiheiten.[340] Dies ergibt auch der Umkehrschluss aus Art. 351 AEUV, wonach nur solche DBA von einer grundfreiheitsrechtlichen Überprüfung ausgeschlossen sind, die vor Inkrafttreten

---

333 Vgl. EuGH v. 21.06.1974, Rs. 2/74 – *Reyners*, Slg. 1974, S. 631, Rn. 32; EuGH v. 03.12.1974, Rs. 33/74 – *Van Binsbergen*, Slg. 1974, S. 1299, Rn. 27.

334 Vgl. EuGH v. 28.01.1986, Rs. 270/83 – *avoir fiscal*, *Slg. 1*986, S. 273, Rn. 24; EuGH v. 28.01.1992, Rs. C-204/90 – *Bachmann*, Slg. 1992, S. I-249, Rn. 11; EuGH v. 12.04.1994, Rs. C-1/93 – *Halliburton Services*, Slg. 1994, S. I-1137, Rn. 16; EuGH v. 08.07.1999, Rs. C-254/97 – *Société Baxter*, Slg. 1999, S. I-4809, Rn. 11.

335 Vgl. *Englisch*, Intertax 2005, S. 310 (329).

336 Vgl. EuGH v. 28.01.1986, Rs. 270/83 – *avoir fiscal*, *Slg. 1*986, S. 273, Rn. 26; EuGH v. 02.02.1989, Rs. 186/87 – *Cowan*, Slg. 1989, S. 195, Rn. 12; *Dautzenberg*, BB 2001, S. 2137 (2139).

337 Vgl. *Englisch*, Intertax 2005, S. 310 (329).

338 Vgl. EuGH v. 28.01.1986, Rs. 270/83 – *avoir fiscal*, *Slg. 1*986, S. 273, Rn. 26.

339 Siehe Art. 59 Abs. 2 GG. Dazu auch *Randelzhofer/Forsthoff*, in: Grabitz/Hilf, EUV/EGV, vor Art. 39 bis 55 EG Rz. 256 (18. Lfg., 2001).

340 Vgl. *Randelzhofer/Forsthoff*, in: Grabitz/Hilf, EUV/EGV, vor Art. 39 bis 55 EG Rz. 256 (18. Lfg., 2001); *Englisch*, Intertax 2005, S. 310 (330); *Englisch*, Dividendenbesteuerung, 2005, S. 287 f.

der Römischen Verträge zwischen Mitgliedstaaten und Drittstaaten geschlossen wurden.[341] Somit kann ein Eingriff in die Grundfreiheiten nicht durch eine DBA-Regelung, die diesem Eingriff nicht entgegensteht, begründet werden.[342] Vielmehr sind die nach Anwendung eines DBA verbleibenden Besteuerungsbefugnisse beschränkungsfrei auszuüben.[343] Daraus folgt auch, dass ein Mitgliedstaat, der ein Besteuerungsrecht durch den Abschluss eines DBA freiwillig aufgegeben hat, seinen hieraus entstehenden Nachteil hinsichtlich des Steueraufkommens nicht durch eine Beschränkung grenzüberschreitender Sachverhalte kompensieren darf.[344] Um die ungewünschte Verteilungswirkung zu korrigieren, haben die jeweiligen Mitgliedstaaten vielmehr eine Änderung des einschlägigen DBA anzustreben.[345] Im Ergebnis kann der Verweis auf ein DBA also in keinem Fall zur Rechtfertigung von Eingriffen in die Grundfreiheiten dienen.[346]

(5) Zufälliger Nachteilsausgleich

Ein steuerlicher Nachteil aufgrund einer Beschränkung kann nicht allein dadurch gerechtfertigt werden, dass dem Steuerpflichtigen durch einen der von einer grenzüberschreitenden Transaktion betroffenen Staaten anderweitige, nicht im unmittelbaren Zusammenhang mit dem Nachteil stehende steuerliche Vorteile gewährt werden.[347] Da steuerliche Vorteile nur dann berücksichtigungsfähig sind, wenn sie

---

341 Vgl. *Englisch*, Intertax 2005, S. 310 (330); *Englisch*, Dividendenbesteuerung, 2005, S. 288; *Lang/Englisch*, in: Amatucci, International Tax Law, 2006, S. 251 (292 f.).

342 Vgl. EuGH v. 28.01.1986, Rs. 270/83 – *avoir fiscal*, *Slg. 1*986, S. 273, Rn. 26; *Lang/Englisch*, in: Amatucci, International Tax Law, 2006, S. 251 (293); *Lang*, in: Gassner/Lang/Lechner, Doppelbesteuerungsabkommen, 1996, S. 25 (30); *Englisch*, Dividendenbesteuerung, 2005, S. 288.

343 Vgl. *Englisch*, Dividendenbesteuerung, 2005, S. 288; *Englisch*, IFSt-Schrift Nr. 449, 2008, S. 6; EuGH v. 21.09.1999, Rs. C-307/97 – *Saint-Gobain*, Slg. 1999, S. I-6161, Rn. 57; EuGH v. 12.12.2002, Rs. C-385/00 – *de Groot*, Slg. 2002, S. I-11819, Rn. 93 f.

344 Vgl. *Lang/Englisch*, in: Amatucci, International Tax Law, 2006, S. 251 (304).

345 Vgl. *Englisch*, Intertax 2005, S. 310 (330); EuGH v. 11.03.2004, Rs. C-9/02 – *de Lasteyrie du Saillant*, Slg. 2004, S. I-2409, Rn. 68; *Lang/Englisch*, in: Amatucci, International Tax Law, 2006, S. 251 (293).

346 Vgl. *Lang*, in: Gassner/Lang/Lechner, Doppelbesteuerungsabkommen, 1996, S. 25 (30); *Farmer*, EC Tax Rev. 1998, S. 13 (23); *Lang/Englisch*, in: Amatucci, International Tax Law, 2006, S. 251 (293).

347 Vgl. EuGH v. 06.06.2000, C-35/98 – *Verkooijen*, Slg. 2000, S. I-4071, Rn. 61; EuGH v. 26.10.1999, Rs. C-294/97 – *Eurowings*, Slg. 1999, S. I-7447, Rn. 42 bis 45; EuGH

gezielt der Kompensation des Nachteils dienen sollen,[348] sind zufällige steuerliche Vorteile für den grenzüberschreitenden Sachverhalt, wie z.B. ein niedrigeres Steuerniveau im anderen betroffenen Staat, unbeachtlich.[349] Der EuGH lehnt es somit ab, in die Rechtfertigungsprüfung neben der beschränkenden Regelung andere, begünstigende Regelungen willkürlich einzubeziehen.[350] Es soll somit keine Saldierung sämtlicher steuerlicher Vor- und Nachteile i.R. einer Globalbetrachtung der steuerlichen Situation eines Steuerpflichtigen erfolgen.[351]

bb) Anerkannte Rechtfertigungsgründe

Im Zusammenhang mit der *rule of reason* sind nur bzw. alle Rechtfertigungsgründe als legitim zu betrachten, die auf die Herstellung einer steuerlichen Belastungsgleichheit von grenzüberschreitend und rein innerstaatlich agierenden Steuerpflichtigen gerichtet sind. Im Folgenden werden die durch den EuGH bereits anerkannten Rechtfertigungsgründe dargestellt.

(1) Wahrung der steuerlichen Kontrolle

Im Zusammenhang mit grenzüberschreitenden Sachverhalten kann ein Staat eine zutreffende Besteuerung oftmals nur dann vornehmen, wenn er über bestimmte steuerrelevante Umstände im Ausland informiert ist. Aufgrund des allgemeinen Völkerrechts bzw. der gegenseitigen Anerkennung der Souveränität innerhalb der Staatengemeinschaft ist ein Staat jedoch nicht befugt, jenseits seines eigenen Territoriums hoheitlich tätig zu werden,[352] weshalb die Durchführung eigenständiger steuerlicher Ermittlungen außerhalb des eigenen Hoheitsgebiets unzulässig ist.[353] Unter Umständen kann zur Ermittlung von Sachverhalten zwar auf die

---

v. 21.09.1999, Rs. C-307/97 – *Saint-Gobain*, Slg. 1999, S. I-6161, Rn. 53; EuGH v. 08.11.2007, Rs. C-379/05 – *Amurta*, Slg. 2007, S. I-9569, Rn. 75.

348 Siehe hinsichtlich des Ausschlusses der Vergleichbarkeit aufgrund eines grenzüberschreitenden Nachteilsausgleichs bereits Teil 1.A.VII.4.a)cc)(2). Siehe hinsichtlich des Rechtfertigungsgrunds der Wahrung der steuerlichen Kohärenz Teil 1.A.VII.5.b)bb)(3)(i).

349 Vgl. EuGH v. 26.06.2003, Rs. C-422/01 – *Skandia*, Slg. 2003, S. I-6817, Rn. 52; EuGH v. 26.10.1999, Rs. C-294/97 – *Eurowings*, Slg. 1999, S. I-7447, Rn. 44.

350 Vgl. *Lang*, M., Rechtsprechung, 2007, S. 53.

351 Vgl. EuGH v. 21.09.1999, Rs. C-307/97 – *Saint-Gobain*, Slg. 1999, S. I-6161, Rn. 53; EuGH v. 26.10.1999, Rs. C-294/97 – *Eurowings*, Slg. 1999, S. I-7447, Rn. 42 bis 45.

352 Vgl. *Lang*, in: Tipke/Lang, Steuerrecht, 20. Aufl. 2010, § 2 Rz. 33; *Vogel*, StuW 1982, S. 111 (113).

353 Vgl. *Seer*, in: Tipke/Kruse, AO/FGO, § 117 AO Rz. 2 f. (126. Lfg., 2011).

zwischenstaatliche Amtshilfe entsprechend der Amtshilferichtlinie[354] oder einer völkerrechtlichen Vereinbarung[355] zurückgegriffen werden.[356] In diesem Fall ist ein von einem grenzüberschreitenden Sachverhalt betroffener Mitgliedstaat allein auf die Auskunft des bzw. der anderen betroffenen Mitgliedstaaten angewiesen. Dass die an dem grenzüberschreitenden Sachverhalt beteiligten Steuerpflichtigen in diesem Fall nicht an der Aufklärung von steuerrelevanten Umständen mitzuwirken haben, bedeutet, dass in diesem Fall überhaupt kein rechtfertigungsbedürftiger Eingriff in die Grundfreiheiten vorliegt. Allerdings erweist sich die Amtshilfe nach der Amtshilferichtlinie in der Praxis häufig als unzulänglich und wenig effektiv.[357] Gerade die Effektivität von Kontrollen ist aber Voraussetzung dafür, dass steuerliche Sachverhalte zutreffend erfasst und somit einer entsprechenden Besteuerung zugeführt werden können. Sofern speziell bei grenzüberschreitenden Sachverhalten ein Informationsdefizit der Mitgliedstaaten bestünde, würde dies zwangsläufig die Gleichmäßigkeit der Besteuerung beeinträchtigen und somit dem Leistungsfähigkeitsprinzip zuwiderlaufen. Die Nichtfestsetzung eines Steueranspruchs aufgrund fehlender Informationen würde dementsprechend bedeuten, dass das grundfreiheitliche Verbot der Beschränkung grenzüberschreitender Sachverhalte einem faktischen Privilegierungsgebot gleich käme.[358] Die Sicherstellung einer wirksamen steuerlichen Kontrolle ist folglich ein vom EuGH anerkannter zwingender Grund des Allgemeininteresses, der zur Rechtfertigung beschränkender mitgliedstaatlicher Maßnahmen herangezogen werden

---

354 RL 2011/16/EU v. 15.02.2011 über die Zusammenarbeit der Verwaltungsbehörden im Bereich der Besteuerung und zur Aufhebung der RL 77/799/EWG, ABl. L 64 v. 11.03.2011, S. 1.

355 Völkerrechtliche Grundlagen eines Auskunftsersuchens können DBA-Auskunftsklauseln entsprechend Art. 26 OECD-MA oder spezielle Amts- und Rechtshilfeabkommen sein.

356 Vgl. EuGH v. 12.04.1994, Rs. C-1/93 – *Halliburton Services*, Slg. 1994, S. I-1137, Rn. 22; EuGH v. 14.02.1995, Rs. C-279/93 – *Schumacker*, Slg. 1995, S. I-225, Rn. 45; EuGH v. 11.08.1995, Rs. C-80/94 – *Wielockx*, Slg. 1995, S. I-2493, Rn. 26; EuGH v. 28.01.1992, Rs. C-204/90 – *Bachmann*, Slg. 1992, S. I-249, Rn. 20. Soweit der jeweilige ausländische Staat grundsätzlich zur Leistung von Amtshilfe bereit ist, kann diese durch den deutschen Fiskus nach Maßgabe des § 117 Abs. 1 und 2 i.V.m. § 112 Abs. 1 AO in Anspruch genommen werden.

357 Vgl. *Englisch*, Intertax 2005, S. 310 (331); *Falthauser*, FS Solms, 2005, S. 153 (158 f.); *Hey*, StuW 2004, S. 193 (196); *Drüen/Kahler*, StuW 2005, S. 171 (179); a.A. *Cordewener*, DStR 2004, S. 6 (9).

358 Vgl. *Englisch*, Dividendenbesteuerung, 2005, S. 292.

kann.[359] Zur Erreichung des angestrebten Zwecks der Wahrung der steuerlichen Kontrolle sind jedoch grundsätzlich nur solche Maßnahmen geeignet, die auf die Erlangung von Informationen gerichtet sind.[360] Der Eingriff muss auf die Ermittlung der zutreffenden Besteuerungsgrundlage gerichtet sein, da nur so ein Zusammenhang zwischen Mittel und Zweck besteht.[361] Grundsätzlich können also nur verfahrensrechtliche, nicht jedoch materiell-rechtliche Schlechterstellungen aufgrund der Wahrung der steuerlichen Kontrolle gerechtfertigt sein.[362] Daraus folgt, dass mitgliedstaatliche Regelungen, die generell bei grenzüberschreitenden Sachverhalten bestimmte materiell-rechtliche steuerliche Vorteile ausschließen, um dadurch eine Informationsbeschaffung überflüssig zu machen, nicht zur Wahrung der steuerlichen Kontrolle geeignet sind. Statt eines pauschalen Ausschlusses materiell-rechtlicher steuerlicher Vorteile können die Mitgliedstaaten die Gewährung dieser Vorteile jedoch von der Befolgung speziell grenzüberschreitende Sachverhalte betreffender Mitwirkungs- bzw. Nachweispflichten der Steuerpflichtigen abhängig machen.[363] Grenzüberschreitend tätige Steuerpflichtige können demnach beispielsweise zur Vorlage von Belegen, die die zutreffende Feststellung der Besteuerungsgrundlagen ermöglichen, verpflichtet werden.[364]

Sofern der Steuerpflichtige seiner Pflicht zum Nachweis über das Vorliegen der Voraussetzungen für die Gewährung bestimmter steuerlicher Vorteile nicht nachkommt, darf nach hier vertretener Auffassung zum Nachteil des Steuerpflichtigen davon ausgegangen werden, dass diese Voraussetzungen nicht (mehr)

---

359 Vgl. EuGH v. 20.02.1979, Rs. 120/78 – *Cassis de Dijon*, Slg. 1979, S. 649, Rn. 8; EuGH v. 15.05.1997, Rs. C-250/95 – *Futura Participations*, Slg. 1997, S. I-2471, Rn. 31; EuGH v. 08.07.1999, Rs. C-254/97 – *Société Baxter*, Slg. 1999, S. I-4809, Rn. 18; EuGH v. 15.07.2004, C-315/02 – *Lenz*, Slg. 2004, I-7063, Rn. 45; EuGH v. 29.03.2007, Rs. C-347/04 – *Rewe Zentralfinanz*, Slg. 2007, S. I-2647, Rn. 55; EuGH v. 22.01.2009, Rs. C-377/07 – *STEKO*, Slg. 2009, S. I-299, Rn. 55.

360 Vgl. *Körner*, IStR 2004, S. 253 (262).

361 Vgl. *Schnitger*, Grenzen, 2006, S. 407; EuGH v. 28.10.1999, Rs. C-55/98 – *Vestergaard*, Slg. 1999, S. I-7641, Rn. 25.

362 Vgl. EuGH v. 08.07.1999, Rs. C-254/97 – *Société Baxter*, Slg. 1999, S. I-4809, Rn. 19; *Körner*, IStR 2004, S. 697 (702); *Cordewener*, Grundfreiheiten, 2002, S. 940 ff.

363 Vgl. EuGH v. 28.01.1992, Rs. C-204/90 – *Bachmann*, Slg. 1992, S. I-249, Rn. 20; EuGH v. 28.10.1999, Rs. C-55/98 – *Vestergaard*, Slg. 1999, S. I-7641, Rn. 26; EuGH v. 03.10.2002, Rs. C-136/00 – *Danner*, Slg. 2002, S. I-8147, Rn. 50; EuGH v. 26.06.2003, Rs. C-422/01 – *Skandia*, Slg. 2003, S. I-6817, Rn. 43.

364 Vgl. EuGH v. 08.07.1999, Rs. C-254/97 – *Société Baxter*, Slg. 1999, S. I-4809, Rn. 20.

gegeben sind. Folglich dürfen entgegen dem Grundsatz, dass materiell-rechtliche Schlechterstellungen grenzüberschreitender Sachverhalte nicht aufgrund der Wahrung der steuerlichen Kontrolle gerechtfertigt sein können, ausnahmsweise auch solche Benachteiligungen an die Nichterfüllung von Nachweispflichten geknüpft werden.[365] In diesem Fall stellen die materiell-rechtlichen Schlechterstellungen lediglich mittelbare Folgen mangelnder Kooperation des Steuerpflichtigen bei der Sachverhaltsaufklärung dar. Ohne derartige *ultima-ratio* erfolgende Maßnahmen bestünde kein Anreiz für grenzüberschreitend tätige Steuerpflichtige, ihrer Beweislast Folge zu leisten.

Ein weiterer Ausnahmefall, in dem eine materiell-rechtliche Beschränkung grenzüberschreitender Sachverhalte zur Wahrung der steuerlichen Kontrolle gerechtfertigt ist, liegt vor, wenn keine Möglichkeit zur Verifikation der vom Steuerpflichtigen aufgrund einer Nachweispflicht beizubringenden Informationen besteht. Die Rechtsanwendungsgleichheit und damit die Belastungsgleichheit bzw. das Leistungsfähigkeitsprinzip ist nur dann gewährleistet, wenn die vom Steuerpflichtigen erbrachten Nachweise auch tatsächlich auf ihre Richtigkeit überprüft werden können.[366] Sofern von einem anderen an einer grenzüberschreitenden Transaktion betroffenen Staat eine dementsprechende Auskunft nicht erlangt werden kann, ist eine Rechtfertigung materiell-rechtlicher Beschränkungen demnach grundsätzlich möglich.[367] Während innerhalb der EU für die Überprüfung von Nachweisen das Instrumentarium der Amtshilferichtlinie zur Verfügung steht, gilt dies nicht für EWR- und Drittstaaten.[368] Dementsprechend können die Mitgliedstaaten im Zusammenhang mit aus Sachverhalten mit Drittstaatenberührung resultierenden administrativen Problemen nicht pauschal auf diese Instrumentarien verwiesen werden.[369] Bezüglich der betroffenen Nicht-EU-Staaten ist allerdings zu prüfen, ob diese aufgrund sonstiger zwischenstaatlicher Verpflichtungen Amtshilfe zu leisten haben.[370] Da entsprechende Abkommensbestimmungen in ihrer Reichweite und Effektivität

---

365 Vgl. EuGH v. 28.01.1992, Rs. C-204/90 – *Bachmann*, Slg. 1992, S. I-249, Rn. 20; EuGH v. 18.12.2007, Rs. C-101/05 – *A*, Slg. 2007, S. I-11531, Rn. 58; EuGH v. 10.02.2011, Rs. C-436/08 und 437/08 – *Haribo und Österreichische Salinen*, Slg. 2011, S. I-305, Rn. 104; EuGH v. 15.09.2011, Rs. C-310/09 – *Accor*, Slg. 2011, S. I-8115, Rn. 102; *Langheim*, Einbringung, 2008, S. 187 f.

366 Vgl. *Englisch*, Dividendenbesteuerung, 2005, S. 291 f.

367 Vgl. EuGH v. 18.12.2007, Rs. C-101/05 – *A*, Slg. 2007, S. I-11531, Rn. 63.

368 Vgl. *Schnitger*, Grenzen, 2006, S. 316; *Schön*, in: FS Wassermeyer, 2005, S. 489 (517 f.).

369 Vgl. *Ståhl*, EC Tax Rev. 2004, S. 47 (54 f.).

370 Vgl. EuGH v. 18.12.2007, Rs. C-101/05 – *A*, Slg. 2007, S. I-11531, Rn. 61; *Schön*, in: FS Wassermeyer, 2005, S. 489 (518).

der Amtshilferichtlinie entsprechen müssen,[371] sind die in einigen DBA enthaltenen sog. kleinen Auskunftsklauseln[372], die nur den zur Durchführung des jeweiligen DBA erforderlichen Auskunftsverkehr ermöglichen, nicht ausreichend.[373] Da dem Art. 26 OECD-MA entsprechende sog. große Auskunftsklauseln jedoch darüber hinaus auch den Auskunftsverkehr über das innerstaatliche Recht eines Vertragsstaats ermöglichen,[374] sind die Möglichkeiten dieser Klauseln mit denen der Amtshilferichtlinie vergleichbar.[375] Eine Ausnahme hiervon besteht nur dann, wenn der andere Staat seiner bilateral vereinbarten Auskunftspflicht nicht nachkommt und so aus tatsächlichen Gründen ein Informationsdefizit entsteht.[376] In diesem Fall ist auch eine große abkommensrechtliche Auskunftsklausel nicht als gleichwertiger Ersatz für die nicht anwendbare Amtshilferichtlinie anzuerkennen.

Im Ergebnis ist eine pauschale materiell-rechtliche Beschränkung zur Wahrung der steuerlichen Kontrolle nur dann zulässig, wenn im Verhältnis zum anderen betroffenen Staat weder die Amtshilferichtlinie anwendbar ist, noch die benötigten Informationen aufgrund einer großen Auskunftsklausel erlangt werden können.

(2) Wirksame Durchsetzung des Steueranspruchs

Nach dem allgemeinen Völkerrecht gilt der Grundsatz, dass kein Staat verpflichtet ist, einem anderen Staat bei der Durchsetzung von Steuerforderungen behilflich zu sein.[377] Während innerhalb der EU aufgrund der Beitreibungsrichtlinie[378], deren Anwendungsbereich sich gem. ihres Art. 2 Abs. 1 Buchst. a auch auf den Bereich der Ertragsteuern erstreckt, keine Schwierigkeiten bei der Steuererhebung und -vollstreckung bestehen und sich diskriminierende Maßnahmen insoweit erübrigen,[379]

371 Vgl. *Schön*, in: FS Wassermeyer, 2005, S. 489 (518).

372 Siehe hierzu BMF v. 25.01.2006, IV B 1-S 1320-11/06, Anlage 1, B.

373 Vgl. EuGH v. 18.12.2007, Rs. C-101/05 – *A*, Slg. 2007, S. I-11531, Rn. 66.

374 Vgl. *Urtz*, in: Gassner/Lang/Lechner, Doppelbesteuerungsabkommen, 1996, S. 227 (233); *Engelschalk*, in: Vogel/Lehner, DBA, 2008, Art. 26 OECD-MA Rz. 3.

375 Vgl. *Spatscheck/Alvermann*, IStR 2001, S. 33 (35).

376 Vgl. *Ståhl*, EC Tax Rev. 2004, S. 47 (55).

377 Vgl. *Englisch*, Intertax 2005, S. 310 (331).

378 RL 2010/24/EU v. 16.03.2010, ABl. L 84 v. 31.03.2010, S. 1. Die Umsetzung in deutsches Recht erfolgte zuletzt durch die Schaffung des EU-Beitreibungsgesetzes v. 07.12.2011, BGBl. I, S. 2592.

379 Vgl. EuGH v. 12.07.2012, Rs. C-269/09 – *Kommission/Spanien*, n.n.v., Rn. 67 f.; EuGH v. 29.11.2011, Rs. C-371/10 – *National Grid Indus*, n.n.v., Rn. 78; *Englisch*, Intertax 2005, S. 310 (332); *Lang/Englisch*, in: Amatucci, International Tax Law, 2006,

gilt dies nicht für Drittstaatensachverhalte.[380] Da eine dem Leistungsfähigkeitsprinzip entsprechende gleichmäßige Besteuerung von grenzüberschreitenden und rein innerstaatlichen Sachverhalten aber voraussetzt, dass festgesetzte Steuern auch tatsächlich entrichtet werden, ist der Rechtfertigungsgrund der Sicherstellung der effektiven Durchsetzung von Steueransprüchen in solchen Fällen europarechtlich anzuerkennen. Die Legitimität des mitgliedstaatlichen Interesses an einer der Sachverhaltsermittlung und -überprüfung nachgelagerten wirksamen Erhebung und Vollstreckung von Steueransprüchen muss darüber hinaus bereits aus der Anerkennung des Rechtfertigungsgrunds der Wahrung der steuerlichen Kontrolle folgen.[381] Daraus ergibt sich, dass diskriminierende Maßnahmen zur Sicherung der Durchsetzung von Steueransprüchen gerechtfertigt sein können, soweit auch nicht an die Beitreibungsrichtlinie gebundene Nicht-EU-Staaten von einer Transaktion betroffen sind.[382] Als diskriminierende Maßnahmen kommen insbesondere eine Pflicht zur Gestellung von Sicherheiten sowie eine Quellenbesteuerung in Betracht.

(3) Wahrung der Kohärenz des Steuersystems

(i) Berücksichtigung kompensatorischer Effekte innerhalb Gesamtbetrachtung

Der Grundsatz der Kohärenz des Steuersystems besagt, dass mehrere zusammenhängende steuerliche Vorschriften, die jeweils Teile eines im Ganzen zu betrachtenden Normenkomplexes bilden, nicht isoliert, sondern in ihrer Gesamtheit zu betrachten sind.[383] Die Wahrung der Kohärenz ermöglicht somit die Berücksichtigung kompensatorischer Effekte. Da diskriminierende, den Steuerpflichtigen benachteiligende Regelungen häufig von korrespondierenden Begünstigungen begleitet werden, dient die Gesamtbetrachtung von Regelungsgeflechten dem Schutz der inneren Systematik und der Wahrung der Stimmigkeit des Steuersystems.[384]

S. 251 (295); einschränkend im Zusammenhang mit dem Abzug von Quellensteuern EuGH v. 18.10.2012, Rs. C-498/10 – *X NV*, n.n.v., Rn. 47 bis 53.

380 Vgl. hierzu *Schön*, in: FS Wassermeyer, 2005, S. 489 (517 f.).

381 Vgl. *Englisch*, Dividendenbesteuerung, 2005, S. 293; *Cordewener*, Grundfreiheiten, 2002, S. 945; *Englisch*, Intertax 2005, S. 310 (331); *Lang/Englisch*, in: Amatucci, International Tax Law, 2006, S. 251 (295).

382 Vgl. *Lang/Englisch*, in: Amatucci, International Tax Law, 2006, S. 251 (295).

383 Vgl. *Elicker*, IStR 2005, S. 89 (89); *Hofmeister*, in: FS Wassermeyer, 2005, S. 437 (442 f.).

384 Vgl. GA *Maduro* v. 07.04.2005, EuGH v. 13.12.2005, Rs. C-446/03 – *Marks & Spencer*, Slg. 2005, I-10837, Rn. 66; *Cordewener*, DStR 2004, S. 6 (9); *Hey*, StuW 2005, S. 317 (318 f.); *Lambrecht*, StuW 2006, S. 201 (206); *Everett*, DStZ 2006, S. 357 (362).

Aufgrund dieser breiteren Perspektive können Zusammenhänge zwischen be- und entlastenden Bestimmungen innerhalb eines Steuersystems berücksichtigt werden.[385] Seine rechtfertigende Wirkung leitet das Kohärenzargument aus der hierdurch angestrebten gleichmäßigen Belastung von grenzüberschreitenden und rein innerstaatlichen Sachverhalten ab.[386] Zwar bedeutet eine Diskriminierung grenzüberschreitender Sachverhalte grundsätzlich eine steuerliche Schlechterstellung gegenüber rein innerstaatlichen Sachverhalten. Eine formal völlig diskriminierungsfreie Ausgestaltung des Steuerrechts könnte in bestimmten Fällen aber dazu führen, dass grenzüberschreitende Sachverhalte gegenüber rein innerstaatlichen Sachverhalten letztlich einer geringeren Steuerbelastung unterliegen würden.[387] Eine effektive Gleichbelastung kann hingegen durch Regelungskomplexe erreicht werden, die für grenzüberschreitende Sachverhalte spezifische Nach- und Vorteile, die sich gegenseitig ausgleichen, vorsehen.[388] Eine Besteuerung entsprechend dem Leistungsfähigkeitsprinzip erfolgt somit aufgrund der Saldierung der steuerlichen Wirkungen von zusammenhängenden nachteiligen und vorteilhaften Regelungen.[389] Hierdurch kann – je nach Sachverhalt – eine Einmalbesteuerung von Einkünften gewährleistet bzw. mehrfache steuerliche Abzüge verhindert werden.[390]

Die Kohärenz des Steuersystems wurde erstmals in den am selben Tag ergangenen Urteilen *Kommission/Belgien* sowie *Bachmann* vom EuGH als ungeschriebener Rechtfertigungsgrund anerkannt.[391] In der Rs. *Bachmann* ging es darum, ob

385 Vgl. *Kofler*, Doppelbesteuerungsabkommen, 2007, S. 1001; *Englisch*, ET 2004, S. 355 (357).

386 Vgl. *Englisch*, Dividendenbesteuerung, 2005, S. 297 f.; *Sedemund*, IStR 2001, S. 190 (191 f.); *Lang/Englisch*, in: Amatucci, International Tax Law, 2006, S. 251 (301); *Cordewener*, Grundfreiheiten, 2002, S. 448 f.; *Englisch*, Intertax 2010, S. 197 (207); *Hey*, StuW 2005, S. 317 (318 f.).

387 Vgl. *Cordewener*, Grundfreiheiten, 2002, S. 963, wonach ein kohärentes Besteuerungssystem aus diesem Grund verhindern soll, dass der sich auf die Grundfreiheiten berufende sog. *free mover* durch eine einseitige Inanspruchnahme steuerlich vorteilhafter Regelungen zum sog. *free rider* wird.

388 Vgl. *Sedemund*, Ubg 2009, S. 560 (564).

389 Vgl. *Englisch*, Dividendenbesteuerung, 2005, S. 297 f.

390 Vgl. *Weber-Grellet*, DStR 2009, S. 1229 (1231).

391 Vgl. EuGH, v. 28.01.1992, C-300/90 – *Kommission/Belgien*, Slg. 1992, I-305, Rn. 14 und 21; EuGH v. 28.01.1992, Rs. C-204/90 – *Bachmann*, Slg. 1992, S. I-249, Rn. 21 und 28. Siehe außerdem zur (grundsätzlichen) Anerkennung der Wahrung der Kohärenz als zwingenden Grund des Allgemeininteresses EuGH v. 13.04.2000, Rs. C-251/98 – *Baars*, Slg. 2000, S. I-2787, Rn. 37; EuGH v. 07.09.2004, Rs. C-319/02 – *Manninen*, Slg. 2004, S. I-7477, Rn. 42; EuGH v. 28.02.2008, Rs. C-293/06 – *Deutsche Shell*,

eine Diskriminierung in Form eines Abzugsverbots von Invaliditäts- und Krankenversicherungsbeiträgen an ausländische Versicherungsunternehmen gerechtfertigt ist, wenn gleichzeitig Versicherungsleistungen nur dann steuerfrei sind, falls sie von ausländischen Versicherern gezahlt werden. Unter der Grundannahme, dass Versicherte, deren Versicherungsträger im Ausland ansässig ist, eine ausländische Staatsangehörigkeit besitzen, ging der EuGH davon aus, dass diese Versicherten nach Beendigung ihrer inländischen Tätigkeit in ihren Heimatstaat zurückkehren würden.[392] Der EuGH stellte eine Verbindung zwischen der steuerlichen Abzugsfähigkeit von Versicherungsbeiträgen und der Steuerpflichtigkeit von Versicherungsleistungen her und sah die Kohärenz des nationalen Steuersystems nur dann gewahrt, wenn der den steuerlichen Abzug zulassende Staat auch zur Besteuerung der korrespondierenden Versicherungsleistungen berechtigt ist.[393] Da der EuGH implizit davon ausging, dass die Versicherungsleistungen entsprechend Art. 18, 21 OECD-MA ausschließlich im Ansässigkeitsstaat des Empfängers besteuert werden können, erkannte er folglich unter Berücksichtigung der Prämisse, dass Versicherte von ausländischen Versicherern in ihren Heimatstaat zurückziehen werden, ein diskriminierendes Verbot des Abzugs von Versicherungsbeiträgen an ausländische Versicherungsträger als aufgrund der Kohärenz gerechtfertigt an.[394]

Zu kritisieren ist an der Rechtsprechung in der Rs. *Bachmann* zunächst, dass Liquiditäts- und Zinsnachteile generell außer Acht bleiben. Je größer der zeitliche Abstand zwischen der Zahlung der nichtabziehbaren Versicherungsbeiträge und dem Erhalt von steuerfreien Versicherungsleistungen ist, desto geringer ist der Vorteil der Steuerfreiheit letzterer. Teilweise vertrat der EuGH hingegen eine dahingehende strengere Position, dass eine nur nachgelagerte Gewährung steuerlicher Vorteile aufgrund der damit verbundenen nachteiligen Zins- und Liquiditätseffekte keine Rechtfertigung aufgrund der Kohärenz bewirken kann.[395] Nach hier vertretener Auffassung können im Einzelfall gewisse Zins- und Liquiditätsnachteile geduldet werden, sofern diese Nachteile in angemessenem Verhältnis zum Ziel der Wahrung der steuerlichen Kohärenz und damit des Leistungsfähigkeitsprinzips stehen. Insbesondere sollte es den Mitgliedstaaten aus Gründen der

---

Slg. 2008, S. I-1129, Rn. 37; EuGH v. 23.10.2008, Rs. C-157/07 – *Krankenheim Ruhesitz am Wannsee*, Slg. 2008, S. I-8061, Rn. 42 f.; EuGH v. 17.09.2009, Rs. C-182/08 – *Glaxo Wellcome*, Slg. 2009, S. I-8591, Rn. 77.

392 Vgl. EuGH v. 28.01.1992, Rs. C-204/90 – *Bachmann*, Slg. 1992, S. I-249, Rn. 11.

393 Vgl. EuGH v. 28.01.1992, Rs. C-204/90 – *Bachmann*, Slg. 1992, S. I-249, Rn. 22 f.

394 Vgl. EuGH v. 28.01.1992, Rs. C-204/90 – *Bachmann*, Slg. 1992, S. I-249, Rn. 27 f.

395 Vgl. EuGH v. 29.03.2007, Rs. C-347/04 – *Rewe Zentralfinanz*, Slg. 2007, S. I-2647, Rn. 67.

Rechtsanwendungsgleichheit gestattet sein, auf Typisierungen und Pauschalierungen zurückzugreifen, auch wenn sich hierdurch die Mehr- und Minderbelastungen nicht immer exakt ausgleichen.[396]

Zur Rechtsprechung des EuGH in der Rs. *Bachmann* ist weiterhin kritisch festzustellen, dass ein vom Abzugsverbot betroffener Steuerpflichtiger nach einem späteren Wegzug ins Ausland dort gegebenenfalls Versicherungsleistungen zu versteuern hat, ohne jemals zum Abzug der entsprechenden Versicherungsbeiträge berechtigt gewesen zu sein. Da er von der inländischen Steuerfreiheit der Versicherungsleistungen nicht mehr profitieren kann, unterliegt er somit einer insgesamt überhöhten Besteuerung. Der EuGH hielt es hier für unbeachtlich, wenn der Steuerpflichtige aufgrund einer späteren Besteuerung im Ausland letztlich nicht in den Genuss steuerfreier Versicherungsleistungen kommt, und dem Nachteil eines Verbots des Abzugs von Versicherungsbeiträgen somit nicht der Vorteil einer Steuerfreiheit von Versicherungsleistungen gegenüber steht.

Fraglich ist, ob die Kohärenz des Steuersystems nur dann als gewahrt anzusehen ist, wenn die Besteuerung von positiven Einkünften durch diejenige Steuerrechtsordnung erfolgt, in der auch die entsprechenden Abzüge geltend gemacht wurden.

Eine weitere Frage, die durch das Urteil in der Rs. *Bachmann* aufgeworfen wird, ist, wann ein rechtfertigender Zusammenhang zwischen benachteiligenden und begünstigenden Regelungen vorliegt und folglich eine Gesamtschau des Normengeflechts zu erfolgen hat. Zwar ist dem EuGH darin zuzustimmen, dass zufällige, sachlich nicht zusammenhängende steuerliche Vorteile nicht in die Betrachtung einbezogen werden können.[397] Die in einigen späteren Urteilen getroffene Feststellung, dass ein Zusammenhang in dem Sinn unmittelbar zu sein hat, dass Nach- und Vorteile sowohl denselben Steuerpflichtigen als auch dieselbe Steuerart betreffen müssen,[398]

---

396 Vgl. *Englisch*, Dividendenbesteuerung, 2005, S. 302 f.

397 Vgl. EuGH v. 28.01.1986, Rs. 270/83 – *avoir fiscal*, *Slg. 1*986, S. 273, Rn. 21; EuGH v. 21.09.1999, Rs. C-307/97 – *Saint-Gobain*, Slg. 1999, S. I-6161, Rn. 53; EuGH v. 26.10.1999, Rs. C-294/97 – *Eurowings*, Slg. 1999, S. I-7447, Rn. 42 bis 45; EuGH v. 06.06.2000, C-35/98 – *Verkooijen*, Slg. 2000, S. I-4071, Rn. 61; EuGH v. 12.12.2002, Rs. C-385/00 – *de Groot*, Slg. 2002, S. I-11819, Rn. 97; EuGH v. 13.04.2000, Rs. C-251/98 – *Baars*, Slg. 2000, S. I-2787, Rn. 40; EuGH v. 22.01.2009, Rs. C-377/07 – *STEKO*, Slg. 2009, S. I-299, Rn. 52; EuGH v. 17.09.2009, Rs. C-182/08 – *Glaxo Wellcome*, Slg. 2009, S. I-8591, Rn. 78.

398 Vgl. EuGH v. 13.04.2000, Rs. C-251/98 – *Baars*, Slg. 2000, S. I-2787, Rn. 40; EuGH v. 06.06.2000, C-35/98 – *Verkooijen*, Slg. 2000, S. I-4071, Rn. 58; EuGH v. 12.12.2002, Rs. C-324/00 – *Lankhorst-Hohorst*, Slg. 2002, S. I-11779, Rn. 42;

erscheint hingegen nicht sachgerecht.[399] Entsprechend dieser Rechtsprechung war es beispielsweise trotz eines wirtschaftlichen Zusammenhangs ausgeschlossen, dass eine Benachteiligung eines einkommensteuerpflichtigen Anteilseigners durch einen korrespondierenden Vorteil der körperschaftsteuerpflichtigen Gesellschaft, an der ersterer beteiligt ist, gerechtfertigt werden konnte.[400]

Hinsichtlich der beiden zuletzt aufgeworfenen Problemkreise lieferte der EuGH in der Rs. *Manninen* nicht nur Klarstellungen, sondern vollzog auch Änderungen seiner vorangegangenen Rechtsprechung. In diesem Verfahren ging es um die europarechtliche Zulässigkeit einer mitgliedstaatlichen Regelung, wonach unbeschränkt steuerpflichtige Dividendenempfänger nur dann einen Anspruch auf eine Anrechnung der Körperschaftsteuer der ausschüttenden Kapitalgesellschaft haben, wenn diese Gesellschaft im Inland ansässig ist.[401] Eine Diskriminierung grenzüberschreitender Investitionen ist hier gegeben.[402] Das mitgliedstaatliche Argument, dass die Kohärenz des Steuersystems gefährdet sei, wenn ein Mitgliedstaat Steuern anzurechnen habe, die durch einen anderen Mitgliedstaat vereinnahmt wurden,[403] ließ der EuGH nicht gelten. Die Kohärenz und damit die hierdurch angestrebte Einmalbesteuerung sind nicht dadurch gefährdet, dass der die Körperschaftsteueranrechnung gewährende Staat nicht auch derjenige Staat ist, der die Körperschaftsteuer auf Ebene der ausschüttenden Kapitalgesellschaft erhebt.[404] Es ist demnach unbeachtlich, durch welchen der beteiligten Staaten letztlich die Einmalbesteuerung hergestellt wird.[405] Somit kann ein Staat den Vorteil eines begünstigenden Steuerabzugs nicht mit der Begründung ausschließen, dass der

---

EuGH v. 18.09.2003, Rs. C-168/01 – *Bosal Holding*, Slg. 2003, S. I-9409, Rn. 30; EuGH v. 15.07.2004, C-315/02 – *Lenz*, Slg. 2004, I-7063, Rn. 36.

399 Vgl. *Lieber*, FR 2002, S. 139 (149 f.); Seer, IWB v. 12.04.2006, F. 11 Gr. 2, S. 725 (732 f.).

400 Vgl. EuGH v. 13.04.2000, Rs. C-251/98 – *Baars*, Slg. 2000, S. I-2787, Rn. 40; EuGH v. 12.12.2002, Rs. C-324/00 – *Lankhorst-Hohorst*, Slg. 2002, S. I-11779, Rn. 42; EuGH v. 18.09.2003, Rs. C-168/01 – *Bosal Holding*, Slg. 2003, S. I-9409, Rn. 30; EuGH v. 15.07.2004, C-315/02 – *Lenz*, Slg. 2004, I-7063, Rn. 36; EuGH v. 06.06.2000, C-35/98 – *Verkooijen*, Slg. 2000, S. I-4071, Rn. 58.

401 Vgl. EuGH v. 07.09.2004, Rs. C-319/02 – *Manninen*, Slg. 2004, S. I-7477, Rn. 18.

402 Vgl. EuGH v. 07.09.2004, Rs. C-319/02 – *Manninen*, Slg. 2004, S. I-7477, Rn. 22 bis 24.

403 Vgl. EuGH v. 07.09.2004, Rs. C-319/02 – *Manninen*, Slg. 2004, S. I-7477, Rn. 41.

404 Vgl. EuGH v. 07.09.2004, Rs. C-319/02 – *Manninen*, Slg. 2004, S. I-7477, Rn. 46.

405 Vgl. EuGH v. 07.09.2004, Rs. C-319/02 – *Manninen*, Slg. 2004, S. I-7477, Rn. 46; EuGH v. 06.03.2007, Rs. C-292/04 – *Meilicke* u.a., Slg. 2007, S. I-1835, Rn. 29; EuGH v. 12.12.2006, Rs. C-446/04 – *FII Group Litigation*, Slg. 2006, S. I-11753, Rn. 93.

Nachteil einer Besteuerung korrespondierender positiver Einkünfte nicht durch ebendiesen Staat erfolgt. Solange der Steuerpflichtige in einem anderen Staat zur Besteuerung dieser Einkünfte herangezogen wird, erfährt der grenzüberschreitend Tätige keinen dem Leistungsfähigkeitsprinzip widersprechenden Steuervorteil, der einen diskriminierenden Ausschluss begünstigender Regelungen rechtfertigen könnte. Aus dieser Rechtsprechung geht also hervor, dass der EuGH bei der Überprüfung eines kohärenten Ausgleichs be- und entlastender Steuerwirkungen einen supranationalen Blickwinkel zugrunde legt.[406] Ein Mitgliedstaat kann eine diskriminierende Abzugsbeschränkung nicht dadurch rechtfertigen, dass er die korrespondierenden positiven Einkünfte nicht besteuert, wenn die Befugnis zur Besteuerung dieser Einkünfte ohnehin nicht ihm, sondern einem anderen Mitgliedstaat zusteht. Umgekehrt bedeutet dies aber auch, dass eine Abzugsbeschränkung dann gerechtfertigt sein kann, wenn jener andere Mitgliedstaat keine Besteuerung der korrespondierenden Einkünfte vorsieht. Der EuGH sieht in dieser Feststellung jedoch keinen Bruch mit seiner Rechtsprechung in der Rs. *Bachmann*,[407] sondern bringt seine Urteile in Einklang, indem er betont, dass in der Rs. *Bachmann* nicht sicher ausgeschlossen werden konnte, dass spätere Versicherungsleitungen im Ausland steuerfrei bleiben.[408] Von einer Einmalbesteuerung der Versicherungsleistungen konnte im *Bachmann*-Fall somit nicht sicher ausgegangen werden.[409] In der Rs. *Manninen* bestand hingegen bereits im Zeitpunkt der grenzüberschreitenden Ausschüttung Gewissheit darüber, in welcher Höhe eine Steuerbelastung der Dividenden auf Ebene der ausschüttenden Kapitalgesellschaft erfolgt war.[410] Dementsprechend hat ein diskriminierender Staat bei der Kohärenzprüfung nur solche ausländischen Steuerbelastungen gegen sich gelten zu lassen, die bereits eingetreten sind oder deren Eintritt gewiss ist. Allerdings stellt der EuGH in der Rs. *Manninen* auch klar, dass es zur Wahrung der steuerlichen Kohärenz genügt, wenn sich die Höhe einer inländischen Steueranrechnung nach der Körperschaftsteuerbelastung der ausländischen ausschüttenden Gesellschaft bemisst.[411] Sofern

---

406 Vgl. *Englisch*, RIW 2005, S. 187 (192); *Lang*, in: Avi-Yonah/Hines/Lang, Federalism, 2007, S. 11 (22).

407 Siehe EuGH v. 28.01.1992, Rs. C-204/90 – *Bachmann*, Slg. 1992, S. I-249, Rn. 23, wonach eine grenzüberschreitende Kompensationsanalyse ausgeschlossen war.

408 Vgl. EuGH v. 07.09.2004, Rs. C-319/02 – *Manninen*, Slg. 2004, S. I-7477, Rn. 47.

409 Vgl. *Saß*, DB 1992, S. 857 (859 f.); *Schnitger*, Grenzen, 2006, S. 353.

410 Vgl. EuGH v. 07.09.2004, Rs. C-319/02 – *Manninen*, Slg. 2004, S. I-7477, Rn. 48; *Kofler*, Doppelbesteuerungsabkommen, 2007, S. 1016; *Schnitger*, FR 2004, S. 1357 (1361).

411 Vgl. EuGH v. 07.09.2004, Rs. C-319/02 – *Manninen*, Slg. 2004, S. I-7477, Rn. 46.

also im ausländischen Ansässigkeitsstaat der ausschüttenden Kapitalgesellschaft ein geringeres Steuerniveau besteht als im zur Anrechnung verpflichteten Staat, so ist eine geringere Anrechnung zu gewähren, als wenn die Ausschüttung rein innerstaatlich erfolgt wäre. Diese Feststellung bedeutet eine Lockerung des bisher geltenden Erfordernisses einer streng personenbezogenen Kohärenzprüfung.[412] Ebenso wies der EuGH in dieser Entscheidung den Weg zu einer transnationalen Kompensationsanalyse. Nunmehr kann ein steuerlicher Nachteil eines Steuerpflichtigen unter Umständen auch durch einen Vorteil eines anderen Steuerpflichtigen, der nicht im selben Staat ansässig ist, ausgeglichen werden.[413] Der ausschließlich den grenzüberschreitenden Vorgang betreffende Vorteil, dass eine Kapitalgesellschaft im Ausland einer geringeren Besteuerung unterliegt, kann demnach den ausschließlich den grenzüberschreitenden Vorgang betreffenden Nachteil einer geringeren Steueranrechnung auf Ebene eines inländischen Anteilseigners kompensieren. Dem Nachteil des inländischen Anteilseigners wird damit der Vorteil der ausländischen Kapitalgesellschaft gegenüber gestellt. Anders ausgedrückt bedeutet dies, dass ein Staat einen grenzüberschreitenden Vorgang insoweit benachteiligen darf, als dadurch eine korrespondierende, durch einen anderen Staat erfolgende Bevorteilung jenes Vorgangs egalisiert wird.[414]

Nebenbei beinhaltet die *Manninen*-Rechtsprechung außerdem eine dahingehende Abkehr von der vorangegangenen Judikatur, dass ein unmittelbarer Zusammenhang nunmehr auch dann vorliegen kann, wenn die sich gegenseitig ausgleichenden Nach- und Vorteile nicht dieselbe Steuerart betreffen. Nach dem Urteil in der Rs. *Manninen* vermag also der Vorteil einer geringeren Besteuerung mit Körperschaftsteuer auf Ebene der ausschüttenden ausländischen Gesellschaft den Nachteil einer höheren Besteuerung mit Einkommensteuer auf Ebene des inländischen Ausschüttungsempfängers auszugleichen. Ein unmittelbarer Zusammenhang ist somit nicht mehr nur gegeben, wenn derselbe Steuerpflichtige und dieselbe Steuerart betroffen sind.[415] Der EuGH akzeptiert entsprechend seiner neueren Rechtsprechung auch die Herstellung einer intersubjektiven Kohärenz, wobei sich Nach- und Vorteile auf verschiedene

---

412 Vgl. *Kokott/Henze*, in: Lüdicke, Tendenzen, 2005, S. 67 (89).

413 Vgl. auch EuGH v. 13.03.2007, Rs. C-524/04 – *Thin Cap*, Slg. 2007, S. I-2107, Rn. 54 f.

414 Vgl. zur innerhalb der Kohärenzprüfung gebotenen grenzüberschreitenden Betrachtung *Aarnio*, EC Tax Rev. 2006, S. 18 (21).

415 Diese Kriterien dienen lediglich als starkes Indiz für einen unmittelbaren Zusammenhang, vgl. GA *Kokott* v. 18.03.2004, Rs. C-319/02 – *Manninen*, Slg. 2004, S. I-7477, Rn. 55 bis 62.

Steuerpflichtige verteilen.[416] Entscheidend ist, dass ein einheitlicher wirtschaftlicher Vorgang betroffen ist,[417] der Zusammenhang zwischen steuerlicher Be- und Entlastung exakt nachvollziehbar ist[418] und der Vorteil des steuerlich Begünstigten dem steuerlichen Benachteiligten zumindest indirekt, d.h. wirtschaftlich zugutekommt.[419] In der Rs. *Manninen* kam der in einer niedrigeren Besteuerung bestehende steuerliche Vorteil der ausschüttenden auslandsansässigen Kapitalgesellschaft auch dem durch geringere Steueranrechnung benachteiligten inlandsansässigen Anteilseigner wirtschaftlich dadurch zugute, dass ein höherer Betrag zur Ausschüttung zur Verfügung stand bzw. der Wert der Gesellschaftsanteile in geringerem Umfang gemindert wurde. Somit stellt der einer Gesellschaft zustehende unmittelbare Vorteil einen mittelbaren Vorteil ihrer Anteilseigner dar.[420]

Die in der Rs. *Manninen* eingeführte, von der personen- und staatenübergreifenden Betrachtungsweise geprägte Rechtsprechung behielt der EuGH in weiteren Urteilen bei.[421]

Die Prüfung der Kohärenz auf Rechtfertigungsebene weist eine große Ähnlichkeit zum Nachteilsausgleich i.R. der Vergleichbarkeitsprüfung auf. Da in beiden Fällen eine Gesamtschau der den Steuerpflichtigen benachteiligenden und begünstigenden Normen erfolgt, wird teilweise eine Austauschbarkeit bzw. Gleichwertigkeit dieser Prüfungspunkte angenommen.[422] Nach hier vertretener Auffassung ist jedoch von einem Nebeneinander zweier nicht identischer Prüfungsschritte auszugehen. Ein Ausschluss der Vergleichbarkeit und damit eine diskriminierungsfreie Rechtslage ist nur dann gegeben, wenn ein vollständiger Nachteilsausgleich erfolgt.[423] Sofern dies nicht der Fall ist und folglich eine grundsätzlich verbotene

---

416 Vgl. *Schnitger*, FR 2004, S. 1357 (1360); *Ribbrock*, RIW 2005, S. 130 (133); *Rust*, EWS 2004, S. 450 (452 f.); *Lieber/Rasch*, GmbHR 2004, S. 1572 (1575).

417 Vgl. GA *Kokott* v. 18.03.2004, Rs. C-319/02 – *Manninen*, Slg. 2004, S. I-7477, Rn. 61.

418 Vgl. *Englisch*, IStR 2004, S. 684 (685).

419 Vgl. *Englisch*, Dividendenbesteuerung, 2005, S. 302; *Englisch*, Intertax 2010, 197 (207). Zur wirtschaftlichen Einheit von Konzernen *Wattel*, EC Tax Rev. 2003, S. 194 (200); *Garcia-Herrera/Herrera*, EC Tax Rev. 2004, S. 57 (63).

420 Vgl. dazu allgemein *Schön*, IStR 2004, S. 289 (298).

421 Vgl. EuGH v. 12.12.2006, Rs. C-446/04 – *FII Group Litigation*, Slg. 2006, S. I-11753, Rn. 93; EuGH v. 13.03.2007, Rs. C-524/04 – *Thin Cap*, Slg. 2007, S. I-2107, Rn. 69; anders jedoch EuGH v. 01.12.2011, Rs. C-253/09 – *Kommission/Ungarn*, n.n.v., Rn. 70 bis 78.

422 Vgl. *Lang*, Rechtsprechung, 2007, S. 54 und 77.

423 Vgl. *Schön*, IStR 2009, S. 882 (885).

Diskriminierung vorliegt, kann der nicht vollständige Nachteilsausgleich aber immer noch eine Rechtfertigung begründen, sofern der verbleibende, nicht ausgeglichene Nachteil des Steuerpflichtigen als verhältnismäßige Maßnahme zur Wahrung der Kohärenz anzusehen ist.[424] Da eine im Ausland erfolgende zufällige Kompensation einer benachteiligenden inländischen Regelung jedoch nicht innerhalb der Rechtfertigungsprüfung berücksichtigt werden kann,[425] muss der beschränkende Staat wie i.R. des Nachteilsausgleichs auf Vergleichbarkeitsebene selbst die nötigen Vorkehrungen treffen, um die Gewährung des steuerlichen Vorteils durch den ausländischen Staat sicherzustellen.[426]

(ii) Kein Ausschluss des Kohärenzarguments aufgrund der Makro-Kohärenz

In der Rs. *Wielockx* hatte der EuGH über eine Regelung eines Mitgliedstaates zu entscheiden, wonach die Bildung einer einkünftemindernden Altersrücklage zwar durch Gebietsansässige erfolgen darf, nicht jedoch durch in einem anderen Mitgliedstaat Ansässige, selbst wenn diese ihre zumindest nahezu gesamten Einkünfte im erstgenannten Staat erzielen.[427] Sofern ein Gebietsfremder seine gesamten oder nahezu gesamten Einkünfte in einem bestimmten Staat erzielt, ist die Situation dieses Steuerpflichtigen ausnahmsweise vergleichbar mit der eines Gebietsansässigen dieses Staats.[428] Soweit solche gebietsfremden Steuerpflichtigen also von der Möglichkeit der Bildung einer Rücklage ausgeschlossen sind, liegt eine grundsätzlich verbotene Diskriminierung vor.[429] Zur Rechtfertigung dieser Diskriminierung berief sich die Regierung des diskriminierenden Staats auf den Grundsatz der Wahrung der Kohärenz, wonach eine Wechselbeziehung zwischen der Möglichkeit der Bildung einer steuermindernden Altersrücklage und der Besteuerung von Einkünften aus einer späteren Auflösung der Altersrücklage bestehe.[430] Da diese Einkünfte aufgrund des anzuwendenden DBA nur im Ansässigkeitsstaat des Gebietsfremden besteuert werden können, sei demnach ein Verbot der Bildung einer Altersrücklage gerechtfertigt.[431] Der EuGH trat dieser Auffassung entgegen, indem er die Kohärenz schon allein dadurch

424 Vgl. *Englisch*, SWI 2007, S. 399 (401); *Schön*, IStR 2009, S. 882 (885).
425 Vgl. hierzu bereits Teil 1,A.VII.5.b)aa)(5).
426 Vgl. dazu bereits Teil 1,A.VII.4.a)cc)(2).
427 Vgl. EuGH v. 11.08.1995, Rs. C-80/94 – *Wielockx*, Slg. 1995, S. I-2493, Rn. 13.
428 Vgl. EuGH v. 11.08.1995, Rs. C-80/94 – *Wielockx*, Slg. 1995, S. I-2493, Rn. 20.
429 Vgl. EuGH v. 11.08.1995, Rs. C-80/94 – *Wielockx*, Slg. 1995, S. I-2493, Rn. 22.
430 Vgl. EuGH v. 11.08.1995, Rs. C-80/94 – *Wielockx*, Slg. 1995, S. I-2493, Rn. 23.
431 Vgl. EuGH v. 11.08.1995, Rs. C-80/94 – *Wielockx*, Slg. 1995, S. I-2493, Rn. 23.

als gewahrt sah, dass jeder Staat entsprechend den abkommensrechtlichen Bestimmungen die Renten der in seinem Gebiet ansässigen Steuerpflichtigen unabhängig davon besteuert, in welchem Staat entsprechende Aufwendungen geltend gemacht wurden.[432] Dass in der Konsequenz die Renten von auslandsansässigen Steuerpflichtigen selbst dann nicht im Inland besteuert werden können, wenn die entsprechenden Aufwendungen im Inland geltend gemacht wurden, sei trotz mangelnder Wechselbeziehung zwischen Abzugsfähigkeit und Besteuerung auf der Ebene des einzelnen Steuerpflichtigen unbeachtlich, da eine Gegenseitigkeit der in den beteiligten Staaten anwendbaren Vorschriften bestehe.[433] Die Kohärenz sei aufgrund der Reziprozität der DBA-Regelungen gegeben, wonach jeder Staat die Renten seiner Gebietsansässigen unabhängig davon besteuern könne, wo die korrespondierenden Aufwendungen geltend gemacht wurden.[434] Dieser Rechtsprechung liegt die Überlegung zugrunde, wonach ein Mitgliedstaat einerseits einen Nachteil dadurch erleidet, dass er rentenbezogene Aufwendungen eines Nichtansässigen steuerlich berücksichtigen muss, obwohl er spätere positive Renteneinkünfte aufgrund abkommensrechtlicher Bestimmungen nicht besteuern darf. Andererseits erhält dieser Staat entsprechend der abkommensrechtlichen Aufteilung der Besteuerungsbefugnisse aber dadurch einen Vorteil, dass er im Gegenzug die positiven Renteneinkünfte seiner eigenen Gebietsansässigen auch dann besteuern darf, wenn die damit zusammenhängenden Aufwendungen nicht innerhalb seiner Steuerjurisdiktion, sondern im Ausland steuerlich geltend gemacht wurden.

Diese Rechtsprechung setzte der EuGH in der Rs. *X und Y*[435] fort. Streitgegenständlich war eine Regelung eines Mitgliedstaats, die eine steuerneutrale Durchführung eines Anteilstauschs nur erlaubt, sofern der Übertragende unmittelbar an der übernehmenden juristischen Person beteiligt ist und beide Rechtsträger in diesem Mitgliedstaat ansässig sind.[436] Da nach dieser Regelung eine Sofortbesteuerung erfolgt, sofern entweder die übernehmende juristische Person oder eine an ihr beteiligte juristische Person, an der wiederum der Übertragende beteiligt ist, im Ausland ansässig ist,[437] stellte der EuGH eine Diskriminierung

432 Vgl. EuGH v. 11.08.1995, Rs. C-80/94 – *Wielockx*, Slg. 1995, S. I-2493, Rn. 24.
433 Vgl. EuGH v. 11.08.1995, Rs. C-80/94 – *Wielockx*, Slg. 1995, S. I-2493, Rn. 24.
434 Vgl. EuGH v. 11.08.1995, Rs. C-80/94 – *Wielockx*, Slg. 1995, S. I-2493, Rn. 24 f.; EuGH v. 03.10.2002, Rs. C-136/00 – *Danner*, Slg. 2002, S. I-8147, Rn. 41 und 43.
435 EuGH v. 21.11.2002, Rs. C-436/00 – *X und Y*, Slg. 2002, S. I-10829.
436 Vgl. EuGH v. 21.11.2002, Rs. C-436/00 – *X und Y*, Slg. 2002, S. I-10829, Rn. 3.
437 Vgl. EuGH v. 21.11.2002, Rs. C-436/00 – *X und Y*, Slg. 2002, S. I-10829, Rn. 3 und 26.

des grenzüberschreitenden Anteilstauschs fest.[438] Auch nach der *X und Y*-Rechtsprechung bleibt es einem Mitgliedstaat jedoch verwehrt, eine inkohärente Besteuerung auf Ebene des Steuerpflichtigen durch eine auf das Kohärenzargument gestützte Diskriminierung zu beseitigen, sofern aufgrund des zwischen den im konkreten Fall beteiligten Staaten bestehenden DBA eine Makrokohärenz gegeben ist.[439] Diese lag im konkreten Fall allerdings vor, weil dem Verlust von Steuersubstrat, den der diskriminierende Staat infolge der Hinausübertragung von Kapitalgesellschaftsanteilen erlitt, ein entsprechender Zugewinn von Steuersubstrat aufgrund der Hereinübertragung gleichartiger Anteile gegenüberstand.[440]

Entsprechend diesem Ansatz müsste einer betrachteten grenzüberschreitenden Transaktion stets eine fiktive, invers gerichtete grenzüberschreitende Transaktion gegenübergestellt werden. Sofern aufgrund der DBA-Verteilungsnormen ein durch eine grenzüberschreitende Transaktion ausgelöster Nachteil für einen Staat durch einen entsprechenden Vorteil für diesen Staat bei umgekehrt gerichteten grenzüberschreitenden Transaktionen ausgeglichen wird, wäre demnach die Makrokohärenz gegeben.[441] Aus diesem kompensatorischen Zusammenhang von Vor- und Nachteilen für einen Staat leitete der EuGH in den genannten Urteilen eine Verdrängung der auf eine leistungsfähigkeitsgerechte Besteuerung des einzelnen Steuerpflichtigen zielenden (Mikro-)Kohärenz ab.[442] Danach scheidet eine Rechtfertigung aufgrund der Wahrung der Kohärenz des Steuersystems stets aus, solange eine makrokohärente Besteuerungssituation besteht.

Nach hier vertretener Auffassung kann die Existenz der Makrokohärenz hingegen keine Rechtfertigung aufgrund der (Mikro-)Kohärenz ausschließen, da bei Vorliegen der Makrokohärenz zwar eine zwischenstaatliche Steueraufkommensverteilungsgerechtigkeit besteht, nicht jedoch eine interpersonale Steuerbelastungsgerechtigkeit gewährleistet ist.[443] Eine makrokohärente Besteuerungssituation bedeutet bei Gesamtbetrachtung von grenzüberschreitenden Outbound- und Inbound-Transaktionen zwar eine ausgeglichene Allokation von Besteuerungsrechten zwischen den beteiligten Mitgliedstaaten. Ein deshalb angenommener Ausschluss des Rechtfertigungsgrundes der Kohärenz könnte aber

---

438 Vgl. EuGH v. 21.11.2002, Rs. C-436/00 – *X und Y*, Slg. 2002, S. I-10829, Rn. 36, 39 und 70.

439 Vgl. EuGH v. 21.11.2002, Rs. C-436/00 – *X und Y*, Slg. 2002, S. I-10829, Rn. 53; *Cordewener*, Grundfreiheiten, 2002, S. 523.

440 Vgl. EuGH v. 21.11.2002, Rs. C-436/00 – *X und Y*, Slg. 2002, S. I-10829, Rn. 54 f.

441 Vgl. *Kofler*, Doppelbesteuerungsabkommen, 2007, S. 117.

442 Vgl. *Schnitger*, Grenzen, 2006, S. 337.

443 Vgl. *Englisch*, IStR 2004, S. 684 (685).

dazu führen, dass grenzüberschreitend Tätige besser behandelt würden als rein innerstaatlich Agierende, und so einer Besteuerung entsprechend dem Leistungsfähigkeitsprinzip zuwiderlaufen. Dies ist insbesondere dann der Fall, wenn ein Staat die ihm nach Abkommensrecht zustehende Besteuerungsbefugnis nicht voll ausschöpft. Beispielsweise hätte man in der Rs. *Wielockx* trotz der abkommensrechtlichen Befugnis des Ansässigkeitsstaats zur Besteuerung von Renten zumindest nicht sicher davon ausgehen können, dass dieser Staat auch tatsächlich eine Auflösung und Besteuerung von in einem anderen Staat gebildeten steuermindernden Altersrücklagen vorsieht. Damit ist die Problematik der Rs. *Wielockx* mit derjenigen der Rs. *Bachmann* vergleichbar und sollte grundsätzlich einer entsprechenden Lösung zugeführt werden.[444]

Im Ergebnis können abkommensrechtliche Verteilungsnormen m.E. nicht nur keine Diskriminierung beinhalten[445] und keine Rechtfertigung von beschränkenden sonstigen Regelungen begründen,[446] sondern ungeachtet des Vorliegens der Makrokohärenz auch eine Rechtfertigung aufgrund der (Mikro-)Kohärenz nicht ausschließen.

(4) Verhinderung der Steuerumgehung

Die Mitgliedstaaten haben nicht nur ein budgetäres Interesse an der Verhinderung von Steuermissbrauch. Die Vermeidung der Steuerumgehung dient insbesondere auch der Sicherstellung einer Besteuerung entsprechend der Leistungsfähigkeit, woraus sich die Legitimität dieses Rechtfertigungsgrunds ergibt.[447] Die Mitgliedstaaten müssen verhindern können, dass einzelne Steuerpflichtige ungerechtfertigte Steuervorteile erlangen, indem sie anstatt einer rein innerstaatlichen Sachverhaltsgestaltung eine grenzüberschreitende wählen.[448] Nur wenn es den Mitgliedstaaten möglich ist, die durch gezielte grenzüberschreitende Gestaltungen bewirkte Umgehung materiell-rechtlicher nationaler Steuervorschriften zu unterbinden, ist die Gleichmäßigkeit der Besteuerung und damit die Wettbewerbsneutralität

---

444 Siehe zur *Bachmann*-Rechtsprechung des EuGH, die durch das *Manninen*-Urteil konkretisiert und teilweise auch korrigiert wurde Teil 1.A.VII.5.b)bb)(3)(i).

445 Siehe Teil 1.A.VII.3.

446 Siehe Teil 1.A.VII.5.b)aa)(4).

447 Vgl. *Englisch*, StuW 2009, S. 3 (17); *Drüen*, StuW 2008, S. 154 (157); *Hey*, FR 2008, S. 1033 (1036).

448 Sofern der fragliche Steuervorteil auch durch eine rein innerstaatliche Konstruktion erzielt werden könnte, ist die Rechtfertigung einer Beschränkung grenzüberschreitender Sachverhalte folglich ausgeschlossen.

innerhalb des Binnenmarkts gewahrt.[449] Nur eine in der Praxis tatsächlich bestehende gleichmäßige Besteuerung wird dem Leistungsfähigkeitsprinzip gerecht.[450] Dies setzt voraus, dass Mitgliedstaaten die unberechtigte Inanspruchnahme der Grundfreiheiten unterbinden.[451] Dementsprechend hat der EuGH seine anfängliche, den Rechtfertigungsgrund der Verhinderung von Steuermissbrauch ablehnende Haltung[452] aufgegeben und diesen Rechtfertigungsgrund als legitim anerkannt.[453] Eine grenzüberschreitende Sachverhaltsgestaltung ist dann missbräuchlich, wenn der Steuerpflichtige die unterschiedlichen Steuervorschriften der vom grenzüberschreitenden Vorgang betroffenen Mitgliedstaaten gezielt, also mit Missbrauchsabsicht, ausnutzt, um so einen steuerlichen Vorteil zu erzielen.[454] Das Bestehen der maßgeblichen subjektiven Missbrauchsabsicht[455] ist dabei anhand objektiver Umstände festzustellen.[456] Die objektiven Umstände deuten auf eine subjektive Missbrauchsabsicht hin, wenn der Steuerpflichtige eine rein künstliche Konstruktion gewählt hat. Eine Gestaltung ist insbesondere dann rein künstlich, wenn sie keinen echten wirtschaftlichen Gehalt aufweist und nur auf die Erlangung

---

449 Vgl. *Englisch*, Intertax 2005, S. 310 (333).

450 Vgl. *Englisch*, StuW 2009, S. 3 (17); *Hey*, StuW 2008, S. 167 (174).

451 Vgl. *Hey*, StuW 2008, S. 167 (174).

452 Vgl. EuGH v. 28.01.1986, Rs. 270/83 – *avoir fiscal, Slg. 1*986, S. 273, Rn. 25.

453 Vgl. EuGH v. 16.07.1998, Rs. C-264/96 – *ICI*, Slg. 1998, S. I-4695, Rn. 26; EuGH v. 11.03.2004, Rs. C-9/02 – *de Lasteyrie du Saillant*, Slg. 2004, S. I-2409, Rn. 50; EuGH v. 08.03.2001, Rs. C-397/98 und C-410/98 – *Metallgesellschaft und Hoechst*, Slg. 2001, S. I-1727, Rn. 57; EuGH v. 12.12.2002, Rs. C-324/00 – *Lankhorst-Hohorst*, Slg. 2002, S. I-11779, Rn. 37; EuGH v. 21.11.2002, Rs. C-436/00 – *X und Y*, Slg. 2002, S. I-10829, Rn. 61 f.; EuGH v. 13.12.2005, Rs. C-446/03 – *Marks & Spencer*, Slg. 2005, I-10837, Rn. 57; EuGH v. 12.09.2006, Rs. C-196/04, *Cadbury Schweppes*, Slg. 2006, S. I-7995, Rn. 51; EuGH v. 17.09.2009, Rs. C-182/08 – *Glaxo Wellcome*, Slg. 2009, S. I-8591, Rn. 89; *Drüen*, StuW 2008, S. 154 (163 f.); *Edwards/ Farmer*, in: FS Vanistendael, 2008, S. 359 (360).

454 Vgl. *Schnitger*, Grenzen, 2006, S. 386.

455 Vgl. dazu EuGH v. 14.12.2000, Rs. C-110/99 – *Emsland Stärke*, Slg. 2000, S. I-11569, Rn. 53; EuGH v. 17.07.1997, Rs. C-28/95 – *Leur-Bloem*, Slg. 1997, S. I-4161, Rn. 40.

456 Vgl. EuGH v. 10.01.1985, Rs. 229/83 – *Leclerc*, Slg. 1985, S. 1, Rn. 27; EuGH v. 02.05.1996, Rs. C-206/94 – *Brennet*, Slg. 1996, S. I-2357, Rn. 25; EuGH v. 09.03.1999, Rs. C-212/97 – *Centros*, Slg. 1999, S. I-1459, Rn. 25; EuGH v. 21.02.2006, Rs. C-255/02 – *Halifax*, Slg. 2006, S. I-1609, Rn. 75 und 86; GA *Léger* v. 02.05.2006, Rs. C-196/04, *Cadbury Schweppes*, Slg. 2006, S. I-7995, Rn. 117; EuGH v. 13.03.2007, Rs. C-524/04 – *Thin Cap*, Slg. 2007, S. I-2107, Rn. 81; EuGH v. 17.09.2009, Rs. C-182/08 – *Glaxo Wellcome*, Slg. 2009, S. I-8591, Rn. 99.

eines steuerlichen Vorteils gerichtet ist.[457] Demnach sind solche Gestaltungen rechtsmissbräuchlich, die nur vordergründig einen grenzüberschreitenden Bezug aufweisen und deshalb bei wirtschaftlicher Betrachtung als rein innerstaatlich anzusehen sind.[458]

Die Mitgliedstaaten haben somit ein berechtigtes Interesse daran, eine auf Steuervorteile gerichtete manipulative Ausnutzung rechtlicher Gestaltungsmöglichkeiten zu verhindern. Der grundfreiheitsrechtliche Schutz soll entzogen werden, sofern die jeweilige Transaktion tatsächlich nicht zu einer Grenzüberschreitung innerhalb des Binnenmarkts führt.[459] Ein Grenzübertritt ist insbesondere dann als künstlich hergestellt und somit letztlich als nicht vollzogen anzusehen, wenn auf die Verlagerung der Wirtschaftstätigkeit ins Ausland eine zeitnahe Rückverlagerung selbiger ins Inland erfolgt.[460] Solche entgegengesetzten, sich in ihrer wirtschaftlichen Wirkung gegenseitig aufhebenden Transaktionen deuten darauf hin, dass sie einem Gesamtplan folgen und lediglich der Erlangung eines steuerlichen Vorteils dienen.[461] Da die ins Ausland verlagerte Aktivität von vornherein auf eine Rückverlagerung angelegt ist, fehlt es von Anfang an an deren wirtschaftlichem Gehalt.[462] Als Indiz für den fehlenden wirtschaftlichen Gehalt bzw. die bereits anfänglich bestehende subjektive Missbrauchsabsicht ist ein kurzer Zeitraum zwischen Hinaus- und Rückverlagerung einer Tätigkeit zu werten.[463] Da solche Gestaltungen ein tatsächliches grenzüberschreitendes wirtschaftliches Engagement überhaupt nicht zum Ziel haben, sprechen sich große Teile der Literatur gar

457 Vgl. EuGH v. 12.09.2006, Rs. C-196/04, *Cadbury Schweppes*, Slg. 2006, S. I-7995, Rn. 55; EuGH v. 17.01.2008, Rs. C-105/07 – *Lammers & Van Cleeff*, Slg. 2008, S. I-173, Rn. 28; EuGH v. 13.03.2007, Rs. C-524/04 – *Thin Cap*, Slg. 2007, S. I-2107, Rn. 74; EuGH v. 18.06.2009, Rs. C-303/07 – *Aberdeen Property Fininvest Alpha*, Slg. 2009, S. I-5145, Rn. 64; EuGH v. 17.09.2009, Rs. C-182/08 – *Glaxo Wellcome*, Slg. 2009, S. I-8591, Rn. 89.

458 Vgl. *Hahn*, IStR 2006, S. 667 (669); *Axer*, IStR 2007, S. 162 (164). Streng genommen dürften derartige Transaktionen erst gar nicht in den Anwendungsbereich der Grundfreiheiten fallen, vgl. *Englisch*, IFSt-Schrift Nr. 449, 2008, S. 100; *Schön*, in: FS Reiß, 2008, S. 571 (586); *Lang/Heidenbauer*, in: FS Vanistendael, 2008, S. 597 (607); *Englisch*, StuW 2009, S. 3 (5 f. und 16).

459 Vgl. *Englisch*, IFSt-Schrift Nr. 449, 2008, S. 103.

460 Vgl. EuGH v. 11.03.2004, Rs. C-9/02 – *de Lasteyrie du Saillant*, Slg. 2004, S. I-2409, Rn. 54.

461 Vgl. *Schnitger*, Grenzen, 2006, S. 391.

462 Vgl. *Schnitger*, Grenzen, 2006, S. 393: „Simulation".

463 Vgl. EuGH v. 11.03.2004, Rs. C-9/02 – *de Lasteyrie du Saillant*, Slg. 2004, S. I-2409, Rn. 54; *Schnitger*, Grenzen, 2006, S. 394.

dafür aus, solche Scheintransaktionen von vornherein außerhalb des grundfreiheitsrechtlichen Anwendungsbereichs zu stellen.[464]

Aus dem Gesagten folgt jedoch zugleich, dass einem Steuerpflichtigen das grundfreiheitliche Recht zuzugestehen ist, seine Tätigkeit allein aufgrund eines niedrigeren ausländischen Steuerniveaus *tatsächlich* ins Ausland zu verlegen.[465] Da der AEUV die Grundfreiheiten im Bewusstsein der Disparitäten zwischen den einzelnen Steuerrechtsordnungen gewährt,[466] ist es gerade dessen Anliegen, dass wirtschaftliche Tätigkeiten in dem Mitgliedstaat ausgeübt werden, der die attraktivsten wirtschaftlichen Rahmenbedingungen gewährt.[467] Die bloße Grenzüberschreitung an sich kann folglich keinesfalls eine Steuerumgehung darstellen,[468] solange keine zusätzlichen, eine Missbrauchsabsicht indizierenden Umstände hinzutreten.

Fraglich ist, ob der Gesetzgeber dem Steuerpflichtigen eine solche Absicht zur Steuerumgehung unterstellen darf, sofern letzterer bestimmte objektive, pauschal festgelegte Tatbestände erfüllt. Derartigen Typisierungen stand der EuGH zunächst äußerst kritisch gegenüber, indem er nur Einzelfallentscheidungen auf Grundlage von nicht generalisierenden Missbrauchsklauseln[469] für verhältnismäßig erachtete.[470] Nach neuerer Rechtsprechung gesteht der EuGH den Mitgliedstaaten jedoch zu, pauschale, aber durch Gegenbeweis widerlegbare

---

464 Vgl. *Schön*, in: FS Reiß, 2008, S. 571 (586); *Lang/Heidenbauer*, in: FS Vanistendael, 2008, S. 597 (607); *Englisch*, StuW 2009, S. 3 (5 f. und 16).

465 Vgl. EuGH v. 11.03.2004, Rs. C-9/02 – *de Lasteyrie du Saillant*, Slg. 2004, S. I-2409, Rn. 51; EuGH v. 21.11.2002, Rs. C-436/00 – *X und Y*, Slg. 2002, S. I-10829, Rn. 62; *Englisch*, IFSt-Schrift Nr. 449, 2008, S. 99; *Lang/Englisch*, in: Amatucci, International Tax Law, 2006, S. 251 (297).

466 Vgl. *Englisch*, Intertax 2005, S. 310 (332).

467 Vgl. *Englisch*, IFSt-Schrift Nr. 449, 2008, S. 99 f.; *Balmes/Grammel/Sedemund*, BB 2006, S. 1474 (1478); EuGH v. 12.09.2006, Rs. C-196/04, *Cadbury Schweppes*, Slg. 2006, S. I-7995, Rn. 52 f.; *Kokott/Henze*, BB 2007, S. 913 (916).

468 Vgl. EuGH v. 09.03.1999, Rs. C-212/97 – *Centros*, Slg. 1999, S. I-1459, Rn. 27; EuGH v. 21.11.2002, Rs. C-436/00 – *X und Y*, Slg. 2002, S. I-10829, Rn. 62; EuGH v. 11.03.2004, Rs. C-9/02 – *de Lasteyrie du Saillant*, Slg. 2004, S. I-2409, Rn. 51; GA *Léger* v. 02.05.2006, Rs. C-196/04, *Cadbury Schweppes*, Slg. 2006, S. I-7995, Rn. 51; *Lang/Englisch*, in: Amatucci, International Tax Law, 2006, S. 251 (297); GA *Kokott* v. 12.09.2006, Rs. C-231/05 – *Oy AA*, Slg. 2007, S. I-6373, Rn. 62; *Schönfeld*, StuW 2005, S. 158 (164); *Kokott/Henze*, BB 2007, S. 913 (916).

469 Die Missbrauchsklausel des § 42 Abs. 2 Satz 1 AO erfüllt diese Voraussetzungen.

470 Vgl. EuGH v. 17.07.1997, Rs. C-28/95 – *Leur-Bloem*, Slg. 1997, S. I-4161, Rn. 41; EuGH v. 21.11.2002, Rs. C-436/00 – *X und Y*, Slg. 2002, S. I-10829, Rn. 43.

Missbrauchsvermutungen aufzustellen, wenn diese erkennbar auf die Verhinderung missbräuchlicher Gestaltungen gerichtet sind,[471] sowie hinsichtlich der Widerlegung keine unverhältnismäßigen Anforderungen gestellt werden.[472] Sprechen die objektiven Umstände für eine Steuerumgehung, so obliegt hinsichtlich des Gegenbeweises dem Steuerpflichtigen die Beweislast.[473]

Demnach muss einem Steuerpflichtigen die Möglichkeit gegeben werden, eine augenscheinliche Steuerumgehung durch die Darlegung zwischenzeitlich geänderter wirtschaftlicher Verhältnisse zu widerlegen.[474] Im Fall von kurz aufeinander folgenden, räumlich entgegengerichteten und sich somit gegenseitig aufhebenden Grenzüberschreitungen muss durch den Steuerpflichtigen also der Beweis angetreten werden, dass im konkreten Fall sowohl für den erstmaligen Grenzübertritt als auch für die nachfolgende Rückkehr wirtschaftliche und damit außersteuerliche Gründe vorlagen. Hinsichtlich der erbrachten Beweismittel hat nach der Rechtsprechung des EuGH eine gerichtlich überprüfbare[475] Einzelfallwürdigung durch die Finanzbehörden zu erfolgen.[476] Ein erfolgreich geführter Nachweis beseitigt den durch die objektiven Umstände erweckten Anschein der Missbrauchsabsicht.

Sofern dem Steuerpflichtigen dieser Nachweis hingegen nicht gelingt, dürfen die vom Gesetzgeber vorgesehenen steuerlichen Konsequenzen eines

---

471 Vgl. EuGH v. 12.09.2006, Rs. C-196/04, *Cadbury Schweppes*, Slg. 2006, S. I-7995, Rn. 69 f.; *Englisch*, StuW 2009, S. 3 (8); *De Broe*, EC Tax Rev. 2008, S. 142 (145).

472 Vgl. EuGH v. 13.03.2007, Rs. C-524/04 – *Thin Cap*, Slg. 2007, S. I-2107, Rn. 82; EuGH v. 23.04.2008, Rs. C-201/05 – *CFC and Dividend Group Litigation*, Slg. 2008, I-2875, Rn. 84; *Englisch*, StuW 2009, S. 3 (8); *De Broe*, EC Tax Rev. 2008, S. 142 (146); *Englisch*, IFSt-Schrift Nr. 449, 2008, S. 100; Kommission v. 10.12.2007, KOM(2007) 785 endg., S. 5 f.; *Lang/Heidenbauer*, in: FS Vanistendael, 2008, S. 597 (615); *Wassermeyer/Schönfeld*, GmbHR 2006, S. 1065 (1067).

473 Vgl. *Hahn*, IStR 2006, S. 667 (669). Gegen eine generelle Abwälzung der Beweislast auf den Steuerpflichtigen hingegen Kommission v. 10.12.2007, KOM(2007) 785 endg., S. 6.

474 Vgl. allgemein zum grundfreiheitsrechtlichen Erfordernis, im Fall von Missbrauchsvermutungen die Erbringung eines Gegenbeweises zuzulassen *Schön*, in: FS Reiß, 2008, S. 571 (591); *Englisch*, StuW 2009, S. 3 (8); *Englisch*, IStR 2010, S. 139 (141); *Rödder/Schönfeld*, IStR 2006, S. 49 (51).

475 Vgl. Kommission v. 10.12.2007, KOM(2007) 785 endg., S. 6. Vgl. hinsichtlich der sekundärrechtlichen Anforderungen an die Vereinbarkeit von Missbrauchsklauseln auch EuGH v. 17.07.1997, Rs. C-28/95 – *Leur-Bloem*, Slg. 1997, S. I-4161, Rn. 41.

476 Vgl. EuGH v. 17.09.2009, Rs. C-182/08 – *Glaxo Wellcome*, Slg. 2009, S. I-8591, Rn. 99.

Steuermissbrauchs eintreten, wobei die Sanktionen entsprechend dem Verhältnismäßigkeitsprinzip nicht übermäßig belastend sein dürfen.[477]

(5) Verhinderung der Steuerumgehung und Wahrung der Aufteilung der Besteuerungsbefugnisse und bzw. oder Verhinderung der doppelten Geltendmachung steuerlicher Abzüge

Um den auf Sachverhaltsgestaltungen ohne wirtschaftlichen Gehalt begrenzten Anwendungsbereich des Rechtfertigungsgrundes der Verhinderung der Steuerumgehung zu erweitern, ging der EuGH in der Rs. *Marks & Spencer*[478] erstmals dazu über, diesen Rechtfertigungsgrund kumulativ mit zusätzlichen Rechtfertigungsgründen heranzuziehen.[479] In der genannten Rs. hatte der EuGH darüber zu urteilen, ob es europarechtlich zulässig ist, dass eine Muttergesellschaft von ihrer eigenen steuerlichen Bemessungsgrundlage zwar die Verluste ihrer inländischen Tochtergesellschaften abziehen darf, nicht jedoch Verluste ihrer auslandsansässigen Tochtergesellschaften.[480] Da die betrachteten Tochtergesellschaften wirtschaftlich tätig waren, konnte eine Rechtfertigung nicht allein mit dem Ziel der Verhinderung der Steuerumgehung begründet werden, da dieser Rechtfertigungsgrund grundsätzlich nur auf Sachverhalte ohne wirtschaftlichen Gehalt Anwendung finden kann.[481] Allerdings würde die Möglichkeit der Berücksichtigung von Verlusten ausländischer Tochtergesellschaften i.R. der Bemessungsgrundlage der inländischen Muttergesellschaft die Gefahr bedeuten, dass diese Verluste bei einer zusätzlichen Geltendmachung im Ausland insgesamt doppelt berücksichtigt werden oder die Gesellschaften zumindest optieren können, in welchem Mitgliedstaat die Verluste berücksichtigt werden.[482] Aus diesem Grund erweiterte der EuGH den engen Anwendungsbereich des Rechtfertigungsgrunds der Verhinderung der Steuerumgehung, indem er diesen um die Rechtfertigungsgründe der Wahrung der Aufteilung der Besteuerungsbefugnisse und der Verhinderung der doppelten Verlustnutzung ergänzte.[483] Einerseits

---

477 Vgl. *Glahe*, Einkünftekorrektur, 2012, S. 255; EuGH v. 21.01.2010, Rs. C-311/08 – *SGI*, Slg. 2010, S. I-487, Rn. 72.

478 EuGH v. 13.12.2005, Rs. C-446/03 – *Marks & Spencer*, Slg. 2005, I-10837.

479 Vgl. *Vanistendael*, ET 2006, S. 413 (415 f.).

480 Vgl. EuGH v. 13.12.2005, Rs. C-446/03 – *Marks & Spencer*, Slg. 2005, I-10837, Rn. 27.

481 Siehe bereits oben Teil 1,A.VII.5.b)bb)(5).

482 Vgl. EuGH v. 13.12.2005, Rs. C-446/03 – *Marks & Spencer*, Slg. 2005, I-10837, Rn. 46 f.

483 Vgl. EuGH v. 13.12.2005, Rs. C-446/03 – *Marks & Spencer*, Slg. 2005, I-10837, Rn. 45 bis 51; EuGH v. 08.11.2007, Rs. C-379/05 – *Amurta*, Slg. 2007, S. I-9569, Rn. 56; *Helminen*, EU Tax Law, 2009, S. 117 f.

müssen die Mitgliedstaaten künstliche Steuergestaltungen, die die Gefahr einer doppelten Verlustnutzung bergen, untersagen können.[484] Da der Vorteil einer doppelten steuerlichen Geltendmachung steuerlicher Abzüge dem einer doppelten Verlustnutzung entspricht, müssen die Mitgliedstaaten der Gefahr sämtlicher künstlich herbeigeführter doppelter steuerlicher Abzüge begegnen dürfen. Darüber hinaus dürfen die Mitgliedstaaten zur Wahrung der Aufteilung der Besteuerungsbefugnisse Maßnahmen ergreifen, die verhindern, dass Steuerpflichtige durch entsprechende Sachverhaltsgestaltungen selbst darüber entscheiden können, in welchem der an einer grenzüberschreitenden Transaktion beteiligten Staaten bestimmte Abzüge geltend gemacht werden bzw. bestimmte Einkünfte der Besteuerung unterliegen.[485]

Die Anerkennung des mitgliedstaatlichen Interesses an der Wahrung der Aufteilung der Besteuerungsbefugnisse gründet auf Symmetrieüberlegungen:[486] Sofern der Ansässigkeitsstaat der Muttergesellschaft nicht die Gewinne ausländischer Tochtergesellschaften besteuert, soll er grundsätzlich auch deren Verluste nicht berücksichtigen müssen. Ist der ausländische Ansässigkeitsstaat der Tochtergesellschaft zur Besteuerung etwaiger positiver Einkünfte berechtigt, so sind die korrespondierenden Verluste grundsätzlich ausschließlich dort geltend zu machen. Der Steuerpflichtige soll deshalb nicht nach Belieben die von den Mitgliedstaaten intendierte Verteilung des Steueraufkommens durch entsprechende Gestaltungen beeinflussen können.[487] Diese Symmetrieüberlegungen greifen nicht nur, sofern sich das fehlende Besteuerungsrecht wie in der Rs. *Marks & Spencer* aus der Abschirmwirkung einer ausländischen Kapitalgesellschaft ergibt, sondern insbesondere auch dann, wenn aufgrund des Welteinkommensprinzips grundsätzlich steuerpflichtige ausländische Einkünfte durch DBA freigestellt sind.[488]

---

484 Vgl. EuGH v. 13.12.2005, Rs. C-446/03 – *Marks & Spencer*, Slg. 2005, I-10837, Rn. 47.

485 Vgl. EuGH v. 13.12.2005, Rs. C-446/03 – *Marks & Spencer*, Slg. 2005, I-10837, Rn. 46; EuGH v. 18.07.2007, Rs. C-231/05 – *Oy AA*, Slg. 2007, S. I-6373, Rn. 55 f.; EuGH v. 25.02.2010, C-337/08 – *X Holding*, Slg. 2010, S. I-1215, Rn. 29 und 31 bis 33.

486 Vgl. *Englisch*, SWI 2007, S. 399 (402); EuGH v. 25.02.2010, C-337/08 – *X Holding*, Slg. 2010, S. I-1215, Rn. 28; *Englisch*, IFSt-Schrift Nr. 449, 2008, S. 48.

487 Vgl. EuGH v. 13.12.2005, Rs. C-446/03 – *Marks & Spencer*, Slg. 2005, I-10837, Rn. 49; EuGH v. 29.03.2007, Rs. C-347/04 – *Rewe Zentralfinanz*, Slg. 2007, S. I-2647, Rn. 42; EuGH v. 18.07.2007, Rs. C-231/05 – *Oy AA*, Slg. 2007, S. I-6373, Rn. 55; *Wernsmann/Nippert*, FR 2006, S. 153 (158); *Englisch*, IFSt-Schrift Nr. 449, 2008, S. 58.

488 Vgl. EuGH v. 15.05.2008, Rs. C-414/06 – *Lidl Belgium*, Slg. 2008, S. I-3601, Rn. 31; *Kube*, IStR 2008, S. 305 (307).

Die Gesamtbetrachtung[489] der genannten Rechtfertigungsgründe führt dazu, dass dem Ansinnen der Verhinderung der Steuerumgehung eine besondere Schutzwürdigkeit zuerkannt wird,[490] wodurch auch Eingriffe in reale wirtschaftliche Vorgänge gerechtfertigt werden können.[491] Während also grundsätzlich nur solche Gestaltungen als rein künstlich angesehen werden, die keinen echten wirtschaftlichen Gehalt aufweisen, werden ausnahmsweise auch solche wirtschaftlich realen Gestaltungen als rein künstlich und damit als missbräuchlich betrachtet, die eine Gefahr der doppelten Verlustnutzung bzw. Geltendmachung steuerlicher Abzüge oder eine Gefährdung der Aufteilung der Besteuerungsbefugnisse herbeiführen. Zuzustimmen ist den Ausführungen des EuGH in der Rs. *Oy AA* insofern, dass in die Gesamtbetrachtung der Rechtfertigungsgründe nicht zwingend alle drei genannten Rechtfertigungsgründe einzubeziehen sind, sondern bereits die Kombination zweier dieser Gründe genügt.[492] Bestandteil und Kern des kumulierten Rechtfertigungsgrunds muss aber stets das Bestreben nach Verhinderung von Steuerumgehungen sein. Zwar erwecken einige Urteile des EuGH den Eindruck, dass der Rechtfertigungsgrund der Verhinderung der Steuerumgehung i.R. der Gesamtbetrachtung von Rechtfertigungsgründen entbehrlich ist[493] oder das Anliegen der Wahrung der Aufteilung der Besteuerungsbefugnisse gar als alleiniger Rechtfertigungsgrund ausreicht.[494]

Die Akzeptanz eines für sich stehenden Rechtfertigungsgrunds der Wahrung der Aufteilung der Besteuerungsbefugnisse, der Mitgliedstaaten im Fall einer bloßen Verschiebung der Besteuerungsbefugnisse zur Diskriminierung berechtigen würde, ist jedoch ausgeschlossen. Anderenfalls würden faktisch die i.R. der *rule of reason* illegitimen mitgliedstaatlichen Fiskalinteressen anerkannt,[495] was in diametralem Verhältnis zum Leistungsfähigkeitsprinzip, d.h. dem Fundamentalprinzip der europäischen Steuerrechtsordnung, stünde.

---

489 Vgl. EuGH v. 13.12.2005, Rs. C-446/03 – *Marks & Spencer*, Slg. 2005, I-10837, Rn. 51; EuGH v. 08.11.2007, Rs. C-379/05 – *Amurta*, Slg. 2007, S. I-9569, Rn. 56.

490 Vgl. *Englisch*, StuW 2009, S. 3 (17); *Glahe*, Einkünftekorrektur, 2012, S. 260 f.

491 Vgl. *Glahe*, Einkünftekorrektur, 2012, S. 261; EuGH v. 21.01.2010, Rs. C-311/08 – *SGI*, Slg. 2010, S. I-487, Rn. 66.

492 Vgl. EuGH v. 18.07.2007, Rs. C-231/05 – *Oy AA*, Slg. 2007, S. I-6373, Rn. 57 und 60.

493 Vgl. EuGH v. 15.05.2008, Rs. C-414/06 – *Lidl Belgium*, Slg. 2008, S. I-3601, Rn. 38 bis 42.

494 Vgl. EuGH v. 25.02.2010, C-337/08 – *X Holding*, Slg. 2010, S. I-1215, Rn. 27 bis 33; EuGH v. 07.09.2006, Rs. C-470/04 – *N*, *Slg.* 2006, S. I-7409, Rn. 42; EuGH v. 29.11.2011, Rs. C-371/10 – *National Grid Indus*, n.n.v., Rn. 45 f.

495 Einen solchen Paradigmenwechsel durch den EuGH annehmend *Sedemund*, Ubg 2009, S. 560 (563).

Dementsprechend ist der in der Rechtsprechung des EuGH teilweise erfolgende alleinige Verweis auf den Rechtfertigungsgrund der Wahrung der Aufteilung der Besteuerungsbefugnisse in einer unglücklichen Begriffsverwendung durch die jeweiligen Spruchkörper begründet: Auch wenn der EuGH in den Urteilen *N*[496] und *National Grid Indus*,[497] welche die grundfreiheitliche Beurteilung mitgliedstaatlicher Entstrickungsregelungen betreffen, ausdrücklich von einer Rechtfertigungsmöglichkeit aufgrund der Wahrung der Aufteilung der Besteuerungsbefugnisse spricht, fördert eine Analyse dieser Urteile zutage,[498] dass dort lediglich eine Umbenennung anderer anerkannter Rechtfertigungsgründe erfolgte. Wie noch zu zeigen sein wird, stützte der EuGH seine Erwägungen in diesen beiden Urteilen in Wirklichkeit auf die Rechtfertigungsgründe der Wahrung der steuerlichen Kontrolle sowie der Wahrung der steuerlichen Kohärenz,[499] weshalb insoweit im Sinne einer klaren Grundfreiheitsdogmatik auf die Verwendung des Begriffs der Wahrung der Aufteilung der Besteuerungsbefugnisse verzichtet werden sollte.

In anderen Urteilen des EuGH zeigen dessen inhaltliche Überlegungen, dass die Ziele der Verhinderung einer doppelten Verlustnutzung sowie der Wahrung der Aufteilung der Besteuerungsbefugnisse nur Reflex des mitgliedstaatlichen Interesses an der Verhinderung der Steuerumgehung sind.[500] Hierfür spricht insbesondere die Wortwahl des EuGH, wonach die Mitgliedstaaten grundsätzlich durch geeignete Maßnahmen verhindern dürfen, dass Steuerpflichtige „optieren" können, in welchem Staat sie ihre Einkünfte der Besteuerung unterwerfen. Es sollen „Verhaltensweisen verhindert werden", die zu einer Umgehung der durch die betroffenen Staaten vorgesehenen Aufteilung der Besteuerungsbefugnisse führen.

---

496 EuGH v. 07.09.2006, Rs. C-470/04 – *N*, *Slg.* 2006, S. I-7409.

497 EuGH v. 29.11.2011, Rs. C-371/10 – *National Grid Indus*, n.n.v.

498 Siehe hierzu Teil 2,B.I.1.h)bb)(1).

499 Vgl. Teil 2,B.I.1.h)bb)(1).

500 Vgl. dazu EuGH v. 13.12.2005, Rs. C-446/03 – *Marks & Spencer*, Slg. 2005, I-10837, Rn. 46 und 49; EuGH v. 13.03.2007, Rs. C-524/04 – *Thin Cap*, Slg. 2007, S. I-2107, Rn. 75; EuGH v. 18.07.2007, Rs. C-231/05 – *Oy AA*, Slg. 2007, S. I-6373, Rn. 55; EuGH v. 21.01.2010, Rs. C-311/08 – *SGI*, Slg. 2010, S. I-487, Rn. 63 und 68; EuGH v. 18.07.2007, Rs. C-231/05 – *Oy AA*, Slg. 2007, S. I-6373, Rn. 62; EuGH v. 08.11.2007, Rs. C-379/05 – *Amurta*, Slg. 2007, S. I-9569, Rn. 58; EuGH, EuGH v. 15.05.2008, Rs. C-414/06 – *Lidl Belgium*, Slg. 2008, S. I-3601, Rn. 32; EuGH v. 18.06.2009, Rs. C-303/07 – *Aberdeen Property Fininvest Alpha*, Slg. 2009, S. I-5145, Rn. 66; EuGH v. 20.10.2011, Rs. C-284/09 – *Kommission/Deutschland*, n.n.v., Rn. 77.

Sofern künstliche Steuergestaltungen die Gefahr einer doppelten Verlustnutzung bzw. Geltendmachung steuerlicher Abzüge oder einer Gefährdung der Aufteilung der Besteuerungsbefugnisse erzeugen, ist deren Rechtsmissbräuchlichkeit indiziert.

Eine doppelte Verlustnutzung bzw. Geltendmachung sonstiger Abzüge ist dann als künstlich herbeigeführt zu betrachten, wenn der Steuerpflichtige in einem Mitgliedstaat willkürlich Abzüge geltend macht, ohne dass diese Abzüge in einem unmittelbaren wirtschaftlichen Zusammenhang mit den in diesem Staat erzielten Einkünften stehen.

Fraglich ist, ob eine allgemeine Regel herausgeschält werden kann, anhand derer festzustellen ist, ob eine Gefahr für die Aufteilung der Besteuerungsbefugnisse Folge einer künstlichen, d.h. wirtschaftlich unangemessenen Gestaltung ist. In der Rs. *Oy AA* hatte der EuGH darüber zu entscheiden, ob ein Mitgliedstaat berechtigt ist, einer in seinem Hoheitsgebiet ansässigen Tochtergesellschaft nur dann zu gestatten, ihren Gewinn durch Leistung eines sog. Konzernbeitrags auf die Muttergesellschaft zu übertragen, wenn auch die Muttergesellschaft in diesem Staat ansässig ist.[501] Der EuGH konstatierte, dass der Ansässigkeitsstaat eine solche Diskriminierung grenzüberschreitender gegenüber rein innerstaatlichen Sachverhalten[502] nicht allein deshalb mit dem mitgliedstaatlichen Anliegen der Verhinderung der Steuerumgehung sowie der Wahrung der Aufteilung der Besteuerungsbefugnisse rechtfertigen kann, weil ihm kein Besteuerungsrecht hinsichtlich des auf die ausländische Muttergesellschaft übertragenen Gewinns bzw. Konzernbeitrags zusteht.[503] Die Gefährdung der Aufteilung der Besteuerungsbefugnisse ist vielmehr nur dann künstlich und somit i.R. der Rechtfertigungsprüfung beachtlich, wenn sie Folge eines gezielten Verhaltens seitens der beteiligten Steuerpflichtigen ist.[504] Dementsprechend darf unter Berufung auf die Vermeidung der Steuerumgehung sowie der Wahrung der Aufteilung der Besteuerungsbefugnisse nur verhindert werden, dass Steuerpflichtige durch entsprechende Gestaltungen nach Belieben optieren können, in welchem Staat bestimmte Einkünfte besteuert werden.[505] Nach dem Urteil in der Rs. *Oy AA* darf ein Mitgliedstaat durch entsprechende Regelungen ausschließen, dass eine Einkunftsbesteuerung der in seinem Hoheitsgebiet durch eine Tochtergesellschaft erwirtschafteten Einkünfte umgangen wird, indem

501 Vgl. EuGH v. 18.07.2007, Rs. C-231/05 – *Oy AA*, Slg. 2007, S. I-6373, Rn. 17.
502 Vgl. EuGH v. 18.07.2007, Rs. C-231/05 – *Oy AA*, Slg. 2007, S. I-6373, Rn. 43.
503 Vgl. EuGH v. 18.07.2007, Rs. C-231/05 – *Oy AA*, Slg. 2007, S. I-6373, Rn. 53.
504 Vgl. EuGH v. 18.07.2007, Rs. C-231/05 – *Oy AA*, Slg. 2007, S. I-6373, Rn. 54.
505 Vgl. EuGH v. 18.07.2007, Rs. C-231/05 – *Oy AA*, Slg. 2007, S. I-6373, Rn. 55 f. und Rn. 64 f.; EuGH v. 25.02.2010, C-337/08 – *X Holding*, Slg. 2010, S. I-1215, Rn. 32.

diese Einkünfte durch die in einem anderen, günstiger besteuernden Staat ansässige Muttergesellschaft deklariert werden.[506] Es muss demnach nicht geduldet werden, dass eine in einem Mitgliedstaat ansässige Tochtergesellschaft einen steuerlichen Vorteil in Form eines steuermindernden Konzernbeitrags auf Kosten einer korrespondierenden Besteuerung dieses Konzernbeitrags der in einem anderen Staat ansässigen Muttergesellschaft in Anspruch nimmt, um auf diese Weise die Verteilung steuerpflichtiger Einkünfte innerhalb des Konzerns bzw. zwischen den verschiedenen Steuerjurisdiktionen zu beeinflussen.

In der Rs. *Thin Cap* ging es darum, ob es europarechtlich zulässig ist, dass gezahlte Darlehenszinsen einer gebietsansässigen Tochtergesellschaft an deren Muttergesellschaft nur dann steuerlich in Abzug gebracht werden können, wenn auch die Muttergesellschaft im Inland ansässig ist.[507] Der EuGH stellte diesbezüglich eine Diskriminierung fest,[508] die jedoch durch eine Gesamtbetrachtung der Gründe der Verhinderung der Steuerumgehung sowie der Wahrung der Aufteilung der Besteuerungsbefugnisse gerechtfertigt sein kann.[509] Die für eine Rechtfertigung erforderliche Künstlichkeit einer Gestaltung ist aber nach der Rechtsprechung des EuGH nur dann gegeben, wenn die Modalitäten der Gesellschafter-Fremdfinanzierung nicht dem Fremdvergleichsgrundsatz entsprechen.[510] Ein Mitgliedstaat darf somit einer Steuergestaltung, wonach eine in seinem Hoheitsgebiet ansässige Tochtergesellschaft den wirtschaftlichen Nachteil zu hoher Zinszahlungen an die auslandsansässige Muttergesellschaft in Kauf nimmt, um so eine gewillkürte Einkünfteverlagerung ins Ausland zu erreichen, entgegentreten.[511]

Die Erkenntnisse aus den Rs. *Oy AA* und *Thin Cap* lassen sich auch auf Transaktionen zwischen verschiedenen Betriebsstätten eines einheitlichen Unternehmens übertragen. Allgemein ist eine zu einer Gefährdung der Aufteilung der Besteuerungsbefugnisse führende Steuergestaltung folglich dann als künstlich zu betrachten, wenn zwischen verschiedenen Rechtsträgern bzw. Betriebsstätten steuerliche bzw. wirtschaftliche Vor- und Nachteile gezielt verteilt werden, um auf diese Weise die Allokation von Einkünften auf die verschiedenen von der Transaktion betroffenen Steuerjurisdiktionen zu beeinflussen und so die Gesamtsteuerbelastung zu

---

506 Vgl. EuGH v. 18.07.2007, Rs. C-231/05 – *Oy AA*, Slg. 2007, S. I-6373, Rn. 58 f.

507 Vgl. EuGH v. 13.03.2007, Rs. C-524/04 – *Thin Cap*, Slg. 2007, S. I-2107, Rn. 23 f.

508 Vgl. EuGH v. 13.03.2007, Rs. C-524/04 – *Thin Cap*, Slg. 2007, S. I-2107, Rn. 63.

509 Vgl. EuGH v. 13.03.2007, Rs. C-524/04 – *Thin Cap*, Slg. 2007, S. I-2107, Rn. 74 f.

510 Vgl. EuGH v. 13.03.2007, Rs. C-524/04 – *Thin Cap*, Slg. 2007, S. I-2107, Rn. 80 f.; EuGH v. 17.01.2008, Rs. C-105/07 – *Lammers & Van Cleeff*, Slg. 2008, S. I-173, Rn. 30; *Glahe*, Einkünftekorrektur, 2012, S. 263 bis 265.

511 Vgl. EuGH v. 13.03.2007, Rs. C-524/04 – *Thin Cap*, Slg. 2007, S. I-2107, Rn. 80 f.

senken. Mitgliedstaatliche Maßnahmen, die solche wirtschaftlich unangemessenen Gestaltungen zu verhindern versuchen, stehen einer Rechtfertigung offen.[512]

Die Aufwertung, die der Rechtfertigungsgrund der Verhinderung der Steuerumgehung durch die kumulierte Betrachtungsweise erfährt,[513] ist notwendig, um dem Leistungsfähigkeitsprinzip gerecht zu werden. Sofern i.R. von grenzüberschreitenden Vorgängen im Gegensatz zu rein innerstaatlichen Transaktionen aufgrund bestimmter Sachverhaltsgestaltungen eine doppelte Geltendmachung von Verlusten bzw. sonstigen steuerlichen Abzügen erfolgt, ist dies offensichtlich.[514] Ebenso muss die Gefahr einer durch die beteiligten Steuerpflichtigen willkürlich vorgenommenen und der Aufteilung der Besteuerungsbefugnisse widersprechenden Zuordnung von Einkünften zu einer Steuerjurisdiktion abgewendet werden, um dem Leistungsfähigkeitsprinzip gerecht zu werden. Nur wenn auch i.R. grenzüberschreitender Sachverhalte Einkünfte nicht willkürlich in einem anderen Staat als demjenigen, in dessen Hoheitsgebiet diese Einkünfte erzielt wurden, versteuert werden können, liegt mit Blick auf den maßgeblichen Steuersatz eine Gleichstellung mit rein innerstaatlichen Sachverhalten vor.[515]

c) Verhältnismäßigkeitsprüfung

aa) EU-interne Sachverhalte

Sofern durch einen Mitgliedstaat hinsichtlich einer beschränkenden Regelung ein unionsrechtlich anerkannter, legitimer Rechtfertigungsgrund vorgetragen wird, bedeutet dies noch nicht die Grundfreiheitskonformität einer beschränkenden mitgliedstaatlichen Maßnahme. Erforderlich ist zudem, dass das durch den Mitgliedstaat eingesetzte Mittel mit Blick auf das angestrebte Ziel dem allgemeinen unionsrechtlichen Grundsatz der Verhältnismäßigkeit entspricht.[516] Nur

---

512 Vgl. *Schön*, IStR 2009, S. 882 (886); *Lang/Heidenbauer*, in: FS Vanistendael, 2008, S. 597 (605).

513 Vgl. *Englisch*, StuW 2009, S. 3 (17).

514 Vgl. *Englisch*, IFSt-Schrift Nr. 449, 2008, S. 22.

515 Die durch Maßnahmen zur Wahrung der Aufteilung der Besteuerungsbefugnisse ebenso sichergestellte zwischenstaatliche Steuergerechtigkeit ist zwar auch im Interesse der Mitgliedstaaten. Legitimität erlangt ein Rechtfertigungsgrund jedoch allein dadurch, dass dieser zumindest *auch* auf die Sicherstellung der interpersonalen Steuergerechtigkeit gerichtet ist.

516 Vgl. EuGH v. 11.07.1989, Rs. 265/87 – *Hermann Schräder HS Kraftfutter*, Slg. 1989, S. 2237, Rn. 21; EuGH v. 13.11.1990, Rs. C-331/88 – *Fedesa*, Slg. 1990, S. I-4023, Rn. 13; *Englisch*, Dividendenbesteuerung, 2005, S. 283 f.

das gemeinsame Vorliegen eines gebilligten Rechtfertigungsgrunds sowie der Verhältnismäßigkeit der mitgliedstaatlichen Maßnahme bewirken folglich eine Rechtfertigung beschränkender mitgliedstaatlicher Maßnahmen.[517] Während die unionsrechtlich anerkannten Rechtfertigungsgründe i.S. einer Schranke der Begrenzung der grundfreiheitlichen Schutzwirkungen dienen, fungiert die Verhältnismäßigkeitsprüfung als Schranken-Schranke, die wiederum die Limitierung jener Begrenzung zur Folge haben kann.[518] Nach der Rechtsprechung des EuGH ist eine beschränkende nationale Maßnahme dann verhältnismäßig[519], wenn sie geeignet und erforderlich ist, einen legitimen Rechtfertigungsgrund und damit einen zwingenden Grund des Allgemeininteresses zu verwirklichen.[520] Ohne dies regelmäßig ausdrücklich in seiner Dogmatik hervorzuheben, prüft der EuGH neben der Geeignetheit und der Erforderlichkeit jedoch implizit auch, ob eine mitgliedstaatliche Maßnahme den Anforderungen der Angemessenheit bzw. Verhältnismäßigkeit i.e.S. genügt.[521] Somit hat sich ein dreistufiges Prüfungsschema entwickelt, anhand dessen die Verhältnismäßigkeit beschränkender nationaler Regelungen festzustellen ist.[522]

Eine Maßnahme ist geeignet, wenn sie zumindest nützlich bzw. sachdienlich zur Verwirklichung des vorgetragenen legitimen Rechtfertigungsgrunds ist.[523] Insoweit besteht ein nur eingeschränkt gerichtlich überprüfbarer Ermessensspielraum des

---

517 Vgl. *Kofler*, Doppelbesteuerungsabkommen, 2007, S. 109.

518 Vgl. *Hahn*, DStZ 2005, S. 507 (513); *Schnitger*, Grenzen, 2006, S. 398.

519 Die Verhältnismäßigkeitsprüfung hat unabhängig davon zu erfolgen, ob eine Diskriminierung oder nicht-diskriminierende Beschränkung vorliegt, vgl. *Lang*, Rechtsprechung, 2007, S. 88 f.

520 Vgl. EuGH v. 30.11.1995, Rs. C-55/94 – *Gebhard*, Slg. 1995, S. I-4165, Rn. 37; EuGH v. 12.12.1996, Rs. C-3/95 – *Reisebüro Broede*, Slg. 1996, S. I-6511, Rn. 28; EuGH v. 31.03.1993, Rs. C-19/92 – *Kraus*, Slg. 1993, S. I-1663, Rn. 32; EuGH v. 15.05.1997, Rs. C-250/95 – *Futura Participations*, Slg. 1997, S. I-2471, Rn. 26; *Dautzenberg*, BB-Beilage 16/2004, S. 8 (9 f.).

521 Vgl. *Schwab*, Verhältnismäßigkeitsgrundsatz, 2002, S. 37 ff.; *Lang/Englisch*, in: Amatucci, International Tax Law, 2006, S. 251 (291); EuGH v. 11.07.1989, Rs. 265/87 – *Hermann Schräder HS Kraftfutter*, Slg. 1989, S. 2237, Rn. 21; EuGH v. 14.07.1998, Rs. C-389/96 – *Aher-Waggon*, Slg. 1998, S. I-4473, Rn. 20; EuGH v. 09.07.1997, Rs. C-34/95, C-35/95 und C-36/95, *De Agostini und TV-Shop*, Slg. 1997, S. I-3843, Rn. 45; EuGH v. 13.11.1990, Rs. C-331/88 – *Fedesa*, Slg. 1990, S. I-4023, Rn. 13.

522 Vgl. *Schwab*, Verhältnismäßigkeitsgrundsatz, 2002, S. 37 ff.; *Lang/Englisch*, in: Amatucci, International Tax Law, 2006, S. 251 (291).

523 Vgl. *Cordewener*, Grundfreiheiten, 2002, S. 86 f.; *Englisch*, Dividendenbesteuerung, 2005, S. 284 f.

Gesetzgebers, wonach jede nicht offensichtlich ungeeignete Maßnahme als geeignet anzusehen ist.[524] Der Legislative ist hinsichtlich der ersten Prüfungsstufe also eine Einschätzungsprärogative zuzugestehen.[525]

Die Erforderlichkeit einer beschränkenden Maßnahme ist gegeben, wenn zur Erreichung des durch den vorgebrachten legitimen Rechtfertigungsgrund angestrebten Ziels keine gleichermaßen geeigneten, alternativen Maßnahmen denkbar sind, durch die die grundfreiheitlichen Rechte der grenzüberschreitend Tätigen in geringerem Ausmaß beeinträchtigt werden.[526] Dementsprechend kann die Europarechtswidrigkeit einer mitgliedstaatlichen Maßnahme auf dieser zweiten Prüfungsstufe nur festgestellt werden, wenn eine weniger beschränkende, aber ebenso zielführende und praktikable Alternativmaßnahme existiert.[527] Grundsätzlich gilt, dass bereits dann, wenn eine alternative Maßnahme zu einem höheren Verwaltungsaufwand führt, die beschränkende Maßnahme besser geeignet und daher erforderlich ist.[528] Allerdings gilt ausnahmsweise nach dem sog. Anerkennungsgrundsatz, dass ein Mitgliedstaat eine mildere Alternativmaßnahme ungeachtet ihrer Wirksamkeit als gleichermaßen geeignetes Mittel gelten lassen muss, wenn er sich bereits im Zusammenhang mit einer anderen, vergleichbaren Sachfrage mit einer solchen Maßnahme begnügt.[529]

Abgesehen von diesem Sonderfall hat sich ein Mitgliedstaat nur dann auf weniger geeignete Mittel zu beschränken, wenn auf der dritten Stufe der Verhältnismäßigkeitsprüfung die fehlende Angemessenheit der gewählten beschränkenden Maßnahme festgestellt wird.[530] Eine beschränkende Maßnahme ist nur dann angemessen, wenn sie nicht zu einer übermäßigen Belastung des betroffenen grenzüberschreitend tätigen Steuerpflichtigen führt.[531] Hierfür ist eine einzelfallbezogene

---

524 Vgl. *Englisch*, Dividendenbesteuerung, 2005, S. 285.

525 Vgl. EuGH v. 11.07.1989, Rs. 265/87 – *Hermann Schräder HS Kraftfutter*, Slg. 1989, S. 2237, Rn. 22; *Englisch*, Dividendenbesteuerung, 2005, S. 285.

526 Vgl. *Englisch*, Dividendenbesteuerung, 2005, S. 285; *Cordewener*, Grundfreiheiten, 2002, S. 87 f.; *Hahn*, DStZ 2005, S. 507 (514).

527 Vgl. *Emmerich-Fritsche*, Verhältnismäßigkeit, 2000, S. 212; *Englisch*, Dividendenbesteuerung, 2005, S. 285.

528 Vgl. *Englisch*, Dividendenbesteuerung, 2005, S. 285; *Englisch*, IFSt-Schrift Nr. 449, 2008, S. 30.

529 Vgl. EuGH v. 28.01.1986, Rs. 270/83 – *avoir fiscal, Slg. 1*986, S. 273, Rn. 20; EuGH v. 29.04.1999, Rs. C-311/97 – *Royal Bank of Scotland*, Slg. 1999, S. I-2651, Rn. 31; EuGH v. 16.05.2000, Rs. C-87/99 – *Zurstrassen*, Slg. 2000, S. I-3337, Rn. 25.

530 Vgl. *Englisch*, Dividendenbesteuerung, 2005, S. 285 f.

531 Vgl. *Kofler*, Doppelbesteuerungsabkommen, 2007, S. 109; *Englisch*, Dividendenbesteuerung, 2005, S. 286.

Abwägung zwischen dem Interesse des von einer beschränkenden Maßnahme betroffenen Steuerpflichtigen am grundfreiheitlichen Schutz grenzüberschreitender Tätigkeiten und dem diesem widerstrebenden mitgliedstaatlichen Anliegen der Wahrung zwingender Allgemeininteressen vorzunehmen.[532] Die jeweils im konkreten Fall zu entscheidende Frage, welches dieser Interessen überwiegt, führt demnach zu einer Einzelfallgerechtigkeit.[533]

bb) Besonderheiten bei Sachverhalten mit Bezug zu Nicht-EU-Staaten

Grundsätzlich gelten die Ausführungen in Teil 1,A.VII.5.c)aa) für alle grundfreiheitsrechtlich geschützten grenzüberschreitenden Transaktionen,[534] selbst wenn von diesen auch Drittstaaten betroffen sind.[535] Abweichungen ergeben sich allerdings hinsichtlich der Rechtfertigung, an deren Vorliegen i.R. von Sachverhalten mit Drittstaatenberührung weniger strenge Anforderungen zu stellen sind.[536] Da außerhalb der EU die Amtshilfe- sowie die Beitreibungsrichtlinie keine Anwendung finden,[537] können im Verhältnis zu Drittstaaten auch Maßnahmen gerechtfertigt sein, die i.R. von EU-internen Sachverhalten als unangemessen oder gar

---

532 Vgl. *Cordewener*, Grundfreiheiten, 2002, S. 98; *Englisch*, Dividendenbesteuerung, 2005, S. 286; *Englisch*, Intertax 2005, S. 310 (328); *Kofler*, Doppelbesteuerungsabkommen, 2007, S. 109.

533 Vgl. *Cordewener*, Grundfreiheiten, 2002, S. 978; *Thömmes*, in: FS Wassermeyer, 2005, S. 207 (221); *Schnitger*, Grenzen, 2006, S. 398; *Englisch*, Dividendenbesteuerung, 2005, S. 286. Kritisch hierzu *Kofler*, Doppelbesteuerungsabkommen, 2007, S. 109 wonach auf Ebene der Angemessenheitsprüfung angesichts der Abhängigkeit von Wertentscheidungen des EuGH ein „Unberechenbarkeitselement" besteht.

534 Der grundfreiheitsrechtliche Schutz kann in diesen Fällen entweder aufgrund der räumlich uneingeschränkt anwendbaren Kapitalverkehrsfreiheit nach Art. 63 AEUV (siehe hierzu Teil 1,A.X.2.c)) oder aufgrund der Grundfreiheiten des EWR-Abkommens (siehe dazu Teil 1,A.X.1.d)bb)) bestehen.

535 Durch die Kapitalverkehrsfreiheit geschützte Sachverhalte mit Drittstaatenberührung dürfen primärrechtlich nicht pauschal anders beurteilt werden als grenzüberschreitende, innerhalb der EU verwirklichte Sachverhalte, die keinen Drittstaatenbezug aufweisen, vgl. *Schönfeld/Lieber*, FR 2005, S. 927 (932); EuGH v. 20.05.2008, Rs. C-194/06 – *Orange European Smallcap Fund*, Slg. 2008, S. I-3747, Rn. 87 f.; EuGH v. 18.12.2007, Rs. C-101/05 – *A*, Slg. 2007, S. I-11531, Rn. 31 und 38.

536 Vgl. EuGH v. 12.12.2006, Rs. C-446/04 – *FII Group Litigation*, Slg. 2006, S. I-11753, Rn. 171; *Ståhl*, EC Tax Rev. 2004, S. 47 (55); *Schön*, in: FS Wassermeyer, 2005, S. 489 (517 f.); *Schnitger*, IStR 2005, S. 493 (494 f.).

537 Vgl. *Schön*, in: FS Wassermeyer, 2005, S. 489 (517 f.).

ungeeignet anzusehen wären.[538] Hinsichtlich der Amtshilferichtlinie ist jedoch zu beachten, dass deren Nichtanwendbarkeit grundsätzlich durch die Anwendbarkeit einer dem Art. 26 OECD-MA entsprechenden sog. großen DBA-Auskunftsklausel kompensiert werden kann.[539] Eine Gleichwertigkeit der Regelungen der Amtshilferichtlinie und derjenigen einer großen Auskunftsklausel ist jedoch nur dann gegeben, wenn ein durch letztere verpflichteter Drittstaat seiner Obligation zur Informationsbeibringung tatsächlich nachkommt und das Auskunftsersuchen somit Erfolg hat.[540]

VIII. Auslegungskompetenz des EuGH

Jedes hoheitliche Tätigwerden muss darauf bedacht sein, den Rechtsschutz der Grundfreiheiten zu gewährleisten.[541] Insbesondere die mitgliedstaatlichen Gerichte sind demnach verpflichtet, dem Unionsrecht Geltung zu verschaffen.[542] Dementsprechend berücksichtigen nationale Gerichte hinsichtlich mitgliedstaatlicher Rechtsnormen den Anwendungsvorrang des Unionsrechts,[543] wenn sich die unionsrechtliche Unvereinbarkeit der nationalen Rechtsnormen hinreichend deutlich aus bereits ergangener EuGH-Rechtsprechung ergibt.[544] Kritisch zu beurteilen sind hingegen die seltenen Fälle, in denen nationale Gerichte bisher nicht durch

538 Vgl. EuGH v. 20.05.2008, Rs. C-194/06 – *Orange European Smallcap Fund*, Slg. 2008, S. I-3747, Rn. 90; EuGH v. 12.12.2006, Rs. C-446/04 – *FII Group Litigation*, Slg. 2006, S. I-11753, Rn. 171; EuGH v. 18.12.2007, Rs. C-101/05 – *A*, Slg. 2007, S. I-11531, Rn. 37; Kommission v. 19.12.2006, KOM(2006) 825 endg., S. 11; *Schwenke*, IStR 2006, S. 748 (753). Statt einer divergierenden Rechtfertigungsprüfung kommt im Zusammenhang mit Sachverhalten mit Drittstaatenberührung aufgrund der Nichtanwendbarkeit der Amtshilfe- bzw. der Beitreibungsrichtlinie auch das Anlegen eines strengeren Maßstabs auf Vergleichbarkeitsebene in Betracht, vgl. EuGH v. 20.05.2008, Rs. C-194/06 – *Orange European Smallcap Fund*, Slg. 2008, S. I-3747, Rn. 89; GA *Kokott* v. 18.03.2004, Rs. C-319/02 – *Manninen*, Slg. 2004, S. I-7477, Rn. 79.

539 Vgl. *Schnitger*, Grenzen, 2006, S. 413.

540 Vgl. *Ståhl*, EC Tax Rev. 2004, S. 47 (55).

541 Vgl. EuGH v. 19.06.1990, Rs. C-213/89 – *Factortame*, Slg. 1990, S. I-2433, Rn. 19.

542 Vgl. EuGH v. 09.03.1978, Rs. 106/77 – *Simmenthal II*, Slg. 1978, S. 629, Rn. 21 bis 24; EuGH v. 05.03.1998, Rs. C-347/96 – *Solred*, Slg. 1998, S. I-937, Rn. 30.

543 Siehe zu den Konsequenzen des Anwendungsvorrangs Teil 1,A.IV.

544 Vgl. BFH v. 19.11.2003, I R 34/02, BStBl. II 2004, S. 773, unter II. 3. a) aa), bb); *Thömmes*, StbJb 1998/1999, S. 173 (177).

den EuGH geklärte europarechtliche Problemstellungen lösen, indem sie eine Auslegung des Unionsrechts eigenständig vornehmen.[545] Da die grundfreiheitsrechtliche Würdigung konkreter nationaler Rechtsnormen regelmäßig umstritten ist, sollten die nationalen Gerichte nur bei evident grundfreiheitswidrigen nationalen Rechtsnormen unmittelbar die Unanwendbarkeit selbiger erklären. Sofern im Einzelfall auch nur geringste Zweifel an der Europarechtskonformität einer Norm bestehen, sollte die mitgliedstaatliche Judikative deshalb von einer Auslegung des einschlägigen Unionsrechts absehen und die betreffende Fragestellung zunächst dem EuGH vorlegen. Dem EuGH ist ein Auslegungsmonopol zuzugestehen,[546] welches die einheitliche Auslegung des Unionsrechts gewährleistet.[547] Allein der i.R. eines Vorabentscheidungsverfahrens nach Art. 267 AEUV oder eines Vertragsverletzungsverfahrens nach Art. 258 AEUV anzurufende EuGH ist befugt, das Unionsrecht verbindlich auszulegen.[548] Allerdings entscheidet der EuGH in der Folge nicht über die Europarechtskonformität einer konkreten mitgliedstaatlichen Norm.[549] Der EuGH legt vielmehr ausschließlich europäisches Recht aus.[550] In diesem Zusammenhang gibt er dem jeweiligen nationalen Gericht Hinweise, ob eine Regelung, die inhaltlich derjenigen mitgliedstaatlichen Norm entspricht, die Anlass zur Einleitung eines Vorabscheidungs- oder Vertragsverletzungsverfahrens war, mit der durch ihn vorgenommenen Auslegung der Grundfreiheiten vereinbar ist.[551] Die mitgliedstaatlichen Organe haben aus den vom EuGH gegebenen

545 Vgl. *Schnitger*, Grenzen, 2006, S. 18. Siehe hinsichtlich einer solchen selbständigen Auslegung des Unionsrechts BFH v. 17.12.1997, I B 108/97, BStBl. II 1998, S. 558, unter II. 3. a) und II. 4. a), b). In diesem Beschluss gelang der BFH zu der Auffassung, dass die Regelung des § 6 AStG a.F. keinen Primärrechtsverstoß begründe. Wie sich jedoch durch das später ergangene EuGH-Urteil in der Rs. *N* (EuGH v. 07.09.2006, Rs. C-470/04 – *N*, *Slg.* 2006, S. I-7409) herausstellte, ist eine Regelung wie die des § 6 AStG a.F. nicht mit den primärrechtlichen Vorgaben vereinbar.

546 Vgl. *Kofler*, Doppelbesteuerungsabkommen, 2007, S. 49.

547 Vgl. *Schnitger*, Grenzen, 2006, S. 18.

548 Vgl. *Kofler*, Doppelbesteuerungsabkommen, 2007, S. 49.

549 Vgl. EuGH v. 11.08.1995, Rs. C-63/94 – *Belgapom*, Slg. 1995, S. I-2467, Rn. 7; *Kofler*, Doppelbesteuerungsabkommen, 2007, S. 49, dort Fn. 93.

550 Vgl. EuGH v. 03.10.2000, Rs. C-58/98 – *Corsten*, Slg. 2000, S. I-7919, Rn. 24.

551 Vgl. EuGH v. 03.10.2000, Rs. C-58/98 – *Corsten*, Slg. 2000, S. I-7919, Rn. 24. Der EuGH kann zwar keine sog. positive Integration i.S. einer Harmonisierung der mitgliedstaatlichen Rechtsordnungen herbeiführen, wohl aber eine dahingehende sog. negative Integration, dass die in den einzelnen Rechtsordnungen vorzufindenden binnenmarktlichen Hindernisse beseitigt werden, vgl. *Englisch*, IFSt-Schrift Nr. 449, 2008, S. 6 f.; *Englisch*, Dividendenbesteuerung, 2005, S. 242 f.

Hinweisen die entsprechenden Schlüsse zu ziehen und folglich eine Rechtsnorm unangewendet zu lassen oder eine normerhaltende Reduktion derselben vorzunehmen, wenn der EuGH entsprechende Regelungen für unionsrechtswidrig hält.[552]

IX. Einschränkung der zeitlichen Rückwirkung der Rechtsprechung des EuGH

In seiner Rechtsprechung legt der EuGH unionsrechtliche Bestimmungen so aus, wie deren Inhalt von ihrem Inkrafttreten an hätte verstanden werden müssen.[553] Sofern sich aus dieser Auslegung die Unionsrechtswidrigkeit bestimmter mitgliedstaatlicher Rechtsnormen ergibt, sind diese grundsätzlich *ex tunc* nicht mehr anzuwenden.[554] Letztlich bedeutet dies, dass die Rechtsprechung des EuGH grundsätzlich rückwirkend auf alle bereits verwirklichten Sachverhalte Einfluss nehmen kann.[555] Wenn der EuGH zum Ergebnis kommt, dass eine bestimmte nationale Regelung dem Europarecht widerspricht, führt dies grundsätzlich dazu, dass die steuerliche Beurteilung sämtlicher bereits verwirklichter Sachverhalte zu revidieren ist. Dies kann grundsätzlich zu einer Rückerstattungspflicht hinsichtlich sämtlicher erhobener, unionsrechtswidrig festgesetzter Steuern führen[556] und damit weitreichende nachteilige finanzielle Folgen für die jeweils betroffenen Mitgliedstaaten bedeuten.[557]

---

552 Vgl. BFH v. 13.06.2002, VI R 168/00, BStBl. II 2003, S. 765 unter II. 2. b); *Urban*, INF 2000, S. 555 (558).

553 Vgl. EuGH v. 06.03.2007, Rs. C-292/04 – *Meilicke* u.a., Slg. 2007, S. I-1835, Rn. 34; EuGH v. 03.10.2002, Rs. C-347/00 – *Barreira Pérez*, Slg. 2002, S. I-8191, Rn. 44; EuGH v. 17.02.2005, Rs. C-453/02 und C-462/02 – *Linneweber und Akritidis*, Slg. 2005, S. I-1131, Rn. 41; *Lindemann/Hackemann*, IStR 2005, S. 786 (787).

554 Vgl. EuGH v. 27.03.1980, Rs. 61/79 – *Denkavit italiana*, Slg. 1980, S. 1205, Rn. 16; EuGH v. 13.02.1996, Rs. C-197/94 und 252/94 – *Société Bautiaa und Société française maritime*, Slg. 1996, S. I-505, Rn. 47; EuGH v. 06.03.2007, Rs. C-292/04 – *Meilicke* u.a., Slg. 2007, S. I-1835, Rn. 34. Kritisch hierzu *Vogel*, StuW 2005, S. 373 (375).

555 Vgl. *Lang*, Rechtsprechung, 2007, S. 15.

556 Vgl. EuGH v. 14.01.1997, Rs. C-192/95 bis 218/95, *Comateb* u.a., Slg. 1997, S. I-165, Rn. 20; EuGH v. 02.12.1997, Rs. C-188/95 – *Fantask*, Slg. 1997, S. I-6783, Rn. 38; EuGH v. 09.02.1999, Rs. C-343/96 – *Dilexport*, Slg. 1999, S. I-579, Rn. 23; EuGH v. 17.07.1997, Rs. C-114/95 und C-115/95 – *Texaco*, Slg. 1997, S. I-4263, Rn. 40; EuGH v. 08.03.2001, Rs. C-397/98 und C-410/98 – *Metallgesellschaft und Hoechst*, Slg. 2001, S. I-1727, Rn. 84.

557 Vgl. *Hahn*, IStR 2005, S. 145 (146); *Lang*, Rechtsprechung, 2007, S. 15.

Es stellt sich die Frage, ob und ggf. inwieweit eine Einschränkung dieser rückwirkenden Tragweite der EuGH-Rechtsprechung erfolgen kann.

1. Einschränkung durch innerstaatliche Verfahrensvorschriften

Einem Steuerpflichtigen, der infolge der Anwendung einer europarechtswidrigen Norm zu viel Steuern entrichtet hat, steht ein Erstattungsanspruch zu,[558] sofern dies nicht aufgrund des nationalen Steuerverfahrensrechts des jeweiligen Mitgliedstaats ausgeschlossen ist[559]. Der EuGH akzeptiert dementsprechend im Interesse der Rechtssicherheit grundsätzlich den Ausschluss einer Rückerstattung von zu viel bezahlen Steuern, wenn das einschlägige nationale Verfahrensrecht im konkreten Fall keine entsprechende Erstattungsmöglichkeit vorsieht.[560] Die unionsrechtliche Anerkennung eines solchen verfahrensrechtlichen Ausschlusses der Rückerstattung zu viel entrichteter Steuern setzt allerdings voraus, dass einerseits die Geltendmachung grundfreiheitlicher Rechte generell nicht übermäßig erschwert wird (sog. Effektivitätsgrundsatz) und andererseits die verfahrensrechtlichen Möglichkeiten der Durchsetzung eines Erstattungsanspruchs nicht eingeschränkt sind, sofern statt eines rein innerstaatlichen Vorgangs ein grenzüberschreitender Vorgang betroffen ist (sog. Äquivalenzgrundsatz).[561] Sofern das nationale Verfahrensrecht diese Voraussetzungen erfüllt, kann die zeitliche Rückwirkung der EuGH-Rechtsprechung aufgrund der formellen Bestandskraft von Steuerbescheiden oder der Festsetzungsverjährung eingeschränkt sein.[562] Der Eintritt der formellen Bestandskraft eines Steuerbescheids kann nach dem deutschen Steuerverfahrensrecht, welches dem Effektivitäts- und Äquivalenzgrundsatz gerecht wird, dadurch verhindert

558 Siehe hierzu soeben Teil 1,A.IX.

559 Vgl. dazu allgemein EuGH v. 16.12.1976, Rs. 45/76 – *Comet*, Slg. 1976, S. 2043, Rn. 11 bis 18; EuGH v. 10.07.1997, Rs. C-261/95 – *Palmisani*, Slg. 1997, S. I-4025, Rn. 27.

560 Vgl. dazu allgemein EuGH v. 15.09.1998, Rs. C-231/96 – *Edis*, Slg. 1998, S. I-4951, Rn. 20.

561 Vgl. EuGH v. 15.09.1998, Rs. C-231/96 – *Edis*, Slg. 1998, S. I-4951, Rn. 34; EuGH v. 10.07.1997, Rs. C-261/95 – *Palmisani*, Slg. 1997, S. I-4025, Rn. 27; EuGH v. 20.09.2001, Rs. C-453/99 – *Courage und Crehan*, Slg. 2001, S. I-6297, Rn. 29; EuGH v. 16.12.1976, Rs. 45/76 – *Comet*, Slg. 1976, S. 2043, Rn. 11 bis 18; EuGH v. 14.12.1995, Rs. C-312/93 – *Peterbroeck*, Slg. 1995, S. I-4599, Rn. 12; EuGH v. 18.10.2012, Rs. C-603/10 – *Pelati*, n.n.v., Rn. 25; *Tanzer*, in: Holoubek/Lang, EuGH-Verfahren, 2000, S. 207 (212). Siehe ausführlich zu diesen Grundsätzen *Seer/Müller*, IWB v. 26.03.2008, F. 11 Gr. 2, S. 865 (867 ff.).

562 Vgl. *Schnitger*, Grenzen, 2006, S. 152.

werden, dass gem. § 347 Abs. 1 Satz 1 Nr. 1, § 355 Abs. 1 Satz 1 AO innerhalb eines Monats nach Bekanntgabe dieses Verwaltungsakts Einspruch gegen selbigen eingelegt wird.[563] Nach Eintritt der formellen Bestandskraft bzw. Unanfechtbarkeit eines Steuerbescheids besteht die Möglichkeit einer Änderung dieses Verwaltungsakts nach § 169 Abs. 1 Satz 1 AO nur, sofern die Festsetzungsfrist, die bei Ertragsteuern nach § 169 Abs. 2 Satz 1 Nr. 2 AO grundsätzlich vier Jahre beträgt, nicht abgelaufen ist.[564] Sowohl die vorläufige Steuerfestsetzung als auch die bereits zuvor erwähnte Einlegung eines Einspruchs führen gem. § 171 Abs. 8 bzw. Abs. 3a AO zu einer Ablaufhemmung hinsichtlich der Festsetzungsfrist.

2. Einschränkung durch Anordnung des EuGH

Um eine trotz der Restriktionen der mitgliedstaatlichen Steuerverfahrensrechte drohende Neubeurteilung bestehender Rechtsverhältnisse zu verhindern, kann der EuGH ausnahmsweise aufgrund des allgemeinen unionsrechtlichen Grundsatzes

563 Ist wegen der vermeintlich europarechtswidrigen Norm bereits ein Verfahren vor dem EuGH anhängig, ruht das Einspruchsverfahren gem. § 363 Abs. 2 Satz 2 AO bis zur Entscheidung des EuGH, falls die Steuer insoweit nicht vorläufig festgesetzt wurde. Sofern kein entsprechendes EuGH-Verfahren anhängig ist und die Finanzverwaltung dem Begehren des Steuerpflichtigen, die festgesetzte Steuerschuld aufgrund der Nichtanwendung einer potentiell europarechtswidrigen Norm herabzusetzen, nicht nachkommt, kann der Steuerpflichtige nach § 33 Abs. 1 Nr. 1, § 47 Abs. 1 Satz 1 FGO innerhalb eines Monats nach Bekanntgabe der Einspruchsentscheidung i.S. des § 367 Abs. 1 Satz 1 AO Klage vor dem zuständigen Finanzgericht erheben. Das Finanzgericht kann bzw. der im Fall einer Revision zuständige Bundesfinanzhof muss nach Art. 267 AEUV den EuGH im Wege des Vorabentscheidungsverfahrens anrufen, um auf Grundlage von dessen Auslegung des europäischen Rechts über die Anwendbarkeit einer mitgliedstaatlichen Norm entscheiden zu können. Sofern die Nichtanwendung einer europarechtswidrigen Norm zu einer geringeren Steuerlast führt, wird der streitgegenständliche Steuerbescheid gem. § 100 Abs. 2 FGO entsprechend geändert. Die zu viel gezahlten Steuern sind dem Steuerpflichtigen nach § 37 Abs. 2 AO zu erstatten. Unter den Voraussetzungen des § 236 AO ist der Erstattungsbetrag außerdem zu verzinsen.

564 Allerdings kann ein Änderungsantrag nicht auf die Änderungsnormen der §§ 172 ff. AO gestützt werden. Ein EuGH-Urteil stellt insbesondere keine neue Tatsache i.S. des § 173 Abs. 1 Nr. 2 Satz 1 AO dar, vgl. AEAO zu § 173 AO, Nr. 1.1.2. Falls kein Vorbehalt der Nachprüfung besteht, kann eine Änderung außerhalb der Einspruchs- und innerhalb der Festsetzungsfrist lediglich nach § 165 Abs. 1 Satz 2 Nr. 3 AO erfolgen, sofern hinsichtlich der vermeintlich europarechtswidrigen Norm bereits ein Verfahren vor dem EuGH anhängig ist und die Steuerfestsetzung insoweit vorläufig erfolgte.

der Rechtssicherheit eine Einschränkung der zeitlichen Rückwirkung seiner Rechtsprechung anordnen.[565] Der Rechtssicherheit ist gegenüber der Richtigkeit der Steuerfestsetzung jedoch nur dann Vorrang zu gewähren, wenn die öffentlichen Interessen die privaten überwiegen.[566] Ein in diesem Sinne vorrangiges öffentliches Interesse an einer Einschränkung der zeitlichen Rückwirkung ist gegeben, wenn vor der Klärung durch den EuGH erhebliche Unsicherheiten hinsichtlich der Auswirkungen des Europarechts auf bestimmte nationale Regelungen bestanden und eine zeitlich uneingeschränkte Geltung der Rechtsprechung des EuGH die Gefahr schwerwiegender Steuerausfälle bedeuten würde.[567]

a) Erhebliche Unsicherheiten hinsichtlich unionsrechtlicher Implikationen

Sofern sich aus der Rechtsprechung des EuGH die Europarechtswidrigkeit einer Norm ergibt, kann eine Einschränkung der zeitlichen Rückwirkung durch den EuGH nur unter der Voraussetzung erfolgen, dass der beschränkende Staat vor Ergehen des betreffenden Urteils die Europarechtskonformität der infrage stehenden nationalen Regelung nicht bezweifeln musste und folglich insoweit ein schutzwürdiges Vertrauen vorlag.[568] Falls ein Mitgliedstaat allerdings bösgläubig hinsichtlich der Europarechtskonformität einer nationalen Regelung ist und dennoch an dieser grundfreiheitlichen Beschränkung festhält, ist sein Interesse an einer eingeschränkten zeitlichen Rückwirkung nicht schützenswert. Dies ist insbesondere dann der Fall, wenn aus bereits bestehender EuGH-Rechtsprechung mit hinreichender Sicherheit auf einen Europarechtsverstoß einer mitgliedstaatlichen Norm geschlossen werden kann.[569] Sofern vor dem EuGH-Urteil, aus dem

565 Vgl. EuGH v. 06.03.2007, Rs. C-292/04 – *Meilicke* u.a., Slg. 2007, S. I-1835, Rn. 35; EuGH v. 23.05.2000, Rs. C-104/98 – *Buchner*, Slg. 2000, S. I-3625, Rn. 39; EuGH v. 17.02.2005, Rs. C-453/02 und C-462/02 – *Linneweber und Akritidis*, Slg. 2005, S. I-1131, Rn 42; EuGH v. 02.02.1988, Rs. 24/86 – *Blaizot*, Slg. 1988, S. 379, Rn. 28; EuGH v. 15.12.1995, Rs. C-415/93 – *Bosman*, Slg. 1995, S. I-4921, Rn. 142; GA *Geelhoed* v. 06.04.2006, Rs. C-446/04 – *FII Group Litigation*, Slg. 2006, S. I-11753, Rn. 142.

566 Vgl. *Schnitger*, Grenzen, 2006, S. 141; *Kofler*, Doppelbesteuerungsabkommen, 2007, S. 41.

567 Vgl. EuGH v. 13.02.1996, Rs. C-197/94 und 252/94 – *Société Bautiaa und Société française maritime*, Slg. 1996, S. I-505, Rn. 48; *Finke*, IStR 2006, S. 212 (216).

568 Vgl. EuGH v. 02.02.1988, Rs. 24/86 – *Blaizot*, Slg. 1988, S. 379, Rn. 28; *Lindemann/Hackemann*, IStR 2005, S. 786 (788 f.).

569 Vgl. EuGH v. 09.03.2000, Rs. C-437/97, *Evangelischer Krankenhausverein Wien und Wein & Co.*, Slg. 2000, S. I-1157, Rn. 58; *Seer/Müller*, IWB v. 12.03.2008, F. 11 Gr. 2, S. 851 (857); *Kube*, Rechtsprechung, 2009, S. 44.

sich die Europarechtswidrigkeit einer konkreten mitgliedstaatlichen Norm ergibt, noch keine übertragbare EuGH-Rechtsprechung zu einer mit ebendieser Norm vergleichbaren Regelung bestand, ist das Vertrauen des beschränkenden Mitgliedstaates aber dennoch nicht schutzwürdig, falls der durch den EuGH festgestellte Unionsrechtsverstoß offensichtlich war.[570] Sofern keine Offensichtlichkeit des Europarechtsverstoßes vorliegt, kann die Schutzwürdigkeit des Vertrauens darüber hinaus auch dann zu verneinen sein, wenn aufgrund entsprechender Literaturmeinungen von einer Europarechtswidrigkeit einer Norm auszugehen ist. Da aufgrund der zunehmenden Komplexität europarechtlicher Problematiken häufig keine klare Tendenz innerhalb der Literatur zu erwarten ist, kann die Schutzwürdigkeit aus diesem Grund jedoch nur in äußersten Ausnahmefällen beseitigt werden.

b) Schwerwiegende Steuerausfälle

Eine Einschränkung der Rückwirkung ist nur dann möglich, wenn die *ex-tunc* Wirkung einer EuGH-Rechtsprechung gravierende fiskalische Einbußen für den betroffenen Staat bedeuten würde.[571] Die Mitgliedstaaten sollen demnach nicht unabhängig von der Einhaltung der Haushaltsdisziplin durch überbordende öffentliche Defizite belastet werden, sondern auf eine haushaltspolitische Planungssicherheit vertrauen können.[572] Dabei sollte es jedoch von dem jeweiligen Steueraufkommen des betroffenen Mitgliedstaats abhängen, ob ein in einer bestimmten Höhe bezifferter Steuerausfall als nicht mehr zumutbar anzusehen ist, weshalb es insoweit nicht möglich ist, pauschal einen konkreten Geldbetrag als Grenze festzulegen.[573] Demnach könnte ein bestimmter Steuerausfall, der beim einen Staat eine Einschränkung der Rückwirkung erforderlich macht, bei einem anderen Staat mit größerem Steueraufkommen hinzunehmen sein.[574] Dadurch käme es neben einer zeitlichen auch zu einer räumlichen Einschränkung der Rückwirkung.[575] Kritisch sind in diesem Zusammenhang die Ausführungen des EuGH zu werten, wonach

570 Vgl. *Kokott/Henze*, NJW 2006, S. 177 (183).

571 Vgl. EuGH v. 09.03.2000, Rs. C-437/97, *Evangelischer Krankenhausverein Wien und Wein & Co.*, Slg. 2000, S. I-1157, Rn. 59. Bereits die Unabsehbarkeit der Höhe der Erstattungen genügen lassend EuGH v. 08.04.1976, Rs. 43/75 – *Defrenne*, Slg. 1976, S. 455, Rn. 74 f.

572 Vgl. *Schnitger*, Grenzen, 2006, S. 143.

573 Vgl. *Schnitger*, Grenzen, 2006, S. 144; *Forsthoff*, DStR 2005, S. 1840 (1842).

574 Vgl. GA *Stix-Hackl* v. 14.03.2006, Rs. C-475/03 – *Banca Popolare di Cremona*, Slg. 2006, S. I-9373, Rn. 181.

575 Vgl. GA *Stix-Hackl* v. 14.03.2006, Rs. C-475/03 – *Banca Popolare di Cremona*, Slg. 2006, S. I-9373, Rn. 182.

er eine Einschränkung der rückwirkenden Geltung seiner Rechtsprechung allenfalls dann in einem Urteil anordnet, wenn die dem jeweiligen Verfahren zugrunde liegende mitgliedstaatliche Regelung keiner anderen mitgliedstaatlichen Regelung entspricht, die bereits zuvor Gegenstand eines EuGH-Urteils war.[576] In der Rs. *Meilicke* schloss der EuGH dementsprechend eine Einschränkung der Rückwirkung aus, da die diesem Vorabentscheidungsverfahren zugrundeliegende europarechtliche Problematik bereits Gegenstand vorangegangener Verfahren war und eine eingeschränkte Rückwirkung dort nicht in Betracht gezogen wurde.[577] Diese Haltung des EuGH ist abzulehnen, da es nicht ausgeschlossen werden kann, dass eine aufgrund des Unionsrechts gebotene Nichtanwendung von in verschiedenen Staaten bestehenden und einander vergleichbaren Regelungen unterschiedlich intensive Auswirkungen auf die jeweiligen Staatsfinanzen haben. Folglich muss die Einschränkung der Rückwirkung im Urteil derjenigen Rs. angeordnet werden können, in der erstmals dem betreffenden Mitgliedstaat schwerwiegende fiskalische Auswirkungen aufgrund der Nichtanwendung einer unionsrechtswidrigen Norm drohen.

c) Folgen der Einschränkung der Rückwirkung

Sofern die Voraussetzungen für eine Einschränkung der Rückwirkung der Rechtsprechung des EuGH vorliegen, kann diese Einschränkung bis zum Zeitpunkt des Erlasses des Urteils erfolgen, durch das die Unsicherheit über die Auslegung beseitigt wurde. Sollte also die Unsicherheit bereits durch eine frühere Rechtsprechung beseitigt worden sein, aber die Voraussetzungen für eine Einschränkung der Rückwirkung erstmals in einer späteren Rs. gegeben sein, so kann den grenzüberschreitenden Sachverhalten, die nach Erlass der erstmaligen Rechtsprechung verwirklicht wurden, der grundfreiheitliche Schutz nicht mehr entzogen werden. Der maßgebliche Zeitpunkt, ab dem eine gegen Europarecht verstoßende Norm nicht mehr angewendet werden darf bzw. geltungserhaltend zu reduzieren ist, ist demnach spätestens der Zeitpunkt, zu dem der EuGH erstmals die Europarechtswidrigkeit einer entsprechenden Regelung festgestellt hat.[578] Allerdings sollte dem beschränkenden Staat eine angemessene Frist zur Änderung der betroffenen

576 Vgl. EuGH v. 06.03.2007, Rs. C-292/04 – *Meilicke* u.a., Slg. 2007, S. I-1835, Rn. 36 bis 41.

577 Vgl. EuGH v. 06.03.2007, Rs. C-292/04 – *Meilicke* u.a., Slg. 2007, S. I-1835, Rn. 36 bis 41.

578 Vgl. *Kokott/Henze*, NJW 2006, S. 177 (181).

Regelungen eingeräumt werden.[579] Sofern die Unsicherheit durch das Urteil, in dem die Einschränkung der Rückwirkung angeordnet wird, beseitigt wird, sollte die grundfreiheitliche Schutzwirkung somit erst ab einem zukünftigen, durch den EuGH im Einzelfall festzulegenden Zeitpunkt eintreten.[580]

Nicht von der Einschränkung der Rückwirkung betroffen sind neben dem verfahrensbeteiligten Steuerpflichtigen diejenigen grundfreiheitlich geschützten Subjekte, die bereits vor Erlass des die rechtliche Unsicherheit beseitigenden Urteils Rechtsmittel eingelegt haben.[581]

X. Grundfreiheitlicher Schutz grenzüberschreitender Spaltungen

Da keine der allesamt allgemein gefassten Grundfreiheiten explizit auf grenzüberschreitende Spaltungen Bezug nimmt, stellt sich die Frage, durch welche konkreten Grundfreiheiten grenzüberschreitende Spaltungen geschützt sind. Es ist demnach zu prüfen, ob grenzüberschreitende Spaltungen in den Anwendungsbereich einer oder mehrerer Grundfreiheiten fallen.

Durch eine (grenzüberschreitende) Spaltung geht Betriebsvermögen des übertragenden Rechtsträgers auf den übernehmenden Rechtsträger über. Im Gegenzug erhalten bei einer Auf- oder Abspaltung die Anteilseigner der übertragenden Gesellschaft eine Beteiligung an der übernehmenden Gesellschaft, während bei einer Ausgliederung eine Anteilsgewährung zugunsten des übertragenden Rechtsträgers selbst erfolgt. Somit beinhaltet der Spaltungsvorgang einerseits eine Investition von Sachkapital durch den übertragenden Rechtsträger, wodurch entweder er selbst oder dessen Anteilseigner an künftigen Gewinnausschüttungen des übernehmenden Rechtsträgers sowie Wertveränderungen der Anteile am übernehmenden

579 Vgl. GA *Stix-Hackl* v. 14.03.2006, Rs. C-475/03 – *Banca Popolare di Cremona*, Slg. 2006, S. I-9373, Rn. 161 bis 163.

580 Vgl. GA *Jacobs* v. 17.03.2005, Rs. C-475/03 – *Banca popolare di Cremona*, Slg. 2006, S. I-9373, Rn. 86; GA *Stix-Hackl* v. 14.03.2006, Rs. C-475/03 – *Banca Popolare di Cremona*, Slg. 2006, S. I-9373, Rn. 161.

581 Vgl. EuGH v. 15.12.1995, Rs. C-415/93 – *Bosman*, Slg. 1995, S. I-4921, Rn. 144 f.; EuGH v. 09.03.2000, Rs. C-437/97, *Evangelischer Krankenhausverein Wien und Wein & Co.*, Slg. 2000, S. I-1157, Rn. 60. Hierzu kritisch angesichts der aufgrund der Öffentlichkeitswirkung von EuGH-Verfahren regelmäßig zu erwartenden verstärkten Einlegung von Rechtsbehelfen: GA *Tizzano* v. 10.11.2005, Rs. C-292/04 – *Meilicke u.a.*, Slg. 2007, S. I-1835, Rn. 61 f.; *Forsthoff*, DStR 2005, S. 1840 (1843).

Rechtsträger beteiligt wird bzw. werden. Die Anwendbarkeit der Kapitalverkehrsfreiheit nach Art. 63 Abs. 1 AEUV, welche die grenzüberschreitende Wertübertragung zum Zweck der Vermögensanlage schützt,[582] erscheint dadurch möglich.[583]

Darüber hinaus kann eine grenzüberschreitende Spaltung zu einer Verlagerung von unternehmerischen Tätigkeiten ins Ausland und damit zu einer wirtschaftlichen Integration des übertragenden Rechtsträgers sowie ggf. auch dessen Anteilseigner in das Wirtschaftsleben des ausländischen Staats führen. Dies lässt eine Anwendbarkeit der Niederlassungsfreiheit nach Art. 49, 54 AEUV, welche die Aufnahme bzw. Verlegung einer dauerhaften unternehmerischen Tätigkeit in einem anderen Mitgliedstaat schützt,[584] vermuten.

Eine Anwendbarkeit weiterer Grundfreiheiten ist im Zusammenhang mit grenzüberschreitenden Spaltungen hingegen von vornherein auszuschließen. Die in den Art. 28 ff. AEUV normierte Warenverkehrsfreiheit, die mengenmäßige Einfuhr- und Ausfuhrbeschränkungen sowie Maßnahmen mit gleicher Wirkung verbietet, scheidet deshalb aus, weil grenzüberschreitende Spaltungen allenfalls mittelbar der Anbahnung von Handelsgeschäften dienen.[585] Die Arbeitnehmerfreizügigkeit nach Art. 45 AEUV kann i.R. grenzüberschreitender Spaltungen ebenfalls keine Wirkung entfalten, da sie die freie Wahl sowie die unbeeinträchtigte Ausübung einer unselbständigen Tätigkeit sicherstellen soll,[586] und demnach eine Weisungsgebundenheit des grenzüberschreitend Tätigen voraussetzt.[587] Auf die Dienstleistungsfreiheit nach Art. 56 f. AEUV schließlich kann die Forderung nach einer beschränkungsfreien steuerlichen Behandlung grenzüberschreitender Spaltungen deshalb nicht gestützt werden, da diese Grundfreiheit lediglich den Schutz von nur vorübergehend erbrachten grenzüberschreitenden Leistungen bezweckt.[588]

---

582 Vgl. *Hahn*, DStZ 2005, S. 469 (479).

583 Siehe hinsichtlich der Anwendbarkeit der Kapitalverkehrsfreiheit auf Spaltungsvorgänge Teil 1,A.X.2.

584 Vgl. *Müller-Graff*, in: Streinz, EUV/EGV, 2003, Art. 43 EG Rz. 11 bis 19.

585 Vgl. dazu allgemein *Haslehner*, IStR 2008, S. 565 (566 f.); a.A.: *Müller-Graff*, in: Streinz, EUV/EGV, 2003, Art. 43 EG Rz. 98.

586 Vgl. *Schneider/Wunderlich*, in: Schwarze, EU-Kommentar, 2009, Art. 39 EG Rz. 2. Zum gegenseitigen Ausschluss von Niederlassungsfreiheit und Arbeitnehmerfreizügigkeit *Müller-Graff*, in: Streinz, EUV/EGV, 2003, Art. 43 EG Rz. 100.

587 Vgl. EuGH v. 03.07.1986, Rn. 66/85 – *Lawrie-Blum*, Slg. 1986, S. 2121, Rn. 17; EuGH v. 26.02.1992, Rs. C-357/89 – *Raulin*, Slg. 1992, S. I-1027, Rn. 10; EuGH v. 27.06.1996, Rs. C-107/94 – *Asscher*, Slg. 1996, S. I-3089, Rn. 25.

588 Vgl. *Cordewener*, Grundfreiheiten, 2002, S. 327; *Müller-Graff*, in: Streinz, EUV/EGV, 2003, Art. 43 EG Rz. 16 und Art. 49 EG Rz. 27; *Bröhmer*, in: Callies/Ruffert,

Sofern die nachfolgende Untersuchung des Anwendungsbereichs der Niederlassungs- sowie der Kapitalverkehrsfreiheit ergibt, dass grenzüberschreitende Spaltungen durch zumindest eine dieser beiden Grundfreiheiten geschützt sind, ist außerdem die Anwendbarkeit des in Art. 18 Satz 1 AEUV normierten allgemeinen Diskriminierungsverbots, welches offene und versteckte Diskriminierungen aufgrund der Staatsangehörigkeit untersagt,[589] ausgeschlossen, da dieses als *lex generalis* gegenüber den Gewährleistungen der spezielleren Grundfreiheiten subsidiär ist.[590]

Die Anwendung des Art. 21 Abs. 1 AEUV, der ebenfalls Diskriminierungen aufgrund der Nationalität verbietet, kommt im Zusammenhang mit grenzüberschreitenden Spaltungen hingegen allein schon deshalb nicht Betracht, da dieser nur rein privat veranlasste grenzüberschreitende Vorgänge schützt und somit nicht dem Schutz ökonomischer Sachverhalte dient.[591]

1. Niederlassungsfreiheit

Eine grenzüberschreitende Spaltung ist dann durch die Niederlassungsfreiheit geschützt, wenn deren sachlicher, persönlicher und räumlicher Anwendungsbereich eröffnet ist.

a) Sachlicher Anwendungsbereich

Nach Art. 49 Abs. 1 Satz 1 AEUV sind „Beschränkungen der freien Niederlassung von Staatsangehörigen eines Mitgliedstaats im Hoheitsgebiet eines anderen Mitgliedstaats … verboten.“ Dies beinhaltet nach Art. 49 Abs. 2 AEUV das Recht auf

---

EUV/AUEV, 2011, Art. 49 AEUV Rz. 13; *Haslehner*, IStR 2008, S. 565 (567); *Schlag*, in: Schwarze, EU-Kommentar, 2009, Art. 43 EG Rz. 16.

589 Vgl. EuGH v. 23.01.1997, Rs. C-29/95 – *Pastoors*, Slg. 1997, S. I-285, Rn. 14 und 16.

590 Vgl. dazu allgemein EuGH v. 31.03.2011, Rs. C-450/09 – *Schröder*, Slg. 2011, S. I-2497, Rn. 28; EuGH v. 21.01.2010, Rs. C-311/08 – *SGI*, Slg. 2010, S. I-487, Rn. 31; EuGH v. 26.06.2003, Rs. C-422/01 – *Skandia*, Slg. 2003, S. I-6817, Rn. 61; EuGH v. 12.04.1994, Rs. C-1/93 – *Halliburton Services*, Slg. 1994, S. I-1137, Rn. 12; EuGH v. 12.05.1998, Rs. C-336/96 – *Gilly*, Slg. 1998, S. I-2793, Rn. 37; EuGH v. 29.04.1999, Rs. C-311/97 – *Royal Bank of Scotland*, Slg. 1999, S. I-2651, Rn. 20; EuGH v. 13.04.2000, Rs. C-251/98 – *Baars*, Slg. 2000, S. I-2787, Rn. 23; EuGH v. 08.03.2001, Rs. C-397/98 und C-410/98 – *Metallgesellschaft und Hoechst*, Slg. 2001, S. I-1727, Rn. 38; *Farmer*, EC Tax Rev. 2003, S. 75 (75); *Cordewener*, DStR 2004, S. 6 (9); *Thömmes*, DStJG 19 (1996), S. 81 (84 f.).

591 Vgl. EuGH v. 29.02.1996, Rs. C-193/94 – *Skanavi*, Slg. 1996, S. I-929, Rn. 22.

„Aufnahme und Ausübung selbstständiger Erwerbstätigkeiten sowie der Gründung und Leitung von Unternehmen". Aus dieser Umschreibung der verschiedenen Niederlassungsformen ergibt sich, dass zum einen die grenzüberschreitende Verlegung der Hauptniederlassung (sog. primäre Niederlassung), die durch die Beherbergung der Geschäftsleitung gekennzeichnet ist, geschützt ist (sog. primäre Niederlassungsfreiheit). Daneben sind nach Art. 49 Abs. 1 Satz 2 AEUV „Beschränkungen der Gründung von Agenturen, Zweigniederlassungen oder Tochtergesellschaften durch Angehörige eines Mitgliedstaats, die im Hoheitsgebiet eines Mitgliedstaats ansässig sind", untersagt. Die Differenzierung zwischen Agenturen und Zweigniederlassungen erweist sich hier als überflüssig, da sich jeder dieser Begriffe auf unselbständige, der Hauptniederlassung untergeordnete Betriebsteile bezieht (sog. sekundäre Niederlassungen).[592] Somit ist auch die unter Beibehaltung der bisherigen Hauptniederlassung erfolgende Errichtung einer von dieser abhängigen Niederlassung in einem anderen Mitgliedstaat gewährleistet (sog. sekundäre Niederlassungsfreiheit).[593]

---

592 Vgl. *Forsthoff*, in: Grabitz/Hilf/Nettersheim, EUV/AEUV, Art. 49 AEUV Rz. 62 (43. Lfg., 2011). Kritisch ist insoweit die Begriffsverwendung des EuGH in der Rs. *Centros* (EuGH v. 09.03.1999, Rs. C-212/97 – *Centros*, Slg. 1999, S. I-1459) zu sehen, wo die durch eine Kapitalgesellschaft unter Beibehaltung ihres statutarischen Sitzes vorgenommene grenzüberschreitende Errichtung einer Niederlassung, durch welche die gesamten wirtschaftlichen Tätigkeiten der Gesellschaft ausgeübt werden, als Errichtung einer Zweigniederlassung bezeichnet wird, siehe EuGH v. 09.03.1999, Rs. C-212/97 – *Centros*, Slg. 1999, S. I-1459, Rn. 39. Ein solcher Vorgang erfolgt in Ausübung der primären Niederlassungsfreiheit. Eine Subsumtion unter die sekundäre Niederlassungsfreiheit würde zu verschärften räumlichen Anwendungsvoraussetzungen führen (siehe hierzu Teil 1,A.X.1.c)) und damit eine ungerechtfertigte und systematisch nicht begründbare Schlechterstellung von Kapitalgesellschaften gegenüber natürlichen Personen und Personengesellschaften bedeuten. Dass dieser Vorgang somit fälschlicherweise nicht als Verlegung der Hauptniederlassung bezeichnet wurde, lässt sich vermutlich auf hiervon abweichend verwendete nationale Begriffe zurückführen. Beispielsweise setzen auch die §§ 13 ff. HGB den Ort des statutarischen Sitzes einer juristischen Person mit deren Hauptniederlassung gleich und betrachten jede weitere, hiervon abweichende Niederlassung als Zweigniederlassung, vgl. BT-Drs. 16/6140, S. 49. Insbesondere ist auf § 13d HGB zu verweisen, wonach jede inländische Niederlassung einer juristischen Person mit ausländischem statutarischem Sitz als Zweigniederlassung gilt. Da das Unionsrecht jedoch autonom auszulegen ist, sind diese nationalen Begriffsbestimmungen hierbei nicht heranzuziehen.

593 Vgl. *Forsthoff*, in: Grabitz/Hilf/Nettersheim, EUV/AEUV, Art. 49 AEUV Rz. 54 (43. Lfg, 2011).

Beiden Formen der Niederlassung ist gemein, dass diese die dauerhafte Ausübung einer selbständigen Erwerbstätigkeit in einer festen Einrichtung voraussetzen.[594]

aa) Selbständige Erwerbstätigkeit

Nach Art. 49 Abs. 2 AEUV hat eine Niederlassung einer selbständigen Erwerbstätigkeit zu dienen,[595] wobei dies nicht nur hinsichtlich der primären, sondern auch der sekundären Niederlassungsfreiheit gilt.[596] Unter den Begriff der Erwerbstätigkeit ist grundsätzlich jede Art der wirtschaftlichen Betätigung zu fassen, die sich in ihrer Entgeltlichkeit äußert.[597] Die Selbständigkeit einer Betätigung setzt voraus, dass der Träger der Niederlassungsfreiheit weisungsunabhängig seiner unternehmerischen Tätigkeit nachgeht. Einer besonderen Betrachtung bedarf an dieser Stelle die sekundäre Niederlassung vermittels einer Tochtergesellschaft. Die Muttergesellschaft kann allein durch die Gründung einer Tochtergesellschaft im Ausland die für die Anwendung der Niederlassungsfreiheit erforderliche selbständige Erwerbstätigkeit in dem jeweiligen ausländischen Staat begründen, wenn ein gewisses Mindestmaß an unternehmerischer Beeinflussung der Tochtergesellschaft durch die Muttergesellschaft sichergestellt ist.[598] Ohne Zweifel ist dieser Grad der Beeinflussungsmöglichkeit gegeben, wenn die Muttergesellschaft eine Mehrheitsbeteiligung an der Tochtergesellschaft hält oder erwirbt. Allerdings erscheint letztgenannte Hürde für die Eröffnung des sachlichen Anwendungsbereichs der Niederlassungsfreiheit als zu hoch. Entsprechend der in der Literatur vorherrschenden Auffassung erscheint auch im Zusammenhang mit der Niederlassungsfreiheit eine Orientierung an der in der MTRL verankerten Beteiligungsschwelle sinnvoll.[599] Somit sind sog. Portfolioinvestitionen unterhalb

594 Vgl. EuGH v. 25.07.1991, C-221/89 – *Factortame II*, Slg. 1991, I-3905, Rn. 20; EuGH v. 12.09.2006, Rs. C-196/04, *Cadbury Schweppes*, Slg. 2006, S. I-7995, Rn. 54.

595 Vgl. *Schlag*, in: Schwarze, EU-Kommentar, 2009, Art. 43 Rz. 2; *Bröhmer*, in: Callies/Ruffert, EUV/AUEV, 2011, Art. 49 AEUV Rz. 10.

596 Vgl. *Eyles*, Niederlassungsrecht, 1990, S. 38 ff.

597 Vgl. *Bröhmer*, in: Callies/Ruffert, EUV/AUEV, 2011, Art. 49 AEUV Rz. 10; *Schlag*, in: Schwarze, EU-Kommentar, 2009, Art. 43 EG Rz. 18. Eine Ausnahme besteht hinsichtlich außerhalb der Sozialordnung liegenden Tätigkeiten, vgl. *Forsthoff*, in: Grabitz/Hilf/Nettersheim, EUV/AEUV, Art. 49 AEUV Rz. 20 (43. Lfg., 2011).

598 Vgl. EuGH v. 13.04.2000, Rs. C-251/98 – *Baars*, Slg. 2000, S. I-2787, Rn. 22; EuGH v. 21.11.2002, Rs. C-436/00 – *X und Y*, Slg. 2002, S. I-10829, Rn. 37; *Wassermeyer*, GmbHR 2004, S. 613 (615).

599 Vgl. *Geurts*, IStR 2000, S. 572 (573).

der Beteiligungsgrenze von 10% aufgrund ihres bloßen Kapitalanlagecharakters und mangels Vermittlung von Einfluss nicht durch die Niederlassungsfreiheit geschützt.[600] Eine Ausnahme hiervon sollte aber dann bestehen, wenn der Anteilseigner aufgrund der besonderen, konkreten Umstände des Einzelfalls dennoch die Möglichkeit der Einflussnahme auf die Tätigkeiten der Gesellschaft hat.[601] Dies ist insbesondere dann der Fall, sofern dem Anteilseigner hinsichtlich der Tochtergesellschaft Geschäftsführungsbefugnis zusteht. In umgekehrter Weise sollte selbst eine die genannte Anwendungsschwelle überschreitende Beteiligung nicht durch die Niederlassungsfreiheit geschützt sein, sofern die Anteile keine entsprechende Stimmberechtigung vermitteln.

bb) Feste, dauerhafte Einrichtung

Eine Niederlassung in einem anderen Staat setzt die dortige Errichtung einer festen und dauerhaften Einrichtung voraus.[602] Die hierfür erforderliche Integration in den Wirtschaftskreislauf des anderen Staats[603] hat sich durch eine innerhalb dessen Hoheitsgebiet belegene Betriebsstätte zu manifestieren.[604] Daraus folgt hinsichtlich der Errichtung einer Tochtergesellschaft in einem anderen Staat, dass deren bloße Existenz nicht genügt, um die erforderliche tatsächliche Integration in die Volkswirtschaft dieses Staats festzustellen. Erforderlich ist darüber hinaus, dass die Tochtergesellschaft sich in dem anderen Staat auch tatsächlich wirtschaftlich betätigt, was sich wiederum durch das Vorliegen einer Betriebsstätte in diesem Staat auszudrücken hat.

cc) Grenzüberschreitende Spaltungen als Ausdruck der Ausübung der Niederlassungsfreiheit

Zu untersuchen ist, ob grenzüberschreitende Spaltungen als Niederlassungsvorgänge anzusehen sind und somit der sachliche Anwendungsbereich der Niederlassungsfreiheit

---

600 In diesem Fall kommt allerdings ein Schutz durch die Kapitalverkehrsfreiheit in Betracht, vgl. *Geurts*, IStR 2000, S. 572 (573).

601 Vgl. EuGH v. 10.05.2007, Rs. C-492/04 – *Lasertec*, Slg. 2007, S. I-3775, Rn. 22.

602 Vgl. EuGH v. 25.07.1991, Rs. C-221/89 – *Factortame II*, Slg. 1991, S. I-3905, Rn. 20; *Schlag*, in: Schwarze, EU-Kommentar, 2009, Art. 43 EG Rz. 15; *Bröhmer*, in: Callies/Ruffert, EUV/AUEV, 2011, Art. 49 AEUV Rz. 12 f.; *Eyles*, Niederlassungsrecht, 1990, S. 41.

603 Vgl. GA *Léger* v. 20.06.1995, Rs. C-55/94 – *Gebhard*, Slg. 1995, S. I-4165, Rn. 19; *Schlag*, in: Schwarze, EU-Kommentar, 2009, § 43 EG Rz. 2.

604 Vgl. *Schnitger*, Grenzen, 2006, S. 37.

eröffnet ist. Sofern dem so ist, sind die verschiedenen Spaltungsformen in die Kategorien der primären und sekundären Niederlassung einzuordnen.

Teilweise wird insbesondere hinsichtlich der Aufspaltung vertreten, dass die übertragende Gesellschaft nicht durch die Niederlassungsfreiheit geschützt sei, weil Aufspaltungen zu einer Auflösung des übertragenden Rechtsträgers führen.[605] Da die übertragende Gesellschaft in der aufnehmenden Gesellschaft aufgeht, kann die Gesellschaft in ihrer bisherigen Rechtsform zwar weder ihre Hauptniederlassung in einen anderen Staat verlegen, noch dort eine Zweitniederlassung gründen. Dass die Gesellschaft infolge der Spaltung nicht mehr in ihrer ursprünglichen Rechtsform existiert, ist jedoch nach zutreffender Auffassung gerade die Folge der Ausübung der Niederlassungsfreiheit und kann somit nicht ursächlich für eine Nichtanwendung dieser Grundfreiheit sein.[606] Entscheidend ist allein, dass der übertragende Rechtsträger in der gesamten Phase, die der Eintragung der Spaltung vorausgeht, besteht.[607] Bei einer Auflösung aufgrund einer Aufspaltung besteht im Gegensatz zu einem gewöhnlichen Auflösungsbeschluss die Besonderheit, dass der übertragende Rechtsträger seine wirtschaftliche Tätigkeit fortführen und lediglich den rechtlichen Rahmen seiner Existenz neu ordnen will.[608] Hierbei ist das durch partielle Gesamtrechtsnachfolge bzw. Sonderrechtsnachfolge gekennzeichnete Verhältnis zwischen der übertragenden sowie der übernehmenden Gesellschaft zu berücksichtigen. Sofern eine grenzüberschreitend erfolgende Aufspaltung dazu dient, dass die wirtschaftlichen Tätigkeiten der übertragenden Gesellschaft fortan durch ihre Rechtsnachfolgerin in einem anderen Mitgliedstaat ausgeübt werden, ist dies Ausdruck der Ausübung der Niederlassungsfreiheit des aufspaltenden Rechtsträgers. Somit ist die übertragende Gesellschaft bei einer grenzüberschreitenden Aufspaltung Träger der Niederlassungsfreiheit.[609] Ebenso lässt sich hinsichtlich der Abspaltung argumentieren, da auch hier die wirtschaftliche Tätigkeit der abspaltenden Gesellschaft zwar nicht durch diese selbst, wohl aber durch deren Rechtsnachfolgerin fortgeführt wird.[610] Daraus leitet sich auch

---

605 Vgl. *Eyles*, Niederlassungsrecht, 1990, S. 125; *Lennerz*, Verschmelzung und Spaltung, 2001, S. 77.

606 Vgl. hinsichtlich der Verschmelzung GA *Tizzano* v. 07.07.2005, Rs. C-411/03 – *SEVIC*, Slg. 2005, S. I-10805, Rn. 25.

607 Vgl. hinsichtlich der Verschmelzung GA *Tizzano* v. 07.07.2005, Rs. C-411/03 – *SEVIC*, Slg. 2005, S. I-10805, Rn. 26.

608 Vgl. *Prüm*, Spaltung, 2006, S. 145.

609 Vgl. *Prüm*, Spaltung, 2006, S. 146.

610 Dass der an einer grenzüberschreitenden Abspaltung beteiligten Überträgerin keine Anteile an der Übernehmerin gewährt werden und die Überträgerin somit keine

die Antwort auf die Frage ab, ob die Rechte einer i.R. einer Spaltung gegründeten übernehmenden Gesellschaft erst nach ihrer Gründung, die mit zivilrechtlicher Vollendung der Spaltung erfolgt, verletzt werden können und diese Gesellschaft deshalb hinsichtlich des Spaltungsvorgangs nicht durch die Niederlassungsfreiheit geschützt ist.[611] Dies ist nach hier vertretener Auffassung nicht der Fall, da die übernehmende Gesellschaft allein aufgrund ihrer Stellung als Sonderrechtsnachfolgerin der übertragenden Gesellschaft vom Schutz der Niederlassungsfreiheit profitieren muss.

Fraglich ist, nach welchen Kriterien i.R. von Auf- bzw. Abspaltungen zwischen der Errichtung von primären und sekundären Niederlassungen zu differenzieren ist. Hinsichtlich der primären Niederlassung ist festzustellen, dass eine im Zuge einer Aufspaltung erfolgende Verlegung der Hauptniederlassung ins Ausland keine primäre Niederlassung der übertragenden Gesellschaft in ihrer bisherigen Form begründet, da diese Gesellschaft aufgrund der Aufspaltung erlischt. Ebenso kann ausgeschlossen werden, dass eine Abspaltung die Verlegung der primären Niederlassung der übertragenden Gesellschaft als solcher bewirkt. Einerseits hat die übertragende Gesellschaft lediglich eine einzige Hauptniederlassung, weshalb diese weiterhin Bestandteil des zurückbleibenden Betriebsteils sein muss und nicht in Gestalt des abzuspaltenden Betriebsteils verlagert werden kann. Andererseits ist der abgespaltene Betriebsteil künftig dem übernehmenden Rechtsträger zuzurechnen und kann schon allein deshalb keine primäre Niederlassung der übertragenden Gesellschaft an sich darstellen.

Hinsichtlich der sekundären Niederlassung gilt, dass eine Auf- oder Abspaltung nicht zur Gründung einer Tochtergesellschaft oder Zweitniederlassung der übertragenden Gesellschaft selbst führen kann. Bei der Aufspaltung ergibt sich dies bereits daraus, dass die übertragende Gesellschaft infolge der Aufspaltung untergeht. I.R. der Abspaltung ist die Gründung einer Tochtergesellschaft durch die übertragende Gesellschaft ausgeschlossen, da nicht die Überträgerin, sondern deren Gesellschafter die Anteile am übernehmenden Rechtsträger erhalten. Ebenso kann eine Abspaltung nicht zu einer sonstigen ausländischen Zweitniederlassung der übertragenden Gesellschaft als solcher führen, da das übertragene Vermögen fortan der übernehmenden Gesellschaft zuzurechnen ist.

---

sekundäre Niederlassung in Form der Gründung einer in einem anderen Staat ansässigen Tochtergesellschaft errichtet, schließt einen Schutz durch die Niederlassungsfreiheit folglich nicht aus, a.A. *Eyles*, Niederlassungsrecht, 1990, S. 125.

611 Dies bejahend *Eyles*, Niederlassungsrecht, 1990, S. 118 und 125; *Lennerz*, Verschmelzung und Spaltung, 2001, S. 77.

Während eine Auf- oder Abspaltung somit nicht zu einer Verlegung der primären Niederlassung oder Gründung einer sekundären Niederlassung der übertragenden Gesellschaft an sich führen kann, können die übertragenen Betriebsteile hingegen eine primäre bzw. sekundäre Niederlassung der übernehmenden Gesellschaft begründen bzw. erweitern. Da letztgenannte die Sonderrechtsnachfolgerin der übertragenden Gesellschaft ist, ist nach hier vertretener Auffassung darauf abzustellen, welche Funktion den übertragenen Betriebsteilen im Unternehmen der übernehmenden Gesellschaft zukünftig zukommt.

Sofern eine primäre bzw. sekundäre Niederlassung im Inbound-Staat erweitert oder dorthin verlegt bzw. dort neu errichtet wird, führt dies m.E. aufgrund des partiellen Gesamtrechtsnachfolgeverhältnisses dazu, dass die auf- bzw. abspaltende Gesellschaft den sachlichen Anwendungsbereich der Niederlassungsfreiheit erfüllt. Voraussetzung hierfür ist, dass das i.R. der Spaltung übertragene Betriebsvermögen fortan einer Betriebsstätte im Inbound-Staat zuzuordnen ist. Soweit das übertragene Vermögen jedoch weiterhin einer Betriebsstätte im Outbound-Staat zuzuordnen ist, erfüllt der übertragende Rechtsträger die sachlichen Anwendungsvoraussetzungen der Niederlassungsfreiheit hingegen nicht, da es insoweit nicht zu einer Verlagerung der wirtschaftlichen Tätigkeit in den Inbound-Staat kommt und es folglich an dem erforderlichen grenzüberschreitenden Element fehlt.

Beispiel 1: Die in Deutschland ansässige D-GmbH überträgt im Wege der Aufspaltung unter anderem einen inländischen Teilbetrieb auf die bereits bestehende E-Ltd. mit Satzungs- und Verwaltungssitz in Großbritannien.

Zunächst ist zu prüfen, ob die primäre Niederlassung der übernehmenden E-Ltd. ab dem handelsrechtlichen Spaltungsstichtag bzw. dem steuerrechtlichen Übertragungsstichtag in Deutschland oder Großbritannien liegt. Die primäre Niederlassung einer Gesellschaft bestimmt sich nach dem gesellschaftsrechtlichen Verwaltungssitz bzw. dem steuerrechtlichen Ort der Geschäftsleitung, wobei diese in der Regel übereinstimmen.[612] Sofern die Entscheidungen der Geschäftsleitung in mehreren Staaten getroffen werden, ist nach den tatsächlichen Verhältnissen zu bestimmen, wo die Entscheidungen mit dem größten Gewicht gefällt werden.[613] In einem Fall wie dem vorliegenden muss also festgestellt werden, ob den Entscheidungen der Führungsebene des übertragenen Teilbetriebs oder den Entscheidungen der bisherigen Geschäftsleitung des übernehmenden Rechtsträgers eine größere Bedeutung beizumessen ist.

Sofern die Entscheidungen der Führungsebene des übertragenen Teilbetriebs gegenüber denen der Geschäftsleitung der E-Ltd. in den Hintergrund treten, liegt die primäre Niederlassung der E-Ltd. auch nach dem Spaltungsvorgang in Großbritannien.

---

612 Vgl. BFH v. 23.06.1992, IX R 182/87, BStBl. II 1992, S. 972, unter II. 2.

613 Vgl. BFH v. 21.09.1989, V R 32/88, BFH/NV 1990, S. 688, unter II.1.; BFH v. 07.09.1993, VII B 169/93, BFH/NV 1994, S. 193, unter II.

Soweit das Betriebsvermögen des übertragenen Teilbetriebs künftig dem britischen Stammhaus der E-Ltd. zuzuordnen ist,[614] stellt dies dann eine Erweiterung der primären Niederlassung der E-Ltd. im Inbound-Staat Großbritannien dar. Aufgrund des Gesamtrechtsnachfolgeverhältnisses zwischen der D-GmbH und der E-Ltd. ist der Spaltungsvorgang insoweit als eine Verlegung der primären Niederlassung durch die D-GmbH anzusehen. Ist das Betriebsvermögen hingegen teilweise weiterhin einer deutschen Betriebsstätte zuzuordnen, so entsteht neben der Erweiterung der primären Niederlassung der E-Ltd. in Großbritannien gleichzeitig auch eine sekundäre Niederlassung der E-Ltd. in Deutschland. Da die E-Ltd. jedoch die Gesamtrechtsnachfolge der D-GmbH antritt, ist hinsichtlich dieser sekundären Niederlassung kein grenzüberschreitender Niederlassungsvorgang gegeben. Da es insoweit also nicht zu einer grenzüberschreitenden Verlagerung von wirtschaftlichen Tätigkeiten kommt, werden durch die Übertragung des Betriebsvermögens der in Deutschland verbleibenden sekundären Niederlassung die sachlichen Anwendungsvoraussetzungen der Niederlassungsfreiheit nicht erfüllt. Dies gilt ebenso, sofern das übertragene Betriebsvermögen weiterhin ausschließlich einer deutschen Betriebsstätte zuzuordnen ist und darüber hinaus nach Durchführung der Spaltung aufgrund der tatsächlichen Verhältnisse auch der Ort der Geschäftsleitung der E-Ltd. in Deutschland anzunehmen ist. Zwar entsteht hierdurch eine primäre Niederlassung der E-Ltd. in Deutschland,[615] jedoch erfolgt insoweit keine Integration des übertragenen Teilbetriebs in das Wirtschaftsleben Großbritanniens. Aufgrund des Rechtsnachfolgeverhältnisses zwischen der D-GmbH und der E-Ltd. und dem Verbleib sämtlicher inländischer Wirtschaftsaktivitäten in Deutschland fehlt die für die sachliche Anwendbarkeit der Niederlassungsfreiheit erforderliche Integration in die Volkswirtschaft eines anderen EU-Staats[616] in diesem Fall gänzlich.

Getrennt von der Aufspaltung an sich sind Folgetransaktionen zu beurteilen. Sofern die primäre Niederlassung trotz Aufspaltung in Deutschland verblieben ist, kann die E-Ltd. diese im Anschluss an die Aufspaltung unter dem Schutz der Niederlassungsfreiheit durch die Verlegung der Geschäftsführung nach Großbritannien verlagern. Ebenso ist eine Überführung der in Deutschland verbliebenen Wirtschaftsgüter in eine britische Betriebsstätte durch die Niederlassungsfreiheit geschützt.

Beispiel 2: Die in Deutschland ansässige D-GmbH überträgt im Wege der Aufspaltung unter anderem einen inländischen Teilbetrieb auf die i.R. der Aufspaltung neu zu gründende E-Ltd. mit Satzungssitz in Großbritannien. Die personelle

---

614 Siehe zur automatischen Zuordnung von übertragenen Wirtschaftsgütern zum Stammhaus Teil 1.B.I.1.d)aa).

615 Die durch die Aufspaltung ausgelöste Verlegung der primären Niederlassung der E-Ltd. bedarf als eigenständiger Vorgang einer gesonderten Betrachtung und berührt somit nicht die grundfreiheitliche Würdigung der Aufspaltung.

616 Vgl. *Forsthoff*, in: Grabitz/Hilf/Nettersheim, EUV/AEUV, Art. 49 AEUV Rz. 29 (43. Lfg., 2011).

Führungsebene des übertragenen Teilbetriebs bildet die künftige Geschäftsleitung der neu gegründeten E-Ltd.

Die Aufspaltung auf eine ausländische Gesellschaft führt nicht zu einer Verlagerung der Geschäftsleitung und damit zu einer grundfreiheitlich geschützten Errichtung einer primären Niederlassung im Ausland. Sollte die Geschäftsleitung infolge der Spaltung nach Großbritannien umziehen, so würde erst durch diesen getrennt von der Spaltung zu betrachtenden Vorgang die primäre Niederlassung aus Deutschland hinausverlegt. Dieser eigenständige Vorgang wäre als primäre Form der Niederlassung wiederum durch die Niederlassungsfreiheit geschützt.

Die Aufspaltung an sich begründet auch keine sekundäre Niederlassung in Großbritannien. Zwar bewirkt die i.R. der Aufspaltung erfolgende Übertragung von Wirtschaftsgütern, dass das Betriebsvermögen des Teilbetriebs künftig der E-Ltd. zuzurechnen ist, doch ist das übertragene Betriebsvermögen auch weiterhin einer in Deutschland belegenen Betriebsstätte der E-Ltd. zuzuordnen.[617] Durch die Aufspaltung entsteht somit eine primäre Niederlassung der E-Ltd. in Deutschland und damit keine Integration in das Wirtschaftsleben Großbritanniens. Da es somit an einer grenzüberschreitenden Verlagerung von Wirtschaftsaktivitäten fehlt, ist ein durch die Niederlassungsfreiheit geschützter Vorgang auszuschließen. Sofern Wirtschaftsgüter des Teilbetriebs im Anschluss an die Spaltung über die Grenze in eine neu zu gründende britische Betriebsstätte überführt werden, ist dieser von der eigentlichen Spaltung getrennt zu beurteilende Vorgang als grenzüberschreitende Errichtung einer sekundären Niederlassung aufzufassen und somit durch die Niederlassungsfreiheit geschützt. Falls die Geschäftsleitungstätigkeit zu einem späteren Zeitpunkt nach Großbritannien verlagert wird, stellt dies eine grundfreiheitlich geschützte Verlegung der primären Niederlassung dar.

Nachdem festgestellt wurde, dass i.R. von Auf- und Abspaltungen die übertragende Gesellschaft Träger der Niederlassungsfreiheit ist, muss dies auch für den übertragenden Rechtsträger i.R. von Ausgliederungen gelten. Fraglich ist, unter welchen Voraussetzungen bei Ausgliederungen von der Verlegung der primären bzw. der Errichtung einer sekundären Niederlassung durch die übertragende Gesellschaft auszugehen ist. Hinsichtlich der Frage, inwieweit ein Ausgliederungsvorgang Ausdruck der Ausübung der primären oder sekundären Niederlassungsfreiheit ist, gelten grundsätzlich die gleichen Grundsätze wie bei Abspaltungen. Demnach ist aufgrund des zwischen dem übertragenden und übernehmenden Rechtsträger bestehenden Verhältnisses der partiellen Gesamtrechtsnachfolge grundsätzlich aus der Perspektive des übernehmenden Rechtsträgers zu beurteilen, inwieweit ein grundfreiheitlich geschützter Niederlassungsvorgang vorliegt. Im Gegensatz zu Abspaltungen besteht bei Ausgliederungen allerdings

617 Siehe dazu ausführlich Teil 2,B.I.1.d)aa).

die Besonderheit, dass der übertragende Rechtsträger selbst Anteile an der übernehmenden Gesellschaft erhält. Da nach Art. 49 Abs. 1 Satz 2 AEUV unter anderem die Errichtung einer sekundären Niederlassung in Form der Gründung von Tochtergesellschaften geschützt ist, besteht die Möglichkeit, dass eine Ausgliederung sowohl einen primären als auch einen sekundären Niederlassungsvorgang darstellt. Soweit dies der Fall ist, sollte m.E. die Errichtung einer sekundären Niederlassung angenommen werden, da diese dem übertragenden Rechtsträger als solchem zuzurechnen ist.

b) Persönlicher Anwendungsbereich

Entsprechend dem Wortlaut des Art. 49 AEUV ist die Anwendung der Niederlassungsfreiheit in persönlicher Hinsicht grundsätzlich auf Staatsangehörige der EU-Mitgliedstaaten und damit auf Unionsbürger i.S. des Art. 20 Abs. 1 Satz 2 AEUV begrenzt. Ob eine natürliche Person Staatsangehöriger eines Mitgliedstaats ist, bestimmt sich dabei nach dem Recht des jeweiligen Mitgliedstaats.[618] Verleiht ein Mitgliedstaat einer natürlichen Person die Staatsangehörigkeit, so ist dies durch die anderen Mitgliedstaaten anzuerkennen.[619]

Eine Erweiterung des persönlichen Schutzbereichs der Niederlassungsfreiheit ist in Art. 54 AEUV normiert, wonach bestimmte Gesellschaften den Unionsbürgern gleichgestellt werden. Hierbei handelt es sich nach Art. 54 Abs. 2 AEUV um „Gesellschaften des bürgerlichen Rechts und des Handelsrechts einschließlich der Genossenschaften und die sonstigen juristischen Personen des öffentlichen und privaten Rechts mit Ausnahme derjenigen, die keinen Erwerbszweck verfolgen.“ Damit umfasst diese Definition neben Kapitalgesellschaften (einschließlich der SE), Personengesellschaften und Genossenschaften (einschließlich der SCE) auch steuerbefreite Körperschaften mit wirtschaftlichem Geschäftsbetrieb[620], VVaG[621], rechtsfähige Vereine[622], rechtsfähige Stiftungen[623] und Betriebe gewerblicher Art

---

618 Vgl. EuGH v. 07.07.1992, Rs. C-369/90 – *Micheletti*, Slg. 1992, S. I-4239, Rn. 10.

619 Vgl. EuGH v. 07.07.1992, Rs. C-369/90 – *Micheletti*, Slg. 1992, S. I-4239, Rn. 10.

620 Vgl. *Widmann*, in: Widmann/Mayer, UmwG/UmwStG, § 20 UmwStG Rz. R 40 (94. Lfg., 2007).

621 Vgl. *Benz/Rosenberg*, BB-Beilage 8/2006, S. 51 (53); *Schönherr/Lemaitre*, GmbHR 2007, S. 459 (461).

622 Vgl. *Jung*, in: Schwarze, EU-Kommentar, 2009, Art. 48 EG Rz. 3.

623 Vgl. *Orth*, DB 2007, S. 419 (420); *Widmann*, in: Widmann/Mayer, UmwG/UmwStG, § 20 UmwStG Rz. R 38 (94. Lfg., 2008); *Forsthoff*, in: Grabitz/Hilf/Nettersheim, EUV/AEUV, Art. 54 AEUV Rz. 3 (46. Lfg., 2011).

von juristischen Personen des öffentlichen Rechts[624]. Da der EuGH bei der Auslegung von in europäischen Rechtsquellen enthaltenen Begriffen nicht auf das Begriffsverständnis in den einzelnen Mitgliedstaaten abstellt, sondern den eigenständigen Sprachgebrauch des Europarechts betont, ist der in Art. 54 AEUV verwendete Begriff der sonstigen juristischen Person autonom auszulegen.[625] Dies führt dazu, dass auch nicht rechtsfähige Vereine, Stiftungen und Anstalten, die von den nationalen Rechtsordnungen nicht als juristische Personen betrachtet werden, von Art. 54 AEUV erfasst sind.[626] Der nach Art. 54 Abs. 2 AEUV geforderte Erwerbszweck ist bereits dann zu bejahen, wenn die durch einen Rechtsträger ausgeübten wirtschaftlichen Tätigkeiten gegen Entgelt erbracht werden. Ob die Erlöse kostendeckend sind, ist für die Frage nach der Anwendbarkeit der Niederlassungsfreiheit ohne Bedeutung.[627] Voraussetzung für die Eröffnung des persönlichen Anwendungsbereichs ist nach Art. 54 Abs. 1 AEUV weiterhin, dass die dieser Definition entsprechenden Gesellschaften „nach den Rechtsvorschriften eines Mitgliedstaats gegründet[]“ worden sind. Dies bedeutet, dass die Gesellschaft eine durch einen Mitgliedstaat nach dessen materiellem Recht zur Verfügung gestellte Rechtsform aufweisen muss.[628] Sofern eine Gesellschaft infolge der Verlegung ihres Verwaltungssitzes in ihrer bisherigen Rechtsform erlischt,[629] ist sie als solche nicht mehr vom persönlichen Anwendungsbereich der Niederlassungsfreiheit erfasst. Vielmehr gilt sie als im Zuzugsstaat neu gegründet und nimmt entsprechend dessen Gesellschaftsstatut eine neue Rechtsform an. Falls der Zuzugsstaat der EU

---

624 Vgl. *Heß/Schnitger*, in: PwC, Reform, 2007, S. 216; *Schönherr/Lemaitre*, GmbHR 2007, S. 459 (461).

625 Vgl. dazu allgemein EuGH v. 08.04.1976, Rs. 43/75 – *Defrenne*, Slg. 1976, S. 455, Rn. 28 f.; EuGH v. 13.04.2000, Rs. C-176/96 – *Lehtonen*, Slg. 2000, S. I-2681, Rn. 45. Ein Rückgriff auf nationale Begriffsbestimmungen kommt nur dann in Betracht, wenn das Unionsrecht ausdrücklich eine entsprechende Verweisung vornimmt, vgl. EuGH v. 14.01.1982, Rs. 64/81 – *Corman*, Slg. 1982, S. 13, Rn. 8; EuGH v. 02.04.1998, Rs. C-296/95 – *EMU Tabac*, Slg. 1998, S. I-1605, Rn. 30.

626 Vgl. *Kirchhof*, DStJG 25 (2002), S. 1 (5 f.); *Englisch*, Dividendenbesteuerung, 2005, S. 224; a.A. *Orth*, DB 2007, S. 419 (420); *Patt*, in: Dötsch u.a., UmwStG, 2007, § 20 Rz. 14; *Bröhmer*, in: Callies/Ruffert, EUV/AUEV, 2011, Art. 54 AEUV Rz. 4.

627 Vgl. *Müller-Graff*, in: Streinz, EUV/EGV, 2003, Art. 43 EG Rz. 12; *Forsthoff*, in: Grabitz/Hilf/Nettersheim, EUV/AEUV, Art. 49 AEUV Rz. 20 (43. Lfg., 2011).

628 Vgl. *Forsthoff*, EuR 2000, S. 167 (173); *Forsthoff*, in: Grabitz/Hilf/Nettersheim, EUV/AEUV, Art. 54 AEUV Rz. 9 f. und 14 (46. Lfg., 2011). An die Staatsangehörigkeit der Gesellschafter werden hingegen keine Voraussetzungen gestellt, vgl. *Kotzur*, in: Geiger/Khan/Kotzur, EUV/AEUV, 2010, Art. 54 AEUV Rz. 9.

629 Siehe hierzu Teil 2,A.I.2.b)bb)(1).

angehört, wird die Gesellschaft infolge der Sitzverlegung in ihrer neuen Rechtsform vom persönlichen Anwendungsbereich der Niederlassungsfreiheit erfasst.

c) Räumlicher Anwendungsbereich

Die i.R. des sachlichen Anwendungsbereichs vorgenommene Differenzierung zwischen primären und sekundären Niederlassungsvorgängen[630] erweist sich deshalb als geboten, weil die Schutzwürdigkeit der verschiedenen Vorgänge unterschiedlich strengen räumlichen Voraussetzungen unterliegt. Nach Art. 49 Abs. 1 Satz 1 AEUV sind „Beschränkungen der freien Niederlassung von Staatsangehörigen eines Mitgliedstaats im Hoheitsgebiet eines anderen Mitgliedstaats ... verboten." Dementsprechend ist es für die Ausübung der primären Niederlassungsfreiheit grundsätzlich irrelevant, ob der Niederlassungsbegünstigte in einem Mitgliedstaat der EU oder einem Drittstaat ansässig ist.[631] Für Gesellschaften gilt im Gegensatz zu natürlichen Personen hingegen die Besonderheit, dass diese gem. Art. 54 Abs. 1 AEUV generell nur dann von der Niederlassungsfreiheit Gebrauch machen können, wenn sie „ihren satzungsmäßigen Sitz, ihre Hauptverwaltung oder ihre Hauptniederlassung innerhalb der Union" haben.

Hinsichtlich der die Gründung von Agenturen, Zweigniederlassungen oder Tochtergesellschaften betreffenden sekundären Niederlassungsfreiheit setzt Art. 49 Abs. 1 Satz 2 AEUV neben der Unionsbürgerschaft des Begünstigten in räumlicher Hinsicht voraus, dass jener zudem innerhalb der EU ansässig ist.[632] Auch Gesellschaften, die von der sekundären Niederlassungsfreiheit Gebrauch machen wollen, müssen das Kriterium der EU-Ansässigkeit nach Art. 49 Abs. 1 Satz 2 AEUV erfüllen.[633] Angesichts eines möglichen identitätswahrenden Wegzugs von Gesellschaften genügt der statutarische Sitz einer Gesellschaft innerhalb der EU jedoch nicht zur Annahme einer Bindung an die Volkswirtschaft eines Mitgliedstaats.[634] Vielmehr bezieht sich die geforderte Ansässigkeit einer Gesellschaft in einem EU-Mitgliedstaat auf den Standort der Hauptniederlassung dieser Gesellschaft.[635]

---

630 Siehe dazu Teil 1.A.X.1.a).

631 Vgl. EuGH v. 07.07.1992, Rs. C-369/90 – *Micheletti*, Slg. 1992, S. I-4239, Rn. 9 und 11.

632 Dazu *Müller-Graf*, in: Streinz, EUV/EGV, 2003, Art. 43 EG Rz. 31; *Bröhmer*, in: Callies/Ruffert, EUV/AUEV, 2011, Art. 49 AEUV Rz. 18.

633 Vgl. *Forsthoff*, in: Grabitz/Hilf/Nettersheim, EUV/AEUV, Art. 54 AEUV Rz. 17 (46. Lfg., 2011).

634 Vgl. *Schnitger*, Grenzen, 2006, S. 81.

635 Vgl. *Forsthoff*, in: Grabitz/Hilf/Nettersheim, EUV/AEUV, Art. 49 AEUV Rz. 59 (43. Lfg., 2011).

Sofern eine Gesellschaft die Ansässigkeitsvoraussetzung des Art. 49 Abs. 1 Satz 2 AEUV erfüllt, wird gleichzeitig auch der Voraussetzung des Art. 54 Abs. 1 AEUV genügt, wonach sich der Satzungssitz oder die Hauptniederlassung einer Gesellschaft innerhalb der EU befinden müssen.

Keinerlei Voraussetzungen werden an die Ansässigkeit der Gesellschafter von Gesellschaften i.S. des Art. 54 AEUV gestellt.[636] Dies gilt auch hinsichtlich Personengesellschaften, die ebenfalls selbst Träger der Niederlassungsfreiheit sind.

d) Schutz der grenzüberschreitenden Niederlassung außerhalb des Anwendungsbereichs des Art. 49 AEUV

aa) Mittelbare Anwendbarkeit der Niederlassungsfreiheit aufgrund abkommensrechtlicher Diskriminierungsverbote

Fraglich ist, ob bzw. inwieweit abkommensrechtliche Diskriminierungsverbote[637] zur Ausweitung des Schutzes der Niederlassungsfreiheit auf grenzüberschreitende Sachverhalte außerhalb des persönlichen Anwendungsbereichs dieser Grundfreiheit führen.[638] Da eine derartige Ausdehnung des grundfreiheitlichen Schutzes die Verwirklichung des Binnenmarkts nicht gefährdet, bestünden diesbezüglich keine unionsrechtlichen Bedenken.[639]

Abkommensrechtliche Regelungen, die dem Art. 24 Abs. 1 OECD-MA nachempfunden sind, verbieten den Vertragsstaaten, die Staatsangehörigen des jeweils anderen Vertragsstaats einer belastenderen Besteuerung als die eigenen Staatsangehörigen, die sich ansonsten in einer vergleichbaren Situation befinden, zu unterwerfen. Staatsangehörige eines Vertragsstaats sind entsprechend Art. 3 Abs. 1 Buchst. g OECD-MA natürliche Personen, die nach dem Recht des jeweiligen Vertragsstaats als dessen Staatsbürger gelten, sowie Gesellschaften, die

---

636 Vgl. EuGH v. 14.10.2004, Rs. C-299/02 – *Kommission/Niederlande*, Slg. 2004, S. I-9761, Rn. 9 und 39.

637 Siehe allgemein zu den abkommensrechtlichen Diskriminierungsverboten BFH v. 30.10.1973, I R 38/70, BStBl. II 1974, S. 255, unter 1. b); BFH v. 18.04.195, III B 24/74, BStBl. II 1975, S. 595, unter 3.; BFH v. 29.01.2003, I R 6/99, BStBl. II 2004, S. 1043, unter II.2. und II.3.; BFH v. 19.11.2003, I R 22/02, BStBl. II 2004, S. 560, unter II.5.cc).

638 Die nachfolgenden Ausführungen gelten ebenso hinsichtlich der anderen Grundfreiheiten. Keine praktische Relevanz besteht insoweit jedoch hinsichtlich der Kapitalverkehrsfreiheit, da diese ohnehin einen weiten persönlichen Anwendungsbereich aufweist, siehe dazu Teil 1,A.X.2.b).

639 Vgl. *Schnitger*, Grenzen, 2006, S. 87.

dem Rechtsstatut dieses Staats unterliegen.[640] Die jedem Vertragsstaat obliegende Pflicht, einen Staatsangehörigen des anderen Vertragsstaats wie einen eigenen Staatsangehörigen zu behandeln,[641] ist jedoch eng auszulegen. Eine verbotene Benachteiligung ist nur dann gegeben, sofern ein Angehöriger des ausländischen Vertragsstaats gegenüber einem fiktiven eigenen Staatsangehörigen selbst dann benachteiligt wird, wenn abgesehen von der Staatsangehörigkeit alle sonstigen Verhältnisse gleich sind.[642] D.h., die steuerliche Behandlung eines ausländischen Staatsangehörigen muss mit der eines gedachten eigenen Staatsangehörigen verglichen werden, der unter anderem im selben Staat wie der ausländische Staatsangehörige ansässig ist, wobei die Ansässigkeit gem. Art. 24 Abs. 1 Satz 2 OECD-MA auch außerhalb der Vertragsstaaten gegeben sein kann.

Sofern eine Regelung eines Vertragsstaats nicht aufgrund der Staatsangehörigkeit, sondern beispielsweise aufgrund der Ansässigkeit diskriminiert, liegt demnach kein Verstoß gegen Art. 24 Abs. 1 OECD-MA vor.[643] Somit sind versteckte Diskriminierungen aufgrund der Staatsangehörigkeit nicht vom Diskriminierungsverbot des Art. 24 Abs. 1 OECD-MA erfasst.[644]

Ebenso kann dem Art. 24 Abs. 1 OECD-MA keine Pflicht zur Meistbegünstigung entnommen werden, d.h. die Vertragsstaaten sind nicht verpflichtet, den Staatsangehörigen des jeweils anderen Staats die Behandlung zukommen zu lassen, welche die am besten behandelten ausländischen Staatsangehörigen erfahren.[645]

Weiterhin schützt die Regelung des Art. 24 Abs. 1 OECD-MA Steuerpflichtige nicht vor sog. umgekehrten Diskriminierungen, d.h. Schlechterstellungen gegenüber ausländischen Staatsangehörigen durch den eigenen Heimatstaat.[646]

Im Ergebnis folgt aus dem Gesagten, dass eine dem Art. 24 Abs. 1 OECD-MA entsprechende DBA-Regelung einen Abkommensstaat, der zugleich Mitglied

---

640 Vgl. OECD-MK, Art. 24 Tz. 11. Auch Gesellschaften genießen den Schutz abkommensrechtlicher Diskriminierungsgebote, vgl. BFH v. 30.10.1973, I R 38/70, BStBl. II 1974, S. 255, unter 1. b); BFH v. 29.01.2003, I R 6/99, BStBl. II 2004, S. 1043, unter II.2.a).

641 Vgl. OECD-MK, Art. 24 Tz. 1.

642 Vgl. *Rust*, in: Vogel/Lehner, DBA, 2008, Art. 24 OECD-MA Rz. 48.

643 Vgl. OECD-MK, Art. 24 Tz. 4.

644 Vgl. *Rust*, in: Vogel/Lehner, DBA, 2008, Art. 24 Rz. 5.

645 Vgl. BFH v. 19.11.2003, I R 22/02, BStBl. II 2004, S. 560, unter II.5.cc); *Lehner*, IStR 2001, S. 329 (336); *Weggenmann*, IStR 2003, S. 677 (677); a.A. *Gosch*, DStR 2007, S. 1553 (1560).

646 Vgl. *Rust*, in: Vogel/Lehner, DBA, 2008, Art. 24 Rz. 7.

der EU ist, insoweit zur Ausdehnung der Schutzwirkungen der Niederlassungsfreiheit auf Drittstaatenangehörige verpflichtet, als sich seine eigenen, in einer vergleichbaren Situation befindlichen, Staatsangehörigen auf die Niederlassungsfreiheit berufen können.[647] Soweit eine Regelung eines Abkommensstaats einen Verstoß gegen das Staatsangehörigendiskriminierungsverbot des Art. 24 Abs. 1 OECD-MA enthält, führt dies unmittelbar zur Nichtanwendbarkeit dieser Regelung.[648]

bb) Anwendbarkeit der Niederlassungsfreiheit des EWR-Abkommens

Das EWR-Abkommen enthält Regelungen, die den Schutz des freien Warenverkehrs,[649] der Arbeitnehmerfreizügigkeit,[650] der Freiheit der Niederlassung,[651] des freien Dienstleistungsverkehrs[652] sowie der Kapitalverkehrsfreiheit[653] bezwecken. Der sachliche Anwendungsbereich und der Schutzgehalt der Grundfreiheiten des EWR-Abkommens konvergieren mit denen des AEUV.[654] Folglich besteht innerhalb des EWR grundsätzlich ein vergleichbarer grundfreiheitsrechtlicher Schutz wie innerhalb der EU.[655] Insbesondere gewährleisten die Bestimmungen der Art. 31, 34 EWR-Abkommen grundsätzlich einen vergleichbaren Schutz wie die entsprechenden Regelungen der Art. 49, 54 AEUV. Ausnahmen hiervon können sich allerdings dadurch ergeben, dass die Amtshilfe- sowie die Beitreibungsrichtlinie innerhalb des EWR keine Anwendung finden. Sofern sich hieraus Schwierigkeiten bei der

647 Mangels unmittelbarer Anwendbarkeit der Niederlassungsfreiheit kann eine Diskriminierung von Drittstaatsangehörigen keinen Grundfreiheitsverstoß, sondern ausschließlich einen Verstoß gegen das abkommensrechtliche Diskriminierungsverbot, das den Grundfreiheiten zur mittelbaren Geltung verhilft (vgl. *Sedemund*, BB 2003, S. 1362 (1364); *Sedemund*, BB 2005, S. 1144 (1144)), bedeuten.

648 Vgl. *Wassermeyer*, in: Debatin/Wassermeyer, DBA, Art. 24 OECD-MA Rz. 1 (96. Lfg., 2005); *Rust*, in: Vogel/Lehner, Art. 24 OECD-MA, 2008 Rz. 2.

649 Siehe Art. 8 ff. EWR-Abkommen.

650 Siehe Art. 28 ff. EWR-Abkommen.

651 Siehe Art. 31 ff. EWR-Abkommen.

652 Siehe Art. 36 ff. EWR-Abkommen.

653 Siehe Art. 40 ff. EWR-Abkommen.

654 Vgl. *Cordewener*, FR 2005, S. 345 (346 f.); EFTA-Gerichtshof v. 23.11.2004, Rs. E-1/04 – *Fokus Bank*, Rn. 23, Online im Internet: URL: <www.eftacourt.int/images/uploads/E-1-04_Judgment_EN.pdf> (Abfrage am: 18.02.2012).

655 Vgl. EuGH v. 23.09.2003, Rs. C-452/01 – *Ospelt und Schlössle Weissenberg*, Slg. 2003, S. I-9743, Rn. 28 f.; EuGH v. 11.06.2009, Rs. C-521/07 – *Kommission/Niederlande*, Slg. 2009, S. I-4873, Rn. 33; EuGH v. 19.11.2009, Rs. C-540/07 – *Kommission/Italien*, Slg. 2009, S. I-10983, Rn. 65 f.

Aufklärung steuerlich relevanter Sachverhalte oder der Beitreibung von Steuern ergeben, kann dies beschränkende mitgliedstaatliche Maßnahmen rechtfertigen.[656]

2. Kapitalverkehrsfreiheit

Grenzüberschreitende Spaltungen sind durch die Kapitalverkehrsfreiheit geschützt, wenn sowohl deren sachlicher, persönlicher und räumlicher Anwendungsbereich eröffnet ist.

a) Sachlicher Anwendungsbereich

aa) Grundsatz

Nach Art. 63 Abs. 1 AEUV sind „alle Beschränkungen des Kapitalverkehrs zwischen den Mitgliedstaaten sowie zwischen den Mitgliedstaaten und dritten Ländern verboten".[657] Mangels einer im AEUV gegebenen Definition des Begriffs des Kapitalverkehrs liefert die in Anhang I der Kapitalverkehrsrichtlinie[658] enthaltene Nomenklatur Anhaltspunkte bei dessen Auslegung.[659] Zu betonen ist jedoch der bloße

---

656 Siehe hierzu Teil 1,A.VII.5.c)bb).

657 Der in Art. 63 Abs. 2 AEUV geregelten Zahlungsverkehrsfreiheit, wonach „alle Beschränkungen des Zahlungsverkehrs zwischen den Mitgliedstaaten sowie zwischen den Mitgliedstaaten und dritten Ländern verboten" sind, kommt im Verhältnis zu den anderen Grundfreiheiten lediglich der Rang einer „Annexfreiheit" ohne zusätzlichen Schutz zu, da sich diese lediglich auf die Zahlungserbringung i.R. von Waren-, Dienst- oder Kapitalgeschäften bezieht, vgl. *Schnitger*, Grenzen, 2006, S. 51.

658 RL 88/361/EWG v. 24.06.1988, ABl. L 178 v. 08.07.1988, S. 5. Da die Kapitalverkehrsrichtlinie trotz der seit dem 01.01.1994 unmittelbar anwendbaren, primärrechtlich normierten Kapitalverkehrsfreiheit nicht förmlich aufgehoben wurde, ist diese Richtlinie insoweit weiterhin anwendbar, als ihre Schutzwirkung nicht hinter die der genannten Grundfreiheit zurückfällt, vgl. *Ress/Ukrow*, in: Grabitz/Hilf/Nettersheim, EUV/AEUV, Art. 63 AEUV Rz. 29 (42. Lfg., 2011).

659 Vgl. EuGH v. 31.03.2011, Rs. C-450/09 – *Schröder*, Slg. 2011, S. I-2497, Rn. 25; EuGH v. 17.09.2009, Rs. C-182/08 – *Glaxo Wellcome*, Slg. 2009, S. I-8591, Rn. 39; EuGH v. 14.12.1995, Rs. C-163/94, C-165/94 und C-250/94, *Sanz de Lera* u.a., Slg. 1995, S. I-4821, Rn. 34; EuGH v. 06.06.2000, C-35/98 – *Verkooijen*, Slg. 2000, S. I-4071, Rn. 27; EuGH v. 16.03.1999, Rs. C-222/97, Slg. 1999, S. I-1661, *Bron*, IStR 2006, S. 296 (299); EuGH v. 05.07.2005, Rs. C-376/03 – *D*, Slg. 2005, S. I-5821, Rn. 24; EuGH v. 23.02.2006, Rs. C-513/03 – *van Hilten-van der Heijden*, Slg. 2006, S. I-1957, Rn. 39; EuGH v. 10.02.2011, Rs. C-25/10 – *Missionswerk Werner Heukelbach*, Slg. 2011, S. 497, Rn. 15; EuGH v. 16.03.1999, Rs. C-222/97 – *Trummer und Mayer*, Slg. 1999, S. I-1661, Rn. 21.

Hinweischarakter dieser Nomenklatur, welche weder bindend, noch abschließend ist.[660] Entsprechend dem in der Literatur bestehenden Konsens ist unter dem Begriff des Kapitalverkehrs jede zu Anlagezwecken vorgenommene Übertragung von Geld- und Sachkapital zu verstehen.[661] Deshalb ist im Gegensatz zur Niederlassungsfreiheit durch die Kapitalverkehrsfreiheit, die keine selbständige Tätigkeit in einer dauerhaften und festen Einrichtung fordert, auch der als Gegenleistung für eine Übertragung von Kapital erfolgende Erwerb einer Minderheitsbeteiligung an einer Gesellschaft geschützt.[662] Unbeachtlich ist bei Investitionen in Unternehmen, ob das zu übertragende Kapital durch Einzel- oder (partielle) Gesamtrechtsnachfolge auf den übernehmenden Rechtsträger übergeht. Somit sind Spaltungen vom sachlichen Anwendungsbereich der Kapitalverkehrsfreiheit erfasst.

Geschützt ist neben dem Kapitaltransfer auch die Kapitalanlage bzw. die Investition als solche. D.h., dass auch solche Transaktionen die sachlichen Anwendungsvoraussetzungen der Kapitalverkehrsfreiheit erfüllen, die durch das Halten von Anteilen, die im Gegenzug für eine Kapitalinvestition gewährt wurden, bedingt sind.[663] Folglich fällt auch der Bezug von Gewinnausschüttungen, auf die ein Erwerb von Anteilen an Gesellschaften unter anderem gerichtet ist, in den Schutzbereich der Kapitalverkehrsfreiheit.[664]

bb) Einschränkung des sachlichen Anwendungsbereichs bei Drittstaatensachverhalten

Sofern eine Schlechterstellung eines grenzüberschreitenden Kapitalverkehrs mit Drittstaatenberührung gegenüber einem vergleichbaren rein innerstaatlichen

---

660 Vgl. EuGH v. 31.03.2011, Rs. C-450/09 – *Schröder*, Slg. 2011, S. I-2497, Rn. 25; EuGH v. 17.09.2009, Rs. C-182/08 – *Glaxo Wellcome*, Slg. 2009, S. I-8591, Rn. 39; EuGH v. 10.02.2011, Rs. C-25/10 – *Missionswerk Werner Heukelbach*, Slg. 2011, S. 497, Rn. 15; EuGH v. 16.03.1999, Rs. C-222/97 – *Trummer und Mayer*, Slg. 1999, S. I-1661, Rn. 21.

661 Vgl. *Schürmann*, in: Lenz/Borchardt, EUV/AEUV, 2010, Art. 63 AEUV Rz. 6; *Bröhmer*, in: Callies/Ruffert, EUV/AUEV, 2011, Art. 63 AEUV Rz. 8.

662 Vgl. *Lausterer*, IStR 2003, S. 19 (21); *Schön*, DB 2001, S. 940 (942).

663 Vgl. EuGH v. 15.07.2004, C-315/02 – *Lenz*, Slg. 2004, I-7063, Rn. 16 bis 22; Kommission v. 19.12.2003, KOM(2003) 810 endg., S. 10 f.; *Englisch*, Dividendenbesteuerung, 2005, S. 216 f.; *Saß*, FR 2000, S. 1270 (1270).

664 Vgl. Kommission v. 19.12.2003, KOM(2003) 810 endg., S. 10 f.; *Englisch*, ET 2004, S. 323 (324); *Englisch*, Dividendenbesteuerung, 2005, S. 216 f.; *Cordewener*, Grundfreiheiten, 2002, S. 743; *Staringer*, in: Lechner/Staringer/Tumpel, Kapitalverkehrsfreiheit, 2000, S. 93 (99).

Sachverhalt vorliegt, ist zu prüfen, ob die Tatbestandsvoraussetzungen des Art. 64 Abs. 1 AEUV erfüllt sind.[665] Nach dieser Vorschrift verbieten die Regelungen über die Kapitalverkehrsfreiheit nicht die Anwendung von solchen Beschränkungen von Drittstaatensachverhalten, die aufgrund von Rechtsvorschriften des jeweiligen Mitgliedstaats oder der EU bereits am 31.12.1993 galten und den Kapitalverkehr im Zusammenhang mit Direktinvestitionen einschließlich Anlagen in Immobilien, mit der Niederlassung, der Erbringung von Finanzdienstleistungen oder der Zulassung von Wertpapieren zu den Kapitalmärkten betreffen. Hieraus ergibt sich hinsichtlich der betroffenen Sachverhalte eine Einschränkung des Anwendungsbereichs der Kapitalverkehrsfreiheit. Sofern die zu untersuchende Beschränkung nämlich bereits am 31.12.1993 bestand und einen der genannten Kapitalverkehrsvorgänge zwischen einem Mitgliedstaat und einem Drittstaat betrifft, kann diese Beschränkung im Verhältnis zu Drittstaaten auch weiterhin bestehen bleiben, da sie insoweit dem Einfluss der Kapitalverkehrsfreiheit entzogen wird.[666] Damit handelt es sich bei der Regelung des Art. 64 Abs. 1 AEUV um eine Stillstandsklausel.[667] Aus dieser Stillstandsklausel ergibt sich letztlich, dass nur diejenigen Beschränkungen von Kapitalverkehrsvorgängen zwischen einem Mitgliedstaat und einem Drittstaat rechtfertigungsbedürftig sind, die nicht von Art. 64 Abs. 1 AEUV erfasst sind.[668]

(1) Zeitliche Komponente der Stillstandsklausel

Die Stillstandsklausel kann gem. Art. 64 Abs. 1 AEUV nur hinsichtlich festgestellter Beschränkungen Anwendung finden, die „am 31. Dezember 1993 ... bestehen [sic].“ Entsprechend der Rechtsprechung des EuGH muss die Beschränkung zu diesem Zeitpunkt bereits bestanden haben und seither ununterbrochen Bestandteil der jeweiligen nationalen Rechtsordnung gewesen sein.[669] Vom Bestehen einer Regelung ist ab dem Moment ihres Inkrafttretens auszugehen. Sofern eine Beschränkung des Kapitalverkehrs mit Drittstaaten bereits am 31.12.1993 bestand,

665 Vgl. *Kofler*, Doppelbesteuerungsabkommen, 2007, S. 957.

666 Vgl. *Kofler*, Doppelbesteuerungsabkommen, 2007, S. 957; GA *Geelhoed* v. 10.04.2003, Rs. C-452/01, *Ospelt und Schlössle Weissenberg*, Slg. 2003, S. I-9743, Rn. 52.

667 Vgl. *Ress/Ukrow*, in: Grabitz/Hilf/Nettersheim, EUV/AEUV, Art. 64 AEUV Rz. 19 (42. Lfg. 2010); *Kimms*, Kapitalverkehrsfreiheit, 1996, S. 205; *Sedlaczek*, in: Streinz, EUV/EGV, 2003, Art. 57 EG Rz. 1; *Schürmann*, in: Lenz/Borchardt, EUV/AEUV, 2010, Art. 64 AEUV Rz. 3.

668 Vgl. *Kofler*, Doppelbesteuerungsabkommen, 2007, S. 958.

669 Vgl. EuGH v. 18.12.2007, Rs. C-101/05 – *A*, Slg. 2007, S. I-11531, Rn. 48.

ist zu untersuchen, inwieweit die damalige Beschränkung noch der gegenwärtigen entspricht. Zunächst ist eine aktuell festgestellte Beschränkung dann als bereits am 31.12.1993 bestehend anzusehen, wenn sich die zu den unterschiedlichen Zeitpunkten geltenden Beschränkungen inhaltlich im Wesentlichen entsprechen.[670] Dies setzt keine Identität der Beschränkungen voraus, sondern erfordert lediglich eine Übereinstimmung in den Grundgedanken.[671] Darüber hinaus ist eine Beschränkung auch dann als bereits am 31.12.1993 bestehend anzusehen, wenn die beschränkenden Wirkungen in der Zwischenzeit abgemildert wurden und dadurch eine Annäherung an eine unionsrechtskonforme Rechtslage erfolgte.[672]

Zu betonen ist, dass nicht nur nach dem 31.12.1993 geänderte, sondern auch nach dem 31.12.1993 erstmals erlassene Rechtsvorschriften von der Stillhalteklausel erfasst sind, sofern diese Vorschriften keine grundlegende Veränderung oder Verschärfung der zum Zeitpunkt ihres Inkrafttretens bereits bestehenden grundfreiheitlichen Beeinträchtigungen herbeiführen.[673]

Kein Anwendungsfall der Stillstandsklausel ist jedoch gegeben, wenn eine zum 31.12.1993 bestehende Beschränkung des Kapitalverkehrs zwischenzeitlich aufgehoben, aber später in ähnlicher oder auch abgemilderter Weise wieder eingeführt wurde.[674]

(2) Erfasste Kapitalverkehrsvorgänge

Nach Art. 64 Abs. 1 AEUV erfasst die Stillstandsklausel nur den Kapitalverkehr im Zusammenhang mit Direktinvestitionen einschließlich der Anlagen in Immobilien, der Niederlassung, der Erbringung von Finanzdienstleistungen oder der Zulassung von Wertpapieren zu den Kapitalmärkten. Die Durchführung grenzüberschreitender Spaltungen könnte sowohl unter den Begriff der Direktinvestition als auch den der

670 Vgl. EuGH v. 01.06.1999, Rs. C-302/97 – *Konle*, Slg. 1999, S. I-3099, Rn. 52; EuGH v. 15.05.2003, Rs. C-300/01 – *Salzmann*, Slg. 2003, S. I-4899, Rn. 54.

671 Vgl. EuGH v. 12.12.2006, Rs. C-446/04 – *FII Group Litigation*, Slg. 2006, S. I-11753, Rn. 192; EuGH v. 18.12.2007, Rs. C-101/05 – *A*, Slg. 2007, S. I-11531, Rn. 49; *Schnitger*, IStR 2005, S. 493 (503); *Schön*, in: FS Wassermeyer, 2005, S. 489 (494).

672 Vgl. EuGH v. 01.06.1999, Rs. C-302/97 – *Konle*, Slg. 1999, S. I-3099, Rn. 52; EuGH v. 15.05.2003, Rs. C-300/01 – *Salzmann*, Slg. 2003, S. I-4899, Rn. 54; EuGH v. 18.12.2007, Rs. C-101/05 – *A*, Slg. 2007, S. I-11531, Rn. 49; EuGH v. 12.12.2006, Rs. C-446/04 – *FII Group Litigation*, Slg. 2006, S. I-11753, Rn. 192; EuGH v. 24.05.2007, Rs. C-157/05 – *Holböck*, Slg. 2007, S. I-4051, Rn. 41; EuGH v. 12.12.2006, Rs. C-446/04 – *FII Group Litigation*, Slg. 2006, S. I-11753, Rn. 192.

673 Vgl. *Schnitger*, Grenzen, 2006, S. 135 f.

674 Vgl. EuGH v. 18.12.2007, Rs. C-101/05 – *A*, Slg. 2007, S. I-11531, Rn. 49.

Niederlassung fallen. Als Hilfe bei der Auslegung des Begriffs der Direktinvestitionen kann auf die Begriffsbestimmungen sowie die Nomenklatur in Anhang I der Kapitalverkehrsrichtlinie zurückgegriffen werden.[675] Direktinvestitionen sind demnach „Investitionen jeder Art ... zur Schaffung oder Aufrechterhaltung dauerhafter und direkter Beziehungen zwischen denjenigen, die die Mittel bereitstellen, und den Unternehmern oder Unternehmen, für die die Mittel zum Zwecke einer wirtschaftlichen Tätigkeit bestimmt sind." Hierunter sind nach den Gliederungspunkten I.1. und I.2. der nicht abschließenden Nomenklatur insbesondere die „Gründung und Erweiterung von Zweigniederlassungen oder neuen Unternehmen, ... [sowie die] vollständige Übernahme bestehender Unternehmen" zu verstehen. Den Begriffsbestimmungen ist hinsichtlich der Unternehmensbeteiligungen zu entnehmen, dass vom Begriff der Direktinvestitionen nur Beteiligungen, die eine Teilhabe an der Kontrolle der jeweiligen Gesellschaft ermöglichen, erfasst sind.[676] Sofern eine Beteiligung nicht geeignet ist, eine dauerhafte und direkte Beziehung zwischen dem Inhaber der Anteile und der Gesellschaft, an der die Anteile bestehen, herzustellen, ist demnach keine Direktinvestition i.S. des Art. 64 Abs. 1 AEUV gegeben.[677]

Fraglich ist das Verhältnis des Begriffs der Direktinvestition zu dem ebenfalls in Art. 64 Abs. 1 AEUV aufgeführten, aber nicht in der Kapitalverkehrsrichtlinie definierten Begriff der Niederlassung. Die Nennung der Niederlassung deutet darauf hin, dass die Stillstandsklausel des Art. 64 Abs. 1 AEUV auf durch die Kapitalverkehrsfreiheit geschützte Vorgänge, die gleichzeitig vom sachlichen Anwendungsbereich der Niederlassungsfreiheit erfasst sind, anzuwenden ist.[678] Da ein Niederlassungsvorgang jedoch nur im Zusammenhang mit Beteiligungen gegeben ist, die eine gewisse Kontrolle über die betreffende Gesellschaft ermöglichen,[679] umfassen die Direktinvestitionen bereits sämtliche Niederlassungsvorgänge, weshalb der Nennung der Niederlassung i.R. des Art. 64 Abs. 1 AEUV keine eigenständige Bedeutung zukommt.

---

675 Vgl. EuGH v. 12.12.2006, Rs. C-446/04 – *FII Group Litigation*, Slg. 2006, S. I-11753, Rn. 180; *Honrath*, Freiheit des Kapitalverkehrs, 1998, S. 131.

676 Vgl. EuGH v. 20.05.2008, Rs. C-194/06 – *Orange European Smallcap Fund*, Slg. 2008, S. I-3747, Rn. 101; EuGH v. 23.10.2007, Rs. C-112/05 – *Kommission/Deutschland*, Slg. 2007, S. I-8995, Rn. 18.

677 Vgl. EuGH v. 20.05.2008, Rs. C-194/06 – *Orange European Smallcap Fund*, Slg. 2008, S. I-3747, Rn. 102.

678 Vgl. *Schnitger*, IStR 2005, S. 493 (503).

679 Vgl. EuGH v. 13.04.2000, Rs. C-251/98 – *Baars*, Slg. 2000, S. I-2787, Rn. 22; EuGH v. 05.11.2002, Rs. C-208/00 – *Überseering*, Slg. 2002, S. I-9919, Rn. 77; EuGH v. 21.11.2002, Rs. C-436/00 – *X und Y*, Slg. 2002, S. I-10829, Rn. 37.

Nicht erfasst vom Begriff der Direktinvestitionen und damit auch von der Stillstandsklausel des Art. 64 Abs. 1 AEUV sind Portfoliobeteiligungen[680] sowie die damit zusammenhängenden Dividendenzahlungen, da derartige Beteiligungen keine Kontrollbefugnis vermitteln. Demnach sind Beschränkungen im Zusammenhang mit Portfoliobeteiligungen auch dann zu rechtfertigen, wenn sie bereits vor dem 31.12.1993 bestanden haben.[681] Dies entspricht auch der Rechtsprechung des EuGH, wonach die in der Stillstandsklausel enthaltenen Begriffe eng auszulegen sind.[682]

Sofern die Stillstandsklausel des Art. 64 Abs. 1 AEUV anwendbar ist, erfasst sie über den ursprünglichen Beteiligungserwerb hinaus auch damit unmittelbar zusammenhängende zukünftige Transaktionen, wie z.B. Dividendenzahlungen.[683]

b) Persönlicher Anwendungsbereich

Da Art. 63 Abs. 1 AEUV keinerlei persönliche Anforderungen stellt, sind neben natürlichen Personen jedweder Staatsangehörigkeit auch sämtliche Rechtsgebilde unabhängig vom maßgeblichen Gesellschaftsstatut geschützt.[684] Außerdem ist nicht nur der Kapitalgeber, sondern auch der Kapitalaufnehmende in den persönlichen Schutzbereich einbezogen.[685]

c) Räumlicher Anwendungsbereich

Entsprechend dem Wortlaut des Art. 63 Abs. 1 AEUV sind nicht nur Beschränkungen des Kapitalverkehrs zwischen den Mitgliedstaaten, sondern auch zwischen Mitgliedstaaten und Drittstaaten verboten.[686] Da folglich keine Ansässigkeitserfordernisse

---

680 *Schürmann*, in: Lenz/Borchardt, EUV/AEUV, 2010, Art. 64 AEUV Rz. 1.

681 Vgl. *Kofler*, Doppelbesteuerungsabkommen, 2007, S. 963.

682 Vgl. EuGH v. 14.12.1995, Rs. C-163/94, C-165/94 und C-250/94, *Sanz de Lera* u.a., Slg. 1995, S. I-4821, Rn. 44; GA *Geelhoed* v. 10.04.2003, Rs. C-452/01, *Ospelt und Schlössle Weissenberg*, Slg. 2003, S. I-9743, Rn. 50; GA *Geelhoed* v. 06.04.2006, Rs. C-446/04 – *FII Group Litigation*, Slg. 2006, S. I-11753, Rn. 117.

683 Vgl. EuGH v. 12.12.2006, Rs. C-446/04 – *FII Group Litigation*, Slg. 2006, S. I-11753, Rn. 183.

684 Vgl. *Englisch*, Dividendenbesteuerung, 2005, S. 225 f.

685 Vgl. *Englisch*, Dividendenbesteuerung, 2005, S. 226; dazu allgemein *Cordewener*, Grundfreiheiten, 2002, S. 235 f.; *Jarass*, EuR 2000, S. 705 (708).

686 Vgl. *Schön*, in: FS Wassermeyer, 2005, S. 489 (489); *Schnitger*, IStR 2005, S. 493 (493); *Schönfeld/Lieber*, FR 2005, S. 927 (932). Kritisch hierzu, sofern die jeweiligen Drittstaaten im Fall von invers gerichteten Transaktionen keine vergleichbaren Privilegierungen einräumen: *Englisch*, IFSt-Schrift Nr. 449, 2008, S. 75 f. Eine

hinsichtlich der durch die Kapitalverkehrsfreiheit Begünstigten innerhalb der EU bestehen, ist ein Kapitalverkehrsvorgang grundsätzlich unabhängig von der Ansässigkeit der daran Beteiligten grundfreiheitlich geschützt.[687] Erforderlich ist lediglich, dass die Kapitalbewegung über das Unionsgebiet abgewickelt wird.[688] Bei Investitionen in Unternehmen ist dieser Unionsbezug dann gegeben, wenn entweder einer innerhalb der EU belegenen Betriebsstätte Kapital zugeführt wird oder Kapital einer solchen Betriebsstätte auf eine in einem anderen Staat belegene Betriebsstätte übertragen wird.

3. Abgrenzung von Niederlassungs- und Kapitalverkehrsfreiheit

Wie bereits festgestellt, können grenzüberschreitende Spaltungen sowohl die Anwendungsvoraussetzungen der Niederlassungs- als auch der Kapitalverkehrsfreiheit erfüllen.[689] Fraglich ist, ob in diesem Fall eine der beiden Grundfreiheiten die andere verdrängt. Bedeutung erlangt diese Vorrangfrage deshalb, weil einzig die Kapitalverkehrsfreiheit auch Wirtschaftsvorgänge mit Drittstaatenberührung[690] schützt.[691] Bereits in früheren Urteilen sah der EuGH, sofern er einen Verstoß gegen die Niederlassungsfreiheit feststellte, von einer zusätzlichen Untersuchung des Schutzes durch die Kapitalverkehrsfreiheit ab.[692] Dementsprechend beschränkte sich der EuGH in der Rs. *X und Y* i.R. der Prüfung der Kapitalverkehrsfreiheit auf Sachverhalte im Zusammenhang mit Minderheitsbeteiligungen, die dem Anteilseigner keinen Einfluss auf die Geschäftsführung der jeweiligen Gesellschaft gewähren und somit außerhalb des Anwendungsbereichs der Niederlassungsfreiheit liegen.[693] Der Vorrang der Niederlassungsfreiheit setzte sich in weiteren Urteilen

---

Begrenzung des Schutzgehalts der Kapitalverkehrsfreiheit kann auf der Rechtfertigungsebene erfolgen, siehe dazu Teil 1,A.VII.5.c)bb); vgl. dazu außerdem *Schön*, in: FS Wassermeyer, 2005, S. 489 (517 f.); *Schönfeld/Lieber*, FR 2005, S. 927 (932).

687 Vgl. *Englisch*, Dividendenbesteuerung, 2005, S. 226.

688 Vgl. *Englisch*, Dividendenbesteuerung, 2005, S. 226; *Müller*, Kapitalverkehrsfreiheit, 2000, S. 149.

689 Siehe Teil 1,A.X.

690 Siehe hierzu Teil 1,A.X.2.c).

691 Vgl. *Kofler*, Doppelbesteuerungsabkommen, 2007, S. 944.

692 Vgl. EuGH v. 18.11.1999, Rs. C-200/98 – *X AB und Y AB*, Slg. 1999, S. I-8261, Rn. 30; EuGH v. 13.04.2000, Rs. C-251/98 – *Baars*, Slg. 2000, S. I-2787, Rn. 42; EuGH v. 08.03.2001, Rs. C-397/98 und C-410/98 – *Metallgesellschaft und Hoechst*, Slg. 2001, S. I-1727, Rn. 75.

693 Vgl. EuGH v. 21.11.2002, Rs. C-436/00 – *X und Y*, Slg. 2002, S. I-10829, Rn. 66 bis 68.

fort, indem der EuGH den Verzicht auf eine Prüfung der Kapitalverkehrsfreiheit damit begründete, dass eine vorwiegende Betroffenheit der Niederlassungsfreiheit gegeben sei, wenn im konkreten Fall eine Kontrollbeteiligung vorliege. Da eine Beschränkung der Kapitalverkehrsfreiheit in diesem Fall lediglich als zwangsläufige Konsequenz dieser Beschränkung der Niederlassungsfreiheit zu werten sei, trete die Kapitalverkehrsfreiheit gegenüber der Niederlassungsfreiheit zurück.[694] Teilweise nimmt der EuGH eine Abgrenzung zwischen der Niederlassungs- und der Kapitalverkehrsfreiheit auch unter Berücksichtigung der für die Anwendbarkeit einer mitgliedstaatlichen Regelung erforderlichen Beteiligungsschwelle vor.[695] Demnach kommt nur die Anwendung der Niederlassungsfreiheit infrage, wenn die nationale Rechtsnorm ausschließlich im Fall von Kontrollbeteiligungen anwendbar ist.[696]

Fraglich ist, wann von einer derartigen beherrschenden Beteiligung auszugehen ist. Nach hier vertretener Auffassung sollte eine Orientierung an der in Art. 3 Abs. 1 Buchst. a MTRL enthaltenen Definition von Muttergesellschaften erfolgen.[697] Dementsprechend genügt seit dem 01.01.2009 eine Mindestbeteiligung von 10% für die Annahme eines Mutter-Tochter-Verhältnisses.[698]

---

694 Vgl. EuGH v. 13.03.2007, Rs. C-524/04 – *Thin Cap*, Slg. 2007, S. I-2107, Rn. 33 f.; EuGH v. 10.05.2007, Rs. C-492/04 – *Lasertec*, Slg. 2007, S. I-3775, Rn. 24 f.; EuGH v. 12.12.2006, Rs. C-446/04 – *FII Group Litigation*, Slg. 2006, S. I-11753, Rn. 118; EuGH v. 18.06.2009, Rs. C-303/07 – *Aberdeen Property Fininvest Alpha*, Slg. 2009, S. I-5145, Rn. 34 f.; *Rust*, DStR 2009, S. 2568 (2569).

695 Vgl. EuGH v. 24.05.2007, Rs. C-157/05 – *Holböck*, Slg. 2007, S. I-4051, Rn. 22 f.; EuGH v. 12.09.2006, Rs. C-196/04, *Cadbury Schweppes*, Slg. 2006, S. I-7995, Rn. 32 f.; EuGH v. 18.07.2007, Rs. C-231/05 – *Oy AA*, Slg. 2007, S. I-6373, Rn. 21 bis 23; EuGH v. 22.10.2010, Rs. C-310/09 – *Accor*, Slg. 2011, S. I-8115, Rn. 31; EuGH v. 26.06.2008, Rs. C-284/06 – *Burda*, Slg. 2008, I-4571, Rn. 67 bis 75; EuGH v. 10.02.2011, Rs. C-436/08 und 437/08 – *Haribo und Österreichische Salinen*, Slg. 2011, S. I-305, Rn. 34; EuGH v. 12.12.2006, Rs. C-374/04 – *ACT Group Litigation*, Slg. 2006, S. I-11673, Rn. 37 f.; EuGH v. 13.03.2007, Rs. C-524/04 – *Thin Cap*, Slg. 2007, S. I-2107, Rn. 26 bis 34; EuGH v. 19.07.2012, Rs. C-48/11 – *A Oy*, n.n.v., Rn. 17; EuGH v. 13.11.2012, Rs. C-35/11 – *FII Group Litigation II*, n.n.v., Rn. 90.

696 Vgl. EuGH v. 10.02.2011, Rs. C-436/08 und 437/08 – *Haribo und Österreichische Salinen*, Slg. 2011, S. I-305, Rn. 35, EuGH v. 22.10.2010, Rs. C-310/09 – *Accor*, Slg. 2011, S. I-8115, Rn. 32; EuGH v. 12.12.2006, Rs. C-446/04 – *FII Group Litigation*, Slg. 2006, S. I-11753, Rn. 37 f.; EuGH v. 19.07.2012, Rs. C-48/11 – *A Oy*, n.n.v., Rn. 18; EuGH v. 13.11.2012, Rs. C-35/11 – *FII Group Litigation II*, n.n.v., Rn. 91.

697 Vgl. *Geurts*, IStR 2000, S. 572 (573).

698 Wohl ebenfalls erst Beteiligungen von unter 10% als Portfoliobeteiligungen klassifizierend EuGH v. 10.02.2011, Rs. C-436/08 und 437/08 – *Haribo und Österreichische*

Aus der dargestellten EuGH-Rechtsprechung ergibt sich, dass die Kapitalverkehrsfreiheit insbesondere dann unangewendet bleiben muss, wenn aufgrund des Kontrollverhältnisses eine Tochtergesellschaft i.S. des Art. 49 Abs. 1 Satz 2 AEUV vorliegt. Da eine solche Tochtergesellschaft eine Form der sekundären Niederlassung darstellt,[699] ist die dargestellte EuGH-Rechtsprechung konsequenter Weise auf die anderen Formen der sekundären Niederlassung sowie auf primäre Niederlassungen zu übertragen. Dies ist deshalb angezeigt, weil die Möglichkeit der unternehmerischen Einflussmöglichkeit Ausdruck einer selbständigen Tätigkeit ist.[700] Da gerade diese Selbständigkeit kennzeichnend für primäre Niederlassungen sowie sekundäre Niederlassungen in Form von Zweigniederlassungen ist, muss in diesen Fällen ebenso eine Verdrängung der Kapitalverkehrsfreiheit durch die Niederlassungsfreiheit erfolgen. Somit ist im Ergebnis festzustellen, dass stets dann, wenn die Voraussetzungen der Niederlassungsfreiheit erfüllt sind, diese gegenüber der Kapitalverkehrsfreiheit vorrangig ist. Dies ist auch deshalb sachgerecht, weil die gründungsvertraglichen Bestimmungen über die Niederlassungsfreiheit angesichts ihrer engeren sachlichen Anwendungsvoraussetzungen spezieller als die entsprechenden Regelungen über die Kapitalverkehrsfreiheit sind.

Werden i.R. von grenzüberschreitenden Spaltungen Wirtschaftsgüter einer inländischen Betriebsstätte in eine bestehende oder neu gegründete ausländische Betriebsstätte überführt, so dient dieses Betriebsvermögen künftig der Ausübung einer selbständigen unternehmerischen Tätigkeit im Ausland. Da in solchen Fällen allein die Niederlassungsfreiheit grundfreiheitlichen Schutz bieten kann, ist insoweit eine Anwendung der Kapitalverkehrsfreiheit ausgeschlossen. Letztgenannte Grundfreiheit kann beispielsweise i.R. von Ausgliederungsvorgängen zur Anwendung kommen, wenn die erhaltenen Anteile am übernehmenden Rechtsträger keine Kontrollbeteiligung darstellen. Das gleiche gilt im Fall eines Anteilstauschs, wenn der übertragende Rechtsträger lediglich eine Portfoliobeteiligung an der Übernehmerin erhält. Im Fall von Auf- bzw. Abspaltungen kann die Kapitalverkehrsfreiheit nur in Ausnahmefällen zur Anwendung gelangen.

Beispiel 3: Die in Tschechien ansässige A-SE spaltet das Betriebsvermögen einer in Tschechien belegenen Betriebsstätte, welches in seiner Gesamtheit einen

---

Salinen, Slg. 2011, S. I-305, Rn. 21, 36 f. und 47. Anders noch EuGH v. 12.12.2006, Rs. C-446/04 – *FII Group Litigation*, Slg. 2006, S. I-11753, Rn. 58; EuGH v. 08.11.2007, Rs. C-379/05 – *Amurta*, Slg. 2007, S. I-9569, Rn. 11, 27 f.

699 Vgl. Teil 1.A.X.1.a).

700 Vgl. Teil 1.A.X.1.a)aa).

Teilbetrieb darstellt, auf die in Schweden ansässige B-AB[701] ab. Im Betriebsvermögen der tschechischen Betriebsstätte befindet sich auch eine Beteiligung i.H.v. 5% an der in Deutschland ansässigen C-AG. In einer anderen, der A-SE verbleibenden Betriebsstätte hält die A-SE eine Beteiligung an der C-AG i.H.v. 60%.

Es handelt sich um eine ausländische grenzüberschreitende Spaltung, die zu einer Entstrickung von in Deutschland steuerverstricktem Betriebsvermögen führt. Denn während die in den übertragenen Anteilen an der C-AG enthaltenen stillen Reserven vor der Spaltung aufgrund des Art. 13 Abs. 3 DBA-Tschechoslowakei in Deutschland nach § 2 Nr. 1, § 8 Abs. 1 Satz 1 KStG i.V.m. § 49 Abs. 1 Nr. 2 Buchst. e Doppelbuchst. aa EStG besteuert werden können, ist dies nach der Spaltung gem. Art. 13 Abs. 4 DBA-Schweden nicht mehr möglich. Die aus der steuerlichen Entstrickung resultierende Sofortbesteuerung stellt eine mittelbare Schlechterstellung der ursprünglichen Inbound-Investition der in Tschechien ansässigen A-SE in die in Deutschland ansässige C-AG dar. Da die A-SE insgesamt 65% der Anteile an der C-AG hält, liegt insoweit grundsätzlich eine durch die sekundäre Niederlassungsfreiheit geschützte Beteiligung vor. Dennoch ist die in § 11 Abs. 2 Satz 1 Nr. 2 UmwStG enthaltene mittelbare Diskriminierung dieser Inbound-Investition m.E. nicht zwingend an der Niederlassungsfreiheit zu messen. Im vorliegenden Beispiel ist vielmehr entscheidend, ob i.R. der nunmehr durchgeführten Spaltung eine Kontrollbeteiligung oder eine bloße Portfoliobeteiligung übertragen wird. Indem i.R. der Spaltung nur ein Teil der ursprünglich erworbenen Beteiligung übertragen wird, kann die anfängliche Investition nun nicht mehr einheitlich betrachtet werden. Da es sich bei dem übertragenen 5%-Anteil an der C-AG um eine Portfoliobeteiligung handelt, ist demnach die Regelung des § 11 Abs. 2 Satz 1 Nr. 2 UmwStG im vorliegenden Fall an den Vorgaben der Kapitalverkehrsfreiheit zu messen.

Einer besonderen Betrachtung bedürfen die Fälle mit Drittstaatenberührung, auf die die Niederlassungsfreiheit bereits wegen ihres eingeschränkten räumlichen Anwendungsbereichs nicht anwendbar ist. Aus mehreren Urteilen des EuGH ergibt sich, dass die Kapitalverkehrsfreiheit selbst im Zusammenhang mit Drittstaatensachverhalten grundsätzlich durch die Niederlassungsfreiheit verdrängt wird, wenn deren sachliche Anwendungsvoraussetzungen erfüllt sind, da in diesem Fall primär ein Niederlassungsvorgang vorliegt.[702]

701 Die schwedische *Aktiebolag* entspricht einer deutschen AG, vgl. BMF v. 24.12.1999, IV B 4-S 1300-111/99, BStBl. I 1999, S. 1076, Tabelle 1.

702 Vgl. EuGH v. 10.05.2007, Rs. C-102/05 – *A und B*, Slg. 2007, S. I-3871, Rn. 25 bis 29; EuGH v. 06.11.2007, Rs. C-415/06, *Stahlwerk Ergste Westig*, Slg. 2007, S. I-151, Rn. 14 bis 18; EuGH v. 10.05.2007, Rs. C-492/04 – *Lasertec*, Slg. 2007, S. I-3775, Rn. 25 bis 27; *Englisch*, IFSt-Schrift Nr. 449, 2008, S. 16; *Rust*, DStR 2009, S. 2568 (2570 f.).

Dies führt zu dem Ergebnis, dass in Fällen mit Drittstaatenberührung ein Anteilseigner einer Gesellschaft grundsätzlich nur dann durch die Kapitalverkehrsfreiheit geschützt ist, wenn sein Anteil keinen kontrollierenden Einfluss auf die Gesellschaft ermöglicht.[703] Damit besteht ggf. bei den Binnenmarkt transzendierenden grenzüberschreitenden Sachverhalten eine negative Korrelation zwischen der Beteiligungshöhe des Anteilseigners und dessen grundfreiheitlichem Schutz.

Eine Ausnahme hiervon gilt nach neuerer Rechtsprechung des EuGH in Bezug auf Regelungen, die unabhängig von der Einflussmöglichkeit eines Anteilseigners anzuwenden sind und nicht unmittelbar den Marktzugang eines innerhalb der EU ansässigen Wirtschaftsteilnehmers in einem Drittstaat bzw. den Marktzugang eines in einem Drittstaat ansässigen Wirtschaftsteilnehmers in einem EU-Mitgliedstaat betreffen.[704] Im Zusammenhang mit der steuerlichen Behandlung von Dividenden entschied der EuGH, dass Anteileigner von in Drittstaaten ansässigen Kapitalgesellschaften unabhängig von ihrer Beteiligungsquote durch die Kapitalverkehrsfreiheit geschützt sind, da entsprechende mitgliedstaatliche Bestimmungen nicht direkt die Besteuerung eines Niederlassungsvorgangs regeln.[705]

B. Vorgaben des sekundären Unionsrechts

I. Regelungskompetenz und Sperrwirkung

Wie bereits in Teil 1,A.IV. dargestellt, führt ein Grundfreiheitsverstoß nationaler Rechtsnormen entweder zu deren Nichtanwendbarkeit oder einer geltungserhaltenden Reduktion dieser Regelungen. Da somit die Erreichung des Binnenmarktziels in beiden Fällen durch den bloßen Abbau von Hemmnissen in den einzelnen nationalen Rechtsordnungen gefördert wird, resultiert aus den grundfreiheitlichen Schutzwirkungen eine sog. negative Integration.[706] Eine sog. positive Integration i.S. einer Harmonisierung der nationalen Rechtsordnungen innerhalb der EU setzt hingegen den Erlass von Sekundärrecht durch den Unionsgesetzgeber voraus.[707]

---

703 Kritisch zu dieser Besserstellung kleinerer Beteiligungen *Kofler*, Doppelbesteuerungsabkommen, 2007, S. 949; *Haslehner*, IStR 2008, S. 565 (575); *Cordewener*, EC Tax Rev. 2009, S. 260 (263); *Schön/Thömmes*, JbFStR 2008/2009, S. 29 (72 f.).

704 Vgl. EuGH v. 13.11.2012, Rs. C-35/11 – *FII Group Litigation II*, n.n.v., Rn. 100 und 104.

705 Vgl. EuGH v. 13.11.2012, Rs. C-35/11 – *FII Group Litigation II*, n.n.v., Rn. 99 f. und 104.

706 Vgl. *Seiler*, StuW 2005, S. 25 (26 f.); *Englisch*, IFSt-Schrift Nr. 449, 2008, S. 6 f.

707 Vgl. *Seiler*, StuW 2005, S. 25 (25 f.).

Der Begriff des sekundären Unionsrechts ergibt sich daraus, dass es sich hierbei um derivatives Recht handelt, dessen Schaffung nur nach Maßgabe der Bestimmungen der Gründungsverträge der EU, also des primären Unionsrechts, erfolgen kann und dessen Existenz somit auf derjenigen des Primärrechts gründet. Als Mittel zur Angleichung der nationalen Rechtsordnungen stehen dem Unionsgesetzgeber grundsätzlich Verordnungen und Richtlinien i.S. des Art. 288 AEUV zur Verfügung, jedoch kann deren Erlass nur bei Vorliegen einer entsprechenden Kompetenzzuweisung und Ermächtigung durch das Primärrecht erfolgen. Da Regelungen über direkte Steuern dem Bereich des Binnenmarkts zuzuordnen sind, fallen diese gem. Art. 4 Abs. 2 Buchst. a AEUV in die zwischen Union und Mitgliedstaaten geteilte Zuständigkeit. Dies bedeutet gem. Art. 2 Abs. 2 Sätze 1 und 2 AEUV, dass die Mitgliedstaaten ihre Zuständigkeit insoweit ausüben können, als die Union i.R. ihrer Zuständigkeit nicht tätig geworden ist. Nach dem Subsidiaritätsprinzip des Art. 5 Abs. 1 Satz 2, Abs. 3 EUV kommt ein Tätigwerden der Union jedoch nur dann in Betracht, wenn die Verwirklichung einer angestrebten Maßnahme auf Unionsebene besser erfolgen kann als auf Ebene der Mitgliedstaaten.[708] Sofern dies der Fall ist, hat trotz der grundsätzlichen Zuständigkeit der Union nach dem in Art. 5 Abs. 1 Satz 1, Abs. 2 Satz 1 EUV niedergelegten Prinzip der begrenzten Einzelermächtigung jede Maßnahme der EU auf einer primärrechtlichen Ermächtigungsgrundlage zu basieren.[709] Im Gegensatz zu den indirekten Steuern, hinsichtlich deren Art. 113 AEUV eine ausdrückliche Ermächtigung zum Erlass von Harmonisierungsmaßnahmen vorsieht,[710] fehlt eine entsprechende Regelung für den Bereich der direkten Steuern.[711] Ohne einen solchen expliziten Harmonisierungsauftrag kann eine Rechtsangleichung nur auf die allgemeine, generalklauselartige und deshalb als Auffangtatbestand fungierende Ermächtigungsnorm des Art. 115 AEUV gestützt werden.[712] Nach

---

708 Das Subsidiaritätsprinzip hat nur in denjenigen Bereichen außer Acht zu bleiben, die in die ausschließliche Zuständigkeit der Union fallen, vgl. *Kofler*, Doppelbesteuerungsabkommen, 2007, S. 306.

709 Vgl. *Kofler*, Doppelbesteuerungsabkommen, 2007, S. 297.

710 Der Bereich der indirekten Steuern wurde durch die Mehrwertsteuer-Systemrichtlinie (RL 2006/112/EG v. 28.11.2006, ABl. L 347 v. 11.12.2006, S. 1, zuletzt geändert durch RL 2010/88/EU v. 07.12.2010, ABl. L 326 v. 10.12.2010, S. 1) weitestgehend harmonisiert.

711 Vgl. *Birk*, FR 2005, S. 121 (122).

712 Vgl. *Zorn*, DStJG 23 (2000), S. 227 (231 f.); *Seiler*, StuW 2005, S. 25 (25 f.); *Fischer*, DStR 2006, S. 2281 (2281). Die Vorschrift des Art. 116 AEUV, die ein Tätigwerden der Union erlaubt, sofern mitgliedstaatliche Regelungen zu Wettbewerbsverzerrungen

dieser Bestimmung wird der Unionsgesetzgeber auf den Erlass von Richtlinien beschränkt,[713] welche wiederum auf eine Angleichung[714] der mitgliedstaatlichen Vorschriften, „die sich unmittelbar auf die Errichtung oder das Funktionieren des Binnenmarkts auswirken", gerichtet sein müssen. Die zu erlassende Richtlinie muss demnach auf die Abwendung grundfreiheitlicher Beschränkungen und damit einer Distortion des binnenmarktlichen Wettbewerbsgefüges gerichtet sein.[715] Das bloße Bestehen von Unterschieden in den verschiedenen mitgliedstaatlichen Steuerrechtsordnungen oder einer abstrakten Gefährdung der Binnenmarktverwirklichung genügt demnach nicht, um den Anforderungen des Art. 115 AEUV gerecht zu werden.[716] Sofern die Regelungen einer Richtlinie hingegen diese inhaltlichen Voraussetzungen erfüllen, bedarf es für den Erlass dieses Sekundärrechtsakts gem. Art. 115 AEUV einer einstimmigen Billigung durch den Rat der EU. Hinsichtlich der Rechtsfragen, die durch eine Richtlinie geregelt werden, tritt aufgrund der bereits erwähnten Regelung des Art. 2 Abs. 2 Satz 2 AEUV grundsätzlich eine Sperrwirkung der mitgliedstaatlichen Regelungsbefugnis ein.[717] Sofern die Regelungen der Richtlinie jedoch nur eine Mindestharmonisierung vorsehen, ist der Erlass ergänzender mitgliedstaatlicher Regelungen, die den Zielen der Richtlinie nicht zuwider laufen, entsprechend der geteilten Zuständigkeit der Mitgliedstaaten möglich und auch sekundärrechtlich unproblematisch.[718]

---

innerhalb des Binnenmarkts führen, erlangte in der Praxis bislang keine Bedeutung, siehe dazu allgemein *Tiedje*, in: Grabitz/Hilf/Nettersheim, EUV/AEUV, Art. 116 Rz. 2 AEUV (43. Lfg., 2011).

713 Richtlinien sind nach Art. 288 Abs. 3 AEUV zwar hinsichtlich des angestrebten Ziels verbindlich, jedoch ist den einzelnen Mitgliedstaaten bei der Umsetzung dieser Richtlinien die Wahl der Form und Mittel überlassen, vgl. EuGH v. 05.07.2007, Rs. C-321/05 – *Kofoed*, Slg. 2007, S. I-5795, Rn. 43. Eine Rechtsvereinheitlichung bleibt demnach Verordnungen nach Art. 288 Abs. 2 AEUV vorbehalten.

714 Den Begriffen der „Angleichung" in Art. 115 AEUV sowie der „Harmonisierung" in Art. 113 AEUV sind keine unterschiedlichen Bedeutungen beizumessen, vgl. *Laule*, IStR 2001, S. 297 (299).

715 Vgl. EuGH v. 14.12.2004, Rs. C-434/02, Slg. 2004, S. I-11825 – *Arnold André*, Slg. 2004, S. I-11825, Rn. 30; EuGH v. 14.12.2004, Rs. C-210/03 – *Swedish Match*, Slg. 2004, S. I-11893, Rn. 29; *Zorn*, DStJG 23 (2000), S. 227 (235).

716 Vgl. *Vogel*, StuW 1993, S. 380 (383 f.); EuGH v. 12.07.2005, Rs. C-154/04 und C-155/04 – *Alliance for Natural Health und National Association of Health Stores*, Slg. 2005, S. I-6451, Rn. 28.

717 Vgl. *Kofler*, Doppelbesteuerungsabkommen, 2007, S. 308.

718 Vgl. *Kofler*, Doppelbesteuerungsabkommen, 2007, S. 308.

II. Umsetzung und normhierarchische Stellung von Richtlinien der EU

EU-Richtlinien begründen grundsätzlich keine unmittelbaren Rechtspositionen des einzelnen Steuerpflichtigen,[719] sondern bedürfen hierfür zunächst einer Umsetzung in nationales Recht. D.h., dass alle Mitgliedstaaten der EU die Bestimmungen der Richtlinien in ihre jeweiligen Rechtsordnungen inhaltlich übernehmen müssen, wobei ihnen nach Art. 288 Abs. 3 AEUV die Wahl der Form und der Mittel frei steht. Da das sekundäre Unionsrecht gegenüber mitgliedstaatlichen Rechtsnormen Vorrang genießt,[720] müssen die nationalen Regelungen allerdings in jedem Fall den inhaltlichen Vorgaben der Richtlinienbestimmungen gerecht werden.

Während die Klärung der Rangordnung von sekundärem Unionsrecht und nationalem Recht demnach keine Probleme aufwirft, stellt sich die Frage nach dem Verhältnis zwischen sekundärem und primärem Unionsrecht. Nach einer Auffassung ist das Sekundärrecht als Ausprägung des Primärrechts zu begreifen,[721] weshalb Widersprüche zwischen sekundärem und primärem Unionsrecht generell ausgeschlossen seien.[722] Nach hier vertretener Auffassung ist eine Unterstellung der Grundfreiheitskonformität des sekundären Unionsrechts abzulehnen. Aufgrund der gegenüber dem Sekundärrecht übergeordneten Stellung des Primärrechts kann nicht von einer Einheitlichkeit des sekundären und primären Unionsrechts ausgegangen werden.[723] Folglich kann auch ein Verstoß sekundärrechtlicher Regelungen gegen die Grundfreiheiten nicht pauschal ausgeschlossen werden.[724] Da

---

719 Eine Ausnahme hiervon kann bestehen, wenn eine Richtlinie nicht ordnungsgemäß innerhalb der den nationalen Gesetzgebern gewährten Frist umgesetzt wurde. Sofern inhaltlich unbedingt und hinreichend genau ausgestaltete Richtlinienbestimmungen durch einen nationalen Gesetzgeber nicht vollständig, korrekt und rechtzeitig umgesetzt werden, sind sie in dem jeweiligen Mitgliedstaat unmittelbar anwendbar, vgl. EuGH v. 04.12.1974, Rs. 41/74, *van Duyn*, Slg. 1974, S. 1337, Rn. 13 f.; EuGH v. 17.10.1996, Rs. C-283/94, C-291/94 und C-292/94, Slg. 1996, S. I-5063, *Denkavit, VITIC und Voormeer*, Slg. 1996, S. I-5063, Rn. 37 bis 40.

720 Vgl. EuGH v. 15.07.1964, Rs. 6/64 – *Costa*, Slg. 1964, S. 1253 (1270).

721 So im Zusammenhang mit der FRL *Tumpel*, DStJG 23 (2000), S. 321 (367 f.).

722 Siehe dazu die Nachweise bei *Kessler* u.a., DStZ 2004, S. 855 (860).

723 Siehe hinsichtlich der Normenhierarchie *Nettersheim*, in: Grabitz/Hilf, EUV/EGV, Art. 249 EG Rz. 232 (20. Lfg., 2002).

724 Vgl. EuGH v. 29.02.1984, Rs. 37/83 – *Rewe Zentral*, Slg. 1984, S. I-1229, Rn. 18; EuGH v. 17.05.1984, Rs. C-15/83 – *Denkavit Nederland*, Slg. 1984, S. I-2171 Rn. 15; EuGH v. 09.08.1994, Rs. C-51/93 – *Meyhui*, Slg. 1994, S. I-3879, Rn. 11; *Scheffer*,

das Primärrecht Vorrang gegenüber dem Sekundärrecht genießt, hat der Unionsgesetzgeber vielmehr durch eine grundfreiheitskonforme Normengebung die Primärrechtskonformität des Sekundärrechts zu gewährleisten.[725] Fraglich ist jedoch, ob dem Unionsgesetzgeber beim Erlass von Sekundärrecht ein weiterer Ermessensspielraum zu gewähren ist als den einzelnen Mitgliedstaaten beim Erlass nationaler Rechtsnormen.[726] Dies könnte insbesondere dadurch geschehen, dass an die Rechtfertigung von sekundärem Unionsrecht, welches grundfreiheitliche Beschränkungen enthält, geringere Anforderungen gestellt werden.[727] Nach zuzustimmender Auffassung darf eine solche erleichterte Rechtfertigung aber nicht dazu führen, dass die Mitgliedstaaten auf diese Weise den grundfreiheitlichen Schutz aushebeln können.[728] Somit stehen dem Unionsgesetzgeber wie den Mitgliedstaaten die Rechtfertigungsgründe zur Verfügung, die als legitime Allgemeininteressen i.S. der *rule of reason* anzuerkennen sind.[729] Auch i.R. der Verhältnismäßigkeitsprüfung sind grundsätzlich dieselben Maßstäbe anzulegen wie bei mitgliedstaatlichen Regelungen.[730] Da sich die Organe der EU beim Erlass von Sekundärrecht den bestehenden rechtlichen Rahmenbedingungen in 27 Mitgliedstaaten gegenübersehen, ist jedoch eine dahingehende Einschränkung dieses Grundsatzes geboten, dass dem Unionsgesetzgeber ein gewisser Typisierungsspielraum zugestanden werden muss.[731] Dieser Typisierungsspielraum darf in der Weise ausgeschöpft werden, dass ein durchschnittlicher grenzüberschreitend tätiger Steuerpflichtiger nicht gegenüber einem rein innerstaatlich agierenden benachteiligt wird.

Sofern sich der Unionsgesetzgeber beim Erlass von Richtlinien außerhalb der grundfreiheitlich gesteckten Rahmenbedingungen bewegt, stellt sich die Frage, wie sich die einzelnen Mitgliedstaaten bei der Umsetzung dieses Unionsrechtsakts

---

Marktfreiheiten, 1997, S. 196; *Schwemer*, Bindung des Gemeinschaftsgesetzgebers, 1995, S. 66 f.; *Brinkmann/Reiter*, DB 2012, S. 16 (19).

725 Vgl. *Jarass*, EuR 2000, S. 705 (715); im Zusammenhang mit der FRL GA *Kokott* v. 08.09.2011, Rs. C-371/10 – *National Grid Indus*, n.n.v., Rn. 50; Schön, IStR 2004, S. 289 (297); *Frotscher*, IStR 2006, S. 65 (68); *Kessler* u.a., DStZ 2004, S. 855 (860); am Beispiel der MTRL *Friedrich/Nagler*, IStR 2006, S. 217 (219 f.); *Snel*, ET 2001, S. 403 (406).

726 So EuGH v. 12.12.2006, Rs. C-380/03 – *Deutschland/Parlament und Rat*, Slg. 2006, S. I-11573, Rn. 145.

727 Dafür plädierend *Lang*, EC Tax Rev. 2008, S. 67 (73).

728 Vgl. *Englisch*, IFSt-Schrift Nr. 449, 2008, S. 89 f.

729 Vgl. *Englisch*, IFSt-Schrift Nr. 449, 2008, S. 89.

730 Vgl. *Englisch*, IFSt-Schrift Nr. 449, 2008, S. 89.

731 Vgl. *Englisch*, IFSt-Schrift Nr. 449, 2008, S. 90.

zu verhalten haben. Falls eine Richtlinie den Mitgliedstaaten hinsichtlich der in nationales Recht umzusetzenden Maßnahmen ein Wahlrecht bzw. einen Ermessensspielraum gewährt und den Mitgliedstaaten aufgrund dessen sowohl grundfreiheitskonforme als auch grundfreiheitswidrige Handlungsalternativen zur Verfügung stehen, so haben die Mitgliedstaaten innerhalb dieses sekundärrechtlich gesteckten Rahmens den Erfordernissen des Primärrechts Rechnung zu tragen.[732] Sofern das Richtlinienrecht hingegen die Rahmenbedingungen einer definitiv grundfreiheitswidrigen Regelung vorgibt, dürfen die Mitgliedstaaten insoweit keine Umsetzung in nationales Recht vornehmen.[733]

III. Maßgebliche Richtlinien

Insgesamt wurde der Bereich des direkten Steuerrechts bislang nur punktuell harmonisiert.[734] Eine für den Bereich der grenzüberschreitenden Spaltungen relevante Harmonisierung der nationalen Rechtsordnungen erfolgte jedoch bereits durch die FRL sowie die MTRL.

1. Fusionsrichtlinie

Entsprechend den Ausführungen in ihrer Präambel verfolgt die FRL den Zweck, steuerliche Hemmnisse im Zusammenhang mit grenzüberschreitenden

---

732 Vgl. EuGH v. 17.06.1999, Rs. C-166/98 – *Socridis*, Slg. 1999, Slg. 1999, S. I-3791, Rn. 19 f.

733 Vgl. *Englisch*, Dividendenbesteuerung, 2005, S. 315. Ebenso speziell im Zusammenhang mit der FRL *Schindler*, IStR 2005, S. 551 (556 f.); *Schön/Schindler*, IStR 2004, S. 571 (576); so auch hinsichtlich der MTRL *Kerssenbrock*, BB 2003, S. 2148 (2153).

734 Bisher wurde die FRL (RL 2009/133/EG v. 19.10.2009, ABl. L 310 v. 25.11.2009, S. 34), MTRL (RL 2011/96/EU v. 30.11.2011, ABl. L 345 v. 29.12.2011), Zins- und Lizenzgebühr-Richtlinie (RL 2003/49/EG v. 03.06.2003, ABl. L 157 v. 26.06.2003, S. 49, zuletzt geändert durch RL 2006/98/EG v. 20.11.2006, ABl. 2006 L 363 v. 20.12.2006, S. 129) sowie die Richtlinie über die Besteuerung von Zinserträgen (RL 2003/48/EG v. 03.06.2003, ABl. L 157 v. 26.06.2003, S. 38, zuletzt geändert durch RL 2006/98/EG v. 20.11.2006, ABl. L 363 v. 20.12.2006, S. 129) erlassen. Begründet ist die nur rudimentäre Harmonisierung durch Sekundärrecht im Einstimmigkeitserfordernis des Art. 115 AEUV, welches angesichts der unterschiedlichen in den einzelnen Mitgliedstaaten vorherrschenden Gerechtigkeitsvorstellungen gerade im Bereich des direkten Steuerrechts nur schwer erfüllt werden kann, vgl. *Fischer*, DStR 2006, S. 2281 (2282); *Heydt*, EuZW 2000, S. 33 (33).

Umstrukturierungen innerhalb des Binnenmarkts zu beseitigen, um so die Anpassungs- und damit die Wettbewerbsfähigkeit grenzüberschreitend umstrukturierender Rechtsträger zu verbessern.[735]

Während im Folgenden die Regelungen über den Anwendungsbereich der FRL dargestellt werden, erfolgt eine Würdigung der für diese Untersuchung relevanten inhaltlichen Bestimmungen der FRL i.R. der unionsrechtlichen Würdigung der deutschen Steuerrechtsnormen.

a) Persönlicher Anwendungsbereich der FRL

Der persönliche Anwendungsbereich der FRL ist in Art. 3 Buchst. a und c FRL geregelt. Ein Rechtsträger kann nur dann in den Genuss der Privilegierungen der FRL kommen, wenn er gem. Art. 3 Buchst. a FRL eine der im Teil A des Anhangs I zur FRL aufgelisteten Rechtsformen hat und gem. Art. 3 Buchst. c FRL ohne Wahlmöglichkeit einer der dort genannten Ertragsteuerarten unterliegt, ohne davon befreit zu sein. Entsprechend Anhang I Teil A der FRL sind die dem Gesellschaftsstatut bestimmter Mitgliedstaaten unterliegenden Rechtsgebilde allesamt von der FRL erfasst,[736] während die nach dem Recht anderer Mitgliedstaaten gegründeten Gesellschaften nur dann geschützt sind, wenn sie eine der durch die FRL ausdrücklich genannten Rechtsformen aufweisen.[737] Sofern hinsichtlich eines bestimmten Mitgliedstaats konkrete Rechtsformen genannt werden, ist diese Aufzählung dementsprechend abschließend.[738] Hierbei ist festzustellen, dass in den Anhang zur FRL nur Gesellschaften aufgenommen wurden, die in dem Staat, dessen Gesellschaftsstatut sie unterfallen, als Körperschaften gelten und somit dort einer entsprechenden Besteuerung unterliegen.[739] Generell aus dem persönlichen

---

735 Dazu auch *Terra/Wattel*, European Tax Law, 2008, S. 517 f.

736 Beispielsweise ist eine Anwendung der FRL möglich, wenn gem. Anhang I Teil A Buchst. ab eine beliebige nach dem Recht des Vereinigten Königreichs gegründete Gesellschaften an einer Transaktion beteiligt ist.

737 Beispielsweise werden in Anhang I Teil A Buchst. f der FRL keine dem deutschen Gesellschaftsstatut unterliegenden Personengesellschaften genannt.

738 So hinsichtlich der vergleichbaren Definition des persönlichen Anwendungsbereichs der MTRL EuGH v. 01.10.2009, Rs. C-247/08 – *Gaz de France*, Slg. 2009, S. I-9225, Rn. 32 f.

739 Die Nennung der SE und SCE in Buchst. a des Anhangs der FRL ist als rein deklaratorisch zu betrachteten, da diese Rechtsformen aufgrund der in Art. 10 SE-VO und Art. 9 SCE-VO festgelegten Gleichbehandlungsgebote wie die nach dem Recht ihres jeweiligen Ansässigkeitsstaats gegründeten Aktiengesellschaften bzw. Genossenschaften zu behandeln sind, vgl. dazu *Herzig/Griemla*, StuW 2002, S. 55 (59).

Anwendungsbereich ausgenommen sind demgegenüber einerseits natürliche Personen. Andererseits sind Gesellschaften, die in ihrem Gründungsstaat als Personengesellschaften betrachtet und demnach dort anders als Körperschaften besteuert werden, nicht durch die FRL geschützt.[740]

Eine Besonderheit besteht insoweit, als einige der im Teil A des Anhangs I der FRL genannten Gesellschaften sog. hybride Gesellschaften sind.[741] Diese zeichnen sich dadurch aus, dass sie in ihrem Gründungsstaat als ein der Körperschaftsbesteuerung unterliegendes Steuersubjekt angesehen werden, während andere Staaten diese Rechtsgebilde unter Umständen als steuerlich transparent beurteilen und folglich von einer ausschließlichen Zurechnung des zu versteuernden Einkommens bei deren Gesellschaftern ausgehen.[742] Für Zwecke der deutschen Besteuerung entscheidet der sog. Typenvergleich, ob ein bestimmtes ausländisches Rechtsgebilde als eine nach dem Trennungsprinzip[743] zu besteuernde Körperschaft oder eine nach dem Transparenzprinzip zu besteuernde Personengesellschaft gilt.[744] Während die Voraussetzung des Art. 3 Buchst. a FRL bei Vorliegen einer der in Anhang I Teil A der FRL aufgezählten Gesellschaften ungeachtet der rechtstypologischen Einstufung dieser Gesellschaften durch die einzelnen Mitgliedstaaten erfüllt wird, bedarf es hinsichtlich der Voraussetzung des Art. 3 Buchst. c FRL einer differenzierteren Betrachtung. Zwar unterliegt eine der in Anhang I Teil A der FRL genannten Gesellschaften, die in ihrem Gründungsstaat auch steuerlich ansässig ist, dort stets einer der in Art. 3 Buchst. c i.V.m. Anhang I Teil B FRL aufgelisteten Ertragsteuerarten. Schließlich enthält Anhang I Teil B der FRL gerade diejenigen Steuerarten der einzelnen Mitgliedstaaten, denen Gesellschaften unterliegen, die in den jeweiligen Staaten als Körperschaften gelten.[745] Sofern eine in Art. 3 Buchst. a FRL gelistete Gesellschaft in ihrem Gründungsstaat ansässig ist, erfüllt sie somit auch die Voraussetzung des Art. 3 Buchst. c FRL, da sie in diesem Fall in ihrem Ansässigkeitsstaat als Körperschaft gilt. Probleme

---

740 Insoweit einen Primärrechtsverstoß feststellend *Hey*, GmbHR 2001, S. 993 (1000 f.).

741 Siehe dazu auch *Benecke/Schnitger*, IStR 2005, S. 606 (610).

742 Vgl. *Winkeljohann/Fuhrmann*, Handbuch Umwandlungssteuerrecht, 2007, S. 580.

743 Nach dem steuerrechtlichen Trennungsprinzip werden Körperschaften und deren jeweilige Anteilseigner als eigenständige Steuersubjekte behandelt, weshalb die durch eine Körperschaft erzielten Einkünfte nicht ihren Anteilseignern zugerechnet werden, vgl. *Fischer*, DStR 2006, S. 2281 (2283); *Oestreicher*, in: Lüdicke, Besteuerungspraxis, 2003, S. 67 (85).

744 Siehe zu den Einzelheiten des Typenvergleichs Teil 2,A.I.1.b).

745 Dementsprechend nennt Anhang I Teil B der FRL zwar die deutsche Körperschaftsteuer, nicht aber die deutsche Einkommensteuer.

können sich allerdings hinsichtlich sog. grenzüberschreitender Gesellschaften ergeben, deren Besonderheit darin besteht, dass sie ihren Verwaltungssitz bzw. ihren Ort der Geschäftsleitung aus ihrem Gründungsstaat in einen anderen Staat hinausverlegt haben.[746] Auch wenn der sitzverlegende, in seinem Gründungsstaat als Körperschaft geltende Rechtsträger im Zuzugsstaat und damit seinem neuen Ansässigkeitsstaat in seiner ursprünglichen Rechtsform anerkannt wird,[747] kann er durch diesen unter Umständen dennoch wie eine Personengesellschaft besteuert werden. In Deutschland ist dies der Fall, sofern i.R. eines durchzuführenden Typenvergleichs festgestellt wird, dass der betrachtete ausländische Rechtsträger mit deutschen Personengesellschaften größere Gemeinsamkeiten als mit deutschen Körperschaften aufweist.[748] Eine transparente Besteuerung ist in diesem Fall geboten, da nur so dem Grundsatz, dass Gleiches gleich zu behandeln ist, Rechnung getragen wird. Somit ist es möglich, dass eine ausländische Gesellschaftsrechtsform zwar die Voraussetzung des Art. 3 Buchst. a FRL, nicht aber die des Art. 3 Buchst. c FRL erfüllt. Denkbar ist allenfalls, dass eine hybride Gesellschaft den Anforderungen des Art. 3 Buchst. c FRL bereits dann genügt, wenn sie in irgendeinem anderen Mitgliedstaat, in dem sie beschränkt steuerpflichtig ist, einer der aufgezählten Ertragsteuerarten unterliegt. Nach hier vertretener Auffassung sind einer solchen Gesellschaft aber nur dann die Privilegierungen der FRL zu gewähren, wenn diese in ihrem Ansässigkeitsstaat als Körperschaft besteuert wird.

Fraglich ist, ob der stark eingeschränkte persönliche Anwendungsbereich der FRL mit der Niederlassungs- bzw. Kapitalverkehrsfreiheit vereinbar ist, deren beider Anwendungsbereiche auch natürliche Personen und Personengesellschaften, die keine hybriden Gesellschaften sind, umfassen. Da im Zusammenhang mit grenzüberschreitenden Umstrukturierungen keine Rechtfertigung für eine Einschränkung des grundfreiheitlichen persönlichen Anwendungsbereichs auf Körperschaften ersichtlich ist und sich der Anwendungsbereich der FRL an dem der maßgeblichen Grundfreiheiten zu orientieren hat, wird in der ausschließlichen Begünstigung von Körperschaften teilweise ein Verstoß gegen die Grundfreiheiten gesehen.[749] Nach der Rechtsprechung des EuGH steht es dem Unionsgesetzgeber

746 Siehe zur Zulässigkeit solcher Sitzverlegungen nach deutschem Gesellschaftsrecht sowie den entsprechenden unionsrechtlichen Vorgaben Teil 2,A.I.2.b)bb).

747 Siehe zur Anerkennung der ausländischen Rechtsform eines zugezogenen Rechtsträgers Teil 2,A.I.2.b)aa).

748 Zum Typenvergleich siehe Teil 2,A.I.1.b).

749 Vgl. dazu auch *Debatin*, BB 1991, S. 947 (949 f.); *Knobbe-Keuk*, DB 1991, S. 298 (304).

angesichts der Problematik unterschiedlicher rechtlicher Gegebenheiten in den einzelnen Mitgliedstaaten sowie der Schwierigkeit einer Konsensfindung im Rat der EU jedoch frei, die Harmonisierung eines bestimmten Bereichs nur schrittweise voranzutreiben.[750] Sofern ein Rechtsträger demnach zwar den persönlichen Anwendungsbereich einer Grundfreiheit, nicht aber denjenigen der FRL erfüllt, ist somit ausschließlich ein Schutz durch die Grundfreiheiten möglich.[751]

b) Räumlicher Anwendungsbereich

Die Bestimmungen über den räumlichen Anwendungsbereich der FRL befinden sich in Art. 3 Buchst. b FRL. Demnach muss eine Gesellschaft „nach dem Steuerrecht eines Mitgliedstaats als in diesem Staate ansässig und nicht aufgrund eines Doppelbesteuerungsabkommens mit einem dritten Staat als außerhalb der [Europäischen] Gemeinschaft [sic] ansässig“[752] betrachtet werden.

Fraglich ist, wann eine Gesellschaft entsprechend dieser Regelung nach dem Steuerrecht eines Mitgliedstaats als in diesem ansässig gilt. Aufgrund des in Art. 3 Buchst. b FRL enthaltenen Verweises auf das Doppelbesteuerungsrecht kann hierbei eine Orientierung an der Regelung des Art. 4 Abs. 1 Satz 1 OECD-MA erfolgen, wonach ein Rechtsträger dann in einem Staat ansässig ist, wenn er in diesem Staat nach dessen nationalem Steuerrecht der unbeschränkten Steuerpflicht unterliegt.[753] Nach deutschem Steuerrecht sind Körperschaften nach § 1 Abs. 1 KStG unbeschränkt steuerpflichtig, wenn sich ihre Geschäftsleitung oder ihr (statutarischer) Sitz in der Bundesrepublik Deutschland befinden. Bei der Auslegung der Begriffe der Geschäftsleitung sowie des Sitzes sind die Definitionen der §§ 10, 11 AO maßgeblich. Sofern die Ansässigkeit in einem Mitgliedstaat nach dessen nationalem Steuerrecht gegeben ist, wird der räumliche Anwendungsbereich

---

750 Vgl. EuGH v. 01.10.2009, Rs. C-247/08 – *Gaz de France*, Slg. 2009, S. I-9225, Rn. 52.

751 Vgl. dazu allgemein EuGH v. 01.10.2009, Rs. C-247/08 – *Gaz de France*, Slg. 2009, S. I-9225, Rn. 59 f.; EuGH v. 03.06.2010, Rs. C-487/08 – *Kommission/Spanien*, Slg. 2010, S. I-4843, Rn. 40; EuGH v. 18.06.2009, Rs. C-303/07 – *Aberdeen Property Fininvest Alpha*, Slg. 2009, S. I-5145, Rn. 28; EuGH v. 12.12.2006, Rs. C-374/04 – *ACT Group Litigation*, Slg. 2006, S. I-11673, Rn. 54; EuGH v. 08.11.2007, Rs. C-379/05 – *Amurta*, Slg. 2007, S. I-9569, Rn. 24.

752 Aufgrund des Vertrags von Lissabon ist die EU gem. Art. 1 Abs. 3 Satz 3 EUV die Rechtsnachfolgerin der EG.

753 Obwohl Art. 4 Abs. 1 Satz 1 OECD-MA nicht explizit auf eine unbeschränkte Steuerpflicht abstellt, muss diese Regelung dennoch in diesem Sinne verstanden werden, vgl. *Hahn*, GmbHR 2006, S. 617 (621).

nach Art. 3 Buchst. b FRL dennoch nicht erfüllt, sofern die Ansässigkeit nach dem im konkreten Fall einschlägigen Doppelbesteuerungsabkommen letztlich in einem nicht der EU angehörenden Staat vorliegt. Betroffen hiervon können sog. doppelansässige Gesellschaften sein, deren Ort der Geschäftsleitung sich nicht im selben Staat befindet wie ihr statutarischer Sitz.[754] Regelmäßig sind diese Gesellschaften nach den einschlägigen nationalen Steuerrechtsordnungen grundsätzlich in beiden Staaten unbeschränkt steuerpflichtig.[755] Sofern zwischen diesen beiden Staaten kein Doppelbesteuerungsabkommen besteht, ist in beiden Staaten eine unbeschränkte Steuerpflicht gegeben und somit der räumliche Anwendungsbereich nach Art. 3 Buchst. b FRL eröffnet. Sofern zwischen den betroffenen Staaten hingegen ein Doppelbesteuerungsabkommen besteht, ist im Fall von doppelansässigen Gesellschaften eine an Art. 4 Abs. 3 OECD-MA angelehnte sog. *tie-breaker-rule* zu beachten, wonach einer der Abkommensstaaten entgegen seinen nationalen Steuerregelungen davon abzusehen hat, den Steuerpflichtigen der unbeschränkten Steuerpflicht zu unterwerfen.[756] Entsprechend Art. 4 Abs. 3 OECD-MA ist eine doppelansässige Gesellschaft nur in dem Staat unbeschränkt steuerpflichtig, in dem sich der Ort ihrer tatsächlichen Geschäftsleitung befindet. Da der Begriff des Orts der tatsächlichen Geschäftsleitung nicht im OECD-MA definiert wird, ist nach Art. 3 Abs. 2 OECD-MA das nationale Begriffsverständnis maßgeblich. Sofern sich also lediglich der statutarische Sitz einer Gesellschaft innerhalb der EU befindet, während der Ort der Geschäftsleitung außerhalb der EU liegt, sind die Voraussetzungen des Art. 3 Buchst. b FRL regelmäßig nicht gegeben. Ausdrücklich sei hingegen erwähnt, dass im Fall doppelansässiger Gesellschaften, deren Ort der Geschäftsleitung und statutarischer Sitz sich in unterschiedlichen Mitgliedstaaten der EU befinden, der räumliche Anwendungsbereich der FRL generell erfüllt ist.[757]

---

754 Das Problem der Doppelansässigkeit kann sich nur bei Körperschaften stellen, da Personengesellschaften keinen statutarischen Sitz haben. Bei dem nach (§ 161 Abs. 2 i.V.m.) § 106 Abs. 2 Nr. 2 HGB zur Eintragung in das Handelsregister anzumeldenden „Sitz" einer OHG oder KG handelt es sich um den Verwaltungssitz, vgl. *Saenger*, in: FS P+P, 2008, S. 295 (300); a.A. *Hopt*, in: Baumbach/Hopt, HGB, 2012, § 106 Rz. 8.

755 Beispielsweise bejaht das deutsche Körperschaftsteuerrecht gem. § 1 Abs. 1 KStG die unbeschränkte Steuerpflicht einer Körperschaft in Deutschland, sofern sich dort deren Ort der Geschäftsleitung *oder* ihr statutarischer Sitz befindet.

756 Vgl. dazu auch *Terra/Wattel*, European Tax Law, 2008, S. 535.

757 Vgl. *Hahn*, GmbHR 2006, S. 617 (621); *Terra/Wattel*, European Tax Law, 2008, S. 535; *Tumpel*, in: Gassner/Lang/Lechner, Doppelbesteuerungsankommen, 1996, S. 181 (191).

Teilweise wird davon ausgegangen, dass der räumliche Anwendungsbereich der FRL sowohl mit Blick auf die Kapitalverkehrsfreiheit als auch auf die in Art. 31, 34 EWR-Abkommen normierte Niederlassungsfreiheit, deren räumliche Anwendbarkeit sich auch über das Gebiet der nicht der EU angehörigen EWR-Staaten erstreckt, als zu eng einzustufen sei.[758] Nach hier vertretener Auffassung ist eine Ausdehnung des räumlichen Anwendungsbereichs der FRL auf EWR-Staaten betreffende Sachverhalte jedoch deshalb nicht erforderlich, da die FRL auf Grundlage des AEUV erlassen wurde und somit nur an den dort normierten Grundfreiheiten zu messen ist. Auch eine Anpassung des persönlichen Anwendungsbereichs der FRL an den weiten räumlichen Anwendungsbereich der Kapitalverkehrsfreiheit des AEUV ist m.E. nicht geboten. Da die FRL betreffend Sachverhalte mit Drittstaatenberührung keine Aussagen trifft, liegt keine grundfreiheitliche Beschränkung vor. Soweit Sachverhalte mit Drittstaatenberührung im Gegensatz zu den von der FRL erfassten Sachverhalten keine sekundärrechtliche Privilegierung erfahren, ist dies mangels unionsrechtlichen Meistbegünstigungsgebots[759] primärrechtlich unbedenklich.

c) Sachlicher Anwendungsbereich

In den Art. 1 und 2 FRL ist der sachliche Anwendungsbereich der FRL normiert. Nach Art. 1 Buchst. a FRL findet die FRL unter anderem auf „Spaltungen, Abspaltungen, die Einbringung von Unternehmensteilen und den Austausch von Anteilen [Anwendung], wenn daran Gesellschaften aus zwei oder mehr Mitgliedstaaten beteiligt sind“. Aus der Forderung der FRL nach einer Ansässigkeit der beteiligten Gesellschaften in unterschiedlichen Mitgliedstaaten ergibt sich, dass allein grenzüberschreitende Sachverhalte in den sachlichen Anwendungsbereich der FRL fallen.[760] Die einzelnen in Art. 1 Buchst. a FRL genannten Umstrukturierungsarten werden in Art. 2 FRL näher bestimmt. Demnach deckt sich die in Art. 2 Buchst. b FRL enthaltene Definition der Spaltung annähernd mit dem deutschen

---

758 Vgl. *Langheim*, Einbringung, 2008, S. 96.

759 Die hinsichtlich der Ungleichbehandlung verschiedener grenzüberschreitender Sachverhalte durch Mitgliedstaaten in Teil 1,A.VII.4.b)cc) und Teil 1,A.VII.4.b)dd) gewonnene Erkenntnis, dass kein primärrechtliches Meistbegünstigungsgebot besteht, ist auch auf den Erlass von Sekundärrecht übertragbar.

760 Das bloße Vorliegen grenzüberschreitender Elemente wie die Übertragung ausländischer Betriebsstätten oder die Beteiligung auslandsansässiger Anteilseigner genügt hingegen nicht zur Eröffnung des sachlichen Anwendungsbereichs der FRL, vgl. *Terra/Wattel*, European Tax Law, 2008, S. 547.

umwandlungssteuerrechtlichen Verständnis[761] von einer Aufspaltung. Auch der in Art. 2 Buchst. c FRL abgegrenzte Begriff der Abspaltung entspricht demjenigen des UmwStG. Ausgliederungen werden durch die FRL zwar nicht explizit erwähnt, doch fallen diese unter die in Art. 2 Buchst. d FRL definierte Einbringung von Unternehmensteilen.[762] Sofern i.R. einer Ausgliederung lediglich eine mehrheitsvermittelnde Beteiligung an einer Gesellschaft übertragen wird, liegt nach den Wertungen der FRL ein Austausch von Anteilen gem. Art. 2 Buchst. e FRL vor. Ein solcher Vorgang ist als Anteilstausch i.S. des § 1 Abs. 3 Nr. 5 UmwStG zu beurteilen, sofern sowohl der übernehmende Rechtsträger als auch der Rechtsträger, an dem die übertragenen Anteile bestehen, entsprechend einem Typenvergleich als Kapitalgesellschaften oder Genossenschaften anzusehen sind. Werden hingegen Anteile an einer hybriden Gesellschaft auf eine Kapitalgesellschaft oder eine Genossenschaft ausgegliedert, so stellt dies zwar nach den Wertungen der FRL, nicht jedoch nach denen des UmwStG einen Anteilstausch dar. Das Umwandlungssteuerrecht betrachtet einen solchen Vorgang als Einbringung eines Mitunternehmeranteils nach § 20 UmwStG. Falls zudem auch der übernehmende Rechtsträger eine hybride Gesellschaft ist, betrachtet das Sekundärrecht eine Ausgliederung von Anteilen an einer hybriden Gesellschaft wiederum als Anteilstausch, während aus Sicht des deutschen Steuerrechts eine Einbringung i.S. des § 24 UmwStG vorliegt.

2. Mutter-Tochter-Richtlinie

Wie die FRL bezweckt auch die MTRL ausweislich ihrer Präambel die Schaffung binnenmarktähnlicher Verhältnisse innerhalb der Union. Konkret ist sie auf die Beseitigung von steuerlichen Beschränkungen im Zusammenhang mit grenzüberschreitenden Gewinnausschüttungen von Tochtergesellschaften an deren Muttergesellschaften gerichtet. An dieser Stelle erfolgt lediglich eine Darstellung des Anwendungsbereichs der MTRL; eine Besprechung des Gewährleistungsgehalts der MTRL erfolgt erst im Rahmen der Überprüfung der Unionsrechtskonformität einzelner deutscher Steuerregelungen.

a) Persönlicher und räumlicher Anwendungsbereich

Der in Art. 2 Buchst. a und c MTRL geregelte persönliche Anwendungsbereich der MTRL entspricht dem der FRL, weshalb insoweit auf die Ausführungen in Teil

761 Siehe § 1 Abs. 1 Satz 1 Nr. 1 UmwStG i.V.m. § 123 Abs. 1 UmwG.
762 Vgl. *Terra/Wattel*, European Tax Law, 2008, S. 523 f.

1,B.III.1.a) verwiesen wird. Gleiches gilt für den in Art. 2 Buchst. b MTRL normierten räumlichen Anwendungsbereich, hinsichtlich dessen die Ausführungen unter Teil 1,B.III.1.b) entsprechend gelten.

b) Sachlicher Anwendungsbereich

Nach Art. 1 Abs. 1 Spiegelstriche 1 und 2 MTRL findet die MTRL auf Gewinnausschüttungen einer in einem EU-Mitgliedstaat ansässigen Tochtergesellschaft an deren in einem anderen EU-Mitgliedstaat ansässige Muttergesellschaft Anwendung. Gem. Art. 1 Abs. 1 Spiegelstriche 3 und 4 MTRL kommen die Regelungen der MTRL auch dann zur Anwendung, wenn Mutter- und Tochtergesellschaft im selben Mitgliedstaat ansässig sind, die Ausschüttungen aber einer in einem anderen Mitgliedstaat belegenen Betriebsstätte der Muttergesellschaft zufließen.[763] Ein Mutter-Tochter-Verhältnis liegt nach dem Verständnis der MTRL gem. Art. 3 Abs. 1 Buchst. a und b MTRL vor, wenn eine der Gesellschaften mindestens 10% der Anteile an der anderen hält. Die Mitgliedstaaten können die Anerkennung der für die Anwendung der MTRL erforderlichen Mutter-Tochter-Beziehung nach Art. 3 Abs. 2 Spiegelstrich 2 MTRL verweigern, sofern die geforderte Beteiligungshöhe nicht bereits während eines ununterbrochenen, mindestens zweijährigen Zeitraums bestanden hat.[764]

763 Vgl. *Bullinger*, IStR 2004, S. 406 (408).
764 Der deutsche Gesetzgeber hat von diesem Wahlrecht keinen Gebrauch gemacht.

Teil 2: Ertragsteuerrechtliche Behandlung grenzüberschreitender Spaltungen

Umstrukturierungen und damit auch Spaltungen können insbesondere zum Anfall von Einkommen-, Körperschaft- und Gewerbesteuer führen.[765] Das UmwStG enthält jedoch spezialgesetzliche Regelungen, die der ertragsteuerlichen Privilegierung wirtschaftlich sinnvoller Umstrukturierungen dienen. Im Folgenden wird überprüft, inwieweit grenzüberschreitende Spaltungen vom Anwendungsbereich des UmwStG erfasst sind, welche Besonderheiten sich gegenüber der steuerlichen Behandlung rein innerstaatlicher Spaltungen ergeben und inwieweit ein Spannungsverhältnis zwischen den deutschen ertragsteuerlichen Regelungen und den Vorgaben des Unionsrechts besteht.

A. Anwendungsbereich des UmwStG

Bevor sich diese Untersuchung den Besonderheiten der steuerlichen Behandlung grenzüberschreitender Spaltungen zuwenden kann, bedarf es zunächst der Klärung, ob grenzüberschreitend erfolgende Spaltungen vom Anwendungsbereich des UmwStG erfasst sind. Entsprechend der Aufgliederung des UmwStG in einen sog. Umwandlungsteil (Zweiter bis Fünfter Teil des UmwStG) und einen sog. Einbringungsteil (Sechster bis Achter Teil des UmwStG) nennt § 1 UmwStG je nach Art der Umstrukturierung unterschiedliche Anwendungsvoraussetzungen. Im Folgenden wird überprüft, ob bzw. auf welche grenzüberschreitenden Spaltungen die Regelungen des Umwandlungs- sowie des Einbringungsteils des UmwStG anwendbar sind.

I. Zweiter bis Fünfter Teil des UmwStG

Nach § 1 Abs. 1 Satz 1 Nr. 1 UmwStG ist im Umwandlungsteil des UmwStG unter anderem die steuerliche Behandlung von Auf- und Abspaltungen von Köperschaften geregelt. Es gilt demnach zu untersuchen, ob bzw. welche

765 Eine Umsatzsteuerpflicht von Spaltungsvorgängen ist aufgrund des § 1 Abs. 1a UStG regelmäßig nicht gegeben.

grenzüberschreitenden Auf- und Abspaltungen in den Anwendungsbereich des Zweiten bis Fünften Teils des UmwStG fallen.

1. Persönlicher Anwendungsbereich

Geprüft wird zunächst, unter welchen persönlichen Voraussetzungen der Zweite bis Fünfte Teil des UmwStG anwendbar ist.

a) EU-/EWR-Gesellschaften

Ausgangspunkt für die Ermittlung des persönlichen Anwendungsbereichs des Zweiten bis Fünften Teils des UmwStG ist § 1 Abs. 2 UmwStG. Da § 1 Abs. 2 Satz 1 Nr. 2 UmwStG den persönlichen Anwendungsbereich von Umwandlungen unter Beteiligung einer natürlichen Person als Übernehmerin betrifft, dies bei Auf- und Abspaltungen jedoch generell ausgeschlossen werden kann, bedarf hier nur die Regelung des § 1 Abs. 2 Satz 1 Nr. 1 UmwStG einer näheren Betrachtung. Nach § 1 Abs. 2 Satz 1 Nr. 1 UmwStG müssen die an den in § 1 Abs. 1 Satz 1 Nr. 1 UmwStG genannten Umwandlungsarten beteiligten übertragenden und übernehmenden Rechtsträger nach den Rechtsvorschriften eines Mitgliedstaats der EU oder des EWR gegründete Gesellschaften i.S. des Art. 54 AEUV oder Art. 34 EWR-Abkommen sein. Hinsichtlich des Normgehalts des Art. 54 AEUV wird auf die Ausführungen in Teil 1,A.X.1.b),c) verwiesen.[766] Da der Wortlaut der Regelung des Art. 34 EWR-Abkommen an denjenigen des Art. 54 AEUV angelehnt ist, ist Art. 34 EWR-Abkommen in entsprechender Weise auszulegen.[767]

---

766 Durch die Anknüpfung an Art. 54 AEUV passt sich § 1 Abs. 2 Satz 1 Nr. 1 UmwStG automatisch an neue gesellschaftsrechtliche Entwicklungen an, ohne dass in diesem Fall eine Neuregelung erforderlich wäre. Auch zukünftige Rechtsformen, die unter Art. 54 Abs. 2 AEUV oder Art. 34 Abs. 2 EWR-Abkommen subsumiert werden können, werden ohne Weiteres erfasst. Sollte beispielsweise der Kommissionsvorschlag für eine Verordnung über das Statut der Europäischen Privatgesellschaft (siehe KOM(2008) 396 endg.) umgesetzt werden, so wäre auch die Europäische Privatgesellschaft (*Societas Privata Europaea* bzw. SPE) vom persönlichen Anwendungsbereich des UmwStG erfasst. Siehe zur bisherigen Entwicklungsgeschichte der SPE sowie dem Stand der Gesetzgebung *Maschke*, BB 2011, S. 1027 (1027). Siehe hinsichtlich der gesellschaftsrechtlichen Grundlagen der SPE *Hommelhoff/Teichmann*, GmbHR 2008, S. 897 (897 ff.); *Hommelhoff/Teichmann*, GmbHR 2010, S. 337 (337 ff.). Siehe allgemein zur Besteuerung einer SPE *Balmes/Rautenstrauch/Kott*, DStR 2009, S. 1557 (1557 ff.).

767 Vgl. EuGH v. 23.02.2006, Rs. C-471/04 – *Keller Holding*, Slg. 2006, S. I-2107, Rn. 48; EuGH v. 23.09.2003, Rs. C-452/01 – *Ospelt und Schlössle Weissenberg*,

Sofern eine Gesellschaft zu dem Kreis der von Art. 54 AEUV oder Art. 34 EWR-Abkommen erfassten Gesellschaften gehört, ist gem. § 1 Abs. 1 Satz 1 Nr. 1 UmwStG für die persönliche Anwendbarkeit des Zweiten bis Fünften Teils des UmwStG auf Auf- und Abspaltungen weiter erforderlich, dass die übertragende Gesellschaft eine Körperschaft ist. Darüber hinaus muss die an einer vom Umwandlungsteil des UmwStG erfassten Spaltung beteiligte übernehmende Gesellschaft entweder gem. § 15 Abs. 1 Satz 1 UmwStG eine Körperschaft oder gem. § 16 Satz 1 UmwStG eine Personengesellschaft sein. Sofern ein Rechtsträger mit ausländischer Rechtsform an einer Spaltung teilnimmt, muss im Wege eines sog. Typenvergleichs festgestellt werden, ob es sich bei diesem um eine Körperschaft, Personengesellschaft oder keine von beiden handelt.[768]

b) Einordnung nach dem Typenvergleich

Ob bei Spaltungen unter Beteiligung von Gesellschaften mit ausländischen Rechtsformen der persönliche Anwendungsbereich des UmwStG erfüllt wird, und wenn ja, unter welche konkreten umwandlungssteuerrechtlichen Normen eine solche Spaltung zu subsumieren ist, hängt maßgeblich von der Kategorisierung der ausländischen Rechtsformen ab. Anhand eines Vergleichs zwischen der ausländischen Gesellschaftsform und den deutschen Rechtsformen ist zu prüfen, welcher deutschen Rechtsform bzw. welchem Rechtstypus das ausländische Rechtsgebilde am nächsten kommt. Das grundlegende Urteil zu diesem Typenvergleich erging durch die sog. *Venezuela*-Entscheidung des RFH.[769] Demnach ist zunächst zu untersuchen, welche Merkmale den einem ausländischen Gesellschaftsstatut unterliegenden Rechtsträger nach Maßgabe der ausländischen Bestimmungen auszeichnen.[770] Die hierdurch ermittelte Struktur der ausländischen Gesellschaftsform ist sodann mit den vom deutschen Gesellschaftsrecht zur Verfügung

---

Slg. 2003, S. I-9743, Rn. 28 f.; *Möhlenbrock*, in: Dötsch u.a., UmwStG, 2007, § 1 Rz. 148; *Hahn*, in: PwC, Reform, 2007, S. 113.

768 Die Finanzverwaltung nimmt eine Einordnung verschiedener ausländischer Rechtsformen im Anhang des sog. Betriebsstättenerlasses (BMF v. 24.12.1999, IV B 4-S 1300-111/99, BStBl. I 1999, S. 1076, Tabellen 1 und 2) vor. Teilweise umfangreichere Listen stellt auch die Literatur zur Verfügung, siehe *Widmann*, in: Widmann/Mayer, UmwG/UmwStG, § 1 UmwStG Rz. 85 ff. (93. Lfg., 2007); *Sauter*, in: Erle/Sauter, KStG, 2010, § 1 Rz. 77; *Graffe*, in: Dötsch u.a., KStG, § 1 Rz. 93 (68. Lfg., 2010); *Wassermeyer*, in: Flick/Wassermeyer/Baumhoff, Außensteuerrecht, § 7 AStG, Anhang (63. Lfg., 2009).

769 Vgl. RFH v. 12.02.1930, VI A 899/27, RStBl. 1930, S. 444.

770 Vgl. BFH v. 23.06.1992, IX R 182/87, BStBl. II 1992, S. 972, unter III. 2. a) und IV. 1.

gestellten Rechtsformen zu vergleichen. Das deutsche Gesellschaftsrecht dient somit als Vergleichsmaßstab; die Frage, ob eine ausländische Gesellschaftsrechtsform für Zwecke der Ertragsbesteuerung als Körperschaft oder Personengesellschaft anzusehen ist, muss folglich entsprechend den leitenden Gedanken des deutschen Rechts beantwortet werden.[771] Im Umkehrschluss ist es unerheblich, ob die ausländische Gesellschaft aufgrund ihrer Merkmale in ihrem Gründungsstaat als Körperschaft oder Personengesellschaft betrachtet wird.[772] Nur so kann i.R. der Besteuerung durch den deutschen Fiskus gewährleistet werden, dass auf eine ausländische Rechtsform, die bestimmte Typusmerkmale aufweist, dieselben Rechtsnormen Anwendung finden wie auf deren inländisches Pendant. Die Maßgeblichkeit einer von ausländischen Wertungen unabhängigen Beurteilung ist demnach Grundvoraussetzung für eine Gleichbehandlung in- und ausländischer Gesellschaften durch das deutsche Steuerrecht.[773] Das Argument, dass die durch den jeweiligen Gründungsstaat vorgenommene steuerliche Einordnung einer ausländischen Gesellschaft zur Wahrung der Wettbewerbsneutralität auch für Zwecke der deutschen Besteuerung zu übernehmen sei,[774] vermag demnach nicht zu überzeugen.

Bei der Beurteilung der eine bestimmte ausländische Rechtsform kennzeichnenden Merkmale ist nicht die konkrete Ausgestaltung im Einzelfall, sondern der gesetzlich vorgesehene Regelfall einschließlich der zulässigen Abweichungsmöglichkeiten maßgeblich.[775] Die Forderung, dass die konkrete Gestaltung der Gesellschaftsverhältnisse durch den Gesellschaftsvertrag bzw. die Satzung zu berücksichtigen sei,[776] muss nach hier vertretener Auffassung grundsätzlich abgelehnt werden.[777] Anderenfalls könnte nicht ausgeschlossen werden, dass personalistisch

---

771 Vgl. BFH v. 06.11.1980, IV R 182/77, BStBl. II 1981, S. 220, unter 2. b); BFH v. 03.02.1988, BStBl. II 1988, S. 588, unter II. B. 2.

772 Vgl. BFH v. 16.12.1992, I R 32/92, BStBl. II 1993, S. 399, unter II. B. 2. c); *Winkeljohann/Fuhrmann*, Handbuch Umwandlungssteuerrecht, 2007, S. 716.

773 Vgl. *Pusill-Wachtsmuth*, Typenvergleich, 2003, S. 173.

774 So *Lüdicke*, StbJb 1997/1998, S. 449 (466).

775 Vgl. *Pusill-Wachtsmuth*, Typenvergleich, 2003, S. 26 und 178.

776 Eine Ausnahme sollte nur hinsichtlich solcher ausländischer Rechtsformen angenommen werden, die (beinahe) völlig beliebig konfiguriert werden können. Dementsprechend ist z.B. im Fall einer US-amerikanischen LLC (Delaware-LLC) ausnahmsweise eine individuell-konkrete Betrachtungsweise vorzunehmen, vgl. *Lemaitre/Schnittker/Siegel*, GmbHR 2004, S. 618 (621); *Schnittker*, StuW 2004, S. 39 (41 f.); *Hey*, FS Debatin, S. 121 (138 f.); *Sauter*, in: Erle/Sauter, KStG, 2010, § 1 Rz. 79.

777 Vgl. *Pusill-Wachtsmuth*, Typenvergleich, 2003, S. 185.

ausgestaltete ausländische Körperschaften als Personengesellschaften und körperschaftlich strukturierte ausländische Personengesellschaften als Körperschaften gewertet würden, während entsprechende gesellschaftsvertragliche Gestaltungen bei inländischen Gesellschaften zu keiner Umqualifizierung des Rechtstypus führen würden.[778] I.R. des Typenvergleichs sind ausländische und inländische Gesellschaften deshalb in der Weise gegenüberzustellen, dass jeweils die gesetzlichen Regelfälle einschließlich der theoretisch möglichen Gestaltungsoptionen in den Vergleich einfließen. Grundsätzlich ist i.R. des Typenvergleichs die einer bestimmten ausländischen Rechtsform am ehesten entsprechende, konkrete inländische Rechtsform zu identifizieren, wobei hier keine völlige Vergleichbarkeit vorauszusetzen ist, sondern eine weitgehende Ähnlichkeit genügt.[779] Teilweise verzichtet der BFH aber auf den Vergleich mit einer konkreten inländischen Rechtsform und untersucht stattdessen allgemein, ob eine ausländische Gesellschaftsform der Körperschaftsteuerpflicht in Deutschland unterliegt.[780] Da i.R. der umwandlungssteuerrechtlichen Bestimmungen über den persönlichen Anwendungsbereich des UmwStG keine konkreten Rechtsformen vorausgesetzt werden, ist ein Vergleich mit einer bestimmten inländischen Gesellschaftsrechtsform auch insoweit entbehrlich.[781]

Fraglich ist, welche Merkmale geeignet sind, einen Rechtsträger als Körperschaft oder Personengesellschaft zu qualifizieren. In der Literatur werden verschiedene Aspekte genannt, die als Merkmale zur Abgrenzung von Körperschaften und Personengesellschaften herangezogen werden können.[782] Aufgeführt werden insbesondere die Kriterien der Rechtspersönlichkeit, der konstitutiven Wirkung der Eintragung in ein öffentliches Register, der Zulässigkeit bestimmter Namen bzw. Firmen, der Übertragbarkeit von Gesellschaftsanteilen, dem Austritt von Gesellschaftern, den Gründen für eine Auflösung der Gesellschaft, der Mitgliederzahl, der Selbst- bzw. Fremdorganschaft, des persönlichen Vertrauens unter den Gesellschaftern und der Haftung.

---

778 Vgl. *Pusill-Wachtsmuth*, Typenvergleich, 2003, S. 179.

779 Vgl. *Großfeld*, Basisgesellschaften, 1974, S. 68.

780 Vgl. BFH v. 06.11.1980, BStBl. II 1981, S. 220, unter 2. b).

781 Soweit eine Körperschaftschaft vorausgesetzt wird, sind jedoch beispielsweise nicht rechtsfähige Vereine nicht erfasst. Nicht rechtsfähige Vereine sind zwar gem. § 1 Abs. 1 Nr. 5, § 3 Abs. 1 KStG körperschaftsteuerpflichtig, aber keine Körperschaften.

782 Siehe hierzu *Schnittker*, StuW 2004, S. 39 (42 ff.); *Schnittker/Lemaitre*, GmbHR 2003, S. 1314 (1314 ff.); *Winkeljohann/Fuhrmann*, Handbuch Umwandlungssteuerrecht, 2007, S. 717; *Trossen*, in: Rödder/Herlinghaus/van Lishaut, UmwStG, 2008, § 1 Rz. 35 f.

Im Folgenden wird untersucht, welche Merkmale zur Unterscheidung verschiedener Rechtstypen geeignet sind.

aa) Rechtspersönlichkeit

Eine Gesellschaft kann nur dann eine Körperschaft sein, wenn sie als juristische Person verselbständigt ist und damit eine eigene Rechtspersönlichkeit besitzt. Da viele ausländische Rechtsordnungen keine Personengesellschaften kennen, geht die Stellung als juristische Person jedoch nicht zwangsläufig mit dem Status einer Körperschaft einher.[783] Sofern eine Gesellschaft keine Rechtspersönlichkeit besitzt, kann sie allerdings keinesfalls eine Körperschaft sein.[784] In diesem Fall kommt allein eine Einordnung als Personengesellschaft oder nicht rechtsfähige Personenvereinigung (wie z.B. der nichtrechtsfähige Verein) in Frage.[785] Auf nichtrechtsfähige Vereine, die sich allein durch die fehlende Eintragung im Vereinsregister von rechtsfähigen Vereinen unterscheiden,[786] finden entgegen dem Wortlaut des § 54 Satz 1 BGB die Vorschriften über den Verein[787] Anwendung.[788] Die Annahme eines nichtrechtsfähigen Vereins muss demnach ausgeschlossen werden, sofern ein Rechtsträger Leistungen am Markt anbietet und dadurch wie ein Unternehmer am Wirtschaftsverkehr teilnimmt, da ein solcher wirtschaftlicher Geschäftsbetrieb nicht mit dem Wesen des Vereins vereinbar ist.[789] Demnach ist in diesem Fall von einer Personengesellschaft auszugehen.

---

783 Vgl. BFH v. 03.02.1988, BStBl. II 1988, S. 588 (589), unter II. B. 2.

784 Hiervon ist die Frage zu unterscheiden, ob ein Rechtsträger körperschaftsteuersteuerpflichtig ist, da nach § 1 Abs. 1 Nr. 5 KStG auch nichtrechtsfähige Personenvereinigungen, die keine Körperschaften sind, der persönlichen Körperschaftsteuerpflicht unterliegen.

785 Da Personengesellschaften (siehe hierzu § 124 Abs. 1 HGB; BGH v. 29.01.2001, II ZR 331/00, BGHZ 146, S. 341, unter A. I.) und nicht rechtsfähige Vereine i.S. des § 54 BGB (siehe dazu *Schmidt*, NJW 2001, S. 993 (1002)) mit Teilrechtsfähigkeit, die in der Praxis einer uneingeschränkten Rechtsfähigkeit gleich kommt, ausgestattet sind, ist die Frage nach der Rechtspersönlichkeit in erster Linie als formales Abgrenzungskriterium zu verstehen, vgl. *Pusill-Wachtsmuth*, Typenvergleich, 2003, S. 83.

786 Vgl. *Ellenberger*, in: Palandt, BGB, 2010, § 54 Rz. 2.

787 Siehe §§ 21 ff. BGB.

788 Vgl. *Ellenberger*, in: Palandt, BGB, 2010, § 54 Rz. 1; BGH v. 11.07.1968, VII ZR 63/66, BGHZ 50, S. 325, unter III.

789 Vgl. *Ellenberger*, in: Palandt, BGB, 2010, § 21 Rz. 2; BGH v. 29.09.1982, I ZR 88/80, BGHZ 85, S. 84, unter II. 1. a).

bb) Gründung

Alle Körperschaften entstehen erst durch Eintragung in einem öffentlichen Register.[790] Personengesellschaften entstehen hingegen zumeist durch Gesellschaftsvertrag.[791] Konstitutive Wirkung entfaltet die Eintragung jedoch bei Partnerschaftsgesellschaften[792] und EWIV[793]. Somit ist festzustellen, dass eine für die Entstehung einer bestimmten Gesellschaftsform erforderliche Eintragung keinesfalls zwangsläufig auf eine Körperschaft deutet. Allerdings kann eine nicht eingetragene Gesellschaft in keinem Fall eine Körperschaft sein.

Körperschaften können generell neben Personennamen bzw. -firmen[794] auch Fantasienamen bzw. -firmen wählen. Diese Freiheit steht zwar auch den Personenhandelsgesellschaften bei der Firmenwahl zu,[795] nicht jedoch den sonstigen Personengesellschaften bei der Festlegung ihres Namens. Letztere haben einen Namen zu führen, der wiederum aus den Namen aller oder mehrerer Gesellschafter gebildet wird und lediglich zusätzlich eine Geschäftsbezeichnung enthalten darf.[796]

Aus dem Gesagten kann geschlossen werden, dass das Recht zur Verwendung einer Fantasiefirma keine Rückschlüsse auf das Vorliegen eines bestimmten Rechtstypus erlaubt. Sofern hingegen eine Pflicht besteht, den Namen der Gesellschaft aus den Namen der Gesellschafter zu bilden, kann vom Vorliegen einer Personengesellschaft ausgegangen werden.

cc) Ausscheiden von Gesellschaftern und Auflösung der Gesellschaft

Die Kündigung eines Gesellschafters führt bei der GbR gem. § 723 Abs. 1, § 736 Abs. 1 BGB grundsätzlich zur Auflösung der Gesellschaft, sofern der Gesellschaftsvertrag nicht eine Fortsetzung der Gesellschaft unter den übrigen Gesellschaftern vorsieht. Ist letzteres hingegen der Fall, so scheidet der kündigende Gesellschafter gem. § 736 Abs. 1 BGB aus der Gesellschaft aus. Da der

---

790 Siehe hierzu exemplarisch § 36 Abs. 1 i.V.m. § 41 Abs. 1 Satz 1 AktG.

791 Siehe § 705 BGB, § 123 Abs. 2 HGB. Die bloß deklaratorische Wirkung der Eintragung gilt auch hinsichtlich der Kommanditgesellschaft, wobei jedoch die Kommanditisten gem. § 176 Abs. 1 Satz 1 HGB unter Umständen vor Eintragung der KG nicht von der Haftungsbeschränkung betroffen sind.

792 Siehe § 7 Abs. 1 PartGG.

793 Siehe Art. 1 Abs. 2 EWIV-VO.

794 Während Körperschaften mit Kaufmannseigenschaft (wie z.B. die AG) eine Firma führen, tragen sonstige Körperschaften (wie z.B. der e.V.) einen Namen.

795 Seit dem Handelsrechtsreformgesetz v. 22.06.1998, BGBl. I 1998, S. 1474 können auch Personenhandelsgesellschaften auf Fantasiefirmen zurückgreifen.

796 Vgl. *Sprau*, in: Palandt, BGB, 2010, § 705 Rz. 25.

Gesellschaftsanteil des ausgeschiedenen Gesellschafters einer GbR gem. § 738 Abs. 1 Satz 1 BGB den übrigen Gesellschaftern anwächst, entstehen erstgenanntem Gesellschafter gegenüber den anderen Gesellschaftern gem. § 738 Abs. 1 Satz 2 BGB Ansprüche auf die Rückgabe von zur Nutzung überlassenen Gegenständen, auf Schuldenbefreiung und auf Abfindung.

Eine GbR wird gem. § 727 Abs. 1 BGB grundsätzlich durch den Tod eines Gesellschafters aufgelöst, sofern keine gesellschaftsvertragliche Fortsetzungsklausel existiert. Die Ansprüche nach § 738 Abs. 1 Satz 2 BGB stehen in diesem Fall den Erben zu.

Bei Personenhandelsgesellschaften führt gem. (§ 161 Abs. 2 HGB i.V.m.) § 131 Abs. 3 Satz 1 Nr. 1 und 3 HGB grundsätzlich weder die Kündigung noch der Tod eines Gesellschafters zur Auflösung der Gesellschaft. Vielmehr sieht der gesetzliche Regelfall das Ausscheiden des Gesellschafters vor, was gem. § 105 Abs. 3 HGB wiederum zu den Rechtsfolgen des § 738 Abs. 1 Satz 1 BGB führt.

Körperschaften, bei denen eine Kündigung durch einzelne Gesellschafter möglich ist,[797] werden hierdurch mangels entsprechender gesetzlicher Regelungen grundsätzlich nicht aufgelöst. Ebenso bestehen keine Gesetzesnormen, die eine Auflösung von Körperschaften aufgrund des Todes eines Gesellschafters vorsehen.

Nach § 726 BGB wird eine GbR aufgelöst, wenn der Gesellschaftszweck erreicht wurde oder dessen Erreichung unmöglich geworden ist. Trotz des in § 105 Abs. 3 HGB enthaltenen Verweises auf die §§ 705 ff. BGB gilt dieser Auflösungsgrund nicht für Personenhandelsgesellschaften, da insoweit die Auflösungsgründe des § 131 Abs. 1 HGB abschließend sind.[798] Da betreffend Körperschaften keine Regelungen über spezielle Rechtsfolgen bei Zweckerreichung bzw. im Fall der Unmöglichkeit der Erreichung des Gesellschaftszwecks existieren, ist auch dort eine Auflösung nach dem gesetzlichen Grundfall auszuschließen.

Somit kann festgehalten werden, dass eine nach ausländischem Gesellschaftsstatut vorgesehene Fortführung einer Gesellschaft nach der Kündigung bzw. dem Tod eines Gesellschafters oder im Fall der Erreichung des Gesellschaftszwecks bzw. der Unmöglichkeit der Zweckerreichung keine Aussage über den Rechtstypus der Gesellschaft ermöglicht, da sich Körperschaften und Personenhandelsgesellschaften nach deutschem Rechtsverständnis insoweit entsprechen. Sieht das ausländische Gesetz in den genannten Fällen allerdings grundsätzlich die Auflösung

797 Siehe § 39 Abs. 1 BGB; § 65 Abs. 1 GenG; § 289 Abs. 1 AktG i.V.m. § 131 Abs. 3 Nr. 3 HGB.

798 Vgl. BGH v. 12.05.1977, II ZR 89/75, BGHZ 69, S. 160, unter II. 2. a).

der Gesellschaft vor, so spricht dies für die Annahme einer Personengesellschaft, da diese Fälle nach deutschem Gesellschaftsrecht bei einer GbR grundsätzlich zu deren Gesellschaftsauflösung führen.

dd) Selbst- bzw. Fremdorganschaft

Personengesellschaften sind generell durch die sog. Selbstorganschaft gekennzeichnet, wonach entsprechend dem gesetzlichen Regelfall nur die Gesellschafter selbst zur Geschäftsführung[799] und Vertretung[800] befugt sind. Bei der KG besteht allerdings insofern eine Besonderheit, dass die Kommanditisten gem. § 164 Satz 1 Halbs. 1, § 170 HGB von der Geschäftsführung und Vertretung der Gesellschaft ausgeschlossen sind.

Bei Körperschaften gilt zumeist das Prinzip der sog. Fremdorganschaft, wonach bestimmte Organe zur Geschäftsführung und Vertretung der Körperschaft berechtigt sind.[801] Mitglied dieses Organs können natürliche, unbeschränkt geschäftsfähige Personen sein,[802] unabhängig davon, ob diese gleichzeitig auch an der Körperschaft beteiligt sind. Eine Ausnahme von der Fremdorganschaft besteht allerdings hinsichtlich der KGaA. Obwohl es sich bei dieser um eine Körperschaft handelt, gilt auch hier teilweise das Prinzip der Selbstorganschaft. Demnach sind die persönlich haftenden Gesellschafter zur Geschäftsführung und Vertretung berechtigt.[803] Den Kommanditaktionären einer KGaA, die ihre Rechte in der Hauptversammlung ausüben, stehen hingegen keine solchen Befugnisse zu.

Eine festgestellte Selbstorganschaft wird weder bei einer Personengesellschaft noch bei einer Körperschaft in Frage gestellt, wenn sämtliche ihrer zur Geschäftsführung und Vertretung berechtigten Gesellschafter Körperschaften mit Fremdorganschaft sind.[804] Zwar besteht die Möglichkeit, hierdurch die Geschäftsführung und Vertretung der durch Selbstorganschaft gekennzeichneten Gesellschaft mittelbar auf Dritte, die dem geschäftsführungs- und vertretungsberechtigten Organ der Körperschaft mit Fremdorganschaft angehören, zu übertragen. Diese Dritten erlangen jedoch keine unmittelbare Geschäftsführungs- und Vertretungsbefugnis hinsichtlich der Gesellschaft mit Selbstorganschaft. Vielmehr werden deren

799 Siehe § 709 Abs. 1 Halbs. 1 BGB, § 114 Abs. 1 HGB.
800 Siehe § 714 BGB, § 125 Abs. 1 HGB.
801 Siehe beispielsweise § 77 Abs. 1 Satz 1, § 78 Abs. 1 Satz 1 AktG.
802 Siehe § 76 Abs. 3 Satz 1 AktG.
803 Siehe § 278 Abs. 2 AktG i.V.m. § 714, § 125 Abs. 1 HGB.
804 Beispiele dafür sind die GmbH & Co. KG sowie die GmbH & Co. KGaA.

Handlungen lediglich der Körperschaft mit Fremdorganschaft zugerechnet, welche wiederum unmittelbar an der Gesellschaft mit Selbstorganschaft beteiligt ist.

Aus dem Gesagten ergibt sich, dass eine Gesellschaft als Körperschaft anzusehen ist, wenn bei dieser die Fremdorganschaft gilt. Sofern hinsichtlich aller Gesellschafter das Prinzip der Selbstorganschaft gilt, liegt hingegen eine Personengesellschaft vor. Falls wiederum nur bestimmte Gruppen von Gesellschaftern bzw. Anteilseignern von der Geschäftsführung und Vertretung ausgeschlossen sind, gibt dies keinen Aufschluss darüber, ob eine Körperschaft oder eine Personengesellschaft anzunehmen ist.

Fraglich ist jedoch, ob die gesetzlichen Regelungen über die Geschäftsführung Besonderheiten beinhalten, die eine Differenzierung zwischen den Gesellschaften mit Selbstorganschaft erlauben. Nach dem in § 709 Abs. 1 BGB enthaltenen Einstimmigkeitserfordernis dürfen bei einer GbR die Gesellschafter nur gemeinsam tätig werden. Für Personenhandelsgesellschaften gilt das Einstimmigkeitserfordernis gem. (§ 161 Abs. 2 i.V.m.) § 115 Abs. 1 Halbs. 1 HGB hingegen nicht.[805] Demnach dürfen alle geschäftsführungsbefugten Gesellschafter auch allein handeln. Entsprechendes gilt bei der KGaA; auch hier ist jeder persönlich haftende Gesellschafter berechtigt, alleine zu handeln.[806]

Dementsprechend kann, wenn der gesetzliche Regelfall bei Gesellschaften mit Selbstorganschaft eine gemeinschaftliche Geschäftsführung vorsieht, eine Personengesellschaft angenommen werden. Sofern hingegen grundsätzlich jeder zur Geschäftsführung berechtigte Gesellschafter allein handeln darf, ermöglicht dies keine Trennung zwischen Körperschaften und Personengesellschaften. Es stellt sich hier allerdings die Frage, ob die gesetzlichen Bestimmungen über außergewöhnliche Geschäfte Unterschiede zwischen personalistisch und körperschaftlich strukturierten Gesellschaften mit teilweiser Selbstorganschaft offenbaren.

Nach § 116 Abs. 2 HGB hat der Gesellschafter einer OHG für außergewöhnliche Geschäftsführungsakte[807] die Zustimmung aller anderen Gesellschafter einzuholen. Bei einer KG benötigt der handelnde Komplementär nicht nur gem. § 161 Abs. 2 i.V.m. § 116 Abs. 2 HGB die Zustimmung der anderen Komplementäre. Ebenso erforderlich ist – über den Wortlaut des § 164 Satz 1 Halbs. 2 HGB

805 Unter anderem wird in § 161 Abs. 2 HGB und § 6 Abs. 3 Satz 2 PartGG auf § 115 Abs. 1 Halbs. 1 HGB verwiesen.

806 Siehe § 278 Abs. 2 AktG i.V.m. § 115 Abs. 1 Halbs. 1 HGB.

807 Außergewöhnliche Geschäftsführungsakte gehen hinsichtlich ihres Gegenstands oder ihrer Tragweite über das für das konkrete Unternehmen Übliche hinaus, vgl. *Fett/Förl*, NZG 2004, S. 210 (212).

hinaus[808] – die Zustimmung sämtlicher Kommanditisten.[809] Auch bei einer KGaA ist im Fall von außergewöhnlichen Geschäftsführungsmaßnahmen eine Zustimmung der Hauptversammlung erforderlich.[810] Anders als bei den Kommanditisten einer KG muss jedoch nicht die Zustimmung jedes einzelnen Kommanditaktionärs vorliegen. Vielmehr entscheidet die Hauptversammlung grundsätzlich entsprechend § 133 Abs. 1 AktG mit der einfachen Stimmmehrheit. Sofern z.B. aus einer geplanten Veräußerung eines wesentlichen Betriebsteils eine dauerhafte Unterschreitung des Unternehmensgegenstands folgt, bedarf es für die Zustimmung entsprechend § 179 Abs. 2 Satz 1 AktG grundsätzlich einer Mehrheit von drei Vierteln des in der Hauptversammlung vertretenen Grundkapitals.[811]

Daraus folgt, dass eine Gesellschaft mit teilweiser Selbstorganschaft dann eine Personengesellschaft ist, wenn bei außergewöhnlichen Geschäftsführungshandlungen die Zustimmung sämtlicher Gesellschafter erforderlich ist. Genügt hinsichtlich einer bestimmten Gruppe von Gesellschaftern bzw. Anteilseignern hingegen deren Zustimmung mit einfacher oder qualifizierter Mehrheit, so spricht dies für das Vorliegen einer Körperschaft.

ee) Haftung

Bei fast allen Körperschaften ist die Haftung der Gesellschafter grundsätzlich ausgeschlossen.[812] Bei den meisten Personengesellschaften hingegen haften die Gesellschafter für die Gesellschaftsverbindlichkeiten grundsätzlich persönlich und unbeschränkt.[813] Ausnahmen bestehen sowohl bei Körperschaften als auch bei Personengesellschaften. Die Kommanditaktionäre einer KGaA haften gem.

---

808 Nach § 164 Satz 1 Halbs. 2 HGB steht den Kommanditisten nur ein Widerspruchsrecht zu.

809 Vgl. *Fett/Förl*, NZG 2004, S. 210 (212); *Hopt*, in: Baumbach/Hopt, HGB, 2012, § 164 Rz. 2.

810 Vgl. *Bachmann*, in: Spindler/Stilz, AktG, 2007, § 278 Rz 70 f., wonach die durch den BGH entwickelte *Holzmüller*-Doktrin (siehe BGH v. 25.02.1982, II ZR 174/80, BGHZ 83, S. 122), welche durch die *Gelatine*-Entscheidung (siehe BGH v. 26.04.2004, II ZR 155/02, BGHZ 159, S. 30) konkretisiert wurde, über § 278 Abs. 3 AktG auch auf die KGaA anzuwenden ist. Kritisch hierzu *Förl/Fett*, in: Bürgers/Körber, AktG, 2. Aufl. 2011, § 278 Rz. 47; *Fett/Förl*, NZG 2004, S. 210 (215), wonach das Zustimmungserfordernis zu außergewöhnlichen Verkehrsgeschäften aus § 278 Abs. 2 AktG i.V.m. § 164 HGB herzuleiten ist.

811 Vgl. *Bachmann*, in: Spindler/Stilz, AktG, 2007, § 278 Rz 70 f.

812 Siehe z.B. § 1 Abs. 1 Satz 2 AktG sowie § 13 Abs. 2 GmbHG.

813 Siehe § 128 Satz 1 HGB; *Sprau*, in: Palandt, BGB, 2010, § 714 Rz. 12.

§ 278 Abs. 1 AktG nicht persönlich für die Verbindlichkeiten der Gesellschaft. Bei der KG ist die Haftung der Kommanditisten gem. § 161 Abs. 1 HGB auf deren Vermögenseinlage beschränkt. Damit haften bei diesen beiden Gesellschaften nur die persönlich haftenden Gesellschafter gem. (§ 278 Abs. 2 AktG i.V.m.) § 161 Abs. 2, § 128 HGB persönlich und unbeschränkt.

Dementsprechend liegt eine Körperschaft vor, wenn keiner der Gesellschafter persönlich und unbeschränkt haftet, während eine Personengesellschaft vorliegt, wenn alle Gesellschafter der persönlichen und unbeschränkten Haftung unterliegen. Haften bei einer Gesellschaft hingegen nur bestimmte Gesellschafter persönlich und unbeschränkt, so lässt sich hieraus keine Aussage über den Rechtstypus der Gesellschaft treffen.

Keinen Einfluss auf das Ergebnis des Typenvergleichs haben Gestaltungen, bei denen sämtliche persönlich haftenden Gesellschafter einer ausländischen Gesellschaft Körperschaften sind und somit keine natürliche Person voll haftet.[814] Solche Strukturen sind auch bei deutschen Gesellschaften, z.B. in Form der GmbH & Co. KG, möglich.[815] Hierbei handelt es sich lediglich um spezielle Ausgestaltungen von Personengesellschaften und nicht um eigenständige (körperschaftliche) Rechtsformen. Daraus ergibt sich, dass entsprechende ausländische Personengesellschaften, bei denen keine natürliche Person voll haftet, ebenso nicht als Körperschaften gelten. Dies entspricht der Regel, wonach es für Zwecke des Typenvergleichs irrelevant ist, wie die ausländische Gesellschaft im konkreten Einzelfall ausgestaltet ist.[816]

ff) Übertragbarkeit von Gesellschaftsanteilen

Aus § 719 Abs. 1 Halbs. 1 BGB ergibt sich, dass ein Gesellschafter einer Personengesellschaft nach dem gesetzlichen Regelfall nicht berechtigt ist, ohne Zustimmung der jeweils anderen Gesellschafter über seinen Gesellschaftsanteil zu verfügen.[817] Durch eine entsprechende Regelung im Gesellschaftsvertrag kann jedoch eine Befreiung vom Zustimmungserfordernis erreicht werden.

---

814 Nur so ist eine Gleichbehandlung mit inländischen Rechtsformen sichergestellt. Beispielsweise ist eine GmbH & Co. KG, bei der nur die Komplementär-GmbH persönlich und unbeschränkt haftet, ungeachtet dessen eine Personengesellschaft.

815 Siehe § 19 Abs. 2 HGB.

816 Vgl. hierzu bereits Teil 2,A.I.1.b).

817 Vgl. *Sprau*, in: Palandt, BGB, 2010, § 719 Rz. 6. Die Regelung des § 719 BGB findet beispielsweise über § 105 Abs. 3, § 161 Abs. 2 HGB sowie § 1 Abs. 4 PartGG auch auf andere Personengesellschaften Anwendung.

Entsprechendes gilt gem. § 161 Abs. 2, § 105 Abs. 3 HGB, § 719 Abs. 1 Halbs. 1 BGB für die Veräußerung einer Beteiligung an einer Personenhandelsgesellschaft.

Uneinheitlich sind dagegen die Regelungen über die Veräußerung von Anteilen an Körperschaften. Im Zusammenhang mit den meisten Körperschaften besteht keine gesetzliche Einschränkung hinsichtlich der Veräußerung von Anteilen.[818] Eine Vinkulierung kommt hier lediglich im Wege einer gesellschaftsvertraglichen bzw. satzungsmäßigen Bestimmung in Betracht.[819] Anders ist dies bei der KGaA, deren persönlich haftende Gesellschafter aufgrund des § 278 Abs. 2 AktG i.V.m. § 161 Abs. 2, § 105 Abs. 3 HGB, § 719 Abs. 1 Halbs. 1 BGB bei der Veräußerung ihres Gesellschaftsanteils auf die Zustimmung der anderen persönlich haftenden Gesellschafter angewiesen sind. Eine Besonderheit besteht außerdem hinsichtlich des Vereins insofern, dass die Mitgliedschaft gem. § 38 Satz 1 BGB grundsätzlich nicht übertragen werden kann, sofern die Satzung nicht entsprechend § 40 BGB hiervon abweicht.

Im Ergebnis erlauben die Bestimmungen über die Übertragbarkeit von Anteilen an Körperschaften oder Personengesellschaften keine klare Unterscheidung zwischen den beiden Rechtstypen, weshalb insofern kein i.R. des Typenvergleichs relevantes Kriterium vorliegt.

gg) Gewinn- und Verlustverteilung

Bei der GbR sowie der Partnerschaftsgesellschaft wird ein Gewinn oder Verlust nach dem gesetzlichen Regelfall des (§ 1 Abs. 4 PartGG i.V.m.) § 722 Abs. 1 BGB unabhängig von der Höhe der Einlagen der einzelnen Gesellschafter gleichmäßig auf die Gesellschafter verteilt. Bei den Personenhandelsgesellschaften ist jedem Gesellschafter gem. (§ 168 Abs. 1 i.V.m.) § 121 Abs. 1 Satz 1 HGB zunächst ein Gewinn- bzw. Verlustanteil i.H.v. 4% seines Kapitalanteils zuzuweisen. Sofern der Jahresgewinn bzw. -verlust hierdurch nicht vollständig verteilt wurde, ist bei einer OHG der Rest gem. § 121 Abs. 3 HGB nach Köpfen zu verteilen. Bei einer KG hat gem. § 168 Abs. 2 HGB eine angemessene Verteilung des übersteigenden Gewinns oder Verlusts zu erfolgen. Von einer Angemessenheit ist

---

818 Eine Pflicht zur Vinkulierung besteht bei Körperschaften ausschließlich dann, wenn das Führen bestimmter Bezeichnungen angestrebt wird. So kann beispielsweise die Anerkennung einer Körperschaft als Steuerberatungsgesellschaft gem. § 50 Abs. 5 StBerG nur erfolgen, wenn die Berechtigung zur Übertragung von Anteilen von der Zustimmung aller Anteilseigner bzw. Gesellschafter abhängt. Die Frage nach einer solchen Anerkennung wirkt sich jedoch nicht auf die Rechtsform der Gesellschaft aus.

819 Siehe z.B. § 15 Abs. 5 GmbHG, § 68 Abs. 2 AktG.

dann auszugehen, wenn den Komplementären aufgrund ihrer persönlichen Haftung ein Gewinnvorab gewährt wird und der Rest entsprechend der Höhe der Kapitalanteile verteilt wird.

Bei den meisten deutschen Körperschaften wird der Gewinn regelmäßig entsprechend dem Verhältnis der Anteile der verschiedenen Gesellschafter verteilt.[820] Bei der KGaA gilt dies allerdings hinsichtlich der persönlich haftenden Gesellschafter nicht, da der auf diese entfallende Gewinn wie bei einer KG aufgrund der Haftungsübernahme einen zusätzlichen Gewinnvorab enthält. Bei Vereinen besteht die Besonderheit, dass diese überhaupt keine Ausschüttungen vornehmen, da deren Mitgliedern kein Anteil am Vereinsvermögen zusteht.[821]

Schlussfolgernd ist festzustellen, dass eine Personengesellschaft vorliegt, wenn die gesetzlichen Regelungen über die Gewinnverteilung Elemente einer Verteilung nach Köpfen enthalten. Auf eine Körperschaft deutet dagegen, wenn entweder kein Gewinn ausgeschüttet wird oder der auszuschüttende Gewinn nach dem gesetzlichen Regelfall entsprechend den Anteilen der einzelnen Gesellschafter verteilt wird, ohne dass bestimmte Gesellschafter einen darüber hinausgehenden Anteil am Gewinn erhalten. In den übrigen Fällen, insbesondere wenn der Gewinn zwar grundsätzlich entsprechend der Anteile verteilt wird, bestimmte Gesellschafter aber einen Gewinnvorab enthalten, ist eine Aussage über den Rechtstypus nicht möglich.

hh) Anzahl der Gesellschafter und persönliches Vertrauen der Gesellschafter untereinander

Häufig zeichnen sich Personengesellschaften durch eine eher geringe Anzahl von Gesellschaftern aus, während Körperschaften oft eine eher große Anzahl an Mitgliedern vorweisen können. Da aber sowohl Publikums-Personengesellschaften mit entsprechend großer Gesellschafterzahl als auch Körperschaften, deren Anteile beispielsweise von nur einer Person oder den Mitgliedern nur einer Familie gehalten werden, in der Praxis nicht selten sind, unterscheiden sich die verschiedenen Rechtstypen nicht generell hinsichtlich der Anzahl der Gesellschafter sowie deren persönlichem Vertrauen zueinander. Damit kann eine Beachtlichkeit dieser Kriterien i.R. des Typenvergleichs ausgeschlossen werden.

---

820 Siehe § 29 Abs. 3 Satz 1 GmbHG, § 60 Abs. 1 AktG, § 19 Abs. 1 GenG. Bei AG können wahlweise sog. Vorzugsaktien gem. § 139 Abs. 1, § 11 Satz 1 AktG ausgegeben werden, die einen erhöhten Dividendenanspruch gewähren.

821 Vgl. *Ellenberger*, in: Palandt, BGB, 2010, § 38 Rz. 1a.

ii) Wirtschaftliche Stellung im Heimatstaat

Nach der Rechtsprechung kann die wirtschaftliche Stellung einer Gesellschaftsform in ihrem Heimatstaat Aufschluss über ihren Rechtstypus geben.[822] Tatsächlich haben große, umsatzstarke Unternehmen in der Praxis zwar regelmäßig eine den Körperschaften zuzuordnende Rechtsform, doch lässt sich dies nicht verallgemeinern. Somit ist das Kriterium der wirtschaftlichen Stellung im Heimatstaat zu vage, um i.R. eines Typenvergleichs verlässliche Rückschlüsse auf die Konstitution eines Rechtsgebildes zu ermöglichen.[823]

2. Räumlicher Anwendungsbereich

a) Doppelter EU- bzw. EWR-Bezug

Nach § 1 Abs. 2 Satz 1 Nr. 1 UmwStG erfüllen übertragende und übernehmende Gesellschaften mit Sitz und Ort der Geschäftsleitung innerhalb der EU oder des EWR den räumlichen Anwendungsbereich des Zweiten bis Fünften Teils des UmwStG.[824] Der Sitz einer Gesellschaft befindet sich gem. § 11 AO „an dem Ort, der durch Gesetz, Gesellschaftsvertrag, Satzung, Stiftungsgeschäft oder dergleichen bestimmt ist.“ Ort der Geschäftsleitung ist gem. § 10 AO dort, wo sich der Mittelpunkt der geschäftlichen Oberleitung befindet und der für die laufende Geschäftsführung maßgebliche Wille gebildet wird.[825]

Die räumlichen Anwendungsvoraussetzungen verlangen nicht, dass sich Sitz und Ort der Geschäftsleitung im selben Staat befinden.[826] Somit erfüllen auch sog. doppelansässige Gesellschaften, deren Sitz und Ort der Geschäftsleitung in unterschiedlichen Staaten der EU oder des EWR liegen, die räumlichen Anwendungsvoraussetzungen des UmwStG.[827] Da Personengesellschaften keinen statutarischen Sitz haben,[828] kann eine solche unterschiedliche Lokation von

---

822 Vgl. RFH v. 12.02.1930, VI A 899/27, RFHE 27, S. 73 (79).

823 Vgl. *Pusill-Wachtsmuth*, Typenvergleich, 2003, S. 188.

824 Unbeachtlich für die Eröffnung des räumlichen Anwendungsbereich ist hingegen die Ansässigkeit der Gesellschafter bzw. Anteilseigner dieser Gesellschaften, vgl. *Möhlenbrock*, in: Dötsch u.a., UmwStG, 2007, § 1 Rz. 146.

825 Vgl. *Kruse*, in: Tipke/Kruse, AO/FGO, § 10 AO Rz. 2 und 9 (117. Lfg., 2008).

826 Vgl. *Möhlenbrock*, in: Dötsch u.a., UmwStG, 2007, § 1 UmwStG Rz. 149.

827 Vgl. *Schönherr/Lemaitre*, GmbHR 2007, S. 459 (461, dort Fn. 17); *Möhlenbrock*, in: Dötsch u.a., UmwStG, 2007, § 1 Rz. 149.

828 Der Ort der Geschäftsleitung bzw. der Verwaltungssitz einer Personengesellschaft gilt gleichzeitig als deren Sitz.

statutarischem Sitz und Verwaltungssitz jedoch nur bei Körperschaften vorliegen.[829] Die Entstehung einer solchen Doppelansässigkeit setzt voraus, dass eine Körperschaft ihren Verwaltungssitz aus ihrem Gründungsstaat in einen anderen Staat hinausverlegt. Fraglich ist, ob eine Verlegung des Verwaltungssitzes nach dem derzeitigen Stand des nationalen und europäischen Rechts zulässig ist. Da die Frage nach der Durchführbarkeit einer Verwaltungssitzverlegung unter gleichzeitiger Wahrung der rechtlichen Identität des wegziehenden Rechtsträgers außerhalb der Problematik der Doppelansässigkeit auch für Personengesellschaften relevant ist, werden auch diese in die folgende Untersuchung einbezogen.

b) Verlegung des Verwaltungssitzes

Hinsichtlich der Verlegung des Verwaltungssitzes gilt es, zwischen Zuzugs- und Wegzugsfällen aus deutscher Sicht zu unterscheiden. Während im Zuzugsfall eine im Ausland ansässige Gesellschaft ihren Verwaltungssitz nach Deutschland hereinverlegt, erfolgt im Wegzugsfall eine Hinausverlegung des inländischen Verwaltungssitzes ins Ausland. Bevor die Behandlung dieser beiden Konstellationen nach deutschem Gesellschaftsrecht dargestellt werden kann, ist jeweils zu prüfen, welche unionsrechtlichen Vorgaben zu beachten sind.

aa) Hereinverlegung des Verwaltungssitzes

(1) Vorgaben des Unionsrechts

Fraglich ist, ob ein an die Mitgliedstaaten gerichtetes grundfreiheitsrechtliches Gebot der Anerkennung zuziehender ausländischer Gesellschaften in ihrer bisherigen Rechtsform besteht. Hierzu stellte der EuGH in der Rs. *Überseering*

---

829 Vgl. *Saenger*, in: FS P+P 2008, S. 295 (300); Widmann, in: Widmann/Mayer, UnwG/UmwStG, § 1 Rz. 41 (99. Lfg., 2008); *Möhlenbrock*, in: Dötsch u.a., UmwStG, 2007, § 1 UmwStG Rz. 149. Bei dem nach (§ 161 Abs. 2 i.V.m.) § 106 Abs. 2 Nr. 2 HGB zur Eintragung in das Handelsregister anzumeldenden „Sitz" einer Personenhandelsgesellschaft handelt es sich um den Verwaltungssitz, vgl. *Boujong*, in: Ebenroth/Boujong/Joost, HGB, 2001, § 106 Rz. 13. Auch eine Personenhandelsgesellschaft existiert unabhängig von ihrer Eintragung im Handelsregister, da dieser nur deklaratorische Bedeutung zukommt, vgl. *Saenger*, in: FS P+P 2008, S. 295 (302). Dies gilt selbst für nicht eingetragene KG, wobei deren Kommanditisten dann gem. § 176 Abs. 1 HGB unbeschränkt haften, vgl. *Saenger*, in: FS P+P 2008, S. 295 (302). Nach a.A. kann bei Personengesellschaften ein vom Verwaltungssitz abweichender statutarischer Sitz im Gesellschaftsvertrag festgelegt werden, vgl. *Hopt*, in: Baumbach/Hopt, HGB, 2012, § 106 Rz. 8.

fest, dass ein Mitgliedstaat aufgrund der Niederlassungsfreiheit verpflichtet ist, eine zuziehende Gesellschaft eines anderen Mitgliedstaats in ihrer originären Rechtsform anzuerkennen, sofern der Wegzugsstaat an die Grenzüberschreitung nicht die Auflösung der Gesellschaft knüpft und somit deren Fortbestand nicht in Frage stellt.[830] Den Ausführungen des EuGH in der Rs. *Centros*[831] ist zu entnehmen, dass selbst dann ein grundfreiheitsrechtlich geschützter Vorgang vorliegt, wenn die ausländische Gesellschaft unmittelbar nach ihrer Errichtung in einem Mitgliedstaat ihren Verwaltungssitz, von wo aus sie fortan ihre gesamte Geschäftstätigkeit ausübt, in einem anderen Mitgliedstaat nimmt und somit im erstgenannten Staat zu keinem Zeitpunkt einer wirtschaftlichen Tätigkeit nachgegangen ist.[832] Weiterhin entschied der EuGH in der Rs. *Inspire Art*[833], dass der Zuzugsstaat die Zulässigkeit einer Hereinverlegung des Verwaltungssitzes nicht daran knüpfen darf, dass die zuziehende ausländische Gesellschaft bestimmte Voraussetzungen hinsichtlich des Mindestkapitals und der Haftung der Geschäftsführer erfüllt, die dem Gesellschaftsstatut des Zuzugsstaats entsprechen.[834]

Da die Art. 31, 34 EWR-Abkommen inhaltlich mit den Art. 49, 54 AEUV übereinstimmen,[835] sind die durch den EuGH herausgearbeiteten Grundsätze auch auf den Zuzug von EWR-Gesellschaften zu übertragen.

---

830 Vgl. EuGH v. 05.11.2002, Rs. C-208/00 – *Überseering*, Slg. 2002, S. I-9919, Rn. 80 bis 82.

831 EuGH v. 09.03.1999, Rs. C-212/97 – *Centros*, Slg. 1999, S. I-1459.

832 Vgl. EuGH v. 09.03.1999, Rs. C-212/97 – *Centros*, Slg. 1999, S. I-1459, Rn. 17 unter Verweis auf EuGH v. 10.07.1986, Rs. 79/85 – *Segers*, Slg. 1986, S. 2375, Rn. 16; EuGH v. 30.09.2003, Rs. C-167/01 – *Inspire Art*, Slg. 2003, S. I-10155, Rn. 95 f. Es ist darauf hinzuweisen, dass der in Deutschland belegene Verwaltungssitz einer Gesellschaft mit ausländischem Satzungssitz nach deutschem Handelsrecht stets als Zweigniederlassung gilt, siehe §§ 13e bis 13g HGB. Der Begriff der Zweigniederlassung wird im HGB somit anders verwendet als in Art. 49 Abs. 1 Satz 2 AEUV, nach dessen Verständnis eine Zweigniederlassung stets eine der Hauptniederlassung bzw. dem Verwaltungssitz untergeordnete Niederlassung darstellt.

833 EuGH v. 30.09.2003, Rs. C-167/01 – *Inspire Art*, Slg. 2003, S. I-10155.

834 Vgl. EuGH v. 30.09.2003, Rs. C-167/01 – *Inspire Art*, Slg. 2003, S. I-10155, Rn. 99 bis 101.

835 Vgl. EuGH v. 23.10.2008, Rs. C-157/07 – *Krankenheim Ruhesitz am Wannsee*, Slg. 2008, S. I-8061, Rn. 24; EuGH v. 23.02.2006, Rs. C-471/04 – *Keller Holding*, Slg. 2006, S. I-2107, Rn. 49.

(2) Hereinverlegung des Verwaltungssitzes nach deutschem Recht

Da das deutsche Internationale Privatrecht bzw. Kollisionsrecht keine gesetzlichen Regelungen über das Internationale Gesellschaftsrecht enthält,[836] ist es an der Rechtsprechung, zu bestimmen, nach welcher nationalen Rechtsordnung gesellschaftsrechtliche Beziehungen zu beurteilen sind.[837] Mithilfe des Kollisionsrechts wird demnach ermittelt, wessen Staates materielles Gesellschaftsrecht (sog. Gesellschaftsstatut) für die Entstehung, den Fortbestand und die Auflösung einer Gesellschaft maßgeblich ist.[838] Zur Feststellung des einschlägigen Gesellschaftsstatuts kann ein Staat entweder der sog. Gründungstheorie oder der sog. Sitztheorie folgen.[839] Nach der unter anderem in Staaten des anglo-amerikanischen Rechtskreises[840] vorherrschenden Gründungstheorie ist eine Gesellschaft dem Gesellschaftsrecht des Staates zu unterstellen, nach dem die Gesellschaft gegründet wurde.[841] Nach der Sitztheorie, die entsprechend der Rechtsprechung des BGH in Deutschland gilt,[842] ist hingegen das Gesellschaftsrecht desjenigen Staats einschlägig, in dem der effektive Verwaltungssitz der jeweiligen Gesellschaft liegt.[843] Der effektive Verwaltungssitz ist der Ort, wo die grundlegenden Entscheidungen der Unternehmensleitung in laufende Geschäftsführungsakte umgesetzt werden.[844] Damit entspricht der effektive Verwaltungssitz dem Ort der Geschäftsleitung. Konsequenz aus der Anwendung der Sitztheorie ist, dass aus deutscher Sicht eine

836 Art. 37 Satz 1 Nr. 2 EGBGB stellt negativ klar, dass die Art. 27 ff. EGBGB nicht im Zusammenhang mit gesellschaftsrechtlichen Fragen anwendbar sind.

837 Vgl. *Thorn*, in: Palandt, BGB, 2010, Anhang zu Art. 12 EGBGB Rz. 1.

838 Siehe hierzu *Großfeld*, in: Staudinger, BGB, 1998, IntGesR Rz. 1. Das deutsche Internationale Gesellschaftsrecht gilt gleichermaßen für die Rechtsverhältnisse von Körperschaften und Personengesellschaften, vgl. *Kindler*, in: Münchener Kommentar zum BGB, 2010, IntGesR Rz. 3; *Großfeld*, in: Staudinger, BGB, 1998, IntGesR Rz. 1.

839 Vgl. *Thorn*, in: Palandt, BGB, 2010, Anhang zu Art. 12 EGBGB Rz. 1.

840 Neben den USA und Großbritannien gilt die Gründungstheorie aber auch z.B. den Niederlanden, Rumänien, der Volksrepublik China, Japan, Mexiko, Russland, vgl. *Kindler*, in: Münchener Kommentar zum BGB, 2010, IntGesR Rz. 509 f.

841 Vgl. *Kindler*, in: Münchener Kommentar zum BGB, 2010, IntGesR Rz. 7.

842 Die Sitztheorie findet beispielsweise auch in Belgien, Dänemark, Frankreich und Griechenland Anwendung, vgl. *Kindler*, in: Münchener Kommentar zum BGB, 2010, IntGesR Rz. 511.

843 Vgl. BGH v. 17.10.1968, VII ZR 23/68, BGHZ 51, S. 27; BGH v. 30.01.1970, V ZR 139/68, BGHZ 53, S. 181; BGH v. 21.03.1986, V ZR 10/85, BGHZ 97, S. 269, unter II.; *Kindler*, in: Münchener Kommentar zum BGB, 2010, IntGesR Rz. 7.

844 Vgl. BGH v. 21.03.1986, V ZR 10/85, BGHZ 97, S. 269, unter II.; *Heldrich*, in: Palandt, BGB, 2010, Anhang zu Art. 12 EGBGB Rz. 3.

zuziehende, ihren Verwaltungssitz nach Deutschland verlegende Gesellschaft an den Vorgaben des deutschen Gesellschaftsstatuts zu messen ist. Aus Sicht des deutschen Rechts bewirkt die Hereinverlegung des Verwaltungssitzes also einen Wechsel des Gesellschaftsstatuts.[845] Es entscheiden fortan die Regelungen des deutschen Gesellschaftsstatuts unter anderem über die Voraussetzungen für eine Gesellschaftsgründung einschließlich der Kapitalaufbringung sowie über die Auflösung von Gesellschaften. Der Fortbestand einer ausländischen Gesellschaft in ihrer bisherigen Rechtsform ist demnach nur möglich, sofern die Gesellschaftsstatute Deutschlands sowie des ausländischen Wegzugsstaats insoweit identisch sind. Da diese theoretische Möglichkeit in der Praxis kaum denkbar ist, kann eine Beibehaltung der ausländischen Rechtsform ausgeschlossen werden. Anders als nach früherer Rechtsprechung führt dies jedoch nicht zu einer Auflösung der Gesellschaft,[846] sondern zur Umqualifizierung in eine neue, zum *numerus clausus* der deutschen Gesellschaftsformen gehörenden Rechtsform. Weil eine ausländische Gesellschaft in der Praxis allerdings insbesondere die Gründungsvoraussetzungen einer deutschen Körperschaft nie exakt erfüllen kann,[847] erfolgt aus deutscher Sicht stets eine Umqualifizierung der ausländischen Rechtsform in eine deutsche GbR oder OHG.[848] Diese Umqualifizierung von ausländischen Körperschaften führt letztlich eine sog. Statutenverdoppelung herbei, sofern der ausländische Wegzugs- bzw. Registerstaat[849] die kollisionsrechtliche Gründungstheorie anwendet.[850] Da der Wegzugsstaat in diesem Fall das Gesellschaftsstatut des Gründungsstaats und somit weiterhin sein eigenes Gesellschaftsstatut für maßgeblich hält, stellt er die Existenz der verwaltungssitzverlegenden Gesellschaft nicht in Frage und geht von deren Fortbestand in ihrer ursprünglichen Rechtsform aus.

Besonderheiten hinsichtlich des Zuzugs ausländischer Gesellschaften nach Deutschland ergeben sich jedoch dann, wenn die zuziehende Gesellschaft nach dem Recht eines EU- oder EWR-Mitgliedstaats gegründet wurde. Aus der in

845 Vgl. BGH v. 21.03.1986, V ZR 10/85, BGHZ 97, S. 269, unter II.; *Thorn*, in: Palandt, BGB, 2010, Anh. zu Art. 12 EGBGB Rz. 5.

846 Siehe zu dieser früheren Rechtsprechung BGH v. 30.03.2000, VII ZR 370/98, DStR 2000, S. 1064, unter B. 2. a).

847 Vgl. *Lieder/Kliebisch*, BB 2009, S. 338 (341).

848 Vgl. BGH v. 01.07.2002, II ZR 380/00, BGHZ 151, S. 204, unter II. 1.; *Bayer/Schmidt*, ZHR 2009, S. 735 (740 f.); *Binz/Mayer*, BB 2005, S. 2361 (2364).

849 Registerstaat ist der Staat, nach dessen Recht eine Gesellschaft gegründet wurde und in dem die jeweilige Gesellschaft ihren Satzungssitz hat.

850 Vgl. *Bayer/Schmidt*, ZHR 2009, S. 735 (741); *Binz/Mayer*, BB 2005, S. 2361 (2363 f.); *Lieder/Kliebisch*, BB 2009, S. 338 (341).

Teil 2,A.I.2.a)aa)(1) dargestellten Rechtsprechung ergibt sich, dass die ausländische Gesellschaft in ihrer ursprünglichen Rechtsform in Deutschland anzuerkennen ist, sofern der Gründungsstaat ihren Fortbestand nicht in Frage stellt. Dies bedeutet, dass Deutschland im Fall des Zuzugs von EU- oder EWR-Gesellschaften faktisch der Gründungstheorie folgen muss, um so die ausländische Gesellschaft als solche, d.h. in der ihr nach dem Gesellschaftsstatut ihres Gründungsstaats verliehenen Rechtsform, anerkennen zu können.[851] Dieser partielle Übergang zur Gründungstheorie erstreckt sich darüber hinaus auf Gesellschaften aus Staaten außerhalb der EU bzw. des EWR, sofern diese aufgrund eines völkerrechtlichen Übereinkommens anzuerkennen sind.[852]

bb) Hinausverlegung des Verwaltungssitzes

Fraglich ist, welche Vorgaben das Unionsrecht hinsichtlich der Hinausverlegung des Verwaltungssitzes einer Gesellschaft macht und wie die Verlegung eines inländischen Verwaltungssitzes ins Ausland nach deutschem Gesellschaftsrecht zu behandeln ist.

(1) Unionsrechtliche Vorgaben

Die europarechtlichen Rahmenbedingungen hinsichtlich der gesellschaftsrechtlichen Behandlung des Wegzugs einer Gesellschaft steckte der EuGH erstmals in der Rs. *Daily Mail*[853] ab. Dem Verfahren zugrundeliegend war das auf die Niederlassungsfreiheit gestützte Begehren einer britischen Gesellschaft, ihren Verwaltungssitz identitätswährend aus Großbritannien in einen anderen EU-Staat zu verlegen. Zwar bestanden aufgrund der in Großbritannien geltenden Gründungstheorie keine kollisionsrechtlichen Hindernisse für einen Wegzug von Gesellschaften,[854] doch sah das britische Steuerrecht seinerzeit das Erfordernis einer behördlichen Zustimmung zur Hinausverlegung des Orts der Geschäftsleitung,

851 Vgl. *Bayer/Schmidt*, ZHR 2009, S. 735 (739).

852 Vgl. *Lamsa*, BB 2009, S. 16 (17). Nach Art. XXV Abs. 5 Satz 2 des deutsch-amerikanischen Freundschafts-, Handels- und Schiffahrtsvertrags sind US-Gesellschaften in ihrer ursprünglichen Rechtsform in Deutschland anzuerkennen, vgl. BGH v. 05.04.2004, DStR 2004, S. 1841, unter II. 1.; BGH v. 29.01.2003, VIII ZR 155/02, BGHZ 153, S. 353, unter II. 2.; *Sedemund/Sterner*, BB 2005, S. 2777 (2779); *Kiem*, WM 2006, S. 1091 (1093). Hinsichtlich des Zuzugs von Gesellschaften aus sonstigen Nicht-EU- bzw. Nicht-EWR-Staaten gilt weiterhin die Sitztheorie.

853 Vgl. EuGH v. 27.09.1988, Rs. 81/87 – *Daily Mail*, Slg. 1988, S. 5483.

854 Vgl. EuGH v. 27.09.1988, Rs. 81/87 – *Daily Mail*, Slg. 1988, S. 5483, Rn. 3.

der dem gesellschaftsrechtlichen Verwaltungssitz entspricht, vor.[855] Entgegen der Auffassung der sitzverlegenden Gesellschaft sah der EuGH in dem Zustimmungserfordernis keine grundfreiheitliche Beschränkung.[856] Vielmehr führte er aus, dass Gesellschaften im Gegensatz zu natürlichen Personen aufgrund einer nationalen Rechtsordnung gegründet werden und folglich jenseits dieser Rechtsordnung keine Realität haben.[857] Noch deutlicher als in der amtlichen deutschen Übersetzung ist der englische Wortlaut,[858] der, weil Englisch im Fall der Rs. *Daily Mail* die Verfahrenssprache war, maßgeblich für die Auslegung des Urteils[859] ist: „*[U]nlike natural persons, companies are creatures of the law and, in the present state of Community law, creatures of national law. They exist only by virtue of the varying national legislation which determines their incorporation and functioning.*“[860] Hieraus geht hervor, dass Gesellschaften anders als natürliche Personen nicht aus sich heraus existieren, sondern Geschöpfe ihrer Gründungsstaaten sind und deshalb sowohl ihre Entstehung als auch ihr Fortbestand von der jeweiligen nationalen Rechtsordnung des Gründungsstaats abhängen (sog. Geschöpftheorie).[861] Folgerichtig sind die Mitgliedstaaten aufgrund der Niederlassungsfreiheit nicht verpflichtet, den nach ihren jeweiligen Gesellschaftsstatuten gegründeten Gesellschaften einen identitätswahrenden Wegzug zu gestatten.[862] In der Rs. *Cartesio*, die ebenfalls die Frage nach dem grundfreiheitsrechtlichen Schutz eines identitätswährenden Wegzugs einer Gesellschaft zum Gegenstand hatte, setzte der EuGH seine *Daily Mail*-Rechtsprechung konsequent fort. Demnach ist für die Anwendbarkeit der Niederlassungsfreiheit auf den Wegzug von Gesellschaften entscheidend, ob eine Gesellschaft i.S. des Art. 54 AEUV vorliegt.[863] Ob jedoch, wie von Art. 54 AEUV gefordert, eine nach den Rechtsvorschriften eines Mitgliedstaats gegründete Gesellschaft vorliegt, ist hierbei eine Vorfrage, die allein nach dem jeweiligen nationalen Recht des Gründungsstaats zu beurteilen ist.[864] Dementsprechend ist

855 Vgl. EuGH v. 27.09.1988, Rs. 81/87 – *Daily Mail*, Slg. 1988, S. 5483, Rn. 4 f.
856 Vgl. EuGH v. 27.09.1988, Rs. 81/87 – *Daily Mail*, Slg. 1988, S. 5483, Rn. 18.
857 Vgl. EuGH v. 27.09.1988, Rs. 81/87 – *Daily Mail*, Slg. 1988, S. 5483, Rn. 19.
858 Kritisch zur deutschen Übersetzung siehe *Prüm*, Grenzüberschreitende Spaltung, S. 116 f.
859 Siehe dazu Art. 31 VerfO-EuGH.
860 EuGH v. 27.09.1988, Rs. 81/87 – *Daily Mail*, Slg. 1988, S. 5483, Rn. 19.
861 Vgl. EuGH v. 27.09.1988, Rs. 81/87 – *Daily Mail*, Slg. 1988, S. 5483, Rn. 19; EuGH v. 16.12.2008, Rs. C-210/06 – *Cartesio*, Slg. 2008, S. I-9641, Rn. 104.
862 Vgl. EuGH v. 27.09.1988, Rs. 81/87 – *Daily Mail*, Slg. 1988, S. 5483, Rn. 23 f.
863 Vgl. EuGH v. 16.12.2008, Rs. C-210/06 – *Cartesio*, Slg. 2008, S. I-9641, Rn. 109.
864 Vgl. EuGH v. 16.12.2008, Rs. C-210/06 – *Cartesio*, Slg. 2008, S. I-9641, Rn. 109.

der Gründungsstaat nicht nur berechtigt, die Anforderungen für eine Gründung von Gesellschaften nach seinem innerstaatlichen Recht zu benennen, sondern auch jene Voraussetzungen für den Erhalt einer bereits erworbenen Gesellschaftsrechtsform.[865] Folglich kann ein Mitgliedstaat autonom bestimmen, ob nach seinem Gesellschaftsstatut gegründete, wegziehende Gesellschaften ihre bisherige Rechtsform behalten können.[866] Falls ein Mitgliedstaat eine Gesellschaft aufgrund ihres Wegzugs nicht mehr als eine unter sein Gesellschaftsstatut fallende Gesellschaft betrachtet, so ist die Niederlassungsfreiheit auf diese Gesellschaft in ihrer ursprünglichen Rechtsform nicht anwendbar, da die Voraussetzungen des Art. 54 AEUV nicht vorliegen.[867]

Im Ergebnis sind die Mitgliedstaaten durch das Unionsrecht nicht daran gehindert, die Auflösung von nach ihrem Gesellschaftsstatut gegründeten, wegziehenden Gesellschaften anzuordnen.[868]

(2) Hinausverlegung des Verwaltungssitzes nach deutschem Recht

Sofern eine deutsche Gesellschaft ihren Verwaltungssitz ins Ausland verlegt, ist zu unterscheiden, ob der Zuzugsstaat der Gründungs- oder Sitztheorie folgt. Da in Deutschland die Sitztheorie gilt, ist die verwaltungssitzverlegende Gesellschaft aus Sicht des deutschen Internationalen Gesellschaftsrechts grundsätzlich nach dem Recht des Zuzugsstaats, in dem sich fortan der Verwaltungssitz befindet, zu beurteilen. Da sich diese Gesamtverweisung i.S. des Art. 4 Abs. 1 Satz 1 EGBGB neben dem Sachrecht des ausländischen Staates auch auf dessen Internationales Privatrecht bezieht, ist jedoch zu prüfen, ob letztgenanntes den Verweis annimmt. Falls das im Zuzugsstaat geltende Kollisionsrecht der Gründungstheorie folgt, so wird der durch das deutsche Internationale Privatrecht erfolgende Verweis auf das ausländische Recht durch das ausländische Internationale Privatrecht nicht angenommen. Vielmehr verweist das ausländische Kollisionsrecht auf das Recht, nach dem die sitzverlegende Gesellschaft gegründet wurde, zurück.[869] Diesen *Renvoi* auf die deutsche Rechtsordnung nimmt das deutsche Kollisionsrecht gem. Art. 4 Abs. 1 Satz 2 EGBGB an, weshalb sich die Rechtsverhältnisse der wegziehenden Gesellschaft auch weiterhin nach dem deutschen Gesellschaftsstatut bemessen.[870]

---

865 Vgl. EuGH v. 16.12.2008, Rs. C-210/06 – *Cartesio*, Slg. 2008, S. I-9641, Rn. 110.
866 Vgl. EuGH v. 16.12.2008, Rs. C-210/06 – *Cartesio*, Slg. 2008, S. I-9641, Rn. 110.
867 Vgl. *Bayer/Schmidt*, ZHR 2009, S. 735 (743).
868 Vgl. *Bayer/Schmidt*, ZHR 2009, S. 735 (744).
869 Vgl. *Saenger*, in: FS P+P, 2008, S. 295 (304 f.).
870 Vgl. *Saenger*, in: FS P+P 2008, S. 295 (305).

Demnach ist zu prüfen, ob das deutsche materielle Recht den identitätswahrenden Wegzug von deutschen Gesellschaften gestattet. Während dem Wegzug von Personengesellschaften zu keinem Zeitpunkt sachrechtliche Hindernisse entgegenstanden,[871] war nach den Regelungen des § 4a Abs. 2 GmbHG a.F. sowie des inhaltlich entsprechenden § 5 Abs. 2 AktG a.F., die beide durch das MoMiG ersatzlos gestrichen wurden, „[a]ls Sitz der Gesellschaft ... in der Regel der Ort, an dem die Gesellschaft einen Betrieb hat, oder der Ort zu bestimmen, an dem sich die Geschäftsführung befindet oder die Verwaltung geführt wird.“ Nach einer Auffassung genügte ausweislich des Wortlauts der genannten Vorschriften das Bestehen eines Betriebs (in Form einer Betriebsstätte) am Satzungssitz.[872] Nach anderer Auffassung war hingegen der Satzungssitz zwingend an den Verwaltungssitz gekoppelt,[873] weshalb nach dieser Auslegung des § 4a Abs. 2 GmbHG a.F. und § 5 Abs. 2 AktG a.F. ein identitätswahrender Wegzug von Kapitalgesellschaften generell ausgeschlossen war. Unabhängig von der bisherigen Auslegung dieser Normen bestehen aufgrund der bereits erwähnten ersatzlosen Streichung dieser Regelungen durch das MoMiG nunmehr keinerlei sachrechtliche Hindernisse für die Hinausverlegung des Verwaltungssitzes mehr.[874] Damit ist festzustellen, dass der identitätswahrende Wegzug von deutschen Gesellschaften in einen der Gründungstheorie folgenden Staat generell möglich ist.[875]

Fraglich ist, ob das Gleiche auch hinsichtlich des Wegzugs deutscher Gesellschaften in einen die Sitztheorie anwendenden Staat gilt. Das deutsche Kollisionsrecht verweist entsprechend der in Deutschland geltenden Sitztheorie zunächst auf die Rechtsordnung des Zuzugsstaats. Da auch in dessen internationalem Privatrecht

---

871 Vgl. *Saenger*, in: FS P+P 2008, S. 295 (302 und 303). Insbesondere fordert § 106 Abs. 2 Nr. 2 HGB keinen inländischen (Verwaltungs-)Sitz. Das durch das MoMiG eingeführte Erfordernis einer inländischen Geschäftsanschrift soll lediglich der Zustellungserleichterung z.B. für Gläubiger dienen, da so Willenserklärungen gegenüber der Gesellschaft unter einer inländischen Anschrift vorgenommen werden können, vgl. BT-Drs. 16/6140, S. 49. Die inländische Geschäftsanschrift muss jedoch nicht mit dem (Verwaltungs-)Sitz, der auch im Ausland liegen kann, übereinstimmen. Nach a.A. führt der Wegzug einer Personengesellschaft aufgrund sachrechtlicher Restriktionen nach wie vor zu deren Auflösung und Abwicklung, vgl. *Kindler*, in: Münchener Kommentar zum BGB, 2010, IntGesR Rz. 526.

872 Vgl. *Bandehzadeh/Thoß*, NZG 2002, S. 803 (807); *Leuering*, ZRP 2008, S. 73 (77); *Preuß*, GmbHR 2007, S. 57 (62); *Triebel/Hase*, BB 2003, S. 2409 (2412).

873 Vgl. *Kobelt*, GmbHR 2009, S. 808 (808).

874 Vgl. *Bayer/Schmidt*, ZHR 2009, S. 735 (746); *Kindler*, in: Münchener Kommentar zum BGB, 2010, IntGesR Rz. 525.

875 Vgl. *Franz*, BB 2009, S. 1250 (1251); *Peters*, GmbHR 2008, S. 245 (249).

die Sitztheorie verankert ist, nimmt der Zuzugsstaat den Verweis an.[876] Weil die Rechtsverhältnisse der verwaltungssitzverlegenden Gesellschaft fortan nach dem materiellen Recht des Zuzugsstaats, in dem sich nunmehr der Verwaltungssitz befindet, zu beurteilen sind, kommt es zu einem Statutenwechsel.[877] Da eine nach dem deutschen Gesellschaftsstatut gegründete Gesellschaft regelmäßig nicht die Gründungsvoraussetzungen einer Gesellschaft ausländischen Rechts erfüllt, wird die Hinausverlegung des Verwaltungssitzes aus deutscher Sicht als Auflösungsbeschluss interpretiert.[878] Somit stehen einer identitätswahrenden Hinausverlegung des Verwaltungssitzes in einen Sitztheoriestaat grundsätzlich kollisionsrechtliche Hindernisse entgegen.[879] Teilweise stößt dieses Ergebnis auf Ablehnung, da der oben angesprochenen Streichung des § 4a Abs. 2 GmbHG a.F. sowie § 5 Abs. 2 AktG a.F. neben der sachrechtlichen auch eine dahingehende kollisionsrechtliche Bedeutung beigemessen wird, dass durch den Entfall der Regelungen ein partieller, d.h. auf den Fall der Hinausverlegung des Verwaltungssitzes beschränkter, Übergang zur Gründungstheorie erfolgte.[880] Diese Auffassung deckt sich mit dem in der Begründung zum MoMiG ausdrücklich genannten gesetzgeberischen Ziel, die identitätswahrende Hinausverlegung des Verwaltungssitzes zu ermöglichen.[881] Es ist jedoch zu vermuten, dass der Gesetzgeber hierbei bereits von einer baldigen gesetzlichen Fixierung der Gründungstheorie durch eine Normierung des Internationalen Gesellschaftsrechts ausging.[882] Da außerdem der Wortlaut des neugefassten § 4a GmbHG sowie § 5 AktG nach hier vertretener Auffassung keinerlei kollisionsrechtliche Ausrichtung dieser Normen erkennen lässt, ist ein teilweiser Übergang zur Gründungstheorie m.E. auszuschließen.[883] Somit ist eine identitätswahrende Hinausverlegung des Verwaltungssitzes in einen Sitztheoriestaat

---

876 Vgl. *Saenger*, in: FS P+P, 2008, S. 295 (304).

877 Vgl. *Saenger*, in: FS P+P, 2008, S. 295 (304).

878 Vgl. OLG Hamm v. 30.04.1997, 15 W 91/97, GmbHR 1997, S. 848 (848); BayObLG v. 07.05.1992, 3 Z BR 14/92, AG 1992, S. 456 (457); *Großfeld*, in: Staudinger, BGB, 1998, IntGesR Rz. 634; *Bandehzadeh/Troß*, NZG 2002, S. 803 (807); *Preuß*, GmbHR 2007, S. 57 (62).

879 Vgl. *Franz*, BB 2009, S. 2009, S. 1250 (1251).

880 Vgl. *Däubler/Heuschmid*, NZG 2009, S. 493 (494); *Bayer/Schmidt*, ZHR 2009, S. 735 (749). Gar eine vollständige Abkehr von der Sitztheorie annehmend *Knof/Mock*, GmbHR 2007, S. 852 (856).

881 Siehe dazu BR-Drs. 354/07, S. 65.

882 Vgl. *Werner*, GmbHR 2009, S. 191 (195); a.A. *Bayer/Schmidt*, ZHR 2009, S. 735 (749 f.).

883 Vgl. *Franz/Laeger*, BB 2008, S. 678 (682); *Franz*, BB 2009, S. 1250 (1251); *Peters*, GmbHR 2008, S. 245 (249); *Preuß*, GmbHR 2007, S. 57 (62).

grundsätzlich nicht möglich. Etwas anderes gilt nur, wenn der der Sitztheorie folgende Zuzugsstaat der EU und bzw. oder dem EWR angehört.[884] Das deutsche Kollisionsrecht verweist hierbei auf das Recht eines EU- bzw. EWR-Staats, nach dem ungeachtet der im Kollisionsrecht dieses Staats verankerten Sitztheorie entsprechend den grundfreiheitlichen Vorgaben deutsche Gesellschaften als solche anzuerkennen sind. Demnach bleibt die Existenz der wegziehenden Gesellschaft auch aus deutscher Sicht gewahrt.

Zusammenfassend ist festzuhalten, dass eine deutsche Gesellschaft ihren Verwaltungssitz identitätswahrend in einen ausländischen Staat verlegen kann, sofern dieser der kollisionsrechtlichen Gründungstheorie folgt oder der EU bzw. dem EWR angehört.

3. Sachlicher Anwendungsbereich

Gem. § 1 Abs. 1 Satz 1 Nr. 1 UmwStG umfasst der sachliche Anwendungsbereich des UmwStG unter anderem Auf- und Abspaltungen i.S. des § 123 Abs. 1 und 2 UmwG. Aufgrund des Verweises auf das UmwG hängt die Eröffnung des sachlichen Anwendungsbereichs des UmwStG davon ab, ob die sachlichen Anwendungsvoraussetzungen des UmwG erfüllt werden.[885] Außerdem werden nach § 1 Abs. 1 Satz 1 Nr. 1 UmwStG ausländische Vorgänge, die mit den genannten umwandlungsrechtlichen Vorgängen vergleichbar sind, in den sachlichen Anwendungsbereich einbezogen. Fraglich ist, ob bzw. welche aus steuerrechtlicher Sicht als grenzüberschreitend anzusehenden Auf- und Abspaltungen vom sachlichen Anwendungsbereich des UmwStG erfasst werden.[886]

Um als grenzüberschreitend im steuerrechtlichen Sinn zu gelten, muss eine Spaltung unter Beteiligung von Rechtsträgern erfolgen, die in unterschiedlichen Staaten steuerlich ansässig sind. Beispielsweise liegt eine grenzüberschreitende Spaltung unter Beteiligung inländischer Rechtsträger aus steuerrechtlicher Sicht vor, wenn entweder der übertragende oder der übernehmende Rechtsträger in Deutschland steuerlich ansässig ist, während sich der steuerliche Sitz des jeweils anderen beteiligten Rechtsträgers in einem anderen Staat befindet. Da sich die

---

884 So unter Verweis auf die Rechtsprechung des EuGH in den Rs. *Centros*, *Überseering* und *Inspire Art*: *Richter*, IStR 2008, S. 719 (723); *Saenger*, in: FS P+P, 2008, S. 295 (304); *Triebel/Hase*, BB 2003, S. 2409 (2412).

885 Vgl. *Rödder/Schumacher*, DStR 2006, S. 1525 (1526).

886 Siehe die Einleitung zu dieser Arbeit hinsichtlich der Definition, wann aus steuerrechtlicher Sicht eine grenzüberschreitende Spaltung vorliegt.

steuerliche Ansässigkeit einer Gesellschaft regelmäßig nach dem steuerrechtlichen Ort der Geschäftsleitung bestimmt, welcher dem gesellschaftsrechtlichen Verwaltungssitz entspricht, kann eine steuerrechtlich als grenzüberschreitend gewertete Spaltung aus gesellschaftsrechtlicher Sicht sowohl einen innerstaatlichen als auch einen grenzüberschreitenden Vorgang darstellen. Ungeachtet der steuerlichen Ansässigkeit der beteiligten Gesellschaften ist aus der Perspektive des Gesellschaftsrechts stets von einer rein innerstaatlichen Spaltung auszugehen, wenn die an der Spaltung beteiligten übertragenden und übernehmenden Rechtsträger entsprechend den Vorgaben des Internationalen Privatrechts demselben Gesellschaftsstatut unterliegen. Sofern an einer Spaltung Gesellschaften beteiligt sind, die aufgrund kollisionsrechtlicher Vorgaben unterschiedlichen Gesellschaftsstatuten unterworfen sind, liegt unabhängig von der steuerlichen Ansässigkeit dieser Gesellschaften aus gesellschaftsrechtlicher Sicht eine grenzüberschreitende Spaltung vor.

Fraglich ist, welche aus Sicht des Steuerrechts grenzüberschreitenden Spaltungen als Spaltungen i.S. des § 123 Abs. 1 oder 2 UmwG oder vergleichbare ausländische Vorgänge gelten und somit die sachlichen Anwendungsvoraussetzungen des § 1 Abs. 1 Satz 1 Nr. 1 UmwStG erfüllen.

a) Auf- und Abspaltung i.S. des § 123 Abs. 1 und 2 UmwG

aa) Aus gesellschaftsrechtlicher Sicht innerstaatliche Spaltungen

Aus Sicht des Gesellschaftsrechts gilt eine Spaltung als innerstaatlich, sofern die an dieser beteiligten Gesellschaften allesamt demselben Gesellschaftsstatut unterliegen. Das Steuerrecht betrachtet eine Spaltung hingegen dann als grenzüberschreitend, wenn der übertragende sowie der übernehmende Rechtsträger in unterschiedlichen Staaten steuerlich ansässig sind. Welchem Gesellschaftsstatut die Beteiligten jeweils unterliegen, spielt dabei keine Rolle. Zu prüfen ist, ob Spaltungen, die zwar steuerrechtlich, nicht aber gesellschaftsrechtlich als grenzüberschreitend gelten, von § 123 UmwG erfasst sind. Nach § 1 Abs. 1 Nr. 2 UmwG finden die Regelungen des UmwG auf Spaltungen von Gesellschaften „mit Sitz im Inland" Anwendung. Da der Begriff des Sitzes hierbei auf den statutarischen Sitz abstellt, sind demnach auch doppelansässige Gesellschaften mit ausländischem Verwaltungssitz erfasst. In Teil 2,A.I.2.a)bb)(2) wurde festgestellt, dass die Hinausverlegung des Verwaltungssitzes einer deutschen Gesellschaft unter bestimmten Voraussetzungen identitätswahrend, d.h. unter Beibehaltung des inländischen statutarischen Sitzes, erfolgen kann. Somit kann die gesellschaftsrechtliche Durchführung einer Spaltung von Gesellschaften, deren Verwaltungssitze sich nur zum Teil in Deutschland befinden, nach den §§ 123 ff. UmwG erfolgen, sofern sämtliche beteiligten Gesellschaften eine von § 124 Abs. 1 i.V.m. § 3 Abs. 1 UmwG erfasste deutsche Rechtsform aufweisen. Verfahrensrechtliche Unterschiede zu Spaltungen von deutschen Gesellschaften, deren Verwaltungssitze sich allesamt im Inland befinden, bestehen nicht.

bb) Aus gesellschaftsrechtlicher Sicht grenzüberschreitende Spaltungen

Fraglich ist, ob aus steuerrechtlicher Sicht grenzüberschreitende Spaltungen, an denen neben einer deutschen auch eine Gesellschaft ausländischer Rechtsform beteiligt ist, als Spaltung i.S. des § 123 Abs. 1 und 2 UmwStG gelten und demnach vom sachlichen Anwendungsbereich des § 1 Abs. 1 Satz 1 Nr. 1 UmwStG erfasst sind.

(1) Vorgaben des Unionsrechts

Anders als hinsichtlich grenzüberschreitender Verschmelzungen[887] sah der Unionsgesetzgeber von der Schaffung sekundärrechtlicher Rahmenbedingungen für grenzüberschreitende Spaltungen generell ab.[888] Zu prüfen ist, ob die Mitgliedstaaten grenzüberschreitende Spaltungen aufgrund der Niederlassungsfreiheit gestatten müssen.

In der Rs. *SEVIC*[889] hatte der EuGH darüber zu entscheiden, ob ein Mitgliedstaat eine grenzüberschreitende Hereinverschmelzung einer ausländischen auf eine inländische Kapitalgesellschaft zulassen muss, sofern das nationale Recht des Mitgliedstaats entsprechende nationale Verschmelzungen unter ausschließlicher Beteiligung inländischer Gesellschaften ermöglicht.[890] Er kam zu dem Schluss, dass eine generell unterschiedliche Behandlung grenzüberschreitender und innerstaatlicher Verschmelzungen eine Beschränkung der Niederlassungsfreiheit darstelle,[891] die nicht mithilfe der *rule of reason* gerechtfertigt werden könne.[892] Entsprechend den allgemein auf Gesellschaften i.S. des Art. 54 AEUV bezogenen

887 Die Verschmelzungsrichtlinie (RL 2005/56/EG v. 26.10.2005, ABl. L 310 v. 25.11.2005, S. 1, zuletzt geändert durch RL 2009/109/EG v. 16.09.2009, ABl. L 259 v. 02.10.2009, S. 14) beschränkt sich allerdings auf grenzüberschreitende Verschmelzungen von Kapitalgesellschaften.

888 Die Spaltungsrichtlinie (RL 82/891/EWG v. 17.12.1982, ABl. L 378 v. 31.12.1982, S. 47, zuletzt geändert durch RL 2009/109/EG v. 16.09.2009, ABl. L 259 v. 02.10.2009, S. 14) betrifft nur nationale Spaltungen von Aktiengesellschaften.

889 EuGH v. 13.12.2005, Rs. C-411/03 – *SEVIC*, Slg. 2005, S. I-10805.

890 Vgl. EuGH v. 13.12.2005, Rs. C-411/03 – *SEVIC*, Slg. 2005, S. I-10805, Rn. 15.

891 Vgl. EuGH v. 13.12.2005, Rs. C-411/03 – *SEVIC*, Slg. 2005, S. I-10805, Rn. 22 f.

892 Vgl. EuGH v. 13.12.2005, Rs. C-411/03 – *SEVIC*, Slg. 2005, S. I-10805, Rn. 30.

Ausführungen des EuGH[893] sind grenzüberschreitende Hereinverschmelzungen nach einhelliger Auffassung unabhängig davon geschützt, welche der von Art. 54 AEUV erfassten Rechtsformen daran beteiligt sind.[894] Dass der EuGH allgemein „grenzüberschreitende Verschmelzungen"[895] als Ausdruck der Ausübung der Niederlassungsfreiheit erachtet, deutet darüber hinaus auf einen grundfreiheitsrechtlichen Schutz grenzüberschreitender Hinausverschmelzungen.[896] Die verallgemeinernde Formulierung, wonach „grenzüberschreitende Verschmelzungen ... *wie andere Gesellschaftsumwandlungen* [Kursivschrift nicht im Original] ... wichtige Modalitäten der Ausübung der Niederlassungsfreiheit"[897] darstellen, lässt den Schluss zu, dass die *SEVIC*-Rechtsprechung unter anderem auch auf grenzüberschreitende Spaltungen anwendbar ist.[898] Somit sind zumindest grenzüberschreitende Hereinspaltungen unter Beteiligung von Gesellschaften i.S. des Art. 54 AEUV grundfreiheitsrechtlich geschützt. Da der EuGH in der Rs. *SEVIC* nicht klar zur Zulässigkeit von Hinausumwandlungen Stellung nahm, bestand jedoch hinsichtlich der Frage, ob der Schutzbereich der Niederlassungsfreiheit auch Hinausspaltungen umfasst, weiterer Klärungsbedarf. Entsprechende Erkenntnisse lassen sich aus dem Urteil in der Rs. *Cartesio*[899] gewinnen. Zwar lehnte der EuGH dort einen grundfreiheitsrechtlichen Schutz einer Hinausverlegung des Verwaltungssitzes ab,[900] stellte jedoch gleichzeitig in einem *obiter dictum* klar, dass selbiges nicht gelte, wenn „eine Gesellschaft aus einem Mitgliedstaat in einen anderen Mitgliedstaat unter Änderung des anwendbaren nationalen Rechts verlegt und dabei in eine dem nationalen Recht des zweiten Mitgliedstaats unterliegende

---

893 Vgl. EuGH v. 13.12.2005, Rs. C-411/03 – *SEVIC*, Slg. 2005, S. I-10805, Rn. 16 f.

894 Vgl. *Bayer*, in: Lutter/Winter, UmwG, 2009, § 122a Rz. 12; *Herrler*, EuZW 2007, S. 295 (299); *Vetter*, AG 2006, S. 613 (616).

895 EuGH v. 13.12.2005, Rs. C-411/03 – *SEVIC*, Slg. 2005, S. I-10805, Rn. 19.

896 Vgl. *Kallmeyer/Kappes*, AG 2006, S. 224 (226); *Bayer/Schmidt*, ZIP 2006, S. 210 (211); *Bungert*, BB 2006, S. 53 (56); *Sedemund*, BB 2006, S. 519 (520); *Krause/Kulpa*, ZHR 2007, S. 38 (44 f.). *Geyrhalter/Weber*, DStR 2006, S. 146 (150) sprechen von „zwei Seiten der gleichen Medaille".

897 EuGH v. 13.12.2005, Rs. C-411/03 – *SEVIC*, Slg. 2005, S. I-10805, Rn. 19.

898 Vgl. *Kallmeyer/Kappes*, AG 2006, S. 224 (234); *Spahlinger/Wegen*, NZG 2006, S. 721 (725); *Hahn*, in: PwC, Reform, 2007, S. 128 f.; *Weiss/Wöhlert*, WM 2007, S. 580 (584); *Bungert*, BB 2006, S. 53 (55); *Geyrhalter/Weber*, DStR 2006, S. 146 (150); *Siems*, EuZW 2006, S. 135 (139). Jüngst den gleichen Schluss hinsichtlich grenzüberschreitender Formwechsel ziehend EuGH v. 12.07.2012, Rs. C-378/10 – *VALE*, n.n.v., Rn. 24.

899 EuGH v. 16.12.2008, Rs. C-210/06 – *Cartesio*, Slg. 2008, S. I-9641.

900 Siehe hierzu Teil 2,A.I.2.b)bb)(1).

Gesellschaftsform umgewandelt wird."[901] Ein Mitgliedstaat darf somit einer nach seinem Recht gegründeten Gesellschaft die Emigration in eine andere Gesellschaftsrechtsordnung nicht verwehren, wenn diese Gesellschaft dadurch einen Statutenwechsel anstrebt.[902] Fraglich ist, worauf sich der EuGH genau bezieht, wenn er von der Verlegung einer „Gesellschaft" spricht. Da die bloße Verlegung des Satzungssitzes sowie der damit verbundene grenzüberschreitende Formwechsel mangels Verlagerung unternehmerischer Tätigkeit kein durch die Niederlassungsfreiheit geschützter Vorgang ist,[903] ist diese Formulierung so zu verstehen, dass für den grundfreiheitlichen Schutz der Verlegung einer „Gesellschaft" die bloße Verlegung des Satzungssitzes nicht genügt.[904] Nach hier vertretener Auffassung muss darüber hinaus entweder der Verwaltungssitz in den Zuzugsstaat verlegt werden oder zumindest eine dortige Zweitniederlassung errichtet werden, da nur dann eine für die Anwendbarkeit der Niederlassungsfreiheit erforderliche primäre oder sekundäre Niederlassung im Zuzugsstaat vorliegt. Sofern die genannten Voraussetzungen gegeben sind, darf nach der Rechtsprechung des EuGH der Wegzugsstaat an die zu einem Rechtsformwechsel führende Hinausverlegung des Satzungssitzes nicht die Auflösung der satzungssitzverlegenden Gesellschaft knüpfen, „soweit dies nach … [dem] Recht [des Zuzugsstaats] möglich ist."[905] Diese Formulierung darf allerdings nicht so verstanden werden, dass der Zuzugsstaat frei darüber entscheiden kann, ob er eine grenzüberschreitende Hereinverlegung des Satzungssitzes und damit einen grenzüberschreitenden Formwechsel zulässt.[906] Vielmehr ist der Zuzugsstaat aufgrund des grundfreiheitsrechtlichen Diskriminierungsverbots verpflichtet, den grenzüberschreitenden Formwechsel zu ermöglichen, sofern er auch rein innerstaatlich durchgeführte Formwechsel erlaubt.[907]

---

901 EuGH v. 16.12.2008, Rs. C-210/06 – *Cartesio*, Slg. 2008, S. I-9641, Rn. 111.

902 Vgl. *Frobenius*, DStR 2009, S. 487 (488).

903 Vgl. EuGH v. 12.07.2012, Rs. C-378/10 – *VALE*, n.n.v., Rn. 34; *Däubler/Heuschmid*, NZG 2009, S. 493 (494); *Leible/Hoffmann*, BB 2009, S. 58 (62).

904 So mittlerweile ausdrücklich EuGH v. 12.07.2012, Rs. C-378/10 – *VALE*, n.n.v., Rn. 34 f.

905 EuGH v. 16.12.2008, Rs. C-210/06 – *Cartesio*, Slg. 2008, S. I-9641, Rn. 112.

906 Vgl. EuGH v. 12.07.2012, Rs. C-378/10 – *VALE*, n.n.v., Rn. 32; *Richter/Heyd*, StuW 2010, S. 367 (368 f.); *Campos Nave*, BB 2009, S. 870 (872); a.A. aber *Leible/Hoffmann*, BB 2009, S. 58 (60).

907 So auch EuGH v. 12.07.2012, Rs. C-378/10 – *VALE*, n.n.v., Rn. 46. Dies entspricht darüber hinaus den auf Hereinverschmelzungen bezogenen, aber auch auf andere Inbound-Umwandlungen übertragbaren Erwägungen des EuGH im Urteil *SEVIC* (EuGH v. 13.12.2005, Rs. C-411/03 – *SEVIC*, Slg. 2005, S. I-10805, Rn. 22 f.), vgl. *Geyrhalter/Weber*, DStR 2006, S. 146 (150); *Mörsdorf*, EuZW 2009, S. 97 (100);

Das *obiter dictum* in der Rs. *Cartesio* ist auch auf sonstige grenzüberschreitende Umwandlungen, die mit einem Wechsel der Rechtsform verbunden sind, übertragbar.[908] Ebenso wie ein Outbound-Formwechsel ist auch eine grenzüberschreitende[909] Spaltung hinsichtlich des abgespaltenen Betriebsteils mit einem Statutenwechsel verbunden.[910] Die hinausspaltende Gesellschaft möchte hinsichtlich eines übertragenen Teilbetriebs nicht an einer durch das Gesellschaftsstatut ihres Gründungsstaats verliehenen Rechtsform festhalten, sondern strebt die Annahme einer ausländischen Rechtsform an. Sofern die Hinausspaltung gleichzeitig mit der grenzüberschreitenden Verlagerung unternehmerischen Engagements verbunden ist, ist darin ein durch die Niederlassungsfreiheit geschützter Vorgang zu sehen. Aufgrund des durch die grenzüberschreitende Spaltung bezweckten Abstreifens der bisherigen Rechtsform bleibt für die Geschöpftheorie[911], die nur im Zusammenhang mit der identitätswahrenden Verlegung des Verwaltungssitzes Anwendung findet,[912] kein Raum. Daraus folgt die unionsrechtliche Unzulässigkeit genereller Beschränkungen von Hinausspaltungen durch den Herkunftsstaat.[913] Der Bestimmungsstaat wiederum hat eine grenzüberschreitende Hereinspaltung zu gestatten, sofern sein nationales Gesellschaftsrecht die Durchführung entsprechender innerstaatlicher Spaltungen ermöglicht.[914]

Otte/Rietschel, GmbHR 2009, S. 983 (984 f.); *Richter/Heyd*, StuW 2010, S. 367 (368 f.); zweifelnd *Gebert/Fingerhuth*, IStR 2009, S. 445 (446).

908 Vgl. *Frenzel*, EWS 2009, S. 158 (163); *Schmidt-Kessel*, GPR 2009, S. 26 (29); *Sethe/Winzer*, WM 2009, S. 536 (539).

909 Die Grenzüberschreitung ist im gesellschaftsrechtlichen Sinn zu verstehen.

910 Vgl. *Bayer/Schmidt*, ZHR 2009, S. 735 (768).

911 Siehe hierzu Teil 2,A.2.b)bb)(1).

912 Vgl. *Richter/Heyd*, StuW 2010, S. 369 (369). Entsprechend der in der Rs. *Daily Mail* entwickelten Geschöpftheorie ist es den Mitgliedstaaten lediglich gestattet, identitätswahrende Hinausverlegungen des Verwaltungssitzes zu untersagen (siehe hierzu Teil 2,A.I.2.b)bb)(1)) und aus der in diesem Fall grundfreiheitsrechtlich zulässigen Liquidation einer dennoch sitzverlegenden Gesellschaft die entsprechenden steuerrechtlichen Konsequenzen zu ziehen, vgl. EuGH v. 27.09.1988, Rs. 81/87 – *Daily Mail*, Slg. 1988, S. 5483, Rn. 20.

913 Vgl. hinsichtlich grenzüberschreitender Hinausverschmelzungen *Bayer/Schmidt*, ZHR 2009, S. 735 (766). Im Gegensatz zur generellen Verhinderung grenzüberschreitender Spaltungen können allerdings bestimmte, punktuelle Beschränkungen zum Schutz der Interessen von Gläubigern, Minderheitsgesellschaften und der Arbeitnehmer aufgrund der *rule of reason* gerechtfertigt sein, siehe dazu allgemein *Bayer/Schmidt*, ZHR 2009, S. 735 (757 f.)

914 Ebenso im Zusammenhang mit einem Inbound-Formwechsel EuGH v. 12.07.2012, Rs. C-378/10 – *VALE*, n.n.v., Rn. 46.

Zusammenfassend ist festzustellen, dass ein Mitgliedstaat aufgrund der Niederlassungsfreiheit verpflichtet ist, grenzüberschreitende Herein- und Hinausspaltungen unter Beteiligung von ausländischen Gesellschaften i.S. des Art. 54 AEUV zuzulassen, soweit einerseits das nationale Gesellschaftsrecht dieses Mitgliedstaats entsprechende rein innerstaatliche Vorgänge unter Beteiligung von vergleichbaren inländischen Rechtsträgern erlaubt sind und sofern andererseits die Spaltung zu einer grenzüberschreitenden Verlagerung unternehmerischer Tätigkeiten führt.

(2) Behandlung nach deutschem Gesellschaftsrecht

Nach § 1 Abs. 1 Nr. 2 UmwG können nur Rechtsträger „mit Sitz im Inland" an einer Spaltung teilnehmen. Der Begriff des Sitzes bezieht sich hierbei auf den Satzungssitz.[915] Nach wörtlicher Auslegung des § 1 Abs. 1 Nr. 2 UmwG sind grenzüberschreitende Spaltungen somit nicht vom Anwendungsbereich des UmwG umfasst. Anders als für bestimmte grenzüberschreitende Verschmelzungen[916] schuf der Gesetzgeber auch keinerlei Sonderregelungen, die in Verbindung mit der analogen Anwendung der §§ 123 ff. UmwG die Durchführung grenzüberschreitender Spaltungen ermöglichen. Damit kann grundsätzlich eine Eintragung ins deutsche Handelsregister nicht erfolgen und die grenzüberschreitende Spaltung deshalb nicht vollzogen werden.

Aus der Analyse der einschlägigen EuGH-Rechtsprechung ergibt sich jedoch, dass Deutschland aufgrund der Niederlassungsfreiheit gehalten ist, sowohl Herein- als auch Hinausspaltungen zuzulassen.[917] Folglich ist bei Anwendbarkeit der Niederlassungsfreiheit eine entsprechende, grundfreiheitskonforme Auslegung der Regelung des § 1 Abs. 1 Nr. 2 UmwG angezeigt.[918] An grenzüberschreitenden Spaltungen dürfen von Art. 54 AEUV erfasste ausländische Gesellschaften teilnehmen, die mit einer der in § 124 Abs. 1 i.V.m. § 3 Abs. 1 UmwG genannten spaltungsfähigen Gesellschaften vergleichbar sind.[919] Hinsichtlich der verfahrensrechtlichen Durchführung sowie der Rechtsfolgen erscheint eine analoge

915 Vgl. *Kallmeyer*, in: Kallmeyer, UmwG, 2010, § 1 Rz. 10.

916 Siehe §§ 122a ff. UmwG.

917 Vgl. hierzu Teil 2.A.I.2.b)aa)(1) und Teil 2.A.I.2.b)bb)(1).

918 Vgl. *Bayer/Schmidt*, ZHR 2009, S. 735 (769).

919 Vgl. *Spahlinger/Wegen*, NZG 2006, S. 721 (727). Vgl. zur entsprechenden Problematik im Zusammenhang mit dem grenzüberschreitenden Formwechsel *Richter/Heyd*, StuW 2010, S. 367 (371 f.).

Anwendung der §§ 123 ff. UmwG sowie partiell auch der §§ 122a ff. UmwG[920] sinnvoll.[921]

b) Vergleichbare ausländische Vorgänge

Der sachliche Anwendungsbereich des UmwStG wird gem. § 1 Abs. 1 Nr. 1 UmwStG durch ausländische Vorgänge erfüllt, welche mit Auf- und Abspaltungen i.S. des § 123 Abs. 1 und 2 UmwG vergleichbar sind. Die Regelung bezieht sich damit auf unter Beteiligung ausschließlich ausländischer Rechtsträger durchgeführte Auf- und Abspaltungsvorgänge,[922] bei denen im Inland steuerverhaftetes Betriebsvermögen übertragen wird.[923] Die ausländischen Spaltungen können dabei sowohl unter ausschließlicher Beteiligung von ausländischen Gesellschaften ein und desselben als auch unterschiedlicher Staaten erfolgen.[924] Unter der Grundvoraussetzung zivilrechtlicher Wirksamkeit[925] ist die Vergleichbarkeit einer sich nach ausländischem Recht vollziehenden Spaltung dann gegeben, sofern diese hinsichtlich der Rechtsfolgen einer Spaltung nach dem UmwG entspricht.[926] Dabei muss etwa überprüft werden, ob die partielle Gesamtrechtsnachfolge gegeben ist, ob den Anteilseignern der übertragenden Gesellschaft Anteile an der übernehmenden Gesellschaft gewährt werden und ob im Fall der Aufspaltung eine Auflösung ohne Abwicklung stattfindet.[927]

Zu den von § 1 Abs. 1 Satz 1 Nr. 1 UmwStG erfassten vergleichbaren ausländischen Vorgänge zählen zum einen solche aus Sicht des Steuerrechts grenzüberschreitenden Spaltungen, bei denen die beteiligten Rechtsträger in unterschiedlichen ausländischen Staaten steuerlich ansässig sind. Zum anderen sind

---

920 Siehe allgemein zum Verfahren einer (aus gesellschaftsrechtlicher Sicht) grenzüberschreitenden Verschmelzung nach den §§ 122a ff. UmwG *Freundorfer/Festner*, GmbHR 2010, S. 195 (196 ff.); *Brocker*, BB 2010, S. 971 (972 ff.).

921 Vgl. *Bayer/Schmidt*, ZHR 2009, S. 735 (769); *Veil*, Der Konzern 2007, S. 98 (105).

922 Eine Anwendung des UmwG kommt in diesen Fällen nicht in Betracht.

923 Vgl. *Möhlenbrock*, in: Dötsch u.a., UmwStG, 2007, § 1 Rz. 71.

924 Vgl. *Trossen*, in: Rödder/Herlinghaus/van Lishaut, UmwStG, 2008, § 1 Rz. 84.

925 Vgl. *Möhlenbrock*, in: Dötsch u.a., UmwStG, 2007, § 1 Rz. 74.

926 Durch § 1 Abs. 1 Satz 1 Nr. 1 UmwStG erfolgt lediglich ein Verweis auf den sachlichen Anwendungsbereich des UmwG. Der persönliche Anwendungsbereich des UmwStG, der nicht mit dem sachlichen Anwendungsbereich vermengt werden darf, ist hingegen direkt und ausschließlich im UmwStG geregelt, siehe dazu im Einzelnen Teil 2,A.I.1.

927 Vgl. dazu *Möhlenbrock*, in: Dötsch u.a., UmwStG, 2007, § 1 Rz. 89 f.; *Trossen*, in: Rödder/Herlinghaus/van Lishaut, UmwStG, 2008, § 1 Rz. 88.

unter die vergleichbaren ausländischen Vorgänge auch bestimmte aus steuerlicher Perspektive als grenzüberschreitend betrachtete Spaltungen, an denen unter anderem eine in Deutschland steuerlich ansässige Gesellschaft beteiligt ist, zu fassen. Ein solcher Fall ist beispielsweise dann gegeben, wenn beide an einer Spaltung beteiligten Gesellschaften in der britischen Rechtsform der Plc[928] organisiert sind, wobei eine dieser Gesellschaften in Deutschland und die andere in Großbritannien ansässig ist.[929] Da in diesem Fall beide an der Spaltung beteiligten Gesellschaften dem britischen Gesellschaftsstatut unterliegen, sind aus gesellschaftsrechtlicher Sicht allein die britischen Regelungen maßgeblich.[930] Weil die gesellschaftsrechtlichen Vorgaben über Spaltungen von Aktiengesellschaften innerhalb der Union harmonisiert sind,[931] liegt demnach ein mit einer Spaltung i.S. des § 123 UmwG vergleichbarer ausländischer gesellschaftsrechtlicher Vorgang vor.

II. Sechster und Siebter Teil des UmwStG

Die Teile Sechs und Sieben des UmwStG sind nach § 1 Abs. 3 Nr. 1 UmwStG unter anderem auf Auf- und Abspaltungen bestimmter Personengesellschaften anzuwenden. Darüber hinaus sind die genannten umwandlungssteuerrechtlichen Regelungen generell im Fall von Ausgliederungen einschlägig.[932]

1. Persönlicher und räumlicher Anwendungsbereich

Die persönlichen und räumlichen Anwendungsvoraussetzungen des Sechsten und Siebten Teils sind in § 1 Abs. 4 i.V.m. § 1 Abs. 2 UmwStG sowie ergänzend in den

---

928 Eine britische *Public company limited by shares* entspricht der deutschen AG.

929 Sofern eine Gesellschaft eines Mitgliedstaats, in dem die Gründungstheorie zur Anwendung kommt, ihren Verwaltungssitz in einen anderen Mitgliedstaat verlegt, ist dieser Zuzugsstaat primärrechtlich verpflichtet, die Gesellschaft in ihrer ursprünglichen Rechtsform anzuerkennen, siehe Teil 2.A.I.2.b)aa)(1).

930 Entgegen den Wertungen des Steuerrechts liegt damit aus gesellschaftsrechtlicher Sicht eine rein innerstaatliche Spaltung vor.

931 Aufgrund der Spaltungsrichtlinie (RL 82/891/EWG v. 17.12.1982, ABl. L 378 v. 31.12.1982, S. 47, zuletzt geändert durch RL 2009/109/EG v. 16.09.2009, ABl. L 259 v. 02.10.2009, S. 14) wurden die nationalen gesellschaftsrechtlichen Regelungen über (aus gesellschaftsrechtlicher Sicht) rein innerstaatliche Spaltungen von Aktiengesellschaften harmonisiert.

932 In § 1 Abs. 2 Satz 2 UmwStG erfolgte eine Klarstellung, wonach die Anwendung des Zweiten bis Fünften Teils des UmwStG auf Ausgliederungen generell ausgeschlossen ist.

§ 1 Abs. 3 Nr. 1, § 20 Abs. 1, § 21 Abs. 1 Satz 1, § 24 Abs. 1 UmwStG normiert und differenzieren zwischen dem übernehmenden und übertragenden Rechtsträger.

a) Übernehmender Rechtsträger

Für die Anwendung des Sechsten Teils des UmwStG muss der übernehmende Rechtsträger nach § 1 Abs. 4 Satz 1 Nr. 1 UmwStG die persönlichen und räumlichen Voraussetzungen des § 1 Abs. 2 Satz 1 Nr. 1 UmwStG erfüllen. Insoweit wird auf die Ausführungen in Teil 2,A.I.1.a) und Teil 2,A.I.1.2. verwiesen. Darüber hinaus ergeben sich persönliche Anforderungen direkt aus den § 20 Abs. 1, § 21 Abs. 1 Satz 1 UmwStG, wonach die Regelungen des Sechsten Teils des UmwStG nur im Fall einer übernehmenden Kapitalgesellschaft oder Genossenschaft anzuwenden sind. Die Klärung des Rechtstypus einer Gesellschaft erfordert die Durchführung eines Typenvergleichs. Auf die Ausführungen in Teil 2,A.I.1.b) betreffend die Unterscheidung von Personengesellschaften und Körperschaften wird an dieser Stelle verwiesen. Allerdings genügt es für die Anwendung des Sechsten Teils des UmwStG nicht, wenn die übernehmende Gesellschaft eine Körperschaft ist. Da der persönliche Anwendungsbereich des Sechsten Teils des UmwStG lediglich Kapitalgesellschaften und Genossenschaften zum Kreis der potentiellen übernehmenden Rechtsträger zählt, muss innerhalb des Typenvergleichs geprüft werden, ob ein allgemein als Körperschaft identifizierter Rechtsträger zugleich die speziellen Merkmale einer Kapitalgesellschaft oder Genossenschaft erfüllt. Kapitalgesellschaften ist gemein, dass sie zwingend über ein bestimmtes, gesetzlich vorgeschriebenes Mindestkapital verfügen müssen.[933] Allerdings kann die Einordnung einer ausländischen Gesellschaft als Kapitalgesellschaft nicht deshalb unterbleiben, weil die erforderliche Kapitalmindestausstattung nicht der einer bestimmten deutschen Kapitalgesellschaft entspricht.[934] Entscheidend ist allein, dass das ausländische Gesellschaftsstatut überhaupt einen bestimmten Mindestbetrag festlegt. Genossenschaften, die nicht zwangsläufig ein bestimmtes Mindestkapital haben,[935] sind dadurch gekennzeichnet, dass das Genossenschaftskapital von der aktuellen Anzahl der Mitglieder sowie deren jeweiligem Geschäftsguthaben abhängig und damit variabel ist.

Für die Anwendung des Siebten Teils des UmwStG muss der übernehmende Rechtsträger gem. § 1 Abs. 4 Satz 2 UmwStG die Voraussetzungen des § 1 Abs. 4 Satz 1 Nr. 1 i.V.m. § 1 Abs. 2 Satz 1 Nr. 1 UmwStG nicht erfüllen. Erforderlich

---

933 Siehe z.B. § 5 Abs. 1 GmbHG.

934 Vgl. *Pusill-Wachtsmuth*, Typenvergleich, 2003, S. 184.

935 Siehe § 8a Abs. 1 GenG.

ist in persönlicher Hinsicht gem. § 24 Abs. 1 UmwStG lediglich, dass die Übernehmerin eine Personengesellschaft ist. Zur Feststellung, ob ein ausländischer Rechtsträger durch das deutsche Ertragsteuerrecht als Personengesellschaft zu behandeln ist, ist wiederum ein Typenvergleich vorzunehmen.[936]

b) Übertragender Rechtsträger

aa) Sechster Teil des UmwStG

Für die Anwendung des Sechsten Teils des UmwStG muss der im Wege einer Spaltung übertragende Rechtsträger grundsätzlich die Voraussetzungen des § 1 Abs. 4 Satz 1 Nr. 2 UmwStG erfüllen. Eine Ausnahme hiervon besteht lediglich, wenn vermittels einer Ausgliederung ausschließlich Anteile an einer Kapitalgesellschaft oder Genossenschaft übertragen werden. Da dieser Ausgliederungsvorgang ein von den Voraussetzungen des § 1 Abs. 4 Nr. 2 UmwStG ausgenommener Anteilstausch i.S. des § 1 Abs. 3 Nr. 5, § 21 Abs. 1 Satz 1 UmwStG ist,[937] werden an den übertragenden Rechtsträger in diesem Fall keinerlei Anforderungen gestellt.[938] Anders als im Zusammenhang mit den nach § 21 UmwStG zu behandelnden Spaltungen sind hinsichtlich der von § 20 UmwStG erfassten Spaltungen die persönlichen und räumlichen Voraussetzungen des § 1 Abs. 4 Satz 1 Nr. 2 Buchst. a oder Buchst. b UmwStG zu erfüllen. Demnach fallen gem. § 1 Abs. 4 Satz 1 Nr. 2 Buchst. a Doppelbuchst. aa UmwStG Gesellschaften i.S. des § 1 Abs. 2 Satz 1 Nr. 1 UmwStG[939] sowie nach § 1 Abs. 4 Satz 1 Nr. 2 Buchst. a Doppelbuchst. bb UmwStG natürliche Personen i.S. des § 1 Abs. 2 Satz 1 Nr. 2 UmwStG in den Anwendungsbereich des Sechsten Teils des UmwStG. Eine natürliche Person muss somit ihren Wohnsitz i.S. des § 8 AO oder gewöhnlichen Aufenthalt i.S. des § 9 AO innerhalb des Hoheitsgebiets eines EU- oder EWR-Staats haben und darf nicht aufgrund eines mit einem Drittstaat abgeschlossenen DBA als außerhalb des EU- bzw. EWR-Gebiets ansässig gelten. Letztgenannte Voraussetzung stellt auf Fälle ab, in denen eine natürliche Person neben einem inländischen Wohnsitz oder gewöhnlichen Aufenthalt im Inland auch einen

---

936 Siehe hierzu ausführlich bereits Teil 2,A.I.1.b).

937 Nach dem Wortlaut des § 1 Abs. 4 Satz 1 Nr. 2 UmwStG sind die dort normierten Voraussetzungen nur bei Umstrukturierungsvorgängen i.S. des § 1 Abs. 3 Nr. 1 bis 4 UmwStG zu erfüllen, vgl. dazu auch *Trossen*, in: Rödder/Herlinghaus/van Lishaut, UmwStG, 2008, § 1 Rz. 276.

938 Vgl. *Patt*, in: Dötsch u.a., UmwStG, 2007, § 21 Rz. 8.

939 Siehe hierzu bereits die Ausführungen in Teil 2,A.I.1. und Teil2,A.I.2.

ausländischen Wohnsitz[940] oder gewöhnlichen Aufenthalt[941] im Ausland hat. Sofern zwischen der Bundesrepublik Deutschland und dem ausländischen Staat ein DBA besteht, ist nach der dem Art. 4 Abs. 2 OECD-MA entsprechenden Regelung (sog. *tie-breaker-rule*) zu entscheiden, in welchem Staat die natürliche Person als ansässig gilt.[942]

Sofern der übertragende Rechtsträger eine Personengesellschaft ist, sind die persönlichen Anwendungsvoraussetzungen nur erfüllt, soweit neben der Personengesellschaft selbst auch die an ihr unmittelbar oder mittelbar über weitere Personengesellschaften beteiligten Gesellschafter bestimmten persönlichen Anforderungen gerecht werden (sog. gesellschafterbezogene Sichtweise).[943] Soweit es sich bei den Gesellschaftern um Körperschaften handelt, sind wiederum die Voraussetzungen des § 1 Abs. 2 Satz 1 Nr. 1 UmwStG einschlägig, während für mitunternehmerisch beteiligte natürliche Personen die Bestimmung des § 1 Abs. 2 Satz 1 Nr. 2 UmwStG maßgeblich ist. Sofern nicht sämtliche an der übertragenden Personengesellschaft beteiligten Rechtsträger die Voraussetzungen des § 1 Abs. 4 Satz 1 Nr. 2 Buchst. a Doppelbuchst. aa i.V.m. § 1 Abs. 2 UmwStG erfüllen, kommt entsprechend dem Wortlaut („soweit") eine Anwendung des § 20 UmwStG grundsätzlich nur in dem Umfang in Betracht, in dem die an der übertragenden Gesellschaft beteiligten Gesellschafter die Voraussetzungen des § 1 Abs. 2 UmwStG erfüllen.[944] Maßgeblich hinsichtlich der daraus resultierenden quotalen Anwendung ist, in welcher Höhe die einzelnen Gesellschafter an der übertragenden Personengesellschaft beteiligt sind.[945]

Sofern die persönlichen und räumlichen Voraussetzungen des § 1 Abs. 4 Satz 1 Nr. 2 Buchst. a UmwStG ganz oder partiell nicht erfüllt werden, kann bei Vorliegen der alternativen Voraussetzung des § 1 Abs. 4 Satz 1 Nr. 2 Buchst. b UmwStG dennoch eine vollständige Anwendung des Sechsten Teils des UmwStG erfolgen. Dies ist der Fall, wenn das Besteuerungsrecht der Bundesrepublik Deutschland hinsichtlich der im Gegenzug für die Einbringung erhaltenen Anteile weder

---

940 Eine natürliche Person kann mehrere Wohnsitze i.S. des § 8 AO innehaben, vgl. *Kruse*, in: Tipke/Kruse, AO/FGO, § 8 AO Rz. 4 (117. Lfg., 2008).

941 Der gewöhnliche Aufenthalt i.S. des § 9 AO kann nur in einem Staat bestehen, vgl. AEAO zu § 9, Nr. 3.

942 Vgl. *Hahn*, in: PwC, Reform, 2007, S. 113.

943 Vgl. *Schönherr/Lemaitre*, GmbHR 2007, S. 459 (461).

944 Vgl. *Möhlenbrock*, in: Dötsch u.a., UmwStG, 2007, § 1 UmwStG Rz. 169.

945 Vgl. *Möhlenbrock*, in: Dötsch u.a., UmwStG, 2007, § 1 UmwStG Rz. 169.

ausgeschlossen noch beschränkt ist.[946] Ein uneingeschränktes Besteuerungsrecht i.S. dieser Festlegung besteht regelmäßig dann, wenn die Anteile einer inländischen Betriebsstätte eines im In- oder Ausland ansässigen Anteilseigners bzw. dem Privatvermögen eines im Inland ansässigen Anteilseigners zuzuordnen sind.[947] Sofern dies nicht der Fall ist, besteht dennoch ein uneingeschränktes deutsches Besteuerungsrecht, falls die übernehmende Gesellschaft ihren Sitz im Inland hat und ein uneingeschränktes deutsches Besteuerungsrecht entweder aufgrund einer entsprechenden abkommensrechtlichen Zuweisung[948] oder fehlender Anwendbarkeit eines DBA zwischen Deutschland und dem Ansässigkeitsstaat des Anteilseigners besteht. Entsprechend der Formulierung des § 1 Abs. 4 Satz 1 UmwStG („wenn") eröffnet sich der Anwendungsbereich über § 1 Abs. 4 Satz 1 Nr. 2 Buchst. b UmwStG nur, sofern hinsichtlich aller erhaltenen Anteile ein uneingeschränktes deutsches Besteuerungsrecht besteht.[949] Falls lediglich hinsichtlich eines Teils der erhaltenen Anteile ein uneingeschränktes deutsches Besteuerungsrecht besteht, erlaubt § 1 Abs. 4 Satz 1 Nr. 2 Buchst. b UmwStG somit auch keine quotale Anwendung des UmwStG.

Beispiel 4: Die in Spanien ansässige P-SC[950], deren gesamtes Betriebsvermögen sich in Deutschland befindet, spaltet einen Teilbetrieb auf die in Deutschland ansässige Q-GmbH ab. An der P-SC sind die natürlichen Personen S und T zu jeweils 50%

---

946 Vgl. *Orth*, DB 2007, S. 419 (420); *Trossen*, in: Rödder/Herlinghaus/van Lishaut, UmwStG, 2008, § 1 Rz. 280. Die Freistellung nach § 8b Abs. 2 KStG ist dabei unschädlich, vgl. *Möhlenbrock*, in: Dötsch u.a., UmwStG, 2007, § 1 UmwStG Rz. 161.

947 Hinsichtlich der im Privatvermögen eines inländischen Anteilseigners gehaltenen Anteile kann z.B. dann ein nur eingeschränktes deutsches Besteuerungsrecht bestehen, wenn zwischen Deutschland und dem Ansässigkeitsstaat der übernehmenden Körperschaft entweder kein DBA besteht oder das anzuwendende DBA in Abweichung von Art. 13 Abs. 5 OECD-MA auch den Ansässigkeitsstaat der Körperschaft zur Besteuerung eines Gewinns aus der Veräußerung der Anteile an dieser Körperschaft berechtigt. Eine solche Regelung enthalten beispielsweise die Art. 13 Abs. 3, Art. 23 Abs. 1 Buchst. b des DBA-Tschechoslowakei, welches zwischen Deutschland und Tschechien bzw. Deutschland und der Slowakei anzuwenden ist.

948 Eine Übersicht über die Behandlung von Anteilsveräußerungsgewinnen nach verschiedenen durch die Bundesrepublik Deutschland abgeschlossenen DBA gibt *Reimer*, in: Vogel/Lehner, DBA, 2008, Art. 13 Rz. 225.

949 Vgl. *Möhlenbrock*, in: Dötsch u.a., UmwStG, 2007, § 1 UmwStG Rz. 162; *Trossen*, in: Rödder/Herlinghaus/van Lishaut, UmwStG, 2008, § 1 Rz. 280.

950 Die spanische Rechtsform der *Sociedad en Comandita* entspricht nach den Grundsätzen des Typenvergleichs einer deutschen KG, siehe dazu auch BMF v. 24.12.1999, IV B 4-S 1300-111/99, BStBl. I 1999, S. 1076, Tabelle 1.

beteiligt, wobei S in Belgien und T in China ansässig ist. Die im Zuge der Abspaltung gewährten Anteile an der Q-GmbH gehen in die Privatvermögen von S und T über.

Die übernehmende Q-GmbH erfüllt die persönlichen und räumlichen Anforderungen des § 1 Abs. 4 Satz 1 Nr. 1 i.V.m. § 1 Abs. 2 Satz 1 Nr. 1 UmwStG. Die übertragende P-SC ist ebenso eine Gesellschaft i.S. des § 1 Abs. 2 Satz 1 Nr. 1 UmwStG und erfüllt damit grundsätzlich die Voraussetzungen des § 1 Abs. 4 Satz 1 Nr. 2 Buchst. a Doppelbuchst. aa UmwStG. Allerdings ist zusätzlich im Wege einer gesellschafterbezogenen Betrachtung zu prüfen, ob auch hinsichtlich der Gesellschafter der übertragenden Personengesellschaft die Voraussetzungen des § 1 Abs. 4 Satz 1 Nr. 2 Buchst. a Doppelbuchst. aa UmwStG gegeben sind. Bei natürlichen Personen ist dies der Fall, sofern diese die räumlichen Anwendungsvoraussetzungen des § 1 Abs. 2 Satz 1 Nr. 2 UmwStG erfüllen. Da lediglich der Gesellschafter S innerhalb der EU bzw. des EWR ansässig ist, kommt nach § 1 Abs. 4 Satz 1 Nr. 2 Buchst. a Doppelbuchst. aa UmwStG nur eine entsprechende quotale Anwendung des UmwStG in Betracht. Soweit der in einem Drittstaat ansässige T an der P-SC beteiligt ist, scheidet eine Anwendung des UmwStG nach § 1 Abs. 4 Satz 1 Nr. 2 Buchst. a Doppelbuchst. aa UmwStG hingegen aus. Dies bedeutet im vorliegenden Fall, dass ein Besteuerungsaufschub nach § 20 Abs. 2 Satz 2 UmwStG allenfalls hinsichtlich 50% der im übertragenen Betriebsvermögen enthaltenen stillen Reserven in Betracht kommt.

Fraglich ist, ob eine vollständige Anwendung des UmwStG aus der Regelung des § 1 Abs. 4 Satz 1 Nr. 2 Buchst. b UmwStG folgt. Gem. Art. 13 Abs. 4 DBA-China wird das Besteuerungsrecht an den dem Gesellschafter T gewährten Anteilen an der Q-GmbH nicht eingeschränkt. Da allerdings das deutsche Besteuerungsrecht an den dem Gesellschafter S gewährten Anteilen entsprechend Art. 13 Abs. 3 DBA-Belgien ausgeschlossen ist, schließt dies eine auf § 1 Abs. 4 Satz 1 Nr. 2 Buchst. b UmwStG gestützte Anwendung des UmwStG gänzlich aus, da nicht hinsichtlich aller Anteile an der Q-GmbH ein uneingeschränktes deutsches Besteuerungsrecht besteht.

Im Ergebnis kommt § 20 UmwStG entsprechend § 1 Abs. 4 Satz 1 Nr. 2 Buchst. a Doppelbuchst. aa UmwStG partiell zur Anwendung.

Über die Voraussetzungen des § 1 Abs. 4 Satz 1 Nr. 2 UmwStG hinaus erfordert die Anwendung des § 20 UmwStG, dass der übertragende Rechtsträger gem. § 1 Abs. 3 Nr. 1 UmwStG eine Personengesellschaft ist, sofern es sich bei der durchgeführten Spaltung um eine Auf- oder Abspaltung handelt. Dies folgt aus § 1 Abs. 1 Nr. 1 UmwStG, wonach die Auf- und Abspaltung von Körperschaften vom Zweiten bis Fünften Teil des UmwStG erfasst sind. Im Fall einer Ausgliederung kann der Sechste Teil gem. § 1 Abs. 3 Nr. 2 UmwStG hingegen unabhängig vom Typus des übertragenden Rechtsträgers zur Anwendung kommen.

bb) Siebter Teil des UmwStG

Da die Anwendungsvoraussetzungen des § 1 Abs. 4 Satz 1 Nr. 2 UmwStG gem. § 1 Abs. 4 Satz 2 UmwStG nicht für Spaltungen nach dem Siebten Teil des UmwStG gelten, werden insofern grundsätzlich keinerlei persönliche oder räumliche Anforderungen an den übertragenden Rechtsträger gestellt. Zum einen weist der Siebte Teil des UmwStG deshalb in räumlicher Hinsicht einen globalen Anwendungsbereich auf.[951] Zum anderen kann es sich bei dem übertragenden Rechtsträger in persönlicher Hinsicht um eine Gesellschaft handeln, die nach dem Recht eines nicht der EU oder dem EWR angehörenden Staats gegründet wurde.[952] Eine persönliche Einschränkung des Anwendungsbereichs erfolgt allein insofern, als im Fall von Auf- und Abspaltungen gem. § 1 Abs. 3 Nr. 1 UmwStG ausschließlich Personengesellschaften als übertragende Rechtsträger in Betracht kommen. Auf Ausgliederungen kann der Siebte Teil gem. § 1 Abs. 3 Nr. 2 UmwStG unabhängig vom Typus des übertragenden Rechtsträgers angewendet werden.

2. Sachlicher Anwendungsbereich

Aus der abschließenden[953] Aufzählung des § 1 Abs. 3 UmwStG ergibt sich, welche Spaltungen der Sechste und Siebte Teil des UmwStG in sachlicher Hinsicht erfasst.

Gem. § 1 Abs. 3 Nr. 1 UmwStG ist der sachliche Anwendungsbereich im Fall von Auf- und Abspaltungen i.S. des § 123 Abs. 1 und 2 UmwG sowie vergleichbaren ausländischen Vorgängen eröffnet.[954] Weiterhin bemessen sich nach § 1 Abs. 3 Nr. 2 UmwStG die steuerlichen Folgen sämtlicher Ausgliederungen i.S. des § 123 Abs. 3 UmwStG sowie der mit diesen vergleichbaren ausländischen Vorgänge nach dem Sechsten und Siebten Teil des UmwStG. Ein ausländischer Vorgang ist als einer nach deutschem Umwandlungsrecht durchgeführten Ausgliederung vergleichbar anzusehen, wenn Betriebsvermögen im Wege der Sonderrechtsnachfolge von einem übertragenden Rechtsträger auf einen bereits bestehenden oder i.R. des Ausgliederungsvorgangs neu gegründeten übernehmenden Rechtsträger übergeht und der übertragende Rechtsträger im Gegenzug Anteile am übernehmenden Rechtsträger erhält.

---

951 Vgl. *Möhlenbrock*, in: Dötsch u.a., UmwStG, 2007, § 1 UmwStG Rz. 152.

952 Vgl. *Möhlenbrock*, in: Dötsch u.a., UmwStG, 2007, § 1 UmwStG Rz. 158.

953 Vgl. BT-Drs. 16/2710, S. 36.

954 Siehe zur Frage, inwieweit grenzüberschreitende Auf- und Abspaltungen die sachlichen Anwendungsvoraussetzungen des Umwandlungssteuerrechts erfüllen, die entsprechenden Ausführungen in Teil 2.A.I.3.a) Siehe hinsichtlich der Anforderungen an vergleichbare ausländische Vorgänge die entsprechenden Ausführungen in Teil 2.A.I.3.b).

Nach § 1 Abs. 3 Nr. 5 UmwStG erfüllt darüber hinaus der Austausch von Anteilen die sachlichen Anwendungsvoraussetzungen. Entsprechend dem Sprachgebrauch des deutschen Steuerrechts, welches den Begriff der „Anteile" ausschließlich im Zusammenhang mit Anteilen an Körperschaften verwendet, ist hieraus zu folgern, dass § 1 Abs. 3 Nr. 5 UmwStG die Übertragung von Körperschaftsanteilen gegen Gewährung von Anteilen am übernehmenden Rechtsträger betrifft. Da die genannte Rechtsnorm nicht bestimmt, auf welche Weise der Austausch von Anteilen zu verwirklichen ist, sind insofern alle Arten von zivilrechtlichen Vorgängen erfasst, die eine Änderung der steuerlichen Zurechnung von Wirtschaftsgütern zu Rechtsträgern bewirken.[955] Damit kann ein Anteilstausch grundsätzlich auch im Wege einer Ausgliederung erfolgen. Wie bereits erwähnt, ist die Übertragung von Wirtschaftsgütern durch eine Ausgliederung aber grundsätzlich bereits von § 1 Abs. 3 Nr. 2 UmwStG erfasst. Da eine inhaltsleere Norm nicht vom Gesetzgeber beabsichtigt sein kann, ist anzunehmen, dass § 1 Abs. 3 Nr. 5 UmwStG exklusiv den sachlichen Anwendungsbereich des Anteilstauschs i.S. des § 21 UmwStG regelt und insoweit die Regelung des § 1 Abs. 3 Nr. 2 UmwStG verdrängt.[956]

Werden Anteile an einer Körperschaft ausgegliedert, so kann dieser Vorgang grundsätzlich sowohl unter § 20 UmwStG als auch unter § 21 UmwStG gefasst werden. Das Konkurrenzverhältnis dieser Normen ist unabhängig von der Höhe der übertragenen Beteiligung nur dann zugunsten des § 21 UmwStG aufzulösen, sofern die Anteile gesondert ausgegliedert werden.[957] Falls Anteile hingegen nicht isoliert, sondern als Bestandteil einer der in § 20 Abs. 1 UmwStG genannten qualifizierten Sachgesamtheiten ausgegliedert werden, ist der Vorgang einheitlich nach § 20 UmwStG zu beurteilen.[958]

III. Vereinbarkeit der persönlichen und räumlichen Anwendungsvoraussetzungen mit den Vorgaben des Unionsrechts

1. Fusionsrichtlinie

Das deutsche Umwandlungssteuerrecht geht insofern deutlich über die Vorgaben der FRL hinaus, als nicht nur Spaltungen privilegiert werden, an denen Kapitalgesellschaften oder Genossenschaften beteiligt sind, sondern auch natürliche

---

955 Vgl. *Patt*, in: Dötsch u.a., UmwStG, 2007, § 21 Rz. 2.
956 Vgl. *Patt*, in: Dötsch u.a., UmwStG, 2007, § 21 Rz. 3.
957 Vgl. *Patt*, in: Dötsch u.a., UmwStG, 2007, § 20 Rz. 31.
958 Vgl. *Patt*, in: Dötsch u.a., UmwStG, 2007, § 20 Rz. 32 und § 21 Rz. 10.

Personen und Personengesellschaften vom persönlichen Anwendungsbereich des UmwStG erfasst werden. Da hierdurch jedoch das Ziel der FRL, Hemmnisse grenzüberschreitender Umstrukturierungen im Binnenmarkt zu beseitigen, nicht beeinträchtigt wird, ist in dieser Erweiterung des persönlichen Anwendungsbereichs kein Verstoß gegen Sekundärrecht zu erkennen.[959]

Auch in räumlicher Hinsicht stellt das UmwStG teilweise geringere Anforderungen als die FRL. Hinsichtlich einiger der durch die FRL geschützten Rechtsträger, die in ihren jeweiligen Gründungsstaaten als Kapitalgesellschaften oder Genossenschaften gelten, ergibt sich entsprechend dem Typenvergleich, dass diese Rechtsträger aus Sicht des deutschen Ertragsteuerrechts als Personengesellschaften anzusehen sind.[960] Solche sog. hybriden Gesellschaften haben nach § 1 Abs. 4 Satz 2 UmwStG keinerlei räumliche Anforderungen zu erfüllen, um als übertragende oder übernehmende Rechtsträger an einer Spaltung i.S. des Siebten Teils des UmwStG beteiligt sein zu können. Damit können nach deutschem Umwandlungssteuerrecht ggf. auch solche Spaltungen behandelt werden, die mangels Erfüllung der Voraussetzungen des Art. 3 Buchst. b FRL keinen sekundärrechtlichen Schutz genießen.

Teilweise sind die persönlichen und räumlichen Anwendungsvoraussetzungen des UmwStG aber strenger als jene der FRL. Ebenso wie im Zusammenhang mit deutschen Personengesellschaften ist auch bei hybriden Gesellschaften ggf. die gesellschafterbezogene Sichtweise des § 1 Abs. 4 Satz 1 Nr. 2 Buchst. a Doppelbuchst. aa UmwStG zu berücksichtigen.[961] Da die FRL hinsichtlich der durch sie geschützten Rechtsträger allerdings keine derartige Einschränkung enthält, liegt insoweit ein Verstoß gegen Richtlinienrecht vor.

Sofern der Typenvergleich hinsichtlich einer durch die FRL privilegierten Gesellschaft ergibt, dass sich diese außerhalb des persönlichen Anwendungsbereichs des UmwStG befindet, hat insoweit eine richtlinienkonforme Auslegung der umwandlungssteuerrechtlichen Regelungen zu erfolgen. Demnach sind beispielsweise der sekundärrechtlich geschützten irischen *Company limited by Guarantees*, die (zumindest aus Sicht der Finanzverwaltung)[962] eine gemeinnützige Körperschaft ist, die Vorzüge des UmwStG auch in den Fällen zu gewähren, in denen das UmwStG eine Kapitalgesellschaft voraussetzt.

---

959 Vgl. dazu auch *Langheim*, Einbringung, 2008, S. 220.

960 Dies ist z.B. bei einer französischen *Société civile* der Fall, vgl. BR-Drs. 542/06, S. 58.

961 Vgl. *Möhlenbrock*, in: Dötsch u.a., UmwStG, 2007, § 1 UmwStG Rz. 167.

962 Siehe BMF v. 24.12.1999, IV B 4-S 1300-111/99, BStBl. I 1999, S. 1076, Tabelle 1.

2. Grundfreiheiten

Da der persönliche Anwendungsbereich des UmwStG grundsätzlich dem der Niederlassungsfreiheit angepasst ist, kann insoweit eine Diskriminierung ausgeschlossen werden. Etwas anderes gilt auch nicht insoweit, als nach §§ 20 und 21 UmwStG eine Einbringung nur in eine Kapitalgesellschaft oder eine Genossenschaft erfolgen kann. Zwar können somit nicht alle vom persönlichen Anwendungsbereich der Niederlassungsfreiheit erfassten Körperschaften an einem entsprechenden Vorgang teilnehmen. Da dies jedoch auch für deutsche Körperschaften gilt, kann eine Ungleichbehandlung von vergleichbaren in- und ausländischen Rechtsformen und somit eine Diskriminierung ausgeschlossen werden.

Auch der räumliche Anwendungsbereich des UmwStG stimmt grundsätzlich mit dem der Niederlassungsfreiheit überein. Im Gegensatz zum Schutz der primären Niederlassungsfreiheit, der gem. Art. 49 Abs. 1 Satz 1 AEUV jedem Unionsbürger unabhängig vom Ort seiner Ansässigkeit gewährt wird,[963] kann eine umwandlungssteuerrechtliche Privilegierung natürlicher Personen gem. § 1 Abs. 2 Satz 1 Nr. 2 UmwStG nur erfolgen, sofern diese als innerhalb des EU bzw. des EWR ansässig gelten. Da von dieser Regelung jedoch deutsche Staatsbürger ebenso betroffen sind wie alle anderen Unionsbürger und die Wahrscheinlichkeit einer Ansässigkeit in einem außerhalb der EU oder des EWR belegenen Drittstaat in keinem Zusammenhang mit einer bestimmten EU- bzw. EWR-Staatsangehörigkeit steht, kann eine versteckte Diskriminierung nach der Nationalität insoweit verneint werden.

Nach hier vertretener Auffassung besteht eine ungerechtfertigte Diskriminierung jedoch darin, dass der persönliche und räumliche Anwendungsbereich des UmwStG im Fall von übertragenden Personengesellschaften nur eröffnet ist, wenn auch deren Gesellschafter entsprechend § 1 Abs. 4 Satz 1 Nr. 2 Buchst. a Doppelbuchst. aa UmwStG bestimmte persönliche und räumliche Anwendungsvoraussetzungen erfüllen. Sofern eine durch die Niederlassungsfreiheit geschützte Personengesellschaft übertragender Rechtsträger ist, darf der Anwendungsbereich des UmwStG keine zusätzlichen Anforderungen hinsichtlich der an der Überträgerin beteiligten Gesellschafter stellen. Eine Diskriminierung von Personengesellschaften mit Drittstaaten-Gesellschaftern darf m.E. nur durch sonstige, nicht den Anwendungsbereich des UmwStG betreffende umwandlungssteuerrechtliche Normen erfolgen, soweit dies gerechtfertigt ist. So ist es beispielsweise möglich, dass im Zusammenhang mit der Entstrickungsbesteuerung eine Diskriminierung von grundfreiheitlich geschützten Personengesellschaften mit Drittstaaten-Gesellschaftern gerechtfertigt ist.

---

963 Siehe dazu bereits Teil 2,A.X.1.c).

Entsprechendes gilt m.E. bezüglich der durch die Kapitalverkehrsfreiheit erfassten Vorgänge. Soweit das UmwStG Transaktionen behandelt, die außerhalb des Anwendungsbereichs der Niederlassungsfreiheit anzusiedeln sind,[964] hat aufgrund des in persönlicher und räumlicher Hinsicht uneingeschränkten Anwendungsbereichs der Kapitalverkehrsfreiheit eine entsprechende Öffnung des umwandlungssteuerrechtlichen Anwendungsbereichs zu erfolgen. Wiederum sind gerechtfertigte Diskriminierungen i.R. der Rechtsnormen, die einzelne Sachfragen regeln, denkbar.

B. Steuerliche Behandlung des übertragenden Rechtsträgers

Im Folgenden werden die sich im Fall der grenzüberschreitenden Durchführung einer Spaltung auf Ebene des übertragenden Rechtsträgers ergebenden steuerrechtlichen Besonderheiten dargestellt und ggf. einer unionsrechtlichen Überprüfung unterzogen.

I. Spaltung nach § 15 UmwStG

1. Vermeidung einer Sofortbesteuerung

Grundsätzlich sind die i.R. einer Spaltung übertragenen Wirtschaftsgüter gem. § 15 Abs. 1 Satz 1 i.V.m. § 11 Abs. 1 Satz 1 UmwStG in der steuerlichen Schlussbilanz des übertragenden Rechtsträgers mit dem gemeinen Wert anzusetzen. Entsprechend der Legaldefinition in § 9 Abs. 2 BewG entspricht der gemeine Wert dem Veräußerungspreis, der im gewöhnlichen Geschäftsverkehr nach der Beschaffenheit des Wirtschaftsgutes und unter Berücksichtigung aller preisbeeinflussender Umstände bei gleichzeitigem Außerachtlassen ungewöhnlicher oder persönlicher Verhältnisse erzielt werden könnte. Der gemeine Wert eines Wirtschaftsguts entspricht damit dessen Verkehrswert bzw. Einzelveräußerungspreis sowie dem Fremdvergleichspreis.[965] Demnach löst eine Spaltung grundsätzlich

---

964 Siehe zum Vorrang der Niederlassungsfreiheit gegenüber der Kapitalverkehrsfreiheit innerhalb der Schnittmenge der jeweiligen Anwendungsbereiche Teil 1,A.X.3.

965 Vgl. *Ley*, FR 2007, S. 109 (112); *Klingberg/van Lishaut*, Der Konzern 2005, S. 698 (704 f.); *Prinz*, GmbHR 2007, S. 966 (969); *Dörfler/Wittkowsi*, GmbHR 2007, S. 352 (355).

eine Besteuerung der im übertragenen Betriebsvermögen befindlichen stillen Reserven, deren betragsmäßige Höhe sich aus der Differenz zwischen dem gemeinem Wert und dem Buchwert der einzelnen Wirtschaftsgüter ergibt, aus. Die Vermeidung der Entstehung eines solchen Übertragungsgewinns und damit einer Sofortbesteuerung stiller Reserven kann nur dann vollständig oder teilweise erfolgen, sofern die übertragenen Wirtschaftsgüter anstatt mit ihrem gemeinen Wert zum Buchwert oder einem Zwischenwert angesetzt werden. Der Ansatz eines solchen niedrigeren Werts ist allerdings an verschiedene Bedingungen geknüpft. Zunächst ist erforderlich, dass einerseits die Teilbetriebsvoraussetzung des § 15 Abs. 1 Satz 2 UmwStG vorliegt[966] sowie andererseits keiner der Missbrauchstatbestände des § 15 Abs. 2 UmwStG erfüllt wird[967]. Die Erfüllung dieser Voraussetzungen ist für die Anwendbarkeit des § 11 Abs. 2 UmwStG, wonach letztlich die Möglichkeit des Ansatzes des Buch- oder eines Zwischenwerts eröffnet wird, erforderlich. In formeller Hinsicht setzt § 11 Abs. 2 Satz 1 UmwStG die Stellung eines entsprechenden Antrags voraus.[968] Materielle Anforderungen bestehen dahingehend, dass der Ansatz eines unter dem gemeinen Wert liegenden Werts nur zulässig ist, soweit gem. § 11 Abs. 2 Satz 1 Nr. 1 UmwStG erstens sichergestellt ist, dass die übertragenen Wirtschaftsgüter bei der übernehmenden Körperschaft später der Besteuerung mit Körperschaftsteuer unterliegen[969] und zum zweiten gem. § 11 Abs. 2 Satz 1 Nr. 2 UmwStG das Recht der Bundesrepublik Deutschland hinsichtlich der Besteuerung der in den übertragenen Wirtschaftsgütern enthaltenen stillen Reserven sichergestellt ist[970]. Darüber hinaus ist die in § 11 Abs. 2 Satz 1 Nr. 3 UmwStG enthaltene dritte materielle Voraussetzung zu beachten, wonach der Ansatz des Buchwerts oder eines Zwischenwerts nur insoweit möglich ist, als eine Gegenleistung nicht gewährt wird oder in Gesellschaftsrechten besteht.

Die in § 11 Abs. 1 Satz 1 UmwStG erwähnte steuerliche Schlussbilanz des übertragenden Rechtsträgers ist nach inländischen Rechnungslegungsgrundsätzen zu erstellen.[971] Da bei einer grenzüberschreitenden Spaltung auch andere Rechtsordnungen tangiert sind, ist davon auszugehen, dass auch diese ähnliche Pflichten

966 Siehe hierzu Teil 2,B.I.1.a).
967 Siehe hierzu Teil 2,B.I.1.b).
968 Siehe hierzu Teil 2,B.I.1.e).
969 Siehe hierzu Teil 2,B.I.1.c).
970 Siehe hierzu Teil 2,B.I.1.d).
971 Vgl. *Hagemann* u.a., NWB-Sonderheft 1/2007, S. 23; *Lemaitre/Schönherr*, GmbHR 2007, S. 173 (173).

zur Aufstellung von Übertragungsbilanzen vorsehen.[972] Allerdings erfolgt die Bewertung des übertragenen Betriebsvermögens nach § 11 UmwStG unabhängig von einer Bewertung desselben Betriebsvermögens im Ausland.[973] Somit kann auch die Ausübung des Bewertungswahlrechts nach § 11 Abs. 2 Satz 1 UmwStG stets ungeachtet einer divergierenden Bewertung in einer ausländischen Steuerjurisdiktion erfolgen.[974] Hieraus folgt, dass ggf. mehrere steuerliche Übertragungsbilanzen parallel existieren, wobei jedoch nur die nach deutschen Rechnungslegungsvorschriften aufgestellte Steuerbilanz von Bedeutung für die Besteuerung in Deutschland ist. M.E. hat die in Übereinstimmung mit § 11 UmwStG erstellte inländische Übertragungsbilanz dementsprechend nur jenes übertragene Betriebsvermögen auszuweisen, welches bereits vor Durchführung der grenzüberschreitenden Spaltung relevant für die Gewinnermittlung des übertragenden Rechtsträgers nach deutschem Steuerrecht war.[975]

Inwieweit der nach deutschem Steuerrecht ermittelte Übertragungsgewinn auch tatsächlich in Deutschland zu versteuern ist, hängt von der doppelbesteuerungsrechtlichen Situation ab. Entscheidet sich beispielsweise eine unbeschränkt steuerpflichtige übertragende Körperschaft für den Ansatz der übertragenen Wirtschaftsgüter zum gemeinen Wert, so gilt dieser Wertansatz aufgrund des Einheitlichkeitsgrundsatzes[976] auch hinsichtlich des ausländischen übertragenen Betriebsvermögens. Da auch das ausländische Betriebsvermögen entsprechend den obigen Ausführungen in die Gewinnermittlung nach deutschem Recht einzubeziehen ist, wird auch insoweit ein Entstrickungsgewinn ermittelt. Allerdings ist der aus der Aufdeckung von im ausländischen Betriebsvermögen ruhenden stillen Reserven resultierende Gewinn regelmäßig entsprechend Art. 13 Abs. 1 und 2, Art. 23A Abs. 1 OECD-MA von der inländischen Besteuerung freizustellen.[977]

---

972 Vg. *Figna/Fürstenau*, BB-Beilage 1/2010, S. 12 (16). Allgemein zur Parallelität von Gewinnermittlungen nach verschiedenen Rechtsordnungen *Wassermeyer*, in: Wassermeyer/Andresen/Ditz, Betriebsstätten, 2006, S. 9.

973 Vgl. *Rödder/Schumacher*, DStR 2006, S. 1525 (1527).

974 Vgl. *Dötsch/Pung*, in: Dötsch u.a., UmwStG, 2007, § 3 Rz. 43; *Förster/Felchner*, DB 2006, S. 1072 (1077).

975 Vgl. hierzu entsprechend *Dötsch/Pung*, in: Dötsch u.a., UmwStG, 2007, § 3 Rz. 45. Damit ist beispielsweise übertragenes ausländisches Betriebsstättenvermögen einer beschränkt steuerpflichtigen übertragenden Körperschaft nicht Bestandteil einer inländischen Übertragungsbilanz nach § 11 UmwStG.

976 Gem. § 11 Abs. 2 Satz 1 UmwStG kann ein bestimmter Wertansatz nur „einheitlich" hinsichtlich aller übertragenen Wirtschaftsgüter gewählt werden.

977 Vgl. *Dötsch*, in: Dötsch u.a., UmwStG, 2007, § 11 Rz. 25.

Die für Zwecke der inländischen Besteuerung mit Körperschaftsteuer maßgeblichen Wertansätze gelten nach § 19 Abs. 1 UmwStG auch für die Feststellung des Gewerbeertrags.[978] Hierbei ist jedoch zu beachten, dass nach § 2 Abs. 1 Satz 1 GewStG eine Belastung mit Gewerbesteuer nur insoweit in Betracht kommt, als ein im Inland betriebener Gewerbebetrieb vorliegt. Ein solcher ist nach § 2 Abs. 1 Satz 3 GewStG insbesondere gegeben, wenn eine inländische Betriebsstätte betrieben wird, wobei auf den Betriebsstättenbegriff des § 12 AO abzustellen ist.[979] Fanden die aus ausländischen Betriebsstätten stammenden Gewinne Berücksichtigung bei der Ermittlung des Gewerbeertrags nach § 7 Satz 1 GewStG,[980] so ist insoweit eine entsprechende Kürzung nach § 9 Nr. 3 GewStG vorzunehmen.[981]

a) Teilbetriebserfordernis des § 15 Abs. 1 Satz 2 UmwStG

Nach § 15 Abs. 1 Satz 2 UmwStG kommt eine Anwendung des § 11 Abs. 2 UmwStG auf Aufspaltungen nur in Betracht, sofern auf jeden übernehmenden Rechtsträger ein Teilbetrieb übertragen wird.[982] Bei Abspaltungen muss ein Teilbetrieb auf die Übernehmerin übertragen werden, sowie gleichzeitig ein Teilbetrieb bei der übertragenden Gesellschaft zurückbleiben (sog. doppeltes Teilbetriebserfordernis).[983] Im UmwStG findet sich keine Legaldefinition des Teilbetriebsbegriffs. Fraglich ist, ob dem Begriff des Teilbetriebs unabhängig davon, ob er im Zusammenhang mit grenzüberschreitenden oder rein innerstaatlichen Spaltungen zu bestimmen ist, stets dieselbe Bedeutung beizumessen ist. Schließlich besteht neben dem tradierten

---

978 Die Regelung des § 19 UmwStG begründet keine eigenständige Gewerbesteuerpflicht, sondern setzt diese vielmehr voraus. Als *lex specialis* modifiziert § 19 UmwStG die in § 7 GewStG getroffenen Regelungen über die Ermittlung des Gewerbeertrags, vgl. *Dötsch*, in: Dötsch u.a., UmwStG, 2007, § 19 Rz. 2.

979 Vgl. *Wassermeyer*, in: Wassermeyer/Andresen/Ditz, Betriebsstätten, 2006, S. 399.

980 Die ausländischen Gewinnbestandteile sind im Gewerbeertrag nicht mehr enthalten, sofern diese Gewinne nach einem anzuwendenden DBA freizustellen sind, vgl. *Wassermeyer*, in: Wassermeyer/Andresen/Ditz, Betriebsstätten, 2006, S. 400.

981 Vgl. *Wassermeyer*, in: Wassermeyer/Andresen/Ditz, Betriebsstätten, 2006, S. 399.

982 Falls i.R. der grenzüberschreitenden Spaltung ausländisches Betriebsvermögen übertragen wird, aber der betroffene ausländische Staat den Vermögensübergang im Wege der Sonderrechtsnachfolge nicht anerkennt, gilt dieses Vermögen für Zwecke der deutschen Besteuerung nur dann als i.R. der Spaltung übertragen, soweit der Übergang dieses Betriebsvermögens „in gewisser zeitlicher Nähe“ zum Spaltungsvorgang durch Einzelrechtsnachfolge herbeigeführt wird, vgl. *Dötsch/Pung*, in: Dötsch u.a., UmwStG, 2007, § 3 Rz. 42; *Brinkhaus*, in: Haritz/Menner, UmwStG, 2010, § 3 Rz. 162 f.

983 Vgl. BT-Drs. 16/2710, S. 41 f.

deutschen ertragsteuerrechtlichen Teilbetriebsbegriff[984] auch ein Teilbetriebsbegriff i.S. der FRL. Die durch die deutsche höchstrichterliche Rechtsprechung herausgearbeitete Begriffsdefinition betrachtet einen Teilbetrieb als einen mit gewisser Selbständigkeit ausgestatteten, organisatorisch geschlossenen Teil des Gesamtbetriebs, der für sich betrachtet alle Merkmale eines Betriebs i.S. des EStG aufweist und für sich lebensfähig ist.[985] I.R. einer Teilbetriebsübertragung genügt es nach deutschem Verständnis, wenn sämtliche wesentlichen Betriebsgrundlagen des jeweiligen Teilbetriebs übergehen.[986]

Nach der unionssekundärrechtlichen Bestimmung des Art. 2 Buchst. j FRL ist ein Teilbetrieb hingegen „die Gesamtheit der in einem Unternehmensteil einer Gesellschaft vorhandenen aktiven und passiven Wirtschaftsgüter, die in organisatorischer Hinsicht einen selbständigen Betrieb, d.h. eine aus eigenen Mitteln funktionsfähige Einheit, darstellen". Inwieweit sich bzw. ob sich die verschiedenen Teilbetriebsbegriffe inhaltlich unterscheiden, ist umstritten.[987] Fraglich

---

984 Siehe hierzu BFH v. 24.04.1969, IV R 202/68, BStBl. II 1969, S. 397 (398). Zur grundsätzlichen Erforderlichkeit der Übertragung sämtlicher wesentlicher Betriebsgrundlagen bei (Teil-) Betriebsveräußerungen vgl. BFH v. 13.02.1996 – VIII R 39/92, BStBl. II 1996, S. 409, unter 2. Zur Beschränkung auf funktional wesentliche Betriebsgrundlagen bei Umstrukturierungsvorgängen vgl. BFH v. 24.08.1989 – IV R 135/86, BStBl. II 1989, S. 1014, unter 5.; BMF v. 16.08.2000 – IV C 2 – S 1909 – 23/00, BStBl. I 2000, S. 1253.

985 Vgl. BFH v. 24.04.1969, IV R 202/68, BStBl. II 1969, S. 397 (398); BFH v. 13.02.1996, VIII R 39/92, BStBl. II 1996, S. 409, unter 1.; BFH v. 10.03.1998, VIII R 31/95, BFH/NV 1998, S. 1209, unter II. 1. a); BFH v. 10.10.2001, XI R 35/00, BFH/NV 2002, S. 336, unter II. 1.

986 Vgl. BFH v. 13.02.1996 – VIII R 39/92, BStBl. II 1996, S. 409, unter 2. und 3.; BFH v. 24.08.1989 – IV R 135/86, BStBl. II 1989, S. 1014, unter 4.; BMF v. 16.08.2000 – IV C 2 – S 1909 – 23/00, BStBl. I 2000, S. 1253.

987 Nach Ansicht der deutschen Rechtsprechung entsprechen sich die beiden Teilbetriebsbegriffe im Wesentlichen, vgl. BFH v. 07.04.2010, I R 96/08, BStBl. II 2011, S. 467, unter II. 4. c) dd). In der Literatur herrscht Uneinigkeit über Auslegungsunterschiede im Detail. So wird teilweise vermutet, dass das europäische vom deutschen Begriffsverständnis dahingehend abweiche, dass bei der Frage, ob ein Teilbetrieb vorliege, die Perspektive des Erwerbers und nicht die des Übertragenden maßgeblich sei, vgl. *Strobl-Haarmann*, in: FS Widmann, 2000, S. 553 (556 f.); *Neumann*, EStB 2002, S. 437 (438); *Blumers*, BB 2008, S. 2041 (2044); a.A. *Thömmes*, in: FS Widmann, 2000, S. 583 (602); *Herlinghaus*, in: Rödder/Herlinghaus/van Lishaut, UmwStG, 2008, § 20 Rz. 68; *Patt*, in: Dötsch u.a., UmwStG, 2007, § 20 Rz. 92. Teilweise wird von einer dahingehenden Abweichung ausgegangen, dass es entgegen dem tradierten inländischen Verständnis (dazu BFH v. 07.04.2010, I R 96/08, BStBl. II 2011, S. 467,

ist, ob es unabhängig von der Auslegung des nationalen und des europäischen Teilbetriebsbegriffs zu einer unterschiedlichen Begriffsauslegung in Abhängigkeit davon kommt, ob eine Spaltung grenzüberschreitend oder rein innerstaatlich durchgeführt wird.

Die Neufassung des UmwStG durch das SEStEG diente unter anderem dem Zweck, das deutsche Umwandlungssteuerrecht an die Vorgaben der FRL anzupassen.[988] Da sich der Anwendungsbereich der FRL nur auf grenzüberschreitende Sachverhalte unter Beteiligung von bestimmten EU-Kapitalgesellschaften erstreckt, erfüllt ein nationaler Gesetzgeber seine mitgliedstaatliche Pflicht zur korrekten Richtlinienumsetzung bereits dann, wenn lediglich die steuerliche Behandlung der genannten Sachverhalte den unionssekundärrechtlichen Vorgaben entspricht. Ausweislich der Gesetzesbegründung zum SEStEG sollen für Umwandlungen nach dem neugefassten UmwStG aber unabhängig davon, ob sie rein innerstaatlich oder grenzüberschreitend innerhalb der EU durchgeführt werden, die gleichen Grundsätze gelten.[989] Da auch der Gesetzestext an keiner Stelle erkennen lässt, dass die

---

unter II. 4. c) bbb)) aus sekundärrechtlicher Sicht bereits genüge, ein Nutzungsrecht hinsichtlich der Wirtschaftsgüter eines Teilbetriebs zu übertragen, vgl. *Thömmes*, in: FS Widmann, 2000, S. 583 (598); *Neumann*, EStB 2002, S. 437 (441); *Weier*, DStR 2008, S. 1002 (1005); a.A. *Schumacher*, in: Rödder/Herlinghaus/van Lishaut, UmwStG 2008, § 15 Rz. 145; *Hörtnagl*, in: Schmitt/Hörtnagl/Stratz, UmwG/UmwStG, 2009, § 15 UmwStG Rz. 71; *Frotscher*, in: Frotscher/Maas, KStG/UmwStG, § 15 UmwStG Rz. 61 (95. Lfg., 2009). Die h.M. geht im Zusammenhang mit dem fusionsrichtlinienrechtlichen Teilbetriebsbegriff davon aus, dass die Übertragung von zivilrechtlichem Eigentum nicht erforderlich ist, soweit das wirtschaftliche Eigentum an den Wirtschaftsgütern des Teilbetriebs übertragen wird, vgl. *Schumacher*, in: Rödder/Herlinghaus/van Lishaut, UmwStG, 2008, § 15 Rz. 146; *Frotscher*, in: Frotscher/Maas, KStG/GewStG/UmwStG, § 15 UmwStG Rz. 61 (95. Lfg., 2009); *Asmus*, in: Haritz/Menner, UmwStG, 2010, § 15 Rz. 73. Teilweise wird vertreten, dass die europäischen Anforderungen an eine Teilbetriebsübertragung insoweit strenger als die Voraussetzungen nach deutschem Verständnis (siehe dazu BFH v. 13.02.1996 – VIII R 39/92, BStBl. II 1996, S. 409, unter 2. und 3.) sind, als aus europäischer Sicht eine Übertragung der wesentlichen Betriebsgrundlagen eines Teilbetriebs nicht genügen soll, vgl. *Weier*, DStR 2008, S. 1002 (1005); *Hörtnagl*, in: Schmitt/Hörtnagl/Stratz, UmwG/UmwStG, 2009, § 15 UmwStG Rz. 83; a.A. unter Hinweis auf die Notwendigkeit einer Praktikabilität des Sekundärrechts *Schumacher*, in: Schumacher/Herlinghaus/van Lishaut, UmwStG, 2008, § 15 Rz. 151; *Frotscher*, in: Frotscher/Maas, KStG/GewStG/UmwStG, § 15 UmwStG Rz. 60 (95. Lfg., 2009); *Blumers*, BB 2008, S. 2041 (2045).

988 Vgl. BT-Drs. 16/2710, S. 1 und 25.

989 Vgl. BT-Drs. 16/2710, S. 25 f.; dazu auch Blumers, BB 2008, S. 2041 (2042 f.).

Auslegung des Teilbetriebsbegriffs in Abhängigkeit vom Vorliegen eines grenzüberschreitenden oder rein innerstaatlichen Kontexts variieren soll, ist von einem einheitlichen europäischen Begriffsverständnis auszugehen.[990] Durch die Übernahme des sekundärrechtlichen Teilbetriebsbegriffs im Zusammenhang mit der steuerlichen Behandlung rein innerstaatlicher Spaltungen erfolgte insoweit eine überschießende Umsetzung der FRL.[991] Nach der Rechtsprechung des EuGH ist dieser i.R. eines Vorabentscheidungsverfahrens selbst dann für die Auslegung von Bestimmungen einer EU-Richtlinie zuständig, wenn die Richtlinie einen konkreten Sachverhalt zwar nicht unmittelbar betrifft, weil es sich hierbei um einen rein innerstaatlichen Vorgang handelt, aber das rein nationale Recht dennoch an die sekundärrechtlichen Vorgaben angepasst ist.[992] Dies begründet der EuGH damit, dass auch in diesem Fall ein Interesse der Union an der einheitlichen Auslegung der aus dem Unionsrecht übernommenen Bestimmungen und Begriffe besteht, um künftige

990 Vgl. *Patt*, Der Konzern 2006, S. 730, (735); *Schönherr/Lemaitre*, GmbHR 2007, S. 459 (460); *Weier*, DStR 2008, S. 1002 (1005 f.); *Asmus*, in: Haritz/Menner, UmwStG, 2010, § 15 Rz. 60 f.; *Beinert/Benecke*, FR 2010, S. 1009 (1019); unsicher hinsichtlich nationaler Sachverhalte *Förster/Wendland*, BB 2007, S. 631 (632); zweifelnd *Dötsch/Pung*, DB 2006, S. 2763, (2764, dort Fn. 67). Nach anderer Auffassung ist i.R. von rein innerstaatlich durchgeführten Umwandlungen weiterhin der nationale Teilbetriebsbegriff maßgeblich, vgl. *Hörtnagl*, in: Schmitt/Hörtnagl/Stratz, UmwG/UmwStG, 2009, § 15 UmwStG Rz. 59; *Schmitt*, in: Schmitt/Hörtnagl/Stratz, UmwG/UmwStG, 2009, § 20 UmwStG Rz. 82 bis 85; *Hagemann* u.a., NWB-Sonderheft 1/2007, S. 1 (34); *Strahl*, in: Carlé u.a., Umwandlungen, 2007, S. 84. Nach wiederum a.A. gilt zwar grundsätzlich allgemein der sekundärrechtliche Teilbetriebsbegriff, doch soll er insoweit aufgeweicht werden, als der deutsche Teilbetriebsbegriff für die Steuerpflichtigen günstiger ist, vgl. *Blumers*, BB 2008, S. 2041 (2043); *Schumacher*, in: Schumacher/Neumann, DStR 2008, S. 325 (327).

991 Richtlinienrecht ist überschießend umgesetzt, wenn die entsprechenden sekundärrechtlichen Regelungen durch einen Mitgliedstaat nicht nur hinsichtlich der richtlinienrechtlich geschützten Sachverhalte, sondern insbesondere auch rein innerstaatlicher Sachverhalte in nationales Recht umgesetzt werden, vgl. *Nettersheim*, in: Grabitz/Hilf, EUV/EGV, Art. 249 EG Rz. 151 (20. Lfg., 2002).

992 Vgl. im Zusammenhang mit dem fusionsrichtlinienrechtlichen Teilbetriebsbegriff EuGH v. 15.01.2002, Rs. C-43/00 – *Andersen og Jensen*, Slg. 2002, S. I-379, Rn. 18 f.; im Zusammenhang mit der fusionsrichtlinienrechtlichen Missbrauchsklausel EuGH v. 17.07.1997, Rs. C-28/95 – *Leur-Bloem*, Slg. 1997, S. I-4161, Rn. 32 und 34; allgemein EuGH v. 18.10.1990 – Rs. C-297/88 und 197/89 – *Dzodzi*, Slg. 1990, S. I-3763, Rn. 37; EuGH v. 07.01.2003, Rs. C-306/99 – *BIAO*, Slg. 2003, S. I-1, Rn. 90.

Auslegungsunterschiede zu verhindern.[993] Aus den Formulierungen des EuGH geht m.E. hervor, dass im Fall einer überschießenden Richtlinienumsetzungen nur insoweit eine Auslegungskompetenz des EuGH besteht, als konkrete richtlinienrechtliche Bestimmungen oder einzelne richtlinienrechtliche Begriffe wörtlich übernommen wurden. Sofern hingegen sekundärrechtliche Vorgaben zwar einheitlich für grenzüberschreitende und rein innerstaatliche Sachverhalte umgesetzt wurden, aber sich der Inhalt der betreffenden Richtlinie nur sinngemäß im nationalen Recht wiederfindet, ist das mitgliedstaatliche Recht m.E. nur insoweit am höherrangigen Richtlinienrecht zu messen, als vom Anwendungsbereich der jeweiligen Richtlinie erfasste Sachverhalte betroffen sind.

Da § 15 Abs. 1 Satz 2 UmwStG den europäischen Begriff des Teilbetriebs allerdings wörtlich auch i.R. der Regelung von Sachverhalten außerhalb des Anwendungsbereichs der FRL übernimmt, kann selbst im Zusammenhang mit rein inländischen Sachverhalten ein Vorabentscheidungsersuchen an den EuGH gerichtet werden. Somit ist festzustellen, dass es hinsichtlich der Auslegung des Teilbetriebsbegriffs keinen Unterschied macht, ob eine Spaltung grenzüberschreitend oder rein innerstaatlich durchgeführt wird.

Aufgrund der generellen Maßgeblichkeit der Vorgaben des Art. 2 Buchst. j FRL darf das UmwStG keine zusätzlichen verschärfenden Anforderungen an einen Teilbetrieb stellen.[994] Sekundärrechtlich unproblematisch ist jedoch eine durch ergänzende nationale Gesetzesregelungen, Verwaltungserlasse oder nationale Rechtsprechung vorgenommene Abmilderung der Teilbetriebsvoraussetzungen oder eine Erweiterung des Teilbetriebsbegriffs um Teilbetriebsfiktionen.[995] Dies ist damit zu begründen, dass durch das Gebot einer einheitlichen Auslegung des Teilbetriebsbegriffs nach europäischen Rechtsvorstellungen lediglich ein bestimmtes, durch den Richtliniengeber intendiertes Mindestmaß an europäischer Integration sichergestellt werden soll. Sofern sich aber ein Mitgliedstaat beim Erlass von Rechtsnormen entscheidet, zugunsten der Steuerpflichtigen über die Vorgaben von Richtlinienrecht hinauszugehen, fördert dies die Verwirklichung des Binnenmarktziels verstärkt und kann somit unionsrechtlich nicht missbilligt werden.

---

993 Vgl. EuGH v. 15.01.2002, Rs. C-43/00 – *Andersen og Jensen*, Slg. 2002, S. I-379, Rn. 18; EuGH v. 17.07.1997, Rs. C-28/95 – *Leur-Bloem*, Slg. 1997, S. I-4161, Rn. 32; EuGH. v. 18.10.1990, Rs. C-297/88 und 197/89 – *Dzodzi*, Slg. 1990, S. I-3763, Rn. 37.

994 Vgl. *Asmus*, in: Haritz/Menner, UmwStG, 2010, § 15 Rz. 62.

995 Vgl. *Beinert/Benecke*, FR 2010, S. 1009 (1019); *Asmus*, in: Haritz/Menner, UmwStG, 2010, § 15 Rz. 62 f.

Sofern davon ausgegangen wird, dass der fusionsrichtlinienrechtliche Teilbetriebsbegriff eine Übertragung nur der wesentlichen Wirtschaftsgüter des jeweiligen Teilbetriebs nicht genügen lässt, ergibt sich demnach eine den Steuerpflichtigen begünstigende und damit sekundärrechtlich zulässige Modifikation des Teilbetriebsbegriffs aus der Auffassung der Finanzverwaltung, wonach bereits die Gesamtheit der funktional wesentlichen Wirtschaftsgüter einen Teilbetrieb ausmacht.[996]

Eine weitere richtlinienrechtlich zulässige Liberalisierung des Teilbetriebsbegriffs geschah durch § 15 Abs. 1 Satz 3 UmwStG, wonach über die Vorgaben des Art. 2 Buchst. j FRL hinaus bestimmte fiktive Teilbetriebe einem echten Teilbetrieb gleichgestellt werden. Als Teilbetriebe gelten nach der genannten umwandlungssteuerrechtlichen Regelung sowohl 100%-Beteiligungen an Kapitalgesellschaften als auch Mitunternehmeranteile. Teile eines Mitunternehmeranteils sind dabei ebenfalls als Teilbetriebe zu betrachten.[997] Sofern i.R. einer Spaltung ein Mitunternehmeranteil oder ein Teilmitunternehmeranteil übertragen werden soll, ist auch das dazugehörige Sonderbetriebsvermögen (bruchteilsmäßig[998]) zu übertragen.[999] Da auch die Übertragung einer Beteiligung an einer hybriden Gesellschaft als Übertragung eines Mitunternehmeranteils behandelt wird,[1000] stellt sich die Frage, ob es gegen die FRL verstößt, wenn auch insoweit die Mitübertragung des zugehörigen Sonderbetriebsvermögens gefordert wird. Ein Mitunternehmeranteil und

996 Vgl. BMF v. 11.11.2011, IV C 2-S 1978-b/08/10001, BStBl. I 2011, S. 1314, Tz. 15.02.

997 Vgl. *Dötsch/Pung*, in: Dötsch u.a., UmwStG, 2007, § 15 Rz. 71; *Schießl*, in: Widmann/Mayer, UmwG/UmwStG, § 15 UmwStG Rz. 65 (123. Lfg., 2011); *Hörtnagl*, in: Schmitt/Hörtnagl/Stratz, 2009, § 15 UmwStG Rz. 90.

998 Eine bruchteilsmäßige Übertragung des Sonderbetriebsvermögens ist im Fall der Teilmitunternehmeranteilsübertragung erforderlich. Nach anderer Auffassung ist bei Teilmitunternehmeranteilsübertragungen keine Übertragung eines Bruchteils des Sonderbetriebsvermögens geboten, da eine Restbeteiligung zurückbleibt, vgl. *Schulze zur Wiesche*, FR 1999, S. 988 (990).

999 Vgl. BFH v. 31.08.1995, VIII B 21/93, BStBl. II 1995, S. 890, unter II. 2.; BFH v. 19.03.1991, VIII R 76/87, BStBl. II 1991, S. 635, unter I. und II.; BFH v. 06.12.2000, VIII R 21/00, BStBl. II 2003, S. 194 unter II. 1. b); *Dötsch/Pung*, in: Dötsch u.a., UmwStG, 2007, § 15 Rz. 73. Da durch eine umwandlungsrechtliche Spaltung allein das Gesamthandsvermögen einer Mitunternehmerschaft übertragen werden kann (vgl. *Patt*, in: Dötsch u.a., UmwStG, 2007, § 20 Rz. 164), müssen die Gesellschafter das dazugehörige Sonderbetriebsvermögen in engem zeitlichem Zusammenhang im Wege der Einzelrechtsnachfolge übertragen.

1000 Vgl. *Patt*, in: Dötsch u.a., UmwStG, 2007, § 20 Rz. 118 und § 21 Rz. 16.

damit auch eine Beteiligung an einer hybriden Gesellschaft kann mangels organisatorischer Selbständigkeit in keinem Fall als Teilbetrieb i.S. des Art. 2 Buchst. j FRL betrachtet werden.[1001] Außerdem kennt die FRL keine Teilbetriebsfiktionen. Weil die im Wege der Auf- oder Abspaltung erfolgende bloße Übertragung von Anteilen an einer hybriden Gesellschaft unabhängig von der Höhe der Beteiligung somit nicht zu den vom sachlichen Anwendungsbereich der FRL erfassten Sachverhalten gehört, kann ein Sekundärrechtsverstoß insoweit ausgeschlossen werden.[1002]

b) Missbrauchsregelungen des § 15 Abs. 2 UmwStG

Die Regelungen des § 15 Abs. 2 UmwStG ordnen im Fall bestimmter, vom Gesetzgeber als missbräuchlich erachteter Gestaltungen die Nichtanwendung des § 11 Abs. 2 UmwStG an. Gem. § 15 Abs. 2 Satz 1 UmwStG ist eine Privilegierung nach § 11 Abs. 2 UmwStG ausgeschlossen, sofern die Teilbetriebsvoraussetzung des § 15 Abs. 1 Satz 2 UmwStG zwar aufgrund eines fiktiven Teilbetriebs i.S. des § 15 Abs. 1 Satz 3 UmwStG erfüllt ist, der entsprechende Mitunternehmeranteil bzw. die entsprechende Kapitalgesellschaftsbeteiligung jedoch erst innerhalb der letzten drei Jahre vor dem steuerlichen Übertragungsstichtag durch Übertragung von Wirtschaftsgütern, die keinen Teilbetrieb darstellen, erworben oder aufgestockt wurde. Weiterhin ist nach § 15 Abs. 2 Satz 2 und 3 UmwStG eine Anwendung des § 11 Abs. 2 UmwStG ausgeschlossen, sofern eine Spaltung dem Vollzug oder

---

1001 Vgl. *Winkeljohann/Fuhrmann*, Handbuch Umwandlungssteuerrecht, 2007, S. 598.

1002 Etwas anderes gilt m.E. hinsichtlich der Ausgliederung von mehrheitsvermittelnden Anteilen an einer hybriden Gesellschaft auf eine Körperschaft oder hybride Gesellschaft. Wird ein mehrheitsvermittelnder Mitunternehmeranteil an einer hybriden Gesellschaft ausgegliedert und erhält der ausgliedernde Rechtsträger dafür Anteile an der übernehmenden Gesellschaft, so ist dies ein Austausch von Anteilen i.S. der Art. 2 Buchst. e, Art. 8 Abs. 1 FRL. Umgesetzt werden diese Vorgaben in Abhängigkeit vom übernehmenden Rechtsträger entweder durch § 20 UmwStG oder § 24 UmwStG. Das Erfordernis der Übertragung des dazugehörigen Sonderbetriebsvermögens kann nicht mit Art. 11 Abs. 1 und 2 FRL begründet werden, da diese Regelungen lediglich eine Sofortbesteuerung mit Anrechnung einer fiktiven ausländischen Steuer gestatten, sofern es zu einer steuerlichen Entstrickung kommt. Falls eine Spaltung außerhalb des Anwendungsbereichs der FRL erfolgt, darf weiterhin vorausgesetzt werden, dass das zum Gesamthandsvermögen zugehörige Sonderbetriebsvermögen mitübertragen wird. Da der Begriff des Mitunternehmeranteils nicht dem Unionsrecht entspringt, sind die nationalen Regelungen, wie soeben dargestellt, insoweit nicht an den Vorgaben des Richtlinienrechts zu messen.

der Vorbereitung einer Anteilsveräußerung durch die an der übertragenden Gesellschaft beteiligten Anteilseigner dient. Letzteres wird gem. § 15 Abs. 2 Satz 4 UmwStG unterstellt, sofern „innerhalb von fünf Jahren nach dem steuerlichen Übertragungsstichtag Anteile an einer an der Spaltung beteiligten Körperschaft, die mehr als 20 Prozent der vor Wirksamwerden der Spaltung an der Körperschaft bestehenden Anteile ausmachen, veräußert werden.“ Darüber hinaus wird eine missbräuchliche Gestaltung gem. § 15 Abs. 2 Satz 5 UmwStG auch dann angenommen, wenn die Beteiligungen der Anteilseigner der übertragenden Gesellschaft erst seit weniger als fünf Jahren vor dem steuerlichen Übertragungsstichtag bestanden haben und die Spaltung zu einer Trennung von Gesellschafterstämmen führt.[1003]

Fraglich ist, ob die Regelungen des § 15 Abs. 2 UmwStG auf grenzüberschreitende und rein innerstaatliche Spaltungen gleichermaßen anzuwenden sind. Auch wenn der Wortlaut der genannten Norm keinen Anhaltspunkt für eine vom Vorliegen des grenzüberschreitenden Moments abhängige unterschiedliche Behandlung liefert, könnte sich aus den Vorgaben der FRL eine Privilegierung grenzüberschreitender Spaltungen ergeben. Anders als die Grundfreiheiten, die nur auf die Beseitigung von Diskriminierungen oder nicht-diskriminierender Beschränkungen gerichtet sind, können die in sekundärrechtlichen Richtlinien enthaltenen Vorgaben auch auf beschränkungsfreie und somit wettbewerbsneutrale mitgliedstaatliche Rechtsnormen wie den § 15 Abs. 2 UmwStG einwirken.

Nach der Bestimmung des Art. 15 Abs. 1 Buchst. a Halbs. 1 FRL sind die nationalen Gesetzgeber zur Vorenthaltung steuerlicher Privilegierungen befugt, sofern eine Spaltung hauptsächlich der Steuerhinterziehung oder -umgehung dient. Hiervon ist nach Art. 15 Abs. 1 Buchst. a Halbs. 2 FRL insbesondere dann auszugehen, wenn die Spaltung nicht hauptsächlich auf vernünftigen wirtschaftlichen Erwägungen beruht, sondern überwiegend auf die Erzielung steuerlicher Vorteile gerichtet ist.[1004] In seinem Urteil in der Rs. *Leur-Bloem* nahm der EuGH zur Regelung des Art. 15 Abs. 1 Buchst. a FRL dahingehend Stellung, dass diese Regelung

---

1003 Eine Trennung von Gesellschafterstämmen liegt vor, sofern nicht sämtliche Anteilseigner des übertragenden Rechtsträgers im Fall der Aufspaltung an den übernehmenden Rechtsträgern bzw. im Fall der Abspaltung an dem übernehmenden sowie dem auch weiterhin bestehenden übertragenden Rechtsträger entsprechend ihrer ursprünglichen prozentualen Beteiligung am übertragenden Rechtsträger beteiligt sind, vgl. *Klingebiel* u.a., Umwandlungssteuerrecht, 2008, S. 265.

1004 Vgl. EuGH v. 17.07.1997, Rs. C-28/95 – *Leur-Bloem*, Slg. 1997, S. I-4161, Rn. 48; EuGH v. 05.07.2007, Rs. C-321/05 – *Kofoed*, Slg. 2007, S. I-5795, Rn. 37 f.; EuGH v. 10.11.2011, Rs. C-126/10 – *Foggia*, n.n.v., Rn. 33 bis 36.

keine Befugnis zum Erlass von Vorschriften, die die Annahme eines missbräuchlichen Verhaltens an die Erfüllung vorgegebener pauschaler Kriterien knüpfen, beinhalten.[1005] Vielmehr entsprechen nach der *Leur-Bloem*-Rechtsprechung nationale Missbrauchsregelungen nur dann dem unionsrechtlichen Verhältnismäßigkeitsgrundsatz und bewegen sich nur dann innerhalb des von Art. 15 Abs. 1 Buchst. a FRL vorgegebenen Spielraums, wenn sie eine gerichtlich überprüfbare, umfassende Einzelfalluntersuchung vorsehen.[1006] In seiner Rechtsprechung zur grundfreiheitlichen Zulässigkeit von Missbrauchsregelungen relativierte der EuGH jedoch das Gebot der strikten Einzelfallprüfung dahingehend, dass ein Missbrauch anhand pauschaler Kriterien festgestellt werden kann, sofern dem Steuerpflichtigen die Möglichkeit zum Antritt des Gegenbeweises eingeräumt wird.[1007] Aufgrund der einheitlichen Ausrichtung von Primär- und Sekundärrecht auf die Beseitigung von Hemmnissen für grenzüberschreitende Wirtschaftsvorgänge müssen sich diese weiterentwickelten Grundsätze zur grundfreiheitlichen Beurteilung von Missbrauchsregelungen ebenso i.R. der sekundärrechtlichen Würdigung nationaler Missbrauchsklauseln niederschlagen.[1008] Die Konformität einer typisierenden Missbrauchsvermutung mit Art. 15 Abs. 1 Buchst. a FRL wird demnach hergestellt, indem dem Steuerpflichtigen die Möglichkeit zur Erbringung eines Gegenbeweises eröffnet wird.[1009] Es muss dem Steuerpflichtigen ermöglicht werden, ohne übermäßigen Verwaltungsaufwand[1010] außersteuerliche Gründe vorzubringen, aus denen sich die wirtschaftliche Notwendigkeit einer dem

---

1005 Vgl. EuGH v. 17.07.1997, Rs. C-28/95 – *Leur-Bloem*, Slg. 1997, S. I-4161, Rn. 41 und 44; EuGH v. 10.11.2011, Rs. C-126/10 – *Foggia*, n.n.v., Rn. 37.

1006 Vgl. EuGH v. 17.07.1997, Rs. C-28/95 – *Leur-Bloem*, Slg. 1997, S. I-4161, Rn. 41 und 44; ebenso EuGH v. 20.05.2010, Rs. C-352/08 – *Zwijnenburg*, Slg. 2010, S. I-4303, Rn. 44; EuGH v. 10.11.2011, Rs. C-126/10 – *Foggia*, n.n.v., Rn. 37; *Körner*, IStR 2006, S. 109 (112); *Gille*, IStR 2007, S. 194 (195); *Thömmes*, in: FS Wassermeyer, 2005, S. 207 (216).

1007 Vgl. EuGH v. 12.09.2006, Rs. C-196/04, *Cadbury Schweppes*, Slg. 2006, S. I-7995, Rn. 70; EuGH v. 13.03.2007, Rs. C-524/04 – *Thin Cap*, Slg. 2007, S. I-2107, Rn. 82; EuGH v. 23.04.2008, Rs. C-201/05 – *CFC and Dividend Group Litigation*, Slg. 2008, I-2875, Rn. 82 und 84; *Wassermeyer/Schönfeld*, GmbHR 2006, S. 1065 (1066); *Thömmes*, in: FS Wassermeyer, 2005, S. 207 (216 f.).

1008 Vgl. *Glahe*, Einkünftekorrektur, 2012, S. 315 f.

1009 Vgl. *Gille*, IStR 2007, S. 194 (195); *Schwenke*, DStZ 2007, S. 235 (247). Siehe allgemein zur Zulässigkeit der Beweislastumkehr EuGH v. 13.12.2005, Rs. C-446/03 – *Marks & Spencer*, Slg. 2005, I-10837, Rn. 56; EuGH v. 12.09.2006, Rs. C-196/04, *Cadbury Schweppes*, Slg. 2006, S. I-7995, Rn. 70; *Hahn*, IStR 2006, S. 667 (669).

1010 Vgl. EuGH v. 05.07.2012, Rs. C-318/10 – *SIAT*, n.n.v., Rn. 50.

Anschein nach steuerlich motivierten Gestaltung ergibt. Gelingt dieser Beweis, so dürfen die Rechtsfolgen einer Steuerumgehung nicht eintreten.

Sämtlichen Missbrauchsvermutungen des § 15 Abs. 2 UmwStG ist gemein, dass sie pauschal an die Erfüllung bestimmter vorgegebener Merkmale, deren Vorliegen typischerweise für missbräuchliches Verhalten spricht, geknüpft sind. Da jedoch keine Möglichkeit der Erbringung eines Gegenbeweises vorgesehen ist, stellt dies einen Verstoß gegen die Vorgaben der FRL dar.[1011] Folglich dürfen die Regelungen des § 15 Abs. 2 UmwStG im Anwendungsbereich der FRL nicht zur Anwendung kommen. Eine anstatt dessen vorgenommene richtlinienkonforme geltungserhaltende Auslegung des § 15 Abs. 2 UmwStG, wonach den sekundärrechtlich geschützten Steuersubjekten die Möglichkeit eines Gegenbeweises einzuräumen ist,[1012] kommt m.E. deshalb nicht in Betracht, da aus der bereits ergangenen Rechtsprechung mit hinreichender Sicherheit auf die Sekundärrechtswidrigkeit der pauschalen, nicht widerlegbaren Missbrauchsvermutungen des § 15 Abs. 2 UmwStG zu schließen ist.[1013]

Einer Anwendung des § 15 Abs. 2 UmwStG auf rein innerstaatliche Sachverhalte steht die Bestimmungen des Art. 15 Abs. 1 Buchst. a FRL allerdings nicht entgegen: Anders als bei dem in § 15 Abs. 1 Satz 2 UmwStG verwendeten sekundärrechtlichen Teilbetriebsbegriff, der einheitlich für grenzüberschreitende und rein innerstaatliche Spaltungen maßgeblich ist,[1014] erfolgte durch § 15 Abs. 2 UmwStG keine Übernahme richtlinienrechtlicher Begriffe oder Bestimmungen. Ein Interesse der Union an einer Auslegung sekundärrechtlicher Regelungen durch den EuGH auch im Zusammenhang mit rein innerstaatlichen Vorgängen kann nur dann zur Wahrung einer einheitlichen Auslegung von Richtlinienbestimmungen erforderlich sein, sofern die einschlägige nationale Rechtsnorm konkrete sekundärrechtliche Begriffe oder Bestimmungen wörtlich übernimmt bzw. auf diese verweist.[1015] Da hier eine solche Übernahme bzw. ein solcher Verweis nicht

---

1011 Ebenfalls einen Verstoß annehmend *Gille*, IStR 2007, S. 194 (196 f.). So auch bereits zu den vergleichbaren Regelungen des § 15 Abs. 3 UmwStG 1995 *Hahn*, GmbHR 2006, S. 462 (463).

1012 So *Schumacher*, in: Schumacher/Neumann, DStR 2008, S. 325 (329).

1013 Siehe hierzu bereits allgemein Teil 1.A.VII.5.b)bb)(5).

1014 Vgl. bereits Teil 2,B.I.1.a).

1015 Derartige Konstellationen lagen den Rs. *Dzodzi* (EuGH v. 18.10.1990 – Rs. C-297/88 und 197/89 – *Dzodzi*, Slg. 1990, S. I-3763) und *Leur-Bloem* (EuGH v. 17.07.1997, Rs. C-28/95 – *Leur-Bloem*, Slg. 1997, S. I-4161) und *Andersen og Jensen* (EuGH v. 15.01.2002, Rs. C-43/00 – *Andersen og Jensen*, Slg. 2002, S. I-379) zugrunde. Die Entscheidung, ob im Einzelfall ein solcher Verweis des nationalen Rechts auf gegeben ist, kann dem Gesetzgeber nicht unterstellt werden, dass er sich auch im Zusammenhang mit außerhalb des Anwendungsbereichs der FRL liegenden Sachverhalten an sekundärrechtliche Vorgaben binden möchte. Somit besteht im Zusammenhang mit nicht von der FRL erfassten Sachverhalten keine Gefahr einer zerklüfteten Auslegung richtlinienrechtlicher Bestimmungen bzw. Begriffe, welche ein an den EuGH gerichtetes, die Auslegung des Art. 15 Abs. 1 Buchst. a FRL betreffendes Vorabentscheidungsersuchen der Finanzgerichtsbarkeit rechtfertigen würde.[1016] Da eine sekundärrechtliche Würdigung des § 15 Abs. 2 UmwStG folglich ausschließlich hinsichtlich der von der FRL erfassten Sachverhalte angezeigt ist[1017] und nur insoweit die Nichtanwendung des § 15 Abs. 2 UmwStG zur Folge hat, werden die durch die FRL geschützten grenzüberschreitenden Spaltungen beispielsweise gegenüber rein innerstaatlich durchgeführten Spaltungen besser gestellt.[1018]

c) Spätere Besteuerung mit Körperschaftsteuer

Nach § 11 Abs. 2 Satz 1 Nr. 1 UmwStG kann der Buchwert oder ein Zwischenwert nur angesetzt werden, soweit das eingebrachte Betriebsvermögen später bei der übernehmenden Gesellschaft der Besteuerung mit Körperschaftsteuer unterliegt. Das Wort „später" bedeutet, dass diese Besteuerung zwar über den Zeitpunkt der Einbringung hinaus, nicht aber zwangsläufig dauerhaft erfolgen muss.[1019] Weiterhin ist nicht entscheidend, dass das Betriebsvermögen der

---

unionsrechtliche Bestimmungen gegeben ist, liegt nach der Rechtsprechung des EuGH im Ermessen der nationalen Gerichte, vgl. EuGH v. 04.06.2009, Rs. C-439/07 und C-499/07 – *KBC Bank*, Slg. 2009, S. I-4409, Rn. 59.

1016 Die mitgliedstaatlichen Gerichte prüfen, inwieweit im Zusammenhang mit rein innerstaatlichen Sachverhalten eine Übernahme von bzw. ein Verweis auf Sekundärrecht vorliegt, vgl. *Gille*, IStR 2007, S. 194 (198); EuGH v. 17.07.1997, Rs. C-28/95 – *Leur-Bloem*, Slg. 1997, S. I-4161, Rn. 33.

1017 Im Ergebnis ebenso *Neumann*, in: Schumacher/Neumann, DStR 2008, S. 325 (330); a.A. *Blumers*, BB 2008, S. 2041 (2045).

1018 Vgl. *Neumann*, in: Schumacher/Neumann, DStR 2008, S. 325 (330). Eine solche umgekehrte Diskriminierung, d.h. die Schlechterstellung rein innerstaatlicher Sachverhalte, ist aus Sicht der Grundfreiheiten unbeachtlich, vgl. bereits Teil 1,A.III.

1019 Vgl. *Rödder*, in: Rödder/Herlinghaus/van Lishaut, UmwStG, 2008, § 11 Rz. 110; a.A., wonach eine Besteuerung bis zum Zeitpunkt der tatsächlichen Realisation der übertragenen Wirtschaftsgüter erfolgen muss *Herlinghaus*, in: Rödder/Herlinghaus/van Lishaut, UmwStG, 2008, § 20 Rz. 160; *Patt*, in: Dötsch u.a., § 20 UmwStG Rz. 225.

deutschen Körperschaftsteuer unterliegt. Die Steuerverhaftungsvoraussetzung des § 11 Abs. 2 Satz 1 Nr. 1 UmwStG wird auch erfüllt, sofern eine Belastung durch eine entsprechende ausländische Steuerart erfolgt.[1020] Bedeutung hat die Vorschrift somit allenfalls für die Übertragung auf eine steuerbefreite Körperschaft.[1021] Da allerdings selbst eine steuerbefreite Körperschaft durch die Übernahme eines Teilbetriebs in der Regel zu einem steuerpflichtigen Geschäftsbetrieb gelangt, ist der Regelung des § 11 Abs. 2 Satz 1 Nr. 1 UmwStG wenig Praxisrelevanz zu bescheinigen.[1022]

d) Sicherstellung des deutschen Besteuerungsrechts

Nach § 11 Abs. 2 Satz 1 Nr. 2 UmwStG können die zu übertragenden Wirtschaftsgüter nur insoweit zum Buchwert oder einem Teilwert angesetzt werden, als „das Recht der Bundesrepublik Deutschland hinsichtlich der Besteuerung des Gewinns aus der Veräußerung der übertragenen Wirtschaftsgüter bei der übernehmenden Körperschaft nicht ausgeschlossen oder beschränkt wird". Wird diese Voraussetzung nur hinsichtlich eines Teils der übertragenen Wirtschaftsgüter erfüllt, so kommt entsprechend der Formulierung des § 11 Abs. 2 Satz 1 UmwStG („soweit") ausschließlich hinsichtlich dieser Wirtschaftsgüter der Ansatz des Buchwerts oder eines Zwischenwerts in Betracht (sog. wirtschaftsgutbezogene Betrachtungsweise).[1023] Wirtschaftsgüter, bei denen es hingegen zu einem Ausschluss oder einer Beschränkung des deutschen Besteuerungsrechts kommt, sind somit entsprechend der Regelbewertung nach § 11 Abs. 1 Satz 1 UmwStG in der steuerlichen Schlussbilanz mit dem gemeinen Wert anzusetzen. Es erfolgt

---

1020 Vgl. *Dötsch/Pung*, in: Dötsch u.a., UmwStG, 2007, § 3 Rz. 35; *Frotscher*, Vorabkommentierung SEStEG, 2007, Rz. 350; a.A. *Paus*, EStB 2007, S. 180 (181); *Mutscher*, in: Frotscher/Maas, KStG/GewStG/UmwStG, § 20 UmwStG Rz. 202 (90. Lfg., 2008).

1021 Vgl. *Förster/Wendland*, BB 2007, S. 631 (633); *Patt*, in: Dötsch u.a., UmwStG, 2007, § 20 Rz. 225; *Frotscher*, Vorabkommentierung SEStEG, 2007, Rz. 350; *Heß/Schnitger*, in: PwC, S. 225; *Hagemann* u.a., NWB-Sonderheft 1/2007, S. 1 (35); *Winkeljohann/Fuhrmann*, Handbuch Umwandlungssteuerrecht, 2007, S. 846; *Herlinghaus*, in: Rödder/Herlinghaus/van Lishaut, UmwStG, 2008, § 20 Rz. 160.

1022 Vgl. *Patt*, in: Dötsch u.a., UmwStG, 2007, § 20 Rz. 225; *Herlinghaus*, in: Rödder/Herlinghaus/van Lishaut, UmwStG, 2008, § 20 Rz. 160.

1023 Vgl. *Dötsch*, in: Dötsch u.a., UmwStG, 2007, § 11 Rz. 16; *Schießl*, in: Widmann/Mayer, UmwG/UmwStG, § 11 UmwStG Rz. 46 (105. Lfg., 2009); *Dötsch/Pung*, in: Dötsch u.a., UmwStG, 2007, § 3 Rz. 52.

damit eine selektive Wertaufstockung der betroffenen Wirtschaftsgüter;[1024] eine betragsmäßig insgesamt entsprechende, aber gleichmäßige Buchwertaufstockung sämtlicher Wirtschaftsgüter ist unzulässig.[1025]

Zu untersuchen ist, wann es zu einem Ausschluss oder einer Beschränkung des deutschen Besteuerungsrechts kommt. Ein Ausschluss des deutschen Besteuerungsrechts zeichnet sich dadurch aus, dass ein zuvor mit oder ohne Anrechnungsverpflichtung bestehendes deutsches Besteuerungsrecht aufgrund der Spaltung vollständig untergeht.[1026] Eine bloße Beschränkung des deutschen Besteuerungsrechts hinsichtlich des übertragenen Betriebsvermögens ist hingegen dann gegeben, wenn ein zuvor uneingeschränktes deutsches Besteuerungsrecht infolge der Spaltung einem anrechnungsverpflichtungsbehafteten[1027], d.h. eingeschränkten Besteuerungsrecht weicht.[1028] Generell ist ein Ausschluss oder ein Verlust des deutschen Besteuerungsrechts nur hinsichtlich der stillen Reserven derjenigen Wirtschaftsgüter möglich, an denen vor der Durchführung einer Spaltung ein deutsches Besteuerungsrecht bestanden hat.[1029] Zur Ermittlung, ob und ggf. in welcher Ausprägung vor bzw. nach einer Spaltung ein deutsches Besteuerungsrecht vorgelegen hat bzw. vorliegt, bestimmt sich nach Maßgabe des deutschen Ertragsteuerrechts unter Beachtung der Restriktionen aufgrund etwaiger im konkreten Einzelfall anzuwendender Doppelbesteuerungsabkommen. Für Einkünfte aus Grundstücken gilt die Besonderheit, dass diese unabhängig von der Ansässigkeit des wirtschaftlichen Eigentümers regelmäßig und nur dann der deutschen

---

1024 Vgl. *Förster/Wendland*, BB 2007, S. 631 (633).

1025 Vgl. *Herlinghaus*, in: Rödder/Herlinghaus/van Lishaut, UmwStG, 2008, § 20 Rz. 166.

1026 Vgl. *Herlinghaus*, in: Rödder/Herlinghaus/van Lishaut, UmwStG, 2008, § 20 Rz. 166.

1027 Die Pflicht zur Anrechnung ausländischer Steuern ergibt sich insbesondere, wenn mit dem Bestimmungsstaat entweder kein DBA geschlossen wurde und deshalb § 26 Abs. 6 Satz 1 KStG i.V.m. § 34c EStG anzuwenden ist, oder wenn das einschlägige DBA die Anrechnungsmethode vorsieht.

1028 Vgl. *Herlinghaus*, in: Rödder/Herlinghaus/van Lishaut, UmwStG, 2008, § 20 Rz. 166, wonach speziell dieser Fall allerdings unter den weiten Begriff der „Einschränkung des Besteuerungsrechts“ gefasst wird. A.A. hingegen *Patt*, in: Dötsch u.a., UmwStG, 2007, § 20 Rz. 227, wonach auch Fälle eines solchen Ausschlusses des Besteuerungsrechts unter den Begriff der Beschränkung gefasst werden.

1029 Vgl. *Dötsch/Pung*, in: Dötsch u.a., UmwStG, 2007, § 3 Rz. 38; *Lemaitre/Schönherr*, GmbHR 2007, S. 173 (175); *Trossen*, FR 2006, S. 617 (620); BT-Drs. 16/2710, S. 38.

Besteuerung unterliegen, wenn sie im Inland belegen sind.[1030] Damit kann insoweit keine Beschränkung bzw. kein Ausschluss des deutschen Besteuerungsrechts aufgrund eines grenzüberschreitenden Spaltungsvorgangs eintreten. Für die Frage nach dem deutschen Besteuerungsrecht hinsichtlich anderer Wirtschaftsgüter ist hingegen i.d.R. entscheidend, welchen in- oder ausländischen Betriebsstätten diese Wirtschaftsgüter zuzuordnen sind. Dementsprechend ist im Folgenden darzustellen, welchen Regeln die Zuordnung von Wirtschaftsgütern zu Betriebsstätten folgt und welche Konsequenzen sich aus einer geänderten Zuordnung ergeben können. Im Anschluss werden verschiedene Fallkonstellationen von grenzüberschreitenden Spaltungen daraufhin überprüft, inwieweit sie Potential zum Ausschluss oder zur Beschränkung des deutschen Besteuerungsrechts aufweisen.

aa) Zuordnung von Wirtschaftsgütern zu Betriebsstätten

Während die in Deutschland grundsätzlich steuerpflichtigen Einkünfte ausschließlich nach nationalem Steuerrecht zu ermitteln sind,[1031] können die Rechtsnormen bilateraler Doppelbesteuerungsabkommen als Gewinnabgrenzungsregelungen lediglich eine Schmälerung der steuerlichen Bemessungsgrundlage bewirken.[1032] Einkünfte aus einer Betriebsstätte unterliegen nur insoweit der deutschen Besteuerung, als diese nach innerstaatlichem Recht in Deutschland steuerbar und -pflichtig sind und darüber hinaus keine Einschränkung des deutschen Besteuerungsrechts durch ein DBA erfolgt. Sofern eine solche Betriebsstätte vorliegt, gilt in entsprechender Weise, dass die durch die Veräußerung eines Wirtschaftsguts generierten Einkünfte nur dann in jener Betriebsstätte steuerlich zu erfassen sind, wenn ihr das Wirtschaftsgut nicht nur nach nationalem Recht, sondern auch nach Abkommensrecht zuzuordnen ist. Hierfür ist wiederum vorauszusetzen, dass sowohl nach

---

1030 Im Fall der beschränkten Steuerpflicht unterliegen diese Einkünfte entsprechend (§ 8 Abs. 1 Satz 1 KStG i.V.m.) § 49 Abs. 1 Nr. 2 Buchst. a bzw. Buchst. f Doppelbuchst. bb EStG der Besteuerung. Regelmäßig wird dem Belegenheitsstaat entsprechend den Regelungen der Art. 13 Abs. 1, Art. 6 OECD-MA, die gem. Art. 7 Abs. 7 OECD-MA vorrangig gegenüber den Regelungen des Art. 7 OECD-MA sind, das Besteuerungsrecht zugewiesen.

1031 Vgl. *Wassermeyer*, in: Debatin/Wassermeyer, DBA, Vor Art. 6 bis 22 OECD-MA Rz. 61 (99. Lfg., 2006); *Hemmelrath*, in: Vogel/Lehner, DBA, 2008, Art. 7 OECD-MA Rz. 21.

1032 Vgl. *Wassermeyer*, in: Debatin/Wassermeyer, DBA, Vor Art. 6 bis 22 OECD-MA Rz. 55 (99. Lfg., 2006); *Andresen*, in: Wassermeyer/Andresen/Ditz, Betriebsstätten, 2006, S. 35.

dem Verständnis des inländischen Rechts als auch des Abkommensrechts eine Betriebsstätte vorliegt.

Eine Betriebsstätte i.S. des § 12 Abs. 1 AO zeichnet sich als feste Geschäftseinrichtung aus, über die der Steuerpflichtige eine gewisse Verfügungsmacht hat und die der Tätigkeit des Unternehmens dient.[1033] Die Tatbestandsvoraussetzung des „Dienens" ist erfüllt, wenn die Geschäftseinrichtung zu unternehmerischen Zwecken genutzt wird bzw. den Unternehmenszweck fördert.[1034] Die nach nationalem Recht erfolgende Identifikation von Betriebsstätten ist eine notwendige Voraussetzung für die Ermittlung von in Deutschland grundsätzlich steuerpflichtigen gewerblichen Einkünften. Welche dieser Einkünfte letztlich tatsächlich durch den deutschen Fiskus besteuert werden dürfen, hängt bei Anwendbarkeit eines DBA von der dort vorgenommenen Abgrenzung nationaler Besteuerungsrechte ab.[1035] Sofern der Betriebsstättenbegriff – wie üblich – auch in dem anzuwendenden DBA definiert wird, ergibt sich aus dem Umkehrschluss aus einer ebenso regelmäßig bestehenden, dem Art. 3 Abs. 2 OECD-MA entsprechenden DBA-Regelung, dass der abkommensrechtliche Betriebsstättenbegriff unabhängig von § 12 Abs. 1 AO auszulegen ist.[1036] Entsprechend der in Art. 5 Abs. 1 OECD-MA enthaltenen Definition ist eine Betriebsstätte eine feste Geschäftseinrichtung, in der unternehmerische Tätigkeiten ausgeübt werden. Aus den Parallelen der Tatbestandsvoraussetzungen des nationalen sowie des abkommensrechtlichen Betriebsstättenbegriffs ist auf die weitgehende Deckungsgleichheit dieser Begriffe zu schließen.[1037]

Den verschiedenen festgestellten Betriebsstätten eines Unternehmens sind die Wirtschaftsgüter dieses Unternehmens zuzuordnen. Auch die Zuordnung von Wirtschaftsgütern ist nach nationalem Steuerrecht und Abkommensrecht jeweils

---

1033 Vgl. *Kruse*, in: Tipke/Kruse, AO/FGO, § 12 AO Rz. 4, 11, 16 f. (117. Lfg., 2008).

1034 Vgl. BFH v. 30.10.1996, II R 12/92, BStBl. II 1997, S. 12, unter II. 1. a) dd); *Kruse*, in: Tipke/Kruse, AO/FGO, § 12 AO Rz. 19 (117. Lfg., 2008).

1035 Vgl. *Ditz*, in: Wassermeyer/Andresen/Ditz, Betriebsstätten, 2006, S. 203.

1036 Vgl. *Wassermeyer*, in: Debatin/Wassermeyer, DBA, Art. 5 OECD-MA Rz. 8 (108. Lfg., 2009); *Ditz*, in: Wassermeyer/Andresen/Ditz, Betriebsstätten, 2006, S. 203; *Görl*, in: Vogel/Lehner, DBA, 2010, Art. 5 OECD-MA Rz. 8.

1037 Vgl. BMF v. 24.12.1999, IV B 4-S 1300-111/99, BStBl. I 1999, S. 1076, Rz. 1.2.1.1; *Wassermeyer*, in: Debatin/Wassermeyer, DBA, Art. 5 OECD-MA Rz. 8 (108. Lfg., 2009). Ausnahmen sind beispielsweise bei reinen Warenlagern gegeben. Diese stellen nach § 12 Nr. 5 AO eine Betriebsstätte dar, während entsprechend Art. 5 Abs. 4 OECD-MA in diesem Fall ausdrücklich keine Betriebsstätte vorliegt.

unabhängig voneinander vorzunehmen.[1038] Es besteht somit nur dann ein deutsches Besteuerungsrecht an den stillen Reserven eines Wirtschaftsguts, wenn dieses nach deutschem Steuerrecht einer grundsätzlich der deutschen Besteuerung unterliegenden Betriebsstätte zuzuordnen ist und auch nach Abkommensrecht keine anderweitige Zuordnung erfolgt.

Die deutschen Steuerrechtsnormen legen keinen allgemeingültigen Maßstab für die Zuordnung von Wirtschaftsgütern ausdrücklich fest. Aus dem in § 4 Abs. 4 EStG für Betriebsausgaben normierten und ebenso für Betriebseinnahmen geltenden Veranlassungsprinzip lässt sich der Grundsatz ableiten, wonach die Zuordnung eines Wirtschaftsguts zu der Betriebsstätte erfolgt, welcher sie tatsächlich dient.[1039] Dieser Grundsatz harmoniert mit der Aussage des § 121 Nr. 3 BewG, der für bewertungsrechtliche Zwecke als inländisches Betriebsvermögen insbesondere dasjenige Vermögen definiert, das einer im Inland unterhaltenen Betriebsstätte dient. Ein Wirtschaftsgut dient dann der in einer Betriebsstätte ausgeübten unternehmerischen Tätigkeit, wenn es als funktionaler Bestandteil dieser Betriebsstätte zur Erfüllung von deren Unternehmenszweck beiträgt.[1040] Fraglich ist, ob ein Wirtschaftsgut, das nicht nur in eine Betriebsstätte funktional eingebunden ist bzw. nicht nur in einer Betriebsstätte zur Erzielung von steuerlichen Erträgen eingesetzt wird, mehreren Betriebsstätten anteilig zuzuordnen ist. Nach einer Auffassung kann ein Wirtschaftsgut stets nur einer einzigen Betriebsstätte

---

1038 Entgegen der unpräzisen Begriffsverwendung in BMF v. 24.12.1999, IV B 4-S 1300-111/99, BStBl. I 1999, S. 1076, Rz. 2.4 sowie Art. 7 Abs. 2 OECD-MA ist der Begriff der Zuordnung scharf von dem der Zurechnung abzugrenzen, vgl. *Maier*, in: Löwenstein/Looks, Betriebsstättenbesteuerung, 2003, S. 248; *Roth*, in: Lüdicke, Zurechnung von Wirtschaftsgütern, 2000, S. 87 ff. Während die Zuordnung von Wirtschaftsgütern über die Abgrenzung von inländischem und ausländischem Betriebsstättenvermögen eines zivilrechtlich einheitlichen Unternehmens entscheidet, bestimmt die Zurechnung von Wirtschaftsgütern deren persönliche Zugehörigkeit zum Vermögen eines Steuerpflichtigen, vgl. *Roth*, in: Lüdicke, Zurechnung, 2000, S. 88; *Ettinger/Königer*, GmbHR 2009, S. 590 (592, dort Fn. 27 und 28). Der Zuordnung eines Wirtschaftsguts zu einer Betriebsstätte hat demnach die persönliche Zurechnung zu einem Steuerpflichtigen vorauszugehen, vgl. *Roth*, in: Lüdicke, Zurechnung, 2000, S. 89; *Ettinger/Königer*, GmbHR 2009, S. 590 (592, dort Fn. 28).

1039 Vgl. BFH v. 29.07.1992, II R 39/89, BStBl. II 1993, S. 63, unter II. 1.; BFH v. 01.04.1987, II R 186/80, BStBl. II 1987, S. 550; BFH v. 30.10.1996, II R 12/92, BStBl. II 1997, S. 12, unter II. 1. c); BMF v. 24.12.1999, IV B 4-S 1300-111/99, BStBl. I 1999, S. 1076, Rz. 2.4.

1040 Vgl. BFH v. 29.07.1992, II R 39/89, BStBl. II 1993, S. 63, unter II. 2. a); *Maier*, in: Löwenstein/Looks, Betriebsstättenbesteuerung, 2003, S. 253.

zugeordnet werden.[1041] Dem Steuerpflichtigen soll dann ein Wahlrecht zustehen, welcher Betriebsstätte das betreffende Wirtschaftsgut zugeordnet wird.[1042] Dieser Meinung ist entgegenzuhalten, dass dem Veranlassungsprinzip und mithin auch dem Bedürfnis nach einer betriebswirtschaftlich zutreffenden Vermögenszuordnung nur Genüge getan wird, wenn eine anteilige Zuordnung eines von mehreren Betriebsstätten gemeinsam genutzten Wirtschaftsguts erfolgt, da nur in diesem Fall ein sachgerechter Betriebsstättengewinn ermittelt werden kann.[1043] Somit ist ein durch mehrere Betriebsstätten genutztes Wirtschaftsgut den jeweiligen Betriebsstätten anteilig zuzuordnen.[1044] Auch im Fall einer anteiligen Zuordnung muss sich bei Addition der den einzelnen Betriebsstätten zugeordneten Bruchteile am Wirtschaftsgut stets insgesamt eine exakt einfache Zuordnung ergeben.[1045]

Aus der Maßgeblichkeit des Funktionszusammenhangs zwischen der Einsatzbestimmung eines Wirtschaftsguts und der unternehmerischen Zielsetzung einer Betriebsstätte folgt zugleich, dass die Belegenheit eines Wirtschaftsguts allenfalls einen Hinweis auf dessen Zuordnung geben kann, jedoch keinesfalls hierfür ausschlaggebend ist.[1046] Eine sog. Attraktivkraft der Betriebsstätte, wonach dieser automatisch alle in ihrem Belegenheitsstaat befindlichen Wirtschaftsgüter des

---

1041 Vgl. BMF v. 24.12.1999, IV B 4-S 1300-111/99, BStBl. I 1999, S. 1076, Rz. 2.4; *Maier*, in: Löwenstein/Looks, Betriebsstättenbesteuerung, 2003, S. 249 und 261.

1042 Vgl. *Figna/Fürstenau*, BB-Beilage 1/2010, S. 12 (14).

1043 Vgl. *Andresen*, in: Wassermeyer/Andresen/Ditz, Betriebsstätten, 2006, S. 67 bis 69. Insbesondere ist bei einer anteiligen Zuordnung eines Wirtschaftsguts zu mehreren Betriebsstätten auch die AfA in entsprechender Weise i.R. der Gewinnermittlung der betroffenen Betriebsstätten geltend zu machen, vgl. *Andresen*, in: Wassermeyer/Andresen/Ditz, Betriebsstätten, 2006, S. 70 f. Als Aufteilungsmaßstab können beispielsweise die Nutzungszeit, Nutzungsintensität oder der Beitrag zur Umsatzgenerierung gewählt werden, vgl. *Ditz*, in: Wassermeyer/Andresen/Ditz, Betriebsstätten, 2006, S. 253 f.

1044 Vgl. BFH v. 20.03.2002, II R 84/99, BFH/NV 2002, S. 1017, unter II. 1.; *Ditz*, Internationale Gewinnabgrenzung, 2004, S. 297 f. Dies entspricht auch dem Gedanken des AOA, der durch das Amtshilferichtlinie-Umsetzungsgesetz (Gesetz zur Umsetzung der Amtshilferichtlinie sowie zur Änderung steuerlicher Vorschriften v. 26.06.2013, BGBl. I 2013, S. 1809) in nationales Recht (siehe insbesondere § 1 Abs. 4 Satz 1 Nr. 2, § 1 Abs. 5 AStG) umgesetzt wurde. Im Sinne der Fiktion einer uneingeschränkten Selbständigkeit von Betriebsstätten ist hinsichtlich anteilig genutzter Wirtschaftsgüter grundsätzlich von einer Miteigentümerstellung der betroffenen Betriebsstätten auszugehen, vgl. *Wassermeyer*, IStR 2012, S. 277 (279).

1045 Vgl. BFH v. 29.07.1992, II R 39/89, BStBl. II 1993, S. 63, unter II. 2. a); *Andresen*, in: Wassermeyer/Andresen/Ditz, Betriebsstätten, 2006, S. 72.

1046 Vgl. *Maier*, in: Löwenstein/Looks, Betriebsstättenbesteuerung, 2003, S. 255.

Gesamtunternehmens zuzuordnen sind, existiert nicht.[1047] Ebenso kann der Wille der Geschäftsleitung keine Zuordnung zu einer bestimmten Betriebsstätte begründen, sofern dieser Wille im Widerspruch zu einer nach funktionalen Gesichtspunkten vorzunehmenden Zuordnung steht.[1048] Der Wille der Geschäftsleitung kann als subsidiäres Kriterium nur in den Fällen beachtlich sein, in denen ein Wirtschaftsgut zu mehreren Betriebsstätten einen funktionalen Zusammenhang aufweist und eine eindeutige Zuordnung deshalb nicht möglich ist.[1049] Falls gleichzeitig Unsicherheit hinsichtlich der Höhe der jeweiligen anteiligen Zuordnung besteht, ist insofern ein gewisser Spielraum für eine gewillkürte Zuordnung des betreffenden Wirtschaftsguts anzunehmen.[1050] Etwas anderes gilt lediglich hinsichtlich der Wirtschaftsgüter, die aufgrund ihrer Eigenart keinen funktionalen Zusammenhang zu unternehmerischen Tätigkeiten einer Betriebsstätte aufweisen und deren Nutzung somit ohne Einfluss auf die sonstigen in den einzelnen Betriebsstätten erzielten Einkünfte ist.[1051] Diese Wirtschaftsgüter, wie z.B. allein der Vermögensanlage dienende Aktien oder nicht zur Deckung des Finanzbedarfs einer konkreten Betriebsstätte benötigte liquide Mittel, sind stets dem Stammhaus[1052]

1047 Vgl. BFH v. 01.04.1987, II R 186/80, BStBl. II 1987, S. 550.

1048 Vgl. BFH v. 29.07.1992, II R 39/89, BStBl. II 1993, S. 63, unter II. 2. a); BFH v. 01.04.1987, II R 186/80, BStBl. II 1987, S. 550.

1049 Vgl. BFH v. 01.04.1987, II R 186/80, BStBl. II 1987, S. 550; BFH v. 29.07.1992, II R 39/89, BStBl. II 1993, S. 63, unter II. 2. a); *Andresen*, in: Wassermeyer/Andresen/Ditz, Betriebsstätten, 2006, S. 85; *Maier*, in: Löwenstein/Looks, Betriebsstättenbesteuerung, 2003, S. 254.

1050 Vgl. *Andresen*, in: Wassermeyer/Andresen/Ditz, Betriebsstätten, 2006, S. 86.

1051 Vgl. BFH v. 30.08.1995, I R 112/94, BStBl. II 1996, S. 563, unter II. 5.; BFH v. 20.03.2000, II R 84/99, BFH/NV 2002, S. 1017, unter II. 1.; BFH v. 29.11.2000, I R 84/99, HFR 2001, S. 1053, unter II. 3. a).

1052 Es gibt keine Legaldefinition des Begriffs des Stammhauses. Beim Stammhaus handelt es sich um die Geschäftsleitungsbetriebsstätte, vgl. *Kessler/Jehl*, IWB v. 08.08.2007, F. 10 Gr. 2, S. 1977 (1979). Geschäftsleitungsbetriebsstätten erfüllen sowohl die Voraussetzungen einer Stätte der Geschäftsleitung i.S. des § 12 Satz 2 Nr. 1 AO als auch eines Orts der Leitung entsprechend Art. 5 Abs. 2 Buchst. a OECD-MA, vgl. *Wassermeyer*, in: Wassermeyer/Andresen/Ditz, Betriebsstätten, 2006, S. 419. Die Geschäftsleitung, also der Mittelpunkt der geschäftlichen Oberleitung, befindet sich dort, wo der für die Geschäftsführung maßgebliche Willensbildung erfolgt, vgl. BFH v. 23.01.1991, I R 22/90, BStBl. II 1991, S. 554, unter II. 2. c); BFH v. 03.07.1997, IV R 58/95, BStBl. II 1998, S. 86, unter B. II. 1. Entscheidend ist, wo alle notwendigen Geschäftsführungsentscheidungen von einiger Wichtigkeit getroffen werden, vgl. BFH v. 23.01.1991, I R 22/90, BStBl. II 1991, S. 554, unter II. 2. c); BFH v. 03.07.1997, IV R 58/95, BStBl. II 1998, S. 86, unter B. II. 1. Dies ist der zuzuordnen.[1053] Der Geschäftsleitung ist hier die Befugnis zur gewillkürten Zuordnung zu verweigern, da diese Wirtschaftsgüter ansonsten zur Senkung der Steuerlast regelmäßig Betriebsstätten in solchen Staaten zugeordnet würden, welche Dividenden, Anteilsveräußerungsgewinne oder Zinserträge günstiger besteuern. Diese Auffassung spiegelt auch die durch die Finanzverwaltung entwickelte sog. Zentralfunktion des Stammhauses wider. Danach sind beispielsweise Beteiligungen automatisch dem Stammhaus zuzuordnen, wenn sie nicht einer in einer anderen Betriebsstätte ausgeübten Tätigkeit dienen.[1054] Indem die Finanzverwaltung die Maßgeblichkeit einer dem Betriebsstättenzweck dienenden Bestimmung von Beteiligungen betont, stellt sie auf den Funktionszusammenhang ab. Der teilweise in der Literatur erhobene Vorwurf, wonach die Finanzverwaltung entsprechend der Zentralfunktion des Stammhauses immaterielle Wirtschaftsgüter generell dem Stammhaus zuordne,[1055] ist m.E. demnach unzutreffend. Nach dem Grundsatz der Zentralfunktion des Stammhauses droht nach hier vertretener Auffassung keine im Widerspruch zum Funktionszusammenhang stehende Zuordnung.[1056] Vielmehr ist eine Kollision mit der Regel der Zuordnung entsprechend dem Veranlassungszusammenhang ausgeschlossen, da das Prinzip der Zentralfunktion des Stammhauses nur Wirtschaftsgüter betrifft, die keiner Betriebsstätte funktional dienen. Sofern eine Kapitalgesellschaftsbeteiligung oder ein sonstiges immaterielles Wirtschaftsgut aber einer unternehmerischen Tätigkeit einer bestimmten Betriebsstätte dient, ist es dieser zuzuordnen.[1057] Der Wille der Geschäftsleitung ist im Zusammenhang mit solchen Wirtschaftsgütern nicht maßgeblich, da dieser nur dann beachtlich sein kann, wenn ein funktionaler Zusammenhang zu mehreren Betriebsstätten besteht und eine auf objektiven Kriterien beruhende anteilige

---

Ort, an dem die für den gewöhnlichen Betrieb bzw. das Tagesgeschäft erforderliche laufende Geschäftsführung erfolgt, vgl. BFH v. 16.12.1998, I R 138/97, BStBl. II 1999, S. 437, unter II. 2. a). Sofern an mehreren Orten Geschäftsführungstätigkeiten nachgegangen wird, ist der Mittelpunkt der geschäftlichen Oberleitung an dem Ort auszumachen, an welchem der wichtigste Teil der Geschäftsführungsaufgaben erfüllt wird, vgl. BFH v. 23.01.1991, I R 22/90, BStBl. II 1991, S. 554, unter II. 2. c).

1053 Vgl. BFH v. 30.08.1995, I R 112/94, BStBl. II 1996, S. 563, unter II. 5.

1054 Vgl. BMF v. 24.12.1999, IV B 4-S 1300-111/99, BStBl. I 1999, S. 1076, Rz. 2.4.

1055 Vgl. *Blumenberg*, in: FS Schaumburg, 2009, S. 559 (573); *Andresen*, in: Wassermeyer/Andresen/Ditz, Betriebsstätten, 2006, S. 88 f.

1056 A.A. *Andresen*, in: Wassermeyer/Andresen/Ditz, Betriebsstätten, 2006, S. 88 f.; *Maier*, in: Löwenstein/Looks, Betriebsstättenbesteuerung, 2003, S. 257.

1057 Vgl. BFH v. 19.12.2007, I R 66/06, BStBl. II 2008, S. 510, unter II. 2. c) cc) aaa); *Kessler*/*Huck*, IStR 2006, S. 433 (437).

Zuordnung der Wirtschaftsgüter nicht eindeutig möglich ist. Aus dem Gesagten folgt aber wiederum, dass beispielsweise eine Beteiligung an einer Vertriebsgesellschaft stets der Betriebsstätte zuzuordnen ist, deren Produkte diese Gesellschaft vermarktet.[1058] Ebenso sind auch sonstige Beteiligungen einer anderen Betriebsstätte als dem Stammhaus zuzuordnen, wenn diese Betriebsstätte insoweit eine geschäftsleitende Holding-Funktion ausübt.[1059] Sofern eine Betriebsstätte über die bloße Vermögensverwaltung hinaus unternehmerisch tätig ist, indem sie beispielsweise durch die Ausgabe von Konzernrichtlinien sowie die Erteilung von Weisungen gegenüber Tochtergesellschaften eine einheitliche Leitung im Konzern ausübt sowie Controlling- und Personalbereichsaufgaben übernimmt, liegt ein funktionaler Zusammenhang zwischen dieser Tätigkeit und den betreffenden Beteiligungen vor.[1060] Damit ist auch in diesem Fall eine Zuordnung von Beteiligungen zu dieser Betriebsstätte geboten.[1061]

1058 Vgl. *Maier*, in: Löwenstein/Looks, Betriebsstättenbesteuerung, 2003, S. 269. In gleicher Weise sind beispielsweise Beteiligungen an Produktions- oder Servicegesellschaften nicht dem Stammhaus zuzuordnen, wenn diese Gesellschaften die wirtschaftlichen Aktivitäten einer anderen Betriebsstätte fördern, vgl. *Figna/Fürstenau*, BB-Beilage 1/2010, S. 12 (13).

1059 Vgl. *Andresen*, in: Wassermeyer/Andresen/Ditz, Betriebsstätten, 2006, S. 87 und 89.

1060 Vgl. *Maier*, in: Löwenstein/Looks, Betriebsstättenbesteuerung, 2003, S. 270; *Figna/Fürstenau*, BB-Beilage 1/2010, S. 12 (13).

1061 Vgl. BFH v. 19.12.2007, I R 66/06, BStBl. II 2008, S. 510, unter II. 2. c) cc) aaa); *Figna/Fürstenau*, BB-Beilage 1/2010, S. 12 (13). Die der Zentralfunktion des Stammhauses zugrunde liegenden Überlegungen und damit auch die Nichtanerkennung der bloßen Verwaltung von z.B. Kapitalgesellschaftsbeteiligungen als eigenständige Betriebsstättenfunktion widersprechen dem in Art. 7 Abs. 2 OECD-MA 2010 normierten AOA, der durch das Amtshilferichtlinie-Umsetzungsgesetz (v. 26.06.2013, BGBl. I 2013, S. 1809) in nationales Recht (siehe insbesondere § 1 Abs. 4 Satz 1 Nr. 2, § 1 Abs. 5 AStG) umgesetzt wurde, vgl. *Wassermeyer*, IStR 2012, S. 277 (280); *Schnitger*, IStR 2012, S. 633 (639); *Riedel*, Ubg 2013, S. 30 (31). Zwar ist es grundsätzlich denkbar, dass das Ergebnis der (vorrangigen) Anwendung der umwandlungssteuerrechtlichen Entstrickungsregelungen aufgrund des § 1 AStG eine Korrektur erfährt, vgl. *Baldamus*, IStR 2012, S. 317 (319). Allerdings greifen die Zuordnungsregelungen des § 1 Abs. 5 Satz 2 und 3 AStG gem. § 1 Abs. 5 Satz 1 AStG nur, sofen ansonsten „die inländischen Einkünfte eines beschränkt Steuerpfllichtigen gemindert oder die ausländischen Einkünfte eines unbeschränkt Steuerpflichtigen erhöht" würden. Da bei einer aufgrund der Zentralfunktion des Stammhauses angenommenen Entstrickungsbesteuerung gerade das Gegenteil, nämlich eine Erhöhung der inländischen Einkünfte gegeben ist, kommen folglich die Grundsätze des AOA hier nicht zum Tragen, vgl. ähnlich *Schnitger*, IStR 2012,

Die Zuordnung nach dem Veranlassungszusammenhang gilt nicht nur für aktive, sondern grundsätzlich auch für passive Bilanzpositionen. Insbesondere Fremdkapital, das eine Betriebsstätte für eigene Zwecke aufgenommen hat, ist dieser zuzuordnen.[1062] Auch wenn das Stammhaus Fremdkapital aufnimmt, um dieses an eine andere Betriebsstätte weiterzuleiten, ist eine entsprechende Verbindlichkeit bei der letztgenannten Betriebsstätte auszuweisen, wenn die finanziellen Mittel dort tatsächlich zur Verwirklichung des Betriebszweckes eingesetzt werden.[1063]

Die Eigenkapitalausstattung der Betriebsstätte, das sog. Dotationskapital,[1064] resultiert grundsätzlich als Residualgröße aus einer nach funktionalen Gesichtspunkten vorgenommenen Zuordnung aller aktiven sowie der sonstigen passiven Bilanzposten.[1065] Im Ergebnis darf der Kapitalbedarf der Betriebsstätte nicht in unangemessenem Ausmaß einseitig durch Eigen- oder Fremdkapital gedeckt werden,[1066] da dies als Missbrauch steuerlicher Gestaltungsmöglichkeiten zu werten wäre.[1067] Sofern die gewählte Kapitalstruktur einer Betriebsstätte nicht den wirtschaftlichen Erfordernissen Rechnung trägt und stattdessen der künstlichen Verlagerung von Zinsaufwand ins Inland dient, ist diese für Zwecke der deutschen Besteuerung nicht anzuerkennen.

Teile des Schrifttums sprechen sich unter Verweis auf das Gebot der Rechtsformneutralität dafür aus, dass Betriebsstätten ebenso wie Tochtergesellschaften hinsichtlich des Fremdkapitalanteils keinen Restriktionen unterliegen dürfen.[1068]

S. 633 (640). Zu Recht kritisch hinsichtlich der einseitigen, allein auf die Erhöhung von Einkünften ausgelegten Umsetzung des AOA in deutsches Recht *Baldamus*, IStR 2012, S. 317 (319); *Schnitger*, IStR 2012, S. 633 (635).

1062 Vgl. BFH v. 12.01.1994, II R 95/89, unter II. 2. a) und b); BFH v. 20.03.2002, II R 84/99, BFH/NV 2002, S. 1017, unter II. 1.

1063 Vgl. BFH v. 25.06.1986, II R 213/83, BStBl. II 1986, S. 785.

1064 Das Dotationskapital bzw. die Dotation ist der einer Betriebsstätte zuzuordnende Anteil am Eigenkapital des jeweiligen Einheitsunternehmens, vgl. dazu auch BFH v. 25.06.1986, II R 213/83, BStBl. II 1986, S. 785; BFH v. 23.08.2000, I R 98/96, BStBl. II 2002, S. 207, unter II. B. 1. Das addierte Dotationskapital aller Betriebsstätten ergibt das Eigenkapital des Einheitsunternehmens, vgl. BFH v. 23.08.2000, I R 98/96, BStBl. II 2002, S. 207, 2. Leitsatz.

1065 Vgl. *Maier*, in: Löwenstein/Looks, Betriebsstättenbesteuerung, 2003, S. 285; *Andresen*, in: Wassermeyer/Andresen/Ditz, Betriebsstätten, 2006, S. 111.

1066 Vgl. BMF v. 24.12.1999, IV B 4-S 1300-111/99, BStBl. I 1999, S. 1076, Rz. 2.5.1.

1067 Vgl. *Becker*, DB 1989, S. 10 (10 f.); *Debatin*, DB 1989, S. 1739 (1741); *Kahle/Mödinger*, DB 2011, S. 2338 (2341).

1068 Vgl. *Andresen*, in: Wassermeyer/Andresen/Ditz, Betriebsstätten, 2006, S. 115 f.

Dieselbe Forderung wird teilweise auch unter Verweis auf eine zu wahrende Finanzierungsneutralität erhoben.[1069] Sowohl hinsichtlich des Postulats der Rechtsform- als auch der Finanzierungsneutralität gilt, dass diese nicht grundfreiheitsrechtlich fundiert sind, da sie nicht auf die Beseitigung von an verbotene Kriterien anknüpfende Ungleichbehandlungen zielen.[1070] Außerdem muss im vorliegenden Fall schon deshalb eine Vergleichbarkeit zwischen ausländischen Betriebsstätten und ausländischen Tochtergesellschaften verneint werden, weil die Möglichkeiten einer Tochtergesellschaft zur Beschaffung von Fremdkapital regelmäßig nicht mit denen einer rechtlich unselbständigen Betriebsstätte, die Bestandteil der Muttergesellschaft ist, übereinstimmen. Sofern die Betriebsstätte zu einem wesentlich größeren Gesamtunternehmen gehört, kann dieses Gesamtunternehmen regelmäßig mehr Fremdkapital aufnehmen, als eine fiktive Kapitalgesellschaft, deren unternehmerische Tätigkeit derjenigen der betrachteten Betriebsstätte entspricht. Aufgrund dieser unterschiedlichen Gestaltungsspielräume sind eine Betriebsstätte und eine fiktive Tochtergesellschaft nicht vergleichbar. Eine horizontale Diskriminierung ist damit auszuschließen.

Nach hier vertretener Auffassung stellt die Einschränkung der unternehmerischen Dispositionsfreiheit hinsichtlich der Zuordnung von Fremdkapital zu bestimmten Betriebsstätten eine vertikale grundfreiheitliche Diskriminierung dar. Schließlich werden die inländischen Betriebsstätten eines Einheitsunternehmens aus Vereinfachungsgründen i.R. der Buchführung zusammengefasst,[1071] weshalb an die einzelnen Betriebsstätten zumindest formal keine Anforderungen hinsichtlich der Kapitalzusammensetzung gestellt werden. Allerdings ist die Nichtanerkennung einer am Ziel der Steuerminimierung ausgerichteten, künstlichen Kapitalstruktur dennoch aus Gründen der Verhinderung der Steuerumgehung sowie der Wahrung der Aufteilung der Besteuerungsbefugnisse grundfreiheitlich gerechtfertigt. Um zu vermeiden, dass Unternehmen ihr insgesamt zur Verfügung stehendes Fremdkapital zur Senkung der Gesamtsteuerlast und damit zur Aushebelung des Leistungsfähigkeitsprinzips gezielt bestimmten Betriebsstätten zuordnen, ist nur eine wirtschaftlich angemessene Verteilung des Fremdkapitals anzuerkennen.[1072]

1069 Vgl. *Dautzenberg*, Unternehmensbesteuerung, 1997, S. 65.

1070 Vgl. dazu bereits Teil 1,A.VII.4.b)aa) und bb). Vgl. außerdem *Englisch*, IFSt-Schrift Nr. 449, 2008, S. 61, dort Fn. 197; *Englisch*, Intertax 2005, S. 310 (323); *Lang/Englisch*, in: Amatucci, International Tax Law, 2006, S. 251 (280 f.); *Aarnio*, EC Tax Rev. 2006, S. 18 (25).

1071 Vgl. *Wassermeyer*, in: Wassermeyer/Andresen/Ditz, Betriebsstätten, 2006, S. 5.

1072 Vgl. *Runge*, IStR 2002, S. 825 (828).

Auf Basis einer nach deutschem Steuerrecht vorgenommenen Zuordnung werden die Wirtschaftsgüter bestimmt, die grundsätzlich der deutschen Besteuerung unterliegen. Im Fall der Anwendbarkeit eines DBA ist zu prüfen, ob bzw. inwieweit sich hieraus Einschränkungen des deutschen Besteuerungsrechts ergeben. Hinsichtlich der stillen Reserven von Wirtschaftsgütern besteht kein inländisches Besteuerungsrecht, soweit diese Wirtschaftsgüter nach dem anzuwendenden DBA einer Freistellungsbetriebsstätte zuzuordnen sind. Soweit das Abkommensrecht die Wirtschaftsgüter einer Anrechnungsbetriebsstätte zuordnet, besteht ein beschränktes inländisches Steuerrecht. Da die Zuordnung nach nationalem Recht und Abkommensrecht unabhängig voneinander erfolgt, ist es theoretisch denkbar, dass ein Wirtschaftsgut nach den inländischen Zuordnungsregeln einer Betriebsstätte zuzuordnen ist, die weder Anrechnungs- noch Freistellungsbetriebsstätte ist, während dasselbe Wirtschaftsgut nach den abkommensrechtlichen Zuordnungsregeln zu einer Anrechnungs- oder Freistellungsbetriebsstätte gehört.

Das in Art. 7 Abs. 2 OECD-MA niedergelegte sog. *dealing-at-arm's-length*-Prinzip, wonach einer Betriebsstätte der Gewinn zugeordnet wird, den sie als rechtlich selbständiges, unabhängiges Unternehmen unter vergleichbaren Bedingungen hätte erwirtschaften können, kann nur verwirklicht werden, wenn auch die Zuordnung der Wirtschaftsgüter nach demselben Prinzip erfolgt.[1073] Somit gilt grundsätzlich, dass einer Betriebsstätte diejenigen Wirtschaftsgüter zuzuordnen sind, die ihr als fiktivem, rechtlich selbständigem und unabhängigem Steuersubjekt, welches einer vergleichbaren unternehmerischen Tätigkeit nachgeht, zuzurechnen wären.[1074] Eine Konkretisierung erfährt das *dealing-at-arm's-length*-Prinzip hinsichtlich der Zuordnung von Wirtschaftsgütern in den Art. 10 Abs. 4, Art. 11 Abs. 4, Art. 12 Abs. 3 und Art. 21 Abs. 2 OECD-MA, wonach ein Wirtschaftsgut dann einer Betriebsstätte zuzuordnen ist, wenn es tatsächlich zu

---

1073 Vgl. *Andresen*, in: Wassermeyer/Andresen/Ditz, Betriebsstätten, 2006, S. 35 und 136.

1074 Vgl. *Andresen*, in: Wassermeyer/Andresen/Ditz, Betriebsstätten, 2006, S. 136. Entsprechend dem statischen Ansatz des BFH hat bei der Auslegung eines bestehenden DBA nur dann eine Orientierung an Art. 7 OECD-MA 2010 bzw. dem AOA/OECD Report on the Attribution of Profits to Permanent Establishments v. 17.07.2008 zu erfolgen, wenn das betreffende DBA zu einem späteren Zeitpunkt geschlossen wurde, vgl. BFH v. 25.05.2011, I R 95/10, BFH/NV 2011, S. 1602, unter II. 2. a) bb); *Wassermeyer*, IStR 2012, S. 277 (277); *Hemmelrath/Kepper*, IStR 2013, S. 37 (39 f.). Betroffen ist demnach beispielsweise das seit Anfang 2013 anzuwendende DBA-Liechtenstein.

dieser gehört.[1075] Von einem „tatsächlichen Gehören" ist auszugehen, wenn das jeweilige Wirtschaftsgut derart in die wirtschaftlichen Abläufe der Betriebsstätte integriert ist, dass es zur Erzielung von Einkünften beiträgt oder hierbei förderlich ist.[1076] Dies ist der Fall, sofern die in einer Betriebsstätte tätigen Mitarbeiter ein bestimmtes Wirtschaftsgut benötigen, um ihre Tätigkeit ausüben zu können.[1077] Somit setzt die tatsächliche Zugehörigkeit einen funktionalen Zusammenhang des Wirtschaftsguts zur Betriebsstätte voraus.[1078] Damit nimmt das Abkommensrecht eine Zuordnung von Wirtschaftsgütern ebenso wie das deutsche Steuerrecht nach dem Kriterium des Funktionszusammenhangs vor.[1079] Folglich kann es im Ergebnis nur dann zu einer divergierenden Zuordnung nach nationalem Steuerrecht und Abkommensrecht kommen, wenn die unabhängig auszulegenden nationalen und abkommensrechtlichen Betriebsstättenbegriffe zu unterschiedlichen Ergebnissen führen.

(1) Spaltungsbedingter Zuordnungswechsel

Um feststellen zu können, inwieweit eine Spaltung zur steuerlichen Entstrickung von Wirtschaftsgütern führt, ist es unter anderem erforderlich, die steuerliche Zuordnung von Wirtschaftsgütern vor Durchführung der Spaltung mit deren steuerlicher Zuordnung nach Durchführung der Spaltung zu vergleichen.[1080] Die Ziehung steuerlicher Schlussfolgerungen aus einer Spaltung bedarf demnach einer Prüfung, inwieweit es spaltungsbedingt zu einer Änderung der Zuordnung von Wirtschaftsgütern kommt.[1081]

1075 Vgl. dazu BFH v. 27.02.1991, I R 15/89, BStBl. II 1991, S. 444, unter II. B. 4.; BFH v. 30.08.1995, I R 112/94, BStBl. II 1996, S. 563, unter II. 3. und II. 5.; BFH v. 26.02.1992, I R 85/91, BStBl. II 1992, S. 937, unter II. 3. c) aa).

1076 Vgl. *Maier*, in: Löwenstein/Looks, Betriebsstättenbesteuerung, 2003, S. 252.

1077 Dies entspricht im Ergebnis auch OECD v. 17.07.2008, AOA/Report on the Attribution of Profits to Permanent Establishments, S. 14, wonach auf die relevanten Mitarbeiterfunktionen abzustellen ist.

1078 Vgl. BFH v. 26.02.1992, I R 85/91, BStBl. II 1992, S. 937, unter II. 3. c) cc); BFH v. 30.08.1995, I R 112/94, BStBl. II 1996, S. 563, unter II. 5.; *Maier*, in: Löwenstein/Looks, Betriebsstättenbesteuerung, 2003, S. 251 f.

1079 Vgl. *Andresen*, in: Wassermeyer/Andresen/Ditz, Betriebsstätten, 2006, S. 149.

1080 Siehe zu dem für die Beurteilung der steuerlichen Zuordnung maßgeblichen Zeitpunkt sogleich Teil 2,B.I.1.d)aa)(2).

1081 Für die steuerliche Beurteilung eines Spaltungsvorgangs ist allein entscheidend, inwieweit die i.R. der Spaltung vollzogene Übertragung von Betriebsvermögen unmittelbar zu einer Zuordnungsänderung führt. Soweit im mittelbaren Zusammenhang mit der Spaltung nach dem steuerlichen Übertragungsstichtag beispielsweise durch

Eine geänderte Zuordnung kann sich somit insbesondere hinsichtlich der Wirtschaftsgüter ergeben, die entsprechend dem Prinzip der Zentralfunktion des Stammhauses automatisch dem ausländischen Stammhaus des übernehmenden Rechtsträgers zugeordnet werden.[1082] Bei anderen Wirtschaftsgütern kann zum steuerlichen Übertragungsstichtag hingegen nur in Ausnahmefällen eine Zuordnungsänderung allein aufgrund des Übergangs dieser Wirtschaftsgüter i.R. der Spaltung eintreten. Sofern beispielsweise der übernehmende Rechtsträger vor dem steuerlichen Übertragungsstichtag aufgrund einer Lizenz zur Nutzung eines Patents berechtigt war, welches dem übertragenden Rechtsträger zuzurechnen war und von diesem ebenfalls genutzt wurde, ist das Patent ab dem steuerlichen Übertragungsstichtag den verschiedenen Betriebsstätten des übernehmenden Rechtsträgers anteilig zuzuordnen.[1083] Falls das Patent vor dem steuerlichen Übertragungsstichtag ausschließlich durch eine ausländische Betriebsstätte des übernehmenden Rechtsträgers genutzt wurde, so ist dieses immaterielle Wirtschaftsgüter nach dessen Übergang i.R. einer Spaltung allein der genannten ausländischen Betriebsstätte zuzuordnen. Gleiches gilt hinsichtlich anderer Wirtschaftsgüter, welche vor dem steuerlichen Übertragungsstichtag vom übertragenden an den übernehmenden Rechtsträger nicht nur kurzfristig vermietet wurden.[1084]

Abgesehen von Ausnahmefällen sind jedoch übergegangene Wirtschaftsgüter, die vor dem steuerlichen Übertragungsstichtag in einer inländischen Betriebsstätte des übertragenden Rechtsträgers eingesetzt wurden, regelmäßig auch nach dem steuerlichen Übertragungsstichtag noch einer (aufgrund des Übertragungsvorgangs neu begründeten) inländischen Betriebsstätte des übernehmenden Rechtsträgers zuzuordnen. Entsprechendes gilt hinsichtlich der einer ausländischen Betriebsstätte zuzuordnenden Wirtschaftsgüter. Eine geänderte Zuordnung setzt hier eine manuelle Umwidmung der jeweiligen Wirtschaftsgüter dergestalt voraus, dass diese nunmehr tatsächlich in einer anderen Betriebsstätte eingesetzt werden. Bei materiellen Wirtschaftsgütern ist hierfür i.d.R. erforderlich, dass diese

---

die grenzüberschreitende Überführung von Wirtschaftsgütern eine Zuordnungsänderung bewirkt wird, sind die steuerrechtlichen Folgen gesondert nach § 12 Abs. 1 KStG zu bestimmen.

1082 Vgl. *Dürrschmidt*, Unternehmensumstrukturierungen, 2008, S. 163. Siehe hierzu bereits Teil 2,B.I.1.d)aa).

1083 Gleichzeitig geht die Lizenz aufgrund der Konfusion, d.h. der Vereinigung von Forderungen und Verbindlichkeiten, unter. Der hieraus resultierende, sofort abziehbare Übernahmeverlust entsteht eine logische Sekunde nach dem steuerlichen Übertragungsstichtag, vgl. *Pung*, in: Dötsch u.a. UmwStG, § 6 Rz. 6 und 16.

1084 Vgl. *Beinert/Benecke*, FR 2010, S. 1009 (1012 f.).

körperlich (über die Grenze) in eine andere Betriebsstätte überführt werden. Diese physischen grenzüberschreitenden Überführungen von Wirtschaftsgütern als Bestandteil einer der Spaltung nachgelagerten organisatorischen Umstrukturierung[1085] spielen sich allein in der Sphäre des übernehmenden Rechtsträgers ab und sind somit nicht nach § 11 Abs. 1, Abs. 2 Satz 1 Nr. 2 UmwStG, sondern nach § 12 Abs. 1 KStG zu beurteilen.[1086]

(2) Maßgeblicher Zeitpunkt der Überprüfung der steuerlichen Zuordnung

Während sich § 11 Abs. 2 Satz 1 Nr. 2 UmwStG nicht dazu äußert, welcher Zeitpunkt für die Überprüfung der steuerlichen Zuordnung von Wirtschaftsgütern und damit der Sicherstellung des deutschen Besteuerungsrechts maßgeblich ist, ergibt sich aus § 2 Abs. 1 UmwStG, dass hierbei auf den ggf. rückbezogenen[1087] steuerlichen Übertragungsstichtag abzustellen ist.[1088]

Soweit nach dem steuerlichen Übertragungsstichtag eine (grenzüberschreitende) Zuordnungsänderung von Wirtschaftsgütern erfolgt, ist dies nicht unmittelbare Folge des Spaltungsvorgangs, sondern auf zusätzliche, manuelle Überführungsmaßnahmen des Steuerpflichtigen zurückzuführen.[1089] Statt der umwandlungssteuerrechtlichen sind somit die allgemeinen ertragsteuerrechtlichen

---

1085 Gründe für eine grenzüberschreitende Herein- oder Hinausverlagerung von Tätigkeiten und somit auch Wirtschaftsgütern können beispielsweise standortbedingte Kostenvorteile, Größenvorteile, größere Kundennähe, das Angebot an Arbeitskräften oder ein günstigeres Rechtssystem sein.

1086 Vgl. *Beinert/Benecke*, FR 2010, S. 1009 (1014); *Schmitt*, in: Schmitt/Hörtnagl/Stratz, UmwG/UmwStG, 2009, § 11 UmwStG Rz. 108; *van Lishaut*, in: Rödder/Herlinghaus/van Lishaut, UmwStG, 2008, § 4 Rz. 31; *Jäschke*, FR 2010, S. 10 (17). A.A. *Figna/Fürstenau*, BB-Beilage 1/2010, S. 12 (13), wonach die im Zusammenhang mit Umwandlungen durch tatsächliche Maßnahmen vorgenommenen Zuordnungsänderungen durch die umwandlungssteuerrechtlichen Entstrickungsregelungen erfasst werden, wenn die tatsächlichen Maßnahmen bis zum Zeitpunkt der zivilrechtlichen Wirksamkeit der Umwandlung und damit des Eigentumsübergangs stattfinden.

1087 Siehe zur Einschränkung der steuerlichen Rückbeziehung bei grenzüberschreitenden Spaltungen Teil 2,B.I.5.)

1088 Vgl. *Dötsch/Pung*, in: Dötsch u.a., UmwStG, 2007, § 3 Rz. 37a; *Benecke*, in: PwC, Reform, 2007, S. 158; *Förster*, in: FS Schaumburg, 2009, S. 629 (631). A.A. *Birkemeier*, in: Rödder/Herlinghaus/van Lishaut, UmwStG, 2008, § 3 Rz. 80, wonach der Zeitpunkt der zivilrechtlichen Wirksamkeit einer Umwandlung maßgeblich sein soll.

1089 Vgl. *Jäschke*, FR 2010, S. 10 (17).

Entstrickungsregelungen des § 12 Abs. 1 KStG zu beachten.[1090] Dementsprechend sind die steuerlichen Auswirkungen der einer Spaltung nachgelagerten Zuordnungsänderungen nicht im Zeitpunkt des steuerlichen Übertragungsstichtags, sondern erst im Zeitpunkt der tatsächlichen Überführung des jeweiligen Wirtschaftsguts zu berücksichtigen.[1091] Dies gilt selbst dann, wenn die im Anschluss an die Spaltung durchgeführte grenzüberschreitende Verbringung der Wirtschaftsgüter einem bereits zum steuerlichen Übertragungsstichtag bestehenden Gesamtplan folgt.[1092]

bb) Folgen der geänderten Zuordnung

Sofern ein Wirtschaftsgut aufgrund einer grenzüberschreitenden Spaltung fortan nicht mehr einer inländischen Betriebsstätte zuzuordnen ist, sind hieraus die Schlussfolgerungen hinsichtlich des deutschen Besteuerungsrechts an den stillen Reserven dieses Wirtschaftsguts zu ziehen.

Nach der durch die frühere Rechtsprechung des BFH entwickelten sog. finalen Entnahmetheorie bewirkt die Überführung eines dem Anlagevermögen einer inländischen Betriebsstätte zugeordneten Wirtschaftsguts in eine Freistellungsbetriebsstätte eine Steuerentstrickung und stellt damit einen Realisationsvorgang dar.[1093] Ob die finale Entnahmetheorie auch auf die Überführung von Wirtschaftsgütern des Umlaufvermögens Anwendung findet, ließ der BFH offen.[1094] Der teilweise in der Literatur geäußerten Kritik folgend, wonach abkommensrechtliche Regelungen einer inländischen Besteuerung der in den überführten Wirtschaftsgütern enthaltenen stillen Reserven nicht entgegenstehen,[1095] gab der BFH die Theorie der finalen Entnahme in seiner jüngeren Rechtsprechung auf. Er stellte nunmehr

1090 Vgl. dazu die entsprechenden Ausführungen zu § 3 Abs. 2 Satz 1 Nr. 2 UmwStG bzw. § 4 Abs. 1 Satz 3 i.V.m. § 6 Abs. 1 Nr. 4 Satz 1 Halbs. 2 EStG bei *Dötsch/Pung*, in: Dötsch u.a., UmwStG, 2007, § 3 Rz. 37a.

1091 Vgl. *Dötsch/Pung*, in: Dötsch u.a., UmwStG, 2007, § 3 Rz. 40; *Beinert/Benecke*, FR 2010, S. 1009 (1014 und 1019). Nach § 90 Abs. 3 i.V.m. § 7 GAufzV sind bei der grenzüberschreitenden Überführung von Wirtschaftsgütern innerhalb eines Einheitsunternehmens besondere Dokumentationspflichten zu erfüllen, vgl. *Jäschke*, FR 2010, S. 10 (18); *Beinert/Benecke*, FR 2010, S. 1009 (1018).

1092 Vgl. *Jäschke*, FR 2010, S. 10 (17).

1093 Vgl. BFH v. 16.07.1969, I 266/65, BStBl. II 1970, S. 175; BFH v. 28.04.1971, I R 55/66, BStBl. II 1971, S. 630; BFH v. 30.05.1972, VIII R 111/69, BStBl. II 1972, S. 760; BFH v. 14.06.1988, VIII R 387/83, BStBl. II 1989, S. 187.

1094 Vgl. *Ditz*, Internationale Gewinnabgrenzung, 2004, S. 144.

1095 Vgl. *Ditz*, Internationale Gewinnabgrenzung, 2004, S. 145.

fest, dass im Zeitpunkt einer tatsächlichen Realisation der in den zuvor in eine ausländische Betriebsstätte überführten Wirtschaftsgütern enthaltenen stillen Reserven eine inländische Besteuerung trotz DBA-rechtlich geltender Freistellungsmethode insoweit erfolgen kann, als die stillen Reserven einst im Inland gebildet wurden.[1096] Der wirtschaftliche Zusammenhang zwischen den in Wirtschaftsgütern ruhenden stillen Reserven und der Betriebsstätte, in welcher die stillen Reserven gebildet wurden, bleibt demnach trotz grenzüberschreitender Überführung dieser Wirtschaftsgüter in eine ausländische Freistellungsbetriebsstätte erhalten.[1097] Die Regelung des Art. 7 Abs. 2 OECD-MA, wonach einer Betriebsstätte diejenigen Einkünfte zuzuordnen sind, die sie als völlig selbständiges Unternehmen hätte erzielen können, erlaubt nach der neuen Rechtsprechung die veranlassungsgerechte Aufteilung eines künftigen Realisationsgewinns zwischen den einzelnen Betriebsstätten, in denen die stillen Reserven gebildet wurden.[1098] Entgegen dem durch die Formulierung des Art. 13 OECD-MA erweckten Anschein ist eine Besteuerung der in einer inländischen Betriebsstätte gebildeten stillen Reserven nach Auffassung des BFH aus abkommensrechtlicher Sicht selbst dann möglich, wenn die betreffende Betriebsstätte zum Zeitpunkt der tatsächlichen Realisation der stillen Reserven nicht mehr besteht.[1099] Auch das deutsche Ertragsteuerrecht steht nach der Rechtsprechung des BFH trotz des Wortlauts des § 49 Abs. 1 Nr. 2 Buchst. a EStG, der keinen Vergangenheitsbezug aufweist,[1100] einer nachlaufenden Besteuerung von inländischen Einkünften nicht generell entgegen, da auch nach nationalem Recht der einmal entstandene wirtschaftliche Zusammenhang zwischen

1096 Vgl. BFH v. 17.07.2008, I R 77/06, BStBl. II 2009, S. 464, unter B. III. 3. b) bb); BFH v. 28.10.2009, I R 28/08, BFH/NV 2010, S. 432, unter B. II. 6.; BFH v. 28.10.2009, I R 99/08, BFH/NV 2010, S. 346, unter B. I. 7.

1097 Vgl. *Ungemach*, Ubg 2011, S. 251 (259).

1098 Vgl. *Ungemach*, Ubg 2011, S. 251 (259). Ebenso steht die Selbständigkeitsfiktion des Art. 7 Abs. 2 OECD-MA jedoch auch einer Sofortbesteuerung nicht entgegen.

1099 Vgl. *Ungemach*, Ubg 2011, S. 251 (259). Gegen ein fortwährendes Besteuerungsrecht, da bei Aufgabe jeglicher Präsenz im Outbound-Staat ein nach dem völkerrechtlichen Territorialitätsgrundsatz erforderlicher subjektiver oder objektiver Nexus zur inländischen Besteuerungshoheit nicht bestehe: *Englisch*, IFSt-Schrift Nr. 449, 2008, S. 66.

1100 Nach § 49 Abs. 1 Nr. 2 Buchst. a EStG erzielt ein beschränkt Steuerpflichtiger insbesondere insoweit steuerpflichtige Einkünfte aus Gewerbebetrieb, als „eine Betriebsstätte unterhalten *wird* [Kursivschrift nicht im Original]". Ein klares Bekenntnis zur Steuerpflicht nachlaufender Einkünfte enthält hingegen § 49 Abs. 1 Nr. 3 EStG. Danach unterliegen Einkünfte aus selbständiger Arbeit, „die im Inland ausgeübt oder verwertet wird *oder worden ist* [Kursivschrift nicht im Original]" der Besteuerung.

stillen Reserven und einer inländischen Betriebsstätte für die Annahme beschränkt steuerpflichtiger Einkünfte genügt.[1101]

Infolge der Abkehr des BFH von der finalen Entnahmetheorie waren Teile der Literatur der Auffassung, dass die durch das SEStEG eingeführten ertragsteuerlichen Entstrickungsregelungen ins Leere gehen.[1102] So wurde hinsichtlich der Steuerverstrickungsbedingungen des Umwandlungssteuerrechts argumentiert, dass nach diesen der Ansatz des Buchwerts oder eines Zwischenwerts unabhängig von der Zuordnung von Wirtschaftsgütern zu bestimmten Betriebsstätten möglich sei, sofern tatsächlich kein Ausschluss sowie keine Beschränkung des deutschen Besteuerungsrecht eintrete und letzteres somit gesichert bleibe.[1103] Es wurde deshalb darauf geschlossen, dass die in den Gesetzgebungsmaterialien zum SEStEG zum Ausdruck kommende Auffassung der Legislative, wonach die Überführung von den einem inländischen Betrieb zuzuordnenden Wirtschaftsgütern in eine ausländische Betriebsstätte regelmäßig zur Beeinträchtigung des deutschen Besteuerungsrechts führe,[1104] nunmehr obsolet sei.[1105] Nur unter Zugrundelegung der bisherigen Rechtsprechung des BFH sei der Gesetzgeber davon ausgegangen, dass die grenzüberschreitende Überführung von Wirtschaftsgütern zu einer Beeinträchtigung des deutschen Besteuerungsrechts führe.[1106] Weil die umwandlungssteuerrechtlichen Entstrickungsregelungen jedoch nicht an die Zuordnung von Wirtschaftsgütern, sondern vielmehr an die Rechtsfolge des Ausschlusses oder der Beschränkung des deutschen Besteuerungsrechts anknüpfen, seien diese Rechtsnormen entsprechend der höchstrichterlichen Rechtsprechungsentwicklung dynamisch auszulegen.[1107] Damit müsse der gesetzgeberische Wille dahingehend von neuem ermittelt werden, dass eine geänderte Zuordnung von Wirtschaftsgütern

---

1101 Vgl. BFH v. 28.10.2009, I R 28/08, BFH/NV, 2010, S. 432, unter II. B. 6. b) aa); BFH v. 28.10.2009, I R 99/08, BFH/NV 2010, S. 346, unter B. I. 7. b) aa). Ebenso allgemein hinsichtlich der Möglichkeit einer nachgelagerten Besteuerung von zukünftigen Einkünften, die einen Bezug zur inländischen Steuerhoheit aufweisen *Wassermeyer*, in: Debatin/Wassermeyer, DBA, Art. 7 OECD-MA Rz. 305 (106. Lfg., 2009).

1102 Vgl. zu § 4 Abs. 1 Satz 3 EStG *Ungemach*, Ubg 2011, S. 251 (261); zweifelnd *Richter/Heyd*, StuW 2010, S. 367 (374).

1103 Vgl. *Köhler*, IStR 2010, S. 337 (339 f.).

1104 Vgl. BT-Drs. 16/2710, S. 28.

1105 Vgl. *Köhler*, IStR 2010, S. 337 (339 f.).

1106 Vgl. *Köhler*, IStR 2010, S. 337 (341).

1107 Vgl. *Köhler*, IStR 2010, S. 337 (341); *Ungemach*, Ubg 2011, S. 251 (261); a.A. *Mitschke*, Ubg 2010, S. 355 (357).

zu Betriebsstätten keine Sofortbesteuerung auslösen könne, weil eine grenzüberschreitende Überführung von Wirtschaftsgütern infolge der Aufgabe der finalen Entnahmetheorie keine Gefährdung des Besteuerungsrechts mehr darstelle.[1108]

Einer anderen Auffassung zufolge liegt ein Ausschluss oder eine Beschränkung i.S. der umwandlungssteuerrechtlichen Entstrickungsnormen unabhängig davon vor, ob die Aufgabe der finalen Entnahmetheorie auf die durch das SEStEG eingeführten Entstrickungstatbestände durchschlägt. Dies wird damit begründet, dass diese Regelungen auf ein deutsches Besteuerungsrecht hinsichtlich „des Gewinns aus der Veräußerung“[1109] der jeweiligen Wirtschaftsgüter abstellen und somit für einen Steueraufschub auch ein uneingeschränktes deutsches Besteuerungsrecht hinsichtlich künftiger Wertsteigerungen voraussetzen.[1110] Sofern die stillen Reserven eines zuvor steuerlich entstrickten Wirtschaftsguts tatsächlich realisiert werden, komme aber selbst bei Beachtung der BFH-Rechtsprechung zur Aufgabe der finalen Entnahmetheorie nur eine Besteuerung der bis zum Zeitpunkt der steuerlichen Entstrickung gebildeten stillen Reserven in Frage. Folglich sei im Fall einer steuerlichen Entstrickung stets von einer Einschränkung des deutschen Besteuerungsrechts auszugehen.

Nach hier vertretener Auffassung ergibt sich aus dem Sinn und Zweck der ertragsteuerlichen Entstrickungsregelungen, dass diese insoweit zu einer Sofortbesteuerung führen, als die innerhalb der deutschen Steuerhoheit bis zum steuerlich maßgeblichen Zeitpunkt der grenzüberschreitenden Transaktion gebildeten stillen Reserven im Fall einer zukünftigen Veräußerung der jeweiligen Wirtschaftsgüter nicht mehr vollständig besteuert werden können. Die ertragsteuerlichen Entstrickungsregelungen betrachten das deutsche Recht hinsichtlich der Besteuerung einer Veräußerung der übertragenen Wirtschaftsgüter als sichergestellt, sofern der deutsche Fiskus auf die während der inländischen steuerlichen Verstrickung der übertragenen Wirtschaftsgüter gebildeten stillen Reserven zu einem späteren Zeitpunkt in voller Höhe zugreifen kann. Hieraus folgt, dass es unabhängig von der Berücksichtigung der BFH-Rechtsprechung zur Aufgabe der finalen Entnahmetheorie der Intention des Gesetzgebers widersprechen würde, beispielsweise bei einer grenzüberschreitenden Überführung von Wirtschaftsgütern auf eine Sofortbesteuerung der stillen Reserven dieser Wirtschaftsgüter zu verzichten. Zu begründen ist dies damit, dass die bis zum Zeitpunkt der Überführung

---

1108 Vgl. *Köhler*, IStR 2010, S. 337 (341); *Ungemach*, Ubg 2011, S. 251 (261).

1109 Siehe z.B. § 11 Abs. 2 Satz 1 Nr. 2 UmwStG, § 12 Abs. 1 Satz 1 KStG.

1110 Vgl. *Englisch*, IFSt-Schrift Nr. 449, 2008, S. 78, dort Fn. 248; *Schießl*, in: Widmann/Mayer, UmwG/UmwStG, § 11 UmwStG Rz. 50.53 (105. Lfg., 2009).

der Wirtschaftsgüter entstandenen stillen Reserven im Zeitpunkt einer späteren tatsächlichen Veräußerung der Wirtschaftsgüter häufig nicht mehr vollständig vorhanden sind. Das deutsche Interesse an einer Besteuerung der innerhalb der deutschen Steuerjurisdiktion entstandenen stillen Reserven wird nicht befriedigt, wenn eine Besteuerung entsprechend der Rechtsprechung des BFH zur Aufgabe der finalen Entnahmetheorie insoweit zwar rechtlich möglich ist, doch die stillen Reserven mittlerweile (teilweise) nicht mehr existieren.

Bei grenzüberschreitend überführten, abnutzbaren Wirtschaftsgütern muss nämlich damit gerechnet werden, dass diese durch Abnutzung oder bloßen Zeitablauf verbraucht werden und es so zu einem allmählichen Schwund der in den jeweiligen Wirtschaftsgütern enthaltenen stillen Reserven kommt. Somit steht dem deutschen Staat im Zeitpunkt der tatsächlichen Veräußerung des Wirtschaftsguts weniger Steuersubstrat zur Verfügung als im Zeitpunkt der grenzüberschreitenden Überführung.[1111] Da dies faktisch einem (teilweisen) Ausschluss des deutschen Besteuerungsrechts gleich kommt, ist davon auszugehen, dass der Gesetzgeber bei grenzüberschreitenden Überführungen von Wirtschaftsgütern weiterhin eine Beeinträchtigung des deutschen Besteuerungsrechts bzw. eine steuerliche Enstrikkung annimmt und dies mit einer Sofortbesteuerung der stillen Reserven sanktionieren will. Hinsichtlich der grenzüberschreitenden Überführung einzelner Wirtschaftsgüter wird dies durch den durch das JStG 2010[1112] eingeführten § 12 Abs. 1 Satz 2 KStG[1113] klar zum Ausdruck gebracht, wonach „[e]in Ausschluss oder eine Beschränkung des Besteuerungsrechts hinsichtlich des Gewinns aus der Veräußerung eines Wirtschaftsguts … insbesondere vor[liegt], wenn ein bisher einer inländischen Betriebsstätte … [des Steuerpflichtigen] zuzuordnendes Wirtschaftsgut einer ausländischen Betriebsstätte … [dieses Steuerpflichtigen] zuzuordnen ist."[1114] Da das UmwStG spezialgesetzlichen Charakter hat und deshalb hinsichtlich der dort nicht geregelten Bereiche grundsätzlich auf die allgemeinen

---

1111 Darüber hinaus besteht generell auch kein deutsches Besteuerungsrecht an den Einkünften, die nach der grenzüberschreitenden Überführung der Wirtschaftsgüter durch den betrieblichen Einsatz dieser Wirtschaftsgüter generiert werden, da die Verwirklichung der entsprechenden Steuertatbestände zeitlich nach der Verlagerung dieser Wirtschaftsgüter erfolgt, vgl. dazu allgemein *Vogel*, in: Vogel/Lehner, DBA, 2008, vor Art. 6-22 Rz. 8; *Hemmelrath*, in: Vogel/Lehner, DBA, 2008, Art. 7 Rz. 45.

1112 JStG 2010 v. 08.12.2010, BGBl. I 2010, S. 1768.

1113 Eine entsprechende einkommensteuerrechtliche Regelung wurde durch § 4 Abs. 1 Satz 4 EStG geschaffen.

1114 Damit wurde die durch die frühere BFH-Rechtsprechung entwickelte finale Entnahmetheorie gesetzlich festgeschrieben, vgl. BMF v. 18.11.2011, IV C 6-S ertragsteuerlichen Regelungen zurückzugreifen ist, müssen die Wertungen des § 12 Abs. 1 Satz 2 KStG auch i.R. der steuerlichen Beurteilung grenzüberschreitender Umwandlungen berücksichtigt werden.[1115] Eine Verdrängung der genannten Rechtsnorm entsprechend dem *lex specialis derogat legi generali*-Grundsatz[1116] kommt nicht in Betracht, da keine umwandlungssteuerrechtliche Norm existiert, die abweichend von § 12 Abs. 1 Satz 2 KStG definiert, wann ein Ausschluss oder eine Beschränkung des deutschen Besteuerungsrechts gegeben ist.

Damit ist im Ergebnis festzustellen, dass es nach § 11 Abs. 2 Satz 1 Nr. 2 UmwStG insbesondere dann zur Sofortbesteuerung der stillen Reserven eines Wirtschaftsguts kommt, wenn dieses Wirtschaftsgut zwar vor, jedoch nicht mehr nach Durchführung einer grenzüberschreitenden Spaltung einer inländischen Betriebsstätte zuzuordnen ist.

cc) Fallkonstellationen

Rein innerstaatlich durchgeführte Spaltungen i.S. des § 15 UmwStG können nicht zum Ausschluss oder zur Beschränkung des deutschen Besteuerungsrechts führen. Bei grenzüberschreitenden Spaltungen i.S. des § 15 UmwStG ist allenfalls eine *Beschränkung*[1117] des deutschen Besteuerungsrechts in der Praxis kaum denkbar. Ob eine grenzüberschreitende Spaltung i.S. des § 15 UmwStG einen *Ausschluss* des deutschen Besteuerungsrechts bewirken kann, bedarf dagegen einer genaueren Untersuchung.

Hinsichtlich der von § 15 UmwStG erfassten grenzüberschreitenden Spaltungen gilt, dass ausschließlich Hereinspaltungen keinen Ausschluss des deutschen Besteuerungsrechts zur Folge haben können. Grenzüberschreitende Hereinspaltungen unter ausschließlicher Beteiligung von Körperschaften führen dazu, dass Einkünfte aus bereits bisher in Deutschland steuerverstrickten Wirtschaftsgütern infolge der Spaltung nicht mehr der beschränkten, sondern der unbeschränkten Steuerpflicht unterliegen.

2134/10/10004, 2011/0802578, BStBl. I 2011, S. 1278; *Mitschke*, IStR 2012, S. 6 (10).

1115 Vgl. *Beinert/Benecke*, FR 2010, S. 1009 (1012).

1116 Vgl. hierzu allgemein *Zippelius*, Juristische Methodenlehre, 2006, S. 39. Eine speziellere Norm ergänzt, modifiziert oder verdrängt innerhalb ihres engeren Anwendungsbereichs die entsprechende, einen weiteren Anwendungsbereich aufweisende allgemeinere Norm, vgl. *Larenz*, Methodenlehre der Rechtswissenschaft, 1991, S. 267 f.

1117 Siehe zur Abgrenzung einer Beschränkung des deutschen Besteuerungsrechts vom Ausschluss des deutschen Besteuerungsrechts bereits Teil 2.B.1.d).

Unter ausschließlicher Beteiligung auslandsansässiger Rechtsträger durchgeführte grenzüberschreitende Spaltungen, i.R. derer der in Deutschland beschränkt steuerpflichtige übertragende Rechtsträger im Inland steuerverstrickte Wirtschaftsgüter überträgt, führen nur in seltenen Sonderfällen zu einem Ausschluss des deutschen Besteuerungsrechts. Sofern die in Deutschland steuerlich verstrickten Wirtschaftsgüter einer inländischen Betriebsstätte zuzuordnen sind, kann davon ausgegangen werden, dass die grenzüberschreitende Auslandsspaltung auf die nach den § 2 Nr. 1, § 8 Abs. 1 Satz 1 KStG i.V.m. § 49 Abs. 1 Nr. 2 Buchst. a EStG der beschränkten Steuerpflicht unterliegenden Betriebsstätteneinkünfte keine Auswirkung hat,[1118] da wohl sämtliche durch die Bundesrepublik Deutschland mit anderen Staaten abgeschlossene DBA entsprechend Art. 7 Abs. 1, Art. 13 Abs. 2 OECD-MA dem jeweiligen Betriebsstättenstaat die Besteuerung der einer Betriebsstätte zuzuordnenden Einkünfte gestatten. Auch ohne das Vorliegen einer in Deutschland belegenen Betriebsstätte bleibt ein etwaiges, sich aus den § 2 Nr. 1, § 8 Abs. 1 Satz 1 KStG i.V.m. § 49 Abs. 1 Nr. 2 Buchst. f Doppelbuchst. bb EStG ergebendes, deutsches Besteuerungsrecht an den stillen Reserven von inländischem unbeweglichem Vermögen durch eine grenzüberschreitende Auslandsverschmelzung unangetastet, da wohl alle zwischen der Bundesrepublik Deutschland und anderen Staaten bestehenden DBA entsprechend Art. 13 Abs. 1, Art. 6 OECD-MA dem jeweiligen Belegenheitsstaat das Besteuerungsrecht an unbeweglichem Vermögen zugestehen.[1119] Zu einem Ausschluss eines im Vorfeld einer grenzüberschreitenden Auslandsspaltung bestehenden deutschen Besteuerungsrechts kann es allenfalls hinsichtlich bestimmter Anteile an Kapitalgesellschaften kommen, die keiner inländischen Betriebsstätte zuzuordnen sind. Ein solcher eher seltener Fall kann eintreten, wenn im Wege der Spaltung Anteile i.S. des § 17 EStG übertragen werden,[1120] die vor der Spaltung aufgrund der Erfüllung der weiteren Voraussetzungen des § 2 Nr. 1, § 8 Abs. 1 Satz 1 KStG i.V.m. § 49 Abs. 1 Nr. 2 Buchst. e Doppelbuchst. aa oder bb EStG der beschränkten Steuerpflicht in Deutschland unterlagen und dieses Besteuerungsrecht entweder mangels einschlägigem DBA oder aufgrund des

---

1118 Während diese beschränkte Steuerpflicht vor dem steuerlichen Übertragungsstichtag beim übertragenden Rechtsträger festgestellt wird, unterliegt nach dem steuerlichen Übertragungsstichtag der übernehmende Rechtsträger mit den Einkünften aus dem inländischen Betriebsvermögen der beschränkten Steuerpflicht.

1119 Die Regelungen des Art. 7 OECD-MA sind aufgrund der Subsidiaritätsklausel des Art. 7 Abs. 7 OECD-MA nicht auf Einkünfte aus unbeweglichem Vermögen anzuwenden.

1120 Anteile, die nicht die Voraussetzungen des § 17 EStG erfüllen, werden von § 49 EStG nicht erfasst und unterliegen damit generell nicht der beschränkten Steuerpflicht.

anzuwendenden und von Art. 13 Abs. 5 OECD-MA abweichenden DBA[1121] nicht ausgeschlossen war. Dies ist beispielsweise dann der Fall, wenn im Wege der grenzüberschreitenden Auslandsspaltung Anteile an einer Kapitalgesellschaft, die ihren Sitz oder ihre Geschäftsleitung in Deutschland hat,[1122] durch eine in Tschechien ansässige Körperschaft übertragen werden. Das DBA-Tschechoslowakei weist nach Art. 13 Abs. 3 die Besonderheit auf, dass die Bundesrepublik Deutschland ein Besteuerungsrecht hinsichtlich der Einkünfte aus Anteilen an in ihrem Hoheitsgebiet ansässigen Kapitalgesellschaften hat. Sofern die an der grenzüberschreitenden Auslandsspaltung beteiligte übernehmende Körperschaft hingegen in einem Staat ansässig ist, mit dem die Bundesrepublik Deutschland ein DBA abgeschlossen hat, welches eine dem Art. 13 Abs. 5 OECD-MA entsprechende Regelung enthält, entfällt die steuerliche Verstrickung der in den übertragenen Anteilen ruhenden stillen Reserven. Überträgt somit beispielsweise eine in Tschechien steuerlich ansässige Körperschaft Anteile an einer deutschen Kapitalgesellschaft auf eine in Schweden steuerlich ansässige Körperschaft so darf das vor der Spaltung bestehende deutsche Besteuerungsrecht nach der Spaltung aufgrund des Art. 13 Abs. 4 DBA-Schweden nicht mehr ausgeübt werden.

Besonders häufig kommt es bei Hinausspaltungen zum Ausschluss des deutschen Besteuerungsrechts, weshalb diese als Hauptanwendungsfall des § 11 Abs. 2 Satz 1 Nr. 2 UmwStG zu identifizieren sind. Vor Durchführung der Hinausspaltung unterliegen grundsätzlich alle im zu übertragenden Betriebsvermögen enthaltenen stillen Reserven der unbeschränkten Steuerpflicht der in Deutschland ansässigen übertragenden Körperschaft. Eine Ausnahme hiervon bildet das Betriebsvermögen, hinsichtlich dessen die Bundesrepublik Deutschland ungeachtet der nach nationalem Steuerrecht bestehenden unbeschränkten Steuerpflicht aufgrund einer abkommensrechtlichen Freistellungspflicht von der Besteuerung absehen muss. Beispielsweise muss der Ansässigkeitsstaat eines Steuerpflichtigen häufig entsprechend Art. 7 Abs. 1, Art. 13 Abs. 2, Art. 23A Abs. 1 OECD-MA auf die Besteuerung von Betriebsvermögen, das einer in einem anderen Staat belegenen Betriebsstätte zuzuordnen ist, verzichten. Das Gleiche gilt entsprechend Art. 13 Abs. 1, Art. 6, Art. 23A Abs. 1 OECD-MA hinsichtlich des außerhalb des Ansässigkeitsstaats des Steuerpflichtigen belegenen unbeweglichen Vermögens.

1121 Insbesondere Art. 13 Abs. 3 des DBA-Tschechoslowakei, welches sowohl zwischen Deutschland und Tschechien als auch zwischen Deutschland und der Slowakei anzuwenden ist, erlaubt dem Ansässigkeitsstaat der Kapitalgesellschaft, an der die Anteile bestehen, eine Besteuerung der Einkünfte aus der Veräußerung jener Anteile.

1122 Siehe § 49 Abs. 1 Nr. 2 Buchst. e Doppelbuchst. aa EStG.

Da die Einkünfte aus diesem ausländischen Vermögen bereits vor der Spaltung der Besteuerung durch die Bundesrepublik Deutschland entzogen waren, kann es insoweit, wie bereits erwähnt, infolge der Spaltung nicht zu einem Ausschluss des deutschen Besteuerungsrechts kommen.

Anderes gilt hinsichtlich der Einkünfte aus ausländischem Vermögen, die durch den Ansässigkeitsstaat des Steuerpflichtigen nicht freizustellen sind, sondern hinsichtlich derer mangels DBA oder aufgrund einer entsprechenden abkommensrechtlichen Regelung die Anrechnungsmethode gilt. So unterliegen beispielsweise die Einkünfte einer in Brasilien belegenen Betriebsstätte einer in Deutschland ansässigen Körperschaft mangels anzuwendendem DBA[1123] der unbeschränkten Steuerpflicht in Deutschland, wobei der deutsche Fiskus die in Brasilien erhobene Steuer gem. § 26 KStG i.V.m. § 34c EStG anzurechnen hat. Sofern eine in Deutschland ansässige Körperschaft das Betriebsvermögen einer solchen Anrechnungsbetriebsstätte durch eine Hinausspaltung auf eine im Ausland ansässige Körperschaft überträgt, sind die Einkünfte aus der Anrechnungsbetriebsstätte fortan nicht mehr von einer unbeschränkten Steuerpflicht in Deutschland erfasst, weshalb der bisherige subjektive Nexus[1124] dieser Einkünfte zur deutschen Besteuerungshoheit entfällt und damit das deutsche Besteuerungsrecht ausgeschlossen wird.

Auch hinsichtlich derjenigen aus der Veräußerung von Wirtschaftsgütern resultierenden Einkünfte, die vor einer Hinausspaltung mangels objektivem Nexus[1125] zu einer ausländischen Steuerhoheit ausschließlich der deutschen Besteuerung i.R. der unbeschränkten Steuerpflicht des übertragenden Rechtsträgers unterlegen haben, kann es aufgrund der Hinausspaltung zu einem Ausschluss des Besteuerungsrechts der Bundesrepublik Deutschland kommen. Da bei den von § 15 UmwStG erfassten Hinausspaltungen das übertragene Betriebsvermögen infolge der Spaltung nicht mehr der in Deutschland ansässigen übertragenden Körperschaft, sondern der im Ausland ansässigen übernehmenden Körperschaft zuzurechnen

---

1123 Nachdem das aus dem Jahr 1975 stammende deutsch-brasilianische DBA im April 2005 durch die deutsche Bundesregierung unter Verweis auf einseitig wirkende Abkommensregelungen gekündigt wurde, trat das DBA-Brasilien zum Ende des Jahres 2005 außer Kraft.

1124 Ein subjektiver Nexus zu einer Steuerhoheit liegt vor, sofern ein Steuerpflichtiger in dem jeweiligen Staat ansässig ist und aufgrund seiner dortigen unbeschränkten Steuerpflicht grundsätzlich sämtliche von ihm erzielten Einkünfte im Ansässigkeitsstaat versteuern muss.

1125 Ein objektiver Nexus besteht zu einer Steuerhoheit, sofern Einkünfte einen sachlichen Bezug zu dem jeweiligen Staat aufweisen. Dies ist beispielsweise der Fall, wenn Einkünfte durch eine in jenem Staat belegene Betriebsstätte erzielt werden.

sind, unterliegen die übergegangenen Wirtschaftsgüter fortan nicht mehr der unbeschränkten Steuerpflicht in Deutschland. Ob Einkünfte aus der Veräußerung von Wirtschaftsgütern aufgrund einer unbeschränkten oder beschränkten Steuerpflicht durch die Bundesrepublik Deutschland besteuert werden können, ist allerdings unbeachtlich. Sofern die stillen Reserven der übertragenen Wirtschaftsgüter auch nach der Hinausspaltung aufgrund einer beschränkten Steuerpflicht der Übernehmerin in Deutschland steuerlich verstrickt bleiben, ist eine inländische Besteuerung weiterhin sichergestellt. Eine inländische Steuerverstrickung und damit das deutsche Besteuerungsrecht wird insbesondere dann gewahrt, wenn das übertragene Betriebsvermögen auch nach der Hinausspaltung einer inländischen Betriebsstätte zuzuordnen ist.[1126] Die sich nach § 2 Nr. 1, § 8 Abs. 1 Satz 1 KStG i.V.m. § 49 Abs. 1 Nr. 2 Buchst. a EStG ergebende beschränkte Steuerpflicht von Einkünften aus inländischen Betriebsstätten wird auch bei Anwendbarkeit eines DBA entsprechend Art. 7 Abs. 1, Art. 13 Abs. 2 OECD-MA nicht beeinträchtigt.

e) Antragstellung

Gem. § 11 Abs. 2 Satz 1 UmwStG ist für den Ansatz des Buchwerts oder eines Zwischenwerts die Stellung eines entsprechenden Antrags erforderlich. Nach § 11 Abs. 3 i.V.m. § 3 Abs. 2 Satz 2 UmwStG ist dieser Antrag spätestens zum Zeitpunkt der erstmaligen Abgabe der steuerlichen Schlussbilanz zu stellen.[1127] Mit der „steuerlichen Schlussbilanz“ ist hier die steuerliche Übertragungsbilanz des übertragenden Rechtsträgers gemeint, die nach deutschen Bilanzierungsregeln auf den Schluss desjenigen Wirtschaftsjahrs aufzustellen ist, in welches der steuerliche Übertragungsstichtag fällt. Da sich das UmwStG nicht dazu äußert, in welcher

---

1126 Das Gleiche gilt, soweit es sich bei dem übertragenen Betriebsvermögen um im Inland belegenes unbewegliches Vermögen handelt, welches auch nach der Hinausspaltung gem. § 2 Nr. 1, § 8 Abs. 1 Satz 1 KStG i.V.m. § 49 Abs. 1 Nr. 2 Buchst. f EStG der beschränkten Steuerpflicht, die aufgrund des Art. 6 OECD-MA nicht abkommensrechtlich eingeschränkt wird, unterliegt. Ebenso kann ein deutsches Besteuerungsrecht hinsichtlich nicht einer inländischen Betriebsstätte zuzuordnenden Anteilen an einer Kapitalgesellschaft fortbestehen, sofern diese gem. § 2 Nr. 1, § 8 Abs. 1 Satz 1 KStG i.V.m. § 49 Abs. 1 Nr. 2 Buchst. e Doppelbuchst. aa oder bb EStG grundsätzlich der beschränkten Steuerpflicht unterliegen und sich insoweit keine Restriktion aus einem zwischen Deutschland und dem Ansässigkeitsstaat der übernehmenden Körperschaft ggf. abgeschlossenen DBA ergibt. Eine solche abkommensrechtliche Beschränkung des deutschen Besteuerungsrechts würde insbesondere aus einer dem Art. 13 Abs. 5 OECD-MA entsprechenden Regelung folgen.

1127 Vgl. *Dötsch*, in: Dötsch u.a., UmwStG, 2007, § 11 Rz. 12.

Form der Antrag gestellt werden muss, ist davon auszugehen, dass der Antrag konkludent durch den Ansatz der entsprechenden Werte in der einzureichenden steuerlichen Schlussbilanz gestellt werden kann.[1128]

Fraglich ist, welche Wirtschaftsgüter in die Übertragungsbilanz i.S. des § 11 Abs. 1 UmwStG aufzunehmen sind. Nach einer Auffassung sind, sofern der Anwendungsbereich des UmwStG eröffnet ist, stets alle in- und ausländischen Wirtschaftsgüter des übertragenden Rechtsträgers in dessen steuerlicher Schlussbilanz zu erfassen.[1129] Somit geht diese Auffassung von einer besonderen umwandlungssteuerrechtlichen Bilanzierungspflicht der übertragenden Körperschaft aus, die über deren nach allgemeinen Grundsätzen bestehende Bilanzierungspflicht hinausgeht. Fraglich ist, wie Wirtschaftsgütern, die bisher nicht in Deutschland zu bilanzieren waren, aber entsprechend dieser Auffassung in einer deutschen steuerlichen Übertragungsbilanz zu erfassen sind, ein konkreter Betrag zugewiesen werden soll, wenn der Buchwertansatz gewählt wird. Streng genommen müsste die Historie der betreffenden Wirtschaftsgüter bis zu deren jeweiligen Anschaffungs- bzw. Herstellungszeitpunkten rückverfolgt werden, um dann eine Ermittlung der Buchwerte nach deutschem Steuerrecht vorzunehmen, die alle wertbeeinflussenden Faktoren bzw. Ereignisse berücksichtigt.[1130] Da dies in der Praxis kaum möglich wäre, wird eine Übernahme ausländischer Buchwerte für sinnvoll gehalten, sofern davon auszugehen ist, dass die eigentlich nach deutschem Steuerrecht zu ermittelnden Buchwerte ähnlich hoch wären.[1131]

Nach hier vertretener Auffassung sind in die steuerliche Übertragungsbilanz der übertragenden Körperschaft nur diejenigen Wirtschaftsgüter aufzunehmen, hinsichtlich der die übernehmende Körperschaft nach allgemeinen Grundsätzen bilanzierungspflichtig ist. Aus der Regelung des § 11 Abs. 1 Satz 1 UmwStG, wonach die übertragenen Wirtschaftsgüter „in der steuerlichen Schlussbilanz der übertragenden Körperschaft" zu bewerten sind, ergibt sich m.E. keine originäre umwandlungssteuerrechtliche Bilanzierungspflicht. Vielmehr spiegeln sich die in § 11 Abs. 1 und 2 Satz 1 und 2 UmwStG enthaltenen besonderen Bewertungsregelungen lediglich insoweit in der steuerlichen Schlussbilanz der

---

1128 Vgl. *Dötsch*, in: Dötsch u.a., UmwStG, 2007, § 11 Rz. 12; *Forst/Radmer*, EStB 2007, S. 61 (63); *Heß/Schnitger*, in: PwC, Reform, 2007, S. 224.

1129 Vgl. *Schießl*, in: Widmann/Mayer, UmwG/UmwStG, § 11 UmwStG Rz. 50.39 (105. Lfg., 2009); *Benecke/Beinert*, FR 2010, S. 1120 (1126); BMF v. 11.11.2011, IV C 2-S 1978-b/08/10001, BStBl. I 2011, S. 1314, Tz. 03.01 und 11.02; *Hruschka*, Beihefter zu DStR 2 2012, S. 4 (5).

1130 Vgl. *Figna/Fürstenau*, BB-Beilage 01/2010, S. 12 (17).

1131 Vgl. *Figna/Fürstenau*, BB-Beilage 01/2010, S. 12 (17).

übertragenden Körperschaft wider, als die Überträgerin ohnehin in Deutschland bilanzierungspflichtig ist.

Sofern der übertragende Rechtsträger in der Bundesrepublik Deutschland unbeschränkt steuerpflichtig ist, hat er demnach in der steuerlichen Übertragungsbilanz neben seinem inländischen auch sein gesamtes ausländisches Betriebsvermögen unabhängig davon auszuweisen, ob letztgenanntes Betriebsvermögen tatsächlich in Deutschland steuerverstrickt ist.[1132] Falls das ausländische Betriebsvermögen bereits in einer nach ausländischem Recht aufgestellten Betriebsstättenbilanz erfasst ist, können die entsprechenden Bilanzansätze gem. § 146 Abs. 2 Satz 2 bis 4 AO nach einer Anpassung an die deutschen Bilanzierungsregeln auch für Zwecke der deutschen Besteuerung übernommen werden.

Sofern der übertragende Rechtsträger in Deutschland lediglich beschränkt steuerpflichtig ist, genügt m.E. hingegen die Abgabe einer steuerlichen Übertragungsbilanz, die ausschließlich das in Deutschland steuerverstrickte Betriebsvermögen enthält.[1133]

Falls die Überträgerin in Deutschland keinerlei subjektiver Steuerpflicht unterliegt, hat sie nach hier vertretener Auffassung auch keine steuerliche Übertragungsbilanz einzureichen.[1134] Die übertragenen Wirtschaftsgüter gelten dann entsprechend § 11 Abs. 1 Satz 1 UmwStG als mit dem gemeinen Wert angesetzt.

Soweit die übertragenen Wirtschaftsgüter bilanziell zu erfassen sind, hat die Bilanzierung entsprechend der sog. direkten Gewinnermittlungsmethode bzw. Bruttomethode zu erfolgen, wonach Wirtschaftsgüter, Erträge und Aufwendungen entsprechend dem Veranlassungsprinzip den jeweiligen Betriebsstätten zuzuordnen sind.[1135] Die sog. indirekte Gewinnermittlungsmethode bzw. Nettomethode, wonach zunächst der Gesamtgewinn eines Unternehmens ermittelt wird und diese

---

1132 Vgl. *Dötsch*, in: Dötsch u.a., UmwStG, 2007, § 11 Rz. 24.

1133 Vgl. *Dötsch/Pung*, in: Dötsch u.a., UmwStG, 2007, § 3 Rz. 45.

1134 Nach anderer Auffassung ist die Überträgerin stets zumindest insoweit zur Aufstellung einer Übertragungsbilanz nach deutschen Bilanzierungsregeln verpflichtet, als eine Bewertung des übertragenen Betriebsvermögens auf Ebene der Übernehmerin nach Maßgabe des deutschen Rechts (§ 12 Abs. 1 Satz 1 UmwStG) zu erfolgen hat, vgl. BT-Drs. 16/2710, S. 37; *Rödder/Schumacher*, DStR 2006, S. 1525 (1529 f.). Siehe Teil 2.B.I.1. zur Frage, welches Betriebsvermögen die Übernehmerin nach deutschen Bewertungsregeln anzusetzen hat.

1135 Vgl. dazu allgemein *Wassermeyer*, in: Debatin/Wassermeyer, DBA, Art. 7 OECD-MA Rz. 240 (106. Lfg., 2009). Siehe allgemein zur direkten Methode *Andresen*, in: Wassermeyer/Andresen/Ditz, Betriebsstätten, 2006, S. 36 und 128; *Maier*, in: Löwenstein/Looks, Betriebsstättenbesteuerung, 2003, S. 249.

Nettogröße dann ebenso wie die eingesetzten Wirtschaftsgüter entsprechend einem Schlüssel auf die einzelnen Betriebsstätten verteilt werden,[1136] ist insbesondere für Zwecke der Erstellung von Übertragungsbilanzen ungeeignet, da eine Entstrickungsbesteuerung eine exakte Vermögenszuordnung voraussetzt.[1137]

Ungeachtet der Frage, ob hinsichtlich des ausländischen Betriebsvermögens die Freistellungs- oder Anrechnungsmethode zur Anwendung gelangt, ist der nach dem jeweiligen ausländischen Steuerrecht anlässlich der Spaltung gewählte Wertansatz für Zwecke der deutschen Besteuerung irrelevant.[1138] Sowohl im Inland als auch im Ausland sind eigenständige Übertragungsbilanzen aufzustellen, deren Wertansätze autonom sind.[1139] Somit ist es grundsätzlich möglich, dass ein und dasselbe Wirtschaftsgut in den verschiedenen Steuerjurisdiktionen völlig unterschiedlich bewertet wird. Für den übertragenden Rechtsträger kann eine solche divergierende Wahlrechtsausübung beispielsweise sinnvoll sein, wenn nur in einem Staat Verlustvorträge existieren, die durch eine Aufdeckung der in diesem Staat steuerverstrickten stiller Reserven aufgebraucht werden sollen.

aa) Zuständiges Finanzamt

Der Antrag ist gem. § 11 Abs. 3 i.V.m. § 3 Abs. 2 Satz 2 UmwStG bei dem nach den §§ 20, 26 AO für den übertragenden Rechtsträger zuständigen Finanzamt zu stellen.[1140] Entsprechendes gilt hinsichtlich der Einreichung der Übertragungsbilanz.

1136 Vgl. *Andresen*, in: Wassermeyer/Andresen/Ditz, Betriebsstätten, 2006, S. 36, 59 und 128.

1137 Siehe allgemein zum Vorrang der direkten Gewinnermittlungsmethode *Kumpf*, StbJb 1988/1989, S. 399 (410 f.); *Maier*, in: Löwenstein/Looks, Betriebsstättenbesteuerung, 2003, S. 248; *Wassermeyer*, in: Wassermeyer/Andresen/Ditz, Betriebsstätten, 2006, S. 11 f.; BMF v. 24.12.1999, IV B 4-S 1300-111/99, BStBl. I 1999, S. 1076, Rz. 2.3; BFH v. 28.03.1985, IV R 80/82, BStBl. II 1985, S. 405, unter 4.; BFH v. 29.07.1992, II R 39/89, BStBl. II 1993, S. 63, unter II. 1.; BFH v. 25.06.1986, II R 213/83, BStBl. II 1986, S. 785.

1138 Vgl. *Dötsch*, in: Dötsch u.a., UmwStG, 2007, § 11 Rz. 26; *Förster/Felchner*, DB 2006, S. 1072 (1077).

1139 Vgl. *Figna/Fürstenau*, BB-Beilage 1/2010, S. 12 (17).

1140 Vgl. BMF v. 11.11.2011, IV C 2-S 1978-b/08/10001, BStBl. I 2011, S. 1314, Tz. 11.12. Nach Auffassung der Finanzverwaltung soll das für die übernehmende Körperschaft zuständige Finanzamt maßgebend sein, sofern kein Finanzamt nach §§ 20, 26 AO für die Besteuerung der übertragenden Körperschaft zuständig ist, vgl. BMF v. 11.11.2011, IV C 2-S 1978-b/08/10001, BStBl. I 2011, S. 1314, Tz. 11.12 i.V.m. Tz. 03.27. Nach hier vertretener Auffassung kann dieser Fall nicht eintreten, da die übertragende Körperschaft keine Übertragungsbilanz nach deutschen bb) Einheitlichkeitsgrundsatz

Nach § 11 Abs. 2 Satz 1 UmwStG ist das Bewertungswahlrecht einheitlich, d.h. für das gesamte inländische und ausländische übertragene Betriebsvermögen, auszuüben.[1141] Demnach ist eine unterschiedliche Wahlrechtsausübung hinsichtlich des in- und ausländischen Betriebsvermögens ausgeschlossen.[1142] Sofern die materiellen Voraussetzungen für den gewählten Ansatz des Buchwerts oder eines Zwischenwerts nicht hinsichtlich aller übertragenen Wirtschaftsgüter erfüllt werden und somit bestimmte Wirtschaftsgüter zwingend mit dem gemeinen Wert anzusetzen sind, stellt dies die Einheitlichkeit der Wahlrechtsausübung nicht in Frage, da der Wertansatz nur einheitlich erfolgen muss, „soweit" die sachlichen Voraussetzungen erfüllt sind.[1143]

f) Vereinbarkeit der Sofortbesteuerung mit den Vorgaben der FRL

Nach Art. 4 Abs. 1 FRL dürfen unter anderem grenzüberschreitende „Spaltung[en] oder Abspaltung[en] ... keine Besteuerung des Veräußerungsgewinns auslösen, der sich aus dem Unterschied zwischen dem tatsächlichen Wert des übertragenen Aktiv- und Passivvermögens und dessen steuerlichem Wert ergibt."[1144] Gem. Art. 4 Abs. 2 Buchst. b FRL gilt als „'übertragenes Aktiv- und Passivvermögen' das Aktiv- und Passivvermögen der einbringenden Gesellschaft, das [insbesondere] nach der ... Spaltung oder Abspaltung tatsächlich einer Betriebsstätte der übernehmenden Gesellschaft im Mitgliedstaat der einbringenden Gesellschaft zugerechnet wird".[1145] Daraus folgt im Umkehrschluss, dass die FRL insbesondere

---

Bilanzierungsregeln zu erstellen hat, sofern sie im Inland nicht steuerpflichtig ist und somit kein Anknüpfungspunkt nach §§ 20, 26 AO besteht.

1141 Vgl. *Dötsch/Pung*, in: Dötsch u.a., UmwStG, 2007, § 3 Rz. 43 und 51.

1142 Vgl. *Dötsch/Pung*, in: Dötsch u.a., UmwStG, 2007, § 3 Rz. 43.

1143 Vgl. *Schönherr/Lemaitre*, GmbHR 2007, S. 459 (462, dort Fn. 29).

1144 Die sekundärrechtlichen Begriffe der Spaltung i.S. des Art. 2 Buchst. b FRL und der Abspaltung i.S. des Art. 2 Buchst. c FRL entsprechen den umwandlungs- bzw. umwandlungssteuerrechtlichen Begriffen der Aufspaltung bzw. Abspaltung.

1145 Die FRL verzichtet auf eine Definition des Begriffs der Betriebsstätte. Als Auslegungshilfe kann aber die in Art. 2 Abs. 2 MTRL enthaltene Legaldefinition herangezogen werden, wonach es sich bei einer Betriebsstätte insbesondere um „eine feste Geschäftseinrichtung in einem Mitgliedstaat, durch die die Tätigkeit einer Gesellschaft eines anderen Mitgliedstaats ganz oder teilweise ausgeübt wird," handelt. Damit deckt sich der europäische Betriebsstättenbegriff weitgehend mit denen des deutschen Steuerrechts und des Abkommensrechts, vgl. *Schönfeld*, in: Wassermeyer/Andresen/Ditz, Betriebsstätten, 2006, S. 578.

eine anlässlich einer grenzüberschreitenden Auf- oder Abspaltung erfolgende Schlussbesteuerung der im übertragenen Betriebsvermögen ruhenden stillen Reserven nicht verbietet, soweit die übertragenen Wirtschaftsgüter zwar vor, nicht aber nach Durchführung der Spaltung einer im Outbound-Staat belegenen Betriebsstätte zuzuordnen sind. Hieraus ergibt sich wiederum die sekundärrechtliche Vereinbarkeit der umwandlungssteuerrechtlichen Entstrickungsregelungen, da auch letztere stets einen Steueraufschub ermöglichen, soweit die übertragenen Wirtschaftsgüter auch über den steuerlichen Übertragungsstichtag hinaus in einer inländischen Betriebsstätte steuerverstickt bleiben.

g) Vereinbarkeit der Sofortbesteuerung mit den Vorgaben der Grundfreiheiten

Im Folgenden wird geprüft, ob die Regelung des § 11 Abs. 2 Satz 1 Nr. 2 UmwStG bzw. die daraus ggf. resultierende Sofortbesteuerung stiller Reserven gegen Primärrecht verstößt.[1146]

aa) Identifikation einer Beschränkung

Fraglich ist, ob § 11 Abs. 2 Satz 1 Nr. 2 UmwStG eine grundfreiheitliche Beschränkung enthält und – sofern dies bejaht wird – welche Art von Beschränkung vorliegt. Es könnte eine Diskriminierung darin bestehen, dass § 11 Abs. 2 Satz 1 Nr. 2 UmwStG die Zulässigkeit des Ansatzes des Buchwerts oder eines Zwischenwerts und damit einen Besteuerungsaufschub an die Bedingung des unverminderten Fortbestands des deutschen Besteuerungsrechts knüpft.[1147] Fraglich ist, ob in dieser Voraussetzung eine Differenzierung aufgrund eines transnationalen Elements zu sehen ist.[1148] Da die Regelung des § 11 Abs. 2 Satz 1 Nr. 2 UmwStG nicht auf den Sitz oder Ort der Geschäftsleitung bzw. Satzungs- oder Verwaltungssitz der an der Umwandlung beteiligten Körperschaften abstellt, kann eine offene

1146 Einen Verstoß der ertragsteuerrechtlichen Entstrickungsregelungen gegen die Grundfreiheiten annehmend *Körner*, IStR 2006, S. 469 (469); *Schaumburg/Schaumburg*, StuW 2005, S. 306 (312 f.). Einen grundfreiheitsrechtlichen Verstoß hingegen verneinend *Schwenke*, DStZ 2007, S. 235 (246 f.).

1147 Die umwandlungssteuerrechtliche Versagung eines steuerlichen Vorteils in Form eines Besteuerungsaufschubs bedeutet in gleicher Weise eine Schlechterstellung, wie die beispielsweise in § 4 Abs. 1 Satz 3 EStG oder § 12 Abs. 1 KStG enthaltene unmittelbare Anordnung eines steuerlichen Nachteils in Form eines vorgezogenen Realisationstatbestands, vgl. *Englisch*, IFSt-Schrift Nr. 449, 2008, S. 82. Allgemein dazu bereits Teil 1,A.VII.1.

1148 Vgl. allgemein zur Definition einer vertikalen Diskriminierung Teil 1,A.VII.1.a).

Diskriminierung aufgrund der Nationalität ausgeschlossen werden.[1149] Sofern Gesellschaften nicht von einer offenen Diskriminierung betroffen sind, kann sogleich regelmäßig auch eine versteckte Diskriminierung von Gesellschaften aufgrund der Nationalität ausgeschlossen werden.[1150] Zu untersuchen ist, ob § 11 Abs. 2 Satz 1 Nr. 2 UmwStG jedoch zwischen rein innerstaatlich und grenzüberschreitend durchgeführten Spaltungen differenziert und somit eine Diskriminierung aufgrund des Differenzierungskriteriums der Grenzüberschreitung beinhaltet. Hierfür ist zu prüfen, ob eine grenzüberschreitend durchgeführte Spaltung gegenüber einer hypothetischen, rein inländisch durchgeführten Spaltung, die abgesehen von ihrem fehlenden grenzüberschreitenden Charakter der grenzüberschreitenden Spaltung entspricht, benachteiligt wird.[1151] Wie bereits in Teil 2,B.I.1.d) aufgezeigt wurde, können Spaltungen i.S. des § 15 UmwStG, sofern sie grenzüberschreitend erfolgen, zum Ausschluss oder einer Beschränkung des deutschen Besteuerungsrechts führen. Soweit eine solche Beeinträchtigung des deutschen Besteuerungsrechts vorliegt, wird dem übertragenden Rechtsträger die Ausübung des Bewertungswahlrechts nach § 15 Abs. 1 Satz 1 i.V.m. 11 Abs. 2 Satz 1 UmwStG und damit ein Besteuerungsaufschub hinsichtlich der im übertragenen Betriebsvermögen enthaltenen stillen Reserven verweigert. Falls eine Spaltung i.S. des § 15 UmwStG rein innerstaatlich durchgeführt wird, ist ein Ausschluss des deutschen Besteuerungsrechts nicht möglich, da die übernehmende Körperschaft ebenso wie bereits die übertragende Körperschaft der unbeschränkten Besteuerungspflicht in Deutschland unterliegt und hinsichtlich der Einkünfte aus Wirtschaftsgütern, die ausländischen Anrechnungsbetriebsstätten zuzuordnen sind, nach der Spaltung die gleichen DBA anzuwenden sind wie vor der Spaltung. Da demzufolge bei rein innerstaatlichen Spaltungen i.S. des § 15 UmwStG stets ein Wertansatzwahlrecht besteht und somit ein Besteuerungsaufschub gewährt bzw. eine Sofortbesteuerung vermieden werden kann, werden grenzüberschreitende Spaltungen, soweit sie

---

1149 Da eine Gesellschaft im Gegensatz zu einer natürlichen Person keine Staatsangehörigkeit hat, wird diese gem. Art. 49 Unterabs. 1, Art. 54 Unterabs. 1 AEUV durch den Satzungs- oder Verwaltungssitz substituiert, vgl. Teil 1,A.VII1.a).

1150 Dies ist darin begründet, dass eine versteckte Diskriminierung i.d.R. in Form einer Differenzierung nach der Ansässigkeit auftritt, welche sich bei Gesellschaften wiederum nach dem Ort der Geschäftsleitung bzw. dem Verwaltungssitz bestimmt. Da bei Gesellschaften der Ort der Geschäftsleitung bzw. der Verwaltungssitz nach Art. 54 Unterabs. 1 AEUV das Merkmal der Staatsangehörigkeit ersetzt (vgl. Teil 1,A.VII.1.a)), ist im Fall einer offenen Diskriminierung von Gesellschaften regelmäßig gleichzeitig auch deren versteckte Diskriminierung festzustellen.

1151 Vgl. dazu allgemein Teil 1,A.VII.1.

zu einer sofortigen Realisation stiller Reserven und damit zu einem Liquiditätsnachteil führen,[1152] schlechter gestellt.[1153] Unbeachtlich für die Feststellung einer grundfreiheitlichen Diskriminierung aufgrund der Grenzüberschreitung ist, dass die Regelung des § 11 Abs. 2 Satz 1 Nr. 2 UmwStG die Diskriminierung nicht ausdrücklich an das Kriterium der Grenzüberschreitung bindet, da dieses Unterscheidungsmerkmal dennoch als Ursprung der in der genannten Norm enthaltenen Differenzierung nach dem Fortbestand des deutschen Besteuerungsrechts identifiziert werden kann.[1154] Die Voraussetzung des § 11 Abs. 2 Satz 1 Nr. 2 UmwStG vermag ausschließlich die an einer grenzüberschreitend durchgeführten Spaltung beteiligten Körperschaften zu beeinträchtigen, ohne dass diese Schlechterstellung explizit aufgrund des grenzüberschreitenden Charakters der Spaltung erfolgt. Folglich enthält § 11 Abs. 2 Satz 1 Nr. 2 UmwStG eine vertikale Diskriminierung grenzüberschreitender Spaltungen.[1155]

1152 Eine Sofortbesteuerung bedeutet einen Liquiditätsabfluss ohne gleichzeitigen Mittelzufluss und somit auch ohne tatsächliche Mehrung der Leistungsfähigkeit.

1153 Für die Feststellung einer Diskriminierung ist es unbeachtlich, ob hinsichtlich einer grenzüberschreitenden Transaktion ein steuerlicher Vorteil verweigert oder ein steuerlicher Nachteil angeordnet wird. Vgl. zur diskriminierenden Wirkung einer Sofortbesteuerung und der daraus resultierenden Liquiditätsnachteile auch EuGH v. 11.03.2004, Rs. C-9/02 – *de Lasteyrie du Saillant*, Slg. 2004, S. I-2409, Rn. 46; EuGH v. 07.09.2006, Rs. C-470/04 – *N*, *Slg. 2*006, S. I-7409, Rn. 35; EuGH v. 21.11.2002, Rs. C-436/00 – *X und Y*, Slg. 2002, S. I-10829, Rn. 38. Vgl. allgemein zur Grundrechtsbeschränkung durch Liquiditätsnachteile EuGH v. 08.03.2001, Rs. C-397/98 und C-410/98 – *Metallgesellschaft und Hoechst*, Slg. 2001, S. I-1727, Rn. 76.

1154 Vgl. dazu auch allgemein Teil 1,A.VII.1.a).

1155 Die vereinzelt in der Literatur vertretene Auffassung, wonach sich aus der EuGH-Rechtsprechung ergebe, dass eine Schlussbesteuerung bei grenzüberschreitender Spaltungen aufgrund einer unionsrechtlich zulässigen grenzüberschreitungsbedingten Auflösung der Überträgerin keinesfalls diskriminierend sei (vgl. *Frotscher*, IStR 2006, S. 65 (70)), ist abzulehnen. Insbesondere aus dem Urteil *Daily Mail* ergibt sich lediglich, dass die Mitgliedstaaten aufgrund der Geschöpftheorie berechtigt sind, im Fall einer grenzüberschreitenden Verlegung des Verwaltungssitzes einer Gesellschaft anders als im Fall einer entsprechenden rein innerstaatlichen Sitzverlegung die Auflösung der wegziehenden Gesellschaft anzuordnen, vgl. bereits Teil 2,A.I.2.b)bb)(1). Die daraus resultierende Schlussbesteuerung ist tatsächlich die bloße Konsequenz der durch das grenzüberschreitende Moment der Sitzverlegung bedingten Gesellschaftsauflösung, vgl. EuGH v. 27.09.1988, Rs. 81/87 – *Daily Mail*, Slg. 1988, S. 5483, Rn. 20; *Schön/Schindler*, IStR 2004, S. 571 (575). Bei Spaltungen ist der Fortbestand oder die Auflösung des übertragenden Rechtsträgers bb) Vergleichbarkeit

Die festgestellte vertikale Diskriminierung durch § 11 Abs. 2 Satz 1 Nr. 2 UmwStG ist dann grundsätzlich verboten, wenn sich Körperschaften, die an einer grenzüberschreitenden Spaltung beteiligt sind, in einer vergleichbaren Situation befinden wie Körperschaften, die eine rein innerstaatliche Spaltung durchführen.[1156] I.R. der Vergleichbarkeitsprüfung ist entsprechend der Rechtsprechung des EuGH grundsätzlich danach zu unterscheiden, ob der beschränkende Staat im konkreten Fall Bestimmungsstaat oder Ansässigkeitsstaat ist.[1157] Soweit durch § 11 Abs. 2 Satz 1 Nr. 2 UmwStG Hinausspaltungen beeinträchtigt werden, werden die in Deutschland Ansässigen diskriminiert. Die Einkünfte aus den aufgrund der Spaltung entstrickten Wirtschaftsgütern unterfallen bis einschließlich des steuerlichen Übertragungsstichtags entsprechend dem Welteinkommensprinzip der deutschen Besteuerungshoheit, weshalb insofern kein Unterschied zwischen grenzüberschreitenden und rein inländischen Spaltungen besteht. Demnach sind bis einschließlich des Zeitpunkts des steuerlichen Übertragungsstichtags steuerliche Vorteile unabhängig vom Vorliegen einer Grenzüberschreitung zu gewähren. Da hinsichtlich der entstrickten Wirtschaftsgüter jedoch kein Bewertungswahlrecht gewährt wird und somit eine Sofortbesteuerung der stillen Reserven im Zeitpunkt des steuerlichen Übertragungsstichtags, der den letzten Moment des Bestehens eines deutschen Besteuerungsrechts an Einkünften aus den entstrickten Wirtschaftsgütern markiert, erfolgt, werden grenzüberschreitende Spaltungen trotz Vergleichbarkeit mit rein innerstaatlichen Spaltungen diskriminiert. Damit liegt eine Diskriminierung vor, die grundsätzlich, d.h. vorbehaltlich einer Rechtfertigung, verboten ist.[1158]

Soweit sonstige grenzüberschreitende Spaltungen, die keine Hinausspaltungen sind, aufgrund des § 11 Abs. 2 Satz 1 Nr. 2 UmwStG zu einer Entstrickung von in

---

hingegen unabhängig vom Vorliegen eines grenzüberschreitenden Elements. Da rein innerstaatliche Spaltungen auch im Fall der Auflösung des übertragenden Rechtsträgers keine Sofortbesteuerung der entstrickten stillen Reserven nach sich ziehen, stellt eine solche Besteuerung, sofern die im grenzüberschreitenden Fall eintritt, eine Diskriminierung dar. Damit ist die *Daily Mail*-Rechtsprechung auf Sachverhalte betreffend die Schlussbesteuerung grenzüberschreitender Spaltungen nicht übertragbar, vgl. *Dürrschmidt*, Unternehmensumstrukturierungen, 2008, S. 234.

1156 Vgl. hierzu allgemein Teil 1.A.VII.4.

1157 Vgl. bereits Teil 1.A.VII.4.a)aa) und Teil 1.A.VII.4.a)bb).

1158 So im Zusammenhang mit ausländischen Entstrickungsbesteuerungsregelungen auch EuGH v. 29.11.2011, Rs. C-371/10 – *National Grid Indus*, n.n.v., Rn. 41; EuGH v. 06.09.2012, Rs. C-38/10 – *Kommission/Portugal*, n.n.v., Rn. 28 f.

Deutschland steuerverhaftetem Betriebsvermögen führen, liegt eine Diskriminierung durch den Inbound-Staat Deutschland vor, da die Entstrickungsbesteuerung in diesem Fall eine mittelbare Benachteiligung der ursprünglichen Inbound-Investition eines beschränkt Steuerpflichtigen bedeutet. Da sich § 11 Abs. 2 Satz 1 Nr. 2 UmwStG i.R. der Ermittlung der Einkünfte auswirkt, ist insoweit das objektive Leistungsfähigkeitsprinzip betroffen. Der Inbound-Staat hat grenzüberschreitende Vorgänge damit als mit rein inländischen Vorgängen vergleichbar anzusehen, soweit ein inländisches Besteuerungsrecht besteht.[1159] Die Einkünfte aus den entstrickten Wirtschaftsgütern unterliegen bis einschließlich des steuerlichen Übertragungsstichtags der beschränkten Steuerpflicht in Deutschland. Da bis einschließlich dieses Zeitpunkts steuerliche Vorteile zu gewähren sind, die in unmittelbarem Zusammenhang mit den inländischen Einkünften stehen,[1160] muss grundsätzlich bei grenzüberschreitenden ebenso wie bei rein innerstaatlichen Spaltungen ein Bewertungswahlrecht hinsichtlich der übertragenen Wirtschaftsgüter gewährt werden. Weil aber eine solche Privilegierung nach § 11 Abs. 2 Satz 1 Nr. 2 UmwStG hinsichtlich der i.R. einer grenzüberschreitenden Spaltung entstrickten Wirtschaftsgüter nicht erfolgt, ist insoweit eine Diskriminierung eines vergleichbaren Sachverhalts und damit grundsätzlich, d.h. vorbehaltlich einer Rechtfertigung, ein Verstoß gegen die Grundfreiheiten festzustellen.

cc) Rechtfertigung

Fraglich ist, ob die aus § 11 Abs. 2 Satz 1 Nr. 2 UmwStG folgende Vorenthaltung des Wertansatzwahlrechts für i.R. einer grenzüberschreitenden Spaltung steuerlich entstrickte Wirtschaftsgüter, welche grundsätzlich eine verbotene Diskriminierung darstellt, gerechtfertigt ist und damit letztlich keinen Verstoß gegen die Grundfreiheiten begründet.[1161] Während eine Rechtfertigung aufgrund eines geschriebenen Rechtfertigungsgrunds des AEUV ausscheidet, könnte eine Rechtfertigung entsprechend der *rule of reason* in Betracht kommen. Dies ist der Fall,

---

1159 Vgl. dazu allgemein Teil 1,A.VII.4.a)aa).

1160 Hierzu allgemein Teil 1,A.VII.4.a)aa).

1161 Allgemein die Rechtfertigbarkeit einer Sofortbesteuerung im Fall betrieblicher Entstrickungen ablehnend *Rödder*, IStR 2005, S. 297 (298); *Rödder*, DStR 2005, S. 893 (895); *Rödder*, DStR 2004, S. 1629 (1633); Wissenschaftlicher Beirat Ernst & Young, BB 2005, S. 2166 (2168); Kommission v. 19.12.2006, KOM(2006) 825 endg., S. 6 f. Eine Sofortbesteuerung hingegen für gerechtfertigt haltend *Schwenke*, DStZ 2007, S. 235 (246 f.); *Mitschke*, IStR 2010, S. 211 (212 f.), *Mitschke*, Ubg 2010, S. 355 (357).

wenn die festgestellte Diskriminierung auf einen anerkannten ungeschriebenen Rechtfertigungsgrund[1162] gestützt werden kann und gleichzeitig die Verhältnismäßigkeit gewahrt ist.[1163]

(1) Wahrung der steuerlichen Kontrolle

Fraglich ist, ob § 11 Abs. 2 Satz 1 Nr. 2 UmwStG mit dem anerkannten Allgemeininteresse an der Wahrung der steuerlichen Kontrolle gerechtfertigt werden kann. Die diskriminierende Maßnahme des § 11 Abs. 2 Satz 1 Nr. 2 UmwStG ist dann zur Verfolgung dieses Ziels geeignet, wenn sie auf die Erlangung von Informationen gerichtet ist.[1164] Allerdings enthält § 11 Abs. 2 Satz 1 Nr. 2 UmwStG keine verfahrensrechtliche, auf die Gewinnung von besteuerungsrelevanten Informationen gerichtete Diskriminierung, sondern eine materiell-rechtliche Schlechterstellung des grenzüberschreitenden Sachverhalts. Durch die aus dem Ausschluss des Bewertungswahlrechts resultierende Sofortbesteuerung wird die Entstehung eines etwaigen zukünftigen Informationsdefizits von vornherein ausgeschlossen. Eine Regelung wäre allerdings nur dann zur Wahrung der steuerlichen Kontrolle geeignet, wenn sie von einer materiell-rechtlichen Schlechterstellung absehen würde und stattdessen auf die Deckung eines etwaigen Informationsbedarfs des deutschen Fiskus im Zeitpunkt der tatsächlichen Veräußerung der entstrickten Wirtschaftsgüter zielen würde. Da § 11 Abs. 2 Satz 1 Nr. 2 UmwStG somit nicht dem Zweck der Wahrung der steuerlichen Kontrolle dient, fehlt es insofern an der Geeignetheit dieser Maßnahme und damit an einer Rechtfertigung der Diskriminierung.

(2) Wirksame Durchsetzung des Steueranspruchs

Zu prüfen ist, ob der von § 11 Abs. 2 Satz 1 Nr. 2 UmwStG ausgehende diskriminierende Effekt aufgrund der Sicherstellung einer wirksamen Durchsetzung des

---

1162 Siehe zu den anerkannten Rechtfertigungsgründen Teil 1,A.VII.5.b)bb). Dass die Regelung des § 11 Abs. 2 Satz 1 Nr. 2 UmwStG beispielsweise geeignet ist, einen Verlust von Steueraufkommen zu verhindern, kann demnach nicht ins Feld geführt werden, da es sich hierbei nicht um einen anerkannten Rechtfertigungsgrund handelt, vgl. *Ungemach*, Ubg 2011, S. 251 (254). In gleicher Weise kann auch die Konformität mit den Bestimmungen des OECD-MA, welche einer Entstrickungsbesteuerung nicht entgegenstehen (vgl. OECD v. 17.07.2008, AOA/Report on the Attribution of Profits to Permanent Establishments, S. 53), keine Rechtfertigung begründen, vgl. *Englisch*, IFSt-Schrift Nr. 449, 2008, S. 82 f.

1163 Vgl. hierzu allgemein Teil 1,A.VII.5.c).

1164 Vgl. dazu allgemein Teil 1,A.VII.5.b)bb)(1).

deutschen Steueranspruchs gerechtfertigt ist. Die Anordnung einer Sofortbesteuerung ist geeignet, den dem deutschen Staat zustehenden Besteuerungsanspruch abzusichern. Fraglich ist, ob eine Sofortbesteuerung hierfür auch erforderlich ist. Sofern die i.R. einer grenzüberschreitenden Spaltung entstrickten Wirtschaftsgüter fortan in einem anderen EU-Staat der Besteuerung unterliegen, besteht kein Anlass für eine Sofortbesteuerung stiller Reserven, da sich die Bundesrepublik Deutschland entsprechend der EU-Beitreibungsrichtlinie auf eine durch den anderen EU-Staat zu leistende Unterstützung bei der Steuererhebung und -vollstreckung infolge einer tatsächlichen Veräußerung der entstrickten Wirtschaftsgüter verlassen kann.[1165] Da die Inanspruchnahme zwischenstaatlicher Unterstützung bei der Beitreibung von Steuerforderungen ein ebenso geeignetes, jedoch für den Steuerpflichtigen weniger belastendes Mittel darstellt, erweist sich eine Sofortbesteuerung stiller Reserven insoweit als nicht erforderlich zur wirksamen Durchsetzung des deutschen Besteuerungsanspruchs. Sofern die Einkünfte aus entstrickten Wirtschaftsgütern nach Durchführung einer grenzüberschreitenden Spaltung der Besteuerungshoheit eines nicht der EU angehörenden Staats unterliegen, kann selbiges mangels Anwendbarkeit der Beitreibungsrichtlinie zwar nicht gelten, doch ist auch in diesen Fällen die Erforderlichkeit einer Sofortbesteuerung abzulehnen, da die wirksame Durchsetzung des deutschen Besteuerungsrechts dann durch eine Verpflichtung zur Gestellung von Sicherheiten gewährleistet werden kann.[1166] Als Sicherheiten kommen die in § 241 Abs. 1 AO aufgezählten Leistungen in Betracht.[1167] Da ein unter der Voraussetzung einer Leistung von Sicherheiten erfolgender Steueraufschub ebenso zur Absicherung des deutschen Besteuerungsanspruchs geeignet ist wie die stärker eingreifende Sofortbesteuerung, ist letztgenannte Maßnahme auch dann nicht für eine wirksame Steuererhebung bzw. -vollstreckung erforderlich, wenn die entstrickten Wirtschaftsgüter fortan in einem Staat außerhalb der EU steuerverstrickt sind.

Nach alledem gilt generell, dass die Sofortbesteuerung nicht unter Berufung auf das Ziel der wirksamen Durchsetzung des deutschen Besteuerungsanspruchs gerechtfertigt werden kann.

1165 Vgl. dazu Teil 1,A.VII.5.b)bb)(2).

1166 Im Anwendungsbereich der Beitreibungsrichtlinie ist die Pflicht zur Leistung von Sicherheiten hingegen stets als unverhältnismäßig zu betrachten, vgl. *Hey*, StuW 2004, S. 193 (200); *Schindler*, IStR 2004, S. 300 (309); *Rödder*, DStR 2004, S. 1629 (1633).

1167 Dazu allgemein *Kruse*, in: Tipke/Kruse, AO/FGO, § 241 AO Rz. 3 bis 15 (121. Lfg., 2009).

(3) Wahrung der Kohärenz des Steuersystems

Vor der eigentlichen Prüfung, ob § 11 Abs. 2 Satz 1 Nr. 2 UmwStG aufgrund der Notwendigkeit der Wahrung der Kohärenz des Steuersystems gerechtfertigt ist, ist zu untersuchen, ob sich ein diskriminierender Staat selbst dann auf das Kohärenzargument berufen kann, wenn die Makro-Kohärenz gewährleistet ist.[1168] Eine makro-kohärente Situation ist hinsichtlich der Entstrickung von Wirtschaftsgütern i.R. grenzüberschreitender Spaltungen gegeben, weil dem Verlust des Besteuerungsrechts an Einkünften aus entstrickten Wirtschaftsgütern, wie er vor allem bei Hinausspaltungen eintritt, insbesondere im Fall von Hereinspaltungen eine steuerliche Verstrickung von Wirtschaftsgütern und damit ein Zugewinn von Steuersubstrat gegenüber steht. D.h., dass Einbußen von Besteuerungsrechten, die einem Staat aufgrund von Hinausspaltungen entstehen, durch die i.R. von Hereinspaltungen hinzuzugewinnenden Besteuerungsrechte kompensiert werden können. Sofern ein Staat aus abkommensrechtlicher Sicht nicht daran gehindert ist, die i.R. von Hereinspaltungen neu verstrickten Wirtschaftsgüter mit dem Buchwert anzusetzen und somit die im Ausland gebildeten stillen Reserven zu übernehmen, würde die Beachtung des Konzepts der Makro-Kohärenz bedeuten, dass dieser Staat insbesondere i.R. einer Hinausspaltung auf die Besteuerung von entstrickten stillen Reserven verzichten müsste, weil er ohne Einschränkungen den Buchwertansatz zuzulassen hätte. Bei einer Gesamtbetrachtung von Herein- und Hinausspaltungen käme es so zu einem Austausch stiller Reserven zwischen den verschiedenen Mitgliedstaaten. Dieser Ansatz könnte allerdings lediglich zu einer zwischenstaatlichen Verteilungsgerechtigkeit, nicht jedoch zu einer interpersonalen Belastungsgleichheit führen. Eine Substituierbarkeit dieser Aspekte ist aber abzulehnen, da sich eine mitgliedstaatliche Maßnahme nur dann als zwingendes Allgemeininteresse i.S. der *rule of reason* qualifiziert, wenn durch diese eine Besteuerung entsprechend dem Leistungsfähigkeitsprinzip angestrebt wird. Da die Gesamtheit der Steuerpflichtigen an einer interpersonalen Belastungsgleichheit interessiert ist, kann diese nicht zugunsten der zwischenstaatlichen Verteilungsgerechtigkeit, in deren Fokus allein das Steueraufkommen der Mitgliedstaaten steht, geopfert werden. Folglich ist ein Mitgliedstaat ungeachtet des Vorliegens der Makro-Kohärenz berechtigt, eine Rechtfertigung diskriminierender Regelungen auf das Kohärenzargument, welches auf eine leistungsfähigkeitsgerechte Besteuerung zielt, zu stützen.[1169]

1168 Vgl. dazu bereits allgemein Teil 1,A.VII.5.b)bb)(3)(ii).

1169 Vgl. Teil 1,A.VII.5.b)bb)(3)(ii).

Somit gilt es zu untersuchen, ob die benachteiligende Regelung des § 11 Abs. 2 Satz 1 Nr. 2 UmwStG Bestandteil eines systematisch zusammenhängenden Normengeflechts ist, welches in seiner Gesamtheit dazu dient, die Einmalbesteuerung der i.R. einer grenzüberschreitenden Spaltung entstrickten stillen Reserven sicherzustellen, um so eine Besserstellung grenzüberschreitender gegenüber rein innerstaatlichen Spaltungen auszuschließen. Dies setzt voraus, dass der spezifisch grenzüberschreitende Spaltungen betreffende Nachteil der Sofortbesteuerung einem sachlich korrespondierenden Vorteil, der ausschließlich grenzüberschreitende Spaltungen begünstigt, kompensierend gegenüber steht. Dass die Wertzuwächse der entstrickten Wirtschaftsgüter bis zum steuerlichen Übertragungsstichtag nicht besteuert werden und damit überhaupt erst die Bildung von stillen Reserven ermöglicht wird, stellt demnach keinen berücksichtigungsfähigen, weil nicht ausschließlich grenzüberschreitende Spaltungen begünstigenden Vorteil dar.[1170] Sofern die in Deutschland entstrickten und somit von einer Sofortbesteuerung betroffenen Wirtschaftsgüter in dem Staat, dessen Besteuerungshoheit sie nach dem steuerlichen Übertragungsstichtag unterliegen, mit einem dem gemeinen Wert entsprechenden Wertansatz bewertet werden, besteht insoweit zwar ein spezifischer Vorteil grenzüberschreitender Spaltungen gegenüber rein innerstaatlichen, steuerneutral durchgeführten Spaltungen.[1171] Allerdings gilt die benachteiligende Regelung des § 11 Abs. 2 Satz 1 Nr. 2 UmwStG generell und differenziert nicht danach, ob der Vorteil eines steuerfreien *step-ups* im Ausland tatsächlich im Einzelfall gewährt wird. Da die Kompensation von spezifisch grenzüberschreitende Spaltungen betreffenden Vor- und Nachteilen demnach vom Zufall abhängt, darf ein etwaiger im Ausland gewährter Vorteil i.R. der Rechtfertigungsprüfung keine Beachtung finden.[1172]

Im Ergebnis ist festzustellen, dass die in § 11 Abs. 2 Satz 1 Nr. 2 UmwStG enthaltene Diskriminierung mangels sachlichem Zusammenhang mit einer entsprechenden Begünstigung grenzüberschreitender Spaltungen nicht zur Wahrung der Kohärenz geeignet ist.

(4) Verhinderung der Steuerumgehung

Zu prüfen ist, ob die Regelung des § 11 Abs. 2 Satz 1 Nr. 2 UmwStG deshalb gerechtfertigt ist, weil sie der Verhinderung von Steuerumgehungen dient. Diese

---

1170 A.A. *Langheim*, Einbringung, 2008, S. 180.

1171 Sofern bei einer rein innerstaatlichen Spaltung der Buchwertansatz gewählt wird, so ist dieser Wertansatz gem. § 12 Abs. 1 Satz 1 UmwStG auch für den Ansatz der übertragenen Wirtschaftsgüter beim übernehmenden Rechtsträger maßgeblich.

1172 Vgl. dazu allgemein Teil 1,A.VII.5.b)aa)(5).

Rechtsnorm ist hierfür geeignet, wenn sie rein künstliche, auf die Erzielung von Steuervorteilen gerichtete Gestaltungen ohne echten wirtschaftlichen Gehalt unterbindet.[1173] Allerdings sind Spaltung grundsätzlich wirtschaftliche reale Vorgänge. Eine missbräuchliche Gestaltung liegt selbst dann nicht vor, wenn eine grenzüberschreitende Hinausspaltung durchgeführt wird, um zukünftig von einem niedrigeren Steuerniveau im Ausland zu profitieren.[1174] Einerseits ist der hierdurch entstehende Wettbewerb unter den Mitgliedstaaten gerade im Interesse des AEUV,[1175] andererseits fehlt es bei der Durchführung einer grenzüberschreitenden Spaltung nicht am wirtschaftlichen Gehalt dieses Vorgangs.

(5) Vermeidung der Steuerumgehung und doppelten Geltendmachung von steuerlichen Abzügen

Nachdem eine Rechtfertigung der Diskriminierung durch § 11 Abs. 2 Satz 1 Nr. 2 UmwStG nicht allein aufgrund des Anliegens der Vermeidung einer Steuerumgehung erfolgen kann,[1176] stellt sich die Frage, ob anderes gilt, sofern der Rechtfertigungsgrund der Verhinderung doppelter steuerlicher Abzüge ergänzend herangezogen wird. Eine kumulative Verfolgung dieser beiden Ziele erfolgt durch solche Maßnahmen, die sich gegen künstliche Gestaltungen,[1177] die zu einer doppelten Inanspruchnahme steuerlicher Abzüge führen, richten. Tatsächlich kann eine grenzüberschreitende Spaltung dazu führen, dass der übernehmende Rechtsträger hinsichtlich eines durch den übertragenden Rechtsträger bereits (teilweise) abgeschriebenen Wirtschaftsguts erneut Abschreibungen geltend machen kann. Dies ist der Fall, sofern das Wirtschaftsgut durch den übernehmenden Rechtsträger zu einem Wert angesetzt werden kann, der höher ist als die fortgeführten Anschaffungs- bzw. Herstellungskosten des übertragenden Rechtsträgers.

Beispiel 5: Die in Deutschland ansässige D-GmbH überträgt im Wege einer Abspaltung unter anderem das Wirtschaftsgut X (ursprüngliche Anschaffungskosten 100; Buchwert 50; gemeiner Wert 80) auf die im EU-Staat E ansässige E-SE. Hinsichtlich des Wirtschaftsguts X kommt es zu einer steuerlichen Entstrickung in Deutschland sowie einer steuerlichen Verstrickung zu einem dem gemeinen Wert entsprechenden Wert im Staat E. Da der fortgeführte Buchwert in Deutschland 50 betrug,

1173 Vgl. Teil 1,A.VII.5.b)bb)(5).
1174 Vgl. Teil 1,A.VII.5.b)bb)(5).
1175 Vgl. Teil 1,A.VII.5.b)bb)(5).
1176 Vgl. hierzu soeben Teil 2,B.I.1.g)cc)(4).
1177 Diese künstlichen Gestaltungen können, anders als wenn ausschließlich der Rechtfertigungsgrund der Vermeidung der Steuerumgehung bemüht wird, einen realen wirtschaftlichen Hintergrund aufweisen, vgl. Teil 1,A.VII.5.b)bb)(6).

der Staat E jedoch den Wertansatz 80 gestattet, können Anschreibungen i.H.v. 30 insgesamt doppelt geltend gemacht werden.

Während grenzüberschreitende Spaltungen demnach zwar mit der Gefahr einer doppelten Geltendmachung von Abschreibungen verbunden sind, fehlt es in diesem Zusammenhang an der für das Durchgreifen des kumulierten Rechtfertigungsgrunds notwendigen Künstlichkeit der Gestaltung. Die doppelte Geltendmachung von Abschreibungen resultiert nicht aus einer durch den Steuerpflichtigen willkürlich vorgenommenen Geltendmachung von Abschreibungen in zwei Staaten, sondern ist bloße Folge der Durchführung einer grenzüberschreitenden Spaltung sowie bloßer Disparitäten der betroffenen Rechtsordnungen. Da die Durchführung der grenzüberschreitenden Spaltung in diesem Fall nicht als künstliche Gestaltung gewertet werden kann, scheidet eine Rechtfertigung des § 11 Abs. 2 Satz 1 Nr. 2 UmwStG aufgrund der zusammengefassten Rechtfertigungsgründe der Verhinderung der Steuerumgehung sowie der Vermeidung einer doppelten Geltendmachung steuerlicher Abzüge mangels Geeignetheit aus.[1178]

(6) Vermeidung der Steuerumgehung und Wahrung der Aufteilung der Besteuerungsbefugnisse

Zu prüfen ist, ob die in § 11 Abs. 2 Satz 1 Nr. 2 UmwStG enthaltene Diskriminierung mit dem zusammengefassten Grund der Vermeidung der Steuerumgehung sowie der Aufteilung der Besteuerungsbefugnisse gerechtfertigt werden kann. Dies ist dann der Fall, wenn die genannte Regelung künstlichen Gestaltungen, welche die zwischen verschiedenen Staaten vorgesehene Aufteilung der Besteuerungsbefugnisse unterlaufen, entgegenwirkt. In Fällen, in denen es hinsichtlich eines i.R. einer grenzüberschreitenden Spaltung übertragenen Wirtschaftsguts zu einer steuerlichen Entstrickung in Deutschland sowie zu einer steuerlichen Verstrickung im anderen von der Spaltung betroffenen Staat kommt, verliert Deutschland das Recht zur zukünftigen Besteuerung der in diesem Wirtschaftsgut enthaltenen stillen Reserven, wohingegen der andere Staat künftig zur Besteuerung jener stillen Reserven berechtigt ist. Damit ist Deutschland als derjenige Staat, welcher bis zum Zeitpunkt des steuerlichen Übertragungsstichtags die Geltendmachung von Abschreibungen auf das übertragene Wirtschaftsgut ermöglicht hat, nicht berechtigt, eine zukünftige Realisation stiller Reserven zu besteuern. Der Wegfall des

1178 Im Zusammenhang mit dem ähnlichen Fall eines doppelten Verlustabzugs zum gleichen Ergebnis kommend EuGH v. 06.09.2012, Rs. C-18/11 – *Philips Electronics UK*, n.n.v., Rn. 29 bis 33.

Besteuerungsrechts an den stillen Reserven zugunsten eines anderen Staats entspricht dem Fall, dass die in einem Staat erwirtschafteten Einkünfte durch einen anderen Staat besteuert werden. Das Auseinanderfallen der Gewährung von Abschreibungen sowie der Besteuerung von stillen Reserven untergräbt somit die von den Staaten beabsichtigte Aufteilung der Besteuerungsbefugnisse. Eine Rechtfertigung der Diskriminierung des § 11 Abs. 2 Satz 1 Nr. 2 UmwStG kommt allerdings nur dann in Betracht, sofern sich diese ungleich behandelnde mitgliedstaatliche Maßnahme gegen künstliche Gestaltungen richtet. Von einer Künstlichkeit ist in diesem Zusammenhang auszugehen, wenn die an einer Spaltung beteiligten Rechtsträger steuerliche Nach- und Vorteile willkürlich so untereinander verteilen, dass die addierte Steuerbelastung der Rechtsträger verringert wird.[1179]

Im Fall einer der Spaltung nachgelagerten tatsächlichen Veräußerung von i.R. der Spaltung ent- bzw. verstrickten Wirtschaftsgütern sind die in diesen Wirtschaftsgütern enthaltenen stillen Reserven im Ansässigkeitsstaat des übernehmenden Rechtsträgers zu versteuern. Damit geht der steuerliche Nachteil der Pflicht zur Versteuerung stiller Reserven zum steuerlichen Übertragungsstichtag zwar vom übertragenden auf den übernehmenden Rechtsträger über, während der steuerliche Vorteil der Geltendmachung von Abschreibungen bis zu diesem Zeitpunkt durch den übertragenden Rechtsträger in Anspruch genommen werden konnte. Es besteht somit die Gefahr, dass im ausländischen Inbound-Staat stille Reserven versteuert werden, deren Bildung auf der Geltendmachung von Abschreibungen im Outbound-Staat Deutschland beruht. Hieraus folgt, dass die mitgliedstaatlich beabsichtigte Aufteilung der Besteuerungsbefugnisse durch grenzüberschreitende Spaltungen beeinträchtigt werden kann. Dies ist jedoch nicht Folge einer willkürlichen Optierung durch die beteiligten Rechtsträger, sondern vielmehr die der bloßen Durchführung einer grenzüberschreitenden Spaltung. Da letztere nicht pauschal als künstliche Gestaltung gewertet werden kann, ist die Voraussetzung der Künstlichkeit demnach grundsätzlich nicht gegeben. Somit ist die aus § 11 Abs. 2 Satz 1 Nr. 2 UmwStG resultierende Sofortbesteuerung regelmäßig nicht geeignet, Steuerumgehungen zu vermeiden und die Aufteilung der Besteuerungsbefugnisse zu sichern.

Eine Ausnahme könnte hinsichtlich der Fälle gelten, bei denen es in engem zeitlichem Zusammenhang mit der Durchführung der Spaltung zu einer tatsächlichen Veräußerung von i.R. der Spaltung ent- bzw. verstrickten Wirtschaftsgütern kommt. Da sodann die Änderung der mitgliedstaatlich beabsichtigten Aufteilung der Besteuerungsbefugnisse als Resultat einer willkürlichen Zuordnung

1179 Vgl. Teil 1.A.VII.5.b)bb)(6).

von Einkünften auf in verschiedenen Hoheitsgebieten ansässige Rechtsträger zu werten wäre, käme insoweit eine Rechtfertigung diskriminierender Regelungen in Betracht. Da nach § 11 Abs. 2 Satz 1 Nr. 2 UmwStG eine Sofortbesteuerung jedoch generell droht, und den beteiligten Steuerpflichtigen nicht die Möglichkeit eingeräumt wird, einen vermuteten Steuermissbrauch durch das Vorbringen wirtschaftlicher Gründe zu widerlegen, ist die untersuchte Regelung insoweit als unverhältnismäßig zu erachten.

dd) Zwischenergebnis

Es ist festzustellen, dass die Regelung des § 11 Abs. 2 Satz 1 Nr. 2 UmwStG nicht aufgrund eines primärrechtlich anerkannten zwingenden Allgemeininteresses gerechtfertigt werden kann. Dieses Ergebnis deckt sich mit jenem der Rechtsprechung des EuGH in der Rs. *N* betreffend die Sofortbesteuerung von in Gesellschaftsanteilen enthaltenen stillen Reserven im Fall eines Wegzugs natürlicher Personen ins Ausland.[1180] Ebenso besteht insoweit ein Gleichklang mit der Feststellung des EuGH in der Rs. *National Grid Indus*, wonach die sofortige Erhebung einer Entstrickungssteuer im Fall des Wegzugs von Gesellschaften grundfreiheitsrechtlich unzulässig ist.[1181] Nachdem die Entstrickungsregelung des § 11 Abs. 2 Satz 1 Nr. 2 UmwStG zwar mit den Vorgaben der FRL, nicht aber mit denen der Grundfreiheiten vereinbar ist, kann insoweit auf die Primärrechtswidrigkeit des Richtlinienrechts geschlossen werden.[1182]

1180 Vgl. EuGH v. 07.09.2006, Rs. C-470/04 – *N*, *Slg.* 2006, S. I-7409, Rn. 39; Kommission v. 19.12.2006, KOM(2006) 825 endg., S. 6 f. Die teilweise vorherrschende Rechtsauffassung, wonach der EuGH auch in der Rs. *de Lasteyrie du Saillant* (EuGH v. 11.03.2004, Rs. C-9/02 – *de Lasteyrie du Saillant*, Slg. 2004, S. I-2409) über eine Regelung betreffend die Entstrickung von im Privatvermögen gehaltenen Gesellschaftsanteilen zu befinden hatte (vgl. *Körner*, IStR 2004, S. 424 (429 f.); *Körner*, IStR 2010, S. 208 (210); *Rödder*, DStR 2005, S. 893 (895); *Rödder*, DStR 2004, S. 1629 (1633); *Wassermeyer*, GmbHR 2004, S. 613 (614 f.)), kann jedoch nicht geteilt werden, da es sich bei der dem Vorabentscheidungsverfahren zugrundeliegenden streitigen mitgliedstaatlichen Rechtsnorm tatsächlich um eine Missbrauchsregelung handelte, die Steuerpflichtige lediglich am vorübergehenden Wegzug zur Durchführung einer Anteilsveräußerung in einem anderen, niedriger besteuernden Staat hindern sollte, vgl. *Hofmeister*, in: FS Wassermeyer, 2005, S. 437 (445); *Hahn*, IStR 2006, S. 797 (799); *Schwenke*, DStZ 2007, S. 235 (242); *Elicker*, IStR 2005, S. 89 (91 f.); *Engert*, DStR 2004, S. 664 (668, dort Fn. 44).

1181 Vgl. EuGH v. 29.11.2011, Rs. C-371/10 – *National Grid Indus*, n.n.v., Rn. 85 f.

1182 Vgl. *Wattel*, TNI 2012, S. 371 (379). Die Auffassung, wonach die FRL nur die steuerliche Behandlung der im Inland verbleibenden Wirtschaftsgüter regelt und keine

h) Konzeptueller Vorschlag unionsrechtskonformer Entstrickungsregelungen

Nachdem die Unvereinbarkeit des § 11 Abs. 2 Satz 1 Nr. 2 UmwStG mit den Vorgaben der Grundfreiheiten festgestellt wurde, sollen im Folgenden Konzepte für eine unionsrechtskonforme Gesetzgebung vorgeschlagen werden. Diese können grundsätzlich auf verschiedenen Ansätzen beruhen: Einerseits kann von einer Diskriminierung grenzüberschreitender Spaltungen gänzlich abgesehen werden, andererseits kann auf eine diskriminierende, aber gerechtfertigte Regelung zurückgegriffen werden.[1183]

aa) Diskriminierungsfreie Regelung

Würde unter der Schaffung einer primär- und sekundärrechtskonformen Regelung allein die Streichung des § 11 Abs. 2 Satz 1 Nr. 2 UmwStG verstanden, so wäre dies zwar eine grundfreiheitlich diskriminierungsfreie und gleichzeitig in Einklang mit der FRL stehende, aber dennoch nicht akzeptable Lösung, da hierdurch grenzüberschreitende Spaltungen begünstigt würden und somit das Leistungsfähigkeitsprinzip nicht gewahrt wäre. Gleichermaßen unbefriedigend wäre eine Eliminierung von grundfreiheitlichen Diskriminierungen durch die Anordnung einer generellen Sofortbesteuerung der stillen Reserven aller i.R. von grenzüberschreitenden und rein innerstaatlichen Spaltungen übertragenen Wirtschaftsgüter, wobei diesem Lösungsansatz darüber hinaus auch die Vorgaben der Art. 4 Abs. 1 Buchst. b, Art. 10 Abs. 1 Unterabs. 3 und 4 FRL entgegenstünden.

Fraglich ist, ob dennoch die Möglichkeit einer unionsrechtskonformen Modifikation des letztgenannten Lösungsansatzes besteht, mit der insbesondere für rein innerstaatliche Spaltungen keine generelle und wesentliche Schlechterstellung gegenüber der steuerlichen Behandlung *de lege lata* verbunden ist.

Dem grundfreiheitlichen Diskriminierungsverbot könnte noch dadurch Rechnung getragen werden, dass einer ratierlichen Versteuerung aller in den übertragenen Wirtschaftsgütern enthaltenen stillen Reserven auf Ebene des übertragenden Rechtsträgers entsprechende steuerliche Abzüge gegenübergestellt würden. Dies geschähe in der Weise, dass sowohl der übertragende als auch der übernehmende Rechtsträger die übertragenen Wirtschaftsgüter zum gemeinen Wert anzusetzen

---

Aussage hinsichtlich der entstrickten Wirtschaftsgüter trifft (vgl. *Brinkmann/Reiter*, DB 2012, S. 16 (17)), ist nach hier vertretener Auffassung nicht zu teilen. M.E. erlaubt die FRL innerhalb ihres Anwendungsbereichs eine Schlussbesteuerung entstrickter Wirtschaftsgüter, siehe hierzu bereits Teil 2.B.I.1.f).

1183 Vgl. dazu auch *Rust*, IStR 2009, S. 382 (383 f.).

hätten. Während der übertragende Rechtsträger i.H. des dadurch entstehenden Übertragungsgewinns einen Ausgleichsposten bilden dürfte, der über einen bestimmten, pauschal festgelegten Zeitraum erfolgswirksam aufzulösen wäre, wäre der übernehmende Rechtsträger innerhalb jenes Zeitraums zur vollständigen Abschreibung der übernommenen Wirtschaftsgüter berechtigt. Dies würde grundsätzlich dazu führen, dass die erhöhte Bemessungsgrundlage beim übertragenden Rechtsträger durch eine in gleicher Höhe gesenkte Bemessungsgrundlage beim übernehmenden Rechtsträger ausgeglichen würde. Sofern eine Spaltung nicht rein innerstaatlich, sondern grenzüberschreitend erfolgen würde, wäre der übernehmende Rechtsträger zwar grundsätzlich ebenso befugt, eine erhöhte Abschreibung auf die übertragenen Wirtschaftsgüter vorzunehmen. Allerdings könnte eine Berücksichtigung der Abschreibungen in Deutschland entsprechend der deutschen Besteuerungshoheit nur insoweit erfolgen, als die übertragenen Wirtschaftsgüter einer inländischen Betriebsstätte des übernehmenden Rechtsträgers zuzuordnen wären. Eine Abschreibung der infolge der Spaltung im Ausland steuerverstrickten Wirtschaftsgüter könnte im Ausland allenfalls in Übereinstimmung mit den dortigen Steuerregelungen erfolgen.

Da allerdings auch beim Erlass einer diskriminierungsfreien Regelung die Vorgaben der FRL zu berücksichtigen sind, muss in deren Anwendungsbereich sowohl bei Outbound-Spaltungen nach Art. 4 Abs. 1 Buchst. b FRL als auch bei Inbound-Spaltungen nach Art. 10 Abs. 1 Unterabs. 4 i.V.m. Art. 4 Abs. 1 Buchst. b FRL und grenzüberschreitenden Auslandsspaltungen nach Art. 10 Abs. 1 Unterabs. 3 i.V.m. Art. 4 Abs. 1 Buchst. b FRL ein Besteuerungsaufschub gewährt werden, soweit hinsichtlich der übertragenen Wirtschaftsgüter die Betriebsstättenbedingung erfüllt wird.

Somit scheidet die angedachte, grundfreiheitsrechtlich nicht zu beanstandende Regelung als Alternative zu § 11 Abs. 2 Satz 1 Nr. 2 UmwStG zumindest insoweit aus, als eine Unvereinbarkeit mit den richtlinienrechtlichen Vorgaben besteht. Die bloße Anwendung auf Sachverhalte außerhalb des Anwendungsbereichs der FRL erscheint jedoch nicht praktikabel.

Festzuhalten bleibt, dass eine diskriminierungsfreie Variante eines umwandlungssteuerrechtlichen Realisationstatbestands nicht in Betracht zu ziehen ist, da diese entweder aufgrund widersprechender richtlinienrechtlicher Vorgaben allenfalls teilweise umsetzbar wäre oder, soweit dies nicht gilt, gänzlich wettbewerbsverzerrend wirken würde.

bb) Rechtfertigbare Diskriminierung

Nachdem die Unvereinbarkeit des § 11 Abs. 2 Satz 1 Nr. 2 UmwStG mit den Vorgaben der Grundfreiheiten festgestellt wurde und ein tauglicher diskriminierungsfreier

Ersatz für diese Rechtsnorm nicht zu finden ist, kann eine Lösung nur in einer diskriminierenden, aber zugleich gerechtfertigten Regelung gesucht werden. Unter Berücksichtigung der EuGH-Rechtsprechung in den Rs. *N* und *National Grid Indus* gilt es, ein auf die Verwirklichung des Leistungsfähigkeitsprinzips und damit des EU-Binnenmarkts ausgerichtetes Lösungskonzept zu skizzieren.

(1) Die *N*-Rechtsprechung des EuGH

In seinem Urteil in der Rs. *N* arbeitete der EuGH Vorgaben für eine gerechtfertigte Entstrickungsregelung betreffend den Fall von wegziehenden natürlichen Personen, die Beteiligungen an im Wegzugsstaat ansässigen Kapitalgesellschaften in ihrem Privatvermögen halten, heraus. Demnach ist es diskriminierend, wenn eine mitgliedstaatliche Regelung eine Sofortbesteuerung stiller Reserven von im Privatvermögen gehaltenen Anteilen an Kapitalgesellschaften dann vorsieht, wenn der Steuerpflichtige ins Ausland verzieht, während eine solche Entstrickungsbesteuerung bei einem Umzug innerhalb des betreffenden Mitgliedstaats unterbleibt.[1184] Dies gilt selbst dann, wenn die im grenzüberschreitenden Fall entstehende Steuer unter der Voraussetzung einer Sicherheitsleistung gestundet wird, da der Steuerpflichtige in diesem Fall an der Nutzung der verpfändeten oder belasteten Wirtschaftsgüter gehindert ist und somit eine Beeinträchtigung nicht verneint werden kann.[1185] Der EuGH stellt somit klar, dass selbst eine Entstrickungsregelung, wonach die Erhebung einer auf die entstrickten stillen Reserven entfallenden Steuer bis zum Zeitpunkt der tatsächlichen Veräußerung aufgeschoben wird, nur dann gerechtfertigt ist, wenn der Wegzugsstaat auf die Forderung von Sicherheitsleistungen verzichtet.[1186] Darüber hinaus ist nach dieser Rechtsprechung eine Wegzugsbesteuerungsregelung nur dann verhältnismäßig, wenn die zwischen dem Zeitpunkt des Wegzugs und einer späteren tatsächlichen Veräußerung der entstrickten Kapitalgesellschaftsanteile eintretenden Wertminderungen jener Anteile steuerlich berücksichtigt werden.[1187] Ausdrücklich zugestanden wird den Mitgliedstaaten i.R. der Rechtfertigungsprüfung, wegziehende Steuerpflichtige zur Abgabe einer

---

1184 Vgl. EuGH v. 07.09.2006, Rs. C-470/04 – *N*, *Slg.* 2006, S. I-7409, Rn. 35 und 39.

1185 Vgl. EuGH v. 07.09.2006, Rs. C-470/04 – *N*, *Slg.* 2006, S. I-7409, Rn. 36. I.R. der Diskriminierungsprüfung existiert keine Geringfügigkeitsschwelle, welche zum Ausschluss eines Eingriffs führen könnte, vgl. EuGH v. 11.03.2004, Rs. C-9/02 – *de Lasteyrie du Saillant*, Slg. 2004, S. I-2409, Rn. 43; EuGH v. 28.01.1986, Rs. 270/83 – *avoir fiscal*, *Slg.* 1986, S. 273, Rn. 21.

1186 Vgl. EuGH v. 07.09.2006, Rs. C-470/04 – *N*, *Slg.* 2006, S. I-7409, Rn. 51.

1187 Vgl. EuGH v. 07.09.2006, Rs. C-470/04 – *N*, *Slg.* 2006, S. I-7409, Rn. 54.

Steuererklärung, aus der die Höhe der entstrickten stillen Reserven hervorgeht, zu verpflichten und die entsprechende Steuer, welche bis zum Zeitpunkt der tatsächlichen Realisierung der in den entstrickten Wirtschaftsgütern enthaltenen stillen Reserven zu stunden ist, festzusetzen.[1188] Darüber hinaus erinnert der EuGH an die aufgrund der Amtshilfe- und Betreibungsrichtlinie gegebenen Möglichkeiten.[1189] Sofern diese Grenzen nicht überschritten werden, gelingt nach der *N*-Rechtsprechung des EuGH eine Rechtfertigung aufgrund der Wahrung einer am Territorialitätsprinzip orientierten Aufteilung der Besteuerungsbefugnisse.[1190] Dem EuGH ist insoweit zuzustimmen, als die Mitgliedstaaten zur Besteuerung von im Einklang mit dem Territorialitätsprinzip sowie der zwischenstaatlich vereinbarten Aufteilung der Besteuerungsbefugnisse ermittelten Einkünften berechtigt sind. Dementsprechend steht einem Mitgliedstaat das Recht zur Besteuerung der stillen Reserven eines Wirtschaftsguts zu, die während der Zeit der Steuerverhaftung dieses Wirtschaftsguts im Hoheitsgebiet dieses Staats entstanden sind.[1191] Eine Besteuerung dieser stillen Reserven muss auch im Fall eines Wegzugs des Steuerpflichtigen sichergestellt werden, um so eine steuerliche Belastungsgleichheit mit im Inland verbleibenden Steuerpflichtigen zu gewährleisten. Wie bereits dargestellt, sind diskriminierende Maßnahmen im Zusammenhang mit der Wegzugsbesteuerung entsprechend den Ausführungen des EuGH dann gerechtfertigt, wenn sie auf die zutreffende Festsetzung und Erhebung der entsprechend dem Territorialitätsprinzip bzw. der Aufteilung der Besteuerungsbefugnisse bereits entstandenen und dem Wegzugsstaat zustehenden Steuern gerichtet sind. Bei näherer Betrachtung stützt der EuGH seine Argumentation jedoch auf die Rechtfertigungsgründe der Wahrung der steuerlichen Kontrolle sowie der Wahrung der Kohärenz des Steuersystems.[1192] Dass grundsätzlich sämtliche Steuerbelastungsbenachteiligungen

---

1188 Vgl. EuGH v. 07.09.2006, Rs. C-470/04 – *N*, *Slg.* 2006, S. I-7409, Rn. 49 f.

1189 Vgl. EuGH v. 07.09.2006, Rs. C-470/04 – *N*, *Slg.* 2006, S. I-7409, Rn. 52 f.

1190 Vgl. EuGH v. 07.09.2006, Rs. C-470/04 – *N*, *Slg.* 2006, S. I-7409, Rn. 42 und 46 f.

1191 Vgl. EuGH v. 07.09.2006, Rs. C-470/04 – *N*, *Slg.* 2006, S. I-7409, Rn. 46; *Schnitger*, BB 2004, S. 804 (807); *Kessler/Philipp*, DStR 2012, S. 267 (270).

1192 Insbesondere der in EuGH v. 07.09.2006, Rs. C-470/04 – *N*, *Slg.* 2006, S. I-7409, Rn. 42 erfolgende Verweis auf die Anerkennung des Rechtfertigungsgrunds der Wahrung der Aufteilung der Besteuerungsbefugnis in der Rs. *Marks & Spencer* (EuGH v. 13.12.2005, Rs. C-446/03 – *Marks & Spencer*, Slg. 2005, I-10837, Rn. 45) geht m.E. fehl, da es in letztgenannter Rechtssache um die Frage ging, inwiefern die Mitgliedstaaten gegen künstliche Steuergestaltungen vorgehen können, die die Manipulation der zwischenstaatlich vereinbarten Aufteilung der Besteuerungsbefugnisse bezwecken.

i.R. der Wegzugsbesteuerung von Privatvermögen untersagt sind und die Mitgliedstaaten auf die Normierung von Nachweispflichten verwiesen werden, entspricht dem Grundsatz, dass sich auf den Rechtfertigungsgrund der Wahrung der steuerlichen Kontrolle nur verfahrensrechtliche, nicht jedoch materiell-rechtlich beschränkende Maßnahmen stützen lassen.[1193] Indem der EuGH eine durch den Wegzugsstaat erfolgende Diskriminierung in Form einer Nichtberücksichtigung von nach dem Wegzugszeitpunkt eintretenden Wertminderungen nur dann ausnahmsweise billigt, wenn eine Berücksichtigung durch den Zuzugsstaat sichergestellt ist, wendet der EuGH tatsächlich die Grundsätze des Rechtfertigungsgrunds der Wahrung der steuerlichen Kohärenz an.[1194] Sofern der Eintritt des inländischen steuerlichen Nachteils einer Nichtberücksichtigung von späteren Wertminderung an die Voraussetzung geknüpft wird, dass im Ausland ein korrespondierender Vorteil in Form der Berücksichtigung dieser Wertminderungen gewährt wird, sind diese spezifisch grenzüberschreitende Vorgänge betreffenden Vor- und Nachteile in eine Gesamtbetrachtung einzubeziehen. Diese Gesamtschau ergibt, dass die steuerliche Benachteiligung im Inland erforderlich sein kann, um hinsichtlich grenzüberschreitender Sachverhalte eine Eimalbesteuerung sicherzustellen und damit eine dem Leistungsfähigkeitsprinzip zuwiderlaufende steuerliche Besserstellung gegenüber vergleichbaren rein innerstaatlichen Sachverhalten zu vermeiden. Somit besteht die Möglichkeit, dass die in Form einer Nichtberücksichtigung künftiger Wertminderungen auftretende Diskriminierung aufgrund der Wahrung eines kohärenten Steuersystems gerechtfertigt ist.

Abgesehen hiervon haben Mitgliedstaaten nach dem Urteil *N* im Zusammenhang mit der Wegzugsbesteuerung von Privatpersonen auf materiell-rechtliche Schlechterstellungen gänzlich zu verzichten. Nach den Ausführungen des EuGH ist es Mitgliedstaaten zur Wahrung der Aufteilung der Besteuerungsbefugnisse lediglich gestattet, die Abgabe einer Steuererklärung, aus der die Höhe der steuerlich entstrickten stillen Reserven hervorgeht, zu verlangen. Da eine derartige Diskriminierung ebenso auf den Rechtfertigungsgrund der Wahrung der steuerlichen Kontrolle gestützt werden kann, erfolgte nach hier vertretener Auffassung in der Rs. *N* lediglich eine Umbenennung dieses Rechtfertigungsgrunds.

1193 Vgl. EuGH v. 08.07.1999, Rs. C-254/97 – *Société Baxter*, Slg. 1999, S. I-4809, Rn. 19. Siehe auch bereits oben Teil 1.A.VII.5.b)bb)(1).

1194 Vgl. hierzu allgemein *Weber-Grellet*, DStR 2009, S. 1229 (1232), wonach das Anliegen der Wahrung der Aufteilung der Besteuerungsbefugnisse durch dasjenige der Wahrung der steuerlichen Kohärenz konsumiert wird.

Im weiteren Verlauf der Untersuchung wird zu klären sein, ob die Literaturmeinung, die den Mitgliedstaaten unter Verweis auf das Urteil *N* auch i.R. von betrieblichen Entstrickungssituationen zwar das Recht zugestehen will, eine Pflicht zur Abgabe einer Steuererklärung zu normieren und eine sofortige Steuerfestsetzung vorzunehmen, aber gleichzeitig hinsichtlich einer entsprechenden Steuererhebung generell eine zinslose, nicht an die Stellung von Sicherheiten gebundene Stundung bis zum Zeitpunkt der tatsächlichen Realisation der stillen Reserven für geboten hält,[1195] zu teilen ist.

(2) Die *National Grid Indus*-Rechtsprechung des EuGH

Der EuGH hatte in seinem Urteil *National Grid Indus* Gelegenheit, über die grundfreiheitsrechtliche Vereinbarkeit einer Entstrickungsbesteuerung infolge einer grenzüberschreitenden, unionsinternen Verlegung des Verwaltungssitzes einer Kapitalgesellschaft zu entscheiden. Hinsichtlich des konkreten zugrundeliegenden Sachverhalts bestand die Besonderheit, dass es nur hinsichtlich einer zum Betriebsvermögen der wegziehenden Kapitalgesellschaft gehörenden Fremdwährungsforderung zu einer steuerlichen Entstrickung kam. Da die Forderung in der Währung des Zuzugsstaats beziffert war und diese Währung zwischen dem Zeitpunkt des Erwerbs der Forderung und dem Wegzug der Kapitalgesellschaft gegenüber der Währung des Wegzugsstaats an Stärke gewonnen hatte, nahm der Wegzugsstaat im Zuge der Sitzverlegung eine sofortige Besteuerung des bislang nicht realisierten Kursgewinns vor. Der EuGH stellte fest, dass die durch den Wegzugsstaat vorgenommene sofortige Festsetzung und Erhebung einer auf die i.R. des Wegzugs steuerlich entstrickten stillen Reserven entfallenden Steuer eine grundsätzlich verbotene Diskriminierung der grenzüberschreitenden Verlegung des Verwaltungssitzes darstelle.[1196] Auf Ebene der Rechtfertigungsprüfung führt der EuGH aus, dass eine Verwaltungssitzverlegung keinesfalls bedeute, dass der Wegzugsstaat auf sein Recht zur Besteuerung eines Wertzuwachses, der innerhalb seiner Steuerhoheit generiert wurde, verzichten müsse.[1197] Unter Bezugnahme auf das Urteil *N*[1198] fährt der EuGH fort, dass ein Mitgliedstaat entsprechend dem

---

1195 Vgl. Kommission v. 19.12.2006, KOM(2006) 825 endg., 6 f.; *Rödder*, IStR 2005, S. 297 (298); *Rödder*, DStR 2004, S. 1629 (1633); *Hofmeister*, in: FS Wassermeyer, 2005, S. 437 (448 f.); *Körner*, IStR 2006, S. 469 (469); *Körner*, IStR 2006, S. 109 (110 f.); *Ungemach*, Ubg 2011, S. 251 (258).

1196 Vgl. EuGH v. 29.11.2011, Rs. C-371/10 – *National Grid Indus*, n.n.v., Rn. 41.

1197 Vgl. EuGH v. 29.11.2011, Rs. C-371/10 – *National Grid Indus*, n.n.v., Rn. 46.

1198 EuGH v. 07.09.2006, Rs. C-470/04 – *N*, *Slg.* 2006, S. I-7409, Rn. 46.

Territorialitätsprinzip berechtigt sei, „diese Wertzuwächse zum Zeitpunkt des Wegzugs des Steuerpflichtigen zu besteuern". Der Satzbestandteil „zum Zeitpunkt des Wegzugs" bezieht sich hierbei auf die „Wertzuwächse" und nicht auf das mitgliedstaatliche Recht, zu „besteuern". D.h., dass die Formulierung des EuGH nicht dahingehend zu verstehen ist, dass ein Mitgliedstaat zum Zeitpunkt des Wegzugs eine Besteuerung durchführen darf. Dem Wegzugsstaat wird somit lediglich das grundsätzliche Recht zugestanden, bei Wegzug eines Rechtsträgers die bis zum Zeitpunkt des Wegzugs gebildeten stillen Reserven zu besteuern. Dies deckt sich mit den Ausführungen des EuGH in der Rs. *N*, wonach der Wegzugsstaat eine Entstrickungssteuer zwar sofort festsetzen darf, aber eine Stundung bis zum Zeitpunkt der tatsächlichen Realisation der entstrickten Wirtschaftsgüter zu gewähren hat.[1199]

(i) Einschlägiger Rechtfertigungsgrund

Betreffend die *rule of reason* weist der EuGH in der Rs. *National Grid Indus* zunächst allgemein darauf hin, dass die Wahrung der Aufteilung der Besteuerungsbefugnis zwischen den Mitgliedstaaten ein anerkannter, legitimer Grund zur Rechtfertigung grundfreiheitsbeschränkender nationaler Maßnahmen sei.[1200] Bereits die Herleitung bietet jedoch Anlass zur Kritik, da der EuGH hierbei nicht nur auf die Urteile *Marks & Spencer*[1201], *Oy AA*[1202] und *Lidl Belgium*[1203] verweist, sondern gleichzeitig auf das Urteil *N*[1204]. Zwar verwendet der EuGH in den Rechtfertigungsprüfungen der soeben einander gegenübergestellten Urteile einheitlich den Begriff der „Aufteilung der Besteuerungsbefugnis", doch weichen die zu diesem Begriff jeweils angestellten Überlegungen inhaltlich voneinander ab.[1205]

Wie bereits soeben in Teil 2,B.I.1.h)bb)(1) gezeigt, sind die nach der Rs. *N* zulässigen Diskriminierungen von Wegzugssachverhalten letztlich entweder aufgrund der Notwendigkeit der Wahrung der steuerlichen Kohärenz oder der steuerlichen Kontrolle gerechtfertigt.

In der mit dem Urteil *Marks & Spencer* beginnenden Rechtsprechungslinie wendet der EuGH den Rechtfertigungsgrund der Wahrung der mitgliedstaatlichen

1199 Vgl. dazu EuGH v. 07.09.2006, Rs. C-470/04 – *N*, *Slg.* 2006, S. I-7409, Rn. 46.
1200 Vgl. EuGH v. 29.11.2011, Rs. C-371/10 – *National Grid Indus*, n.n.v., Rn. 45.
1201 EuGH v. 13.12.2005, Rs. C-446/03 – *Marks & Spencer*, Slg. 2005, I-10837, Rn. 45.
1202 EuGH v. 18.07.2007, Rs. C-231/05 – *Oy AA*, Slg. 2007, S. I-6373, Rn. 51.
1203 EuGH v. 15.05.2008, Rs. C-414/06 – *Lidl Belgium*, Slg. 2008, S. I-3601, Rn. 31.
1204 EuGH v. 07.09.2006, Rs. C-470/04 – *N*, *Slg.* 2006, S. I-7409, Rn. 42.
1205 Vgl. hierzu Teil 1,A.VII.5.b)bb)(6).

Aufteilung der Besteuerungsbefugnisse nur im Verbund mit dem Rechtfertigungsgrund der Vermeidung von Steuerumgehungen an. Damit weist der EuGH den Weg für eine Rechtfertigung von mitgliedstaatlichen Maßnahmen, die vermeiden sollen, dass Steuerpflichtige künstlich beeinflussen können, in welchem Staat bestimmte negative oder positive Einkünfte geltend gemacht werden. Die Künstlichkeit ist dann anzunehmen, wenn die positiven bzw. negativen Einkünfte gezielt so auf die verschiedenen Steuerjurisdiktionen verteilt werden, dass daraus eine geminderte Gesamtsteuerbelastung resultiert.[1206]

Bei konsequenter Anwendung des kumulierten Rechtfertigungsgrunds der Wahrung der Aufteilung der Besteuerungsbefugnisse sowie der Vermeidung von Steuerumgehungen dürfte eine hierauf gestützte Rechtfertigung einer Entstrickungsbesteuerung im Fall des Wegzugs von Kapitalgesellschaften grundsätzlich nur dann in Frage kommen, wenn im Zuzugsstaat eine günstigere Besteuerung als im Wegzugsstaat erfolgt. Da die Verlegung des Verwaltungssitzes an sich aber noch keine Minderung der Gesamtsteuerbelastung bewirken kann, darf diese m.E. zudem nur dann als künstliche Gestaltung betrachtet werden, wenn darüber hinaus die i.R. des Wegzugs entstrickten stillen Reserven in engem zeitlichem Zusammenhang mit dem Wegzug veräußert werden. Liegt zwischen der durch den Wegzug bewirkten steuerlichen Entstrickung und der tatsächlichen Realisation der entstrickten Wirtschaftsgüter ein längerer Zeitraum, so ist es denkbar, dass die zum Entstrickungszeitpunkt bestehenden stillen Reserven mittlerweile nicht mehr vorhanden sind und somit unabhängig von der Besteuerung im Zuzugsstaat kein steuerlicher Vorteil entstehen kann. Darüber hinaus muss ein künstliches Vorgehen der wegziehenden Kapitalgesellschaft wohl unabhängig vom Zeitpunkt der tatsächlichen Realisation der entstrickten Wirtschaftsgüter auch dann in Frage gestellt werden, wenn die Kapitalgesellschaft ihre wirtschaftliche Tätigkeit auch nach der grenzüberschreitenden Verlegung des Verwaltungssitzes langfristig aufrecht erhält. In diesem Fall kann kaum unterstellt werden, dass die Verlegung des Verwaltungssitzes nicht primär aufgrund wirtschaftlicher, d.h. nicht-steuerlicher, Erwägungen erfolgte.

In der Rs. *National Grid Indus* bestand die Besonderheit, dass aufgrund des Wegzugs eine steuerliche Entstrickung allein hinsichtlich einer Forderung in der Währung des Zuzugsstaats eintrat. Im Zuzugsstaat, aus dessen Perspektive keine Fremdwährung vorliegt, ist nicht mit einer Gewinnrealisation zu rechnen, wenn die Forderung durch den Schuldner beglichen wird. Sofern der Wegzugsstaat im Fall der Begleichung der Forderung gleichzeitig gehindert wäre, den vor dem Zeitpunkt

1206 Vgl. dazu bereits allgemein Teil 1,A.VII.5.b)bb)(6).

des Wegzugs entstandenen, nicht realisierten Kursgewinn zu besteuern, würde sich hieraus ein steuerlicher Vorteil des Steuerpflichtigen ergeben. Allerdings ist es möglich, dass der Wert der Währung des Zuzugsstaats gegenüber dem der Währung des Wegzugsstaats bis zum Zeitpunkt der Realisation der Forderung wieder nachgibt, so dass eine künstliche Senkung der Gesamtsteuerbelastung nicht sicher angenommen werden kann. Darüber hinaus ist es denkbar, dass die Geschäfte der weggezogenen Kapitalgesellschaft langfristig vom nunmehr im Zuzugsstaat befindlichen Verwaltungssitz aus geleitet werden. Dies würde ebenfalls gegen eine künstliche Gestaltung sprechen. Hieraus folgt, dass der kumulierte Rechtfertigungsgrund der Wahrung der Aufteilung der Besteuerungsbefugnisse sowie der Verhinderung der Steuerumgehung im Zusammenhang mit grenzüberschreitenden Verwaltungssitzverlegungen nicht als tauglicher Rechtfertigungsgrund erscheint.

Dennoch hielt der EuGH im Urteil *National Grid Indus* eine Entstrickungsbesteuerung unter (abermaligem) Verweis auf die Urteile *Marks & Spencer*[1207], *Oy AA*[1208], und *SGI*[1209] für geeignet, die Aufteilung der Besteuerungsbefugnis zwischen den Mitgliedstaaten zu wahren.[1210] Es stellt sich damit die Frage, ob die bisherige Rechtsprechungslinie des EuGH durch das Urteil *National Grid Indus* eine dahingehende Weiterentwicklung erfuhr, dass der Rechtfertigungsgrund der Wahrung der steuerlichen Kontrolle nunmehr verselbständigt wurde.

Der EuGH entschied in ausdrücklicher Abkehr von der *N*-Rechtsprechung, dass anlässlich des Wegzugs der Kapitalgesellschaft eine Entstrickungssteuer *endgültig* festgesetzt werden dürfe.[1211] Die generelle Nichtberücksichtigung etwaiger nach dem Wegzugszeitpunkt eintretender Wertminderungen der entstrickten Wirtschaftsgüter sei nicht als unverhältnismäßig zu werten.[1212] Die Abwendung von den im Urteil *N* herausgestellten Grundsätzen begründete der EuGH damit, dass der Fall *National Grid Indus* nicht die Entstrickung von Privatvermögen betreffe, sondern die entstrickten Wirtschaftsgüter der wegziehenden Kapitalgesellschaft unmittelbar wirtschaftlichen, auf Gewinn ausgerichteten Tätigkeiten zugewiesen seien.[1213] Der EuGH fügte hinzu, dass „die Höhe des steuerpflichtigen Gewinns

---

1207 EuGH v. 13.12.2005, Rs. C-446/03 – *Marks & Spencer*, Slg. 2005, I-10837, Rn. 46.

1208 EuGH v. 18.07.2007, Rs. C-231/05 – *Oy AA*, Slg. 2007, S. I-6373, Rn. 54.

1209 EuGH v. 21.01.2010, Rs. C-311/08 – *SGI*, Slg. 2010, S. I-487, Rn. 60.

1210 Vgl. EuGH v. 29.11.2011, Rs. C-371/10 – *National Grid Indus*, n.n.v., Rn. 46 und 48.

1211 Vgl. EuGH v. 29.11.2011, Rs. C-371/10 – *National Grid Indus*, n.n.v., Rn. 52 bis 54 und 56.

1212 Vgl. EuGH v. 29.11.2011, Rs. C-371/10 – *National Grid Indus*, n.n.v., Rn. 56; a.A. GA Kokott v. 08.09.2011, Rs. C-371/10 – *National Grid Indus*, n.n.v., Rn. 88.

1213 Vgl. EuGH v. 29.11.2011, Rs. C-371/10 – *National Grid Indus*, n.n.v., Rn. 57.

einer Gesellschaft zum Teil durch die Bewertung der Aktiva in der Bilanz der Gesellschaft beeinflusst [sei], da die Abschreibungen die Besteuerungsgrundlage verringern."[1214] Erklärend ergänzte der EuGH, dass die Gewinne der Kapitalgesellschaft nach der Verlegung ihres Verwaltungssitzes nur im Zuzugsstaat der Besteuerung unterliegen, weshalb dieser Staat auch zur Berücksichtigung von nach dem Wegzugszeitpunkt eintretenden Wertminderungen verpflichtet sei.[1215] Indem der EuGH eine Pflicht des Wegzugsstaats zur Berücksichtigung von nach dem Wegzugszeitpunkt eintretenden Wertminderungen unter Verweis auf eine entsprechende Berücksichtigung im Zuzugsstaat ablehnt, lässt er erkennen, dass seine Erwägungen eigentlich nicht auf dem Rechtfertigungsgrund der Wahrung der Aufteilung der Besteuerungsbefugnisse, sondern auf demjenigen der Wahrung der steuerlichen Kohärenz beruhen. Durch eine Gesamtbetrachtung, in die auch die im Ausland gewährten steuerlichen Vorteile einbezogen werden, kommt der EuGH zu dem Schluss, dass die Nichtberücksichtigung späterer Wertminderungen einen kohärenten Vorteilsausgleich darstellt, welcher die Einmalbesteuerung von Gewinnen sicherstellt. Dass es sich bei dem im Urteil *National Grid Indus* herangezogenen Rechtfertigungsgrund der Wahrung der Aufteilung der Besteuerungsbefugnisse in Wirklichkeit um den umbezeichneten Rechtfertigungsgrund der Wahrung der steuerlichen Kohärenz handelt, macht auch die Bemerkung des EuGH deutlich, wonach eine Deckungsgleichheit der Anliegen der steuerlichen Kohärenz und der ausgewogenen Aufteilung der Besteuerungsbefugnisse bestehe.[1216] Ebenso spricht hierfür, dass der EuGH hinsichtlich des Rechtfertigungsgrunds der Wahrung der Kohärenz knapp und unverändert die Ergebnisse aus der Prüfung des Rechtfertigungsgrunds der Aufteilung der Besteuerungsbefugnisse übernimmt.[1217] Wenn zwei Rechtfertigungsgründe auf dieselbe Zielverwirklichung gerichtet sind und zu denselben Ergebnissen führen, so handelt es sich tatsächlich nicht um zwei verschiedene Gründe, sondern um ein und denselben Rechtfertigungsgrund.[1218] Es ist somit erkennbar, dass der EuGH im Zusammenhang mit Entstrickungsfällen eine bloße Umbezeichnung des Rechtfertigungsgrunds der Kohärenz vornimmt.

1214 EuGH v. 29.11.2011, Rs. C-371/10 – *National Grid Indus*, n.n.v., Rn. 57.

1215 Vgl. EuGH v. 29.11.2011, Rs. C-371/10 – *National Grid Indus*, n.n.v., Rn. 58.

1216 Vgl. EuGH v. 29.11.2011, Rs. C-371/10 – *National Grid Indus*, n.n.v., Rn. 80.

1217 Vgl. dazu EuGH v. 29.11.2011, Rs. C-371/10 – *National Grid Indus*, n.n.v., Rn. 81 f.

1218 Ähnlich *Wattel*, TNI 2012, S. 371 (371 und 377).

(ii) Berücksichtigung späterer Wertminderungen

Der in der Rs. *National Grid Indus* konstruierte, auf das Kohärenzargument gestützte Vorteilsausgleich kann in verschiedener Hinsicht nicht überzeugen. Bei dem der Rechtssache *National Grid Indus* zugrundeliegenden Sachverhalt ist es denkbar, dass die Währung des Zuzugsstaats gegenüber derjenigen des Wegzugsstaats nach dem Wegzugszeitpunkt, aber noch vor der tatsächlichen Realisation der Forderung wieder schwächer wird. Diese Kursschwankung konnten in dem dem Urteil zugrundeliegenden Fall keinesfalls im Zuzugsstaat berücksichtigt werden, da es sich aus dessen Sicht nicht um eine Fremdwährungsforderung handelte.

Auch allgemein muss die Argumentation des EuGH, wonach die Berücksichtigung späterer Wertminderungen im Zuzugsstaat erfolgen kann, deshalb in Frage gestellt werden, weil es unabhängig von der Art der im Wegzugsstaat entstrickten und im Zuzugsstaat verstrickten Wirtschaftsgüter keineswegs sicher ist, dass das Recht des Zuzugsstaats hinsichtlich neu verstrickter Wirtschaftsgüter stets den Ansatz eines dem gemeinen Wert entsprechenden Werts vorsieht.[1219] Sofern die Verstrickung im Zuzugsstaat beispielsweise mit dem Buchwert erfolgt, ist die Geltendmachung von Abschreibungen oder eines späteren Verlusts aus der Veräußerung der betreffenden Wirtschaftsgüter im Zuzugsstaat ausgeschlossen.

Darüber hinaus lassen die Ausführungen des EuGH nicht erkennen, welcher Unterschied zwischen privaten und betrieblichen Wegzugsfällen besteht, der eine Differenzierung hinsichtlich der Pflicht des Wegzugsstaats zur Berücksichtigung späterer Wertverluste rechtfertigen könnte. Auch in einem Fall wie dem der Rs. *N* zugrundeliegenden unterliegen die im Privatvermögen gehaltenen, steuerlich entstrickten Kapitalgesellschaftsanteile nach dem Wegzugszeitpunkt im Zuzugsstaat der Besteuerung. Zwar können Wertminderungen von den dem Privatvermögen zuzuordnenden Anteilen nicht sofort zur Geltendmachung von Abschreibungen im Zuzugsstaat führen, doch können sich etwaige künftige Wertminderungen grundsätzlich i.R. einer Besteuerung eines späteren Veräußerungsgewinns auswirken. Voraussetzung ist auch hier wiederum, dass der Zuzugsstaat eine Verstrickung der Anteile zu einem dem gemeinen Wert entsprechenden Wert annimmt.[1220]

1219 Vgl. *Thömmes*, IWB 2011, S. 896 (899);

1220 Sofern sich die Bundesrepublik Deutschland in der Rolle des Zuzugsstaats befindet, wird den verstrickten Anteilen nach § 17 Abs. 2 Satz 3 EStG der niedrigere Wert aus dem gemeinen Wert und dem Wert, der im Wegzugsstaat i.R. der Entstrickungsbesteuerung angesetzt wurde, zugewiesen. Damit können die nach dem Zuzug eintretenden Wertminderungen vollständig in Deutschland steuermindernd berücksichtigt werden.

Da es bei einer Überführung von *Betriebs*vermögen im Zuzugsstaat nicht mit einer größeren Wahrscheinlichkeit zu einer Verstrickung mit einem dem gemeinen Wert entsprechenden Wert kommt, als dies bei einer Überführung von Privatvermögen der Fall wäre, erscheint es unangebracht, eine den Ausgangsstaat treffende Pflicht zur Berücksichtigung von Wertminderungen im Fall von betrieblichen Entstrickungen generell abzulehnen. Vielmehr sollte entsprechend dem Urteil *N* auch im Zusammenhang mit einer Entstrickungsbesteuerung im betrieblichen Bereich gelten, dass die Nichtberücksichtigung von späteren Wertminderungen nur unter der Voraussetzung zulässig ist, dass der Zuzugsstaat diese Wertminderungen berücksichtigt.[1221] Aufgrund der Möglichkeit, eine derartige Regelung auch im Zusammenhang mit Wegzugsfällen im betrieblichen Bereich vorzusehen, ist die durch den EuGH geäußerte Befürchtung, dass eine durch den Wegzugsstaat erfolgende Berücksichtigung späterer Wertminderungen neben der Gefährdung der Aufteilung der Besteuerungsbefugnisse bzw. der Kohärenz auch die Gefahr einer doppelten Verlustberücksichtigung berge,[1222] unbegründet.

Völlig fehlgeleitet erscheint die im Urteil *National Grid Indus* getätigte Aussage des EuGH, wonach eine eventuelle Nichtberücksichtigung von Wertminderungen im Zuzugsstaat keine entsprechende Pflicht zur Berücksichtigung durch den Wegzugsstaat begründe,[1223] da dieser grundfreiheitsrechtlich nicht verpflichtet sei, „seine Steuervorschriften auf diejenigen eines anderen Mitgliedstaats abzustimmen, um in allen Situationen eine Besteuerung zu gewährleisten, die jede Ungleichheit, die sich aus den nationalen Steuerregelungen ergibt, beseitigt."[1224] Die Schlechterstellung des Wegziehenden ergibt sich hier gerade nicht aus der parallelen Anwendbarkeit verschiedenartig ausgestalteter nationaler Rechtsordnungen. Es sind eben nicht grundfreiheitsrechtlich unbedenkliche bloße Disparitäten, die eine Schlechterstellung des verwaltungssitzverlegenden Rechtsträgers bewirken. Ebenso liegt der Grund der Benachteiligung des grenzüberschreitend Agierenden häufig nicht in einer Diskriminierung durch den Zuzugsstaat, zu deren Beseitigung der Wegzugsstaat in der Tat nicht verpflichtet wäre. Sofern der Zuzugsstaat die neu verstrickten Wirtschaftsgüter mit dem Buchwert ansetzt und somit spätere Minderungen der zum Zeitpunkt des Wegzugs bestehenden stillen Reserven nicht steuermindernd berücksichtigt, differenziert dieser regelmäßig gerade nicht zwischen grenzüberschreitenden und rein innerstaatlichen Verwaltungssitzverlegungen.

1221 Vgl. dazu EuGH v. 07.09.2006, Rs. C-470/04 – *N*, *Slg.* 2006, S. I-7409, Rn. 54.
1222 Vgl. EuGH v. 29.11.2011, Rs. C-371/10 – *National Grid Indus*, n.n.v., Rn. 59.
1223 Vgl. EuGH v. 29.11.2011, Rs. C-371/10 – *National Grid Indus*, n.n.v., Rn. 61.
1224 EuGH v. 29.11.2011, Rs. C-371/10 – *National Grid Indus*, n.n.v., Rn. 62.

Der Zuzugsstaat verzichtet in diesem Fall lediglich auf eine Privilegierung grenzüberschreitender Sachverhalte, was aus grundfreiheitsrechtlicher Sicht nicht zu beanstanden ist. Die Nichtberücksichtigung von späteren Wertminderungen ist allein auf eine Diskriminierung durch den Wegzugsstaat zurückzuführen, da dieser solche Wertminderungen berücksichtigen würde, wenn keine grenzüberschreitende Verwaltungssitzverlegung erfolgt wäre. Zur Schaffung einer grundfreiheitskonformen Regelung bedarf es somit keiner auf andere Rechtsordnungen abgestimmten steuerlichen Behandlung durch den Wegzugsstaat. Erforderlich ist lediglich, dass dieser Staat eine Gleichbehandlung mit rein innerstaatlichen Sachverhalten gewährleistet. Von dieser Pflicht zur diskriminierungsfreien Behandlung von Wegzugsfällen ist der Outbound-Staat aufgrund der Wahrung eines kohärenten Steuersystems nur dann entbunden, wenn sichergestellt ist, dass ein diese Diskriminierung kompensierender steuerlicher Vorteil im Ausland gewährt wird.

Die Ausführungen im Urteil *National Grid Indus* schaffen letztlich keinerlei Aufklärung, weshalb durch den EuGH hinsichtlich der Berücksichtigung von späteren Wertminderungen zwischen Wegzugsfällen im betrieblichen und privaten Bereich differenziert wird.[1225] Zwar wird der Zuzugsstaat entsprechend der Auffassung des EuGH den Ansatz der neu verstrickten Wirtschaftsgüter mit ihrem Verkehrswert mit einiger Wahrscheinlichkeit gestatten[1226] und so eine vollständige Berücksichtigung späterer Wertminderungen ermöglichen,[1227] doch kann davon bei weitem nicht in jedem Einzelfall ausgegangen werden.[1228] Die der *National Grid Indus*-Rechtsprechung zu entnehmende Auffassung des EuGH, wonach der Ausgangsstaat selbst dann, wenn im Bestimmungsstaat hinsichtlich der grenzüberschreitend überführten Wirtschaftsgüter kein steuerneutraler *step-up* gewährt wird, von einer Berücksichtigung künftiger Wertminderungen dieser Wirtschaftsgüter absehen kann,[1229] ist abzulehnen. Es entspricht keineswegs dem Grundsatz der Verhältnismäßigkeit, falls der Wegzugsstaat selbst dann keine späteren Wertminderungen berücksichtigt, wenn der Zuzugsstaat im konkreten Fall von der Gewährung dieses steuerlichen Vorteils absieht. Die diskriminierende Nichtberücksichtigung der nach dem steuerlichen Übertragungsstichtag eintretenden Wertminderungen kann

1225 Vgl. *Thömmes*, IWB 2011, S. 896 (900).

1226 Vgl. *Wattel*, TNI 2012, S. 371 (375).

1227 Vgl. EuGH v. 29.11.2011, Rs. C-371/10 – *National Grid Indus*, n.n.v., Rn. 58 und 61.

1228 Vgl. *Wattel*, TNI 2012, S. 371 (376); *Kessler/Philipp*, DStR 2012, S. 267 (271); *Mörsdorf*, EuZW 2012, S. 296 (299); *Möller-Gosoge/Kaiser*, BB 2012, S. 803 (808).

1229 Vgl. *Mitschke*, IStR 2012, S. 6 (7); *Kessler/Philipp*, DStR 2012, S. 267 (271).

zu einer enormen Mehrbelastung des Steuerpflichtigen führen und damit eine grobe Verletzung des Leistungsfähigkeitsprinzips bewirken. Die Akzeptanz einer solch schwerwiegenden Schlechterstellung grenzüberschreitender Sachverhalte käme einer Legitimierung des bislang nicht anerkannten Rechtfertigungsgrunds der Vermeidung eines Verlusts von Steueraufkommen gleich.

M.E. muss der diskriminierende Staat, der sich i.R. der Rechtfertigungsprüfung auf die Wahrung der Aufteilung der Besteuerungsbefugnis bzw. die Wahrung der Kohärenz beruft, weiterhin im Einzelfall sicherstellen, dass dem steuerlichen Nachteil einer Nichtberücksichtigung späterer Wertminderungen ein korrespondierender steuerlicher Vorteil im Zuzugsstaat gegenübersteht. Sofern der Wegzugsstaat hingegen unabhängig davon, ob zukünftige Wertminderungen im Ausland steuerlich berücksichtigt werden, stets eine Berücksichtigung dieser Verluste ablehnt, liegt selbst dann, wenn es im Einzelfall tatsächlich zu einem Ausgleich von steuerlichen Vor- und Nachteilen kommt, kein anzuerkennender kohärenter Vorteilsausgleich vor. Dies ist dadurch zu begründen, dass steuerliche Vorteile nur dann als Bestandteil eines kohärenten Normengeflechts des diskriminierenden Wegzugsstaats gelten können, wenn dieser Staat entweder den Eintritt der Diskriminierung ausdrücklich davon abhängig macht, dass eine korrespondierende Begünstigung im Zuzugsstaat gewährt wird, oder wenn sich der Zuzugsstaat gegenüber dem Wegzugsstaat abkommensrechtlich zu einer solchen Vorteilsgewährung verpflichtet hat.[1230] Etwas anderes gilt auch dann nicht, wenn den Bestimmungsstaat aufgrund der besonderen Umstände des Einzelfalls eine grundfreiheitliche Pflicht zur Gewährung einer steuerneutralen Wertaufstockung der in seinem Hoheitsgebiet erstmals verstrickten Wirtschaftsgüter treffen sollte und eine in diesem Staat hinsichtlich der genannten Wirtschaftsgüter bestehende Verpflichtung zum Ansatz des Buchwerts dementsprechend in ungerechtfertigter Weise diskriminierend wäre. Da der Bestimmungsstaat zur Vorteilsgewährung in Form einer steuerneutralen Wertaufstockung erstmals verstrickter Wirtschaftsgüter nur unter der Voraussetzung einer ansonsten vorliegenden ungerechtfertigten Diskriminierung verpflichtet ist,[1231] hängt es vom Einzelfall ab, ob ein

1230 Siehe dazu allgemein Teil 1,A.VII.5.b)bb)(3)(i).

1231 Entsprechend dem grundfreiheitlichen Diskriminierungsverbot ist hinsichtlich grenzüberschreitend überführter, erstmals verstrickter Wirtschaftsgüter insbesondere dann ein Ansatz mit dem gemeinen Wert zuzulassen, wenn bei vergleichbaren rein innerstaatlichen Sachverhalten ein Ansatz mit dem gemeinen Wert möglich ist. Als vergleichbarer Sachverhalt in diesem Sinne könnte insbesondere die rein innerstaatlich erfolgende Überführung von Privatvermögen eines Steuerpflichtigen in dessen Betriebsvermögen aufgefasst werden, vgl. *Wattel*, TNI 2012, S. 371 (372 und 376).

grenzüberschreitender Nachteilsausgleich erfolgt. Ein sich gegen eine Berücksichtigung von nach dem Zeitpunkt der Grenzüberschreitung eintretenden Wertminderungen sträubender und damit diskriminierender Ausgangsstaat kann sich somit i.R. der Rechtfertigungsprüfung nicht auf einen gesicherten, grundfreiheitlich bedingten Nachteilsausgleich durch den Bestimmungsstaat berufen. Da ein sich in der Rolle des Bestimmungsstaats befindlicher Mitgliedstaat nicht generell einen steuerneutralen *step-up* zu gewähren hat, um den Vorgaben der Grundfreiheiten zu genügen, hängt diese Vorteilsgewährung bzw. der Nachteilsausgleich vom Zufall ab und ist damit i.R. der Kohärenzprüfung nicht berücksichtigbar.

Selbst die Tatsache, dass der Zuzugsstaat, wie hier vertreten, wegen der aus Art. 4 Abs. 3 EUV abzuleitenden Treuepflichten gegenüber dem Wegzugsstaat verpflichtet ist, den Ansatz neu verstrickter Wirtschaftsgüter mit ihrem tatsächlichen Wert zuzulassen,[1232] führt letztlich zu keinem anderen Ergebnis. Zwar ist der Bestimmungsstaat demnach stets primärrechtlich verpflichtet, hinsichtlich erstmals verstrickter Wirtschaftsgüter einen steuerneutralen *step-up* zu gewähren. Der Grund für die Unbeachtlichkeit dieser Verpflichtung i.R. der Kohärenzprüfung besteht aber darin, dass der verwaltungssitzverlegende Steuerpflichtige aus dieser Obligation des Zuzugsstaats keine ggf. durch Einlegung von Rechtsmitteln durchsetzbaren Rechtspositionen herleiten kann. Indem der EuGH dies ignoriert und nunmehr bereits dann ein kohärentes Regelungsgeflecht annimmt, wenn typischerweise damit zu rechnen ist, dass ein bestimmter inländischer steuerlicher Nachteil durch einen entsprechenden steuerlichen Vorteil im Ausland kompensiert wird, bricht er insbesondere mit der zustimmungswürdigen *N*-Rechtsprechung und verdient Kritik. Ein i.R. der Rechtfertigungsprüfung anzuerkennender kohärenter transnationaler Nachteilsausgleich setzt voraus, dass der Wegzugsstaat selbst die entsprechenden Vorkehrungen getroffen hat, aufgrund welcher der durch ihn vorgenommenen diskriminierenden Maßnahme ein korrespondierender steuerlicher Vorteil im Ausland, auf den sich der Steuerpflichtige unmittelbar berufen kann, gegenüber steht.

(iii) Zeitpunkt der Steuererhebung

Im Zusammenhang mit der Frage, ob es grundfreiheitsrechtlich zulässig ist, eine im Zeitpunkt des Wegzugs festgesetzte Entstrickungssteuer sofort zu erheben, griff der EuGH in der Rs. *National Grid Indus* zunächst die Position der Europäischen Kommission auf. Danach habe angesichts der Liquiditätsprobleme, die eine sofortige

---

1232 Siehe dazu ausführlich hinsichtlich der vergleichbaren Fragestellung i.R. der Verstrickung aufgrund von grenzüberschreitenden Spaltungen Teil 2.C.I.1.b)bb).

Fälligkeit der Steuerschuld bewirke, grundsätzlich eine Steuerstundung zu erfolgen. Allerdings dürfe diese an die Bedingung geknüpft werden, dass der weggezogene Steuerpflichtige gegenüber dem Wegzugsstaat jährlich erkläre, welche der entstrickten Wirtschaftsgüter ihm noch gehören.[1233] Der EuGH bemerkte hierzu, dass ein Wegzug im betrieblichen Bereich mit der Verlegung einer Vielzahl von Wirtschaftsgütern verbunden sein könne.[1234] Der EuGH schloss daraus, dass die dauerhafte Nachverfolgung des Schicksals sämtlicher i.R. des Wegzugs entstrickter Wirtschaftsgüter für den weggezogenen Steuerpflichtigen eine große und möglicherweise sogar übermäßige Belastung darstellen könne.[1235] Dementsprechend sei es denkbar, dass der Wegziehende in dem mit einem Steueraufschub verbundenen Verwaltungsaufwand eine größere Belastung als in einer Sofortbesteuerung der entstrickten stillen Reserven sehe.[1236] Der EuGH mahnte dennoch an, dass der Wegzugsstaat dem Steuerpflichtigen ein Wahlrecht zwischen einer Sofortbesteuerung und einem zu zusätzlichem Verwaltungsaufwand führenden Steueraufschub gewähren müsse.[1237] Entsprechend der Schlussfolgerung des EuGH ist auch für die Finanzverwaltung des Wegzugsstaats der Verwaltungsaufwand, der mit einer Nachverfolgung der entstrickten Wirtschaftsgüter einhergeht, nicht übermäßig, sofern der wegziehende Steuerpflichtige den entsprechenden durch ihn zu tragenden Erklärungsaufwand für zumutbar hält.[1238] Hierbei verwies der EuGH zum einen auf die aufgrund der Beitreibungsrichtlinie gegebenen Möglichkeiten der gegenseitigen Hilfestellung der Mitgliedstaaten, wonach der Wegzugsstaat vom Zuzugsstaat sowohl Informationen über eine eventuelle tatsächliche Realisation der entstrickten Wirtschaftsgüter als auch Unterstützung bei der Einziehung von Steuerforderungen erhalten könne.[1239] Zum anderen betonte der EuGH wiederholt, dass sich der Verwaltungsaufwand des Wegzugsstaats in der korrekten Einziehung der Entstrickungssteuer erschöpfe, weil aufgrund der Nichtberücksichtigung späterer Wertminderungen eine künftige Änderung der bereits im Wegzugszeitpunkt festgesetzten Steuer ausgeschlossen sei.[1240] Die im Vergleich zur vorangegangenen EuGH-Rechtsprechung ungewöhnlich

---

1233 Vgl. EuGH v. 29.11.2011, Rs. C-371/10 – *National Grid Indus*, n.n.v., Rn. 66.

1234 Vgl. EuGH v. 29.11.2011, Rs. C-371/10 – *National Grid Indus*, n.n.v., Rn. 69.

1235 Vgl. EuGH v. 29.11.2011, Rs. C-371/10 – *National Grid Indus*, n.n.v., Rn. 70.

1236 Vgl. EuGH v. 29.11.2011, Rs. C-371/10 – *National Grid Indus*, n.n.v., Rn. 71.

1237 Vgl. EuGH v. 29.11.2011, Rs. C-371/10 – *National Grid Indus*, n.n.v., Rn. 73.

1238 Vgl. EuGH v. 29.11.2011, Rs. C-371/10 – *National Grid Indus*, n.n.v., Rn. 77; *Thömmes*, IWB 2011, S. 896 (901); *Brocke/Peter/Albrecht*, IWB 2011, S. 939 (942); *Körner*, IStR 2012, S. 1 (3 f.); *Mitschke*, IStR 2012, S. 6 (7).

1239 Vgl. EuGH v. 29.11.2011, Rs. C-371/10 – *National Grid Indus*, n.n.v., Rn. 78.

1240 Vgl. EuGH v. 29.11.2011, Rs. C-371/10 – *National Grid Indus*, n.n.v., Rn. 77 f.

ausführliche Befassung mit der Frage, ob ein durch die mitgliedstaatlichen Finanzverwaltungen zu tragender Verwaltungsaufwand als übermäßig zu betrachten ist, könnte darauf hindeuten, dass der EuGH dem Interesse der Mitgliedstaaten an einer praxisgerechten Administrierbarkeit steuerlicher Sachverhalte zukünftig ein größeres Gewicht beimessen will.

(iv) Stundungszinsen und Gestellung von Sicherheiten

Sofern der Wegziehende eine gestundete Entstrickungssteuer wünscht und bereit ist, die entsprechenden jährlichen Nachweise zu erbringen, soll es dem Wegzugsstaat entsprechend dem Urteil *National Grid Indus* gestattet sein, entsprechend seiner geltenden nationalen Regelungen sowohl Stundungszinsen zu erheben als auch – zur Eindämmung des Risikos der Nichteinziehung – die Gestellung von Sicherheiten zu verlangen.[1241] Zumindest letzteres scheint im Widerspruch zu den weiteren, bereits erwähnten Ausführungen desselben Urteils zu stehen, wonach die Mitgliedstaaten hinsichtlich der Einziehung von Steuerforderungen auf die Unterstützung durch die anderen Mitgliedstaaten vertrauen dürfen. Irritierend ist dies auch, zumal es den Mitgliedstaaten hinsichtlich des Wegzugs von Privatpersonen nach dem Urteil *N* ausdrücklich untersagt ist, vom Wegziehenden eine Leistung von Sicherheiten zu verlangen.[1242] Zwischen einem Wegzug und dem Risiko, dass der Wegziehende im Zeitpunkt der tatsächlichen Liquidation seine Steuerschulden nicht mehr bedienen kann, besteht nach hier vertretener Auffassung kein Zusammenhang. Da auch bei einem nicht Wegziehenden das Risiko besteht, dass dieser zu einem späteren Zeitpunkt weniger finanzielle Mittel zur Verfügung hat, erscheint die Schlechterstellung des Wegziehenden unangemessen. Das

1241 Vgl. EuGH v. 29.11.2011, Rs. C-371/10 – *National Grid Indus*, n.n.v., Rn. 73 f. Aus der Formulierung des EuGH, wonach die Gestellung von Sicherheiten durch einen Mitgliedstaat nur entsprechend dessen „für aufgeschobene Zahlungen von Steuerschulden geltenden nationalen Regelung[en]" erfolgen darf, wird teilweise geschlossen, dass die Forderung von Sicherheiten zumindest insoweit ausgeschlossen sein muss, als inländisches Haftungssubstrat in ausreichendem Umfang verbleibt, vgl. *Körner*, IStR 2012, S. 1 (4); a.A. *Mitschke*, IStR 2012, S. 6 (11); *Hahn*, BB 2012, S. 681 (685).

1242 Vgl. EuGH v. 07.09.2006, Rs. C-470/04 – *N*, *Slg.* 2006, S. I-7409, Rn. 51. Ein Grund, warum der deutsche Steueranspruch im Fall wegziehender Gesellschaften einer höheren Gefährdung als im Fall von wegziehenden Privatpersonen ausgesetzt sein soll, ist nicht ersichtlich, vgl. *Thömmes*, IWB 2011, S. 896 (902); *Brocke/Peter/Albrecht*, IWB 2011, S. 939 (942); *Wattel*, TNI 2012, S. 371 (377); *Kessler/Philipp*, DStR 2012, S. 267 (271).

gleiche gilt, sofern es einem Mitgliedstaat entsprechend dem Urteil *National Grid Indus* möglich sein sollte, Stundungszinsen zu verlangen. Ein legitimer Grund für diese Schlechterstellung grenzüberschreitender gegenüber rein innerstaatlichen Vorgängen lässt sich nicht finden.[1243] Die Verzinslichkeit einer auf den Zeitpunkt der Grenzüberschreitung festgesetzten Entstrickungssteuer wäre als reine Sanktionierung grenzüberschreitender wirtschaftlicher Betätigungen aufzufassen und damit nicht mit dem Binnenmarktziel vereinbar. Durch die Verzinslichkeit einer gestundeten Entstrickungssteuer würde die Grundidee eines Steueraufschubs ad absurdum geführt. Wie der EuGH im Urteil *National Grid Indus* zunächst zutreffend erkannte, ist es Sinn und Zweck eines Steueraufschubs, Liquiditätsprobleme des Wegziehenden zu vermeiden.[1244] Dieses Ziel kann nicht erreicht werden, wenn der Wegziehende Stundungszinsen zu entrichten hat.[1245] Erschwerend tritt hinzu, dass die in Steuerverfahrensordnungen vorgesehenen Zinssätze tendenziell eher hoch sind.[1246] Somit würde es für den Wegziehenden allein wegen der Vermeidung von Zinszahlungen an die Finanzverwaltung regelmäßig günstiger sein, ein Bankdarlehen aufzunehmen und zu einer Sofortbesteuerung zu optieren. Dies gilt umso mehr, sofern im Fall einer Optierung des Wegziehenden zu einer Steuerstundung zusätzlich Sicherheitsleistungen gefordert würden. Da die Bereitstellung von Sicherheiten weitere Kosten verursacht, wäre eine Steuerstundung, wie das Urteil *National Grid Indus* sie skizziert, regelmäßig bereits wirtschaftlich weitaus beeinträchtigender als eine Sofortbesteuerung.[1247] Da Wegziehende im Zusammenhang mit einer Steuerstundung darüber hinaus auch den besonderen Verwaltungsaufwand in Form der Erbringung jährlicher Nachweise über den Verbleib der entstrickten Wirtschaftsgüter zu tragen haben, ist davon auszugehen, dass Steuerpflichtige stets eine Sofortbesteuerung als weniger beeinträchtigende Maßnahme betrachten würden.[1248] Ein faktisches Leerlaufen des durch den EuGH geforderten Wahlrechts des grenzüberschreitenden Steuerpflichtigen zur Inanspruchnahme eines an die Erfüllung von Nachweispflichten geknüpften Steueraufschubs kann allerdings nicht im Sinne des EuGH sein.[1249] Dementsprechend gehen Teile der Literatur aufgrund der Formulierung des EuGH, wonach eine

1243 Vgl. *Kessler/Philipp*, DStR 2012, S. 267 (271 f.).

1244 Vgl. EuGH v. 29.11.2011, Rs. C-371/10 – *National Grid Indus*, n.n.v., Rn. 68.

1245 Vgl. *Thömmes/Linn*, IStR 2012, S. 282 (287).

1246 Beispielsweise beträgt der Zinssatz in Deutschland gem. § 238 Abs. 1 Satz 1 AO einen halben Prozent je vollen Monat.

1247 Vgl. *Mitschke*, IStR 2012, S. 6 (10 f.); *Hahn*, BB 2012, S. 681 (685).

1248 Vgl. *Wattel*, TNI 2012, S. 371 (378); *Thömmes/Linn*, IStR 2012, S. 282 (287).

1249 Vgl. *Kessler/Philipp*, DStR 2012, S. 267 (272).

Pflicht zur Gestellung von Sicherheiten sowie der Entrichtung von Stundungszinsen jeweils entsprechend der „geltenden nationalen Regelung" vorgesehen werden kann, davon aus, dass eine Stellung von Sicherheiten sowie eine Verzinsung nur angeordnet werden darf, sofern dies in diskriminierungsfreier Weise auch bei einem vergleichbaren rein innerstaatlichen Fall geschieht.[1250] Auch wenn diese Interpretation zu sachgerechten Ergebnissen führt, muss doch bezweifelt werden, dass der EuGH so verstanden werden wollte. Schließlich betrifft das Urteil *National Grid Indus* die steuerlichen Folgen einer grenzüberschreitenden Verlegung des Verwaltungssitzes einer Gesellschaft. Eine vergleichbare rein innerstaatliche Sitzverlegung würde wohl in keinem Mitgliedstaat zur Festsetzung einer auf die stillen Reserven der betroffenen Gesellschaft entfallenden und ggf. zu stundenden Steuer führen. Da sich somit im Fall einer rein innerstaatlichen Verwaltungssitzverlegung die Frage nach einer Verzinsung sowie einer Stellung von Sicherheiten nicht stellen kann, würde die Erwähnung der Möglichkeit einer Besicherung und Verzinsung im Urteil *National Grid Indus* keinen Sinn ergeben, sofern gleichzeitig deren Diskriminierungsfreiheit gefordert würde.

(3) Eigener Lösungsansatz

Die im Urteil *National Grid Indus* erfolgten Zugeständnisse an die Mitgliedstaaten sind nicht nachvollziehbar, da sie eine faktische Entwertung der Grundfreiheiten im Bereich der Entstrickungsbesteuerung bedeuten und einer grundfreiheitlichen Bereichsausnahme nahe kommen. Eine solche kompromisslose Unterordnung der Interessen eines Wegziehenden gegenüber dem grundfreiheitlich nicht anerkennungswürdigen Interesse der Mitgliedstaaten an der Verhinderung von Steuerausfällen ist nicht akzeptabel und bedarf einer Korrektur. Der im Urteil *National Grid Indus* eingeschlagene Weg einer Anerkennung bloßer finanzieller Interessen der Mitgliedstaaten[1251] führt am Ziel der Binnenmarktverwirklichung vorbei und darf deshalb in künftigen Urteilen nicht mehr beschritten werden.

Als Ausgangspunkt für die Suche nach einem unionsrechtskonformen Konzept einer Entstrickungsbesteuerung im Zusammenhang mit grenzüberschreitenden Spaltungen können vielmehr die schlüssigen Ergebnisse des Urteils *N* dienen.[1252] Allerdings ist zu beachten, dass eine Entstrickung im betrieblichen Bereich Besonderheiten gegenüber einer durch den Wegzug von Privatpersonen ausgelösten

1250 Vgl. *Beutel/Rehberg*, IStR 2012, S. 94 (96).
1251 Vgl. *Hahn*, BB 2012, S. 681 (684).
1252 Siehe hierzu bereits Teil 2B.I.1.h)bb)(1).

steuerlichen Entstrickung von im Privatvermögen gehaltenen wesentlichen Beteiligungen an Kapitalgesellschaften aufweist. Aufgrund dieser Unterschiede zwischen steuerlichen Entstrickungen von Betriebs- und Privatvermögen können unterschiedliche Rechtsfolgen geboten sein.

Wie zu zeigen sein wird, ist darüber hinaus im Fall betrieblicher Entstrickungen zwischen entstrickten Wirtschaftsgütern des Umlauf- sowie des Anlagevermögens zu differenzieren.

(i) Entstrickte Wirtschaftsgüter des Umlaufvermögens

Angesichts der Tatsache, dass i.R. von Spaltungen regelmäßig eine sehr große Anzahl von verschiedenartigen Wirtschaftsgütern übertragen wird, stellt sich dort die Überwachung der entstrickten stillen Reserven für den Ausgangsstaat weitaus schwieriger dar als im überschaubaren Fall einer Wegzugsbesteuerung, die ausschließlich im Privatvermögen gehaltene Anteile an Kapitalgesellschaften betrifft.[1253] Es besteht die Gefahr, dass der Outbound-Staat infolge von Entstrickungen im betrieblichen Bereich mit derart massiven Verwaltungsschwierigkeiten konfrontiert wird, dass dieser Staat eine zutreffende Besteuerung der in seinem Hoheitsgebiet gebildeten stillen Reserven im Zeitpunkt der tatsächlichen Veräußerung der entstrickten Wirtschaftsgüter mangels hinreichender steuerlicher Kontrollmöglichkeiten nicht sicherstellen kann und somit im Ergebnis eine das Leistungsfähigkeitsprinzip untergrabende Nichtbesteuerung droht.[1254] Denn werden die entstrickten stillen Reserven im ausländischen Bestimmungsstaat zu einem späteren Zeitpunkt realisiert, ohne dass der Ausgangsstaat davon Notiz nimmt, so entgeht der Steuerpflichtige einer Besteuerung im letztgenannten Staat.

Die Möglichkeiten der Amtshilfe- bzw. Beitreibungsrichtlinie, auf die der EuGH die Mitgliedstaaten im Zusammenhang mit Verwaltungsschwierigkeiten häufig pauschal verweist,[1255] sind mit Blick auf den Kontrollbedarf im Nachgang

---

1253 Vgl. *Hahn*, IStR 2006, S. 797 (803); *Langheim*, Einbringung, 2008, S. 184; Keine besonderen Verwaltungsschwierigkeiten im Zusammenhang mit betrieblichen Wegzugsfällen annehmend *Schnitger*, in: Benecke/Schnitger, IStR 2007, S. 22 (28).

1254 Vgl. *Langheim*, Einbringung, 2008, S. 188 f.; a.A. *Schönherr/Lemaitre*, GmbHR 2006, S. 561 (563).

1255 Vgl. EuGH v. 30.01.2007, Rs. C-150/04 – *Kommission/Dänemark*, Slg. 2007, S. I-1163, Rn. 52; EuGH v. 11.10.2007, Rs. C-451/05 – *ELISA*, Slg. 2007, S. I-8251, Rn. 91 f.; EuGH v. 09.11.2006, Rs. C-520/04 – *Turpeinen*, Slg. 2006, S. I-10685, Rn. 35 f.

zu einer Übertragung ganzer Teilbetriebe regelmäßig unzureichend.[1256] So ist bereits eine auf die Amtshilferichtlinie gestützte Überprüfung, ob sich die übertragenen und entstrickten Wirtschaftsgüter noch im wirtschaftlichen Eigentum des übernehmenden Rechtsträgers befinden oder dieser die darin enthaltenen stillen Reserven bereits realisiert hat, nicht zu bewerkstelligen, da die Amtshilferichtlinie nur punktuelle Auskunftsersuchen ermöglicht.[1257] Beachtliche Unterstützung findet dennoch die Auffassung des EuGH, dass derartige Defizite der zwischenstaatlichen Amtshilfe zu Lasten der für deren Regelung verantwortlichen Mitgliedstaaten gehen und somit i.R. der Rechtfertigungsprüfung unberücksichtigt bleiben müssen.[1258] Diese Auffassung sowie der überstrapazierte Verweis des EuGH auf die Amtshilferichtlinie würde jedoch letztlich bedeuten, dass den Mitgliedstaaten deutlich weitgehendere Befugnisse zur Beschränkung grenzüberschreitender Sachverhalte zustünden, sofern sie vom Erlass der Amtshilferichtlinie abgesehen hätten oder diese wieder abschaffen würden. Da dies aber zu dem Binnenmarkt abträglichen Ergebnissen führen würde, haben sich die Mitgliedstaaten im Fall eines Ermittlungs- bzw. Kontrollbedarfs trotz Existenz der Amtshilferichtlinie nur insoweit mit der Einholung zwischenstaatlicher Amtshilfe zu begnügen, als hierdurch eine optimale Informationsbeschaffung gewährleistet werden kann. Daraus folgt, dass die Mitgliedstaaten zumindest berechtigt sind, von der übernehmenden Gesellschaft periodische Nachweise über den Verbleib der i.R. der Spaltung übertragenen Wirtschaftsgüter einzufordern, ohne sich hierbei dem Verdacht eines Verstoßes gegen den Verhältnismäßigkeitsgrundsatz auszusetzen.[1259] Allerdings stellt sich auch dann noch das Problem, dass die vom Steuerpflichtigen gemachten Angaben zur Sicherstellung einer zutreffenden Besteuerung einer Verifikation durch die Finanzverwaltung bedürfen.[1260] Aufgrund der Notwendigkeit, für jedes relevante Wirtschaftsgut eine gesonderte Anfrage zu tätigen, ist im Wege der Amtshilfe eine zuverlässige Überprüfung der durch den Steuerpflichtigen

---

1256 Vgl. dazu allgemein *Englisch*, IFSt-Schrift Nr. 449, 2008, S. 84; *Fischer*, FR 2007, S. 361 (366 f.); *Fischer*, FR 2005, S. 457 (465); a.A. *Richter/Heyd*, StuW 2010, S. 367 (376 f.).

1257 Vgl. *Englisch*, IFSt-Schrift Nr. 449, 2008, S. 84.

1258 Vgl. EuGH v. 12.07.2012, Rs. C-269/09 – *Kommission/Spanien*, n.n.v., Rn. 67 und 72; Wissenschaftlicher Beirat Ernst & Young, BB 2005, S. 2166 (2168); *Körner*, IStR 2006, S. 469 (469); *Rödder/Schumacher*, DStR 2006, S. 1481 (1485); *Dürrschmidt*, Unternehmensumstrukturierungen, 2008, S. 271 f.

1259 Vgl. *Schindler*, IStR 2004, S. 300 (309).

1260 Vgl. *Englisch*, IFSt-Schrift Nr. 449, 2008, S. 84.

gemachten Angaben in der Praxis kaum möglich.[1261] Daraus folgt eine Gefährdung der Rechtsanwendungsgleichheit,[1262] wodurch sich wiederum entgegen dem Leistungsfähigkeitsprinzip eine Besserstellung grenzüberschreitender Sachverhalte ergeben kann. Es zeigt sich daher, dass die in der Literatur zum Teil pauschal getroffene Schlussfolgerung, wonach die zinslose Stundung einer Entstrickungssteuer im betrieblichen Fall deshalb ohne Weiteres möglich ist, weil sich der Gesetzgeber entsprechend § 6 Abs. 5 Satz 1 AStG für eine solche Lösung i.R. der Wegzugsbesteuerung im Privatvermögensfall entschieden hat,[1263] so nicht haltbar ist. In der Literatur plädieren deshalb einige Stimmen dafür, eine Abwägung zwischen dem Allgemeininteresse an einer effektiven steuerlichen Kontrolle sowie dem Interesse eines Steuerpflichtigen an einem Steueraufschub vorzunehmen und gegebenenfalls auch materiell-rechtliche Diskriminierungen zur Umgehung unbehebbarer, besonders gewichtiger Informationsdefizite zu tolerieren.[1264] Konsequenter Weise müsste bei grenzüberschreitenden Spaltungen die Sofortbesteuerung der im entstrickten Umlaufvermögen befindlichen stillen Reserven gestattet sein.[1265] Da sich Umlaufvermögen entsprechend seiner Definition üblicherweise nur für kurze Zeit im Unternehmen befindet, wären die durch eine Sofortbesteuerung bedingten Liquiditätsnachteile für den übertragenden Rechtsträger überschaubar.[1266] Weil die Finanzverwaltung hingegen gerade das oft in großer Anzahl übertragene Umlaufvermögen nach dessen Entstrickung kaum überwachen kann, hätte sie ein gewichtiges Interesse an einer Umgehung dieses Verwaltungsaufwands.[1267] Nach anderer Auffassung hingegen kann das Bedürfnis nach einer praktikablen Steueradministration keinesfalls materiell-rechtliche Schlechterstellungen rechtfertigen, sofern auch der Bestimmungsstaat der EU angehört.[1268]

1261 Vgl. *Englisch*, IFSt-Schrift Nr. 449, 2008, S. 84 f.

1262 Vgl. *Englisch*, IFSt-Schrift Nr. 449, 2008, S. 84.

1263 So z.B. *Körner*, IStR 2006, S. 469 (469).

1264 Vgl. *Englisch*, IFSt-Schrift Nr. 449, 2008, S. 84 f.; *Hahn*, IStR 2006, S. 797 (802 f.).

1265 Vgl. *Englisch*, IFSt-Schrift Nr. 449, 2008, S. 84 f.; *Mitschke*, DStR 2012, S. 629 (632).

1266 Vgl. *Englisch*, IFSt-Schrift Nr. 449, 2008, S. 84. Nach § 247 Abs. 2 HGB gehören zum Anlagevermögen diejenigen Gegenstände, die dazu bestimmt sind, dem Geschäftsbetrieb dauerhaft zu dienen. Dies erlaubt den Rückschluss, dass im Umlaufvermögen die Wirtschaftsgüter auszuweisen sind, die nicht dauerhaft im Unternehmen verbleiben.

1267 Vgl. *Englisch*, IFSt-Schrift Nr. 449, 2008, S. 84 f.

1268 Siehe dazu bereits die Ausführungen in Teil 1,A.VII.5.b)bb)(1). Vgl. außerdem EuGH v. 12.12.2006, Rs. C-446/04 – *FII Group Litigation*, Slg. 2006, S. I-11753, Rn. 70; EuGH v. 17.01.2008, Rs. C-256/06 – *Jäger*, Slg. 2008, S. I-123, Rn. 54 f.

Eine grundfreiheitskonforme und zugleich praxisgerechte Lösung könnte m.E. unter Verweis auf die Wahrung der steuerlichen Kohärenz dadurch geschaffen werden, dass eine Steuer auf die im entstrickten Umlaufvermögen enthaltenen stillen Reserven zwar festgesetzt, aber bedingungslos ein Jahr lang gestundet wird. So stünde dem spezifisch grenzüberschreitende Spaltungen betreffenden Nachteil einer ein Jahr nach dem steuerlichen Übertragungsstichtag fälligen Entstrickungssteuer der ebenso spezifisch transnationale Spaltungsvorgänge begünstigende Vorteil gegenüber, dass auch bei einer vor Jahresablauf erfolgenden tatsächlichen Realisation des betreffenden Umlaufvermögens die Fälligkeit der Steuerschuld erst nach einem Jahr eintritt.[1269] Bei einer solchen Regelung könnte zudem angesichts der regelmäßig großen Anzahl der Wirtschaftsgüter des Umlaufvermögens typisierend davon ausgegangen werden, dass der Zins- bzw. Liquiditätsnachteil hinsichtlich eines lange im Betriebsvermögen gehaltenen Wirtschaftsguts durch einen entsprechenden Vorteil bei zeitnah veräußerten Wirtschaftsgütern kompensiert wird. Somit würden grenzüberschreitende Sachverhalte in der Regel nicht stärker belastet als rein innerstaatliche.[1270] Aus der Rechtsprechung des EuGH ergibt sich, dass die Kohärenz eines Regelungsgeflechts nur dann nicht anzuerkennen ist, wenn die den betroffenen Steuerpflichtigen aufgrund eines nicht exakten Vorteilsausgleichs erwachsenden Nachteile auch angesichts des mitgliedstaatlichen Interesses an einer Aufrechterhaltung der Diskriminierung unangemessen gewichtig sind.[1271] Nach hier vertretener Auffassung ist dies nicht der Fall, sofern

---

1269 Die vorgeschlagene Pauschalierung könnte dem Steuerpflichtigen im Einzelfall also zum Vor- oder Nachteil gereichen. Dies würde einen wesentlichen Unterschied zur Regelung des § 4g EStG bedeuten, wonach ein gewinnneutral gebildeter Ausgleichsposten unter anderem insoweit sofort erfolgswirksam aufzulösen ist, als das entstrickte Betriebsvermögen tatsächlich veräußert wird, siehe § 4g Abs. 2 Satz 2 Nr. 3 EStG. Eine über den Zeitpunkt der tatsächlichen Veräußerung hinausreichende, für den Steuerpflichtigen vorteilhafte Stundung ist nach § 4g EStG somit ausgeschlossen.

1270 Im Zusammenhang mit Entstrickungsregelungen ebenfalls Pauschalierungen für grundfreiheitskonform haltend, sofern diese typischerweise zu angemessenen Ergebnissen führen und sich nicht nur zum Nachteil, sondern auch zum Vorteil des Steuerpflichtigen auswirken können *Hahn*, BB 2012, S. 681 (686).

1271 Vgl. EuGH v. 13.12.2005, Rs. C-446/03 – *Marks & Spencer*, Slg. 2005, I-10837, Rn. 59; EuGH v. 15.05.2008, Rs. C-414/06 – *Lidl Belgium*, Slg. 2008, S. I-3601, Rn. 50 bis 53, wonach die dem Steuerpflichtigen aus einer erst späteren steuerlichen Berücksichtigung von ausländischen Verlusten erwachsenden Zins- und Liquiditätsnachteile keinen Ausschluss der Angemessenheit einer diskriminierenden Regelung begründen.

die vorgeschlagene Stundungsregelung auf die entstrickten Wirtschaftsgüter des Umlaufvermögens, deren kurze Verweildauer im Betriebsvermögen unterstellt werden darf, begrenzt wird.

(ii) Entstrickte Wirtschaftsgüter des Anlagevermögens

Hinsichtlich des Anlagevermögens verbietet es sich in jedem Fall, eine Sofortbesteuerung aufgrund des mitgliedstaatlichen Interesses an der Wahrung der steuerlichen Kontrolle vorzunehmen. Da die zu einem Betriebsvermögen gehörenden Wirtschaftsgüter des Anlagevermögens regelmäßig weitaus weniger zahlreich sind als die Wirtschaftsgüter des Umlaufvermögens, besteht hier auch eine entsprechend geringere Gefährdung der steuerlichen Kontrolle. Da gleichzeitig aber gerade die Wirtschaftsgüter des Anlagevermögens häufig beachtliche stille Reserven bergen, besteht insoweit ein großes Interesse des grenzüberschreitend agierenden Steuerpflichtigen an einem Steueraufschub.

Ebenfalls kann das hinsichtlich des Umlaufvermögens vorgeschlagene Konzept einer pauschal festgelegten Stundungsdauer auf das Anlagevermögen mangels Verhältnismäßigkeit i.e.S. nicht übertragen werden, da dort nicht von einer typischerweise innerhalb eines bestimmten Zeitraums erfolgenden Veräußerung ausgegangen werden kann.

Somit gilt bezüglich des Anlagevermögens die Grundregel, dass der Ausgangsstaat die Steuer auf die in Wirtschaftsgütern des Anlagevermögens enthaltenen und i.R. einer grenzüberschreitenden Spaltung entstrickten stillen Reserven zinslos und ohne die Forderung nach einer Gestellung von Sicherheiten zu stunden hat.[1272] Die Stundung ist nur insoweit zu widerrufen, als in der Zukunft bestimmte

1272 Damit ähnelt der Vorschlag der Regelung des § 6 Abs. 4 Satz 1 AStG. Alternativ ist eine Regelungssystematik in Betracht zu ziehen, wonach davon abgesehen wird, eine sofortige Festsetzung der Entstrickungssteuer vorzunehmen, und stattdessen ein Ausgleichsposten ähnlich dem Vorbild des § 4g EStG gebildet wird, siehe dazu auch *Ruiner*, IStR 2012, S. 49 (51). Der Ausgleichsposten wäre dann in den dem steuerlichen Übertragungsstichtag folgenden Veranlagungszeiträumen sukzessive gewinnerhöhend aufzulösen. Dieser Ansatz wäre jedoch problematisch, wenn infolge der grenzüberschreitenden Spaltung keine inländische Betriebsstätte des übertragenden Rechtsträgers im Inland verbleibt oder es aufgrund einer Aufspaltung gar zu Auflösung des übertragenden Rechtsträgers kommt. Bei fehlender inländischer Betriebsstätte müssten zur Abhilfe entsprechende Betriebsstätteneinkünfte fingiert, sowie mit Blick auf Art. 5 OECD-MA ein *treaty override* vorgesehen werden. Im Fall der Auflösung des übertragenden Rechtsträgers müsste dessen Fortbestehen für steuerliche Zwecke fingiert werden. Angesichts der dargestellten Schwierigkeiten

Realisationstatbestände, wie z.B. die Veräußerung der entstrickten Wirtschaftsgüter verwirklicht werden, wobei hier eine Orientierung an der Regelung des § 6 Abs. 5 Satz 4 AStG erfolgen kann. Sofern sich der gemeine Wert der entstrickten Wirtschaftsgüter inzwischen gemindert hat und somit bei der tatsächlichen Realisation der stillen Reserven der im Zeitpunkt des steuerlichen Übertragungsstichtags festgestellte Entstrickungsgewinn nicht vollständig verwirklicht werden kann, hat der Ausgangsstaat den Bescheid, durch den die Entstrickungssteuer festgesetzt wurde, in entsprechender Weise zu ändern oder aufzuheben.[1273] Eine Korrektur der Entstrickungssteuer muss dabei auf den Betrag begrenzt werden, welcher auf die im Zeitpunkt der Entstrickung festgestellten stillen Reserven der wertgeminderten Wirtschaftsgüter entfällt.[1274] Damit die Änderung bzw. Aufhebung des Steuerbescheids nicht durch die Bestandskraft des ursprünglichen Steuerbescheids unmöglich wird, ist entsprechend dem als Vorbild dienenden § 6 Abs. 6 Satz 1 Halbs. 2 AStG auf die entsprechende Anwendung des § 175 Abs. 1 Satz 2 AO zu verweisen. Zur Wahrung der steuerlichen Kontrolle ist der übernehmende Rechtsträger in Anlehnung an die Regelung des § 6 Abs. 7 Satz 4 f. AStG zu verpflichten, jährlich zu berichten, welche der entstrickten Wirtschaftsgüter ihm noch zuzurechnen sind. Soweit diese Mitwirkungspflicht nicht erfüllt wird, ist die gewährte Stundung zu widerrufen. Eine solche materiell-rechtliche Diskriminierung ist als *ultima-ratio* ausnahmsweise im Interesse einer wirksamen steuerlichen Kontrolle als gerechtfertigt anzusehen.[1275]

Sofern die tatsächliche Realisation auch im Bestimmungsstaat Anlass für eine Besteuerung der in den übertragenen Wirtschaftsgütern ruhenden stillen Reserven sein sollte, kann dies zu einer Doppelbesteuerung führen, die unter Umständen auch auf Grundlage der Regelungen des jeweils einschlägigen DBA nicht beseitigt wird. Da eine solche juristische Doppelbesteuerung jedoch nicht unter Verweis auf

---

ist die sofortige Festsetzung und Stundung der Entstrickungssteuer das vorzuziehende Regelungskonzept.

1273 Soweit die festgesetzte Steuer auf einem Gewinn aus der Entstrickung von abnutzbarem Anlagevermögen beruht, wird regelmäßig eine Korrektur erforderlich sein. Mit zunehmendem zeitlichem Abstand zwischen steuerlichem Übertragungsstichtag und dem Zeitpunkt der tatsächlichen Realisation tritt ein vermehrter technischer oder wirtschaftlicher Verbrauch der Wirtschaftsgüter und damit eine entsprechende Verringerung der in diesen Wirtschaftsgütern enthaltenen stillen Reserven ein.

1274 Vgl. *Richter/Heyd*, StuW 2010, S. 367 (378). Soweit der geminderte Wert der Wirtschaftsgüter unterhalb des Buchwerts zum Zeitpunkt der Entstrickung liegt, kann die Wertminderung allenfalls im Bestimmungsstaat geltend gemacht werden.

1275 Vgl. Teil 1.A.VII.5.b)bb)(1).

grundfreiheitsrechtliche Gewährleistungen angegriffen werden kann,[1276] ist dieser steuerliche Nachteil für grenzüberschreitende Vorgänge hinzunehmen.

Eine Ausnahme von der dargestellten Grundregel, dass der Ausgangsstaat den Entstrickungsgewinn auf unbestimmte Zeit zinslos zu stunden und spätere Wertminderungen zu berücksichtigen hat, ist dann denkbar, wenn die grenzüberschreitende Spaltung aufgrund einer steuerlichen Privilegierung im Bestimmungsstaat insgesamt vorteilhafter gestellt ist als eine entsprechende rein innerstaatlich durchgeführte Spaltung. Ein solcher Vorteil bestünde insbesondere dann, wenn die im Ausgangsstaat steuerlich entstrickten und im Bestimmungsstaat erstmals steuerlich verstrickten Wirtschaftsgüter in letztgenanntem Staat mit einem höheren Wert als dem Buchwert angesetzt werden. Durch diese erfolgsneutrale Buchwertaufstockung der ent- bzw. verstrickten Wirtschaftsgüter im Bestimmungsstaat wird zusätzliches Abschreibungsvolumen zur Verfügung gestellt, wodurch die betroffenen Wirtschaftsgüter bei einer Gesamtbetrachtung der bereits im Ausgangsstaat geltend gemachten sowie der zukünftig im Bestimmungsstaat steuerlich abziehbaren Abschreibungen insgesamt zumindest partiell doppelt abgeschrieben werden.[1277] Um eine derartige, dem Leistungsfähigkeitsprinzip widersprechende Begünstigung gegenüber rein innerstaatlich durchgeführten Spaltungen zu neutralisieren, ist deshalb eine auf effektive Gleichbelastung zielende Diskriminierung geboten. Eine solche Lösung ist gerechtfertigt, sofern sie die steuerliche Kohärenz befördert, d.h. ein valider kompensatorischer Zusammenhang zwischen dem im Bestimmungsstaat gewährten Vorteil und der benachteiligenden Diskriminierung durch den Ausgangsstaat besteht. Hierfür muss insbesondere sichergestellt sein, dass die steuerlichen Vor- und Nachteile aus einem einheitlichen wirtschaftlichen Vorgang resultieren und systematisch miteinander korrespondieren. Dies geschieht dadurch, dass der Vorteil einer im Ausland aus der Gewährung von zusätzlichen Abschreibungen resultierenden Minderung der steuerlichen Bemessungsgrundlage des übernehmenden Rechtsträgers durch eine entsprechende Besteuerung bzw. einen entsprechenden steuerlichen Nachteil des übertragenden Rechtsträgers im Inland ausgeglichen wird.[1278] Um sicherzustellen, dass der Ausgleich des

---

1276 Vgl. Teil 1,A.VII.2.b).

1277 Vgl. *Richter/Heyd*, StuW 2010, S. 367 (378).

1278 Die Auffassung, wonach ein solcher grenzüberschreitender Vorteilsausgleich nicht möglich ist (vgl. *Schaden*, in: Lüdicke, Europarecht, 2006, S. 89 (107 f.)), ist in einer allein auf den diskriminierenden Staat beschränkten Betrachtung begründet und lässt außer Acht, dass innerhalb der Kohärenzprüfung ggf. auch ausländische steuerliche Vorteile zu berücksichtigen sind, vgl. dazu allgemein Teil 1,A.VII.5.b) bb)(3)(i).

ausländischen steuerlichen Vorteils und des inländischen steuerlichen Nachteils unabhängig vom Zufall ist, darf das deutsche Steuerrecht nur dann eine Besteuerung in Höhe des Abschreibungsvorteils vorsehen, wenn im Ausland tatsächlich ein solcher Vorteil gegeben ist. Durch den Verweis auf das diesbezügliche ausländische Steuerrecht wird dieses zum Quasi-Bestandteil des inländischen Rechts, weshalb ein i.R. der Kohärenzprüfung berücksichtigungsfähiger Zusammenhang zwischen steuerlichem Vor- und Nachteil besteht.[1279] Die Höhe des durch eine inländische Regelung auszugleichenden ausländischen Abschreibungsvorteils je Veranlagungszeitraum ergibt sich aus der Differenz zwischen den im Ausland abziehbaren Abschreibungen und den fiktiven Abschreibungsbeträgen, die im Inland hätten geltend gemacht werden können, wenn keine grenzüberschreitende, sondern eine rein innerstaatliche Spaltung durchgeführt worden wäre. Der jährliche Abschreibungsvorteil kann dadurch ermittelt werden, dass einerseits zum steuerlichen Übertragungsstichtag die Buchwerte sowie die jeweilige Restnutzungsdauer der entstrickten Wirtschaftsgüter des Anlagevermögens in einem besonderen Verzeichnis festgehalten werden. Andererseits kann der Ausgangsstaat vom übernehmenden Rechtsträger die jährliche, ebenfalls in Verzeichnisform erfolgende Mitteilung darüber verlangen, welche der entstrickten Wirtschaftsgüter sich noch in dessen wirtschaftlichem Eigentum befinden, zu welchen ausländischen Wertansätzen diese Wirtschaftsgüter notieren und welche Restnutzungsdauern im Ausland angenommen werden. Aus der jährlichen Fortschreibung und Gegenüberstellung der Daten aus diesen Verzeichnissen kann der jährliche Abschreibungsvorteil, der allein auf das grenzüberschreitende Moment der vorausgegangenen Spaltung zurückzuführen ist, ermittelt werden.

Insgesamt darf der Ausgangsstaat jedoch nur Abschreibungsvorteile i.H. des Betrags besteuern, der den stillen Reserven der entstrickten Wirtschaftsgüter im Zeitpunkt des steuerlichen Übertragungsstichtags entspricht. Da Spaltungen

---

1279 Theoretisch wäre die Herstellung eines grundfreiheitsrechtlich anzuerkennenden Nachteilsausgleichs auch dadurch möglich, dass sich der jeweilige Bestimmungsstaat abkommensrechtlich verpflichtet, hinsichtlich der übertragenen Wirtschaftsgüter den Ansatz eines dem gemeinen Wert entsprechenden Werts zuzulassen und eine bestimmte Restnutzungsdauer vorzusehen. Dann könnten die Entstrickungsregelungen des Ausgangsstaats einen korrespondierenden Vorteilsausgleich in Form einer ratierlichen Versteuerung der entstrickten stillen Reserven vorsehen, ohne ausdrücklich auf das Steuerrecht im Ausland Bezug zu nehmen. In der Praxis wäre die Umsetzung einer solchen Lösung jedoch kaum umsetzbar. Schließlich müsste hierfür mit zahlreichen Staaten eine entsprechende Vereinbarung getroffen werden, um eine generelle Grundfreiheitskonformität herzustellen.

durch ein partielles Gesamtrechtsnachfolgeverhältnis zwischen übertragendem und übernehmendem Rechtsträger gekennzeichnet sind, wird die Kohärenz des dargestellten Regelungskonzepts nicht dadurch infrage gestellt, dass sich die steuerlichen Vor- und Nachteile auf verschiedene Rechtsträger verteilen.

Sofern der Steuersatz im Ausland niedriger als im Inland ist, wird die im Ausland zu zahlende Steuer infolge der Verminderung der Bemessungsgrundlage nicht im gleichen Ausmaß verringert wie sie im Inland aufgrund der Erhöhung der Bemessungsgrundlage steigt. Da die betragsmäßige Deckungsungleichheit von Steuerminderung und Steuermehrung jedoch die Folge unterschiedlicher Steuersätze und damit bloßer Disparitäten innerhalb der europäischen Steuerrechtsordnungen ist, kann insoweit eine Beschränkung der Grundfreiheiten ausgeschlossen werden.[1280]

Beispiel 6: Die in Deutschland ansässige D-GmbH spaltet einen Teilbetrieb auf die im EU-Staat E ansässige E-SE ab und entscheidet sich hierbei zum Ansatz des Buchwerts. I.R. der Spaltung kommt es hinsichtlich einiger der übertragenen inländischen Wirtschaftsgüter zu einer steuerlichen Entstrickung. Dieses Anlagevermögen (Buchwert = 200, gemeiner Wert = 600) hatte eine Restnutzungsdauer von zwei Jahren. Für Zwecke der deutschen Besteuerung wird entsprechend dem vorgeschlagenen Entstrickungsbesteuerungskonzept der durch die D-GmbH erzielte Entstrickungsgewinn i.H.v. 400 festgesetzt und zinslos sowie ohne Sicherheitsleistungen gestundet. Nach dem Steuerrecht des Bestimmungsstaats wird das dort erstmals steuerlich verstrickte Anlagevermögen mit einem dem gemeinen Wert entsprechenden Wert angesetzt. Außerdem wird die Restnutzungsdauer auf drei Jahre festgelegt.

In den dem steuerlichen Übertragungsstichtag folgenden drei Jahren können demnach hinsichtlich des Anlagevermögens im Bestimmungsstaat jeweils Abschreibungen i.H.v. 200 vorgenommen werden. Wäre die Spaltung rein innerstaatlich erfolgt, so wären nur in den beiden dem steuerlichen Übertragungsstichtag folgenden Veranlagungszeiträumen Abschreibungen i.H.v. jeweils 100 erfolgt. Die Tatsache, dass die Spaltung grenzüberschreitend und nicht rein innerstaatlich durchgeführt wurde, bedeutet für den übernehmenden Rechtsträger somit in den ersten beiden Veranlagungszeiträumen nach der Spaltung eine zusätzliche Minderung der steuerlichen Bemessungsgrundlage um jeweils 100 und im dritten Veranlagungszeitraum um 200. Diesem dem übernehmenden Rechtsträger im ausländischen EU-Mitgliedstaat gewährten Abschreibungsvorteil kann Deutschland in den jeweiligen Veranlagungszeiträumen einen den übertragenden Rechtsträger treffenden kompensierenden Nachteil gegenüberstellen. Dies geschieht in Form eines entsprechenden Widerrufs der gestundeten Steuer auf den Entstrickungsgewinn. In den beiden dem steuerlichen

1280 Dazu allgemein EuGH v. 12.07.2005, Rs. C-403/03 – *Schempp*, Slg. 2005, S. I-6421, Rn. 34; EuGH v. 12.05.1998, Rs. C-336/96 – *Gilly*, Slg. 1998, S. I-2793, Rn. 47; EuGH v. 12.12.2002, Rs. C-385/00 – *de Groot*, Slg. 2002, S. I-11819, Rn. 86.

Übertragungsstichtag folgenden Veranlagungszeiträumen ist die Steuer jeweils insoweit zu widerrufen, als sie einem fiktiven Gewinn von 100 entspricht. In dem wiederum darauf folgenden Veranlagungszeitraum erfolgt ein Widerruf der Entstrickungssteuer, der einer fiktiven Gewinnerhöhung von 200 entspricht.

Sofern Körperschaften im EU-Staat E einer niedrigeren Ertragbesteuerung unterliegen als in Deutschland, wird die Steuerlast der E-SE nicht in gleicher Höhe gemindert, wie die von der D-GmbH zu zahlende Steuer steigt. Diese Folge bloßer Steuersatzunterschiede bzw. Disparitäten innerhalb der EU ist aus grundfreiheitsrechtlicher Sicht jedoch unbeachtlich.

Das dargestellte Konzept funktioniert auch dann, wenn das entstrickte Betriebsvermögen im Ausland z.B. zerstört wird und deshalb eine Absetzung für außergewöhnliche Abnutzung erforderlich wird.

Beispiel 7: Wie Beispiel 6, jedoch geht das übertragene und entstrickte Anlagevermögen im dem dem steuerlichen Übertragungsstichtag folgenden Veranlagungszeitraum gänzlich unter.

Im Ausland ist eine Absetzung für außergewöhnliche Abnutzung i.H. von 600 abziehbar, während im Inland – sofern keine grenzüberschreitende Spaltung stattgefunden hätte – nur eine Absetzung für außergewöhnliche Abnutzung i.H.v. 200 erfolgt wäre. Da der übernehmende Rechtsträger somit aufgrund des grenzüberschreitenden Elements der Spaltung zusätzliche Abschreibungen i.H.v. 400 zum Abzug bringen kann, ist die steuerliche Bemessungsgrundlage beim übertragenden Rechtsträger um diesen Betrag zu erhöhen.

Auch im Fall einer nachträglichen Wertminderung des entstrickten Anlagevermögens muss sich der vorgeschlagene Lösungsansatz als tragfähig erweisen. Soweit sich die Wertreduzierungen bereits im Bestimmungsstaat steuermindernd auswirken, müssen sie nicht auch noch durch den Ausgangsstaat berücksichtigt werden.[1281] Die Berücksichtigung durch den Bestimmungsstaat ist sachgerecht, da die betreffenden Wirtschaftsgüter während des Eintritts der Wertminderung dessen Besteuerungshoheit unterlegen haben. Gerechtfertigt ist die Nichtberücksichtigung der Wertnachlässe durch den Ausgangsstaat wiederum aufgrund des Kohärenzarguments. Hierdurch wird verhindert, dass dieselben steuerlichen Abzüge in verschiedenen Staaten, d.h. mehrfach, berücksichtigt werden.

Beispiel 8: Wie Beispiel 6, allerdings wird das Anlagevermögen kurz nach dem steuerlichen Übertragungsstichtag zum Preis von 450 an einen fremden Dritten veräußert.

Während im ausländischen EU-Staat ein Veräußerungsverlust i.H.v. 150 geltend gemacht werden kann, wird im Inland die Stundung der Entstrickungssteuer zur Gänze widerrufen. Somit wird in Deutschland die gesamte, den im Zeitpunkt der

1281 Vgl. *Richter/Heyd*, StuW 2010, S. 367 (378).

Entstrickung festgestellten stillen Reserven i.H.v. 400 entsprechende Steuerschuld fällig, obwohl tatsächlich nur ein Veräußerungsgewinn i.H. von 250 realisiert wird. Dies ist jedoch sachgemäß, da die übernehmende B-SE im EU-Ausland Abschreibungen i.H.v. 150 geltend machen kann, deren steuerlicher Abzug im Fall einer rein innerstaatlichen Spaltung mangels Buchwertaufstockung nicht möglich gewesen wäre.[1282] Die kumulierte Betrachtung der steuerlichen Auswirkungen im In- und Ausland ergibt somit, dass die Veräußerung so behandelt wird, als wäre ihr eine rein innerstaatlich durchgeführte Spaltung vorausgegangen.

Soweit die nachträglich eingetretenen Wertminderungen im Bestimmungsstaat keine Berücksichtigung finden, muss im Ausgangsstaat die Steuerschuld entsprechend herabgesetzt werden.

Beispiel 9: Wie Beispiel 6, allerdings kann das entstrickte Anlagevermögen im Ausland nur zum Wert von 450 angesetzt werden. Außerdem wird das Betriebsvermögen zu Beginn des zweiten dem steuerlichen Übertragungsstichtag folgenden Veranlagungszeitraums zum Preis von 250 veräußert.

Im ersten Veranlagungszeitraum nach dem steuerlichen Übertragungsstichtag kann die übernehmende E-SE Abschreibungen i.H.v. 150 geltend machen. Wäre die Spaltung rein innerstaatlich erfolgt, so wären nur Abschreibungen i.H.v. 100 zulässig gewesen. Somit ist die Stundung der in Deutschland festgesetzten Entstrickungssteuer nach Ablauf des ersten Veranlagungszeitraums insoweit zu widerrufen, als sie auf einen fiktiven Gewinn i.H.v. 50 entfällt. Im zweiten dem steuerlichen Übertragungsstichtag folgenden Veranlagungszeitraum fällt im Ausland ein steuermindernder Veräußerungsverlust i.H.v. 50 an, während – sofern die Spaltung rein innerstaatlich erfolgt wäre – ein steuerpflichtiger Veräußerungsgewinn i.H.v. 150 angefallen wäre. In diesem Veranlagungszeitraum resultiert damit aus der Grenzüberschreitung ein Vorteil in Form einer geminderten steuerlichen Bemessungsgrundlage i.H.v. 200. Somit ist die Stundung der Entstrickungssteuer insoweit zu widerrufen, als sie auf diesen Betrag entfällt. Der Bescheid über die zu leistende Entstrickungssteuer ist dahingehend zu ändern, dass die festgesetzte Steuerschuld insoweit zu kürzen ist, als sie auf seit dem steuerlichen Übertragungsstichtag untergegangene stille Reserven entfällt und keine entsprechende Berücksichtigung durch den Bestimmungsstaat erfolgt ist. Somit ist die Steuerschuld insoweit zu reduzieren, als sie auf entstrickte stille Reserven i.H.v. 150 entfällt.[1283]

1282 Entsprechend dem Sachverhalt (siehe Beispiel 6) wählte die D-GmbH den Ansatz zu Buchwerten. Folglich hätte die E-SE im Fall einer rein inländisch durchgeführten Spaltung das übernommene Betriebsvermögen ebenfalls zum Buchwert ansetzen müssen.

1283 Zum steuerlichen Übertragungsstichtag wurde eine Steuerschuld auf einen Entstrickungsgewinn i.H.v. 400 festgesetzt und gestundet. Im folgenden Veranlagungszeitraum wird die Stundung der Steuer, die einer Bemessungsgrundlage i.H.v. 50 entspricht, widerrufen. Im übernächsten, dem steuerlichen Übertragungsstichtag

Sofern die an der grenzüberschreitenden Spaltung beteiligten Rechtsträger den für die Ermittlung des Abschreibungsvorteils sowie des späteren Verbleibs der entstrickten übertragenen Wirtschaftsgüter erforderlichen Verwaltungsaufwand vermeiden wollen, muss dem übertragenden Rechtsträger die Möglichkeit einer Optierung zur Sofortversteuerung der entstrickten stillen Reserven eröffnet werden.[1284]

Zu klären bleibt noch, ob das vorgeschlagene Konzept eines Vorteilsausgleichs im Wege eines im Inland erfolgenden ratierlichen Widerrufs der Stundung der Entstrickungssteuer entsprechend dem im Ausland gewährten Vorteil hinsichtlich der steuerlichen Bemessungsgrundlage auch den Interessen der grundfreiheitlich geschützten Anteilseigner der übertragenden Gesellschaft gerecht wird. Sofern ein Anteilseigner i.R. der Durchführung einer Auf- oder Abspaltung an der übernehmenden Gesellschaft einen Anteil erhält, der prozentual geringer ist als sein bisheriger Anteil an der übertragenden Gesellschaft, so profitiert er von dem Abschreibungsvorteil der übernehmenden Gesellschaft nicht in gleichem Maße mittelbar, wie ihn die korrespondierende Besteuerung der übertragenden Gesellschaft mittelbar belastet. Stattdessen kommt der mittelbare Vorteil einer Buchwertaufstockung bei der übernehmenden Gesellschaft verstärkt den sonstigen Gesellschaftern dieses Rechtsträgers zugute. Allerdings sollte diese Tatsache zugunsten des Gesellschafters, dessen prozentuale Beteiligung am übernehmenden Rechtsträger gegenüber seiner ursprünglichen Beteiligung am übertragenden Rechtsträger zurückbleibt, bei der Festlegung der Höhe der diesem Gesellschafter zu gewährenden

---

folgenden Veranlagungszeitraum wird die Steuerstundung insoweit widerrufen, als die gestundete Steuer auf eine Bemessungsgrundlage i.H.v. 200 entfällt. Soweit die festgesetzte Entstrickungssteuer der verbleibenden Bemessungsgrundlage i.H.v. 150 entspricht, ist sie zu kürzen, da im Ausland kein Wertverlust in entsprechender Höhe geltend gemacht werden kann.

1284 Vgl. Kommission v. 19.12.2006, KOM(2006) 825 endg., S. 8. Dem EuGH-Urteil in der Rs. *Gielen* (EuGH v. 18.03.2010, Rs. C-440/08 – *Gielen*, Slg. 2010, S. I-2323) würde eine solche Option nicht widersprechen. Der EuGH führte in diesem Urteil aus, dass ein Grundfreiheitsverstoß nicht dadurch beseitigt wird, dass dem Steuerpflichtigen die Möglichkeit gewährt wird, von einer ungerechtfertigten diskriminierenden Behandlung zu einer diskriminierungsfreien Behandlung zu optieren, vgl. EuGH v. 18.03.2010, Rs. C-440/08 – *Gielen*, Slg. 2010, S. I-2323, Rn. 49 bis 54. Somit ist dieser Fall nicht mit dem hier vorgeschlagenen unionsrechtskonformen Konzept einer Entstrickungsbesteuerung vergleichbar, da nach diesem die Möglichkeit gewährt wird, von einer gerechtfertigten diskriminierenden Behandlung zu einer an sich nicht rechtfertigbaren diskriminierenden Behandlung zu optieren.

Beteiligung berücksichtigt werden. Damit führt der Vorteilsausgleich auch bei den Gesellschaftern zu sachgerechten Ergebnissen.

Beispiel 10: Die im Inland ansässige L-AG, deren alleiniger Gesellschafter P ist, spaltet einen Teilbetrieb auf die im EU-Ausland ansässige M-SE, deren Anteile allesamt von Q gehalten werden, ab. Sämtliches übertragenes Betriebsvermögen wird in Deutschland steuerlich entstrickt. Sowohl das Betriebsvermögen des abgespaltenen Teilbetriebs als auch das bereits vorhandene Betriebsvermögen der M-SE weisen Buchwerte i.H.v. 50 und gemeine Werte i.H.v. 100 auf. Das übertragene Betriebsvermögen wird im ausländischen Staat mit 100 angesetzt.

Grundsätzlich wäre es wahrscheinlich, dass sowohl P als auch Q an der übernehmenden M-SE zukünftig zu je 50% beteiligt sind. Dass das zum übertragenen Teilbetrieb gehörende Betriebsvermögen bei der M-SE im Gegensatz zum bereits vorhandenen Betriebsvermögen mit dem Wert 100 angesetzt werden kann und der M-SE somit ein höheres Abschreibungsvolumen zur Verfügung stellt als ihr bereits existierendes Betriebsvermögen, sollte jedoch zu Gunsten der Beteiligungsquote des P in die Verhandlungen über den Spaltungsvertrag einfließen.

(iii) Betroffenheit von Nicht-EU Staaten

Sofern der Ansässigkeitsstaat des übernehmenden Rechtsträgers nicht der EU angehört, aber dennoch ein grundfreiheitlicher Schutz der grenzüberschreitenden Spaltung besteht,[1285] gelten hinsichtlich der Voraussetzungen für eine gerechtfertigte Diskriminierung grundsätzlich die bereits soeben zu reinen EU-Sachverhalten gemachten Ausführungen.[1286]

Allerdings ist hier eine Ausnahme von dem Grundsatz, dass verwaltungstechnische Schwierigkeiten keine materiell-rechtlichen Beschränkungen rechtfertigen können, denkbar.[1287] Da die Vorgaben der Amtshilferichtlinie außerhalb der EU keine Gültigkeit haben, kann die Gewährung eines Bewertungswahlrechts bzw. Besteuerungsaufschubs davon abhängig gemacht werden, ob der jeweilige Nicht-EU-Staat einerseits aufgrund einer abkommensrechtlich geregelten sog. großen Auskunftsklausel Unterstützung bei der Aufklärung steuerrechtlicher Sachverhalte zu leisten hat und andererseits dieser Pflicht im konkreten Fall auch tatsächlich nachkommt.[1288] Als Orientierung für eine entsprechende dynamische

---

1285 Siehe zum uneingeschränkten räumlichen Anwendungsbereich der Kapitalverkehrsfreiheit Teil 1,A.X.2.c). Voraussetzung für die Anwendung der Kapitalverkehrsfreiheit ist, dass diese im Einzelfall nicht durch diese Niederlassungsfreiheit verdrängt wird, vgl. Teil 1,A.X.3.

1286 Siehe dazu Teil 2,B.I.1.h)bb)(1).

1287 Vgl. *Lang*, in: Avi-Yonah/Hines/Lang, Federalism, 2007, S. 11 (48).

1288 Vgl. dazu allgemein *Schindler*, IStR 2004, S. 300 (307).

Regelung können bereits bestehende Rechtsnormen wie die § 6 Abs. 5 Satz 2, § 8 Abs. 2 Satz 2 AStG und § 2a Abs. 2a Satz 2 EStG dienen.

Sofern die Leistung von Amtshilfe gewährleistet ist, besteht weiterhin das Problem, dass Drittstaaten die Vorgaben der Beitreibungsrichtlinie nicht zu beachten haben. Sofern auch kein gleichwertiges zwischenstaatliches Vollstreckungsabkommen besteht, kann keine Hilfe bei der Steuererhebung bzw. -vollstreckung erlangt werden. In diesem Fall kann, anders als bei reinen EU-Sachverhalten, eine Sicherheitsleistung in Höhe der auf die entstrickten stillen Reserven entfallenden Steuern gefordert werden.[1289]

2. Berücksichtigung ausländischer Verluste im Inland

Es besteht die Möglichkeit, dass ein im Inland ansässiger, hinausspaltender Rechtsträger bis einschließlich des Veranlagungszeitraums, in den der steuerliche Übertragungsstichtag fällt, Verluste im Ausland erwirtschaftet. Fraglich ist, inwieweit ein aus ausländischen Quellen stammender Verlust im Inland nach geltender Rechtslage steuerlich berücksichtigt werden kann und wie die entsprechenden Regelungen unionsrechtlich zu würdigen sind.

Aus dem Welteinkommensprinzip ergibt sich, dass grundsätzlich alle Einkünfte, die ein unbeschränkt Steuerpflichtiger weltweit erzielt, in Deutschland zu versteuern sind. Daraus folgt, dass im Grundsatz sämtliche weltweit erwirtschafteten Verluste im Ansässigkeitsstaat Deutschland steuerlich geltend gemacht werden können.[1290]

Von der Möglichkeit der Berücksichtigung ausländischer Verluste im Inland sieht das deutsche Steuerrecht jedoch eine Ausnahme vor, soweit es sich um Verluste aus den in § 2a Abs. 1 Satz 1 Halbs. 1 EStG aufgezählten Tätigkeiten handelt. Von der Verlustausgleichsbeschränkung sind insbesondere negative ausländische Einkünfte aus der Vermietung oder Verpachtung von in einem Drittstaat belegenem unbeweglichem Vermögen[1291] sowie aus der Tätigkeit einer in einem Drittstaat belegenen gewerblichen Betriebsstätte[1292] betroffen. Als Rechtsfolge schließt § 2a Abs. 1 Satz 1 EStG die Verrechenbarkeit der ausländischen Verluste mit positiven inländischen Einkünften aus.

Hinsichtlich der Verluste aus Drittstaaten-Betriebsstätten besteht entsprechend § 2a Abs. 2 Satz 1 EStG jedoch eine Ausnahme von der Verlustabzugsbeschränkung,

---

1289 Vgl. *Englisch*, IFSt-Schrift Nr. 449, 2008, S. 76.

1290 Vgl. *Forst/Ruppel*, EStB 2005, S. 346 (346).

1291 Siehe § 2a Abs. 1 Satz 1 Halbs. 1 Nr. 6 Buchst. a EStG.

1292 Siehe § 2a Abs. 1 Satz 1 Halbs. 1 Nr. 2 EStG.

sofern der Steuerpflichtige nachweist, dass durch die ausländische Betriebsstätte ausschließlich oder fast ausschließlich[1293] die in der genannten Norm abschließend[1294] aufgezählten, aktiven Tätigkeiten ausgeübt werden.[1295]

Da § 2a Abs. 1 Satz 1 Halbs. 1 EStG stets auf den Drittstaatenbezug der negativen Einkünfte abstellt, scheidet eine Verlustabzugsbeschränkung aus, sofern dieses Tatbestandsmerkmal nicht vorliegt.[1296] Nach § 2a Abs. 2a Satz 1 Nr. 1 EStG gelten die der EU angehörenden Staaten nicht als Drittstaaten. Hierbei werden den EU-Mitgliedstaaten außerdem gem. § 2a Abs. 2a Satz 2 EStG die Mitgliedstaaten des EWR gleichgestellt, sofern zwischen Deutschland und diesen Staaten Auskünfte aufgrund der Amtshilferichtlinie oder einer entsprechenden bilateralen Vereinbarung erteilt werden.[1297] Zwischen Deutschland und allen EWR-Staaten bestehen Doppelbesteuerungsabkommen, welche jeweils eine den Anforderungen des § 2a Abs. 2a Satz 2 EStG gerecht werdende Auskunftsklausel enthalten.[1298] Sofern die ausländischen Verluste demnach nicht aus einem außerhalb der EU bzw. des EWR liegenden Drittstaat stammen, schränkt das deutsche Steuerrecht einen steuerlichen Abzug dieser Verluste von der inländischen steuerlichen Bemessungsgrundlage nicht ein. Dies gilt selbst insoweit, als die Betriebsstättenverluste aus passiven Tätigkeiten stammen.[1299]

Fraglich ist, ob neben § 2a EStG auch Doppelbesteuerungsabkommen zu einer Beschränkung des Abzugs ausländischer Verluste führen können. Sofern

---

1293 Das Quantitätskriterium wird erfüllt, wenn mindestens 90% der jährlichen Bruttoerträge aus aktiven Tätigkeiten stammen, vgl. *Dreyer*, in: Littmann/Bitz/Pust, EStG, § 2a Rz. 145 (83. Lfg., 2009); *Heinicke*, in: Schmidt, EStG, 2012, § 2a Rz. 13.

1294 Vgl. *Quilitzsch*, Verlustverrechnung, 2010, S. 15.

1295 Vgl. *Röhrbein/Eicker*, BB 2005, S. 465 (466); *Grube/Behrendt*, SteuerStud 2003, S. 593 (594).

1296 Vgl. *Schmidt/Heinz*, IStR 2009, S. 43 (44); *Ditz/Plansky*, DB 2009, S. 1669 (1673); *Nacke*, DB 2008, S. 2792 (2792); *Dörfler/Rautenstrauch/Adrian*, BB 2009, S. 580 (584).

1297 Siehe allgemein zu solchen Vereinbarungen *Schönfeld*, DB 2008, S. 2217 (2218 f.).

1298 Vgl. *Quilitzsch*, Verlustverrechnung, 2010, S. 15. Nachdem das DBA-Liechtenstein seit 01.01.2013 anwendbar ist, gilt dies nunmehr auch in Bezug auf das Fürstentum Liechtenstein, siehe die Auskunftsklausel des Art. 26 DBA-Liechtenstein. Hinsichtlich früherer Zeiträume kommt ggf. eine Anwendung des im Jahr 2010 in Kraft getretenen Abkommens zwischen Deutschland und Liechtenstein über die Zusammenarbeit und den Informationsaustausch in Steuersachen (siehe BGBl. II 2010, S. 950) in Betracht, siehe allgemein hierzu *Hecht/Lampert/Schulz*, BB 2010, S. 2727 (2727 ff.).

1299 Vgl. *Wittkowski/Lindscheid*, IStR 2009, S. 225 (227); *Quilitzsch*, Verlustverrechnung, S. 16.

abkommensrechtlich die Anrechnungsmethode vorgesehen ist, unterliegen sämtliche weltweit erzielten positiven und negativen Einkünfte der deutschen Besteuerung, weshalb sich aus der Anrechnungsmethode an sich keine Einschränkungen hinsichtlich der Berücksichtigung ausländischer Verluste ergeben.[1300] Etwas anderes gilt allerdings, sofern Deutschland mit dem jeweils anderen Staat die Vermeidung der Doppelbesteuerung durch die Freistellungsmethode vereinbart hat. In diesem Fall sind entsprechend der durch die deutsche Rechtsprechung herausgearbeiteten sog. Symmetriethese sowohl die positiven als auch die negativen Einkünfte freizustellen.[1301] Dahinter steht der Gedanke, dass der Nachteil einer Nichtberücksichtigung ausländischer Verluste durch den Vorteil der Nichtbesteuerung von Gewinnen ausgeglichen wird.[1302] Nach bisherigem deutschem Verständnis verbietet damit die Freistellungsmethode eine Kürzung der inländischen steuerlichen Bemessungsgrundlage um ausländische Verluste.[1303]

a) Vereinbarkeit der Verlustverrechnungsbeschränkung mit Unionsrecht

aa) Verlustverrechnungsbeschränkung nach § 2a Abs. 1 EStG

Zu überprüfen ist zunächst die unionsrechtliche Vereinbarkeit der Verlustverrechnungsbeschränkung nach § 2a Abs. 1 EStG, wonach bestimmte in einem Drittstaat erzielte Verluste nur in künftigen Veranlagungszeiträumen mit Einkünften derselben Art und aus demselben Staat verrechnet werden dürfen. Sofern die betroffenen Verluste aus der Geschäftstätigkeit einer gewerblichen Drittstaaten-Betriebsstätte stammen (§ 2a Abs. 1 Satz 1 Nr. 2 EStG), kommt ein Schutz durch die Kapitalverkehrsfreiheit nicht in Betracht, da der Betrieb einer solchen sekundären Niederlassung einen engeren sachlichen Bezug zur Niederlassungsfreiheit

---

1300 Vgl. *Röhrbein/Eicker*, BB 2005, S. 465 (467); *Vogel*, in: Vogel/Lehner, DBA, 2008, Art. 23 Rz. 175.

1301 Vgl. RFH v. 26.06.1935, VI A 414/35, RFHE 38, S. 64 (65); BFH v. 11.03.1970, I B 50/68 u.a., BStBl. II 1970, S. 569; BFH v. 23.03.1972, I R 128/70, BStBl. II 1972, S. 948; BFH v. 06.10.1993, I R 32/93, BStBl. II 1994, S. 113, unter II. 1.; BFH v. 13.11.2002, I R 13/02, BStBl. II 2003, S. 795, unter II. 1.; BFH v. 28.06.2006, I R 84/04, BStBl. II 2006, S. 861, unter II. 2. a); BFH v. 03.02.2010, I R 23/09, BStBl. II 2010, S. 599, unter II. 2.; *Reichl/Wittkowski*, BB 2006, S. 2496 (2497); *Kessler/Schmitt/Janson*, IStR 2001, S. 729 (730 f.); *Wassermeyer*, in: Debatin/Wassermeyer, DBA, Art. 23A OECD-MA Rz. 57 (87. Lfg., 2002).

1302 Vgl. RFH v. 26.06.1935, VI A 414/35, RFHE 38, S. 64 (66). Kritisch zur Symmetriethese *Kessler/Schmitt/Janson*, IStR 2001, S. 729 (731 ff.).

1303 Vgl. *Balmes/Grammel/Sedemund*, BB 2006, S. 1474 (1474); *Portner*, IStR 2005, S. 376 (376); *Quilitzsch*, Verlustverrechnung, 2010, S. 18.

aufweist. Hieraus resultiert ungeachtet der Tatsache, dass die räumliche Anwendbarkeit der Niederlassungsfreiheit in Drittstaatensachverhalten zu verneinen ist, eine Verdrängung der Kapitalverkehrsfreiheit.[1304] Dies gilt ebenso hinsichtlich der aus § 2a Abs. 1 Satz 1 Nr. 3 EStG folgenden Beschränkung der Verrechnung von Verlusten aus in einem inländischen Betriebsvermögen gehaltenen Anteilen an Drittstaaten-Körperschaften, sofern diese Anteile eine Einflussnahme auf die Drittstaaten-Körperschaft ermöglichen. Da auch der Erwerb bzw. das Halten von Kontrollbeteiligungen vorrangig dem sachlichen Anwendungsbereich der Niederlassungsfreiheit zuzuordnen ist, scheidet insoweit trotz der räumlichen Unanwendbarkeit der Niederlassungsfreiheit im Drittstaaten-Fall ein Schutz durch die Kapitalverkehrsfreiheit aus.[1305] Folglich diskriminiert § 2a Abs. 1 Satz 1 Nr. 3 EStG insoweit keine grundfreiheitlich geschützten Wirtschaftsvorgänge. Anders zu beurteilen sind dagegen Verluste aus an Drittstaaten-Körperschaften gehaltenen, allein der Vermögensanlage dienenden Portfoliobeteiligungen, da in diesem Fall die Kapitalverkehrsfreiheit greift. Der Schutz durch die Kapitalverkehrsfreiheit bleibt durch die Stillstandsklausel des Art. 64 Abs. 1 AEUV unangetastet. Zwar wurde die Regelung des § 2a EStG bereits durch das Haushaltsbegleitgesetz 1983[1306] und damit vor dem 31.12.1993 in das EStG eingefügt.[1307] Da jedoch Art. 64 Abs. 1 AEUV keine Portfoliobeteiligungen erfasst, wird der Schutz der Kapitalverkehrsfreiheit nicht ausgeschlossen. Damit ist eine grundsätzlich in die Kapitalverkehrsfreiheit eingreifende Diskriminierung festzustellen, da im reinen Inlandsfall keine dem § 2a Abs. 1 Satz 1 Nr. 3 EStG entsprechende Beschränkung existiert und Verluste aus Portfoliobeteiligungen somit uneingeschränkt mit positiven inländischen Einkünften verrechnet werden können. Eine Rechtfertigung dieses grundfreiheitlichen Eingriffs ist nicht ersichtlich.[1308]

1304 Vgl. dazu allgemein Teil 1,A.X.3.

1305 Vgl. hierzu allgemein Teil 1,A.X.3.

1306 Haushaltsbegleitgesetz 1983 v. 20.12.1982, BGBl. I 1992, S. 1857.

1307 Vgl. *Dautzenberg*, FR 2001, S. 809 (812). Die Änderung des § 2a EStG durch das JStG 2009 v. 19.12.2008, BGBl. I 2008, S. 2794 nahm die Verrechnungsbeschränkung hinsichtlich der aus EU- bzw. EWR-Quellen stammenden Verluste zurück. Damit bewirkte die Gesetzesänderung lediglich eine Abmilderung des § 2a EStG, weshalb für die Beurteilung der Stillstandsklausel des Art. 64 Abs. 1 AEUV weiterhin auf den ursprünglichen Zeitpunkt des Inkrafttretens des § 2a EStG abzustellen ist, vgl. hierzu allgemein Teil 1,A.X.2.a)bb)(1).

1308 Vgl. allgemein zu § 2a EStG *Cordewener*, DStJG 28, 2005, S. 255 (293 f.); *Schön*, IStR 2004, S. 289 (293 f.).

Da die Erzielung von Einkünften aus ausländischen Grundstücken, die einer inländischen Betriebsstätte zuzuordnen sind, grundsätzlich die sachlichen Anwendungsvoraussetzungen der Kapitalverkehrsfreiheit erfüllen, könnte auch § 2a Abs. 1 Satz 1 Nr. 6 EStG einen Grundfreiheitsverstoß bewirken. Da hier aber die Bestandsgarantie des Art. 64 Abs. 1 AEUV, welcher ausdrücklich die Anlage in Immobilien nennt,[1309] greift, ist die Regelung des § 2a Abs. 1 Satz 1 Nr. 6 EStG nicht an den Vorgaben der Kapitalverkehrsfreiheit zu messen.

bb) Symmetriethese

Sofern i.R. einer Spaltung eine ausländische Freistellungsbetriebsstätte mitübertragen wird, besteht einerseits die Möglichkeit, dass ein im Ausland eventuell entstehender Übertragungsverlust sowie ein eventuell bereits bestehender Verlustvortrag infolge der Spaltung untergeht und ein künftiger Abzug dieser Verluste im Ausland somit ausgeschlossen ist.[1310] Andererseits ist es auch denkbar, dass eine Berücksichtigung dieses Verlusts in zukünftigen Veranlagungszeiträumen im Ausland möglich ist. Fraglich ist, ob ein genereller Ausschluss der Berücksichtigung ausländischer Verluste im Ansässigkeitsstaat mit den Grundfreiheiten vereinbar ist. Hier ist eine durch den Ansässigkeitsstaat erfolgende Diskriminierung des grenzüberschreitenden Vorgangs gegenüber einem rein innerstaatlichen Vorgang festzustellen, da ein Verlustausgleich zwischen verschiedenen in diesem Staat belegenen Betriebsstätten ohne Weiteres möglich wäre.[1311] Eine Vergleichbarkeit grenzüberschreitender und rein innerstaatlicher Vorgänge ist hier gegeben,[1312] da der Ansässigkeitsstaat entsprechend völkerrechtlichen Grundsätzen das Welteinkommensprinzip anwendet,

---

1309 Siehe hierzu bereits Teil 1.A.X.2.a)bb)(2).

1310 Dies ist der Fall, wenn die ausländische Steuerrechtsordnung eine dem § 12 Abs. 3 Halbs. 2 i.V.m. § 4 Abs. 2 Satz 2 UmwStG vergleichbare Regelung enthält. Hintergrund des Ausschlusses des Verlustübergangs ist wohl die Befürchtung, dass ansonsten bei Inbound-Umwandlungen ein Übergang von Verlusten des im Ausland ansässigen übertragenden Rechtsträgers auf den im Inland ansässigen übernehmenden Rechtsträger drohen würde. *Dörfler/Rautenstrauch/Adrian*, BB 2006, S. 1657 (1657) verweisen allerdings darauf, dass es entsprechend Art. 6 FRL sekundärrechtlich zulässig gewesen wäre, einen Verlustübergang nur insoweit auszuschließen, als es sich bei den Verlusten um solche handelt, die im Ausland entstanden sind.

1311 Vgl. EuGH v. 13.12.2005, Rs. C-446/03 – *Marks & Spencer*, Slg. 2005, I-10837, Rn. 33 f.; EuGH v. 15.05.2008, Rs. C-414/06 – *Lidl Belgium*, Slg. 2008, S. I-3601, Rn. 25 f.; *Reichl/Wittkowski*, BB 2006, S. 2496 (2498); *Balmes/Grammel/Sedemund*, BB 2006, S. 1474 (1476).

1312 Vgl. *Sedemund*, DB 2008, S. 1120 (1122).

wonach neben den inländischen Einkünften grundsätzlich, d.h. vorbehaltlich einschränkender Abkommensregelungen, auch sämtliche ausländischen Einkünfte der Besteuerung durch den Ansässigkeitsstaat unterliegen. Fraglich ist, ob ein im Ansässigkeitsstaat geltendes generelles Verbot des Abzugs ausländischer Verluste gerechtfertigt ist. Als legitimer Rechtfertigungsgrund kommt hier eine Gesamtbetrachtung der Vermeidung der Steuerumgehung sowie der Wahrung der Aufteilung der Besteuerungsbefugnisse bzw. der Verhinderung der doppelten Verlustnutzung in Betracht. Nach der Rechtsprechung des EuGH sind ausländische Betriebsstättenverluste als *ultima-ratio* dann im Ansässigkeitsstaat zu berücksichtigen, wenn der Steuerpflichtige nachweist, dass er im Betriebsstättenstaat alle Möglichkeiten zur Berücksichtigung dieser Verluste ausgeschöpft hat und eine Verlustberücksichtigung in diesem Staat auch in zukünftigen Veranlagungszeiträumen ausgeschlossen ist.[1313] Entsprechend der EuGH-Rechtsprechung ist in diesen Fällen keine Rechtfertigung von inländischen Verlustabzugsbeschränkungen möglich.[1314] Eine künstliche Gestaltung ist insbesondere festzustellen, wenn eine Betriebsstätte zugunsten einer anderen Betriebsstätte einen steuerlichen Nachteil in Kauf nimmt, um auf diese Weise die Verteilung des Steueraufkommens zwischen den verschiedenen betroffenen mitgliedstaatlichen Fisci zu beeinflussen und so eine Minderung der Gesamtsteuerbelastung herbeizuführen.[1315] Ebenso liegt eine künstliche Gestaltung dann vor, wenn ausländische Verluste im Ansässigkeitsstaat geltend gemacht werden, obwohl die Möglichkeit eines zumindest zukünftigen Verlustabzugs im Ausland besteht. Eine unangemessene Gestaltung in der Form, dass die ausländische Betriebsstätte zugunsten einer inländischen Betriebsstätte einen steuerlichen Nachteil trägt, kann somit nur vorliegen, soweit im Ausland überhaupt eine

---

1313 Vgl. EuGH v. 15.05.2008, Rs. C-414/06 – *Lidl Belgium*, Slg. 2008, S. I-3601, Rn. 47 f. Damit übertrug der EuGH die *Marks & Spencer*-Grundsätze (siehe dazu EuGH v. 13.12.2005, Rs. C-446/03 – *Marks & Spencer*, Slg. 2005, I-10837, Rn. 55 f.) auch auf die Verlustübertragung zwischen den aus- und inländischen Betriebsstätten eines Einheitsunternehmens, vgl. *Mayr*, BB 2008, S. 1312 (1313). Kritisch hierzu *Englisch*, IFSt-Schrift Nr. 449, 2008, S. 61 und 52 f., wonach die *ultima-ratio*-Verlustberücksichtigung im Ansässigkeitsstaat nicht bei jedem Wegfall des Verlustvortrags im Ausland gestattet sein sollte, sondern nur dann, wenn die ausländische Betriebsstätte ihre Tätigkeit einstellt.

1314 Vgl. EuGH v. 15.05.2008, Rs. C-414/06 – *Lidl Belgium*, Slg. 2008, S. I-3601, Rn. 47; EuGH v. 13.12.2005, Rs. C-446/03 – *Marks & Spencer*, Slg. 2005, I-10837, Rn. 55.

1315 Siehe bereits die entsprechenden Ausführungen betreffend die willkürliche Verteilung von steuerlichen Vor- und Nachteilen zwischen Mutter- und Tochtergesellschaft in Teil 1,A.VII.5.b)bb)(6).

zumindest künftige Möglichkeit des Verlustausgleichs besteht. Nur in diesem Fall besteht die grundsätzliche Möglichkeit, dass die ausländische Betriebsstätte auf eine steuermindernde Geltendmachung von Verlusten verzichtet, um den Weg für eine entsprechende Minderung der steuerlichen Bemessungsgrundlage auf Ebene der inländischen Betriebsstätte frei zu machen. Entsprechendes gilt hinsichtlich der Gefahr einer doppelten Verlustberücksichtigung. Soweit eine Verlustberücksichtigung im Ausland generell ausgeschlossen ist, kann die Geltendmachung dieser ausländischen Verluste im Ansässigkeitsstaat keine künstliche Steuerumgehung darstellen. Falls im Ansässigkeitsstaat also der Abzug solcher im Ausland generell nicht berücksichtigungsfähiger Verluste untersagt ist, stellt ein derartiges Abzugsverbot keine zur Vermeidung der Steuerumgehung und Wahrung der Aufteilung der Besteuerungsbefugnisse bzw. Verhinderung doppelter Verlustnutzungen geeignete Maßnahme dar. Sofern der ausländische Verlust teilweise im Ausland geltend gemacht werden kann, ist die Geeignetheit eines Abzugsverbots im Ansässigkeitsstaat nur insoweit gegeben. Sollte hinsichtlich der ausländischen Verluste hingegen eine zumindest zukünftige Möglichkeit der Berücksichtigung im Ausland bestehen, weil die Verluste nach ausländischem Steuerrecht vorgetragen werden können, so ist das Verbot des Abzugs ausländischer Verluste im Ansässigkeitsstaat ein geeignetes Mittel zur Verhinderung einer Steuerumgehung sowie der Wahrung der Aufteilung der Besteuerungsbefugnisse bzw. der Verhinderung einer doppelten Verlustnutzung. Dies ergibt sich daraus, dass in diesem Fall in der Geltendmachung von ausländischen Verlusten im Ansässigkeitsstaat stets eine missbräuchliche Gestaltung zu erkennen ist. Der Abzug der ausländischen Verluste im Ansässigkeitsstaat kann bedeuten, dass die ausländische Betriebsstätte den steuerlichen Vorteil, Verluste geltend machen zu können, zugunsten der inländischen Betriebsstätte aufgibt und so die Aufteilung der Besteuerungsbefugnisse in missbräuchlicher Weise beeinflusst wird. Sofern die ausländischen Betriebsstättenverluste trotz ihrer Berücksichtigung im Inland zusätzlich im Ausland geltend gemacht werden, liegt die Missbräuchlichkeit der Gestaltung hingegen in der insgesamt doppelten Verlustnutzung. Soweit die Geeignetheit eines Ausschlusses der Verlustberücksichtigung vorliegt, ist auch die Erforderlichkeit dieser Maßnahme gegeben, da keine andere, die Grundfreiheiten weniger beeinträchtigende Maßnahme gleichermaßen zielführend ist.[1316] Hinsichtlich der Angemessenheitsprüfung ist festzustellen, dass die Interessen des grenzüberschreitend Tätigen dadurch verletzt sind, dass er bei einer erst zukünftigen Möglichkeit der Verlustberücksichtigung im Ausland Zins- und

1316 Vgl. *Englisch*, IFSt-Schrift Nr. 449, 2008, S. 55, dort Fn. 180.

Liquiditätsnachteile erleidet.[1317] Der EuGH nimmt keine offene Abwägung zwischen dem Interesse des Steuerpflichtigen und dem mitgliedstaatlichen Interesse der Verhinderung der Steuerumgehung vor, kommt aber dennoch zu dem Ergebnis, dass eine *ultima-ratio*-Berücksichtigung von Verlusten stets genügen soll. Demnach stellt der EuGH die Angemessenheit mitgliedstaatlicher Abzugsverbote unabhängig vom Ausmaß der Zins- und Liquiditätsnachteile nicht in Frage.[1318]

Entsprechend der Rechtsprechung des EuGH hat der Ansässigkeitsstaat folglich nur in letzter Konsequenz einen Abzug der im Ausland nicht berücksichtigungsfähigen Verluste zu gestatten, sofern der Steuerpflichtige nachweist, dass sämtliche Möglichkeiten der gegenwärtigen bzw. zukünftigen Verlustnutzung im Ausland ausgeschöpft bzw. ausgeschlossen sind.[1319] Von vornherein von einer Berücksichtigung ausgeschlossen werden können ausländische Verluste damit insoweit, als der Steuerpflichtige von bestehenden Verlustnutzungsmöglichkeiten im Ausland bewusst oder aus Unachtsamkeit keinen Gebrauch macht.[1320] Die Prüfung, inwieweit in der Zukunft im Ausland eine Berücksichtigung von bereits entstandenen ausländischen Verlusten möglich ist, bezieht sich m.E. allein auf die abstrakte, rechtliche Zulässigkeit der Verlustnutzung.[1321] Ob hingegen im konkreten Fall damit zu rechnen ist, dass die bereits entstandenen ausländischen Verluste mangels ausreichend hoher zukünftiger ausländischer Gewinne im Ausland unberücksichtigt bleiben, ist m.E. unbeachtlich.[1322] Sofern grundsätzlich im Ausland

---

1317 Vgl. *Herzig/Englisch/Wagner*, Der Konzern 2005, S. 298 (311); *Hey*, GmbHR 2006, S. 113 (116); *Kußmaul/Tcherveniachki*, StuB 2005, S. 626 (631).

1318 Vgl. EuGH v. 15.05.2008, Rs. C-414/06 – *Lidl Belgium*, Slg. 2008, S. I-3601, Rn. 49 bis 53; EuGH v. 13.12.2005, Rs. C-446/03 – *Marks & Spencer*, Slg. 2005, I-10837, Rn. 59. Kritisch hierzu, da eine erst zukünftige Verlustberücksichtigung im Ausland für den Steuerpflichtigen weniger wert ist als eine sofortige Verlustberücksichtigung, und sich der Wettbewerbsnachteil einer erst in ferner Zukunft liegenden Verlustberücksichtigung im wirtschaftlichen Ergebnis einer Versagung des Verlustabzugs annähert: *Englisch*, SWI 2007, S. 399 (403); *Englisch*, IFSt-Schrift Nr. 449, 2008, S. 55; *Lang*, EC Tax Rev. 2005, S. 95 (98); *Arginelli*, Intertax 2007, S. 82 (98).

1319 Vgl. *Hey*, GmbHR 2006, S. 113 (115). Hierdurch wird eine gegen das Leistungsfähigkeitsprinzip verstoßende Übermaßbesteuerung vermieden, vgl. *Englisch*, IFSt-Schrift Nr. 449, 2008, S. 53; *Lehner*, in: FS Wassermeyer, 2005, S. 241 (260).

1320 Vgl. *Heurung/Engel*, GmbHR 2010, S. 1065 (1069); BFH v. 09.06.2010, I R 107/09, BFH/NV, S. 1744, unter B. I. 3. b); BMF v. 13.07.2009, IV B 5-S 2118-a/07/10004, BStBl. I 2009, S. 835.

1321 Vgl. BMF v. 13.07.2009, IV B 5-S 2118-a/07/10004, BStBl. I 2009, S. 835.

1322 Tendenziell ebenso *Heurung/Engel*, GmbHR 2010, S. 1065 (1070); a.A. *Herzig/Wagner*, DStR 2006, S. 1 (8 f.).

die rechtliche Möglichkeit eines Verlustvortrags besteht, ist eine Unverwertbarkeit der ausländischen Verluste erst anzunehmen, wenn die Betriebsstättentätigkeit eingestellt wird.[1323]

Sofern im Ausland aufgrund der Durchführung einer Spaltung bestehende Verlustvorträge untergehen und die Möglichkeit des Verlustvortrags ausgeschlossen wird, liegt grundsätzlich ein finaler Verlust vor, da hierdurch die rechtliche Möglichkeit einer zukünftigen Verlustnutzung endgültig ausgeschlossen wird.[1324] Falls die ausländischen Verluste hingegen zumindest in künftigen Veranlagungszeiträumen im Ausland steuerlich geltend gemacht werden können, weil die Spaltung im Ausland nicht zum Untergang von Verlustvorträgen führt, so müssen die ausländischen Verluste mangels Finalität nicht durch den Ansässigkeitsstaat berücksichtigt werden.

Aus dem Gesagten folgt, dass, sofern der ausländische Verlustvortrag infolge eines Spaltungsvorgangs untergeht, der Steuerpflichtige bei Bestehen eines ausländischen Wahlrechts hinsichtlich des Wertansatzes der i.R. dieser Spaltung übertragenen Wirtschaftsgüter ausländische Verluste bzw. Verlustvorträge so weit wie möglich zu vermeiden bzw. aufzubrauchen hat, indem er für Zwecke der Besteuerung im Ausland einen möglichst hohen Wertansatz wählt.[1325] Soweit auch bei Ansatz des maximalen ausländischen Wertansatzes ein ausländischer Verlust verbleibt, besteht wegen des Untergangs von Verlustvorträgen im Ausland auch in Zukunft keine Möglichkeit, diese Verluste dort geltend zu machen. Da der Steuerpflichtige aber alle Möglichkeiten der Verlustnutzung im Ausland ausgeschöpft hat, kann eine Geltendmachung der verbleibenden ausländischen Verluste im Ansässigkeitsstaat nicht als künstliche Gestaltung gewertet werden. Folglich ist ein im Ansässigkeitsstaat insoweit dennoch geltendes Verbot des Abzugs ausländischer Verluste ungeeignet zur Vermeidung der Steuerumgehung sowie der Wahrung der Besteuerungsbefugnisse bzw. der Verhinderung der doppelten Verlustnutzung. Die Grundfreiheitskonformität ist durch den Ansässigkeitsstaat dadurch herzustellen, dass dieser im Zusammenhang mit grenzüberschreitenden

---

1323 In diese Richtung auch *Heurung/Engel*, GmbHR 2010, S. 1065 (1070).

1324 Vgl. hierzu allgemein hinsichtlich eines anlässlich einer Umwandlung eintretenden Untergangs der Verlustnutzungsmöglichkeit im Ausland BFH v. 09.06.2010, I R 107/09, BFHE 230, S. 35, unter B. I. 3. b); *Balmes/Grammel/Sedemund*, BB 2006, S. 1474 (1479); *Breuninger/Ernst*, DStR 2009, S. 1981 (1982). Ebenso zumindest für den Fall, dass wirtschaftliche Gründe für die Durchführung der Umwandlung vorliegen *Thömmes*, IWB v. 11.06.2008, F. 11a, S. 1185 (1190); a.A. *Heurung/Engel*, GmbHR 2010, S. 1065 (1070).

1325 Vgl. *Benecke/Staats*, IStR 2010, S. 668 (669).

Spaltungen ausländische Verluste berücksichtigt, soweit dies entsprechend den durch den EuGH entwickelten *ultima-ratio*-Grundsätzen geboten ist. Ein inländischer steuerlicher Abzug von im Ausland endgültig nicht abziehbaren Verlusten ist durch den Ansässigkeitsstaat m.E. erst in dem Veranlagungszeitraum zuzulassen, in dem die für die Feststellung der Nichtabziehbarkeit im Ausland maßgeblichen Umstände vorliegen.[1326] Sofern beispielsweise ein ausländischer Betriebsstättenstaat im Fall einer Übertragung des Betriebsstättenvermögens i.R. einer Spaltung den Untergang der durch diese Betriebsstätte angehäuften Verluste vorsieht, steht der Wegfall der ausländischen Verluste zum Zeitpunkt des steuerlichen Übertragungsstichtags bereits fest. Somit können die ausländischen Verluste in dem Veranlagungszeitraum, in den der steuerliche Übertragungsstichtag fällt, im Ansässigkeitsstaat geltend gemacht werden.

Soweit ausländische Verlustvorträge trotz des Spaltungsvorgangs hingegen auch in Zukunft im Ausland zur Verfügung stehen, folgt aus obigen Feststellungen, dass ein Ausschluss der Berücksichtigung dieser Verluste im Ansässigkeitsstaat gerechtfertigt ist.

Beispiel 11: Die D-GmbH mit Stammhaus in Deutschland spaltet eine in dem EU-Staat M belegene Betriebsstätte auf die in Großbritannien ansässige E-Ltd. ab. Im Betriebsstättenstaat M entstand im laufenden Veranlagungszeitraum aus der gewöhnlichen Geschäftstätigkeit ein Verlust i.H.v. 700. Der ausländische Buchwert der i.R. der Abspaltung zu übertragenden Wirtschaftsgüter beträgt 1000, der im Ausland maximal ansetzbare Wert 1500. Die D-GmbH möchte die i.R. des Spaltungsvorgangs übertragenen Wirtschaftsgüter zum Buchwert ansetzen und die ausländischen Verluste folglich nicht dazu nutzen, diese Wirtschaftsgüter ohne zusätzliche Steuerbelastungen höher zu bewerten. Stattdessen will die D-GmbH sämtliche ausländischen Verluste in Deutschland geltend machen, da dort aufgrund des im Vergleich zum Betriebsstättenstaat M höheren Steuerniveaus ein größeres Steuerminderungspotential besteht. Fraglich ist, ob bzw. inwieweit die deutschen Steuerregelungen, wonach der Abzug des ausländischen Verlusts generell ausgeschlossen ist, gegen die Grundfreiheiten verstoßen.

1326 So auch BFH v. 09.06.2010, I R 107/09, BFH/NV 2010, S. 1744, unter B. I. 4. Nach anderer Auffassung stellt der Eintritt der Finalität der Verluste ein rückwirkendes Ereignis i.S. des § 175 Abs. 1 Satz 1 Nr. 2 AO dar, weshalb die finalen ausländischen Verluste in dem Veranlagungszeitraum ihrer Entstehung zu berücksichtigen sein sollen, vgl. *Knipping*, IStR 2010, S. 49 (52); *Heurung/Engel*, GmbHR 2010, S. 1065 (1072). Siehe zu den verfahrensrechtlichen Fragen im Zusammenhang mit einer solchen phasengleichen Verlustberücksichtigung *Roser*, Ubg 2010, S. 30 (34 f.).

Das Vorhaben der D-GmbH stellt sich als rechtsmissbräuchlich dar. Es darf deshalb nicht möglich sein, ausländische Verluste i.H.v. insgesamt 700 in Deutschland geltend zu machen. Die ausländischen Verluste können in Deutschland entsprechend den Vorgaben der Grundfreiheiten nur berücksichtigt werden, soweit im Ausland weder gegenwärtig noch zukünftig eine Möglichkeit des Verlustabzugs besteht. Sofern Verlustvorträge im Betriebsstättenstaat infolge der Abspaltung auf den übernehmenden Rechtsträger übergehen, sind in Deutschland folglich keine ausländischen Verluste zu berücksichtigen. Anders verhält es sich, falls die ausländischen Verlustvorträge nach dem Steuerrecht des Betriebsstättenstaats nicht auf den übernehmenden Rechtsträger übergehen, sondern infolge der Abspaltung untergehen, und der Steuerpflichtige dies nachweist. Unter diesen Voraussetzungen sind in Deutschland die ausländischen Verluste insoweit zu berücksichtigen, als sie im Ausland auch bei maximaler Verlustnutzung durch Ansatz des höchstmöglichen Übertragungswerts nicht berücksichtigt werden können. Im vorliegenden Fall wäre es allerdings möglich gewesen, i.R. des Spaltungsvorgangs stille Reserven i.H.v. 500 aufzudecken und den entsprechenden Gewinn mit den aus der gewöhnlichen Geschäftstätigkeit rührenden Verlusten zu verrechnen. Somit können in Deutschland nur Verluste i.H.v. 200 geltend gemacht werden.

b) Konzept einer unionsrechtskonformen Verlustbeschränkungsregelung

I.R. von grenzüberschreitenden Sachverhalten können Steuerpflichtige versucht sein, Verluste aus in Staaten mit niedrigem Besteuerungsniveau belegenen Freistellungsbetriebsstätten nach Deutschland zu verlagern, um so die Gesamtsteuerbelastung zu senken. Damit eine Besteuerung entsprechend dem Leistungsfähigkeitsprinzip gewährleistet bleibt, darf die Zuordnung von Verlusten aber nicht der Willkür des Steuerpflichtigen unterliegen. Um die künstliche Herbeiführung der deutschen Besteuerungszuständigkeit zu verhindern, ist es vielmehr erforderlich, dass Verluste den Betriebsstätten zugeordnet werden, in denen sie verursacht wurden. Entsprechend der Rechtsprechung des EuGH[1327] kann Deutschland deshalb, gestützt auf die Gründe der Verhinderung der Steuerumgehung sowie der Wahrung der Aufteilung der Besteuerungsbefugnisse bzw. der Verhinderung doppelter Verlustabzüge, unbeschränkt Steuerpflichtigen die steuerliche Geltendmachung ausländischer Verluste grundsätzlich untersagen. Eine unionsrechtskonforme deutsche Regelung über die Berücksichtigung von Verlusten aus ausländischen Freistellungsbetriebsstätten hat einen Verlustabzug lediglich ausnahmsweise dann zu gestatten, wenn der unbeschränkt Steuerpflichtige nachweist, dass er im Betriebsstättenstaat alle Möglichkeiten der Verlustnutzung ausgeschöpft hat und auch eine zukünftige Berücksichtigung der Verluste im Ausland

1327 Siehe hierzu soeben Teil 2,B.I.2.a)bb).

ausgeschlossen ist.[1328] Da den Mitgliedstaaten eine gewisse Typisierungsbefugnis beim Erlass von Missbrauchsbekämpfungsregelungen zusteht,[1329] darf eine künstliche Gestaltung widerlegbar vermutet werden, sofern Verluste einer ausländischen Freistellungsbetriebsstätte im Inland geltend gemacht werden. Nur wenn der Steuerpflichtige nachweisen kann, dass im Ausland keine Möglichkeit der zukünftigen steuerlichen Verlustverwertung besteht, ist ein Abzug ausländischer Verluste im Inland zuzulassen.

Die Berücksichtigung von ausländischen Verlusten aus Freistellungsbetriebsstätten führt dazu, dass Deutschland als Outbound-Staat insoweit entgegen dem Symmetrieprinzip negative Einkünfte zu berücksichtigen hat, ohne zur Besteuerung korrespondierender positiver Einkünfte berechtigt gewesen zu sein. Hinsichtlich solcher Verluste empfiehlt sich daher die Einführung einer Nachversteuerungsregel. Nach dieser sind zukünftige positive Einkünfte, die durch die ausländische Betriebsstätte erwirtschaftet werden, bis zur Höhe der bereits im Inland berücksichtigten ausländischen Betriebsstättenverluste der inländischen Bemessungsgrundlage hinzuzurechnen. Dies bewirkt, dass die Durchbrechung der symmetrischen Aufteilung der Besteuerungsbefugnisse letztlich nur vorübergehend ist.[1330] Nach Auffassung des EuGH ist eine solche Nachversteuerungsregelung aus Gründen der Wahrung der Kohärenz gerechtfertigt.[1331] Auch wenn dem EuGH hinsichtlich des Ergebnisses, dass solche Nachversteuerungsregelungen mit Unionsrecht vereinbar sind, zuzustimmen ist, muss dennoch hinsichtlich der Begründung widersprochen werden. Weder stellt die Berücksichtigung der ausländischen Verluste eine spezifische Bevorzugung des grenzüberschreitenden gegenüber einem rein innerstaatlichen Vorgang dar, noch ist in der Nachversteuerung eine spezifische Schlechterstellung des grenzüberschreitenden Vorgangs zu erblicken. Vielmehr liegt überhaupt keine Diskriminierung seitens des Outbound-Staats vor, da dieser den grenzüberschreitenden Vorgang letztlich genau gleich besteuert, wie er es auch bei einem rein innerstaatlichen Vorgang, d.h. im Fall von ausschließlich im Inland belegenen Betriebsstätten, tun würde.[1332] Da die durch den Outbound-Staat nachbesteuerten zukünftigen positiven Einkünfte auch im Betriebsstättenstaat

1328 Vgl. Teil 2,B.I.2.a)bb).

1329 Vgl. EuGH v. 12.09.2006, Rs. C-196/04, *Cadbury Schweppes*, Slg. 2006, S. I-7995, Rn. 70.

1330 Vgl. *Englisch*, IFSt-Schrift Nr. 449, 2008, S. 55.

1331 Vgl. EuGH v. 23.10.2008, Rs. C-157/07 – *Krankenheim Ruhesitz am Wannsee*, Slg. 2008, S. I-8061, Rn. 42 f. Anlass des Vorlagebeschlusses war die Frage nach der Unionsrechtskonformität der Regelung des § 2a Abs. 3 EStG a.F.

1332 Vgl. *Englisch*, IFSt-Schrift Nr. 449, 2008, S. 56.

besteuert werden können,[1333] besteht jedoch die Gefahr einer Doppelbesteuerung. Diese Doppelbesteuerung wäre letztlich die Folge der restriktiven Verlustverrechnungsregelungen im Betriebsstättenstaat,[1334] da dieser i.R. einer Spaltung einen Übergang des Verlustvortrags nicht zulässt. Angemerkt sei allerdings, dass die restriktiven ausländischen Verlustverrechnungsregelungen nicht grundfreiheitsrechtlich angreifbar sind, sofern auch bei rein innerhalb des Hoheitsgebiets des ausländischen Staats erfolgenden Spaltungen ein Übergang des Verlustvortrags ausgeschlossen ist, da es somit an einer Ungleichbehandlung durch diesen Staat fehlt. Weil die Doppelbesteuerung in diesem Fall trotz diskriminierungsfreier Ausgestaltung der einschlägigen Normen aller betroffenen Steuerrechtsordnungen auftritt, ist sie aus grundfreiheitlicher Sicht nicht zu beanstanden.[1335]

Gegen Doppelbesteuerungsabkommen verstoßen Nachversteuerungsregelungen ebenfalls grundsätzlich nicht, da bei Gesamtbetrachtung der Verlustberücksichtigung sowie der nachfolgenden Besteuerung in entsprechender Höhe effektiv keine Besteuerung freigestellten Einkommens erfolgt.[1336]

Beispiel 12: Die in Deutschland ansässige D-AG unterhält eine Freistellungsbetriebsstätte im EU-Mitgliedstaat M. Im Jahr 01 erwirtschaftete diese Betriebsstätte einen Verlust i.H.v. 100. Eine Berücksichtigung dieses Verlusts ist im Staat M im Jahr 01 nicht möglich, ebenso sieht die Steuerrechtsordnung dieses Staats keine Möglichkeit des Verlustvortrags vor. Im Jahr 02 erzielt die Betriebsstätte einen Gewinn i.H.v. 150.

Zunächst sind im Veranlagungszeitraum 01 ausländische Verluste i.H.v. 100 in Deutschland steuerlich abziehbar. Im Veranlagungszeitraum 02 wird in Deutschland ein Gewinn i.H.v. 100 nachversteuert, während gleichzeitig im Staat M Einkünfte i.H.v. 150 zu versteuern sind.

Wird eine Freistellungsbetriebsstätte i.R. einer grenzüberschreitenden Spaltung auf eine auslandsansässige Körperschaft übertragen, so besteht das Problem, dass eine Nachbesteuerung *ex nunc* einen Verstoß gegen allgemeines Völkerrecht bedeuten würde, da entgegen dem völkergewohnheitsrechtlichen Territorialitätsgrundsatz weder ein objektiver, noch ein subjektiver Nexus der zukünftigen Betriebsstätteneinkünfte zur inländischen Hoheitsgewalt besteht.[1337] Falls im Veranlagungszeitraum der Spaltung eine Steuerfestsetzung und Stundung bis zur tatsächlichen Gewinnerzielung erfolgen würde, läge darin eine Diskriminierung gegenüber

---

1333 Vgl. *Englisch*, IFSt-Schrift Nr. 449, 2008, S. 56.

1334 Vgl. *Englisch*, IFSt-Schrift Nr. 449, 2008, S. 56 f.; EuGH v. 28.02.2008, Rs. C-293/06 – *Deutsche Shell*, Slg. 2008, S. I-1129, Rn. 42.

1335 Siehe dazu allgemein Teil 1,A.VII.2.b).

1336 Vgl. *Englisch*, IFSt-Schrift Nr. 449, 2008, S. 55 f.

1337 Vgl. *Englisch*, IFSt-Schrift Nr. 449, 2008, S. 66.

einem rein innerstaatlichen Sachverhalt. Diese kann aus Gründen der Wahrung der Kohärenz nicht gerechtfertigt werden, da der spezifischen Schlechterstellung des grenzüberschreitenden Sachverhalts keine spezifische Besserstellung des rein innerstaatlichen Sachverhalts gegenübersteht. Auch zur Verhinderung von Steuerumgehungen sowie der Wahrung der Aufteilung der Besteuerungsbefugnisse wäre eine solche Regelung ungeeignet, da die Geltendmachung ausländischer Verluste gerade dann nicht als missbräuchlich anzusehen ist, wenn im Betriebsstättenstaat keinerlei Möglichkeit des Abzugs dieser Verluste besteht. Allerdings kann wie bei der Regelung des § 6 AStG der Rechtfertigungsgrund der Sicherung der steuerlichen Kontrolle erfolgreich herangezogen werden.

Beispiel 13: Sachverhalt wie in Beispiel 12, jedoch wurde die Betriebsstätte im Staat M zum 31.12.01 (steuerlicher Übertragungsstichtag) auf die in den Niederlanden ansässige T-N.V.[1338] abgespalten.

Eine Nachversteuerung kann nicht in 02 erfolgen, da ab diesem Veranlagungszeitraum weder ein objektiver, noch ein subjektiver Nexus zwischen den Betriebsstätteneinkünften und der deutschen Steuerhoheit besteht. Allerdings kann eine entsprechende Steuer bereits im Jahr 01 festgesetzt und bis 02 gestundet werden.

3. Anrechnung einer fiktiven ausländischen Steuer

Wenn eine unbeschränkt steuerpflichtige Körperschaft i.R. einer grenzüberschreitenden Spaltung Wirtschaftsgüter einer Anrechnungsbetriebsstätte[1339] überträgt,

1338 Die niederländische *Naamloze Vennootschap* entspricht einer deutschen AG, vgl. BMF v. 24.12.1999, IV B 4-S 1300-111/99, BStBl. I 1999, S. 1076, Tabelle 1.

1339 Die Betriebsstätte eines unbeschränkt Steuerpflichtigen ist eine Anrechnungsbetriebsstätte, wenn mit dem Betriebsstättenstaat kein DBA besteht, oder das jeweils einschlägige DBA hinsichtlich der Betriebsstätteneinkünfte die Anwendung der Anrechnungsmethode vorsieht, oder ein Anwendungsfall des § 20 Abs. 2 AStG vorliegt, vgl. dazu auch *Richter/Heyd*, StuW 2010, S. 367 (374, dort Fn. 74). Die generelle Anwendung der Anrechnungsmethode ergibt sich z.B., wenn die Betriebsstätteneinkünfte aus Zypern stammen, siehe Art. 7 Abs. 1, Art. 13 Abs. 3, Art. 22 Abs. 1 DBA-Zypern. Entsprechend einer Aktivitätsklausel sind Gewinne aus Betriebsstätten nur dann freigestellt, wenn die Betriebsstätteneinkünfte „vollständig oder fast vollständig" aus sog. aktiven Tätigkeiten stammen (siehe z.B. Art. 24 Abs. 2 Buchst. b DBA Portugal i.V.m. Nr. 8 Buchst. a des Protokolls zum DBA Portugal). Sofern die Betriebsstätte demnach weniger als 90 % ihrer Einkünfte durch die in den jeweiligen DBA bzw. DBA-Protokollen festgelegten aktiven Tätigkeiten erwirtschaftet, ist dieses Kriterium nicht erfüllt (vgl. allgemein zur Bezeichnung „fast ausschließlich" BFH v. 30.08.1995 – I R 77/94, BStBl II. 1996, S. 122 (125)) und folglich die und insoweit beispielsweise aufgrund des Ausschlusses des deutschen Besteuerungsrechts nach § 11 Abs. 2 Satz 1 Nr. 2 UmwStG eine Schlussbesteuerung der in diesen Wirtschaftsgütern enthaltenen stillen Reserven erfolgt, ist eine entsprechende, im Betriebsstättenstaat erhobene ausländische Steuer grundsätzlich gem. § 26 KStG i.V.m. § 34c EStG auf die deutsche Steuerlast anzurechnen.[1340]

Sofern eine solche Schlussbesteuerung der im übertragenen Betriebsstättenvermögen ruhenden stillen Reserven bei einer von der FRL geschützten Umstrukturierung vorgenommen wird, widerspricht dies grundsätzlich den Bestimmungen des Art. 10 Abs. 1 Satz 1 und 4 FRL. Danach hat der Ansässigkeitsstaat der übertragenden Gesellschaft grundsätzlich auf eine Entstrickungsbesteuerung von stillen Reserven einer außerhalb seines Hoheitsgebiets belegenen Betriebsstätte endgültig zu verzichten. Allerdings ist der Mitgliedstaat, in dem die übertragende

---

Anrechnungsmethode anzuwenden. DBA-Aktivitätsklauseln sind Bestandteil der abkommensrechtlichen Aufteilung von Besteuerungsbefugnissen und somit ebenso wie die direkte Festlegung der Anrechnungsmethode grundfreiheitsrechtlich nicht angreifbar, kritisch hierzu *Rödder/Schönfeld*, IStR 2005, S. 523 (526 f.). Darüber hinaus ist die Anrechnungsmethode trotz abkommensrechtlich vereinbarter Freistellungsmethode anzuwenden, sofern die außensteuerliche sog. *switch-over*-Klausel des § 20 Abs. 2 AStG greift. Nach dem in dieser Regelung enthaltenen *treaty override* wird die Freistellungsmethode durch die Anrechnungsmethode substituiert, sofern die Einkünfte der Betriebsstätte ungeachtet des § 8 Abs. 2 AStG Zwischeneinkünfte i.S. des § 8 Abs. 1 AStG wären, falls die Betriebsstätte eine Gesellschaft wäre. Sofern demnach in einer Betriebsstätte, deren Einkünfte grundsätzlich freizustellen sind, passive und niedrig besteuerte Einkünfte erzielt werden, ist statt der Freistellungsmethode die Anrechnungsmethode anzuwenden. Diese Abweichung vom Abkommensrecht aufgrund einer nationalen Rechtsnorm stieß in der Literatur auf unionsrechtliche Bedenken, siehe hierzu *Schnitger*, FR 2005, S. 1079 (1081 ff.); *Körner*, IStR 2004, S. 697 (705). Entsprechend der Rechtsprechung des EuGH ist in § 20 Abs. 2 AStG jedoch keine Beschränkung der Grundfreiheiten zu sehen, da dessen Anwendung lediglich dazu führt, dass grenzüberschreitend Tätige demselben Steuersatz wie rein innerstaatlich wirtschaftende Steuerpflichtige unterliegen, und kein grundfreiheitsrechtlicher Anspruch auf eine günstigere Behandlung als die Inländerbehandlung besteht, vgl. EuGH v. 06.12.2007, C-298/05 – *Columbus Container Services*, Slg. 2007, S. I-10451, Rn. 38 f.; *Bernwart*, BB 2008, S. 864 (870); *Wassermeyer/Schönfeld*, in: Flick/Wassermeyer/Baumhoff, Außensteuerrecht, § 20 AStG Rz. 57 (67. Lfg., 2011). Damit ist ein *treaty override* unionsrechtlich unbedenklich, vgl. EuGH v. 06.12.2007, C-298/05 – *Columbus Container Services*, Slg. 2007, S. I-10451, Rn. 46 f.

1340 Vgl. *Dötsch/Pung*, in: Dötsch u.a., UmwStG, 2007, § 3 Rz. 18a; *Trossen*, FR 2006, S. 617 (621); *Schaflitzl/Widmayer*, BB-Beilage 8/2006, S. 36 (41).

Gesellschaft ansässig ist, entsprechend Art. 10 Abs. 2 FRL berechtigt, die stillen Reserven einer ausländischen Betriebsstätte dennoch zu besteuern, sofern er dann die fiktive Steuer, die ohne die Bestimmungen der FRL im Betriebsstättenstaat zu entrichten wäre, wie eine tatsächlich erhobene ausländische Steuer anrechnet. Damit ist die Steuer anzurechnen, die durch den ausländischen Betriebsstättenstaat im Fall einer Aufdeckung sämtlicher stiller Reserven des Betriebsstättenvermögens erhoben würde. Es handelt sich um eine fiktive Steuer, da die Übertragung des Betriebsstättenvermögens in einem an die Vorgaben der FRL gebundenen Betriebsstättenstaat entsprechend Art. 10 Abs. 1 Satz 3 i.V.m. Art. 4 Abs. 1, 2 und 4 FRL regelmäßig keine Aufdeckung stiller Reserven und somit keine entsprechende Schlussbesteuerung nach sich zieht. Da jedoch eine durch die übernehmende Gesellschaft später herbeigeführte tatsächliche Realisation der aus Sicht des ausländischen Betriebsstättenstaats noch nicht aufgedeckten stillen Reserven des Betriebsstättenvermögens in diesem Staat eine tatsächliche Besteuerung der stillen Reserven auslöst, dient die durch den Ansässigkeitsstaat der übertragenden Gesellschaft bereits i.R. der Spaltung vorzunehmende Anrechnung einer fiktiven ausländischen Steuer der vorgreifenden Vermeidung einer erst zu einem späteren Zeitpunkt drohenden Doppelbesteuerung.

Nach hier vertretener Auffassung ordnet Art. 10 Abs. 2 FRL die Anrechnung der fiktiven ausländischen Steuer unabhängig davon an, ob im Ausland im Einzelfall doch eine tatsächliche Steuer erhoben wird. Sofern der Steuerpflichtige beispielsweise im ausländischen Betriebsstättenstaat einen Zwischenwertansatz wählt, um vorhandene ausländische Verlustvorträge aufzubrauchen, fällt eine tatsächliche ausländische Steuer an, die niedriger als die fiktive Steuer entsprechend Art. 10 Abs. 2 FRL ist. M.E. genügt es diesfalls nicht, die tatsächliche ausländische Steuer anzurechnen und gleichzeitig auf die Anrechnung einer fiktiven ausländischen Steuer gänzlich zu verzichten. Stattdessen hat der Ansässigkeitsstaat der übertragenden Gesellschaft zusätzlich zur tatsächlich im Ausland erhobenen Steuer den Differenzbetrag zwischen der fiktiven und der tatsächlichen ausländischen Steuer anzurechnen. Insgesamt muss im Ansässigkeitsstaat der übertragenden Gesellschaft also in jedem Fall ein Steuerbetrag, welcher dem der fiktiven ausländischen Steuer i.S. des Art. 10 Abs. 2 FRL entspricht, angerechnet werden.

Um einem Verlust des deutschen Besteuerungsrechts an den stillen Reserven einer Anrechnungsbetriebsstätte vorzubeugen, machte der deutsche Gesetzgeber von der Option des Art. 10 Abs. 2 FRL Gebrauch, indem hinsichtlich dieses Betriebsstättenvermögens gem. § 11 Abs. 1, 2 Satz 1 Nr. 2 UmwStG allein der Ansatz des gemeinen Werts zugelassen wird. Flankiert wird die sich daraus ergebende Aufdeckung der stillen Reserven der Anrechnungsbetriebsstätte durch die

Regelung des § 11 Abs. 3 i.V.m. § 3 Abs. 3 UmwStG. Hiernach ist die fiktive Steuer, die im ausländischen Betriebsstättenstaat entstanden wäre, wenn die Wirtschaftsgüter zum gemeinen Wert veräußert worden wären, nach § 26 KStG i.V.m. § 34c EStG auf die deutsche Steuerschuld anzurechnen, sofern Deutschland im Einzelfall die Vorgaben des Art. 10 FRL zu beachten hat. Aus dem Verweis auf Art. 10 FRL erschließt sich, wann es zu einer Anrechnung einer fiktiven ausländischen Steuer nach § 3 Abs. 3 UmwStG kommt. Demnach gestattet § 3 Abs. 3 UmwStG eine solche Anrechnung nur, sofern alle Anwendungsvoraussetzungen des Art. 10 FRL erfüllt sind und Deutschland somit sekundärrechtlich zur Steueranrechnung verpflichtet ist.[1341] Auch aus der gem. § 11 Abs. 3 UmwStG angeordneten *entsprechenden* Anwendung des § 3 Abs. 3 UmwStG ergibt sich nichts anderes.[1342] Im Gegensatz zum grundsätzlich geltenden umwandlungssteuerrechtlichen Anwendungsbereich erfolgt eine Steueranrechnung nach § 3 Abs. 3 UmwStG deshalb nur, sofern eine von Art. 3 FRL erfasste Gesellschaft eine in einem anderen EU-Mitgliedstaat belegene Anrechnungsbetriebsstätte auf eine ebenfalls in einem anderen EU-Mitgliedstaat ansässige Gesellschaft i.S. des Art. 3 FRL überträgt.[1343] Damit scheidet die Anrechnung einer fiktiven Steuer entgegen dem im Grundsatz geltenden Anwendungsbereich des UmwStG beispielsweise dann aus, wenn die übertragende Körperschaft entgegen Art. 3 Buchst. a FRL keine der im Teil A des Anhangs I zur FRL aufgeführte Rechtsform aufweist, oder ihren Verwaltungssitz in einem nicht der EU angehörenden EWR-Staat bzw. einem anderen Drittstaat hat, oder wenn eine außerhalb der EU belegene Betriebsstätte übertragen wird.

Beispiel 14: Die inländische D-GmbH überträgt eine zypriotische Betriebsstätte im Wege der Abspaltung zu Buchwerten auf die in Frankreich ansässige F-SA.

Entsprechend Art. 7 Abs. 1, Art. 13 Abs. 3, Art. 22 Abs. 1 DBA-Zypern handelt es sich bei der Betriebsstätte um eine Anrechnungsbetriebsstätte. Da nach Durchführung der Abspaltung kein Anknüpfungspunkt mehr für eine inländische Besteuerung der Betriebsstätteneinkünfte besteht, kommt es infolge der Anwendung von § 11 Abs. 1, 2 Satz 1 Nr. 2 UmwStG zum Ansatz des gemeinen Werts und damit zur Entstehung eines in Deutschland steuerpflichtigen Übertragungsgewinns. Auf die daraus

1341 Vgl. *Mutscher*, IStR 2010, S. 820 (822 f.).

1342 Vgl. *Mutscher*, IStR 2010, S. 820 (823); *Rödder*, in: Rödder/Herlinghaus/van Lishaut, UmwStG, § 11 Rz. 180; *Bärwaldt*, in: Haritz/Menner, UmwStG, 2010, § 11 Rz. 71.

1343 Ausdrücklich sei aber erwähnt, dass die übertragene Betriebsstätte auch in dem EU-Staat belegen sein darf, in dem die übernehmende Gesellschaft ansässig ist, siehe Art. 10 Abs. 1 Unterabs. 4 FRL.

resultierende deutsche Entstrickungssteuer wird entsprechend § 3 Abs. 3 UmwStG die fiktive zypriotische Steuer, die bei einer tatsächlichen Veräußerung des Betriebsstättenvermögens entstanden wäre, nach § 26 KStG i.V.m. § 34c EStG angerechnet.

Die Anrechnung von tatsächlichen oder fiktiven ausländischen Steuern erfolgt nach Maßgabe des § 26 KStG i.V.m. § 34c EStG. Nach § 26 Abs. 1 KStG ist eine Anrechnung von Steuern eines ausländischen Staats nur bis zu einem Höchstbetrag möglich. Dessen Höhe entspricht dem Betrag der inländischen Steuern, welcher auf die Einkünfte aus dem jeweiligen ausländischen Staat entfällt. Zur Ermittlung dieser anteiligen inländischen Steuerlast ist gem. § 26 Abs. 6 Satz 1 Halbs. 1 KStG i.V.m. § 34c Abs. 1 Satz 2 EStG die inländische Gesamtsteuerlast mit dem Quotienten vom Betrag der Einkünfte aus dem betreffenden ausländischen Staat durch den Betrag der Gesamteinkünfte zu multiplizieren.[1344] Damit erfolgt für jeden ausländischen Staat eine getrennte Höchstbetragsberechnung (sog. *per-country-limitation*). Falls die Steuerlast in einem ausländischen Staat höher ist als der anteilige deutsche Steuerbetrag, so entsteht insoweit ein im Inland nicht berücksichtigungsfähiger sog. Anrechnungsüberhang.

1344 Uneinigkeit besteht, wie der Anrechnungshöchstbetrag zu ermitteln ist, sofern Einkünfte erzielt wurden, auf die in Deutschland das *shareholder-relief*-Verfahren des § 8b KStG anzuwenden ist. Nach einer Auffassung ist aufgrund des § 8b Abs. 3 bzw. 5 KStG von einer inländischen Besteuerung von 5% der Einkünfte und einer entsprechenden inländischen Steuerlast bei der Ermittlung des Anrechnungshöchstbetrags auszugehen, vgl. *Schnitger*, IStR 2003, S. 298 (301); *Müller-Dott*, in: Flick/Wassermeyer/Baumhoff, Außensteuerrecht, § 26 KStG Rz. 62.9 (61. Lfg., 2007); *Geurts*, in: Ernst & Young, KStG, § 26 Rz. 2.1 (44. Lfg., 2005). Nach anderer, m.E. vorzugswürdiger Auffassung erfolgt nach § 8b Abs. 3 bzw. 5 KStG keine Besteuerung von Einkünften, vgl. *Englisch*, Dividendenbesteuerung, 2005, S. 65. Durch § 8b Abs. 3 Satz 1 bzw. 5 Satz 1 KStG soll lediglich der gem. § 8b Abs. 3 Satz 2 bzw. 5 Satz 2 KStG uneingeschränkt zulässige Abzug von Betriebsausgaben rückgängig gemacht werden. Dabei wird fingiert, dass Abzüge i.H.v. 5% der Bezüge i.S. des § 8 Abs. 1 bzw. 2 KStG geltend gemacht wurden. Im Ergebnis sollen nach § 8b KStG sowohl die betroffenen Betriebseinnahmen als auch die damit zusammenhängenden Betriebsausgaben ohne Einfluss auf die steuerliche Bemessungsgrundlage sein, vgl. *Englisch*, Dividendenbesteuerung, 2005, S. 62. Die Typisierung nach § 8b Abs. 3 bzw. 5 KStG muss sich auch auf die Berechnung des Anrechnungshöchstbetrags nach § 26 Abs. 6 Satz 1 Halbs. 1 KStG i.V.m. § 34c Abs. 1 Satz 2 EStG auswirken, vgl. *Englisch*, Dividendenbesteuerung, 2005, S. 65. Damit besteht kein Anrechnungsvolumen, soweit von § 8b KStG erfasste Einkünfte erzielt werden, vgl. *Englisch*, Dividendenbesteuerung, 2005, S. 65; *Kußmaul/Beckmann*, DB 2001, S. 608 (613).

a) Sekundärrechtliche Würdigung des § 3 Abs. 3 UmwStG

Sofern eine vom Anwendungsbereich der FRL erfasste Umwandlung vorliegt, widerspricht eine durch den Ansässigkeitsstaat vorgenommene Schlussbesteuerung der stillen Reserven ausländischer Anrechnungsbetriebsstätten zwar grundsätzlich der Regelung des Art. 10 Abs. 1 Unterabs. 1 FRL, wonach der Mitgliedstaat des übertragenden Rechtsträgers sein Recht zur Besteuerung von einer ausländischen Betriebsstätte zuzuordnenden Wirtschaftsgütern endgültig aufzugeben hat. Allerdings gestattet Art. 10 Abs. 2 FRL ausnahmsweise dennoch eine Schlussbesteuerung durch den Ansässigkeitsstaat des übertragenden Rechtsträgers, sofern dieser Staat die fiktive ausländische Steuer, die im Betriebsstättenstaat bei einer tatsächlichen, nicht durch die FRL privilegierten Veräußerung des Betriebsstättenvermögens entstanden wäre, wie eine tatsächlich entstandene Steuer auf die inländische Steuerschuld anrechnet.[1345] Indem § 3 Abs. 3 UmwStG eine Anrechnung der fiktiven ausländischen Steuer auf den inländischen Entstrickungsgewinn anordnet, sofern eine von Art. 10 FRL erfasste Übertragung einer in einem anderen EU-Mitgliedstaat belegenen Anrechnungsbetriebsstätte vorliegt, setzt die nationale Regelung die sekundärrechtlichen Vorgaben korrekt um.

M.E. ist Art. 10 FRL so auszulegen, dass eine Schlussbesteuerung der stillen Reserven einer Anrechnungsbetriebsstätte durch den Ansässigkeitsstaat der übertragenden Körperschaft erst recht zulässig ist, sofern die übertragende Körperschaft in der ausländischen Steuerjurisdiktion zu einer freiwilligen Aufdeckung der stillen Reserven der Betriebsstätte optiert. In diesem Fall ist grundsätzlich die im Ausland tatsächlich festgesetzte Steuer durch den Ansässigkeitsstaat der übertragenden Körperschaft zu berücksichtigen.[1346] Sofern die tatsächlich im Ausland zu entrichtende Steuer jedoch auf einem Zwischenwertansatz im Ausland beruht und demnach niedriger ist als die fiktive Steuer i.S. des § 3 Abs. 3 FRL, ist zudem der Unterschiedsbetrag zwischen der fiktiven und der tatsächlichen ausländischen Steuer anzurechnen.[1347]

1345 Entsprechend den Vorgaben des Art. 10 Abs. 1 Unterabs. 3 i.V.m. Art. 4 Abs. 1 und 3 FRL darf der Betriebsstättenstaat keine Aufdeckung stiller Reserven erzwingen, soweit sein Recht zur Besteuerung der stillen Reserven durch die Spaltung nicht beeinträchtigt wird.

1346 Vgl. allgemein zur Steueranrechnung *Dötsch/Pung*, in: Dötsch u.a., UmwStG, 2007, § 3 Rz. 18a; *Trossen*, FR 2006, S. 617 (621); *Rödder*, in: Rödder/Herlinghaus/van Lishaut, UmwStG, § 11 Rz. 182; *Lemaitre/Schönherr*, GmbHR 2007, S. 173 (176).

1347 Siehe hierzu soeben Teil 2.B.I.3.

In jedem Fall ist im Ergebnis festzustellen, dass § 3 Abs. 3 UmwStG aufgrund der korrekten und vollständigen Umsetzung der entsprechenden Vorgaben der FRL mit europäischem Sekundärrecht in Einklang steht.

b) Primärrechtliche Würdigung der Anrechnung fiktiver Steuern

aa) Eingeschränkter Anwendungsbereich des § 3 Abs. 3 UmwStG

Nach hier vertretener Auffassung ist eine sofortige Besteuerung der i.R. einer grenzüberschreitenden Spaltung aufgedeckten stillen Reserven einer Anrechnungsbetriebsstätte aus primärrechtlicher Sicht zulässig, sofern gleichzeitig eine fiktive Steuer, die im Ausland im Fall einer tatsächlichen Übertragung dieses Betriebsstättenvermögens zu einem dem gemeinen Wert entsprechenden Wert erhoben würde, angerechnet wird.[1348] Zwar stellt die Sofortbesteuerung des der Anrechnungsbetriebsstätte zuzuordnenden Entstrickungsgewinns eine grundsätzlich verbotene Diskriminierung dar. Weil der Sofortbesteuerung aber die Anrechnung einer fiktiven ausländischen Steuer als funktionsäquivalenter, ausschließlich im Fall von Spaltungen mit grenzüberschreitendem Bezug eintretender Vorteil gegenübersteht, ist insoweit von einem kohärenten Normengeflecht auszugehen. Dementsprechend ist angesichts der Bestimmungen des § 3 Abs. 3 UmwStG die sofortige Entstrickungsbesteuerung des Betriebsvermögens einer ausländischen Anrechnungsbetriebsstätte aufgrund der Wahrung der steuerlichen Kohärenz grundsätzlich gerechtfertigt.

Im Gegensatz zum persönlichen und räumlichen Anwendungsbereich des UmwStG beschränkte der Gesetzgeber allerdings die Möglichkeit der Anrechnung einer fiktiven Steuer entsprechend den Vorgaben des Art. 10 FRL allein auf Fälle des zwischen EU-Gesellschaften i.S. des Art. 3 FRL erfolgten Übergangs von EU-Anrechnungsbetriebsstätten. Nach hier vertretener Auffassung gibt es keinen rechtfertigenden Grund, hinsichtlich der Regelung über die Anrechnung einer fiktiven ausländischen Steuer von den grundsätzlichen umwandlungssteuerrechtlichen Anwendungsvoraussetzungen hinsichtlich der beteiligten Rechtsträger abzuweichen. Die in § 3 Abs. 3 Satz 1 UmwStG erfolgte Einengung des Anwendungsbereichs ist somit aufzuheben.

Fraglich ist, ob es aber zulässig ist, die Anrechnung entsprechend § 3 Abs. 3 Satz 2 UmwStG ausschließlich im Fall einer Übertragung von innerhalb der EU belegenen Betriebsstätten zu ermöglichen. Teilweise wird argumentiert, dass die Niederlassungsfreiheit allein an die Ansässigkeit der an der Einbringung beteiligten

1348 So auch *Riedel*, Ubg 2013, S. 30 (35 f.).

Rechtsträger anknüpfe, weshalb der Belegenheitsort des Betriebsstättenvermögens für die Eröffnung des grundfreiheitsrechtlichen Schutzbereichs unbeachtlich sei, und folglich die generelle Beschränkung der Anrechnung auf Fälle der Einbringung von EU-Betriebsstätten nicht mit der Niederlassungsfreiheit vereinbar sei.[1349] Dem ist entgegenzuhalten, dass durch die bloße Übertragung einer außerhalb der EU belegenen Anrechnungsbetriebsstätte i.R. einer grenzüberschreitenden Spaltung regelmäßig keine Niederlassung in einem EU-Mitgliedstaat begründet oder erweitert wird, da die Zuordnung des zur Anrechnungsbetriebsstätte gehörenden Vermögens üblicherweise durch den Übertragungsvorgang unberührt bleibt. Weil die der Anrechnungsbetriebsstätte vor der Spaltung zuzuordnenden Wirtschaftsgüter regelmäßig auch nach der Spaltung dieser Betriebsstätte zuzuordnen sind, wird keine wirtschaftliche Integration im Ansässigkeitsstaat des übernehmenden Rechtsträgers begründet oder ausgebaut.

Fraglich ist, ob hinsichtlich der ursprünglichen Investition in eine in einem Nicht-EU-Staat belegene Anrechnungsbetriebsstätte eine Beschränkung der Niederlassungsfreiheit angenommen werden kann. Dies ist insoweit zu bejahen, als sich die Betriebsstätte innerhalb des EWR befindet und somit ein Schutz durch Art. 31, 34 EWR-Abkommen besteht. Dass im Fall einer umwandlungsbedingten Übertragung des einer EWR-Betriebsstätte zuzuordnenden Vermögens keine Anrechnung fiktiver ausländischer Steuern zu erfolgen hat, kann abschreckend auf potentielle Investoren wirken und diese gegebenenfalls von der Errichtung oder dem Erwerb einer EWR-Anrechnungsbetriebsstätte abhalten. Da keine Rechtfertigung für eine solche Diskriminierung ersichtlich ist, muss die Möglichkeit einer Anrechnung fiktiver Steuern nach § 3 Abs. 3 UmwStG auch auf den Fall der Übertragung einer EWR-Anrechnungsbetriebsstätte ausgedehnt werden.

Im Zusammenhang mit einer Betriebsstätte außerhalb des EWR ist ein Schutz durch die Niederlassungsfreiheit hingegen aufgrund der Nichterfüllung der räumlichen Anwendungsvoraussetzungen dieser Grundfreiheit ausgeschlossen. Weil es sich bei einem wirtschaftlichen Engagement in Form einer solchen Betriebsstätte in sachlicher Hinsicht dennoch um einen Niederlassungsvorgang handelt, kann darüber hinaus auch die Kapitalverkehrsfreiheit in diesem Fall keine Schutzwirkung entfalten. Ungeachtet ihrer räumlichen Nichtanwendbarkeit verdrängt die Niederlassungsfreiheit die Kapitalverkehrsfreiheit insoweit.[1350] Damit verstößt es nicht gegen die Grundfreiheiten, dass § 3 Abs. 3 UmwStG keine Drittstaaten-Betriebsstätten erfasst.

1349 Vgl. *Benecke/Schnitger*, IStR 2005, S. 641 (643 f.).

1350 Vgl. hierzu allgemein Teil 1.A.X.3.

bb) Anrechnungshöchstbetrag

Teilweise wird vertreten, dass die Festlegung eines Anrechnungshöchstbetrags, wie dies in § 26 KStG i.V.m. § 34c EStG geschieht, gegen das Unionsrecht versto-ße.[1351] Sofern im Fall niedriger ausländischer Steuern eine Heraufschleusung auf inländisches Steuerniveau vorgenommen werde, müsse demnach auch eine unbegrenzte Anrechnung im Fall höherer ausländischer Steuern gewährt werden.[1352]

Andere Stimmen in der Literatur fordern wiederum, dass ein Anrechnungshöchstbetrag im Fall von grenzüberschreitenden Sachverhalten innerhalb der EU bzw. des EWR entgegen der *per-country-limitation* nicht für jeden einzelnen ausländischen Staat, sondern alle EU- bzw. EWR-Staaten insgesamt zu ermitteln ist.[1353] Dies könnte dazu führen, dass Steuern eines hoch besteuernden EU- bzw. EWR-Staats, die entsprechend der *per-country-limitation* nicht gänzlich im Inland anrechenbar wären, dann angerechnet werden könnten, wenn gleichzeitig nicht freigestellte Einkünfte in einem niedrig besteuernden EU- bzw. EWR-Staat erzielt würden. Nach einer weiteren Auffassung ist es aufgrund der räumlich uneingeschränkt anwendbaren Kapitalverkehrsfreiheit geboten, die *per-country-limitation* zu einer sog. *overall-limitation* zu erweitern, wonach ein Anrechnungshöchstbetrag zu ermitteln ist, welcher der deutschen Steuerlast entspricht, die insgesamt auf die weltweit erzielten, nicht freigestellten ausländischen Einkünfte entfällt.[1354]

Nach hier vertretener Auffassung ist in einem Anrechnungsüberhang keine grundfreiheitlich relevante Diskriminierung zu sehen.[1355] Im Fall eines Anrechnungsüberhangs wird der grenzüberschreitend tätige Steuerpflichtige nicht stärker

---

1351 Vgl. *Schaumburg*, StuW 2000, S. 369 (375 f.); *Tumpel*, DStJG 23 (2000), S. 321 (345).

1352 Vgl. *Schaumburg*, StuW 2000, S. 369 (375).

1353 Vgl. *Cordewener/Schnitger*, StuW 2006, S. 50 (73 f.).

1354 Vgl. *Jacobs*, Internationale Unternehmensbesteuerung, 2011, S. 52 f.; *Schaumburg*, StuW 2000, S. 369 (375). Kritisch ist hierzu allerdings anzumerken, dass dies im Fall von Einkünften aus einer Anrechnungsbetriebsstätte schon deshalb nicht gelten kann, da es sich bei einer Betriebsstätte um eine vom sachlichen Anwendungsbereich der Niederlassungsfreiheit erfasste sekundäre Niederlassung handelt. Aufgrund der sachlichen Anwendbarkeit der Niederlassungsfreiheit wird die Kapitalverkehrsfreiheit selbst dann verdrängt, wenn die Betriebsstätte in einem Drittstaat belegen ist und der niederlassungsfreiheitliche Schutz deshalb im konkreten Fall nicht greift, vgl. hierzu allgemein Teil 1,A.X.3.

1355 Vgl. EuGH v. 12.05.1998, Rs. C-336/96 – *Gilly*, Slg. 1998, S. I-2793, Rn. 40 bis 54; *Schönfeld*, in: Flick/Wassermeyer/Baumhoff, Außensteuerrecht, vor § 34c EStG Rz. 31 (57. Lfg., 2005).

belastet als ein allein im höher besteuernden Staat agierender Steuerpflichtiger. Damit bedeutet die Festlegung der Anrechnungsmethode bei gleichzeitiger Geltung eines Anrechnungshöchstbetrags, dass der Steuerpflichtige in jedem Fall die Steuerbelastung des höher besteuernden Staats zu tragen hat.[1356] Wegen der grundfreiheitlichen Immunisierung der mitgliedstaatlichen Aufteilung der Besteuerungsbefugnisse stellt dies aber keinen Verstoß gegen die Grundfreiheiten dar.[1357] Außerdem ist der Ansässigkeitsstaat nicht primärrechtlich verpflichtet, eine ungünstigere Besteuerung durch den Betriebsstättenstaat zu kompensieren.[1358]

Eine Erweiterung der *per-country-limitation* würde eine Gefährdung des Steuerwettbewerbs bedeuten, da die Verlegung von wirtschaftlichem Engagement in einen höher besteuernden Staat nicht zwangsläufig zu einer höheren Gesamtsteuerbelastung führen würde, sofern gleichzeitig in einem niedriger besteuernden Staat Einkünfte erzielt werden.[1359] Damit widerspricht es nicht den unionsprimärrechtlichen Vorgaben, wenn Deutschland als Ansässigkeitsstaat entsprechend einer *per-country-limitation* die in einem bestimmten ausländischen Staat anfallenden Steuern nur bis zur Höhe der auf die Einkünfte aus jenem Staat entfallenden inländischen Steuern anrechnet.[1360]

4. Kapitalertragsteuer

a) Voraussetzungen und Modalitäten des Kapitalertragsteuerabzugs

Soweit i.R. einer Spaltung im Inland steuerverstrickte Anteile an Körperschaften übertragen werden und hierbei mangels Buchwertansatz Anteilsveräußerungsgewinne[1361] entstehen, unterliegen diese Kapitalerträge i.S. des § 20 Abs. 2 Satz 1 Nr. 1

1356 Vgl. *Desens*, IStR 2003, S. 613 (615).

1357 Siehe dazu allgemein Teil 1.A.VII.3.

1358 Vgl. *Schönfeld*, in: Wassermeyer/Andresen/Ditz, Betriebsstätten, 2006, S. 621; *Englisch*, Dividendenbesteuerung, 2005, S. 472.

1359 Vgl. *Schönfeld*, in: Wassermeyer/Andresen/Ditz, Betriebsstätten, 2006, S. 623. Anrechnungspflichten dürfen nicht zu einer Gefährdung des zwischenstaatlichen Steuerwettbewerbs führen, vgl. *Schönfeld*, StuW 2005, S. 158 (162).

1360 Vgl. EuGH v. 12.12.2006, Rs. C-446/04 – *FII Group Litigation*, Slg. 2006, S. I-11753, Rn. 52.

1361 Da das Übertragungsergebnis insoweit, als Körperschaftsanteile übertragen werden, als Ergebnis aus der Veräußerung von Anteilen gewertet wird, ist im Fall einer inländischen Veranlagung die Vorschrift des § 8b Abs. 2 KStG anzuwenden, vgl. BMF v. 28.04.2003, IV A 2-S 2750a-7/03, BStBl. I 2003, S. 292, Rz. 23; *Füger/Rieger*, FR 2003, S. 543 (548 f.); *Rödder/Schumacher*, DStR 2003, S. 909 (911 f.)

Satz 1 EStG grundsätzlich nach § 43 Abs. 1 Satz 1 Nr. 9 EStG in voller Höhe[1362] der Kapitalertragsteuer.[1363] Diese beträgt nach § 43a Abs. 1 Satz 1 Nr. 1 EStG 25% des Kapitalertrags. Entsprechend § 44 Abs. 1 Satz 1 EStG ist die übertragende Körperschaft als Gläubiger der Kapitalerträge auch Schuldner der Kapitalertragsteuer. Gem. § 44 Abs. 1 Satz 3 EStG hat die die Kapitalerträge auszahlende Stelle den Steuerabzug für Rechnung des Gläubigers der Kapitalerträge vorzunehmen.

Nach § 44 Abs. 1 Satz 4 Nr. 1 Buchst. a Doppelbuchst. aa EStG ist die die Kapitalerträge auszahlende Stelle das inländische Kreditinstitut, das die Anteile verwahrt oder verwaltet oder deren Veräußerung durchführt und die Kapitalerträge gutschreibt.[1364] Da beispielsweise im Fall von GmbH-Anteilen keine solche auszahlende Stelle existiert, ist insoweit keine Kapitalertragsteuer zu erheben.

Nach § 43 Abs. 2 Satz 3 EStG ist bei Kapitalerträgen i.S. des § 43 Abs. 1 Satz 1 Nr. 9 EStG kein Steuerabzug vorzunehmen, sofern die Gläubigerin der Kapitalerträge eine unbeschränkt steuerpflichtige Körperschaft ist oder die Kapitalerträge Betriebseinnahmen eines inländischen Betriebs sind und der Gläubiger der Kapitalerträge dies gegenüber der auszahlenden Stelle nach amtlich vorgeschriebenem Muster erklärt.

Erzielt ein beschränkt Steuerpflichtiger Einkünfte aus Anteilsveräußerungen, die der Kapitalertragsteuer unterliegen, so gilt die Körperschaftsteuer nach § 32 Abs. 1 Nr. 2 KStG[1365] durch den Steuerabzug als abgegolten, soweit die Einkünfte nicht einem inländischen Betrieb zuzuordnen sind. Nur soweit die Kapitalerträge nicht von der Abgeltungswirkung erfasst sind, werden diese Einkünfte i.R. einer Steuerveranlagung erfasst.

Soweit eine Veranlagung der Kapitalerträge erfolgt, wird unbeschränkt und beschränkt Steuerpflichtigen die deutsche Kapitalertragsteuer nach § 31 Abs. 1

1362 Nach § 43a Abs. 2 Satz 1 EStG unterliegen die vollen Kapitalerträge dem Steuerabzug. Außerdem stellt § 43 Abs. 1 Satz 3 EStG klar, dass der Steuerabzug ungeachtet des § 3 Nr. 40 EStG sowie des § 8b KStG vorzunehmen ist.

1363 Soweit eine im Ausland ansässige übertragende Körperschaft hinsichtlich der übertragenen Anteile nicht beschränkt steuerpflichtig ist, wird auch keine Kapitalertragsteuer erhoben, vgl. BMF v. 22.12.2009, IV C 1-S 2252/08/10004, BStBl. I 2010, S. 94, Rz. 313.

1364 Falls die Anteile nicht unmittelbar vom Kreditinstitut, bei dem die übertragende Körperschaft ihr Wertpapierdepot unterhält, verwahrt werden, sondern von einem Unterverwahrer, so ist dieser die auszahlende Stelle, vgl. BMF v. 22.12.2009, IV C 1-S 2252/08/10004, BStBl. I 2010, S. 94, Rz. 247.

1365 Die Regelung des § 32 Abs. 1 Nr. 2 KStG entspricht der des für einkommensteuerpflichtige Subjekte maßgeblichen § 50 Abs. 2 Satz 1, Satz 2 Nr. 1 EStG.

Satz 1 KStG i.V.m. § 36 Abs. 2 Nr. 2 Satz 1 EStG vollständig auf die festzusetzende Körperschaftsteuer[1366] angerechnet. Hieraus kann sich für den Steuerpflichtigen je nachdem, ob die festzusetzende Körperschaftsteuer höher oder niedriger als die bereits festgesetzte Kapitalertragsteuer ist, entsprechend § 31 Abs. 1 Satz 1 KStG i.V.m. § 36 Abs. 4 Satz 1 und 2 EStG eine Pflicht zur Leistung einer Abschlusszahlung oder ein Anspruch auf eine Steuererstattung ergeben. Da eine Anrechnung ausländischer Kapitalertragsteuern nach § 31 Abs. 1 Satz 1 KStG i.V.m. § 36 Abs. 2 Nr. 2 Satz 1 EStG nicht zulässig ist, kann eine Anrechnung insoweit allein nach Maßgabe des § 26 KStG i.V.m. § 34c EStG erfolgen.

b) Kapitalertragsteuer und Unionsrecht

aa) Kapitalertragsteueranrechnung

Fraglich ist, wie die im Fall einer inländischen Steuerveranlagung zur Anwendung kommende Regelung des (§ 31 Abs. 1 Satz 1 KStG i.V.m.) § 36 Abs. 2 Nr. 2 EStG, wonach nur die durch den deutschen Fiskus erhobene Kapitalertragsteuer vollumfänglich auf die inländische Körperschaftsteuer angerechnet wird, aus grundfreiheitsrechtlicher Perspektive zu beurteilen ist. Eine im Ausland erhobene Kapitalertragsteuer ist dementsprechend allein nach den allgemeinen Regelungen des § 26 Abs. 6 KStG i.V.m. § 34c EStG bis zu einem individuell zu ermittelnden Höchstbetrag anrechenbar. In der ggf. unvollständigen Anrechnung ausländischer Abzugssteuern sehen Teile des Schrifttums eine verbotene grundfreiheitliche Diskriminierung, da hinsichtlich der deutschen Kapitalertragsteuer kein Anrechnungshöchstbetrag zu beachten ist.[1367] Diese Auffassung verkennt allerdings, dass die deutsche Kapitalertragsteuer lediglich den Charakter einer Vorauszahlung auf die später festzusetzende inländische Körperschaftsteuer hat, wohingegen eine ausländische Kapitalertragsteuer in Abhängigkeit davon, ob sie Abgeltungswirkung entfaltet, entweder der abschließenden Besteuerung im Ausland oder als Vorauszahlung auf die ausländische Körperschaftsteuer dient.[1368] Während die Anrechnung nach § 31 Abs. 1 Satz 1 KStG i.V.m. § 36 Abs. 2 Nr. 2 Satz 1 EStG also dazu dient, eine mehrfache Besteuerung durch den deutschen Fiskus zu vermeiden, erfolgt eine Anrechnung nach § 26 KStG i.V.m. § 34c EStG zum Zweck der Vermeidung einer internationalen Doppelbesteuerung.[1369]

1366 Siehe zum Begriff der festzusetzenden Körperschaftsteuer § 8 Abs. 1 Satz 1 KStG i.V.m. § 2 Abs. 6 Satz 1 EStG.

1367 Vgl. *Wassermeyer*, IStR 2001, S. 113 (117); *Schaumburg*, StuW 2000, S. 369 (375 f.).

1368 Vgl. *Schönfeld*, in: Wassermeyer/Andresen/Ditz, Betriebsstätten, 2006, S. 621.

1369 Vgl. *Englisch*, IFSt-Schrift Nr. 449, 2008, S. 120.

Im Fall einer Steuerveranlagung von Körperschaften stellt ein inländischer Kapitalertragsteuerabzug eine besondere Erhebungsform der deutschen Körperschaftsteuer dar.[1370] Durch die Erhebung einer inländischen Kapitalertragsteuer soll eine vorläufige inländische Steuerbelastung hergestellt werden. Eine im Ausland erhobene Kapitalertragsteuer ist dagegen entweder eine besondere Erhebungsform der dortigen Ertragsteuer oder sie dient, sofern die ausländische Ertragsteuer durch den ausländischen Kapitalertragsteuerabzug abgegolten ist, der Herstellung einer abschließenden und definitiven ausländischen Steuerbelastung. Dies zeigt, dass sich die Funktion einer inländischen Kapitalertragsteuer von der einer ausländischen Kapitalertragsteuer unterscheidet.[1371] Hieraus folgt, dass eine ausländische Kapitalertragsteuer nicht mit einer inländischen Kapitalertragsteuer gleichgestellt werden kann.[1372] Im Ergebnis ist deshalb festzustellen, dass keine grundfreiheitsrechtliche Veranlassung besteht, eine im Ausland erhobene Kapitalertragsteuer i.R. des (§ 31 Abs. 1 Satz 1 KStG i.V.m.) § 36 Abs. 2 Nr. 2 EStG zu berücksichtigen. Die Anrechnung einer ausländischen Kapitalertragsteuer, welche eine Vorauszahlung auf eine ausländische Ertragsteuerschuld darstellt, hat allein durch den jeweiligen ausländischen Staat i.R. einer dortigen Steuerveranlagung zu erfolgen.[1373] Sofern die ausländische Ertragsteuer hingegen durch eine definitive ausländische Kapitalertragsteuer abgegolten ist, tritt diese Kapitalertragsteuer an die Stelle einer i.R. einer Steuerveranlagung festzusetzenden ausländischen Ertragsteuer. Somit ist die ausländische Kapitalertragsteuer in diesem Fall durch das deutsche Steuerrecht wie eine im Wege der Steuerveranlagung festgesetzte ausländische Ertragsteuer zu behandeln. Daraus ergibt sich nach § 26 Abs. 6 KStG i.V.m. § 34c EStG die Möglichkeit einer Anrechnung der ausländischen Steuer auf die tarifliche deutsche Ertragsteuer[1374]. Die genannten Regelungen bezwecken somit anders als (§ 31 Abs. 1 Satz 1 KStG i.V.m.) § 36 Abs. 2 Nr. 2 EStG nicht die Anrechnung einer vorab erhobenen Abzugssteuer, sondern die Vermeidung einer internationalen Doppelbesteuerung.[1375] Sofern hier keine vollständige Anrechnung erfolgen kann, ist dies Folge eines höheren Besteuerungsniveaus im Ausland, dessen Kompensation

---

1370 Vgl. entsprechend zur Einkommensteuer *Englisch*, Dividendenbesteuerung, 2005, S. 469.

1371 Vgl. *Englisch*, Dividendenbesteuerung, 2005, S. 470.

1372 Vgl. *Englisch*, Dividendenbesteuerung, 2005, S. 470.

1373 Vgl. *Englisch*, Dividendenbesteuerung, 2005, S. 471.

1374 Siehe dazu § 8 Abs. 1 Satz 1 KStG i.V.m. § 2 Abs. 6 Satz 1 EStG.

1375 Vgl. *Englisch*, Dividendenbesteuerung, 2005, S. 471.

vom Ansässigkeitsstaat Deutschland nicht unter Verweis auf die Grundfreiheiten gefordert werden kann.[1376]

bb) § 43 Abs. 2 Satz 3 EStG

Fraglich ist, ob die Regelungen des § 31 Abs. 1 Satz 1 KStG i.V.m. § 43 Abs. 2 Satz 3 EStG mit den Vorgaben der Grundfreiheiten vereinbar sind. Wie bereits dargestellt, können beschränkt Steuerpflichtige von der in § 43 Abs. 2 Satz 3 EStG geregelten Befreiung vom Kapitalertragsteuerabzug nur dann profitieren, wenn die entsprechenden Kapitaleinkünfte einer inländischen Betriebsstätte zuzuordnen sind. Die Voraussetzung, dass die Kapitalerträge i.R. der inländischen Betriebsstättentätigkeit erzielt werden müssen, gilt jedoch nicht, sofern eine unbeschränkt steuerpflichtige Körperschaft Gläubigerin der Kapitalerträge ist. Da beschränkt steuerpflichtige Körperschaften somit im Gegensatz zu unbeschränkt steuerpflichtigen unter Umständen nicht in den Genuss einer Kapitalertragsteuerbefreiung kommen und ihnen daraus Zins- bzw. Liquiditätsnachteile entstehen, werden sie insoweit in ungerechtfertigter Weise diskriminiert.

Im Fall des § 43 Abs. 2 Satz 3 EStG ist eine Grundfreiheitskonformität nur dadurch herzustellen, dass die Rechtsnorm entweder gestrichen wird oder auch beschränkt steuerpflichtige Körperschaften vom Kapitalertragsteuerabzug befreit werden. Die Möglichkeit einer gerechtfertigten diskriminierenden Ersatzregelung ist nicht ersichtlich.

cc) Abgeltungswirkung der Kapitalertragsteuer

Von der Abgeltungswirkung des § 32 Abs. 1 Nr. 2 KStG sind nur beschränkt Steuerpflichtige betroffen, deren Kapitalerträge keiner inländischen Betriebsstätte zuzuordnen sind. Kapitalerträge dieser Steuerpflichtigen werden somit abschließend i.H. des Kapitalertragsteuersatzes belastet, während die Kapitalerträge anderer, d.h. insbesondere auch unbeschränkt Steuerpflichtiger, veranlagt werden. Die von § 32 Abs. 1 Nr. 2 KStG betroffenen beschränkt Steuerpflichtigen haben somit gem. § 43a Abs. 1 Satz 1 Nr. 1 EStG und § 3 Abs. 1 Nr. 5, § 4 SolZG eine definitive Kapitalertragsteuerbelastung i.H.v. 25% des Kapitalertrags zzgl.

1376 So konkret im Zusammenhang mit der Regelung des § 36 Abs. 2 EStG: EuGH v. 30.06.2011, Rs. C-262/09, *Meilicke II*, Slg. 2011, S. I-5669, Rn. 32 f. Vgl. außerdem EuGH v. 12.12.2006, Rs. C-446/04 – *FII Group Litigation*, Slg. 2006, S. I-11753, Rn. 52. Siehe zur grundfreiheitsrechtlichen Unbedenklichkeit einer Anrechnung unter Beachtung eines Anrechnungshöchstbetrags auch *Englisch*, IFSt-Schrift Nr. 449, 2008, S. 120 f.

eines definitiven Solidaritätszuschlags i.H.v. 5,5% der zu erhebenden Kapitalertragsteuer zu tragen,[1377] wohingegen die veranlagten Anteilsveräußerungsgewinne anderer Steuerpflichtiger nach § 8b Abs. 2 Satz 1 KStG steuerfrei sind und gem. § 8b Abs. 3 Satz 1 KStG lediglich 5% dieser Gewinne als nicht abziehbare Betriebsausgaben gelten.[1378] Im Fall der Steuerveranlagung wird eine erhobene deutsche Kapitalertragsteuer[1379] gem. § 31 Abs. 1 Satz 1 KStG i.V.m. § 36 Abs. 2 Nr. 2 EStG vollständig auf die deutsche Körperschaftsteuerlast angerechnet und ggf. nach § 31 Abs. 1 Satz 1 KStG i.V.m. § 36 Abs. 4 Satz 2 EStG erstattet. Die benachteiligende Wirkung des § 32 Abs. 1 Nr. 2 KStG besteht somit darin, dass hierdurch zum einen der Weg zum Entlastungsmechanismus des § 8b KStG versperrt wird und zum anderen eine Verrechnung der von der Abgeltungswirkung betroffenen Einkünfte mit sonstigen im Inland erzielten Einkünften ausgeschlossen ist.[1380]

Da sich Nichtansässige, die mit Anteilsveräußerungsgewinnen in Deutschland der beschränkten Steuerpflicht unterliegen, in einer vergleichbaren Situation wie unbeschränkt Steuerpflichtige befinden,[1381] dürfen erstgenannte grundsätzlich

---

1377 Vgl. BMF v. 28.04.2003, IV A 2-S 2750a–7/03, BStBl. I 2003, S. 292, Rz. 11; *Reuter/Klein*, IStR 2003, S. 634 (635). Im Fall der Anwendbarkeit eines DBA reduziert sich die definitive Steuerbelastung regelmäßig aufgrund eines entsprechend Art. 10 Abs. 2 OECD-MA abkommensrechtlich festgelegten Höchststeuersatzes.

1378 Die Freistellungsmethode des § 8b KStG ist diskriminierungsfrei ausgestaltet und entspricht damit den grundfreiheitsrechtlichen Vorgaben, vgl. BT-Drs. 14/2683, S. 120; *Englisch*, Dividendenbesteuerung, 2005, S. 491; *Thömmes*, DB 2001, S. 775 (776). Das gleiche gilt hinsichtlich des Teileinkünfteverfahrens bzw. des früheren Halbeinkünfteverfahrens *Englisch*, Dividendenbesteuerung, 2005, S. 369; *Desens*, IStR 2003, S. 613 (615); *Witzel*, IStR 2002, S. 758 (763); *Raupach*, DStJG 25 (2002), S. 9 (33). Die grundfreiheitsrechtliche Beurteilung des § 32 Abs. 1 Nr. 2 KStG ist ohne Einfluss auf die Europarechtskonformität des Entlastungsmechanismus des § 8b KStG, vgl. *Englisch*, Dividendenbesteuerung, 2005, S. 492.

1379 Gem. § 31 Abs. 1 Satz 1 KStG i.V.m. § 43 Abs. 1 Satz 3 EStG ist der Kapitalertragsteuerabzug ungeachtet einer nachfolgenden Steuerveranlagung, i.R. derer das Freistellungsverfahren des § 8b KStG zur Anwendung kommt, durchzuführen.

1380 Vgl. *Englisch*, Dividendenbesteuerung, 2005, S. 461.

1381 Vgl. entsprechend zur Besteuerung von Dividenden EuGH v. 14.12.2006, Rs. C-170/05 – *Denkavit Internationaal*, Slg. 2006, S. I-11949, Rn. 35; EuGH v. 08.11.2007, Rs. C-379/05 – *Amurta*, Slg. 2007, S. I-9569, Rn. 38; EuGH v. 19.11.2009, Rs. C-540/07 – *Kommission/Italien*, Slg. 2009, S. I-10983, Rn. 52 f.; EuGH v. 03.06.2010, Rs. C-487/08 – *Kommission/Spanien*, Slg. 2010, S. I-4843, Rn. 51 f.; EuGH v. 20.10.2011, Rs. C-284/09 – *Kommission/Deutschland*, n.n.v., Rn. 56 f.

nicht benachteiligt werden.[1382] Da dies jedoch durch § 32 Abs. 1 Nr. 2 KStG geschieht,[1383] beinhaltet diese Regelung eine grundsätzlich verbotene Diskriminierung. Eine grundfreiheitliche Rechtfertigung hierfür ist regelmäßig nicht gegeben.[1384] Eine Rechtfertigung des § 32 Abs. 1 Nr. 2 KStG kann jedoch ausnahmsweise im Einzelfall gelingen, wenn mit dem ausländischen Ansässigkeitsstaat des Anteilsveräußerers abkommensrechtlich vereinbart wurde, dass dieser Staat für eine korrespondierende Entlastung Sorge tragen muss und dieser zugesicherte Nachteilsausgleich auch tatsächlich erfolgt.[1385] Sofern der ausländische Staat entsprechend seiner bilateralen Verpflichtung eine Vollanrechnung der in Deutschland erhobenen Körperschaftsteuer gestattet, ist die in § 32 Abs. 1 Nr. 2 KStG enthaltene Diskriminierung als Bestandteil eines in sich geschlossenen, kohärenten Regelungsgeflechts grundfreiheitsrechtlich gerechtfertigt.[1386] Sofern

---

1382 Vgl. hinsichtlich Dividendenbezügen EuGH v. 12.12.2006, Rs. C-374/04 – *ACT Group Litigation*, Slg. 2006, S. I-11673, Rn. 70; EuGH v. 08.11.2007, Rs. C-379/05 – *Amurta*, Slg. 2007, S. I-9569, Rn. 39; EuGH v. 19.11.2009, Rs. C-540/07 – *Kommission/Italien*, Slg. 2009, S. I-10983, Rn. 54; Kommission v. 19.12.2003, KOM(2003) 810 endg., S. 18 f.; EuGH v. 03.06.2010, Rs. C-487/08 – *Kommission/Spanien*, Slg. 2010, S. I-4843, Rn. 53; EuGH v. 20.10.2011, Rs. C-284/09 – *Kommission/Deutschland*, n.n.v., Rn. 58.

1383 Vgl. dazu allgemein EuGH v. 19.11.2009, Rs. C-540/07 – *Kommission/Italien*, Slg. 2009, S. I-10983, Rn. 32 f.

1384 Vgl. dazu allgemein *Tumpel*, DStJG 23 (2000), S. 321 (343). Vgl. hinsichtlich der dem § 32 Abs. 1 Nr. 2 KStG vergleichbaren einkommensteuerrechtlichen Vorschrift des § 50 Abs. 2 Satz 1 EStG *Englisch*, Dividendenbesteuerung, 2005, S. 462 f.

1385 Vgl. EuGH v. 14.12.2006, Rs. C-170/05 – *Denkavit Internationaal*, Slg. 2006, S. I-11949, Rn. 47, 54 und 56; EuGH v. 12.12.2006, Rs. C-374/04 – *ACT Group Litigation*, Slg. 2006, S. I-11673, Rn. 71; EuGH v. 08.11.2007, Rs. C-379/05 – *Amurta*, Slg. 2007, S. I-9569, Rn. 79 und 83. Sofern der ausländische Staat jedoch einseitig, d.h. ohne dazu abkommensrechtlich verpflichtet zu sein, eine Vollanrechnung der Kapitalertragsteuer gewährt, erfolgt der Nachteilsausgleich zufällig und kann somit i.R. der Rechtfertigungsprüfung keine Berücksichtigung finden, vgl. EuGH v. 08.11.2007, Rs. C-379/05 – *Amurta*, Slg. 2007, S. I-9569, Rn. 78.

1386 Da in diesem Fall die Anrechnung der in Deutschland erhobenen Kapitalertragsteuer im Ausland erst zeitlich später erfolgt, verbleibt ein Zins- bzw. Liquiditätsnachteil, der jedoch als verhältnismäßig betrachtet werden kann, vgl. *Kofler*, Doppelbesteuerungsabkommen, 2007, S. 1050. Aus der Existenz dieses Zins- und Liquiditätsnachteils folgt jedoch zugleich, dass auch eine abkommensrechtlich vereinbarte vollständige Steueranrechnung im Ausland keine gänzliche Beseitigung der Diskriminierung bewirken kann, a.A. EuGH v. 19.11.2009, Rs. C-540/07 – *Kommission/Italien*, Slg. 2009, S. I-10983, Rn. 36 f.; EuGH v. 03.06.2010, der ausländische Ansässigkeitsstaat jedoch, wie üblich, entsprechend Art. 23B Abs. 1 Satz 2 OECD-MA eine Anrechnung der deutschen Steuern nur maximal bis zur Höhe eines Anrechnungshöchstbetrags zulässt, wird hierdurch eine Vollanrechnung der deutschen Steuerbelastung nicht sichergestellt.[1387] Ein abkommensrechtlich vereinbarter Nachteilsausgleich kann demnach nur dann i.R. der Rechtfertigungsprüfung berücksichtigt werden, wenn sich der ausländische Staat zur vollen Anrechnung der im Inland in diskriminierender Weise erhobenen Quellensteuer verpflichtet hat.[1388] Selbst, wenn im Einzelfall auch ohne eine abkommensrechtlich vereinbarte Vollanrechnung eine solche vollständige Anrechnung der deutschen Kapitalertragsteuer im ausländischen Ansässigkeitsstaat möglich ist, kann diese Neutralisation aufgrund ihres zufälligen Eintritts i.R. der Kohärenzprüfung keine Beachtung finden.[1389] Somit ist im Ergebnis festzustellen, dass die Abgeltungswirkung der in Deutschland erhobenen Quellensteuern regelmäßig nicht gerechtfertigt werden kann und demnach insoweit gegen die Grundfreiheiten verstößt.[1390]

Fraglich ist, wie die deutschen Regelungen über die Abgeltungswirkung vom Grundfreiheitsverstoß befreit werden können. Wie bereits dargestellt, kann der Eingriff einer abgeltenden Besteuerung an der Quelle gerechtfertigt werden, wenn sich der jeweilige Ansässigkeitsstaat des die Kapitalerträge erzielenden Steuerpflichtigen durch eine DBA-Regelung zur vollständigen Anrechnung der deutschen Kapitalertragsteuer verpflichtet hat. Problematisch ist hierbei jedoch, dass eine Grundfreiheitskonformität nicht in den Fällen gegeben ist, in denen keine solche abkommensrechtliche Obligation des betroffenen ausländischen Staats besteht.[1391] Die Regelung des § 32 Abs. 1 Nr. 2 KStG würde den grundfreiheitsrechtlichen

---

Rs. C-487/08 – *Kommission/Spanien*, Slg. 2010, S. I-4843, Rn. 59 f.; EuGH v. 20.10.2011, Rs. C-284/09 – *Kommission/Deutschland*, n.n.v., Rn. 67 f.

1387 Vgl. EuGH v. 14.12.2006, Rs. C-170/05 – *Denkavit Internationaal*, Slg. 2006, S. I-11949, Rn. 46.

1388 Vgl. EuGH v. 19.11.2009, Rs. C-540/07 – *Kommission/Italien*, Slg. 2009, S. I-10983, Rn. 38 f.; EuGH v. 19.11.2009, Rs. C-540/07 – *Kommission/Italien*, Slg. 2009, S. I-10983, Rn. 36 f.; EuGH v. 03.06.2010, Rs. C-487/08 – *Kommission/Spanien*, Slg. 2010, S. I-4843, Rn. 62 bis 64; EuGH v. 20.10.2011, Rs. C-284/09 – *Kommission/Deutschland*, n.n.v., Rn. 69 f.

1389 Vgl. EuGH v. 03.06.2010, Rs. C-487/08 – *Kommission/Spanien*, Slg. 2010, S. I-4843, Rn. 66; EuGH v. 08.11.2007, Rs. C-379/05 – *Amurta*, Slg. 2007, S. I-9569, Rn. 78.

1390 Vgl. dazu ausführlich EuGH v. 20.10.2011, Rs. C-284/09 – *Kommission/Deutschland*, n.n.v., Rn. 74 bis 94.

1391 Vgl. EuGH v. 19.11.2009, Rs. C-540/07 – *Kommission/Italien*, Slg. 2009, S. I-10983, Rn. 41.

Vorgaben aber in jedem Fall genügen, wenn die Abgeltungswirkung nur dann eintreten würde, falls der Steuerpflichtige hierzu durch Stellung eines entsprechenden Antrags optiert und sich damit gegen eine grundsätzlich vorzusehende Steuerveranlagung entscheidet.[1392] Da der Steuerpflichtige somit stets die Möglichkeit hätte, die für ihn günstigste Alternative zu wählen, wäre diese Lösung keinen primärrechtlichen Bedenken ausgesetzt.[1393]

dd) Erstattung zu viel einbehaltener Quellensteuern

Sofern Kapitalerträge aufgrund von § 43b EStG oder einer abkommensrechtlichen Beschränkungsnorm nicht[1394] bzw. nur unter Beachtung eines Höchststeuersatzes[1395] durch den deutschen Fiskus besteuert werden dürfen, bestimmt § 50d Abs. 1 Satz 1 EStG dennoch, dass grundsätzlich zunächst der volle Quellensteuerabzug vorzunehmen ist. Im Fall des § 43b EStG besteht nach § 50d Abs. 2 Satz 1 Halbs. 1 EStG allerdings die Möglichkeit, dass von einem Kapitalertragsteuerabzug abgesehen wird, sofern das BZSt dem Gläubiger der Kapitalerträge infolge eines vom Gläubiger nach amtlich vorgeschriebenem Vordruck gestellten Antrags das Vorliegen der Voraussetzungen für eine Freistellung bescheinigt.[1396] Nach § 50d Abs. 2 Satz 1 Halbs. 2 EStG ist auch bei bestimmten außerhalb des Anwendungsbereichs des § 43b EStG liegenden, abkommensrechtlich privilegierten Schachteldividenden auf einen vollständigen Kapitalertragsteuerabzug zu verzichten, sofern wiederum eine entsprechende Antragstellung erfolgt. Erfolgt keine unmittelbare Entlastung nach § 50d Abs. 2 EStG, so kann die zu viel einbehaltene Kapitalertragsteuer nur nach § 50d Abs. 1 Satz 2 ff. EStG erstattet werden. Da in diesem Fall eine gewisse Zeitspanne zwischen Entrichtung und Erstattung der Kapitalertragsteuer liegt, entstehen hier Zins- bzw. Liquiditätsnachteile für den Gläubiger der Kapitalerträge. Weil solche aus dem Kapitalertragsteuerabzug resultierenden Zins- und Liquiditätsnachteile jedoch auch im Zusammenhang mit rein innerstaatlich erzielten, kapitalertragsteuerpflichtigen Bezügen auftreten, kann insoweit allerdings keine grundfreiheitliche Diskriminierung festgestellt werden.

1392 Ähnlich *Englisch*, Dividendenbesteuerung, 2005, S. 466; *Schnitger*, FR 2003, S. 745 (756); *Reuter/Klein*, IStR 2003, S. 634 (636).

1393 Vgl. *Englisch*, Dividendenbesteuerung, 2005, S. 466.

1394 Ein Ausschluss der deutschen Besteuerung kann sich aus § 43b EStG oder der Anwendung der abkommensrechtlichen Freistellungsmethode ergeben.

1395 Siehe Art. 10 Abs. 2 Satz 1 OECD-MA.

1396 Die Freistellungsbescheinigung ist kein Steuerbescheid, sondern ein sonstiger Verwaltungsakt, vgl. BFH v. 11.10.2000, BStBl. II 2001, S. 291, unter II. 2. b) ee).

5. Steuerliche Rückwirkung

Sofern eine Spaltung grenzüberschreitend erfolgt, ist nach jeder davon betroffenen Steuerrechtsordnung der Zeitpunkt festzustellen, an dem die Spaltung wirksam wird. In Deutschland können die von § 15 UmwStG erfassten Spaltungen gem. § 2 Abs. 1 UmwStG i.V.m. § 17 Abs. 2 Satz 4 UmwG grundsätzlich auf einen bis zu acht Monate vor der Anmeldung zum Handelsregister liegenden Stichtag, den sog. steuerlichen Übertragungsstichtag, zurückbezogen werden.[1397] Es besteht allerdings die Möglichkeit, dass das Steuerrecht eines anderen von der Umstrukturierung betroffenen Staats eine abweichende bzw. überhaupt keine Rückwirkung vorsieht.[1398]

a) Folgen kollidierender Rückbeziehungsregelungen

Durch das Nebeneinander unterschiedlicher nationaler Rückbeziehungsregelungen wird der Zeitpunkt, ab dem die Einkünfte aus der Veräußerung oder Nutzung des i.R. einer grenzüberschreitenden Spaltung übertragenen Betriebsvermögens nicht mehr dem übertragenden, sondern dem übernehmenden Rechtsträger zuzurechnen sind, nach deutschem und ausländischem Steuerrecht unterschiedlich festgelegt.[1399] Dies kann dazu führen, dass die während des zwischen den divergierenden nationalen steuerlichen Übertragungsstichtagen liegenden Zeitraums erzielten Einkünfte entweder durch zwei Staaten gleichzeitig oder durch keinen Staat besteuert werden. Somit ist es möglich, dass kollidierende nationale Rückwirkungszeiträume zur Entstehung von weißen Einkünften oder Doppelbesteuerungssituationen führen.[1400]

b) Einschränkung der steuerlichen Rückwirkung durch § 2 Abs. 3 UmwStG

Um zu vermeiden, dass es aufgrund unterschiedlicher, parallel anzuwendender nationaler Rückbeziehungsregelungen aus deutscher Sicht zu sog. weißen Einkünften

---

1397 Dementsprechend ist ein bis zu achtmonatiger Rück*beziehungs*zeitraum möglich, vgl. *Dötsch*, in: Dötsch u.a., UmwStG, 2007, § 2 Rz. 13. Der Rück*wirkungs*zeitraum, dessen Beginn ebenfalls der steuerliche Übertragungsstichtag markiert, endet hingegen erst mit dem Übergang des zivilrechtlichen Eigentums durch Eintragung im Handelsregister, vgl. *van Lishaut*, in: Rödder/Herlinghaus/van Lishaut, UmwStG, 2008, § 2 Rz. 18 und 25.

1398 Vgl. *Ettinger/Königer*, GmbHR 2009, S. 590 (590). Mangels sekundärrechtlicher Vorgaben durch die FRL erfolgte hinsichtlich der steuerlichen Rückwirkung keine Harmonisierung.

1399 Vgl. *Ettinger/Königer*, GmbHR 2009, S. 590 (590).

1400 Vgl. *Heß/Schnitger*, in: PwC, Reform, 2007, S. 236.

kommt, wurde § 2 Abs. 3 UmwStG durch das SEStEG eingeführt.[1401] Diese Rechtsnorm bestimmt, dass die deutschen Rückbeziehungsregelungen nicht anzuwenden sind, „soweit Einkünfte aufgrund abweichender Regelungen zur Rückbeziehung ... in einem anderen Staat der Besteuerung entzogen werden". Eine teleologische Auslegung des unklaren Wortlauts der Regelung ergibt, dass sich der Satzteil „in einem anderen Staat" auf die „abweichende[n] Regelungen zur Rückbeziehung" und nicht auf „der Besteuerung entzogen" bezieht.[1402] Folglich sind nach § 2 Abs. 3 UmwStG die steuerlichen Rückwirkungsregelungen des § 2 Abs. 1 und 2 UmwStG bzw. § 20 Abs. 5, 6 UmwStG[1403] insoweit nicht anzuwenden, als Einkünfte aufgrund eines kürzeren ausländischen Rückwirkungszeitraums ansonsten einer Besteuerung entzogen würden.[1404]

Somit kann § 2 Abs. 3 UmwStG eine Einschränkung, nicht aber eine Erweiterung der maximal achtmonatigen deutschen Rückbeziehung bewirken.[1405] Aus dem Wortlaut des § 2 Abs. 3 UmwStG („soweit") kann geschlossen werden, dass von der Einschränkung der Rückbeziehungsmöglichkeit in sachlicher Hinsicht nur diejenigen Einkünfte betroffen sind, die ansonsten in keinem Staat besteuert würden.[1406] Soweit solche Einkünfte vorliegen, wird der deutsche Rückwirkungszeitraum außerdem lediglich auf die Dauer des jeweiligen ausländischen Rückwirkungszeitraums reduziert.[1407] Damit ähnelt § 2 Abs. 3 UmwStG einer

---

1401 Vgl. BT-Drs. 16/2710, S. 36 f.; *Benz/Rosenberg*, in: Blumenberg/Schäfer, Das SEStEG, 2007, S. 165; *Ettinger/Königer*, GmbHR 2009, S. 590 (591).

1402 Vgl. *Schaflitzl/Widmayer*, BB-Beilage 8/2006, S. 36 (39); *Hörtnagl*, in: Schmitt/Hörtnagl/Stratz, UmwG/UmwStG, 2009, § 2 UmwStG Rz. 116; *Ettinger/Königer*, GmbHR 2009, S. 590 (591).

1403 Gem. § 20 Abs. 6 Satz 4 UmwStG ist § 2 Abs. 3 UmwStG auf Einbringungsvorgänge entsprechend anzuwenden.

1404 Vgl. *Ettinger/Königer*, GmbHR 2009, S. 590 (591).

1405 Vgl. *Ettinger/Königer*, GmbHR 2009, S. 590 (591).

1406 Vgl. *Dötsch*, in: Dötsch u.a., UmwStG, 2007, § 2 Rz. 40; *van Lishaut*, in: Rödder/Herlinghaus/van Lishaut, UmwStG, 2008, § 2 Rz. 105; *Hörtnagl*, in: Schmitt/Hörtnagl/Stratz, UmwG/UmwStG, 2009, § 2 UmwStG Rz. 119; *Ettinger/Königer*, GmbHR 2009, S. 590 (591).

1407 Vgl. *Dötsch*, in: Dötsch u.a., UmwStG, 2007, § 2 Rz. 42; *van Lishaut*, in: Rödder/Herlinghaus/van Lishaut, UmwStG, 2008, § 2 Rz. 105; *Hörtnagl*, in: Schmitt/Hörtnagl/Stratz, UmwG/UmwStG, 2009, § 2 UmwStG Rz. 119. Sofern das jeweilige ausländische Steuerrecht keine steuerliche Rückwirkung ermöglicht, liegen ebenfalls abweichende Rückbeziehungsregelungen i.S.d. § 2 Abs. 3 UmwStG vor, vgl. *Rödder/Schumacher*, DStR 2006, S. 1525 (1529); *Lemaitre/Schönherr*, GmbHR 2007, S. 173 (182); *Ettinger/Königer*, GmbHR 2009, S. 590 (591, dort Fn. 19).

subject-to-tax-Klausel:[1408] Auf Einkünfte, deren Besteuerung aus deutscher Sicht eigentlich einem ausländischen Staat zusteht, wird durch den deutschen Fiskus infolge der Anwendung des § 2 Abs. 3 UmwStG zugegriffen, wenn der betreffende ausländische Staat von einer Besteuerung absieht.

Der Begriff der „Einkünfte" i.S. des § 2 Abs. 3 UmwStG umfasst mangels Einschränkung sowohl positive als auch negative Einkünfte.[1409] Resultieren also aus dem übertragenen Betriebsvermögen während des Zeitraums, in dem es aufgrund einer kürzeren ausländischen Rückwirkung grundsätzlich in keinem Staat zu einer Besteuerung kommt, negative Einkünfte, so können diese Verluste aufgrund des § 2 Abs. 3 UmwStG dennoch geltend gemacht werden.[1410] Somit kann die Einschränkung des deutschen Rückwirkungszeitraums nach § 2 Abs. 3 UmwStG aus Sicht des Steuerpflichtigen auch vorteilhaft sein.[1411] Der Fall, dass aufgrund unterschiedlicher Rückbeziehungsregelungen eine doppelte steuerliche Erfassung von Einkünften erfolgt, bleibt durch § 2 Abs. 3 UmwStG hingegen unberücksichtigt.[1412] Abhilfe kann hier grundsätzlich nur ein Verständigungsverfahren schaffen,[1413] welches sich in der Praxis aber häufig als langwierig und intransparent sowie zuweilen auch als erfolglos erweist.[1414] Sofern das anzuwendende DBA eine dem Art. 25 Abs. 5 OECD-MA vergleichbare Klausel

1408 Vgl. *Hahn*, in: PwC, Reform, 2007, S. 139.

1409 Vgl. *Frotscher*, in: Frotscher/Maas, KStG/GewStG/UmwStG, § 2 UmwStG Rz. 40 (98. Lfg., 2009); *Ettinger/Königer*, GmbHR 2009, S. 590 (591).

1410 Vgl. *Ettinger/Königer*, GmbHR 2009, S. 590 (591).

1411 Vgl. *Frotscher*, in: Frotscher/Maas, KStG/GewStG/UmwStG, § 2 UmwStG Rz. 40 (98. Lfg., 2009); *Ettinger/Königer*, GmbHR 2009, S. 590 (591).

1412 Kritisch hierzu *Frotscher*, in: Frotscher/Maas, KStG/GewStG/UmwStG, § 2 UmwStG Rz. 42 (98. Lfg., 2009).

1413 Vgl. *Dötsch/Pung*, DB 2006, S. 2704 (2706); *van Lishaut*, in: Rödder/Herlinghaus/van Lishaut, UmwStG, 2008, § 2 Rz. 105.

1414 Siehe allgemein zur Kritik am Verständigungsverfahren *Lehner*, in: FS Reiß, 2008, S. 665 (671); *Bödefeld/Kuntschik*, IStR 2009, S. 449 (449). Die Einleitung eines abkommensrechtlichen Schiedsverfahrens, wie es beispielsweise in Art. 25 Abs. 5 DBA-Österreich oder Art. 41 Abs. 5 DBA-Schweden vorgesehen ist, kommt hier nicht in Betracht, da die Doppelbesteuerung nicht in einer uneinheitlichen Auslegung von Abkommensrecht begründet ist. Das EU-Schiedsübereinkommen (Übereinkommen 90/436/EWG v. 23.07.1990 über die Beseitigung der Doppelbesteuerung im Falle von Gewinnberichtigungen zwischen verbundenen Unternehmen, ABl. L 225 v. 20.08.1990, S. 10) kann an dieser Stelle ebenfalls nicht zur Anwendung kommen, da dieses die Abgrenzung von Gewinnen im Zusammenhang mit Verrechnungspreissituationen betrifft.

enthält, wird ein gescheitertes Verständigungsverfahren durch ein obligatorisches Schiedsverfahren fortgesetzt, sofern der Steuerpflichtige einen entsprechenden Antrag stellt.[1415] Die daraufhin bestellten Schiedsrichter treffen dann eine für die Abkommensstaaten verbindliche Entscheidung.[1416]

c) Fallgruppen

Im Folgenden wird anhand von Fallgruppen beispielhaft dargestellt, unter welchen Umständen kollidierende Rückwirkungsregelungen zu einer Nichtbesteuerung bzw. Doppelbesteuerung von Einkünften führen können.

Es wird gezeigt, dass dies grundsätzlich nur dann möglich ist, wenn die grenzüberschreitende Spaltung zu einer (teilweisen) steuerlichen Entstrickung der übertragenen Wirtschaftsgüter führt. Das Recht eines Staates zur Besteuerung der aus einem Wirtschaftsgut resultierenden Einkünfte hängt davon ab, ob dieses Wirtschaftsgut in seinem Hoheitsgebiet steuerlich verstrickt ist.[1417] Soweit eine grenzüberschreitende Spaltung keine Änderungen hinsichtlich der steuerlichen Verstrickung von Wirtschaftsgütern bewirkt, kommt es unabhängig von kollidierenden Rückwirkungsregelungen grundsätzlich nicht zu weißen Einkünften oder einer Doppelbesteuerung.[1418]

Dieser Grundsatz kann, wie im Folgenden noch gezeigt wird, insbesondere dann durchbrochen werden, wenn zwischen dem übertragenden und übernehmenden Rechtsträger schuldrechtliche Beziehungen existieren.

Einer besonderen Beurteilung bedarf die Übertragung von Betriebsvermögen, das einer in einem dritten Staat belegenen Anrechnungsbetriebsstätte zuzuordnen ist.[1419] Wie noch zu zeigen sein wird, ruft insoweit selbst eine steuerliche Entstrickung dieses Betriebsvermögens keine weißen Einkünfte bzw. keine Doppelbesteuerung hervor.

Soweit innerhalb der einzelnen Fallgruppen die Gefahr der Entstehung weißer Einkünfte oder einer Doppelbesteuerungssituation besteht, wird dargelegt, inwiefern sich die Regelung des § 2 Abs. 3 UmwStG als Korrektiv erweist.

1415 Vgl. *Lehner*, in: FS Reiß, 2008, S. 665 (672).

1416 Hierzu *Lehner*, in: FS Reiß, 2008, S. 665 (673).

1417 Vgl. *Schaumburg*, in: Piltz/Schaumburg, Internationale Betriebsstättenbesteuerung, 2001, S. 53 (81); *Maier*, in: Löwenstein/Looks, Betriebsstättenbesteuerung, 2003, S. 246; *Kessler/Jehl*, IWB v. 08.08.2007, F. 10 Gr. 2, 1977 (1979).

1418 Vgl. *Rödder/Schumacher*, DStR 2006, S. 1525 (1529); *Heß/Schnitger*, in: PwC, Reform, 2007, S. 237; *Ettinger/Königer*, GmbHR 2009, S. 590 (591).

1419 Vgl. *Ettinger/Königer*, GmbHR 2009, S. 590 (591).

aa) Hinausspaltungen

(1) Hinausspaltung bei kürzerem ausländischen Rückwirkungszeitraum

Zunächst wird beispielhaft aufgezeigt, dass kollidierende nationale Rückwirkungszeiträume regelmäßig erst im Fall des zusätzlichen Vorliegens steuerlicher Entstrickungen zu einem Anwendungsfall des § 2 Abs. 3 UmwStG führen.

Beispiel 15:[1420] Die inlandsansässige D-GmbH spaltet einen Teilbetrieb auf die im EU-Staat M ansässige M-SE ab. Im Spaltungs- und Übernahmevertrag wird als gesellschaftsrechtlicher Spaltungsstichtag der 01.01.2012 festgelegt. Die Anmeldung der Spaltung zu dem für die D-GmbH zuständigen Handelsregister erfolgt am 31.08.2012. Das Betriebsvermögen der D-GmbH umfasst neben einer inländischen Fabrikationsstätte auch Wertpapiere, die der Vermögensverwaltung dienen. Das Wirtschaftsjahr der D-GmbH entspricht dem Kalenderjahr. Das Wirtschaftsjahr der M-SE beginnt am 01.05. eines Kalenderjahres. Das Steuerrecht des Staates M erlaubt eine Rückbeziehung der Spaltung auf den Ablauf desjenigen Wirtschaftsjahres der beteiligten Gesellschaften, welches zuletzt abgeschlossen wurde. Zwischen Deutschland und dem Staat M besteht ein dem OECD-MA entsprechendes DBA.

Aus § 2 Abs. 1 UmwStG i.V.m. § 122k Abs. 1 Satz 2 analog, § 17 Abs. 2 Satz 4 UmwG[1421] ergibt sich, dass die Spaltung nach deutschem Steuerrecht auf den Ablauf des 31.12.2011 zurückbezogen werden kann. Als Übertragungsbilanz kann dabei die auf den 31.12.2011 aufgestellte steuerliche Schlussbilanz der D-GmbH dienen. Nach dem Steuerrecht des Staates M ist allerdings nur eine Rückbeziehung der Spaltung auf den Ablauf desjenigen Wirtschaftsjahres der beteiligten Gesellschaften, welches zuletzt abgeschlossen wurde, möglich. Im Staat M wird die steuerliche Wirksamkeit der Verschmelzung somit erst zum Ablauf des 30.04.2012 fingiert. Während demnach das übertragene Betriebsvermögen sowie die daraus resultierenden Einkünfte aus der Sicht des deutschen Steuerrechts bereits nach Ablauf des 31.12.2011 der M-SE zuzurechnen sind, beginnt diese Zurechnung nach dem Steuerrecht des Staates M erst nach Ablauf des 30.04.2012. Damit ist es denkbar, dass

---

1420 Weitgehend wortgetreu übernommen von *Ettinger/Königer*, GmbHR 2009, S. 590 (592 f.).

1421 Aufgrund des § 2 Abs. 1 UmwStG ist § 17 Abs. 2 Satz 4 UmwG mittelbar auch im Umwandlungssteuerrecht anzuwenden, vgl. *Dötsch*, in: Dötsch u.a., UmwStG, 2007, § 2 Rz. 7. Nach § 17 Abs. 2 Satz 4 UmwG kann eine Übertragungsbilanz nur unter der Voraussetzung zugrunde gelegt werden, dass sie „auf einen höchstens acht Monate vor der Anmeldung liegenden Stichtag aufgestellt worden ist". Mit „der Anmeldung" bezieht sich die genannte Rechtsnorm auf den Zeitpunkt der Anmeldung durch die übertragende Gesellschaft, vgl. *Dötsch*, in: Dötsch u.a., UmwStG, 2007, § 2 Rz. 8.

Einkünfte im Zeitraum vom 01.01.2012 bis einschließlich 30.04.2012 in keinem Staat der Besteuerung unterliegen und demnach eine Besteuerungslücke entsteht. Entscheidend ist hierbei, ob die übertragenen Wirtschaftsgüter fortan dem ausländischen Stammhaus der M-SE, oder aber einer im Inland belegenen Betriebsstätte der M-SE zuzuordnen sind.

Die Fabrikationsstätte ist sowohl nach nationalem Steuerrecht (§ 12 Satz 1 Nr. 4 AO), als auch abkommensrechtlich (Art. 5 Abs. 2 Buchst. d OECD-MA) als Betriebsstätte anzusehen. Entsprechend Art. 7 Abs. 1 Satz 2, Art. 13 Abs. 2 OECD-MA können die daraus erzielten (unternehmerischen) Einkünfte auch dann in Deutschland besteuert werden, wenn sie einem im Staat M ansässigen Rechtsträger zuzurechnen sind. Nachdem die aus der Fabrikationsstätte resultierenden Einkünfte bis einschließlich 31.12.2011 i.R. der unbeschränkten Steuerpflicht der D-GmbH in Deutschland besteuert wurden, sind diese Einkünfte somit nach Ablauf des 31.12.2011 gem. § 8 Abs. 1 Satz 1 KStG i.V.m. § 49 Abs. 1 Nr. 2 Buchst. a EStG i.R. der beschränkten Steuerpflicht der M-SE weiterhin in Deutschland zu versteuern. Folglich unterliegen die Einkünfte unabhängig von unterschiedlichen Rückwirkungszeiträumen der kontinuierlichen Besteuerung im Inland. Da damit die Entstehung weißer Einkünfte ausgeschlossen ist, liegt insoweit kein Anwendungsfall des § 2 Abs. 3 UmwStG vor (Darst. 1).

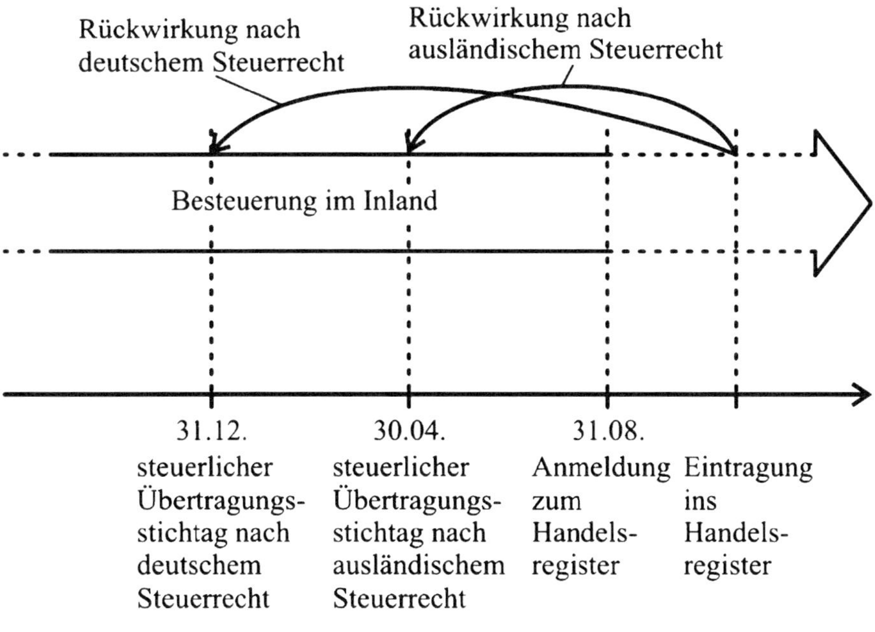

Quelle: Ettinger/Königer, GmbHR 2009, S. 590 (592).

Darst. 1: Keine Besteuerungslücke trotz kollidierender Rückbeziehungsregelungen

Anders sind die Einkünfte aus den übertragenen Wertpapieren zu beurteilen. Da die Wertpapiere keine Verbindung zum Betriebszweck der Fabrikationsstätte aufweisen, sind sie nach der Hinausspaltung dem ausländischen Stammhaus der M-SE zuzuordnen. Wegen § 2 Abs. 1 UmwStG erfolgt diese Zuordnung nach deutschem Steuerrecht bereits mit Ablauf des 31.12.2011. Somit werden die aus den Wertpapieren stammenden Einkünfte ab dem 01.01.2012 nicht mehr in Deutschland besteuert. Aufgrund des kürzeren Rückwirkungszeitraums im Staat M wird die Spaltung dort erst mit Ablauf des 30.04.2012 als steuerlich wirksam betrachtet. Folglich sind die Einkünfte aus den Wertpapieren aus Sicht des ausländischen Steuerrechts auch erst ab dem 01.05.2012 dem Stammhaus der M-SE zuzuordnen. Da die Einkünfte aus den Wertpapieren vom 01.01.2012 bis einschließlich 30.04.2012 somit in keinem Staat besteuert werden, liegt für diesen Zeitraum eine Besteuerungslücke vor (Darst. 2).

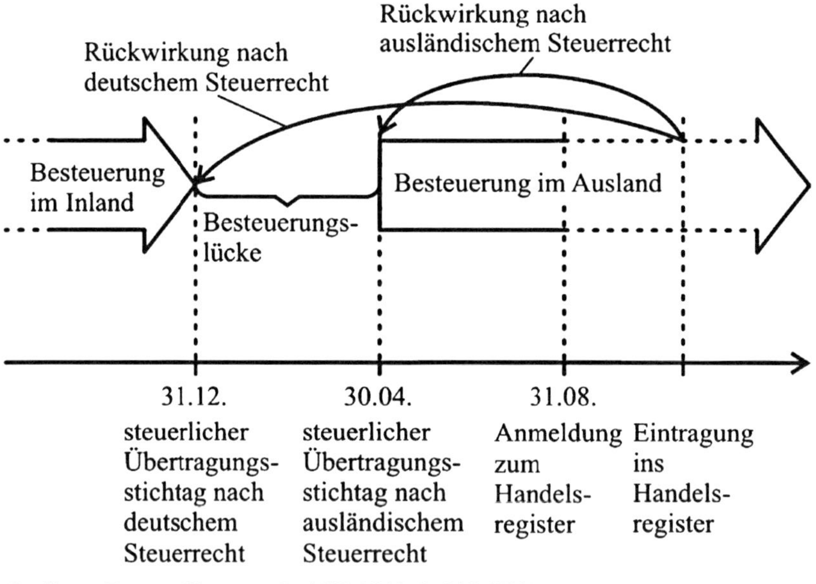

Quelle: Ettinger/Königer, GmbHR 2009, S. 590 (593).

Darst. 2: Besteuerungslücke vor Anwendung des § 2 Abs. 3 UmwStG

Hinsichtlich der während der Dauer der Besteuerungslücke erzielten (positiven oder negativen) Einkünfte aus den Wertpapieren ist somit ein Anwendungsfall des § 2 Abs. 3 UmwStG gegeben. Dies führt dazu, dass insoweit auch nach deutschem Steuerrecht nur eine viermonatige Rückbeziehung möglich ist. Da folglich eine einheitliche Rückwirkung sowie ein einheitlicher steuerlicher Übertragungsstichtag nach deutschem und ausländischem Steuerrecht vorliegen, wird die Besteuerungslücke durch § 2 Abs. 3 UmwStG geschlossen (Darst. 3).

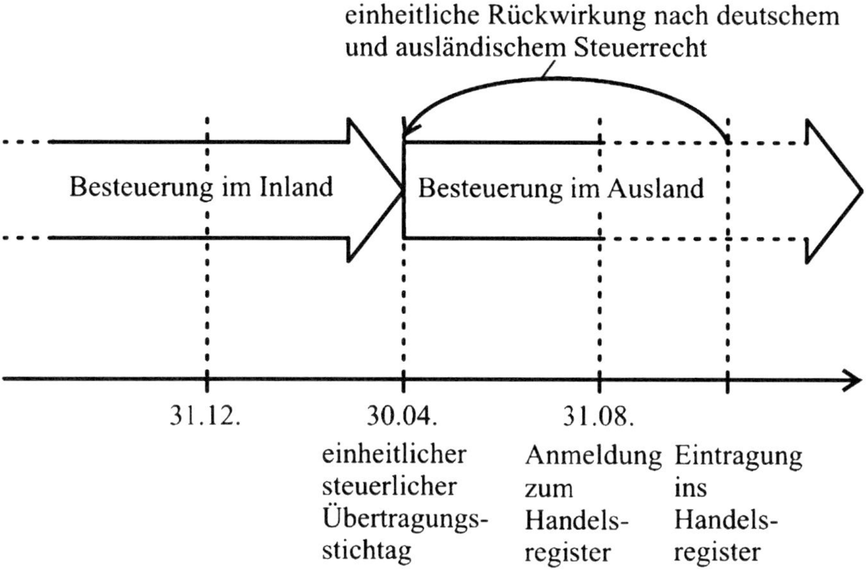

Quelle: Ettinger/Königer, GmbHR 2009, S. 590 (593).

Darst. 3: Keine Besteuerungslücke nach Anwendung des § 2 Abs. 3 UmwStG

Ausdrücklich sei darauf hingewiesen, dass die Anwendung des § 2 Abs. 3 UmwStG nicht hinsichtlich der Einkünfte aus der Fabrikationsstätte erfolgt.[1422] Da bezüglich dieser Einkünfte keine Besteuerungslücke entsteht, bleibt es insoweit bei der achtmonatigen Rückbeziehung auf den 31.12.2011.

Da, wie bereits festgestellt wurde, der steuerliche Übergang der Wertpapiere erst mit Ablauf des 30.04.2012 erfolgt,[1423] können die Bilanzansätze aus der deutschen Übertragungsbilanz vom 31.12.2011 nicht für die Ermittlung des im Inland zu versteuernden Übertragungsgewinns aus den Wertpapieren herangezogen werden. Weil die Rückbeziehungsregelungen des § 2 Abs. 1 UmwStG nur teilweise, nämlich hinsichtlich der Wertpapiere, eingeschränkt werden, sollte die D-GmbH aber nicht gezwungen sein, eine komplette Zwischenbilanz auf den 30.04.2012 aufzustellen.[1424] In Anlehnung an die Aufzeichnungspflichten nach § 4 Abs. 3 Satz 5 EStG[1425]

1422 Siehe § 2 Abs. 3 UmwStG: „soweit".

1423 Folglich entsteht auch der Entstrickungsgewinn aus den Wertpapieren erst im Veranlagungszeitraum 2009.

1424 Vgl. hierzu auch *Schaflitzl/Widmayer*, BB-Beilage 8/2006, S. 36 (39).

1425 Siehe dazu allgemein *Kanzler*, in: Herrmann/Heuer/Raupach, EStG/KStG, § 4 EStG Rz. 640 (249. Lfg. 2011).

sollte wahlweise auch die Aufnahme der Wertpapiere in ein besonderes Verzeichnis genügen.

Anhand des folgenden Beispiels wird gezeigt, dass unterschiedliche nationale Rückbeziehungsregelungen auch im Fall von schuldrechtlichen Beziehungen zwischen den an einer grenzüberschreitenden Spaltung beteiligten Rechtsträgern zu einer Entstehung von weißen Einkünften oder einer Doppelbesteuerungssituation führen können. Es wird dargestellt, wie weit dabei die Korrekturmöglichkeiten des § 2 Abs. 3 UmwStG reichen.

Beispiel 16a:[1426] Anknüpfend an Beispiel 15. Die D-GmbH hat der M-SE aus den Mitteln der inländischen Fabrikationsstätte ein verzinsliches Darlehen gewährt. Den erhaltenen Darlehenszins benötigt die D-GmbH zur Deckung laufender Ausgaben ihrer Fabrikationsstätte. Weiterhin vermietet die M-SE an die D-GmbH während der ersten Hälfte des Jahres 2012 Maschinen für deren inländische Fabrikationsstätte. Der vereinbarte Mietzins ist höher als die auf die vermieteten Maschinen entfallende, anteilige jährliche Absetzung für Abnutzung.

Grundsätzlich sind die Darlehenszinsen ab dem 01.01.2012 nicht mehr in Deutschland zu versteuern, da ein Darlehensvertrag zwischen Stammhaus und Betriebsstätte der M-SE als rein interner Vorgang, an dem außer der M-SE keine weiteren Rechtsträger beteiligt sind, bis einschließlich des Jahres 2012 steuerlich generell nicht anzuerkennen ist.[1427] Im Staat M, dessen Steuerrecht die Wirksamkeit der Spaltung erst

---

1426 Teilweise wortgetreu übernommen von *Ettinger/Königer*, GmbHR 2009, S. 590 (593).

1427 Vgl. dazu allgemein BFH v. 20.07.1988, I R 49/84, BStBl. II 1989, S. 140, unter II. B. 2. d); BMF v. 24.12.1999, IV B 4-S 1300-111/99, BStBl. I 1999, S. 1076, Rz. 2.2; *Dötsch*, in: Dötsch u.a., UmwStG, 2007, § 2 Rz. 21; *van Lishaut*, in: Rödder/Herlinghaus/van Lishaut, UmwStG, 2008, § 2 Rz. 51; *Schaflitzl/Widmayer*, BB-Beilage 8/2006, S. 36 (39); *Wassermeyer*, in: Wassermeyer/Andresen/Ditz, Betriebsstätten, 2006, S. 18 ff. Entsprechend der in Art. 7 Abs. 2 Satz 1 OECD-MA 2008 bzw. Art. 7 Abs. 2 Satz 1 OECD-MA 2010 formulierten eingeschränkten (vgl. *Wassermeyer*, in: Debatin/Wassermeyer, DBA, Art. 7 OECD-MA Rz. 324 (106. Lfg., 2009); *Hemmelrath*, in: Vogel/Lehner, DBA, 2008, Art. 7 OECD-MA Rz. 82) bzw. uneingeschränkten (vgl. *Kahle/Mödinger*, DB 2011, S. 2338 (2342)) hypothetischen Selbständigkeit einer Betriebsstätte schließt das Abkommensrecht die steuerrechtliche Anerkennung eines fiktiven Lieferungs- und Leistungsverkehrs zwischen Stammhaus und Betriebsstätte zwar nicht aus, vgl. *Wassermeyer*, in: Wassermeyer/Andresen/Ditz, Betriebsstätten, 2006, S. 21 f.; *Kahle/Mödinger*, DB 2011, S. 2338 (2342 f.). Das deutsche Steuerrecht kannte vor der durch das Amtshilferichtlinie-Umsetzungsgesetz (v. 26.06.2013, BGBl. I 2013, S. 1809) erfolgten Übernahme des AOA in nationales Recht allerdings keinen Grundsatz der hypothetischen Selbständigkeit von Betriebsstätten, vgl. dazu auch *Wassermeyer*, IStR 2004, S. 733 (733). Da die neuen Regelungen des § 1 Abs. 4 Satz 1 Nr. 2 und § 1 Abs. 5 AStG gem. § 21 Abs. 20

mit Ablauf des 30.04.2012 annimmt, werden die Zinszahlungen dagegen noch bis zu diesem Zeitpunkt zum Abzug zugelassen. Da die korrespondierenden Zinserträge im Zeitraum vom 01.01.2012 bis einschließlich 30.04.2012 jedoch in keinem Staat der Besteuerung unterliegen, ist insoweit ein Anwendungsfall des § 2 Abs. 3 UmwStG gegeben.

Weil es sich auch bei dem Mietverhältnis ab dem 01.01.2012 aus deutscher Sicht um einen steuerlich nicht zu berücksichtigenden internen Vorgang handelt, kann der von der D-GmbH gezahlte Mietzins ab diesem Zeitpunkt in Deutschland nicht mehr steuerlich in Abzug gebracht werden. Die D-GmbH kann im Inland nur die niedrigere, periodengerechte Absetzung für Abnutzung steuerlich geltend machen.

Da die Spaltung nach ausländischem Steuerrecht erst mit Ablauf des 30.04.2012 wirksam wird, geht der Staat M bis zu diesem Zeitpunkt von einem Mietverhältnis zwischen zwei eigenständigen Rechtsträgern, nämlich der D-GmbH und der M-SE, aus. Folglich ist der Mietzins bis zu diesem Zeitpunkt von der M-SE zu versteuern. Soweit die zu versteuernden Mietzinsen die abzugsfähige Absetzung für Abnutzung übersteigen, liegt damit eine wirtschaftliche Doppelbesteuerung vor, die durch § 2 Abs. 3 UmwStG nicht beseitigt wird.[1428]

Beispiel 16b: Wie Beispiel 16a, jedoch wird die Spaltung ein Jahr später durchgeführt und somit nach deutschem Steuerrecht zum 31.12.2012 bzw. nach ausländischem Steuerrecht zum 30.04.2013 wirksam.

Entsprechend § 1 Abs. 4 Satz 1 Nr. 2, Abs. 5, § 21 Abs. 20 Satz 3 AStG ist eine steuerliche Anerkennung von Geschäftsbeziehungen zwischen der deutschen Betriebsstätte sowie dem Stammhaus der im Staat M ansässigen M-SE grundsätzlich denkbar.

Zinszahlungen innerhalb eines Einheitsunternehmens sind in Übereinstimmung mit den AOA-Grundsätzen jedoch nur dann steuerlich anzuerkennen, wenn die darlehensgebende Betriebsstätte eine nicht nur gelegentliche Finanzierungsfunktion innerhalb dieses Unternehmens übernimmt.[1429] Sofern dies der Fall ist, entstehen in der deutschen Betriebsstätte entsprechend § 1 Abs. 4 Satz 1 Nr. 2, Abs. 5 Satz 1, Abs. 1 Satz 1 AStG steuerpflichtige Zinserträge. Mangels weißer Einkünfte erübrigt sich damit eine Anwendung des § 2 Abs. 3 UmwStG. Sofern hingegen keine dauerhafte Finanzierungsfunktion der deutschen Betriebsstätte vorliegt und demnach eine Einkünftekorrektur nach § 1 AStG ausscheidet, greift insoweit wiederum die Regelung des § 2 Abs. 3 UmwStG.

Satz 3 AStG erstmals für Wirtschaftsjahre anzuwenden ist, die nach dem 31.12.2012 beginnen, war zuvor die für eine Gewinnrealisation durch eine Innentransaktion erforderliche Rechtsgrundlage nicht gegeben.

1428 Kritisch dazu, dass § 2 Abs. 3 UmwStG wirtschaftliche Doppelbesteuerungen unberücksichtigt lässt *Widmann*, in: Widmann/Mayer, UmwG/UmwStG, § 2 UmwStG Rz. R 119 (115. Lfg., 2010).

1429 Vgl. OECD Report on the Attribution of Profits to Permanent Establishments v. 17.07.2008, S. 49; *Hemmelrath/Kepper*, IStR 2013, S. 37 (38).

Betreffend das Mietverhältnis ist festzustellen, dass der Mietzins in Deutschland ungeachtet des § 1 Abs. 4 Satz 1 Nr. 2, Abs. 5 Satz 1, Abs. 1 Satz 1 AStG nicht einkünftemindernd geltend gemacht werden kann. Dies ist in der einseitigen, allein auf die Erhöhung inländischer Einkünfte zielenden Ausgestaltung der genannten Bestimmungen begründet.[1430] Wie bereits in Beispiel 16a bleibt es damit bei einer wirtschaftlichen Doppelbesteuerung, die auch nicht durch § 2 Abs. 3 UmwStG beseitigt wird.

I.R. des folgenden Beispielsfalls wird erörtert, ob bei einer Übertragung einer ausländischen Anrechnungsbetriebsstätte eine Einschränkung der steuerlichen Rückwirkung nach § 2 Abs. 3 UmwStG geboten sein kann.

Beispiel 17:[1431] Sachverhalt wie in Beispiel 15, allerdings besteht das Betriebsvermögen der D-GmbH ausschließlich aus einer Anrechnungsbetriebsstätte im Staat X. Die zur Anrechnungsbetriebsstätte gehörenden Wirtschaftsgüter sind dieser auch nach der Spaltung noch zuzuordnen.

Nach dem deutschen steuerlichen Übertragungsstichtag, also grundsätzlich dem 31.12.2011, besteht in Deutschland kein Anknüpfungspunkt mehr für eine Besteuerung der Anrechnungsbetriebsstätte, weshalb es zur Entstrickung im Inland kommt.[1432] Der Staat M betrachtet die Spaltung für steuerliche Zwecke erst mit Ablauf des 30.04.2012 als vollzogen. Zweifelhaft ist, ob die Einkünfte aus der Anrechnungsbetriebsstätte, die im Zeitraum vom 01.01.2012 bis zum Ablauf des 30.04.2012 erzielt werden, als „der Besteuerung entzogen" i.S. des § 2 Abs. 3 UmwStG gelten. Hierbei ist festzustellen, dass die Einkünfte aus der Anrechnungsbetriebsstätte innerhalb dieses Zeitraums weder im Inland, noch im Staat M steuerlich erfasst werden. Da die zur Anrechnungsbetriebsstätte gehörenden Wirtschaftsgüter aber unabhängig davon, welchem Steuerpflichtigen sie zuzurechnen sind, weiterhin dieser Betriebsstätte zuzuordnen sind, bleibt die permanente Besteuerung der Betriebsstätteneinkünfte durch den Staat X auch über den 31.12.2011 hinaus gewährleistet. Folglich sind die Einkünfte auch dann nicht der Besteuerung entzogen, wenn sie in keinem der Ansässigkeitsstaaten der an der Spaltung beteiligten Rechtsträger der Besteuerung unterliegen. Außerdem besteht die Möglichkeit, dass der Staat M die Betriebsstätte unabhängig vom steuerlichen Übertragungsstichtag nicht als Anrechnungsbetriebsstätte behandeln wird, sondern die Freistellungsmethode anwendet. In diesem Fall bliebe es selbst dann bei einer alleinigen Besteuerung durch den Betriebsstättenstaat, wenn die Rückwirkungszeiträume identisch wären. Im Ergebnis liegt hier kein Anwendungsfall des § 2 Abs. 3 UmwStG vor.

1430 Zu Recht kritisch hierzu *Baldamus*, IStR 2012, S. 317 (319); *Schnitger*, IStR 2012, S. 633 (635).

1431 Weitgehend wortgetreu übernommen von *Ettinger/Königer*, GmbHR 2009, S. 590 (593 f.).

1432 Im Fall von EU-Betriebsstätten ist § 11 Abs. 3 i.V.m. § 3 Abs. 3 UmwStG zu beachten.

(2) Hinausspaltung bei längerem ausländischen Rückwirkungszeitraum

Im Schrifttum wird teilweise angenommen, dass infolge von Hinausübertragungen eine Doppelbesteuerung droht, wenn der ausländische Staat eine längere Rückbeziehung vorsieht.[1433] Demnach führe dies dazu, dass der Beginn der Besteuerung der Einkünfte aus dem übertragenen Betriebsvermögen durch den ausländischen Staat zeitlich vor dem Ende der inländischen Besteuerung dieser Einkünfte liege. In der Praxis kann eine solche Doppelbesteuerungssituation nach hier vertretener Auffassung jedoch kaum zustande kommen, da hierfür das jeweilige ausländische Steuerrecht eine starre Rückbeziehung (von mehr als acht Monaten) vorschreiben müsste.[1434] Mit dem Zweck von Rückbeziehungsregelungen, der in der praktischen Erleichterung von Umstrukturierungen besteht,[1435] wäre dies aber kaum zu vereinbaren.[1436] Selbst wenn im Ausland eine längere Rückwirkung als in Deutschland möglich ist, so wird regelmäßig nach ausländischem Steuerrecht kein Zwang bestehen, den maximal möglichen Rückbeziehungszeitraum voll auszuschöpfen.[1437]

bb) Hereinspaltungen

(1) Hereinspaltung bei kürzerem ausländischen Rückwirkungszeitraum

Falls bei einer grenzüberschreitenden Spaltung der übernehmende Rechtsträger im Inland ansässig ist, gleicht sich der deutsche steuerliche Übertragungsstichtag gem. § 2 Abs. 1 UmwStG jedem beliebigen Stichtag einer ausländischen Übertragungsbilanz an.[1438] Wegen der daraus folgenden identischen in- und ausländischen Rückwirkungszeiträume können weiße Einkünfte oder eine Doppelbesteuerungssituation nicht entstehen.[1439]

1433 Vgl. *Dötsch*, in: Dötsch u.a., UmwStG, 2007, § 2 Rz. 44; *Winkeljohann/Fuhrmann*, Handbuch Umwandlungssteuerrecht, 2007, S. 724; *Hörtnagl*, in: Schmitt/Hörtnagl/Stratz, UmwG/UmwStG, 2009, § 2 UmwStG Rz. 121.

1434 Vgl. *Ettinger/Königer*, GmbHR 2009, S. 590 (594).

1435 Vgl. *Dötsch*, in: Dötsch u.a., UmwStG, 2007, § 2 Rz. 10; *van Lishaut*, in: Rödder/Herlinghaus/van Lishaut, UmwStG, 2008, § 2 Rz. 3.

1436 Vgl. *Ettinger/Königer*, GmbHR 2009, S. 590 (594).

1437 Vgl. *Ettinger/Königer*, GmbHR 2009, S. 590 (594).

1438 Vgl. BT-Drs. 16/2710, S. 36; *Winkeljohann/Fuhrmann*, Handbuch Umwandlungssteuerrecht, 2007, S. 725.

1439 Vgl. *Ettinger/Königer*, GmbHR 2009, S. 590 (594).

(2) Hereinspaltung bei längerem ausländischen Rückwirkungszeitraum

Sofern der an einer grenzüberschreitenden Spaltung teilnehmende übernehmende Rechtsträger in Deutschland ansässig ist, erfolgt durch § 2 Abs. 1 UmwStG eine Anpassung des deutschen steuerlichen Übertragungsstichtags an den Stichtag einer ausländischen Übertragungsbilanz. Da sich nach deutschem und ausländischem Steuerrecht somit deckungsgleiche Rückwirkungszeiträume ergeben, können weiße Einkünfte oder eine Doppelbesteuerung ausgeschlossen werden.

d) Unionsrechtliche Würdigung der deutschen Rückbeziehungsregelungen

Da die FRL keine Regelungen über die steuerliche Rückwirkung von Umstrukturierungen trifft, kommt eine Prüfung der deutschen Rückbeziehungsreglungen anhand eines sekundärrechtlichen Maßstabs nicht in Betracht.

Fraglich ist, ob die deutschen Rückbeziehungsregelungen mit den Vorgaben der Grundfreiheiten vereinbar sind. In den Fokus ist hierbei die Regelung des § 2 Abs. 3 UmwStG zu rücken. Außerdem ist zu klären, ob eine infolge unterschiedlich langer Rückwirkungszeiträume zustande kommende Doppelbesteuerung gegen die Grundfreiheiten verstößt.

aa) Einschränkung der steuerlichen Rückwirkung

Wie herausgestellt wurde, kann die Anwendung des § 2 Abs. 3 UmwStG bei grenzüberschreitenden Spaltungen zu einer Verkürzung des nach § 2 Abs. 1 UmwStG grundsätzlich vorgesehenen deutschen Rückwirkungszeitraums führen. Da eine solche Reduzierung des Rückwirkungszeitraums bei rein innerstaatlichen Spaltungen nie erfolgen kann, liegt eine Diskriminierung vor. Da eine Vergleichbarkeit von grenzüberschreitenden und rein innerstaatlichen Spaltungen gegeben ist,[1440] stellt sich die Frage, ob diese Ungleichbehandlung gerechtfertigt ist. Eine allein mit der Vermeidung von Steuerumgehungen begründete Rechtfertigung ist nicht zielführend. Zwar ist es denkbar, dass der Steuerpflichtige eine achtmonatige Rückbeziehung im Inland beansprucht und gleichzeitig ein ggf. bestehendes ausländisches Wahlrecht in der Weise ausnutzt, dass die Dauer des ausländischen Rückwirkungszeitraums möglichst kurz ist. Eine künstliche, allein auf Steuerumgehung gerichtete Sachverhaltsgestaltung läge dann vor. Da es Spaltungen jedoch grundsätzlich nicht am wirtschaftlichen Gehalt fehlt, sind die Voraussetzungen für eine ausschließlich auf den Grund der Vermeidung der Steuerumgehung gestützte Rechtfertigung nicht gegeben. Entsprechend der Rechtsprechung des EuGH kann

1440 Die in Teil 2,B.I.1.g)bb) gemachten Ausführungen gelten hier entsprechend.

dieser Rechtfertigungsgrund der Vermeidung der Steuerumgehung insbesondere um den Rechtfertigungsgrund der Vermeidung der doppelten Geltendmachung steuerlicher Abzüge ergänzt werden.[1441] Legitim sein können demnach mitgliedstaatliche Regelungen zur Eindämmung künstlicher Gestaltungen, die gleichzeitig auf eine mehrfache Geltendmachung steuermindernder Umstände gerichtet sind. Sofern der Zweck einer mitgliedstaatlichen Regelung mit diesem kumulierten Rechtfertigungsgrund korrespondiert, darf diese Norm auch Sachverhaltsgestaltungen beschränken, die einen wirtschaftlichen Hintergrund aufweisen. Die Regelung des § 2 Abs. 3 UmwStG dient zwar nicht der Vermeidung einer doppelten Geltendmachung steuerlicher Abzüge, wohl aber der Verhinderung weißer Einkünfte. Da die Situation der gänzlichen Nichtbesteuerung bestimmter Einkünfte wirtschaftlich betrachtet derjenigen der doppelten Inanspruchnahme steuerlicher Abzüge entspricht, ist die in § 2 Abs. 3 UmwStG enthaltene Diskriminierung gerechtfertigt, soweit eine künstliche Ausnutzung der verschiedenen mitgliedstaatlichen Rückbeziehungsregelungen durch den Steuerpflichtigen dazu führt, dass gewisse Einkünfte generell der Besteuerung entzogen werden und eine Steuerbelastung entsprechend der Leistungsfähigkeit so umgangen wird. Eine künstliche Gestaltung liegt beispielsweise dann vor, wenn der Steuerpflichtige i.R. einer Hinausspaltung zu einer ausländischen Rückbeziehung optiert, die einerseits kürzer als die Rückbeziehung nach deutschen Recht ist und andererseits hinter der nach ausländischem Steuerrecht maximal möglichen Rückbeziehung zurückbleibt. Die Regelung des § 2 Abs. 3 UmwStG ist also aufgrund des kumulierten Rechtfertigungsgrunds der Vermeidung der Steuerumgehung sowie der Vermeidung weißer Einkünfte gerechtfertigt, soweit sie verhindert, dass ein Steuerpflichtiger die im Ausland mögliche Rückbeziehungsdauer nicht ausschöpft, um so die Erzielung unbesteuerter Einkünfte vorzubereiten.

Problematisch ist hierbei jedoch, dass die Regelung des § 2 Abs. 3 UmwStG mit diesem kumulierten Rechtfertigungsgrund insoweit nicht begründet werden kann, als der Steuerpflichtige den im Ausland maximal zur Verfügung stehenden Rückwirkungszeitraum voll ausschöpft und dieser dennoch kürzer als der deutsche Rückwirkungszeitraum ist. In diesem Fall kann dem Steuerpflichtigen kein künstliches, auf die Umgehung von mitgliedstaatlichen Steueransprüchen gerichtetes Verhalten unterstellt werden.

Neben dem bereits angeführten Rechtfertigungsgrund kommt noch eine Rechtfertigung des § 2 Abs. 3 UmwStG aufgrund der Wahrung der steuerlichen Kohärenz in Frage. Sofern die steuerliche Rückwirkung im Ausland kürzer bemessen

---

1441 Siehe hierzu bereits Teil 1.A.VII.5.b)bb)(6).

ist als im Inland und hieraus weiße Einkünfte resultieren, stellt dies einen spezifisch grenzüberschreitende Umstrukturierungen betreffenden steuerlichen Vorteil dar. I.R. von rein innerstaatlichen Sachverhalten ist ein Aufeinandertreffen unterschiedlicher Rückbeziehungsregelungen und eine hierdurch entstehende Nichtbesteuerung von innerhalb des Rückwirkungszeitraums erzielten Einkünften hingegen ausgeschlossen. Somit ist die spezifisch grenzüberschreitende Vorgänge benachteiligende Regelung des § 2 Abs. 3 UmwStG geeignet, in kohärenter Weise einem spezifisch grenzüberschreitende Vorgänge begünstigenden steuerlichen Vorteil entgegenzutreten. Da ein milderes, gleich wirksames Mittel zur Wahrung der steuerlichen Kohärenz nicht ersichtlich ist, kann die Regelung des § 2 Abs. 3 UmwStG als erforderlich betrachtet werden. Auch die Verhältnismäßigkeit der Regelung ist zu bejahen. Zwar wird die Wahlfreiheit des Steuerpflichtigen hinsichtlich des steuerlichen Übertragungsstichtags durch die Anwendung des § 2 Abs. 3 UmwStG eingeschränkt. Eine Abwägung des Interesses des Steuerpflichtigen an einer möglichst langen steuerlichen Rückwirkung und des Interesses der Mitgliedstaaten bzw. der Allgemeinheit an der Vermeidung weißer Einkünfte ergibt aber eine deutliche Unterordnung des erstgenannten Interesses.

I.R. der Kohärenzprüfung kann ein kompensatorischer Zusammenhang von steuerlichen Vor- und Nachteilen nur berücksichtigt werden, wenn der diskriminierende Staat entsprechende Vorkehrungen für einen gesicherten Vor- bzw. Nachteilsausgleich getroffen hat. Da § 2 Abs. 3 UmwStG durch die Bezugnahme auf die im Einzelfall maßgeblichen ausländischen Rückbeziehungsregelungen nur in den Fällen eine diskriminierende Einschränkung der inländischen Rückbeziehungsmöglichkeit vorsieht, in denen im Ausland tatsächlich ein späterer steuerlicher Übertragungsstichtag angenommen wird, ergibt sich die Kompensation der spezifischen Vor- und Nachteile grenzüberschreitender Umstrukturierungen nicht zufällig. Aufgrund der Einbeziehung des ausländischen Rechts stellt § 2 Abs. 3 UmwStG sicher, dass der steuerliche Nachteil einer verkürzten inländischen Rückwirkung durch den Vorteil einer ebenso kurzen ausländischen Rückwirkung begleitet wird. Da somit ein grundfreiheitsrechtlich anzuerkennender Vorteilsausgleich besteht,[1442] ist die Diskriminierung des § 2 Abs. 3 UmwStG generell aufgrund des mitgliedstaatlichen Interesses der Wahrung der steuerlichen Kohärenz gerechtfertigt.

1442 Vgl. allgemein zu der Voraussetzung, dass der diskriminierende Staat gezielt die notwendigen Vorkehrungen für eine Vorteilsgewährung im Ausland treffen muss Teil 1,A.VII.5.b)bb)(3)(i).

bb) Doppelbesteuerungssituation

Fraglich ist, ob es gegen Unionsprimärrecht verstößt, wenn es bei grenzüberschreitenden Spaltungen deshalb zu einer wirtschaftlichen Doppelbesteuerung kommt, weil die in den Steuerrechtsordnungen der betroffenen Staaten vorgesehenen Rückbeziehungsregelungen zu unterschiedlichen steuerlichen Übertragungsstichtagen führen. Neben § 2 Abs. 3 UmwStG, der lediglich der Vermeidung weißer Einkünfte aufgrund unterschiedlicher nationaler Rückbeziehungsregelungen dient, enthält das UmwStG keine Regelung, die eine wirtschaftliche Doppelbesteuerung als Resultat kollidierender Rückbeziehungsregelungen vermeidet.

Die wirtschaftliche Doppelbesteuerung ist hier nicht Folge einer Diskriminierung durch einen einzelnen Staat, sondern ergibt sich aus dem Nebeneinander unharmonisierter, aber diskriminierungsfreier mitgliedstaatlicher Rückbeziehungsregelungen. Da die wirtschaftliche Doppelbesteuerung nicht existieren würde, wenn die verschiedenen mitgliedstaatlichen Rückwirkungsregelungen gleich wären, handelt es sich bei dieser Schlechterstellung grenzüberschreitender Spaltungen um die Folge grundfreiheitsrechtlich unbedenklicher Disparitäten. Weil ein Staat aber nicht verpflichtet ist, seine Steuerrechtsnormen an diejenigen eines anderen Staats anzupassen,[1443] kann insoweit kein Grundfreiheitsverstoß festgestellt werden.

II. Spaltung nach § 16 UmwStG

Hinsichtlich der Spaltungen nach § 16 UmwStG gelten grundsätzlich die Ausführungen in Teil 2,B.I. zu Spaltungen i.S. des § 15 UmwStG entsprechend.[1444]

1443 Vgl. Teil 1.A.7.2.c).

1444 Nach § 16 Satz 1 UmwStG gilt u.a. § 15 UmwStG entsprechend. Demnach sind i.R. von Spaltungen i.S. des § 16 UmwStG insbesondere die doppelte Teilbetriebsvoraussetzung des § 15 Abs. 1 Satz 2 UmwStG sowie die besonderen Missbrauchsregelungen des § 15 Abs. 2 UmwStG zu beachten, vgl. *Dötsch*, in: Dötsch u.a., UmwStG, 2007, § 16 Rz. 6 und 9. Entsprechend dem Wortlaut des § 15 Abs. 1 Satz 1 UmwStG gelten die dort enthaltenen Folgeverweise auf die §§ 11 bis 13 UmwStG jedoch insbesondere nur „vorbehaltlich ... des § 16 [UmwStG] entsprechend." Da § 16 UmwStG auch auf die entsprechende Anwendung der §§ 3 bis 8 UmwStG verweist, verdrängen diese Regelungen die Rechtsnormen der §§ 11 bis 13 UmwStG, vgl. *Dötsch*, in: Dötsch u.a., UmwStG, 2007, § 16 Rz. 5; *Schießl*, in: Widmann/Mayer, UmwG/UmwStG, § 16 UmwStG Rz. 18 (123. Lfg., 2011). Daraus folgt, dass die in § 15 Abs. 1 Satz 2 und Abs. 2 UmwStG enthaltenen Bezugnahmen auf § 11 Abs. 2 UmwStG in solche auf § 3 Abs. 2 UmwStG umzudeuten sind, vgl. *Dötsch*,

Bei grenzüberschreitenden Auf- oder Abspaltungen auf Personengesellschaften ist jedoch zu beachten, dass die Prüfung, inwieweit das deutsche Besteuerungsrecht gem. § 16 Satz 1 i.V.m. § 3 Abs. 2 Satz 1 Nr. 2 UmwStG ausgeschlossen oder beschränkt wird, gesellschafterbezogen zu erfolgen hat.[1445] Sofern die Zugriffsmöglichkeit des deutschen Fiskus hinsichtlich der auf bestimmte Gesellschafter der übernehmenden Gesellschaft entfallenden anteiligen stillen Reserven des übertragenen Betriebsvermögens ausgeschlossen oder beschränkt wird, sind die stillen Reserven nur insoweit, also quotal, aufzudecken.[1446] Die gesellschafterbezogene Betrachtung ist in der transparenten Besteuerung von Personengesellschaften begründet, wonach eine Personengesellschaft zwar Einkünfteermittlungssubjekt ist, aber im Gegensatz zu deren Gesellschaftern, denen die durch die Personengesellschaft erzielten Einkünfte zugerechnet werden, nicht der persönlichen Einkommen- bzw. Körperschaftsteuerpflicht unterliegt.[1447]

Das deutsche Besteuerungsrecht wird durch eine grenzüberschreitende Spaltung nur dann weder ausgeschlossen noch beschränkt, wenn sich hieraus sowohl nach nationalem Steuerrecht als auch nach Abkommensrecht keine Einschränkung gegenüber dem vor dem steuerlichen Übertragungsstichtag bestehenden deutschen Besteuerungsrecht ergibt. Sofern nach deutschem Steuerrecht festgestellt wird, dass das deutsche Besteuerungsrecht hinsichtlich der in den übertragenen Wirtschaftsgütern enthaltenen stillen Reserven trotz der Durchführung der grenzüberschreitenden Spaltung grundsätzlich unberührt bleibt, ist zu prüfen, ob sich aus der Anwendung der jeweils einschlägigen Doppelbesteuerungsabkommen etwas anderes ergibt. Abkommensberechtigt sind entsprechend Art. 1 OECD-MA Personen, die zumindest in einem der Staaten, zwischen denen das jeweilige

---

in: Dötsch u.a., UmwStG, 2007, § 16 Rz. 5; *Schießl*, in: Widmann/Mayer, UmwG/UmwStG, § 16 UmwStG Rz. 80 (123. Lfg., 2011).

1445 Vgl. BT-Drs. 16/2710, S. 37; *Dötsch/Pung*, in: Dötsch u.a., UmwStG, 2007, § 3 Rz. 21; *Schaflitzl/Widmayer*, BB-Beilage 8/2006, S. 36 (40); *Hagemann* u.a., NWB-Sonderheft 1/2007, S. 14.

1446 Vgl. *Dötsch/Pung*, in: Dötsch u.a., UmwStG, 2007, § 3 Rz. 18a und 37; *Trossen*, FR 2006, S. 617 (620); *Hagemann* u.a., NWB-Sonderheft 1/2007, S. 14; *Schaflitzl/Widmayer*, BB-Beilage 8/2006, S. 36 (40); *Benecke/Beinert*, FR 2010, S. 1120 (1124). Technisch erfolgt dies beispielsweise dadurch, dass die betroffenen Gesellschafter eine Wertaufstockung in ihren jeweiligen Ergänzungsbilanzen vornehmen, während die übergegangenen Wirtschaftsgüter in der Übertragungsbilanz der Gesamthandsgemeinschaft weiterhin zum Buchwert notieren.

1447 Siehe allgemein zum steuerrechtlichen Transparenzprinzip *Fischer*, DStR 2006, S. 2281 (2283); *Kahle*, DStZ 2012, S. 61 (62).

Doppelbesteuerungsabkommen geschlossen wurde, ansässig sind. Personengesellschaften gelten zwar als Personenvereinigungen i.S. des Art. 3 Abs. 1 Buchst. a OECD-MA und damit als Personen im abkommensrechtlichen Sinn,[1448] doch fehlt es ihnen regelmäßig an der abkommensrechtlichen Ansässigkeit in einem der Vertragsstaaten.[1449] Eine Person ist entsprechend Art. 4 Abs. 1 OECD-MA nur dann in einem dieser Staaten ansässig, wenn sie dort nach dessen Recht unbeschränkt einkommen- oder körperschaftsteuerpflichtig ist.[1450] Da sich eine Personengesellschaft außerhalb des persönlichen Anwendungsbereichs des Einkommen- sowie des Körperschaftsteuergesetzes bewegt, wird jeder ihrer Mitunternehmer, welche in einem Vertragsstaat subjektiv steuerpflichtig sind, nach Doppelbesteuerungsrecht als Betreiber eines Unternehmes i.S. des Art. 3 Abs. 1 Buchst. d OECD-MA betrachtet.[1451] Aus abkommensrechtlicher Sicht bestehen demnach so viele Unternehmen, wie die Personengesellschaft Mitunternehmer hat.[1452] Somit wird jeder einzelne Mitunternehmer abkommensrechtlich als eigenständiger Unternehmer betrachtet. Auf die unternehmerischen Einkünfte des einzelnen Mitunternehmers ist damit dasjenige Doppelbesteuerungsabkommen anzuwenden, welches zwischen dessen Ansässigkeitsstaat und dem Quellenstaat, aus dem die jeweiligen Einkünfte stammen, geschlossen wurde. Werden Einkünfte in mehreren Quellenstaaten erzielt, so sind demnach verschiedene Doppelbesteuerungsabkommen einschlägig.

Beispiel 18: Die im Inland ansässige D-GmbH spaltet zwei Teilbetriebe auf die in Dänemark ansässige E-I/S[1453] ab. Sowohl an der übertragenden als auch an der übernehmenden Gesellschaft sind die natürlichen Personen P und Q zu je gleichen

---

1448 Vgl. BMF v. 16.04.2010, IV B 2-S 1300/09/10003, BStBl. I 2010, S. 354, Rz. 2.1.1; *Wassermeyer*, in: Debatin/Wassermeyer, DBA, Art. 3 OECD-MA Rz. 20 (109. Lfg., 2009).

1449 Vgl. *Wassermeyer*, in: Wassermeyer/Andresen/Ditz, Betriebsstätten, 2006, S. 342; BMF v. 16.04.2010, IV B 2-S 1300/09/10003, BStBl. I 2010, S. 354, Rz. 2.1.1.

1450 Vgl. *Hahn*, GmbHR 2006, S. 617 (621).

1451 Vgl. BMF v. 16.04.2010, IV B 2-S 1300/09/10003, BStBl. I 2010, S. 354, Rz. 2.2.2.

1452 Vgl. BMF v. 16.04.2010, IV B 2-S 1300/09/10003, BStBl. I 2010, S. 354, Rz. 2.2.2; *Wassermeyer*, in: Wassermeyer/Andresen/Ditz, Betriebsstätten, 2006, S. 342. Die Frage, wo sich das Stammhaus der Personengesellschaft befindet, ist allerdings unabhängig von der Ansässigkeit der einzelnen Gesellschafter zu beurteilen, vgl. BMF v. 16.04.2010, IV B 2-S 1300/09/10003, BStBl. I 2010, S. 354, Rz. 2.2.2. Auch eine Personengesellschaft hat demnach insgesamt nur ein Stammhaus und nicht ein Stammhaus pro Mitunternehmer.

1453 Die dänische *Interessentskab* entspricht einer deutschen OHG, vgl. BMF v. 24.12.1999, IV B 4-S 1300-111/99, BStBl. I 1999, S. 1076, Tabelle 1.

Teilen beteiligt. P ist in Deutschland steuerlich ansässig, Q in Polen. Einer der übertragenen Teilbetriebe besteht aus einer inländischen Betriebsstätte, zu der auch eine Beteiligung an der in Luxemburg ansässigen Z-SE gehört. Bei dem anderen übertragenen Teilbetrieb handelt es sich um eine in Portugal belegene Betriebsstätte, in der ausschließlich passive Einkünfte erzielt werden. Die Abspaltung führt insofern zu einer geänderten Zuordnung von Wirtschaftsgütern, als die Anteile an der Z-SE fortan dem dänischen Stammhaus der E-I/S zuzuordnen sind.

Vor Durchführung der Abspaltung besteht ein uneingeschränktes deutsches Besteuerungsrecht hinsichtlich sämtlicher Wirtschaftsgüter der inländischen Betriebsstätte. Da die in der portugiesischen Betriebsstätte erzielten Einkünfte passiv sind, hat der deutsche Fiskus entsprechend Art. 24 Abs. 2 Buchst. b DBA-Portugal i.V.m. Nr. 8 Buchst. a des Protokolls zum DBA-Portugal eine Doppelbesteuerung dadurch zu vermeiden, dass die in Übereinstimmung mit Art. 13 Abs. 2 DBA-Portugal erhobenen portugiesischen Steuern auf die entsprechenden inländischen Steuern anzurechnen sind. Somit besteht vor dem steuerlichen Übertragungsstichtag hinsichtlich des portugiesischen Betriebsvermögens ein anrechnungsverpflichtungsbehaftetes deutsches Besteuerungsrecht.

Nach Durchführung der Spaltung besteht nach inländischem Steuerrecht abgesehen von den Anteilen an der Z-SE hinsichtlich aller der im Inland belegenen Betriebsstätte bislang zuzuordnenden Wirtschaftsgüter weiterhin ein deutsches Besteuerungsrecht. Während die Einkünfte aus einer Veräußerung dieses inländischen Betriebsstättenvermögens bei P aufgrund dessen unbeschränkter Steuerpflicht im Inland steuerpflichtig sind, ergibt sich eine grundsätzliche inländische Steuerpflicht des Q insoweit aus den § 1 Abs. 4, § 49 Abs. 1 Nr. 2 Buchst. a EStG. Für die Prüfung, ob das deutsche Besteuerungsrecht durch ein DBA ausgeschlossen oder beschränkt wird, ist es unbeachtlich, wo die übernehmende Personengesellschaft ansässig ist. Mangels Abkommensberechtigung der E-I/S bestimmt sich die Anwendbarkeit von DBA vielmehr nach der Ansässigkeit der einzelnen Mitunternehmer. Daraus folgt, dass hinsichtlich der dem Gesellschafter P zuzurechnenden Einkünfte aus der Veräußerung des inländischen Betriebsstättenvermögens kein DBA existiert, welches das deutsche Besteuerungsrecht einschränken könnte. Die entsprechenden Einkünfte des Q dürfen in Deutschland gem. Art. 13 Abs. 3 DBA-Polen besteuert werden. Damit steht die Regelung des § 3 Abs. 2 Satz 1 Nr. 2 UmwStG einer Bewertung dieses Betriebsvermögens mit dem Buchwert oder einem Zwischenwert insoweit nicht entgegen.

Die Anteile an der Z-SE unterliegen nach dem steuerlichen Übertragungsstichtag nicht mehr der deutschen Besteuerung. Soweit die Einkünfte aus der Veräußerung dieser Anteile auf P entfallen, besteht wegen dessen unbeschränkter inländischer Steuerpflicht zwar grundsätzlich ein deutsches Besteuerungsrecht, doch wird dieses aufgrund des Art. 13 Abs. 2 DBA-Dänemark ausgeschlossen. Soweit die Anteilsveräußerungseinkünfte auf Q entfallen, besteht nach dem steuerlichen Übertragungsstichtag bereits nach inländischem Steuerrecht kein Anknüpfungspunkt mehr für eine deutsche Besteuerung. Somit gewährt § 3 Abs. 2 Satz 1 Nr. 2 UmwStG kein Wertansatzwahlrecht hinsichtlich der Anteile an der Z-SE.

Das deutsche Besteuerungsrecht an den Einkünften aus der Veräußerung des portugiesischen Betriebsvermögens wird durch die Spaltung insoweit nicht beeinträchtigt, als diese Einkünfte auf P entfallen. Entsprechend Art. 24 Abs. 2 Buchst. b DBA-Portugal i.V.m. Nr. 8 Buchst. a des Protokolls zum DBA-Portugal ist insoweit wiederum die portugiesische Steuer auf die entsprechende inländische Steuer anzurechnen. Soweit die Einkünfte aus der Veräußerung des portugiesischen Betriebsstättenvermögens allerdings infolge der Spaltung auf Q entfallen, besteht mangels Bezug zur deutschen Steuerhoheit keine Möglichkeit einer inländischen Besteuerung dieser Einkünfte. Dies bedeutet, dass entsprechend dem Beteiligungsverhältnis der Gesellschafter der übernehmenden E-I/S 50% der stillen Reserven des portugiesischen Betriebsvermögens steuerlich entstrickt werden und deshalb aufgrund des § 3 Abs. 2 Satz 1 Nr. 2 UmwStG aufzudecken sind.[1454]

Aus der gesellschafterbezogenen Betrachtung folgt, dass im Gegensatz zu Spaltungen i.S. des § 15 UmwStG bei den nach § 16 UmwStG behandelten Spaltungen auch dann ein (partieller) Ausschluss des Besteuerungsrechts denkbar ist, wenn sowohl der übertragende als auch der übernehmende Rechtsträger im Inland ansässig sind. Dies ist insbesondere der Fall, wenn eine Anrechnungsbetriebsstätte übertragen wird und die Gesellschafter der übernehmenden Personengesellschaft zumindest teilweise im Ausland ansässig sind.[1455]

Darüber hinaus ist es – wiederum anders als im Zusammenhang mit Spaltungen nach § 15 UmwStG – möglich, dass Hinausspaltungen zu einer *Beschränkung*[1456]

1454 Bei der übernehmenden Gesellschaft kann das übertragene Betriebsvermögen in der Gesamthandsbilanz weiterhin mit dem Buchwert angesetzt werden. Soweit aufgrund der Spaltung eine steuerliche Entstrickung eintritt, hat jedoch eine entsprechende Höherbewertung in den jeweiligen Ergänzungsbilanzen der betroffenen Mitunternehmer der Übernehmerin zu erfolgen. Ebenso ist es möglich, hinsichtlich des übergegangenen Betriebsvermögens in der Gesamthandsbilanz der Übernehmerin den in der steuerlichen Schlussbilanz der übertragenden Körperschaft angesetzten Wert zu übernehmen. In diesem Fall sind für die verschiedenen Gesellschafter, je nachdem, ob die steuerlichen Entstrickungen in ihrer Person begründet sind, negative oder positive Ergänzungsbilanzen zu erstellen, vgl. dazu BMF v. 11.11.2011, IV C 2-S 1978-b/08/10001, BStBl. I 2011, S. 1314, Tz. 04.24.

1455 Allerdings basiert der Ausschluss des deutschen Besteuerungsrechts auch im Fall einer solchen rein innerstaatlichen Spaltung auf einem grenzüberschreitenden Element, nämlich der Auslandsansässigkeit der Anteilseigner. Sofern die spaltungsbeteiligten Gesellschafter primärrechtlich geschützt sind, stellt die aus der Beeinträchtigung des deutschen Besteuerungsrechts resultierende Sofortbesteuerung stiller Reserven eine grundfreiheitsrechtliche Diskriminierung dieser Gesellschafter dar.

1456 Siehe zur Differenzierung zwischen der Beschränkung und dem Ausschluss des deutschen Besteuerungsrechts Teil 2.B.1.d).

des deutschen Besteuerungsrechts führen. Das deutsche Besteuerungsrecht wird insbesondere beschränkt, soweit bestimmte Wirtschaftsgüter aufgrund der Spaltung nicht mehr wie bisher einer inländischen Betriebsstätte, sondern dem ausländischen Stammhaus der übernehmenden Personengesellschaft, welches eine Anrechnungsbetriebsstätte darstellt,[1457] zuzuordnen sind und soweit darüber hinaus die Gesellschafter der übernehmenden Personengesellschaft im Inland ansässig sind. Eine Beschränkung des deutschen Besteuerungsrechts tritt deshalb ein, weil das bisher auf Ebene der übertragenden Körperschaft bestehende uneingeschränkte deutsche Besteuerungsrecht an den stillen Reserven der genannten Wirtschaftsgüter infolge der grenzüberschreitenden Spaltung einem anrechnungsverpflichtungsbehafteten deutschen Besteuerungsrecht hinsichtlich der durch die übernehmende Personengesellschaft erzielten Einkünfte aus der Veräußerung dieser Wirtschaftsgüter weicht.

Auch Hereinspaltungen können im Ausnahmefall zu einem (partiellen) Verlust des deutschen Besteuerungsrechts führen, sofern die an der übernehmenden Personengesellschaft beteiligten Gesellschafter ganz oder teilweise im Ausland ansässig sind.

Beispiel 19: Die in Tschechien ansässige C-SE, deren alleiniger Gesellschafter die in Frankreich ansässige natürliche Person P ist, spaltet eine tschechische Betriebsstätte auf die in Deutschland ansässige D-OHG ab. Zum übertragenen Betriebsvermögen gehört unter anderem eine wesentliche Beteiligung an der ebenfalls in Deutschland ansässigen Z-AG, welche aufgrund ihres funktionalen Zusammenhangs mit der in der übertragenen tschechischen Betriebsstätte ausgeübten Tätigkeit auch künftig dieser Betriebsstätte zuzuordnen ist.

Vor Durchführung der Spaltung bestand hinsichtlich der in den Anteilen an der Z-AG ruhenden stillen Reserven ein deutsches Besteuerungsrecht gem. § 2 Nr. 1, § 8 Abs. 1 Satz 1 KStG i.V.m. § 49 Nr. 2 Buchst. e Doppelbuchst. aa EStG. Aufgrund des Art. 13 Abs. 3 DBA-Tschechoslowakei standen der Ausübung des deutschen Besteuerungsrechts vor Durchführung der Spaltung keine abkommensrechtlichen Hindernisse entgegen. Nach Durchführung der Spaltung wird das gem. § 1 Abs. 4, § 49 Nr. 2 Buchst. e Doppelbuchst. aa EStG grundsätzlich bestehende deutsche Besteuerungsrecht durch Art. 7 Abs. 1 DBA-Frankreich ausgeschlossen.[1458]

1457 Beispielsweise ist eine in Zypern belegene Betriebsstätte unabhängig von der dort ausgeübten Tätigkeit gem. Art. 7 Abs. 1, Art. 13 Abs. 3, Art. 22 Abs. 1 DBA-Zypern stets Anrechnungsbetriebsstätte.

1458 Die Regelung des Art. 7 Abs. 2 DBA-Frankreich ist nicht einschlägig, da die Beteiligung an der Z-AG nicht zu einer deutschen Betriebsstätte gehört.

Es stellt sich die Frage nach der bilanziellen Behandlung einer auf der gesellschafterbezogenen Betrachtung beruhenden partiellen Entstrickung von Wirtschaftsgütern. In der steuerlichen Übertragungsbilanz hat die übertragende Körperschaft die Buchwerte der betreffenden Wirtschaftsgüter insoweit um den Betrag der stillen Reserven dieser Wirtschaftsgüter zu erhöhen, als an der übernehmenden Personengesellschaft Gesellschafter beteiligt sind, hinsichtlich derer die Steuerverstrickungsbedingung des § 3 Abs. 2 Satz 1 Nr. 2 UmwStG nicht erfüllt ist.

Die Übernahme der durch die übertragende Körperschaft gewählten Wertansätze darf, sofern es nicht hinsichtlich aller Gesellschafter der übernehmenden Personengesellschaft zu einer identischen Entstrickung kommt, nicht allein in der Gesamthandsbilanz der übernehmenden Personengesellschaft erfolgen. Ansonsten würden die i.R. der grenzüberschreitenden Spaltung aufgedeckten stillen Reserven allen Gesellschaftern der übernehmenden Personengesellschaft gleichmäßig zugewiesen. Der Verzicht auf Ergänzungsbilanzen würde dazu führen, dass das deutsche Besteuerungsrecht hinsichtlich eines zukünftigen Gewinns aus der Veräußerung des übertragenen Betriebsvermögens insoweit verloren ginge, als die aufgedeckten stillen Reserven auf solche Gesellschafter entfallen, bei denen die Steuerverstrickungsbedingung des § 3 Abs. 2 Satz 1 Nr. 2 UmwStG erfüllt war.[1459] Da dies nicht im gesetzgeberischen Interesse sein kann, muss diese Methode abgelehnt werden.

Durch die Bildung von Ergänzungsbilanzen ist sicherzustellen, dass die aufgedeckten stillen Reserven allein den Gesellschaftern zugewiesen werden, in deren jeweiliger Person eine Aufdeckung von stillen Reserven nach § 3 Abs. 2 Satz 1 Nr. 2 UmwStG begründet ist.[1460] Hierbei ist es zum einen möglich, die übertragenen Wirtschaftsgüter in der Gesamthandsbilanz der Übernehmerin mit dem Buchwert anzusetzen und für die Gesellschafter, hinsichtlich derer es aufgrund des § 3 Abs. 2 Satz 1 Nr. 2 UmwStG zu einer Aufdeckung stiller Reserven kam, positive Ergänzungsbilanzen zu erstellen. Andererseits bestünde die Möglichkeit, die übertragenen Wirtschaftsgüter in der Gesamthandsbilanz mit dem gemeinen Wert anzusetzen und für die Gesellschafter, hinsichtlich deren die Voraussetzung des § 3 Abs. 2 Satz 1 Nr. 2 UmwStG erfüllt war, negative Ergänzungsbilanzen aufzustellen.

1459 Vgl. *Benecke/Beinert*, FR 2010, S. 1120 (1125, Anmerkung *Benecke*).

1460 So auch BMF v. 11.11.2011, IV C 2-S 1978-b/08/10001, BStBl. I 2011, S. 1314, Tz. 04.24; *Benecke/Beinert*, FR 2010, S. 1120 (1125, Anmerkung *Benecke*); *Bohnhardt*, in: Haritz/Menner, UmwStG, 2010, § 4 Rz. 37.

Beispiel 20: Die inlandsansässige D-AG spaltet eine ausländische Anrechnungsbetriebsstätte auf die österreichische A-OHG[1461] ab. Sowohl an der D-AG als auch an der A-OHG ist die inlandsansässige natürliche Person L zu je 75% und die im EU-Staat M ansässige natürliche Person M zu je 25% beteiligt. Der Buchwert des Betriebsvermögens der Anrechnungsbetriebsstätte beträgt 100, der gemeine Wert 900. Die D-AG entscheidet sich zum Ansatz des Buchwerts. Kurz nach Durchführung der Spaltung verkauft die A-OHG das Betriebsvermögen der Anrechnungsbetriebsstätte zum Preis von 900.

Vor Durchführung der Spaltung unterlagen die Einkünfte der Betriebsstätte vollständig der deutschen Besteuerung, wobei die im Betriebsstättenstaat erhobenen Steuern anzurechnen waren. Nach Durchführung der Spaltung besteht nur noch insoweit ein anrechnungsverpflichtungsbehaftetes deutsches Besteuerungsrecht, als die Betriebsstätteneinkünfte auf den Gesellschafter L entfallen. Soweit die zukünftigen Betriebsstätteneinkünfte auf M entfallen, liegt für deren inländische Besteuerung hingegen kein Anknüpfungspunkt mehr vor. Da somit das deutsche Besteuerungsrecht hinsichtlich eines Gewinns aus der Veräußerung des Betriebsstättenvermögens zu 25% ausgeschlossen wird, kann insoweit entsprechend § 3 Abs. 2 Satz 1 Nr. 2 UmwStG kein Ansatz des Buchwerts erfolgen. Hieraus folgt, dass das übertragene Betriebsvermögen in der steuerlichen Übertragungsbilanz der D-AG entsprechend der Grundregel des § 3 Abs. 1 Satz 1 UmwStG mit (100 + 0,25 × 800 =) 300 zu bewerten ist.

Da die Aufdeckung von stillen Reserven i.H.v. 200 ausschließlich auf den Gesellschafter M zurückzuführen ist, darf eine entsprechende Buchwertaufstockung nicht alle Gesellschafter der übernehmenden Personengesellschaft gleichmäßig betreffen. Vielmehr ist durch die Bildung einer Ergänzungsbilanz sicherzustellen, dass die Wertaufstockung nur M betrifft. Einerseits wäre es demnach möglich, das übertragene Betriebsvermögen in der Gesamthandsbilanz der A-OHG mit 100 zu bewerten und zusätzlich in einer (positiven) Ergänzungsbilanz des Gesellschafters M mit 200 auszuweisen. Andererseits wäre es möglich, das übertragene Betriebsvermögen in der Gesamthandsbilanz mit 900 zu bewerten und in einer (negativen) Ergänzungsbilanz des Gesellschafters L mit./.600. Als weitere Alternative besteht die Möglichkeit, dem übertragenen Betriebsvermögen in der Gesamthandsbilanz den Wert 300 zuzuweisen. In diesem Fall muss das Betriebsvermögen in einer (positiven) Ergänzungsbilanz des M mit 150 ausgewiesen werden, während dieselben Wirtschaftsgüter gleichzeitig in einer (negativen) Ergänzungsbilanz des L mit ./. 150 bewertet werden.

Der spätere Verkauf der Wirtschaftsgüter zum Preis von 900 führt zu einem Gewinn i.H.v. 600. Aufgrund der Kumulation der Ergebnisse aus Gesamthands- und Ergänzungsbilanz(en) entfällt der Gewinn in jedem Fall allein auf den Gesellschafter L, der diesen in Deutschland zu versteuern hat.

1461 Die österreichische OHG entspricht der deutschen OHG, vgl. BMF v. 24.12.1999, IV B 4-S 1300-111/99, BStBl. I 1999, S. 1076, Tabelle 1.

Wäre hingegen auf die Bildung einer Ergänzungsbilanz verzichtet worden und das übertragene Betriebsvermögen ausschließlich in der Gesamthandsbilanz mit 300 bewertet worden, so würde von dem späteren Veräußerungsgewinn i.H.v. 600 nur ein Betrag i.H.v. (0,75 × 600 =) 450 auf den im Inland steuerpflichtigen Gesellschafter L entfallen. Der auf den Gesellschafter M entfallende Gewinn i.H.v. (0,25 × 600 =) 150 wäre hingegen nicht in Deutschland steuerpflichtig. Da dies nicht dem Willen des Gesetzgebers entsprechen kann, ist ein Verzicht auf die Aufstellung von Ergänzungsbilanzen abzulehnen.

Der Übertragungsgewinn unterliegt neben der Körperschaftsteuer auch der Gewerbesteuer, sofern er gem. § 2 GewStG i.R. eines im Inland betriebenen stehenden Gewerbebetriebs erzielt wird.[1462] Bei der Ermittlung des Gewinns aus Gewerbebetrieb nach § 7 GewStG sind gem. § 18 Abs. 1 Satz 1 UmwStG die spezialgesetzlichen Regelungen des § 3 UmwStG zu berücksichtigen.[1463] Soweit der ermittelte Gewinn aus Gewerbebetrieb nicht auf eine inländische Betriebsstätte entfällt, erfolgt nach § 9 Nr. 3 GewStG eine entsprechende Kürzung.[1464]

III. Spaltung nach § 20 UmwStG

Nach § 20 Abs. 1 UmwStG müssen die Tatbestandsmerkmale des umwandlungssteuerrechtlichen Sacheinlagebegriffs vorliegen, damit als Rechtsfolge die nachfolgenden Absätze des § 20 UmwStG zur Anwendung kommen. Eine Sacheinlage ist demnach gegeben, wenn dem übertragenden Rechtsträger als Gegenleistung für die Einbringung einer qualifizierten Sachgesamtheit (Betrieb, Teilbetrieb oder Mitunternehmeranteil)[1465] neue Anteile an der übernehmenden Gesellschaft gewährt werden.[1466]

1462 Vgl. *Winkeljohann/Fuhrmann*, Handbuch Umwandlungssteuerrecht, 2007, S. 747; *Pung*, in: Dötsch u.a., UmwStG, 2007, § 18 Rz. 3 und 6.

1463 Hierbei darf das Bewertungswahlrecht nach § 3 Abs. 2 UmwStG nicht für gewerbesteuerliche Zwecke erneut ausgeübt werden, sondern es besteht eine Bindung an die für die Besteuerung mit Einkommen- bzw. Körperschaftsteuer maßgebliche Bewertung, vgl. *Pung*, in: Dötsch u.a., UmwStG, 2007, § 18 Rz. 5.

1464 Vgl. *Winkeljohann/Fuhrmann*, Handbuch Umwandlungssteuerrecht, 2007, S. 747; *Pung*, in: Dötsch u.a., UmwStG, 2007, § 18 Rz. 3 und 6; *Lemaitre/Schönherr*, GmbHR 2007, S. 173 (182).

1465 Der bisher in § 20 Abs. 1 Satz 2 UmwStG 1995 geregelte Anteilstausch wurde durch das SEStEG in § 21 UmwStG ausgelagert, vgl. BT-Drs. 542/06, S. 69.

1466 Sofern ein Umstrukturierungsvorgang vom Anwendungsbereich des § 20 UmwStG erfasst ist, gilt dieser stets als „Einbringung" im umwandlungssteuerrechtlichen

1. Einbringungsgegenstand

Nach § 20 Abs. 1 UmwStG kommt eine Anwendung der restlichen Absätze des § 20 UmwStG nur unter der Voraussetzung in Betracht, dass ein Teilbetrieb, Betrieb oder Mitunternehmeranteil übertragen wird.

a) Teilbetrieb

Hinsichtlich des Teilbetriebsbegriffs gelten die Ausführungen in Teil 2,B.I.1.a) entsprechend.

b) Betrieb

Nach früherem deutschem Begriffsverständnis setzte eine Betriebseinbringung die Übertragung sämtlicher wesentlicher Betriebsgrundlagen eines Betriebs voraus.[1467] Seit der Neufassung des UmwStG kann dieser Betriebsbegriff jedoch nicht mehr zur Anwendung gelangen. Da der Begriff des Betriebs in Art. 2 Buchst. d FRL erwähnt wird, und der Erlass des UmwStG i.d.F. des SEStEG der einheitlichen Umsetzung der FRL diente,[1468] übernahm der Gesetzgeber insoweit einen sekundärrechtlichen Begriff auch zur Regelung rein innerstaatlicher Sachverhalte. Um eine gespaltene Auslegung richtlinienrechtlicher Bestimmungen zu vermeiden, ist folglich eine einheitliche Auslegung dieses Betriebsbegriffs geboten.[1469] Somit bestehen diesbezüglich keine Unterschiede zwischen grenzüberschreitenden und rein innerstaatlichen Spaltungen.

Die FRL definiert nicht, welche Anforderungen ein zu übertragendes Betriebsvermögen erfüllen muss, um als Betrieb zu gelten. In seinem Urteil in der Rs. *Andersen og Jensen* merkt der EuGH jedoch in einem *obiter dictum* an, dass selbst die Zurückbehaltung einer kleinen Anzahl von Aktien, die außer der Geldanlagefunktion keine weiteren betrieblichen Zwecke erfüllt, eine ansonsten von der FRL

Sinn, auch wenn die Übertragung beispielsweise i.R. einer Spaltung erfolgt. Dementsprechend wird in § 20 UmwStG unabhängig von der zivilrechtlichen Gestaltung des Vermögensübergangs allgemein vom „Einbringenden" gesprochen. Dass im Zusammenhang mit gesellschaftsrechtlichen Umwandlungen jedoch auch i.R. des § 20 UmwStG der Begriff des „übertragenden Rechtsträgers" zutreffend ist, ergibt sich aus § 1 Abs. 4 Satz 1 Nr. 2 Buchst. a UmwStG.

1467 Vgl. BFH, v. 16.02.1996 – I R 183/94, BStBl. II 1996, S. 342 (343); BMF v. 25.03.1998, IV B 7-S 1978-21/98, BStBl. I 1998, S. 268, Rz. 20.08.

1468 Vgl. BT-Drs. 16/2710, S. 42; *Patt*, in: Dötsch u.a., UmwStG, 2007, § 20 Rz. 76; *Schulze zur Wiesche*, WPg 2007, S. 162 (168).

1469 Vgl. hierzu die entsprechenden Ausführungen in Teil 2,B.I.1.a).

privilegierte Betriebseinbringung ausschließt.[1470] In materiell-rechtlicher Hinsicht bringt diese Nebenbemerkung zum Ausdruck, dass nach europarechtlichem Verständnis die Einbringung eines Betriebs die Übertragung restlos aller aktiven und passiven Wirtschaftsgüter erfordert. Diese Begriffsauslegung muss jedoch abgelehnt werden. Wäre für einen privilegierten Einbringungsvorgang tatsächlich Voraussetzung, dass jedes noch so unbedeutende, dem Betrieb zuzuordnende Wirtschaftsgut eingebracht werden muss, so wäre eine steuerliche Privilegierung in der Praxis kaum möglich. Dies würde im Widerspruch zu der in der Präambel der FRL zum Ausdruck gebrachten sekundärrechtlichen Zielsetzung stehen, wonach die Beseitigung und Beschränkung von steuerlichen Hemmnissen angestrebt wird.[1471] Demnach sollte der EuGH an dem genannten *obiter dictum* in seiner zukünftigen Rechtsprechung zum Betriebs- oder auch Teilbetriebsbegriff nicht festhalten, sondern seine Auslegung am *effet utile* des Unionsrechts ausrichten. Nur sofern bei der Begriffsauslegung der Wesentlichkeitsgedanke berücksichtigt wird, können die Bestimmungen der FRL ihre praktische Wirksamkeit entfalten.

Wie bereits in Teil 2, B.I.1.a) erläutert, verstoßen unter anderem durch Verwaltungsvorschriften vorgenommene, die Steuerpflichtigen begünstigende Modifikationen der sekundärrechtlich an die Einbringungsgegenstände gestellten Anforderungen nicht gegen die FRL. Entsprechend der Auffassung des BMF genügt demnach für eine Betriebseinbringung selbst unter der Annahme einer entsprechend dem dargestellten *obiter dictum* des EuGH vorzunehmenden Auslegung des Betriebsbegriffs die Übertragung sämtlicher funktional wesentlicher Betriebsgrundlagen.[1472]

c) Mitunternehmeranteil

Da es sich bei dem Begriff des Mitunternehmeranteils anders als beim (Teil-)Betriebsbegriff mangels Nennung in der FRL nicht um einen Begriff mit sekundärrechtlichem Ursprung handelt, ist für dessen Auslegung grundsätzlich das deutsche Begriffsverständnis maßgebend. Demnach erfordert die Einbringung eines Mitunternehmeranteils grundsätzlich die anteilige Übertragung aller wesentlichen Betriebsgrundlagen des Gesamthandsvermögens sowie die Übertragung aller wesentlichen Betriebsgrundlagen des jeweiligen Sonderbetriebsvermögens.[1473]

1470 Vgl. EuGH v. 15.01.2002, Rs. C-43/00 – *Andersen og Jensen*, Slg. 2002, S. I-379, Rn. 28.

1471 Vgl. *Menner/Broer*, DB 2002, S. 815 (817).

1472 Vgl. BMF v. 11.11.2011, IV C 2-S 1978-b/08/10001, BStBl. I 2011, S. 1314, Tz. 20.06.

1473 Vgl. *Patt*, in: Dötsch u.a., UmwStG, 2007, § 20 Rz. 124; *Herlinghaus*, in: Rödder/Herlinghaus/van Lishaut, UmwStG, 2008, § 20 Rz. 109 f.

Fraglich ist, ob hiervon Ausnahmen gelten, sofern ein Mitunternehmeranteil grenzüberschreitend eingebracht wird und die persönlichen sowie räumlichen Anwendungsvoraussetzungen der FRL erfüllt sind. Da ein Mitunternehmeranteil i.S. des § 20 Abs. 1 UmwStG die vom Teilbetriebsbegriff des Art. 2 Buchst. j FRL geforderte organisatorische Selbständigkeit nicht aufweist,[1474] stellt dessen Einbringung nach dem Sprachgebrauch der FRL keine Einbringung von Unternehmensteilen i.S.d. Art. 2 Buchst. d FRL dar.[1475] Allerdings ist zu beachten, dass § 20 UmwStG teilweise auch Vorgänge erfasst, die andere Tatbestände der FRL erfüllen. Dies ist darin begründet, dass bestimmte von der FRL geschützte Gesellschaften nach deutschem Steuerrecht als transparent betrachtet werden.[1476] Sofern mehrheitsvermittelnde Anteile an einer solchen hybriden Gesellschaft ausgegliedert werden, liegt nach den Wertungen der FRL ein Anteilstausch i.S. des Art. 2 Buchst. e FRL vor.[1477] Außerdem stellt eine durch § 20 Abs. 1 UmwStG als Einbringung eines Mitunternehmeranteils gewertete Verschmelzung einer transparenten Gesellschaft auf eine Kapitalgesellschaft gleichzeitig eine Fusion i.S. von § 2 Buchst. a FRL dar, sofern diese transparente Gesellschaft die Voraussetzungen des Art. 3 FRL erfüllt.

Mit dem Wesen des Anteilstauschs i.S. des Art. 2 Buchst. e FRL ist die Zurückbehaltung von nicht wesentlichen Betriebsgrundlagen der zu übertragenen Gesellschaft nicht vereinbar. Auch eine Fusion ist nach Art. 2 Buchst. a FRL durch den Übergang des gesamten Aktiv- und Passivvermögens gekennzeichnet.

Dennoch müssen grenzüberschreitende Vorgänge, die sowohl von § 20 Abs. 1 UmwStG als auch von Art. 2 Buchst. a bzw. e FRL erfasst sind, insoweit lediglich die Anforderungen des deutschen Begriffs des Mitunternehmeranteils erfüllen, wonach die Übertragung aller wesentlichen Betriebsgrundlagen genügt. Dies ist grundfreiheitsrechtlich geboten, da es ansonsten zu einer ungerechtfertigten Diskriminierung grenzüberschreitender Sachverhalte käme. Sofern ein Mitgliedstaat richtlinienrechtlich geschützte Sachverhalte günstiger behandelt, als dies sekundärrechtlich gefordert wird, ist dies hingegen unionsrechtlich unbedenklich.[1478]

1474 Vgl. *Winkeljohann/Fuhrmann*, Handbuch Umwandlungssteuerrecht, 2007, S. 596 und 598.

1475 Vgl. *Winkeljohann/Fuhrmann*, Handbuch Umwandlungssteuerrecht, 2007, S. 598; *Thömmes*, in: FS Widmann, 2000, S. 583 (602).

1476 Vgl. hierzu bereits Teil 1,B.III.1.a).

1477 Vgl. BT-Drs. 16/2710, S. 42; *Heß/Schnitger*, in: PwC, Reform, 2007, S. 222.

1478 Entscheidend ist allein, dass kein Widerspruch zu den Richtlinienbestimmungen entsteht, vgl. *Nettersheim*, in: Grabitz/Hilf, EUV/EGV, Art. 249 EG Rz. 151 (20. Lfg., 2002).

Da es sich beim Sonderbetriebsvermögen um eine durch die deutsche Rechtsprechung entwickelte Besonderheit des deutschen Steuerrechts handelt, stellt das Erfordernis, dass auch sämtliche wesentlichen Wirtschaftsgüter des Sonderbetriebsvermögens übertragen werden müssen,[1479] eine Verschärfung gegenüber den Vorgaben des Art. 2 Buchst. a bzw. e FRL dar und ist deshalb nicht mit der FRL vereinbar. Da es sich, wie bereits festgestellt wurde, beim Begriff des Mitunternehmeranteils aber nicht um einen unionsrechtlichen Begriff handelt und folglich keine einheitliche Auslegung geboten ist, besteht i.R. von nicht durch die FRL geschützten Vorgängen weiterhin die Pflicht zur Mitübertragung der entsprechenden Wirtschaftsgüter des Sonderbetriebsvermögens. Somit sind Einbringungen von Mitunternehmeranteilen i.S. des § 20 UmwStG, die gleichzeitig von der FRL erfasst sind, besser zu behandeln als beispielsweise entsprechende rein innerstaatlich durchgeführte Einbringungen, da nur bei Vorliegen sekundärrechtlich geschützter Vorgänge eine richtlinienkonforme Auslegung der Anforderungen an die Übertragung eines Mitunternehmeranteils zu erfolgen hat.

2. Neue Anteile als Gegenleistung

Für die Erfüllung des Sacheinlagetatbestands wird gem. § 20 Abs. 1 UmwStG vorausgesetzt, dass der übertragende Rechtsträger als Gegenleistung neue Anteile an der übernehmenden Körperschaft erhält.[1480]

Die nach § 20 UmwStG zu behandelnden Spaltungen sind sachlich von Art. 2 Buchst. a, b, c und d FRL erfasst. Soweit Einbringungen i.S. des § 20 UmwStG außerdem die persönlichen und räumlichen Anwendungsvoraussetzungen der FRL erfüllen, sind deren Vorgaben zu beachten.[1481] Die genannten, den sachlichen

---

1479 Vgl. BFH v. 16.02.1996 – I R 183/94, BStBl. II 1996, S. 342 (343); allgemein zur Zugehörigkeit des Sonderbetriebsvermögens zum Mitunternehmeranteil BFH v. 06.12.2000 – VIII R 21/00, BStBl. II 2003, S. 194 (196).

1480 Neue Anteile sind die i.R. einer Gesellschaftsgründung oder Kapitalerhöhung ausgegebenen Anteile, vgl. *Patt*, in: Dötsch u.a., UmwStG, 2007, § 20 Rz. 170.

1481 Die umwandlungssteuerrechtliche Behandlung von Auf- und Abspaltungen erfolgt nur dann nach § 20 UmwStG, wenn der übertragende Rechtsträger eine Personengesellschaft ist. Sofern die Überträgerin ein ausländisches Rechtsgebilde ist, muss anhand eines Typenvergleichs festgestellt werden, ob es sich hierbei aus Sicht des deutschen Steuerrechts um eine transparente Gesellschaft handelt. Folglich sind nur solche von § 20 UmwStG erfassten Auf- und Abspaltungen durch die FRL geschützt, bei denen die Überträgerin eine hybride Gesellschaft ist und die Voraussetzungen des Art. 3 FRL erfüllt.

Anwendungsbereich der FRL definierenden Normen fordern jeweils lediglich die „Gewährung von Anteilen". Mangels weiterer Einschränkungen kann daraus geschlossen werden, dass die übernehmende Körperschaft auch bereits existierende, eigene Anteile gewähren darf.[1482] Demnach verstößt die durch § 20 Abs. 1 UmwStG gestellte Forderung nach neuen Anteilen insoweit gegen Sekundärrecht, als sich die Anwendungsbereiche des § 20 UmwStG sowie der FRL überschneiden. In diesen Fällen ist die Regelung des § 20 Abs. 1 UmwStG richtlinienkonform auszulegen, indem der Voraussetzung, dass die Anteile neu zu sein haben, keine Bedeutung beizumessen ist.

Teilweise wird angenommen, dass darüber hinaus auch eine Sekundärrechtswidrigkeit hinsichtlich der steuerlichen Behandlung von Sachverhalten außerhalb des persönlichen und räumlichen Anwendungsbereichs der FRL festzustellen sei.[1483]

Diese Auffassung, wonach das Erfordernis der Gewährung neuer Anteile generell gegen die Vorgaben der FRL verstößt, ist m.E. abzulehnen. Zwar differenziert der einheitliche Tatbestand des § 20 Abs. 1 UmwStG nicht danach, ob ein durch die FRL geschützter Vorgang verwirklicht wird oder nicht. Es liegt somit eine einheitliche Regelung vor, die insoweit der Umsetzung richtlinienrechtlicher Vorgaben dient, als sich die Anwendungsbereiche von UmwStG und FRL überschneiden. Da § 20 Abs. 1 UmwStG hinsichtlich der Voraussetzung der Anteilsgewährung allerdings keine richtlinienrechtlichen Bestimmungen direkt übernimmt, besteht aber keine Gefahr einer gespaltenen Auslegung von unionsrechtlichen Normen, wenn insoweit nur in den von der FRL erfassten Fällen eine richtlinienkonforme Auslegung erfolgt. Damit ist es sekundärrechtlich zulässig, wenn die Forderung nach der Gewährung *neuer* Anteile nur im Zusammenhang mit nicht vom Anwendungsbereich der FRL erfassten Sachverhalten erhoben wird.

Das Primärrecht steht der aus der richtlinienkonformen Auslegung des § 20 Abs. 1 UmwStG folgenden Privilegierung sekundärrechtlich geschützter Sachverhalte gegenüber sonstigen, allein durch die Grundfreiheiten geschützten Sachverhalten ebenfalls nicht entgegen, da aus dem grundfreiheitlichen Beschränkungsverbot keine unilaterale Meistbegünstigungspflicht abgeleitet werden kann.[1484] Eine horizontale Diskriminierung ist damit zu verneinen.

Da es hinsichtlich des Erfordernisses der Gewährung neuer Anteile an einer Schlechterstellung grundfreiheitlich geschützter Sachverhalte gegenüber

---

1482 Vgl. *Thömmes* u.a., IWB v. 14.06.2006, F. 11 Gr. 2, S. 747 (756); *Herzig/Förster*, DB 1992, S. 911 (913).

1483 Vgl. *Patt*, in: Dötsch u.a., UmwStG, 2007, § 20 Rz. 170.

1484 Vgl. dazu Teil 1,A.VII.4.b)dd).

vergleichbaren rein innerstaatlichen Spaltungen fehlt, kann darüber hinaus eine grundfreiheitliche vertikale Diskriminierung ausgeschlossen werden.

3. Vermeidung einer Sofortbesteuerung

Nach der Grundregel des § 20 Abs. 2 Satz 1 Halbs. 1 UmwStG hat die übernehmende Körperschaft das eingebrachte Betriebsvermögen mit dem gemeinen Wert anzusetzen. Soweit die in § 20 Abs. 2 Satz 2 UmwStG genannten Bedingungen erfüllt sind, darf die Übernehmerin abweichend vom Grundbewertungsmaßstab eine Bewertung zum Buchwert oder einem Zwischenwert vornehmen. In materieller Hinsicht wird gem. § 20 Abs. 2 Satz 2 Nr. 3 UmwStG insbesondere vorausgesetzt, dass das deutsche Besteuerungsrecht hinsichtlich des Gewinns aus der Veräußerung des eingebrachten Betriebsvermögens bei der übernehmenden Körperschaft sichergestellt bleibt.[1485]

a) Sicherstellung des deutschen Besteuerungsrechts

Nach § 20 Abs. 2 Satz 2 Nr. 3 UmwStG kann die übernehmende Körperschaft nur dann ein Bewertungswahlrecht ausüben, wenn das deutsche Besteuerungsrecht an den stillen Reserven der übertragenen Wirtschaftsgüter weder ausgeschlossen noch beschränkt wird. Ein Ausschluss oder eine Beschränkung des deutschen Besteuerungsrechts kann nur insoweit eintreten, als die Bundesrepublik Deutschland vor Durchführung der Spaltung zur Besteuerung der Einkünfte aus dem zu übertragenden Betriebsvermögen berechtigt war. Die entsprechende Prüfung, inwieweit vor dem steuerlichen Übertragungsstichtag ein inländisches Besteuerungsrecht bestand, muss, sofern die Übertragung durch eine transparente Gesellschaft erfolgt, gesellschafterbezogen erfolgen.[1486]

1485 Siehe zur Steuerverstrickungsbedingung bereits die entsprechenden Ausführungen in Teil 2.B.I.1.d).

1486 Die in Teil 2.B.II. gewonnenen Erkenntnisse können hierbei übertragen werden. Sofern demnach beispielsweise die Voraussetzung des § 20 Abs. 2 Satz 2 Nr. 3 UmwStG nur hinsichtlich eines Teils der Gesellschafter erfüllt ist, kann das Bewertungswahlrecht nur insoweit ausgeübt werden. Das bedeutet, dass die stillen Reserven der übertragenen Wirtschaftsgüter ggf. anteilig aufzudecken sind. Sollte sich die übernehmende Körperschaft entscheiden, die Wirtschaftsgüter, für die ein Bewertungswahlrecht besteht, zum Buchwert anzusetzen, ist m.E. auch in diesem Fall bei der Anwendung des § 23 Abs. 1 und 3 UmwStG insgesamt von einem Buchwertansatz und nicht von einem Zwischenwertansatz auszugehen, vgl. *Patt*, in: Dötsch u.a., UmwStG, 2007, § 20 Rz. 197; a.A. *Ley*, FR 2007, S. 109 (111).

Beispiel 21: Die in Österreich ansässige A-KG[1487] spaltet eine brasilianische Betriebsstätte auf eine in Belgien ansässige B-SPRL[1488] ab. An beiden beteiligten Gesellschaften sind die natürliche Person P und die deutsche Q-GmbH beteiligt. Die natürliche Person P ist in Belgien ansässig, die Q-GmbH in Deutschland.

Mangels Bezug zur deutschen Steuerrechtsordnung besteht bereits vor dem steuerlichen Übertragungsstichtag kein deutsches Besteuerungsrecht hinsichtlich der Einkünfte aus einer Veräußerung des brasilianischen Betriebsstättenvermögens, soweit diese Einkünfte dem Gesellschafter P zuzurechnen sind. Soweit diese Einkünfte vor dem steuerlichen Übertragungsstichtag hingegen auf die Q-GmbH entfallen, sind diese aufgrund von deren unbeschränkter Steuerpflicht in Deutschland zu versteuern. Da zwischen Deutschland und Brasilien kein DBA besteht,[1489] ergeben sich insoweit keine abkommensrechtlichen Einschränkungen. Nach § 26 KStG i.V.m. § 34c EStG ist allerdings die Anrechnungsmethode anzuwenden. Somit besteht vor Durchführung der grenzüberschreitenden Spaltung ein deutsches, anrechnungsverpflichtungsbehaftetes Besteuerungsrecht hinsichtlich eines Gewinns aus der Veräußerung des liechtensteinischen Betriebsstättenvermögens, soweit diese Einkünfte auf die Q-GmbH entfallen.

Nach Durchführung der Spaltung sind die brasilianische Betriebsstätte und damit auch die hieraus erzielten Einkünfte insgesamt der B-SPRL zuzurechnen. Da somit nach Durchführung der Spaltung kein Anknüpfungspunkt für eine inländische Besteuerung mehr besteht, sind aufgrund des § 20 Abs. 2 Satz 2 Nr. 3 UmwStG die stillen Reserven des übertragenen Betriebsstättenvermögens insoweit aufzudecken, als sie vor dem steuerlichen Übertragungsstichtag auf die Q-GmbH entfielen.

Die Wahlrechtsausübung erfordert gem. § 20 Abs. 2 Satz 2 UmwStG die Stellung eines entsprechenden Antrags. Den Antrag hat gem. § 20 Abs. 2 Satz 3 UmwStG die übernehmende Körperschaft an das für sie zuständige Finanzamt zu richten.[1490] Welches inländische Finanzamt für die Übernehmerin zuständig ist, bestimmt sich nach § 20 AO.[1491]

1487 Die österreichische Kommanditgesellschaft entspricht einer deutschen KG, vgl. BMF v. 24.12.1999, IV B 4-S 1300-111/99, BStBl. I 1999, S. 1076, Tabelle 1.

1488 Die belgische *Societé privée à responsabilité limitée* entspricht einer deutschen GmbH, vgl. BMF v. 24.12.1999, IV B 4-S 1300-111/99, BStBl. I 1999, S. 1076, Tabelle 1.

1489 Nachdem das aus dem Jahr 1975 stammende deutsch-brasilianische DBA im April 2005 durch die deutsche Bundesregierung unter Verweis auf einseitig wirkende Abkommensregelungen gekündigt wurde, trat das DBA-Brasilien zum Ende des Jahres 2005 außer Kraft.

1490 Vgl. *Herlinghaus*, in: Rödder/Herlinghaus/van Lishaut, UmwStG, 2008, § 20 Rz. 149.

1491 Sofern im Ausnahmefall auch nach Durchführung der Spaltung kein inländisches Finanzamt zuständig ist, bedeutet dies, dass die übernehmende Körperschaft keine

Der durch die übernehmende Körperschaft gewählte Wertansatz gilt nach § 20 Abs. 3 Satz 1 UmwStG für den Einbringenden als Veräußerungspreis hinsichtlich der übertragenen Wirtschaftsgüter sowie als Anschaffungskosten der erhaltenen Anteile am übernehmenden Rechtsträger. Die FRL enthält keine Bestimmung, die es verbietet, dass die Bemessung des Veräußerungspreises oder der Wertansatz der i.R. einer Aufspaltung, Abspaltung oder Ausgliederung als Gegenleistung erhaltenen Anteile von der Bewertung der übertragenen Wirtschaftsgüter durch die übernehmende Körperschaft abhängig gemacht wird.[1492] Damit ist die EuGH-Rechtsprechung in der Rs. *A.T.*, wonach es wegen Art. 8 Abs. 4 und 5 FRL hinsichtlich des Anteilstauschs sekundärrechtlich unzulässig ist, eine Verknüpfung zwischen dem durch die Übernehmerin gewählten Wertansatz und dem für die Überträgerin maßgeblichen Veräußerungspreis sowie den Anschaffungskosten vorzunehmen,[1493] nicht auf sonstige Einbringungen übertragbar.

Teilweise wird im Schrifttum jedoch ein Grundfreiheitsverstoß darin gesehen, dass die steuerliche Behandlung des übertragenden Rechtsträgers davon abhängig ist, mit welchem Wert die übertragenen Wirtschaftsgüter durch die übernehmende Körperschaft angesetzt werden. Bedenken werden insbesondere dahingehend geäußert, dass es bei grenzüberschreitenden Vorgängen nicht ausgeschlossen sei, dass der andere betroffene Staat keinen Buchwertansatz erlaube.[1494] Nach hier vertretener Auffassung ist es ohne Bedeutung für die deutsche Besteuerung, welche Wertansätze das jeweilige ausländische Steuerrecht gestattet. Die Bewertung nach § 20 Abs. 2 UmwStG erfolgt völlig unabhängig davon, welcher Wert den übertragenen Wirtschaftsgütern in einer ausländischen Steuerbilanz beigemessen wird. Somit kommt die Wahlrechtsausübung nach § 20 Abs. 2 Satz 2 UmwStG allein in der nach den Regelungen des deutschen Steuerrechts aufgestellten Schlussbilanz der übernehmenden Körperschaft zum Ausdruck.

---

für die deutsche Ertragbesteuerung relevanten Einkünfte erzielt. Dies ist nur möglich, wenn nach der Spaltung keines der übertragenen Wirtschaftsgüter mehr einen Bezug zur deutschen Steuerhoheit aufweist. Ein solcher Bezug fehlt gänzlich, wenn die stillen Reserven aller Wirtschaftsgüter ungeachtet etwaiger abkommensrechtlicher Normen bereits nach deutschem Steuerrecht weder i.R. einer unbeschränkten noch einer beschränkten Steuerpflicht der Übernehmerin im Inland besteuert werden können. Sofern dies der Fall ist und demnach kein zuständiges inländisches Finanzamt ermittelt werden kann, erübrigt sich eine Antragstellung. Maßgeblich ist dann die Grundregel des § 20 Abs. 2 Satz 1 UmwStG.

1492 Vgl. *Thiel*, GmbHR 1994, S. 277 (281); *Terra/Wattel*, European Tax Law, 2008, S. 541.

1493 Vgl. EuGH v. 11.12.2008, Rs. C-285/07 – *A.T.*, Slg. 2008, S. I-9329, Rn. 39.

1494 Vgl. *Dürrschmidt*, Unternehmensumstrukturierungen, 2008, S. 324.

Üblicherweise haben die beteiligten Rechtsträger verschiedene, jeweils den speziellen Anforderungen der einzelnen betroffenen Steuerrechtsordnungen angepasste steuerliche Schlussbilanzen zu erstellen. Diese nach unterschiedlichen nationalen Bilanzierungsregelungen aufgestellten Steuerbilanzen existieren parallel und sind inhaltlich unabhängig voneinander. So ist es beispielsweise denkbar, dass die Übernehmerin in ihrer nach deutschem Steuerrecht zu erstellenden Übernahmebilanz ein bestimmtes, weiterhin in Deutschland steuerverstricktes Wirtschaftsgut mit dem Buchwert ansetzt, während sie dem selben Wirtschaftsgut in einer ausländischen Übernahmebilanz einen dem gemeinen Wert entsprechenden Wertansatz beimisst. Dieser ausländische Wertansatz hat aufgrund der Eigenständigkeit der einzelnen nationalen Steuerbilanzen keine Relevanz für die Besteuerung in Deutschland.

Aus § 20 Abs. 2 Satz 2 UmwStG ist zu schließen, dass die Frage, inwieweit ein deutsches Bewertungswahlrecht gewährt wird, ungeachtet dessen zu beantworten ist, ob die erhaltenen Anteile an der übernehmenden Körperschaft im Inland steuerverstrickt sind.[1495]

Das Einbringungsergebnis zählt zu den Einkünften i.S. des § 16 EStG und ist auch gewerbesteuerrechtlich in entsprechender Weise zu behandeln. Die speziellen Regelungen des § 20 UmwStG sind, soweit sie die allgemeinen Regelungen des § 16 UmwStG modifizieren, auch bei der Ermittlung des Gewerbeertrags zu berücksichtigen. Der durch die Übernehmerin nach § 20 Abs. 2 Satz 2 UmwStG gewählte Wertansatz ist somit auch für Ermittlung der gewerbesteuerlichen Belastung des übertragenden Rechtsträgers maßgeblich.[1496]

Entsprechend den allgemeinen Grundsätzen ist jeder unbeschränkt steuerpflichtige Mitunternehmer der übertragenden Personengesellschaft verfahrensrechtlich gehalten, sein Welteinkommen nach Maßgabe des deutschen Steuerrechts zu ermitteln und zu erklären. Somit sind sowohl die in- als auch die ausländischen Einkünfte, welche die Gesellschafter einer steuerlich transparenten Überträgerin erzielen, relevant.[1497] Außerdem ist selbst dann, wenn an einer in- oder ausländischen Personengesellschaft nur ein einziger unbeschränkt steuerpflichtiger Mitunternehmer beteiligt ist, für die Ermittlung des Gewinnanteils dieses Gesellschafters zunächst die Feststellung der gesamten Einkünfte der Personengesellschaft nach deutschem Steuerrecht erforderlich.[1498] Sofern hingegen ausschließlich beschränkt

---

1495 Vgl. *Patt*, in: Dötsch u.a., UmwStG, 2007, § 20 Rz. 229.

1496 Vgl. *Patt*, in: Dötsch u.a., UmwStG, 2007, § 20 Rz. 231.

1497 Vgl. *Wassermeyer*, in: Wassermeyer/Andresen/Ditz, Betriebsstätten, 2006, S. 344.

1498 Vgl. *Wassermeyer*, in: Wassermeyer/Andresen/Ditz, Betriebsstätten, 2006, S. 344 und 357.

Steuerpflichtige an einer einen Übertragungsgewinn erzielenden Personengesellschaft beteiligt sind, genügt die Ermittlung und Erklärung der in Deutschland steuerpflichtigen Einkünfte.[1499]

b) Vereinbarkeit der Sofortbesteuerung mit Unionsrecht

Hinsichtlich der Frage, ob in der aus § 20 Abs. 2 Satz 2 Nr. 3 UmwStG ggf. resultierenden zwangsweisen Aufdeckung stiller Reserven sowie der daraus folgenden Sofortbesteuerung stiller Reserven ein Verstoß gegen die Grundfreiheiten zu sehen ist, wird grundsätzlich auf die entsprechenden Ausführungen in Teil 2,B.I.1.g) verwiesen. Näher zu prüfen ist jedoch, ob eine dahingehende Abweichung besteht, dass eine Entstrickungsbesteuerung i.R. von Spaltungen nach § 20 UmwStG aufgrund der steuerlichen Kohärenz gerechtfertigt ist.

Anders als bei Spaltungen nach § 15 UmwStG gilt bei Spaltungen nach § 20 UmwStG die sog. doppelte Wertverknüpfung. Demnach ergibt sich aus § 20 Abs. 3 Satz 1 UmwStG nicht nur, dass die Bewertung des übertragenen Betriebsvermögens auf Ebene des übertragenden und übernehmenden Rechtsträgers übereinstimmen muss. Die genannte Rechtsnorm bestimmt darüber hinaus, dass sich auch der Wert der dem übertragenden Rechtsträger bzw. dessen Anteilseignern als Gegenleistung gewährten Anteile nach den durch die Übernehmerin angesetzten Werten bemisst. Dies bedeutet, dass einer aufgrund einer steuerlichen Entstrickung gebotenen Höherbewertung des übertragenen Betriebsvermögens eine korrespondierende Wertaufstockung der erhaltenen Anteile gegenübersteht. Sofern die erhaltenen Anteile im Inland steuerverstrickt sind, bedeutet dies, dass eine spätere Veräußerung dieser Anteile einen geringeren Gewinn zur Folge hat. Folglich wird der spezifisch grenzüberschreitende Einbringungen betreffende Nachteil einer Aufdeckung von stillen Reserven des steuerlich entstrickten übertragenen Betriebsvermögens durch den ebenso spezifisch grenzüberschreitende Einbringungen begünstigenden Vorteil einer entsprechenden Höherbewertung der im Gegenzug gewährten Anteile begleitet.

Allerdings profitiert der übertragende Rechtsträger von der Verknüpfung zwischen dem Wert des übertragenen Betriebsvermögens und dem der erhaltenen Anteile nicht, wenn diese Anteile nicht in Deutschland steuerverstrickt sind. Sofern das Besteuerungsrecht an den erhaltenen Anteilen einem anderen Staat zusteht, besteht die Möglichkeit, dass diesen Anteilen nach dem jeweiligen ausländischen Steuerrecht ein anderer Wert zugewiesen wird.

1499 Vgl. *Wassermeyer*, in: Wassermeyer/Andresen/Ditz, Betriebsstätten, 2006, S. 361.

Außerdem besteht selbst dann, wenn ein deutsches Besteuerungsrecht hinsichtlich der erhaltenen Anteile gegeben ist, keine Gewissheit darüber, wann diese Anteile veräußert werden. Umso später die Anteile veräußert werden, desto mehr rückt der Vorteil ihres höheren Wertansatzes in den Hintergrund. Da der übertragende Rechtsträger angesichts der Missbrauchsklausel des § 22 UmwStG regelmäßig bestrebt sein wird, eine Veräußerung der erhaltenen Anteile innerhalb der Sperrfrist zu vermeiden, ist sogar von einem langfristigen Verbleib der Anteile im Vermögen des übertragenden Rechtsträgers oder seiner Anteilseigner auszugehen. Somit wird der aus einer Höherbewertung der erhaltenen Anteile resultierende Vorteil eines geringeren steuerpflichtigen Gewinns aus der späteren Anteilsveräußerung als eher gering einzustufen sein. Dies gilt umso mehr, da Anteilsveräußerungsgewinne ohnehin aufgrund der Anwendung des einkommensteuerlichen Teileinkünfteverfahrens oder gar des körperschaftsteuerlichen Schachtelprivilegs günstig besteuert werden.

Aus dem Gesagten folgt, dass der steuerliche Nachteil einer Aufdeckung der stillen Reserven des übertragenen Betriebsvermögens durch den damit einhergehenden steuerlichen Vorteil einer entsprechenden Höherbewertung der im Gegenzug gewährten Anteile nicht in ausreichender Weise kompensiert wird, um insoweit ein grundfreiheitlich anzuerkennendes kohärentes Regelungssystem anzunehmen. Folglich verstößt § 20 Abs. 2 Satz 2 Nr. 3 UmwStG gegen europäisches Primärrecht.

Bezüglich eines Vorschlags über ein unionsrechtskonformes Regelungskonzept wird auf die entsprechenden Ausführungen in Teil 2,B.I.1.h) verwiesen.

4. Erstmalige steuerliche Verstrickung von Betriebsvermögen

Bei grenzüberschreitenden Spaltungen besteht neben der Gefahr einer Beeinträchtigung des deutschen Besteuerungsrechts auch die Möglichkeit einer erstmaligen inländischen Steuerverstrickung der übertragenen Wirtschaftsgüter. Unterliegt ein Wirtschaftsgut nach Durchführung einer von § 20 UmwStG erfassten Spaltung erstmalig der deutschen Besteuerung, so ist fraglich, welcher Wert diesem Wirtschaftsgut zuzuweisen ist. Nach h.M. ist das Wirtschaftsgut unter Anwendung des § 8 Abs. 1 KStG i.V.m. § 4 Abs. 1 Satz 8 Halbs. 2, § 6 Abs. 1 Nr. 5a EStG unabhängig von der Ausübung des in § 20 Abs. 2 Satz 2 UmwStG geregelten Bewertungswahlrechts mit dem gemeinen Wert anzusetzen.[1500] Es wird argumentiert, dass dies nicht im Widerspruch zum Einheitlichkeitsgrundsatz des § 20 Abs. 2

1500 Vgl. BT-Drs. 16/2710, S. 43; *Patt*, in: Dötsch u.a., UmwStG, 2007, § 20 Rz. 228; *Frotscher*, in: Frotscher/Maas, Vorabkommentierung SEStEG, 2007, Rz. 349; *Winkeljohann/Fuhrmann*, Handbuch Umwandlungssteuerrecht, 2007, S. 848; *Förster/*

Satz 2 UmwStG stehe,[1501] da sich das einheitlich auszuübende Wahlrecht nicht auf die zwingend zum gemeinen Wert anzusetzenden Wirtschaftsgüter erstrecke.[1502] Andere Stimmen in der Literatur vertreten hingegen, dass die Pflicht zur einheitlichen Bewertung auch neu verstrickte Wirtschaftsgüter betreffe, da die ertragsteuerlichen Verstrickungsregelungen des § 8 Abs. 1 KStG i.V.m. § 4 Abs. 1 Satz 8 Halbs. 2, § 6 Abs. 1 Nr. 5a EStG wegen ihrer Nachrangigkeit gegenüber dem spezialgesetzlichen, umwandlungssteuerrechtlichen Bewertungsgrundsatz nicht anwendbar seien.[1503] Zwar ist der zuletzt genannten Ansicht insoweit zuzustimmen, dass die Bewertungsregelungen des UmwStG als *lex specialis* denen des EStG grundsätzlich vorgehen. Trotzdem ist im Ergebnis die erste Auffassung vorzugswürdig, da die umwandlungssteuerlichen Bewertungsregelungen für den besonderen Fall der Verstrickung keine eigenständige Regelung aufweisen, sondern diese Frage unbeachtet lassen. Mangels umwandlungssteuerlicher Spezialregelung sind insoweit also die allgemeinen Bestimmungen des EStG anzuwenden.[1504]

5. Bewertung der als Gegenleistung erhaltenen Anteile

Nach der Grundregel des § 20 Abs. 3 Satz 1 UmwStG gilt für den übertragenden Rechtsträger der Wert, mit dem die Übernehmerin das übertragene Betriebsvermögen ansetzt, als Anschaffungskosten der erhaltenen Anteile an der übernehmenden Körperschaft. Eine Durchbrechung dieser Wertverknüpfung ergibt sich insbesondere aus § 20 Abs. 3 Satz 2 UmwStG, soweit i.R. einer Einbringung Wirtschaftsgüter übertragen werden, die weder vor, noch nach dem Einbringungsvorgang der deutschen Besteuerung unterliegen.[1505] Die Regelung des § 20 Abs. 3 Satz 2

Wendland, BB 2007, S. 631 (634); *Damas*, DStZ 2007, S. 129 (137); *Ley*, FR 2007, S. 109 (112 Fn. 17); *Heß/Schnitger*, in: PwC, Reform, 2007, S. 227.

1501 Vgl. BT-Drs. 16/2710, S. 43; *Ley*, FR 2007, S. 109 (112 Fn. 17); *Heß/Schnitger*, in: PwC, Reform, 2007, S. 227; *Winkeljohann/Fuhrmann*, Handbuch Umwandlungssteuerrecht, 2007, S. 848.

1502 Vgl. *Frotscher*, in: Frotscher/Maas, Vorabkommentierung SEStEG, 2007, Rz. 349.

1503 Vgl. *Schönherr/Lemaitre*, GmbHR 2007, S. 459 (462); *Herlinghaus*, in: Rödder/Herlinghaus/van Lishaut, UmwStG, 2008, § 20 Rz. 167.

1504 Vgl. *Patt*, in: Dötsch u.a., UmwStG, 2007, § 20 Rz. 228; *Ley*, FR 2007, S. 109, dort Fn. 17. So im Ergebnis wohl auch *Förster/Wendland*, BB 2007, S. 631 (634), die insoweit aber von einer Überlagerung der „allgemeinen Regelungen" des § 20 Abs. 2 UmwStG durch die § 4 Abs. 1 Satz 8 Halbs. 2, § 6 Abs. 1 Nr. 5a EStG ausgehen.

1505 Vgl. *Benecke/Schnitger*, IStR 2006, S. 765 (775); *Heß/Schnitger*, in: PwC, Reform, 2007, S. 235.

UmwStG bestimmt, dass sich dieses sog. neutrale Betriebsvermögen unabhängig von dessen Bewertung auf Ebene der übernehmenden Körperschaft stets mit seinem gemeinen Wert in den Anschaffungskosten der durch die einbringende Gesellschaft erhaltenen Anteile niederschlägt. Hierdurch verzichtet das Umwandlungssteuerrecht darauf, dass sich die im neutralen Betriebsvermögen enthaltenen und im Ausland gebildeten stillen Reserven in den ggf. im Inland steuerverstrickten erhaltenen Anteilen widerspiegeln.[1506]

Hieraus kann sich ein Vorteil für grenzüberschreitend durchgeführte Einbringungen ergeben.

Beispiel 22: Der in Deutschland ansässige Einzelkaufmann E gliedert seinen Betrieb, der neben einem inländischen Betriebsvermögen auch eine in Schweden belegene Freistellungsbetriebsstätte umfasst, auf die in Frankreich ansässige F-SE zu Buchwerten aus. Der Buchwert des inländischen Betriebsvermögens beträgt 100, der des schwedischen Betriebsvermögens beträgt 30. Der gemeine Wert des inländischen Betriebsvermögens beträgt 200, der des schwedischen Betriebsvermögens beträgt 80. Die Ausgliederung löst keine steuerliche Entstrickung von Wirtschaftsgütern aus. Die erhaltenen Anteile werden acht Jahre nach dem steuerlichen Übertragungsstichtag für 300 veräußert.

Aufgrund der Einheitlichkeit des gewählten Wertansatzes wird das übertragene Betriebsvermögen bei der F-SE für Zwecke der deutschen Besteuerung mit insgesamt (100 + 30 =) 130 bewertet. Dementsprechend würden die Anschaffungskosten der erhaltenen Anteile nach § 20 Abs. 3 Satz 1 UmwStG grundsätzlich 130 betragen. Aufgrund der in § 20 Abs. 3 Satz 2 UmwStG geregelten Durchbrechung der Wertverknüpfung ergibt sich jedoch ein Wertansatz i.H.v. (100 + 80 =) 180, da es sich bei dem schwedischen Betriebsstättenvermögen um neutrales Betriebsvermögen handelt.[1507] Bei der Veräußerung der erhaltenen Anteile fällt aufgrund der bereits abgelaufenen siebenjährigen Sperrfrist des § 22 Abs. 1 Satz 1 UmwStG kein Einbringungsgewinn I an.[1508] Stattdessen ist ausschließlich ein regulärer Anteilsveräußerungsgewinn i.H.v. (300 ./. 180 =) 120 zu versteuern. Wäre die Ausgliederung rein innerstaatlich erfolgt, so hätte der Anteilsveräußerungsgewinn (300 ./. 130 =) 170 betragen.

1506 Vgl. *Benz/Rosenberg*, in: Blumenberg/Schäfer, Das SEStEG, S. 165; *Patt*, in: Dötsch u.a., UmwStG, 2007, § 20 Rz. 296; *Heß/Schnitger*, in: PwC, Reform, 2007, S. 235.

1507 Vor Durchführung der Ausgliederung besteht aufgrund der Art. 13 Abs. 2, Art. 23 Abs. 1 Satz 1 Buchst. a DBA-Schweden kein deutsches Besteuerungsrecht hinsichtlich der stillen Reserven des schwedischen Betriebsstättenvermögens. Nach der Ausgliederung ist Deutschland mangels steuerlichen Anknüpfungspunkts ebenfalls nicht zur Besteuerung eines Gewinns aus der Veräußerung des schwedischen Betriebsstättenvermögens berechtigt.

1508 Siehe zur Missbrauchsklausel des § 22 UmwStG Teil 2,B.III.8.

6. Anrechnung einer fiktiven ausländischen Steuer

Soweit hinsichtlich eines in Deutschland steuerpflichtigen, aus ausländischen Quellen stammenden Entstrickungsgewinns die Doppelbesteuerung durch die Anwendung der Anrechnungsmethode zu vermeiden ist, erfolgt die Anrechnung von tatsächlich entstandenen ausländischen Steuern grundsätzlich nach den allgemeinen Regelungen des (§ 26 KStG i.V.m.) § 34c EStG. In bestimmten Fällen kann jedoch die Anrechnung einer fiktiven ausländischen Steuer geboten sein.

a) Einbringung von ausländischem Betriebsstättenvermögen

Da nach § 20 Abs. 7 UmwStG i.R. von Einbringungen i.S. des § 20 UmwStG die Regelung des § 3 Abs. 3 UmwStG entsprechend gilt, wird insoweit auf Teil 2,B.I.3. verwiesen. Die Auffassung, wonach aus der entsprechenden Anwendung des § 3 Abs. 3 UmwStG folge, dass die besonderen, der FRL angeglichenen Anwendungsvoraussetzungen des § 3 Abs. 3 UmwStG hier nicht zu beachten seien,[1509] ist abzulehnen. Da § 20 Abs. 7 UmwStG keinen Rechtsfolgen-, sondern einen Rechtsgrundverweis darstellt, kommt die Anrechnung einer fiktiven ausländischen Steuer auch i.R. von Einbringungen i.S. des § 20 UmwStG nur dann zur Anwendung, wenn im Einzelfall alle Anwendungsvoraussetzungen des § 3 Abs. 3 UmwStG vorliegen.[1510]

b) Einbringung durch hybride ausländische Gesellschaften

Eine sog. hybride Gesellschaft ist dadurch gekennzeichnet, dass sie in ihrem Gründungsstaat als ein intransparent zu besteuerndes Steuersubjekt angesehen wird, während sie im Ansässigkeitsstaat (eines) ihrer Gesellschafter als transparent beurteilt wird und dieser Staat folglich ausschließlich dem Gesellschafter bzw. den Gesellschaftern das zu versteuernde Einkommen zurechnet.[1511]

Aus Sicht des deutschen Steuerrechts wird eine hybride Gesellschaft damit als Mitunternehmerschaft betrachtet. D.h., die durch eine hybride Gesellschaft

1509 Vgl. *Schmitt*, in: Schmitt/Hörtnagl/Stratz, UmwG/UmwStG, 2009, § 20 UmwStG Rz. 413; *Herlinghaus*, in: Rödder/Herlinghaus/van Lishaut, UmwStG, § 20 Rz. 242; *Menner*, in: Haritz/Menner, UmwStG, 2010, § 20 Rz. 737, wonach ungeachtet der richtlinienrechtlichen Einschränkungen eine Anrechnung auch im Fall von einbringenden natürlichen Personen oder Personengesellschaften in Betracht kommen soll.

1510 Vgl. *Mutscher*, IStR 2010, S. 820 (823).

1511 Vgl. *Benecke/Schnitger*, IStR 2005, S. 606 (610); *van den Brande*, EC Tax Rev. 2005, S. 119 (120).

erzielten Einkünfte werden den einzelnen Gesellschaftern bzw. Mitunternehmern zugerechnet. Ebenso folgt aus der Behandlung als Mitunternehmerschaft, dass die verschiedenen Betriebsstätten einer hybriden Gesellschaft nach deutschem Verständnis für abkommensrechtliche Zwecke als Betriebsstätten der einzelnen Mitunternehmer betrachtet werden.[1512]

Für die Frage nach dem deutschen Besteuerungsrecht an den durch eine hybride Gesellschaft erzielten Einkünften ist somit allein auf deren Gesellschafter abzustellen. Soweit aus deutscher Sicht unbeschränkt steuerpflichtige Anteilseigner an einer hybriden Gesellschaft beteiligt sind, gilt dementsprechend, dass unabhängig vom Ansässigkeitsort der hybriden Gesellschaft alle durch diese Gesellschaft erzielten Einkünfte grundsätzlich, d.h. vorbehaltlich abkommensrechtlicher Einschränkungen, durch die Gesellschafter in Deutschland zu versteuern sind. Soweit zum Betriebsvermögen einer hybriden Gesellschaft eine im Ausland belegene Betriebsstätte gehört, ist im Fall von inlandsansässigen Gesellschaftern[1513] eine inländische Steuerverstrickung dieses ausländischen Betriebsvermögens gegeben, wenn entweder kein DBA mit dem Belegenheitsstaat der Betriebsstätte besteht, das anzuwendende DBA die Anrechnungsmethode für Betriebsstätteneinkünfte vorsieht, oder die außensteuerrechtliche *switch-over*-Klausel des § 20 Abs. 2 AStG zur Anwendung gelangt.[1514]

Soweit die Gesellschafter der hybriden Gesellschaft nicht unbeschränkt steuerpflichtig sind, ist dennoch insoweit stets von einem uneingeschränkten deutschen Besteuerungsrecht hinsichtlich der durch die hybride Gesellschaft erzielten

---

1512 Vgl. BMF v. 16.04.2010, IV B 2-S 1300/09/10003, BStBl. I 2010, S. 354, Rz. 4.1.4.1, 4.1.1.1.1 und 4.1.1.2. Demnach kann im Fall einer Anrechnungsbetriebsstätte im Ansässigkeitsstaat der hybriden Gesellschaft eine Anrechnung von Steuern, die im genannten ausländischen Staat zu Lasten der Gesellschaft erhoben wurden, auf Ebene der inlandsansässigen Gesellschafter erfolgen.

1513 Soweit auch die Gesellschafter entsprechend dem Transparenzprinzip steuerlich behandelt werden, ist wiederum auf die Ansässigkeit von deren Gesellschaftern abzustellen.

1514 Nach deutschem Verständnis ist abkommensrechtlich jeder Gesellschafter als Betreiber eines eigenständigen Unternehmens mit Sitz in seinem jeweiligen Ansässigkeitsstaat zu behandeln, vgl. *Piltz/Wassermeyer*, in: Debatin/Wassermeyer, DBA, Art. 7 OECD-MA Rz. 66 (106. Lfg., 2009). Sofern zum Betriebsvermögen einer Personengesellschaft bzw. hybriden Gesellschaft auch eine Betriebsstätte in einem dritten Staat gehört, so ist in Bezug auf einen bestimmten Mitunternehmer insoweit das zwischen diesem dritten Staat sowie dem Ansässigkeitsstaat des Mitunternehmers abgeschlossene DBA maßgeblich, vgl. *Piltz/Wassermeyer*, in: Debatin/Wassermeyer, DBA, Art. 7 OECD-MA Rz. 69 (106. Lfg., 2009).

Einkünfte auszugehen, als diese Einkünfte einer inländischen Betriebsstätte zuzuordnen sind. Die in ausländischen Betriebsstätten entstandenen Einkünfte einer hybriden Gesellschaft unterliegen dagegen nicht der deutschen Besteuerung, soweit an der hybriden Gesellschaft auslandsansässige Gesellschafter[1515] beteiligt sind.

Bei einer von § 20 UmwStG erfassten Einbringung von Betriebsvermögen einer ausländischen Anrechnungsbetriebsstätte durch eine hybride Gesellschaft, deren Gesellschafter zumindest teilweise im Inland ansässig sind, kommt es hinsichtlich der entsprechenden stillen Reserven zu einem Ausschluss des bestehenden deutschen Besteuerungsrechts, sofern die Einbringung in eine auslandsansässige Körperschaft erfolgt. Das anrechnungsverpflichtungsbehaftete deutsche Steuerrecht geht verloren, da hinsichtlich der zukünftig der ausländischen übernehmenden Körperschaft zuzurechnenden Betriebsstätteneinkünfte weder ein subjektiver noch ein objektiver Nexus zur deutschen Steuerhoheit besteht.

Fraglich ist, welche Auswirkungen eine i.R. von grenzüberschreitenden Spaltungen erfolgende Übertragung von Anteilen an einer hybriden Gesellschaft auf das deutsche Besteuerungsrecht hat.[1516] Inwieweit vor bzw. nach dem steuerlichen Übertragungsstichtag hinsichtlich der von den Gesellschaftern gehaltenen Anteilen an einer hybriden Gesellschaft ein deutsches Besteuerungsrecht besteht, bestimmt sich aufgrund der transparenten Besteuerung der hybriden Gesellschaft grundsätzlich danach, inwieweit ein deutsches Besteuerungsrecht hinsichtlich der zum Betriebsvermögen der hybriden Gesellschaft gehörenden Wirtschaftsgüter besteht. Somit gelten hier grundsätzlich die soeben gemachten Ausführungen entsprechend. Dies bedeutet, dass sich die stillen Reserven einer ausländischen

---

1515 Soweit es sich auch bei den Gesellschaftern um transparent besteuerte Gesellschaften handelt, ist wiederum auf die Ansässigkeit von deren Gesellschaftern abzustellen.

1516 Eine von § 20 UmwStG erfasste Übertragung von Mitunternehmeranteilen kann insbesondere im Wege einer Ausgliederung eines solchen Anteils erfolgen, oder durch eine Aufspaltung des transparenten Rechtsträgers. Da es sich bei einer hybriden Gesellschaft aus Sicht des deutschen Steuerrechts um eine Mitunternehmerschaft handelt, gilt bei einer zur Auflösung führenden, übertragenden Umwandlung einer solchen hybriden Gesellschaft bzw. Mitunternehmerschaft nicht diese selbst als übertragender Rechtsträger. In einem solchen Fall wird eine Einbringung der Gesellschaftsanteile bzw. Mitunternehmeranteile durch die Gesellschafter bzw. Mitunternehmer der hybriden Gesellschaft bzw. Mitunternehmerschaft angenommen, vgl. dazu allgemein *Wacker*, BB 1996, S. 2224 (2227); *Middendorf/Stegemann*, DStR 2005, S. 1082 (1084); *Bauernschmitt/Blöchle*, BB 2007, S. 743 (745); *Widmann*, in Widmann/Mayer, UmwG/UmwStG, § 20 Rz. R 49 (94. Lfg., 2007); *Herlinghaus*, in: Rödder/Herlinghaus/van Lishaut, UmwStG, 2008, § 20 Rz. 34.

Freistellungsbetriebsstätte grundsätzlich nicht in dem in Deutschland zu versteuernden Gewinn aus der Veräußerung eines Mitunternehmeranteils widerspiegeln, da dieser Gewinn entsprechend Art. 13 Abs. 2 OECD-MA von der deutschen Besteuerung ausgenommen wird. Allerdings ist es nicht undenkbar, dass die durch einen inlandsansässigen Gesellschafter vorgenommene Veräußerung eines Anteils an einer hybriden Gesellschaft durch deren Ansässigkeitsstaat unter eine dem Art. 13 Abs. 5 OECD-MA entsprechende Abkommensnorm subsumiert und damit freigestellt wird. Damit entsteht i.R. der Anwendung des Abkommensrechts in solchen Fällen ein sog. negativer Qualifikationskonflikt, der grundsätzlich zu einer doppelten Freistellung und damit zu weißen Einkünften führt.[1517] Um dies zu vermeiden, bestimmt (§ 8 Abs. 1 Satz 1 KStG i.V.m.) § 50d Abs. 9 Satz 1 Nr. 1 EStG, dass die abkommensrechtlich vereinbarte Freistellungsmethode insoweit nicht anzuwenden ist. Stattdessen folgt aus dieser *subject-to-tax*-Klausel, dass der Gewinn aus der Veräußerung eines Anteils an einer hybriden Gesellschaft auch insoweit der deutschen Besteuerung unterliegt, als er auf stillen Reserven einer ausländischen Freistellungsbetriebsstätte beruht.[1518] Somit unterliegt in diesem Sonderfall ein durch einen unbeschränkt steuerpflichtigen Anteilseigner erzielter Gewinn aus der Veräußerung einer Beteiligung an einer hybriden Gesellschaft unabhängig davon, ob dieser Gewinn auf stillen Reserven von Anrechnungs- oder Freistellungsbetriebsstätten beruht, der deutschen Besteuerung.

Soweit es i.R. einer grenzüberschreitenden Übertragung durch eine hybride Gesellschaft zu einem Ausschluss des Besteuerungsrechts hinsichtlich der im Betriebsvermögen der hybriden Gesellschaft ruhenden stillen Reserven kommt, erfolgt wegen § 20 Abs. 2 Satz 2 Nr. 3 UmwStG eine Schlussbesteuerung ebendieser stillen Reserven. Im Anwendungsbereich der FRL widerspricht dies grundsätzlich den Art. 9, Art. 4 Abs. 1 bis 3 FRL. Nach (Art. 9 i.V.m.) Art. 4 Abs. 1 FRL dürfen unter anderem Aufspaltungen, Abspaltungen und Einbringungen im Sinne der FRL keine Entstrickungsbesteuerung „des übertragenen Aktiv- und Passivvermögens“ hervorrufen. Was als übertragenes Aktiv- und Passivvermögen i.S. des Art. 4 Abs. 1 FRL anzusehen ist, wird in Art. 4 Abs. 2 Buchst. b FRL definiert. Demnach handelt es sich um das übertragene Betriebsvermögen, das „nach der … [Umstrukturierung] tatsächlich einer Betriebsstätte der übernehmenden Gesellschaft im Mitgliedstaat der einbringenden Gesellschaft zugerechnet wird“. Sofern der Ansässigkeitsstaat eines bzw. der Gesellschafter der von der

1517 Vgl. *Mutscher*, IStR 2010, S. 820 (822, dort Fn. 7).

1518 Vgl. BMF v. 16.04.2010, IV B 2-S 1300/09/10003, BStBl. I 2010, S. 354, Rz. 4.1.1.2.5.

FRL geschützten übertragenden Gesellschaft diese Gesellschaft als transparent betrachtet und demnach den bzw. die Gesellschafter besteuert, hat dieser Mitgliedstaat Art. 4 Abs. 3 FRL zu beachten. Nach der genannten Regelung darf der Ansässigkeitsstaat auf Ebene der Gesellschafter grundsätzlich keine Besteuerung eines Entstrickungsgewinns vornehmen, soweit auf Ebene der übertragenden hybriden Gesellschaft das Betriebsstättenverhaftungserfordernis des Art. 4 Abs. 1 und 2 FRL erfüllt wird.[1519]

Sofern ein inlandsansässiger Gesellschafter eine von § 20 UmwStG erfasste Einbringung einer Beteiligung an einer hybriden Gesellschaft,[1520] zu deren Betriebsvermögen auch eine ausländische Anrechnungsbetriebsstätte gehört, vornimmt, kommt es insoweit zu einem Ausschluss des bestehenden deutschen Besteuerungsrechts, falls die Einbringung in eine ausländische Körperschaft erfolgt. Dieser Ausschluss des deutschen Besteuerungsrechts löst wegen § 20 Abs. 2 Satz 2 Nr. 3 UmwStG eine Schlussbesteuerung der stillen Reserven der Beteiligung aus. Sofern gleichzeitig der Anwendungsbereich der FRL eröffnet ist, widerspricht dies grundsätzlich den Bestimmungen des Art. 8 Abs. 1 bis 3 FRL, wonach dem Gesellschafter ein Steueraufschub zu gewähren ist.

An die Grundregel der Art. 9, Art. 4 Abs. 1 bis 3 FRL bzw. des Art. 8 Abs. 1 bis 3 FRL hat sich der Ansässigkeitsstaat des bzw. der Anteilseigner jedoch nicht zu halten, sofern er von der in Art. 11 Abs. 1 FRL geregelten Optionsmöglichkeit Gebrauch macht. Danach ist ein Mitgliedstaat, der eine „gebietsfremde einbringende oder erworbene Gesellschaft … als steuerlich transparent … [betrachtet,] berechtigt, die Bestimmungen … [der FRL] bei der Besteuerung der Veräußerungsgewinne eines unmittelbaren oder mittelbaren Gesellschafters dieser Gesellschaft nicht anzuwenden.“ Die Ausübung dieser Option bedeutet somit grundsätzlich den vollständigen Anwendungsausschluss der fusionsrichtlinienrechtlichen Regelungen, wodurch die Besteuerung eines Entstrickungsergebnisses

---

1519 Vgl. *Kofler/Schindler*, SWI 2006, S. 262 (264).

1520 Beispielsweise gilt die Ausgliederung von Anteilen an einer hybriden Gesellschaft als Einbringung i.S. von § 20 UmwStG. Darüber hinaus zählt auch die Aufspaltung einer hybriden Gesellschaft zu den Einbringungen i.S. des § 20 UmwStG, sofern der übernehmende Rechtsträger eine Kapitalgesellschaft oder Genossenschaft ist. Weil die hybride Gesellschaft infolge der Aufspaltung aufgelöst wird, gelten deren Anteilseigner als Einbringende, vgl. dazu allgemein *Wacker*, BB 1996, S. 2224 (2227); *Middendorf/Stegemann*, DStR 2005, S. 1082 (1084); *Bauernschmitt/Blöchle*, BB 2007, S. 743 (745); *Widmann*, in Widmann/Mayer, UmwG/UmwStG, § 20 Rz. R 49 (94. Lfg., 2007); *Herlinghaus*, in: Rödder/Herlinghaus/van Lishaut, UmwStG, 2008, § 20 Rz. 34.

bei den Gesellschaftern der hybriden Gesellschaft möglich wird.[1521] Da der ausländische Ansässigkeitsstaat der hybriden Gesellschaft regelmäßig entsprechend Art. 9, Art. 4 Abs. 1, 2 und 4 FRL keine Entstrickungsbesteuerung vornehmen wird, kommt die Anrechnung einer tatsächlichen ausländischen Steuer regelmäßig nicht in Betracht. Entsprechendes gilt aufgrund des Art. 10 Abs. 1 Satz 3 FRL, soweit zum übertragenen Betriebsvermögen der hybriden Gesellschaft weitere EU-Anrechnungsbetriebsstätten, die außerhalb des Ansässigkeitsstaats dieser Gesellschaft belegen sind, übertragen werden. Allerdings hat der Ansässigkeitsstaat des bzw. der Gesellschafter entsprechend Art. 11 Abs. 2 FRL eine Steuer, die im Ausland „ohne die Bestimmungen [der FRL] auf die Veräußerungsgewinne der steuerlich transparenten Gesellschaft erhoben worden wäre, in gleicher Weise und mit dem gleichen Betrag … [anzurechnen], wie wenn diese Steuer tatsächlich erhoben worden wäre.“ Sofern die Gesellschafter der hybriden Gesellschaft durch eine Entstrickungsbesteuerung in ihrem Ansässigkeitsstaat belastet werden, hat dieser Staat somit auf die eigene tarifliche Steuer die fiktive Steuer, die im Ausland bei einer Veräußerung des Betriebsvermögens zu einem dem gemeinen Wert entsprechenden Wert entstanden wäre, anzurechnen.

M.E. ergibt sich aus dem Wortlaut des Art. 11 Abs. 2 FRL, dass es für die Anrechnung der fiktiven ausländischen Steuer nicht darauf ankommt, ob im Ausland im Einzelfall tatsächlich eine Steuerneutralität gegeben ist. Beispielsweise ist es möglich, dass der Steuerpflichtige im Ausland einen Zwischenwertansatz wählt, um im Ausland bestehende Verlustvorträge aufzubrauchen. Somit fällt eine tatsächliche ausländische Steuer an, die niedriger als die fiktive Steuer entsprechend Art. 11 Abs. 1 FRL ist. In diesem Fall genügt es m.E. aber nicht, die tatsächliche ausländische Steuer anzurechnen, und dafür von der Anrechnung einer fiktiven ausländischen Steuer gänzlich abzusehen. In einem solchen Fall hat der Ansässigkeitsstaat des bzw. der Gesellschafter der hybriden Gesellschaft vielmehr zusätzlich zur tatsächlich erhobenen ausländischen Steuer den Differenzbetrag zwischen der fiktiven ausländischen und der tatsächlichen ausländischen Steuer anzurechnen. Der anzurechnende Betrag muss also insgesamt dem der fiktiven ausländischen Steuer i.S. des Art. 11 Abs. 2 FRL entsprechen.

Die Regelungen des Art. 11 Abs. 1 und 2 FRL und des Art. 10 Abs. 2 FRL weisen die Gemeinsamkeit auf, dass beide im Fall einer Übertragung von Anrechnungsbetriebsstätten angewendet werden können. Allerdings grenzen sie sich insofern voneinander ab, als sich Art. 11 Abs. 1 und 2 FRL an den Ansässigkeitsstaat

---

1521 Vgl. *Benecke/Schnitger*, IStR 2005, S. 641 (644); *Kofler/Schindler*, SWI 2006, S. 262 (267).

der Gesellschafter der übertragenden Gesellschaft richtet, während Art. 10 Abs. 2 FRL den Ansässigkeitsstaat der übertragenden Gesellschaft betrifft. Sofern ein Mitgliedstaat eine von Art. 3 FRL erfasste übertragende Gesellschaft als transparent erachtet, und damit ohnehin von einer Besteuerung der übertragenden Gesellschaft absieht, kommt für diesen Mitgliedstaat nur eine Anwendung des Art. 11 Abs. 1 und 2 FRL in Frage. Umgekehrt ist durch einen Mitgliedstaat ausschließlich die Anwendung des Art. 10 Abs. 2 FRL in Betracht zu ziehen, wenn er hinsichtlich der übertragenden Gesellschaft von einer in seinem Hoheitsgebiet ansässigen nicht-hybriden übertragenden Gesellschaft ausgeht.

Um ein ggf. bestehendes deutsches Besteuerungsrecht am Betriebsvermögen übertragender bzw. übertragener hybrider Gesellschaften nicht zu verlieren, entschied sich der Gesetzgeber entsprechend Art. 11 Abs. 1 FRL zu einer Nichtanwendung der grundsätzlich geltenden Vorgaben der FRL. Sofern eine Einbringung durch eine hybride Gesellschaft bzw. die Einbringung einer Beteiligung an einer solchen Gesellschaft[1522] auf Ebene der Gesellschafter zu einem Ausschluss oder einer Beschränkung des deutschen Besteuerungsrechts an den entsprechenden stillen Reserven führt, löst dies gem. § 20 Abs. 2 Satz 1 und 2 Nr. 3 UmwStG eine Besteuerung der entsprechenden stillen Reserven aus. Da der deutsche Gesetzgeber die Option des Art. 11 Abs. 1 FRL in Anspruch nahm, hat er die Regelung des Art. 11 Abs. 2 FRL zu beachten. Danach ist eine entsprechend Art. 11 Abs. 1 FRL vorgenommene Entstrickungsbesteuerung auf Ebene der Anteilseigner einer hybriden Gesellschaft nur unter der Voraussetzung zulässig, dass deren Ansässigkeitsstaat in diesem Fall die ausländische Steuer, „die ohne die Bestimmungen … [der FRL] auf die Veräußerungsgewinne der steuerlich transparenten Gesellschaft erhoben worden wäre, in gleicher Weise und mit dem gleichen Betrag … [anrechnet], wie wenn diese Steuer tatsächlich erhoben worden wäre."

Der Umsetzung der Vorgaben des Art. 11 Abs. 2 FRL dient § 20 Abs. 8 UmwStG. Sofern eine Einbringung durch eine von Art. 3 FRL erfasste hybride Gesellschaft erfolgt, oder eine Beteiligung an einer solchen Gesellschaft eingebracht wird, sieht § 20 Abs. 8 UmwStG vor, dass „auf Grund [von Art. 11 FRL] die ausländische Steuer, die nach den Rechtsvorschriften des anderen Mitgliedstaats der Europäischen Union erhoben worden wäre, wenn die einer in einem anderen Mitgliedstaat belegenen Betriebsstätte zuzurechnenden eingebrachten Wirtschaftsgüter zum gemeinen Wert veräußert worden wären," auf die auf

1522 Die Einbringung einer Beteiligung an einer hybriden Gesellschaft wird umwandlungssteuerrechtlich als Einbringung eines Mitunternehmeranteils behandelt.

den Einbringungsgewinn entfallende deutsche Ertragsteuer entsprechend den allgemeinen Regeln[1523] angerechnet wird.

Beispiel 23: Die in Ungarn ansässige E-*közkereseti társaság*, an der die in Deutschland ansässigen Gesellschafter P und Q beteiligt sind, überträgt zum 30.06.2012 (steuerlicher Übertragungsstichtag) auf die in Schweden ansässige F-SE im Wege der Abspaltung neben einer in Ungarn belegenen Betriebsstätte, in der keine der in Art. 22 Abs. 1 Buchst. c DBA-Ungarn genannten aktiven Einkünfte erzielt werden, auch eine portugiesische Betriebsstätte, in der ausschließlich passive Einkünfte i.S. der Nr. 8 Buchst. a des Protokolls zum DBA-Portugal erzielt werden, sowie eine liechtensteinische Betriebsstätte. Nach ungarischem, portugiesischem und liechtensteinischem Steuerrecht erfolgt die Betriebsvermögensübertragung zum Buchwert. Die Abspaltung bleibt ohne Auswirkung auf die Zuordnung des übertragenen Betriebsvermögens zu den jeweiligen Betriebsstätten.

Da die von Art. 3 FRL erfasste ungarische *közkereseti társaság* einer deutschen OHG entspricht,[1524] handelt es sich bei der E-*közkereseti társaság* um eine hybride Gesellschaft. Die übertragene ungarische Betriebsstätte ist gem. Art. 22 Abs. 1 Buchst. c, Buchst. b DBA-Ungarn eine Anrechnungsbetriebsstätte. Bei der portugiesischen Betriebsstätte handelt es sich nach Art. 24 Abs. 2 Buchst. b DBA-Portugal i.V.m. Nr. 8 Buchst. a des Protokolls zum DBA-Portugal ebenfalls um eine Anrechnungsbetriebsstätte. Da zwischen Deutschland und Liechtenstein vor dem 01.01.2013 kein DBA Anwendung findet,[1525] ist auch die dort belegene Betriebsstätte eine Anrechnungsbetriebsstätte. Somit bestand aufgrund der unbeschränkten inländischen Steuerpflicht der Gesellschafter P und Q vor Durchführung der Abspaltung ein anrechnungsverpflichtungsbehaftetes deutsches Besteuerungsrecht hinsichtlich der stillen Reserven des ungarischen, portugiesischen und liechtensteinischen Betriebsstättenvermögens. Nach dem steuerlichen Übertragungsstichtag besteht hingegen mangels Anknüpfungspunkt für eine inländische Besteuerung kein deutsches Besteuerungsrecht mehr an diesen stillen Reserven. Dementsprechend folgt aus § 20 Abs. 2 Satz 1, 2 Nr. 3 UmwStG eine entsprechende Entstrickungsbesteuerung.

Nach § 20 Abs. 8 UmwStG erfolgt eine Anrechnung der fiktiven ungarischen Steuer, die in Ungarn erhoben worden wäre, wenn das ungarische Betriebsstättenvermögen zum gemeinen Wert veräußert worden wäre.

Auch eine fiktive portugiesische Steuer ist nach § 20 Abs. 8 UmwStG anzurechnen. Da Portugal nach Art. 10 Abs. 1 Satz 3 FRL die Bestimmungen der FRL hinsichtlich des portugiesischen Betriebsstättenvermögens so anzuwenden hat, als wäre die übertragende Gesellschaft in seinem Hoheitsgebiet ansässig, hat Portugal entsprechend

1523 Siehe § 26 KStG bzw. § 34c EStG.

1524 Vgl. *Wassermeyer*, in: Flick/Wassermeyer/Baumhoff, Außensteuerrecht, § 7 AStG, Anhang (63. Lfg., 2009).

1525 Das im Dezember 2012 ratifizierte DBA zwischen Deutschland und Liechtenstein findet entsprechend Art. 33 Abs. 2 DBA-Liechtenstein seit Anfang 2013 Anwendung.

Art. 4 Abs. 1 und 2 FRL auf eine Entstrickungsbesteuerung zu verzichten. In Übereinstimmung mit den richtlinienrechtlichen Vorgaben des Art. 11 Abs. 2 FRL ergibt sich aus § 20 Abs. 8 UmwStG eine Anrechnung fiktiver portugiesischer Steuern.

Die Anrechnung einer fiktiven liechtensteinischen Steuer kommt nach § 20 Abs. 8 UmwStG nicht in Betracht, da diese Rechtsnorm nur insoweit anzuwenden ist, als ein Entstrickungsgewinn auf eine EU-Anrechnungsbetriebsstätte entfällt. Die Regelung des § 20 Abs. 8 UmwStG unterscheidet nicht danach, ob ein Entstrickungsgewinn auf eine EWR-Anrechnungsbetriebsstätte oder eine sonstige in einem Drittstaat belegene Anrechnungsbetriebsstätte entfällt.

Beispiel 24: Die in Deutschland ansässige D-GmbH gliedert die in ihrem deutschen Betriebsvermögen gehaltene Beteiligung an der in Ungarn ansässigen E-*közkereseti társaság* auf die in Schweden ansässige F-SE aus. Zum Betriebsvermögen der E-*közkereseti társaság* gehört unter anderem eine ungarische Betriebsstätte, in der keine der in Art. 22 Abs. 1 Buchst. c DBA-Ungarn genannten aktiven Einkünfte erzielt werden. Da die von Art. 3 FRL erfasste ungarische *közkereseti társaság* einer deutschen OHG entspricht, handelt es sich bei der E-*közkereseti társaság* um eine hybride Gesellschaft, an der Mitunternehmeranteile bestehen. Die übertragene ungarische Betriebsstätte ist gem. Art. 22 Abs. 1 Buchst. c, Buchst. b DBA-Ungarn eine Anrechnungsbetriebsstätte. Somit bestand aufgrund der unbeschränkten inländischen Steuerpflicht der D-GmbH vor Durchführung der Ausgliederung ein entsprechendes anrechnungsverpflichtungsbehaftetes deutsches Besteuerungsrecht hinsichtlich der stillen Reserven dieses Betriebsstättenvermögens. Nach dem steuerlichen Übertragungsstichtag ist eine deutsche Besteuerung insoweit nicht mehr möglich, weil die übernehmende F-SE mit ihren Einkünften aus der ungarischen Anrechnungsbetriebsstätte nicht der deutschen Steuerpflicht unterliegt. Somit ergibt sich aus § 20 Abs. 2 Satz 1, 2 Nr. 3 UmwStG eine entsprechende Entstrickungsbesteuerung auf Ebene der D-GmbH. Nach § 20 Abs. 8 UmwStG, der auch auf Fälle der Übertragung von Beteiligungen an hybriden Gesellschaften anwendbar ist, erfolgt eine Anrechnung der fiktiven ungarischen Steuer, die in Ungarn erhoben worden wäre, wenn das ungarische Betriebsstättenvermögen zum gemeinen Wert veräußert worden wäre.

Dass § 20 Abs. 8 UmwStG nur auf Einbringungen unter Beteiligung einer von Art. 3 FRL erfassten einbringenden oder erworbenen Gesellschaft anwendbar ist, bedeutet hinsichtlich der Möglichkeit der Anrechnung einer fiktiven ausländischen Steuer eine Einengung des durch § 1 Abs. 4 Satz 1 Nr. 2 UmwStG grundsätzlich festgelegten Anwendungsbereichs. Somit erlaubt § 20 Abs. 8 UmwStG beispielsweise keine Anrechnung einer fiktiven ausländischen Steuer, wenn eine Einbringung durch eine Personengesellschaft erfolgt. Auch wenn die Übertragung durch eine hybride EWR-Gesellschaft erfolgt, findet § 20 Abs. 8 UmwStG keine Anwendung.[1526]

1526 Vgl. *Menner*, in: Haritz/Menner, UmwStG, 2010, § 20 Rz. 742.

Hinsichtlich der Frage nach der grundfreiheitsrechtlichen Zulässigkeit des engen Anwendungsbereichs des § 20 Abs. 8 UmwStG gelten die Ausführungen in Teil 2,B.I.3.b)aa) entsprechend.

7. Steuerliche Rückwirkung

Betreffend die steuerliche Rückwirkung der von § 20 UmwStG erfassten grenzüberschreitenden Spaltungen wird grundsätzlich auf die entsprechenden Ausführungen in Teil 2,B.I.5. verwiesen. Besonderheiten ergeben sich allerdings hinsichtlich Hereinspaltungen, wenn das betroffene ausländische Steuerrecht einen längeren Rückwirkungszeitraum vorsieht. Zwar wird der deutsche steuerliche Übertragungsstichtag auch gem. § 20 Abs. 6 Satz 1 Halbs. 1, Satz 2 UmwStG grundsätzlich dem Stichtag einer ausländischen Übertragungsbilanz angeglichen. Anders als § 2 Abs. 1 Satz 1 UmwStG begrenzt § 20 Abs. 6 Satz 1 Halbs. 2, Satz 2 UmwStG die Dauer des Rückwirkungszeitraums allerdings dadurch, dass der steuerliche Übertragungsstichtag maximal acht Monate vor der Anmeldung der Spaltung zur Eintragung in das Handelsregister liegen darf. Sofern der Ansässigkeitsstaat des übertragenden Rechtsträgers keine dem § 2 Abs. 3 UmwStG entsprechende Regelung kennt, kann dies zu weißen Einkünften führen.

Beispiel 25:[1527] Die im EU-Staat A ansässige A-SE gliedert ihren Betrieb auf die inländische D-GmbH aus. Die Anmeldung der Spaltung zum Handelsregister erfolgt am 30.09.2012. Das Steuerrecht des Mitgliedstaats A erlaubt eine steuerliche Rückbeziehung auf den 31.12.2011. Die übertragenen Wirtschaftsgüter sind fortan dem inländischen Stammhaus der D-GmbH zuzuordnen. Das ausländische Steuerrecht kennt keine dem § 2 Abs. 3 UmwStG entsprechende Regelung.

Die Einkünfte aus dem übertragenen Vermögen unterliegen im Staat A wegen der dortigen neunmonatigen steuerlichen Rückbeziehung bis einschließlich 31.12.2011 der Besteuerung.

Nach deutschem Steuerrecht darf die Rückbeziehung gem. § 20 Abs. 6 Satz 1 Halbs. 2 UmwStG auf einen steuerlichen Übertragungsstichtag erfolgen, der höchstens acht Monate vor dem 30.09.2012 liegt.[1528] Aus § 20 Abs. 6 Satz 4 i.V.m. § 2 Abs. 3 UmwStG ist zu schließen, dass die Wahl einer Rückbeziehung um weniger als acht Monate hier unzulässig ist. Denn umso kürzer der deutsche Rückwirkungszeitraum ist, desto größer ist die Besteuerungslücke, die aufgrund der längeren Rückwirkung

---

1527 Weitgehend wortgetreu übernommen von *Ettinger/Königer*, GmbHR 2009, S. 590 (595).

1528 Das Rückbeziehungswahlrecht wird durch Antragstellung der D-GmbH bei dem für sie zuständigen Finanzamt ausgeübt, vgl. hierzu allgemein *Widmann*, in: Widmann/Mayer, UmwG/UmwStG, § 20 UmwStG Rz. R 276 f. (94. Lfg., 2007).

nach ausländischem Steuerrecht entsteht. Um die Entstehung weißer Einkünfte so weit als möglich zu verhindern, muss die Rückbeziehung nach hier vertretener Auffassung auf den 31.01.2012 erfolgen. Da § 2 Abs. 3 UmwStG in entsprechender Anwendung lediglich zu einer (teilweisen) Nichtanwendung des § 20 Abs. 5 und 6 UmwStG, und damit zu einer Einschränkung der achtmonatigen Rückbeziehungsmöglichkeit führen kann, ist eine Rückwirkung auf einen vor dem 31.01.2012 liegenden Stichtag nach deutschem Steuerrecht nicht möglich. Somit sind die Einkünfte aus den übertragenen Wirtschaftsgütern erst nach Ablauf des 31.01.2012 in Deutschland steuerpflichtig. Da das ausländische Steuerrecht keine dem § 2 Abs. 3 UmwStG entsprechende Regelung enthält und somit keine Reduzierung der neunmonatigen Rückbeziehungsmöglichkeit erfolgt, kommt es im Zeitraum vom 01.01.2012 bis einschließlich 31.01.2012 zu einer Besteuerungslücke hinsichtlich der Einkünfte aus den übertragenen Wirtschaftsgütern.

8. Besondere steuerliche Folgen innerhalb der Sperrfrist

a) Rückwirkende Besteuerung des ursprünglichen Einbringungsvorgangs

Die Regelung des § 22 UmwStG stellt eine Missbrauchsklausel dar, die verhindern soll, dass eine Einbringung i.S. des § 20 UmwStG vorwiegend deshalb durchgeführt wird, um im Anschluss daran die i.R. des Einbringungsvorgangs erhaltenen oder miteingebrachten Anteile zu veräußern und nach dem Teileinkünfteverfahren oder dem Freistellungsverfahren zu versteuern, weil diese Steuerentlastungsverfahren hinsichtlich eines Gewinns aus einer direkten Veräußerung des eingebrachten Betriebsvermögens nicht anwendbar wären.[1529] Die Missbrauchsklausel des § 22 UmwStG soll also verhindern, dass beispielsweise eine Spaltung vor allem deshalb durchgeführt wird, um dadurch eine steuerliche Statusverbesserung zu erzielen.

Nach dem Regelungsregime des § 22 UmwStG lösen bestimmte schädliche Vorgänge eine rückwirkende Besteuerung des ursprünglichen Übertragungsvorgangs aus. Werden die neuen Anteile, die der übertragende Rechtsträger aufgrund der Übertragung eines Unternehmensteils unter dem gemeinen Wert erhalten hat, innerhalb von sieben Jahren nach der Einbringung veräußert, so ist grundsätzlich gem. § 22 Abs. 1 Satz 1 UmwStG der sog. Einbringungsgewinn I rückwirkend zu versteuern. Nach § 22 Abs. 1 Satz 6 UmwStG werden bestimmte weitere Tatbestände einer Veräußerung gleichgestellt.[1530] Soweit der eingebrachte

---

1529 Vgl. *Heß/Schnitger*, in: PwC, Reform, 2007, S. 250.

1530 Entsprechend dem Ersatzrealisationstatbestand des § 22 Abs. 1 Satz 6 Nr. 6 UmwStG wird eine rückwirkende Besteuerung eines Einbringungsgewinns I ausgelöst, wenn die zum Zeitpunkt des steuerlichen Übertragungsstichtags gegebenen persönlichen Anwendungsvoraussetzungen des § 1 Abs. 4 UmwStG entweder hinsichtlich

Unternehmensteil jedoch Anteile an Kapitalgesellschaften enthält, verweist § 22 Abs. 1 Satz 5 Halbs. 1 UmwStG auf die Anwendung des ansonsten nur die rückwirkende Besteuerung eines Anteilstauschs betreffenden § 22 Abs. 2 UmwStG. Gem. § 22 Abs. 2 Satz 1 UmwStG ist der sog. Einbringungsgewinn II zu versteuern, wenn die i.R. einer unter dem gemeinen Wert getätigten Übertragung eines Betriebs, Teilbetriebs oder Mitunternehmeranteils mitübertragenen Anteile innerhalb von sieben Jahren nach dem Einbringungszeitpunkt durch die übernehmende Gesellschaft veräußert werden.[1531] Dies gilt allerdings nur, sofern der übertragende Rechtsträger keine durch § 8b Abs. 2 KStG begünstigte Person ist.

Aus § 22 Abs. 1 Satz 5 Halbs. 1 UmwStG ergibt sich ein grundsätzlicher Anwendungsausschluss des § 22 Abs. 1 UmwStG mit der Folge, dass diejenigen Anteile, die der übertragende Rechtsträger im Gegenzug für die Mitübertragung von Anteilen an Kapitalgesellschaften oder Genossenschaften erhalten hat, grundsätzlich nicht Objekt eines den Einbringungsgewinn I auslösenden schädlichen Ereignisses sein können.[1532] Eine Rückausnahme sieht § 22 Abs. 1 Satz 5 Halbs. 2 UmwStG für Fälle vor, in denen die Bundesrepublik Deutschland nicht berechtigt ist, einen Gewinn aus der Veräußerung der im Gegenzug für die Mitübertragung von Anteilen erhaltenen Anteile zu besteuern. In diesem Fall gelten „daneben" auch die Regelungen des § 22 Abs. 1 Satz 1 bis 4 UmwStG, d.h. auch die im Gegenzug für die Mitübertragung von Anteilen erhaltenen neuen Anteile können ausnahmsweise einen Einbringungsgewinn I auslösen.[1533] Damit soll § 22 Abs. 1 Satz 5 Halbs. 2 UmwStG ausschließen, dass der übertragende Rechtsträger unmittelbar nach Durchführung des Einbringungsvorgangs die erhaltenen Anteile insoweit steuerfrei realisieren kann, als sie aufgrund der Miteinbringung von Anteilen gewährt wurden.[1534]

---

des übertragenden Rechtsträgers oder der übernehmenden Körperschaft innerhalb der siebenjährigen Sperrfrist nicht mehr erfüllt sind. Siehe zu den verschiedenen möglichen Gründen für einen Verlust der Anwendungsvoraussetzungen *Patt*, in: Dötsch u.a., UmwStG, 2007, § 22 Rz. 50.

1531 Als schädliche Vorgänge kommen neben der Veräußerung der übertragenen Anteile durch die übernehmende Gesellschaft ebenso die Nichterfüllung der Nachweispflicht gem. § 22 Abs. 3 Satz 1 Nr. 2 UmwStG, sowie aufgrund des Verweises in § 22 Abs. 2 Satz 6 UmwStG auch die entsprechende Verwirklichung der Ersatzrealisationstatbestände des § 22 Abs. 1 Satz 6 Nr. 1 bis 5 UmwStG in Betracht.

1532 Vgl. *Förster/Wendland*, BB 2007, S. 631 (635).

1533 Vgl. *Stangl*, in: Rödder/Herlinghaus/van Lishaut, UmwStG, 2008, § 22 Rz. 100.

1534 Vgl. *Benz/Rosenberg*, in: Blumenberg/Schäfer, Das SEStEG, 2007, S. 197; BT-Drs. 16/3369, S. 29.

Der schädliche Vorgang muss nach § 22 Abs. 1 Satz 1 bzw. Abs. 2 Satz 1 UmwStG innerhalb eines Zeitraums von sieben Jahren „nach dem Einbringungszeitpunkt" stattfinden. Daraus ist zu schließen, dass der Fristlauf direkt im Anschluss an den steuerlichen Übertragungsstichtag (§ 20 Abs. 6 Satz 1 UmwStG) beginnt.

Die Höhe des nach der Formel des § 22 Abs. 1 Satz 3 bzw. Abs. 2 Satz 3 UmwStG zu ermittelnden Einbringungsgewinns I bzw. II bestimmt sich in Abhängigkeit davon, wann das die rückwirkende Besteuerung auslösende schädliche Ereignis eingetreten ist. Der nach § 22 Abs. 1 Satz 3 UmwStG bzw. § 22 Abs. 2 Satz 3 UmwStG zu ermittelnde Unterschiedsbetrag ist für jedes seit dem steuerlichen Übertragungsstichtag abgelaufene[1535] „Zeitjahr"[1536] stufenweise um jeweils ein Siebtel zu reduzieren, um im Ergebnis den Betrag des zu versteuernden Einbringungsgewinns I bzw. II zu erhalten. Die ratierliche Verringerung des Einbringungsgewinns I bzw. II basiert auf der gesetzgeberischen Erwägung, dass die Wahrscheinlichkeit einer Missbrauchsabsicht des Steuerpflichtigen mit zunehmendem zeitlichem Abstand zwischen Einbringung und schädlichem Vorgang abnimmt.[1537]

Für die inländische Besteuerung eines Einbringungsgewinns I bzw. II ist es unerheblich, ob die Anteile, deren Veräußerung als schädliches Ereignis gilt, in Deutschland steuerverstrickt sind.[1538] Die Verwirklichung eines Einbringungsgewinns I bzw. II führt zu einer auf den Zeitpunkt des steuerlichen Übertragungsstichtags rückwirkenden Besteuerung des ursprünglichen Einbringungsvorgangs. Hieraus folgt zum einen, dass es unbeachtlich ist, inwieweit der übertragende Rechtsträger zum Zeitpunkt der schädlichen Anteilsveräußerung noch im Inland steuerpflichtig ist.[1539] Zum anderen ergibt sich hieraus, dass in die Berechnung des Einbringungsgewinns I bzw. II nach der Formel des § 22 Abs. 1 Satz 3 bzw. Abs. 2 Satz 3 UmwStG nur die i.R. des Einbringungsvorgangs nicht aufgedeckten stillen Reserven desjenigen übertragenen Betriebsvermögens einfließen, welches vor Durchführung der Einbringung in Deutschland steuerverstrickt war.[1540]

Nach § 22 Abs. 1 Satz 4 bzw. Abs. 2 Satz 4 UmwStG gilt der Einbringungsgewinn I bzw. II als nachtägliche Anschaffungskosten der Anteile, die der

---

1535 Angebrochene Jahre finden i.R. der Anwendung der Siebtelregelung keine Berücksichtigung, vgl. *Stangl*, in: Rödder/Herlinghaus/van Lishaut, UmwStG, 2008, § 22 Rz. 91.

1536 Die Wortschöpfung „Zeitjahr" entspricht begrifflich dem Jahr und ist somit vom Begriff des Wirtschaftsjahrs zu unterschieden.

1537 Vgl. BT-Drs. 16/2710, S. 46; kritisch hierzu *Hahn*, IStR 2006, S. 797 (805).

1538 Vgl. *Patt*, in: Dötsch u.a., UmwStG, 2007, § 22 Rz. 20.

1539 Vgl. *Patt*, in: Dötsch u.a., UmwStG, 2007, § 22 Rz. 20 und 59.

1540 Vgl. *Patt*, in: Dötsch u.a., UmwStG, 2007, § 22 Rz. 56.

übertragende Rechtsträger als Gegenleistung für die Einbringung erhalten hat. Von dieser Erhöhung der Anschaffungskosten profitiert der Einbringende jedoch nur insoweit, als die Anteile in Deutschland steuerverstrickt sind. Soweit die Anteile hingegen im Ausland verstrickt sind, sind die Anschaffungskosten der erhaltenen Anteile sowie der Gewinn aus der Veräußerung dieser Anteile allein nach Maßgabe des jeweiligen ausländischen Steuerrechts zu ermitteln.

b) Vereinbarkeit mit den Vorgaben des Unionsrechts

aa) Typisierende Missbrauchsvermutung

(1) Vorgaben der FRL

Fraglich ist, ob die Missbrauchsregelungen des § 22 UmwStG einer Überprüfung anhand der Vorgaben der FRL standhalten. Nach Art. 15 Abs. 1 Buchst. a FRL kann ein Mitgliedstaat im Zusammenhang mit einer grundsätzlich von der FRL erfassten Spaltung die sekundärrechtlichen Privilegierungen versagen oder auch im Nachhinein wieder rückgängig machen, wenn die Durchführung der Spaltung zumindest vorrangig der Steuerhinterziehung oder -umgehung dient. Ein solcher Beweggrund liegt nach Art. 15 Abs. 1 Buchst. a FRL vor, wenn keine vernünftigen wirtschaftlichen Gründe für die Implementierung der Spaltung sprechen. Da § 22 UmwStG auf eine Vermeidung von Gestaltungen, die allein oder zumindest hauptsächlich der steuerlichen Statusverbesserung dienen, abzielt, ist zu prüfen, ob sich der Gesetzgeber bei der Ausgestaltung dieser Missbrauchsklausel innerhalb der durch die genannte sekundärrechtliche Norm gesteckten Grenzen bewegte.[1541] Entsprechend der Rechtsprechung des EuGH ist die Annahme einer missbräuchlichen Ausnutzung umwandlungssteuerrechtlicher Privilegierungen aufgrund der Erfüllung vorgegebener, allgemeiner Kriterien nicht mit Art. 15 Abs. 1 Buchst. a FRL vereinbar.[1542] Vielmehr werden nationale Missbrauchsregelungen grundsätzlich nur dann dem unionsrechtlichen Verhältnismäßigkeitsgrundsatz gerecht und bewegen sich nur dann innerhalb des von Art. 15 Abs. 1 Buchst. a FRL vorgegebenen Rahmens, wenn sie eine gerichtlich überprüfbare, umfassende Einzelfalluntersuchung vorsehen.[1543] Im Gegensatz zu einer globalen Prüfung jedes Einzelfalls, die in der

---

1541 Vgl. *Graw*, FR 2009, S. 837 (838).

1542 Vgl. EuGH v. 17.07.1997, Rs. C-28/95 – *Leur-Bloem*, Slg. 1997, S. I-4161, Rn. 41 und 44.

1543 Vgl. EuGH v. 17.07.1997, Rs. C-28/95 – *Leur-Bloem*, Slg. 1997, S. I-4161, Rn. 41 und 48; *Körner*, IStR 2006, S. 109 (112); *Thömmes* u.a., IWB v. 14.06.2006, F.11 Gr. 2, S. 747 (758); *Gille*, IStR 2007, S. 194 (195).

Praxis aufgrund begrenzter Verwaltungskapazitäten kaum möglich wäre, ist eine typisierende Regelung wie § 22 UmwStG angesichts des geringen hierdurch verursachten Verwaltungsaufwands zwar besser geeignet, sämtliche missbräuchlichen Gestaltungen zu unterbinden;[1544] die Erforderlichkeit kann der Regelung des § 22 UmwStG somit nicht abgesprochen werden. Allerdings überwiegt das Interesse eines nicht missbräuchlich handelnden Steuerpflichtigen an einer Steuerneutralität einer grenzüberschreitenden Umwandlung das mitgliedstaatliche Interesse an einer einfach administrierbaren Missbrauchsregelung.[1545] Somit erlaubt diese Abwägung der kollidierenden Interessen des Steuerpflichtigen sowie des deutschen Gesetzgebers grundsätzlich den Schluss, dass es der Regelung des § 22 UmwStG an der Angemessenheit fehlt.[1546] Mit Blick auf die Vorgaben des Art. 15 Abs. 1 Buchst. a FRL ist es somit grundsätzlich unzulässig, bestimmte Fallgruppen missbräuchlicher Steuergestaltungen allgemein zu definieren, wenn gleichzeitig nicht ausgeschlossen werden kann, dass hiervon im Einzelfall auch nicht missbräuchlich handelnde Steuerpflichtige betroffen sind. Eine Ausnahme hiervon besteht entsprechend der EuGH-Rechtsprechung nur dann, wenn dem Steuerpflichtigen ermöglicht wird, die Unterstellung einer Steuerumgehung zu widerlegen.[1547] Der Verwirklichung pauschal vorgegebener, als missbräuchlich erachteter Vorgänge darf also nur eine Anscheinswirkung zukommen.[1548] Der Steuerpflichtige muss berechtigt sein, zu beweisen, dass die Veräußerung der von § 22 UmwStG betroffenen Anteile wirtschaftlich erforderlich und zum Zeitpunkt des steuerlichen Übertragungsstichtags noch nicht absehbar war.[1549] Sofern dem Steuerpflichtigen der Nachweis gelingt, dass die Übertragung von Betriebsvermögen i.R. des Einbringungsvorgangs sowie die nachfolgende Übertragung der erhaltenen Anteile keinem Gesamtplan folgten und somit nicht auf eine Ausnutzung steuerlicher Vorteile gerichtet waren, darf keine Steuerumgehung angenommen werden. Zwar stellt eine widerlegbare Vermutung der Steuerumgehung gegenüber einer entsprechenden unwiderlegbaren Vermutung aufgrund des zusätzlichen Verwaltungsaufwands ein nicht ebenso wirksames Mittel dar. Allerdings ist eine widerlegbare Vermutung der Steuerumgehung das wirksamste verhältnismäßige

---

1544 Vgl. Graw, FR 2009, S. 837 (839).

1545 Vgl. *Graw*, FR 2009, S. 837 (840).

1546 Vgl. *Graw*, FR 2009, S. 837 (840).

1547 Vgl. EuGH v. 12.09.2006, Rs. C-196/04, *Cadbury Schweppes*, Slg. 2006, S. I-7995, Rn. 70; *Hahn*, IStR 2006, S. 797 (805).

1548 Vgl. *Graw*, FR 2009, S. 837 (840).

1549 Vgl. allgemein zur Zulässigkeit der Beweislastumkehr EuGH v. 13.12.2005, Rs. C-446/03 – *Marks & Spencer*, Slg. 2005, I-10837, Rn. 56; EuGH v. 12.09.2006, Rs. C-196/04, *Cadbury Schweppes*, Slg. 2006, S. I-7995, Rn. 70.

Mittel zur Verhinderung missbräuchlicher Steuergestaltungen. Da § 22 UmwStG beim Vorliegen bestimmter, einheitlich festgelegter Fallgruppen jedoch die *unwiderlegbare* Vermutung einer Steuerumgehung aufstellt, kann das Verdikt eines Sekundärrechtsverstoßes nicht abgewendet werden.[1550]

Unabhängig hiervon ist darüber hinaus anzunehmen, dass auch die mit sieben Jahren als sehr lang anzusehende Haltefrist des § 22 UmwStG den unionsrechtlichen Verhältnismäßigkeitsgrundsatz missachtet.[1551] Die Orientierung am Zweijahreszeitraum des Art. 3 Abs. 2 MTRL erscheint dabei grundsätzlich sinnvoll.[1552] An der festgestellten Unverhältnismäßigkeit des § 22 UmwStG ändert auch die sich günstig auf die Steuerbelastung des übertragenden Rechtsträgers auswirkende jährliche Verringerung des gegebenenfalls zu versteuernden Einbringungsgewinns I bzw. II nach der sog. Siebtel-Regelung nichts, da das Problem der Unwiderlegbarkeit der Missbrauchsvermutung hierdurch nicht beseitigt wird.[1553]

Aus den gewonnenen Erkenntnissen folgt keine generelle Unanwendbarkeit des § 22 UmwStG. Zwar ist die Regelung des § 22 UmwStG, die der sinngemäßen Umsetzung des Art. 15 Abs. 1 Buchst. a FRL dienen soll, einheitlich anwendbar. Für die Anwendung des § 22 UmwStG ist es demnach unbeachtlich, ob der als schädlich kategorisierten Anteilsveräußerung eine von der FRL erfasste Einbringung vorausging. Folglich kann auch § 22 UmwStG als überschießend umgesetztes Richtlinienrecht[1554] betrachtet werden. Weil durch § 22 UmwStG allerdings weder die Bestimmung des Art. 15 Abs. 1 Buchst. a FRL direkt übernommen wird, noch auf diese richtlinienrechtliche Regelung verwiesen wird, ist eine sekundärrechtliche Würdigung des § 22 UmwStG nur in den Fällen geboten, in denen das schädliche Ereignis im Anschluss an eine durch die FRL geschützte Transaktion eintritt.[1555] Somit verstößt § 22 UmwStG nur im Fall von schädlichen Anteilsveräußerungen, die auf vom Anwendungsbereich der FRL erfasste Transaktionen

---

1550 Vgl. *Gille*, IStR 2007, S. 194 (197); *Schwenke*, DStZ 2007, S. 235 (247); *Hahn*, IStR 2006, S. 797 (805); *Graw*, FR 2009, S. 837 (841).

1551 Vgl. *Körner*, IStR 2006, S. 109 (112); *Thömmes* u.a., IWB v. 14.06.2006, F.11 Gr. 2, S. 747 (758); *Schwenke*, DStZ 2007, S. 235 (247).

1552 Vgl. *Körner*, IStR 2006, S. 109 (113).

1553 Vgl. *Drüen*, DStZ 2006, S. 539 (542); *Körner*, IStR 2006, S. 109 (112); *Graw*, FR 2009, S. 837 (841).

1554 Siehe zum Begriff der überschießenden Richtlinienumsetzung *Gille*, IStR 2007, S. 194 (198).

1555 Ebenso hinsichtlich der Missbrauchsklauseln des § 15 Abs. 2 UmwStG *Neumann*, in: Schumacher/Neumann, DStR 2008, S. 325 (330).

folgen, gegen Art. 15 Abs. 1 Buchst. a FRL.[1556] Soweit eine schädliche Anteilsveräußerung hingegen beispielsweise im Nachgang zu einer rein innerstaatlich durchgeführten Spaltung stattfindet, steht Art. 15 Abs. 1 Buchst. a FRL einer Anwendung des § 22 UmwStG nicht entgegen.

Zu prüfen ist, welche konkreten Rechtsfolgen sich in den Fällen ergeben, in denen ein Sekundärrechtsverstoß vorliegt. Es stellt sich die Frage, ob statt der Nichtanwendung des § 22 UmwStG auch eine sog. geltungserhaltende[1557] Reduktion dieser Rechtsnorm in Frage kommt. Hierbei ist zu beachten, dass eine solche Gesetzesauslegung nur insoweit möglich ist, als diese nicht zu einem dem Wortlaut der nationalen Rechtsnorm widersprechenden Ergebnis führt; eine geltungserhaltende Reduktion *contra legem* ist demnach unzulässig.[1558] Nach einer Auffassung läge eine gesetzesübersteigernde Rechtsfortbildung vor, wenn in die Rechtsnorm des § 22 UmwStG die Befugnis des Steuerpflichtigen, eine vermutete Steuerumgehung zu widerlegen, hineingelesen würde.[1559] Nach hier vertretener Auffassung steht eine solche Erweiterung zwar nicht im Widerspruch zum Normwortlaut; eine geltungserhaltende Reduktion des § 22 UmwStG ist m.E. aber dennoch abzulehnen, da sich die Sekundärrechtswidrigkeit dieser Regelung aus der dargestellten Rechtsprechung des EuGH deutlich erkennen lässt. Weil der Gesetzgeber somit kein schutzwürdiges Interesse an einer geltungserhaltenden Reduktion des § 22 UmwStG hat, muss diese Rechtsnorm im Zusammenhang mit auf richtlinienrechtlich geschützte Umstrukturierungen folgenden Anteilsveräußerungen m.E. gänzlich unangewendet bleiben. Eine ersatzweise direkte Anwendung des Art. 15 Abs. 1 Buchst. a FRL durch den deutschen Fiskus kommt nicht in Betracht, da ein Mitgliedstaat die FRL als einen Sekundärrechtsakt unter keinen Umständen direkt zu Lasten eines Steuerpflichtigen anwenden darf.[1560] Eine hilfsweise Anwendung der allgemeinen Missbrauchsklausel des § 42 AO ist m.E. ebenso nicht möglich.

1556 Ohne Begründung ebenso *Graw*, FR 2009, S. 837 (841).

1557 M.E. wäre der Begriff der anwendbarkeitserhaltenden Reduktion treffender, da es im Fall eines Unionsrechtsverstoßes im äußersten Fall lediglich zu einer Nichtanwendung der jeweiligen Norm kommt. Die Gültigkeit der mitgliedstaatlichen Norm währt allerdings in unveränderter Weise fort, vgl. dazu bereits Teil 1,A.IV.

1558 Vgl. EuGH v. 15.04.2008, Rs. C-268/06 – *Impact*, Slg. 2008, S. I-2483, Rn. 99 f.; EuGH v. 23.04.2009, Rs. C-378/07 bis 380/07 – *Angelidaki* u.a., Slg. 2009, S. I-3071, Rn. 197 bis 200; EuGH v. 16.07.2009, Rs. C-12/08 – *Mono Car Styling*, Slg. 2009, S. I-6653, Rn. 61.

1559 Vgl. *Graw*, FR 2009, S. 837 (841 f.).

1560 Vgl. dazu allgemein EuGH v. 05.07.2007, Rs. C-321/05 – *Kofoed*, Slg. 2007, S. I-5795, Rn. 42; *Graw*, FR 2009, S. 837 (843).

Zwar sieht § 42 Abs. 1 Satz 2 AO die Subsidiarität dieser Generalklausel gegenüber spezielleren Missbrauchsklauseln nur dann vor, wenn der Tatbestand der spezielleren Klauseln erfüllt wird. Hieraus könnte trotz der Fortgeltung des § 22 UmwStG darauf geschlossen werden, dass die genannte umwandlungssteuerrechtliche Spezialregelung aufgrund ihrer sekundärrechtlich bedingten Unanwendbarkeit keine Verdrängung des § 42 AO begründen kann.[1561] Nach hier vertretener Auffassung kann die allgemeine Regelung des § 42 AO jedoch unabhängig von § 42 Abs. 1 Satz 2 AO nicht an die Stelle des § 22 UmwStG treten, da es der nationalen Legislative ansonsten möglich wäre, stets für den Fall der Unionsrechtswidrigkeit einer bestimmten Rechtsnorm die ersatzweise Anwendung einer abgemilderten, unionsrechtskonformen Regelung vorzusehen. Da dies gesetzgeberische Verhaltensweisen fördern könnte, die der Verwirklichung des Binnenmarkts zuwiderlaufen, ist eine subsidiäre Anwendung von Ersatznormen generell abzulehnen.

(2) Vorgaben der Grundfreiheiten

Aus primärrechtlicher Perspektive sind die durch § 22 UmwStG aufgestellten pauschalierenden, unwiderlegbaren Missbrauchsvermutungen unbedenklich, da insoweit nicht danach differenziert wird, ob der der schädlichen Anteilsveräußerung vorangegangene Einbringungsvorgang grenzüberschreitend oder rein innerstaatlich erfolgt ist.[1562] Damit fehlt es bereits an einer grundfreiheitlichen Diskriminierung.

bb) Regelung des § 22 Abs. 1 Satz 5 Halbs. 2 UmwStG

Nach § 22 Abs. 1 Satz 5 Halbs. 2 UmwStG sind die Regelungen des § 22 Abs. 1 Satz 1 bis 4 UmwStG neben denen des § 22 Abs. 2 UmwStG anzuwenden, wenn kein uneingeschränktes deutsches Besteuerungsrecht hinsichtlich der i.R. eines Einbringungsvorgangs als Gegenleistung erhaltenen Anteilen besteht.

Sofern eine von § 20 UmwStG erfasste Ausgliederung rein innerstaatlich durchgeführt wird, ist das deutsche Besteuerungsrecht an den dem übertragenden Rechtsträger gewährten Anteilen an der übernehmenden Körperschaft weder ausgeschlossen noch beschränkt. Für grenzüberschreitende Ausgliederungen gilt hingegen, dass sowohl im Outbound- als auch im Inbound-Fall das deutsche Besteuerungsrecht hinsichtlich der erhaltenen Anteile beeinträchtigt sein kann. Bei Outbound-Ausgliederungen ist dies der Fall, wenn mit dem Ansässigkeitsstaat der übernehmenden Körperschaft entweder kein DBA geschlossen wurde oder das

1561 So *Graw*, FR 2009, S. 837 (843 f.).

1562 Vgl. *Langheim*, Einbringung, 2008, S. 256; *Heß/Schnitger*, in: PwC, Reform, S. 251.

anzuwendende DBA hinsichtlich Anteilsveräußerungsgewinnen die Anwendung der Anrechnungsmethode vorsieht. Bei Inbound-Ausgliederungen fehlt es an einem uneingeschränkten deutschen Besteuerungsrecht an den erhaltenen Anteilen, wenn der übertragende Rechtsträger nicht nach § 49 Abs. 1 Satz 1 Nr. 2 Buchst. e Doppelbuchst. aa EStG objektiv steuerpflichtig ist oder das anzuwendende DBA eine dem Art. 13 Abs. 5 OECD-MA entsprechende Regelung enthält.

Bei den nach § 20 UmwStG zu behandelnden Auf- und Abspaltungen ist die Frage, ob das deutsche Besteuerungsrecht hinsichtlich der erhaltenen Anteile ausgeschlossen oder beschränkt ist, in Abhängigkeit von der steuerlichen Ansässigkeit der diese Anteile erhaltenden spaltungsbeteiligten Gesellschafter zu beurteilen. Die Möglichkeit einer Beeinträchtigung des deutschen Besteuerungsrechts und damit die Anwendung des § 22 Abs. 1 Satz 5 Halbs. 2 UmwStG kann demnach im Zusammenhang mit grenzüberschreitenden Auf- oder Abspaltungen nur dann pauschal ausgeschlossen werden, wenn sowohl die übernehmende Körperschaft als auch die spaltungsbeteiligten Gesellschafter im Inland ansässig sind.

Damit stellt § 22 Abs. 1 Satz 5 Halbs. 2 UmwStG eine potentielle Diskriminierung von Auf- und Abspaltungen mit grenzüberschreitendem Element dar. Hieraus kann eine höhere Steuerbelastung resultieren.

Beispiel 26: Der im EU-Ausland ansässige Einzelunternehmer E gliedert eine in Deutschland belegene Betriebsstätte, der auch eine wesentliche Beteiligung an der Z-SE zuzuordnen ist, zu Buchwerten auf die in Deutschland ansässige D-GmbH aus. Alle dem deutschen Betriebsstättenvermögen vor der Ausgliederung zuzuordnenden Wirtschaftsgüter sind der inländischen Betriebsstätte auch nach der Ausgliederung noch zuzuordnen. Der Buchwert des übertragenen Betriebsvermögen beträgt insgesamt 150, wobei ein Betrag von 50 auf die Beteiligung an der Z-SE entfällt. Der gemeine Wert des Betriebsvermögens beläuft sich auf insgesamt 450, wobei der gemeine Wert der Anteile an der Z-SE allein 250 beträgt. Die erhaltenen, dem ausländischen Stammhaus des Einzelunternehmers zuzuordnenden Anteile an der D-GmbH werden wenige Tage nach Durchführung der Ausgliederung zum Preis von 450 veräußert. Zwischen Deutschland und dem Ansässigkeitsstaat des E besteht ein dem OECD-MA entsprechendes DBA.

Durch Art. 13 Abs. 5 OECD-MA wird das deutsche Besteuerungsrecht am Gewinn aus der Veräußerung der erhaltenen Anteile an der D-GmbH ausgeschlossen. Folglich ist § 22 Abs. 1 Satz 5 Halbs. 2 UmwStG anzuwenden. Im Inland entsteht damit ein Einbringungsgewinn I i.H.v. (450 ./. 150 =) 300. Da dieser Einbringungsgewinn I i.H.v. 200 auf den stillen Reserven der mitübertragenen Anteile an der Z-SE beruht, ist insoweit das Teileinkünfteverfahren des § 3 Nr. 40 EStG anzuwenden.[1563] Bei

1563 Vgl. BMF v. 11.11.2011, IV C 2-S 1978-b/08/10001, BStBl. I 2011, S. 1314, Tz. 22.11. Die Abgeltungswirkung des § 50 Abs. 2 EStG kommt nicht zum Tragen, da einer vergleichbaren rein inländischen Einbringung würde im Inland ein Einbringungsgewinn I i.H.v. (200 ./. 100 =) 100 sowie zusätzlich ein nach dem Teileinkünfteverfahren zu versteuernder Gewinn aus der Veräußerung der Anteile an der D-GmbH, welcher nach Anwendung des § 22 Abs. 1 Satz 4 UmwStG (450 ./. 150 ./. 100 =) 200 betragen würde, anfallen. Somit würde trotz einer unterschiedlichen sachlichen Anknüpfung der Steuerpflicht im rein innerstaatlichen Fall zwar die gleiche betragsmäßige inländische Steuerbelastung eintreten, wie im grenzüberschreitenden Fall. Allerdings wird hierbei nicht berücksichtigt, dass im grenzüberschreitenden Fall daneben unter Umständen der ausländische Ansässigkeitsstaat des Einzelunternehmers eine Besteuerung der stillen Reserven der veräußerten Anteile an der D-GmbH vorsieht. Sofern auch der ausländische Staat, in dem diese erhaltenen Anteile steuerverstrickt sind, einen Anteilsveräußerungsgewinn besteuert, wird die grenzüberschreitende Spaltung schlechter gestellt als eine vergleichbare rein innerstaatliche Spaltung. Da die Benachteiligung auf die Regelung des § 22 Abs. 1 Satz 5 Halbs. 2 UmwStG zurückzuführen ist, liegt insoweit eine Diskriminierung grenzüberschreitender Sachverhalte vor.

Wie soeben im Beispielsfall 26 gezeigt, beinhaltet § 22 Abs. 1 Satz 5 Halbs. 2 UmwStG eine Diskriminierung grenzüberschreitender Sachverhalte. Fraglich ist, ob hierdurch grundsätzlich, d.h. vorbehaltlich einer Rechtfertigung, gegen die Grundfreiheiten verstoßen wird. Dies hängt im Einzelfall davon ab, ob der betroffene grenzüberschreitende Einbringungsvorgang mit einem entsprechenden rein innerstaatlichen Vorgang vergleichbar ist. Die Vergleichbarkeit ist grundsätzlich anzunehmen, doch kann sie hinsichtlich der Besteuerung des Einbringungsgewinns I ausnahmsweise ausgeschlossen sein, wenn der ausländische Staat, in dem die erhaltenen Anteile steuerverstrickt sind, im Fall der Veräußerung dieser Anteile auf die Besteuerung der dabei aufgedeckten stillen Reserven insoweit verzichtet, als diese bereits am steuerlichen Übertragungsstichtag vorhanden waren. Dies ist gegeben, wenn das ausländische Steuerrecht eine dem § 20 Abs. 3 Satz 2 UmwStG vergleichbare Regelung beinhaltet. In diesem Fall verkörpern die erhaltenen Anteile nach ausländischem Steuerrecht keine stillen Reserven des i.R. des grenzüberschreitenden Einbringungsvorgangs übertragenen Betriebsvermögens. Folglich kann in diesem Fall im Ausland nur insoweit ein Anteilsveräußerungsgewinn entstehen, als der Wert der erhaltenen Anteile im Zeitpunkt der Veräußerung höher ist als zum Zeitpunkt des steuerlichen Übertragungsstichtags.

---

durch den Einbringungsgewinn I der ursprüngliche Vorgang der Einbringung des inländischen Betriebsstättenvermögens rückwirkend besteuert wird. Die Voraussetzungen für eine Steuerveranlagung sind damit gegeben.

Ergänzung zum vorangegangenen Beispielsfall 26: Sofern das ausländische Steuerrecht eine dem § 20 Abs. 3 Satz 2 UmwStG entsprechende Regelung enthält, fließt der gemeine Wert des aus ausländischer Sicht neutralen eingebrachten Betriebsvermögens der deutschen Betriebsstätte in die für die ausländische Besteuerung maßgeblichen Anschaffungskosten der erhaltenen Anteile ein. Somit entsteht in diesem Fall im Ausland aufgrund der Veräußerung der erhaltenen Anteile ein Gewinn i.H.v. (450 ./. 450 =) 0.

Sofern das ausländische Steuerrecht eine dem § 20 Abs. 3 Satz 2 UmwStG entsprechende Regelung enthält, stellt dies aus Sicht des Steuerpflichtigen einen spezifisch auf dem grenzüberschreitenden Moment des Einbringungsvorgangs beruhenden steuerlichen Vorteil dar. Dieser Vorteil gewährleistet eine funktional äquivalente und vollständige Kompensation der ausschließlich grenzüberschreitende Vorgänge benachteiligenden Wirkung des § 22 Abs. 1 Satz 5 Halbs. 2 UmwStG. Allerdings kann ein solcher vollständiger Nachteilsausgleich dann nicht zu einem Ausschluss der Vergleichbarkeit und somit dem Entfall des Diskriminierungsvorwurfs führen, wenn der kompensierende steuerliche Vorteil im Ausland zufällig gewährt wird. Berücksichtigungsfähig ist die gegenseitige Neutralisation einer benachteiligenden inländischen und einer begünstigenden ausländischen Regelung zum einen, wenn der ausländische Staat abkommensrechtlich zur Vorteilsgewährung verpflichtet ist. Neben diesem bilateralen Ansatz ist es zum anderen möglich, dass das deutsche Steuerrecht die Anwendbarkeit der benachteiligenden Regelung des § 22 Abs. 1 Satz 5 Halbs. 2 UmwStG davon abhängig macht, dass im Ausland ein entsprechender steuerlicher Ausgleich in der Form erfolgt, dass die erhaltenen Anteile dort zu einem dem gemeinen Wert entsprechenden Wert angesetzt werden können. Sofern mit der inländischen Diskriminierung eine gesicherte Besserstellung des grenzüberschreitenden Vorgangs im Ausland einhergeht und dies zu einer vollständigen gegenseitigen Aufhebung der jeweiligen steuerlichen Wirkungen führt, schließt dies die Vergleichbarkeit von grenzüberschreitenden und rein innerstaatlichen Sachverhalten aus. Somit ist in diesen Fällen keine grundsätzlich verbotene grundfreiheitsrechtliche Diskriminierung festzustellen.[1564]

Da die Regelung des § 22 Abs. 1 Satz 5 Halbs. 2 UmwStG jedoch unabhängig von einem ausländischen Nachteilsausgleich anwendbar ist, kommt ein Ausschluss der Vergleichbarkeit nicht in Betracht. Da die diskriminierende Wirkung dieser Regelung nicht gerechtfertigt werden kann, verstößt sie gegen europäisches Primärrecht.

1564 Siehe dazu bereits allgemein Teil 1.A.VII.4.a)cc)(2).

I.S. einer unionsrechtskonformen rückwirkenden Besteuerung des Einbringungsgewinns ist es erforderlich, dass der Gesetzgeber die Anwendbarkeit des § 22 Abs. 1 Satz 5 Halbs. 2 UmwStG für solche Fälle ausschließt, in denen das Steuerrecht des ausländischen Staats, in dem die erhaltenen Anteile steuerlich verstrickt sind, eine dem § 20 Abs. 3 Satz 2 UmwStG vergleichbare Regelung enthält.

Fraglich ist jedoch, ob diese Einschränkung des § 22 Abs. 1 Satz 5 Halbs. 2 UmwStG genügt, um deren Grundfreiheitskonformität in jedem Fall sicherzustellen. Schließlich sind aufgrund dieser Regelung Fälle denkbar, in denen sowohl ein Einbringungsgewinn I als auch ein Einbringungsgewinn II zu versteuern sind. In diesen Fällen wird in ungerechtfertigter Wiese in die Grundfreiheiten eingegriffen.

Beispiel 27: Wie Beispiel 26, allerdings kommt es noch vor der Veräußerung der erhaltenen Anteile durch den im EU-Ausland ansässigen Einzelunternehmer E zu einer Veräußerung der miteingebrachten Anteile an der Z-SE durch die übernehmende, im Inland ansässige D-GmbH.

Die Veräußerung der Anteile an der Z-SE löst einen Einbringungsgewinn II i.H.v. 200 aus. Durch die Veräußerung der erhaltenen Anteile an der D-GmbH entsteht ein Einbringungsgewinn I i.H.v. 300, wobei hiervon 200 auf die miteingebrachten Anteile an der Z-SE entfallen. Sowohl durch den Einbringungsgewinn I als auch den Einbringungsgewinn II werden rückwirkend die sich zum steuerlichen Übertragungsstichtag in den miteingebrachten Anteilen an der Z-SE befindlichen stillen Reserven steuerlich erfasst. Zudem ist unter Umständen ein Gewinn aus der Veräußerung der Anteile an der D-GmbH im Ausland zu versteuern. Von den Regelungen des § 22 Abs. 2 Satz 4, Abs. 1 Satz 4 UmwStG profitiert der im EU-Ausland ansässige E nicht, da die durch die genannten Regelungen vorgesehenen Werterhöhungen nur für Zwecke der deutschen Besteuerung von im Inland steuerverstrickten Anteilen gelten und somit keine Auswirkung auf eine Anteilsveräußerungsbesteuerung durch einen anderen Staat haben können.

Wäre den Anteilsveräußerungen demgegenüber eine rein inländische Ausgliederung vorausgegangen, so wäre entsprechend § 22 Abs. 1 Satz 5 Halbs. 1 UmwStG sowie mangels Einschlägigkeit des § 22 Abs. 1 Satz 5 Halbs. 2 UmwStG ein Einbringungsgewinn I nicht zu ermitteln, soweit dieser auf miteingebrachte Anteile entfiele. Im reinen Inlandsfall wäre also neben einem Einbringungsgewinn II i.H.v. 200 nur ein Einbringungsgewinn I i.H.v. (200 ./. 100 =) 100 zu versteuern. Dadurch, dass im reinen Inlandsfall nach § 22 Abs. 2 Satz 4, Abs. 1 Satz 4 UmwStG sowohl der Einbringungsgewinn II als auch der Einbringungsgewinn I die Anschaffungskosten der erhaltenen Anteile an der D-GmbH erhöhen würden, entstünde kein zusätzlicher inländischer Anteilsveräußerungsgewinn.[1565]

1565 450 ./. (150 + 200 + 100) = 0.

Da die Anteilsveräußerungen infolge der grenzüberschreitenden Ausgliederung somit einen höheren Einbringungsgewinn I auslösen, als entsprechende Anteilsveräußerungen im Anschluss an eine rein innerstaatliche Ausgliederung, besteht insoweit eine Diskriminierung vergleichbarer Sachverhalte, die nicht gerechtfertigt ist.

Für die Herstellung einer mit den Grundfreiheiten vereinbaren Rechtslage ist es erforderlich, dass § 22 Abs. 1 UmwStG um eine Regelung ergänzt wird, die bestimmt, dass § 22 Abs. 1 Satz 5 Halbs. 2 UmwStG generell nicht anzuwenden ist, soweit die miteingebrachten Anteile bereits durch die übernehmende Gesellschaft veräußert wurden und somit bereits ein Einbringungsgewinn II entstanden ist.

Ergänzung zu Beispiel 27: Sofern die Regelung des § 22 Abs. 1 UmwStG in der soeben geforderten Weise ergänzt würde, entstünde auch im grenzüberschreitenden Fall lediglich ein Einbringungsgewinn I i.H.v. 100.

IV. Spaltungen nach § 21 UmwStG

Die Vorschrift des § 21 Abs. 1 Satz 1 UmwStG regelt Vorgänge, die auf eine Übertragung von Anteilen an einer Kapitalgesellschaft oder einer Genossenschaft auf eine Kapitalgesellschaft oder Genossenschaft gerichtet sind.[1566] Anders als hinsichtlich der übernehmenden Körperschaft, deren Satzungs- und Verwaltungssitz sich nach § 1 Abs. 4 Satz 1 Nr. 1, Abs. 2 Satz 1 Nr. 1 UmwStG innerhalb der EU bzw. des EWR befinden müssen, stellt das UmwStG keine Anforderungen an den Satzungs- und Verwaltungssitz der Körperschaft, deren Anteile durch den übertragenden Rechtsträger i.R. eines Anteilstauschs übertragen werden.[1567] Damit erfasst § 21 UmwStG neben der Übertragung von Anteilen an inlandsansässigen deutschen Kapitalgesellschaften und Genossenschaften auch die Übertragung von Anteilen an sämtlichen ausländischen bzw. auslandsansässigen Körperschaften, die ihrem Typus nach einer Kapitalgesellschaft oder Genossenschaft entsprechen.[1568]

1566 Die Regelungen über den Anteilstausch können nur in Ausnahmefällen auf Spaltungen anwendbar sein. Insbesondere können im Wege der Ausgliederung vorgenommene Übertragungen von Anteilen an einer Kapitalgesellschaft auf eine andere Kapitalgesellschaft von § 21 UmwStG erfasst sein, siehe dazu auch Teil 2.A.II.2.

1567 Vgl. *Forst/Radmer*, EStB 2007, S. 112 (112).

1568 Vgl. *Patt*, in: Dötsch u.a., UmwStG, 2007, § 21 Rz. 24; *Rödder/Schumacher*, DStR 2007, S. 369 (370).

1. Gewährung neuer Anteile

Ebenso wie § 20 Abs. 1 UmwStG fordert auch § 21 Abs. 1 Satz 1 UmwStG die Gewährung *neuer* Anteile an der übernehmenden Körperschaft als Gegenleistung. Da Art. 2 Buchst. e FRL kein entsprechendes Erfordernis vorsieht, ist insoweit ein Sekundärrechtsverstoß festzustellen.[1569]

2. Vermeidung einer Sofortbesteuerung

Im Fall des einfachen Anteilstauschs hat die übernehmende Körperschaft die übertragenen Anteile gem. § 21 Abs. 1 Satz 1 UmwStG grundsätzlich mit dem gemeinen Wert anzusetzen. Abweichend hiervon kann die Übernehmerin diese Anteile im Fall eines sog. qualifizierten Anteilstauschs gem. § 21 Abs. 1 Satz 2 Halbs. 1 UmwStG zum Buchwert oder einem Zwischenwert ansetzen. Nach § 21 Abs. 2 Satz 1 UmwStG gilt der Wert, mit dem die übernehmende Körperschaft die übertragenen Anteile ansetzt, für den übertragenden Rechtsträger als Veräußerungspreis der übertragenen Anteile sowie als Anschaffungskosten der als Gegenleistung erhaltenen Anteile an der Übernehmerin. Eine Ausnahme von dieser Buchwertverknüpfung sieht § 21 Abs. 2 Satz 2 UmwStG vor, wonach der übertragende Rechtsträger ungeachtet des Wertansatzes durch die übernehmende Körperschaft den gemeinen Wert anzusetzen hat, wenn das deutsche Besteuerungsrecht hinsichtlich der übertragenen oder der als Gegenleistung erhaltenen Anteile „ausgeschlossen oder beschränkt ist". Der Wortlaut des § 21 Abs. 2 Satz 2 UmwStG erweckt damit den Anschein, dass für die Beurteilung, ob eine Beeinträchtigung des deutschen Besteuerungsrechts gegeben ist, allein auf den Ist-Zustand nach erfolgtem Anteilstausch abzustellen ist. Dies muss jedoch abgelehnt werden. Die genannte Rechtsnorm ist vielmehr entsprechend dem in der Gesetzesbegründung zum Ausdruck kommenden Willen des Gesetzgebers dahingehend auszulegen, dass die Frage nach einem Ausschluss bzw. einer Beschränkung des deutschen Besteuerungsrechts im Wege eines Vergleichs der Besteuerungssituationen vor und nach Durchführung der Spaltung zu beantworten ist.[1570] Nur ein solches Normverständnis korrespondiert mit dem Zweck der Vorschrift, welcher in der Sicherung

1569 Siehe hierzu bereits die entsprechenden Ausführungen in Teil 2,B.III.2.

1570 Vgl. BT-Drs. 16/2710, S. 45; *Becker-Pennrich*, IStR 2007, S. 684 (689); *Schmitt*, in: Schmitt/Hörtnagl/Stratz, UmwG/UmwStG, 2009, § 21 UmwStG Rz. 85; *Goebel/Ungemach/Glaser*, in: Wöhrle/Schelle/Gross, AStG, § 21 UmwStG Rz. 18 und 22 (27. Lfg., 2010); a.A. offenbar *Nitzschke*, in: Blümich, EStG/KStG/GewStG, § 21 UmwStG Rz. 45 (115. Lfg., 2012).

des deutschen Steueraufkommens besteht.[1571] Somit kann die Wahl des Wortes „ist“ wohl nur auf ein Redaktionsversehen zurückgeführt werden, weshalb dieses Wort wie ein „wird“ gelesen werden muss.[1572] Ein Ausschluss oder eine Beschränkung des deutschen Besteuerungsrechts ist demnach nur insoweit denkbar, als ein solches vor Durchführung des Anteilstauschs überhaupt existiert.

Sofern die Voraussetzungen des § 21 Abs. 2 Satz 2 UmwStG nicht erfüllt werden, besteht eine Rückausnahme vom Ansatz des gemeinen Werts, wenn eine der Voraussetzungen des § 21 Abs. 2 Satz 3 UmwStG erfüllt ist. Demnach kann der übertragende Rechtsträger zum Buchwert- bzw. einem Zwischenwertansatz optieren, wenn gem. § 21 Abs. 2 Satz 3 Nr. 1 UmwStG entweder das deutsche Besteuerungsrecht hinsichtlich der erhaltenen Anteile nicht beeinträchtigt wird[1573] oder gem. § 21 Abs. 2 Satz 3 Nr. 2 Satz 1 Halbs. 1 UmwStG ein durch Art. 8 FRL geschützter Anteilstausch vorliegt.

Beispiel 28: Der in Deutschland ansässige Einzelunternehmer E gliedert mehrheitsvermittelnde Anteile an der chinesischen X-*Gufen youxian gongsi*[1574] auf die in der Slowakei ansässige F-SE aus.

Fraglich ist, ob die Voraussetzung des § 21 Abs. 2 Satz 3 Nr. 2 Halbs. 1 UmwStG erfüllt wird. Dies wäre der Fall, wenn der Vorgang durch Art. 8 FRL geschützt wäre. Zwar kommt es dafür nicht auf die Person des am Anteilstausch beteiligten Einbringenden an.[1575] Allerdings kann ein richtlinienrechtlicher Schutz nur dann bestehen, wenn es sich sowohl bei der Kapitalgesellschaft, an der die übertragenen Anteile bestehen, als auch bei der Übernehmerin um vom persönlichen Anwendungsbereich der FRL erfasste Gesellschaften handelt.[1576] Da die chinesische X-*Gufen youxian*

1571 Vgl. *Becker-Pennrich*, IStR 2007, S. 684 (689); *Schmitt*, in: Schmitt/Hörtnagl/Stratz, UmwG/UmwStG, 2009, § 21 UmwStG Rz. 85.

1572 Vgl. *Becker-Pennrich*, IStR 2007, S. 684 (689); *Schmitt*, in: Schmitt/Hörtnagl/Stratz, UmwG/UmwStG, 2009, § 21 UmwStG Rz. 85.

1573 Hinsichtlich des Wortlauts des § 21 Abs. 2 Satz 3 Nr. 1 UmwStG gilt das soeben zu § 21 Abs. 2 Satz 2 UmwStG Gesagte entsprechend, vgl. BT-Drs. 16/2710, S. 45; *Schmitt*, in: Schmitt/Hörtnagl/Stratz, UmwG/UmwStG, 2009, § 21 UmwStG Rz. 85 und 96.

1574 Die chinesische Rechtsform der *Gufen youxian gongsi* entspricht derjenigen einer deutschen AG, vgl. *Rengers*, in: Blümich, EStG/KStG/GewStG, § 1 KStG Rz. 146 (115. Lfg., 2012).

1575 Vgl. *Nitzschke*, in: Blümich, EStG/KStG/GewStG, § 21 UmwStG Rz. 52 (115. Lfg., 2012).

1576 Vgl. BMF v. 11.11.2011, IV C 2-S 1978-b/08/10001, BStBl. I 2011, S. 1314, Tz. 21.15; *Widmann*, in: Widmann/Mayer, UmwG/UmwStG, § 21 UmwStG Rz. 228 (98. Lfg., 2007); *Nitzschke*, in: Blümich, EStG/KStG/GewStG, § 21 UmwStG Rz. 52 (115. Lfg., 2012).

gongsi jedoch keine Gesellschaft i.S. des Art. 3 FRL ist und ein sekundärrechtlicher Schutz somit ausscheidet, wird die Voraussetzung des § 21 Abs. 2 Satz 3 Nr. 2 Halbs. 1 UmwStG folglich nicht erfüllt.

Fraglich ist, ob die Voraussetzung des § 21 Abs. 2 Satz 3 Nr. 1 UmwStG vorliegt. Vor Durchführung der Spaltung steht der Bundesrepublik Deutschland aufgrund der unbeschränkten Steuerpflicht des E ein grundsätzliches Besteuerungsrecht hinsichtlich der stillen Reserven in den Anteilen an der X-*Gufen youxian gongsi* zu. Aufgrund der Art. 13 Abs. 4, Art. 24 Abs. 2 Buchst. b Doppelbuchst. dd DBA-China bestünde im Fall einer Veräußerung dieser Anteile jedoch eine Verpflichtung zur Anrechnung der entsprechenden in China erhobenen Steuern.

Nach Durchführung der Ausgliederung unterliegen die stillen Reserven in den Anteilen an der F-SE aufgrund der unbeschränkten Steuerpflicht des E grundsätzlich der deutschen Besteuerung. Gem. Art. 13 Abs. 3, Art. 23 Abs. 1 Buchst. b Nr. 3 DBA-Tschechoslowakei ist jedoch die im Fall einer Anteilsveräußerung anfallende slowakische Steuer auf die entsprechende deutsche Einkommensteuer anzurechnen. Damit besteht sowohl vor als auch nach dem Anteilstausch ein anrechnungsverpflichtungsbehaftetes deutsches Besteuerungsrecht. Wie im Fall des § 21 Abs. 2 Satz 2 UmwStG ist auch i.R. des § 21 Abs. 2 Satz 3 Nr. 1 UmwStG nicht allein auf Grundlage des Ist-Zustandes nach Durchführung des Anteilstauschs zu beurteilen, ob ein Ausschluss oder eine Beschränkung des deutschen Besteuerungsrechts vorliegt. Es muss stattdessen die Besteuerungssituation vor dem Anteilstausch mit derjenigen nach dem Anteilstausch verglichen werden. Da der deutsche Fiskus in beiden Fällen zur Anrechnung ausländischer Steuern bei gedachten Anteilsveräußerungen verpflichtet wäre, wird das deutsche Besteuerungsrecht durch den Anteilstausch nicht beeinträchtigt. Damit ist die Voraussetzung des § 21 Abs. 2 Satz 3 Nr. 1 UmwStG erfüllt.

Falls kein Buchwertansatz nach § 21 Abs. 2 UmwStG erfolgt, ist der entstehende Anteilsveräußerungsgewinn gem. § 43 Abs. 1 Satz 1 Nr. 9 ggf. i.V.m. § 43 Abs. 4 EStG grundsätzlich[1577] mit Kapitalertragsteuer zu belasten.[1578]

1577 Nach § 44 Abs. 1 Satz 3 EStG hat bei Kapitalerträgen i.S. des § 43 Abs. 1 Satz 1 Nr. 9 EStG die die Kapitalerträge auszahlende Stelle den Steuerabzug für Rechnung des Gläubigers der Kapitalerträge vorzunehmen. Gem. § 44 Abs. 1 Satz 4 Nr. 1 Buchst. a Doppelbuchst. aa EStG kommt als auszahlende Stelle i.S. des § 44 Abs. 1 Satz 3 EStG nur ein inländisches Kreditinstitut in Betracht. Sofern diese Voraussetzung nicht gegeben ist, hat kein Einbehalt von Kapitalertragsteuer zu erfolgen. Außerdem ist nach § 43 Abs. 2 Satz 3 EStG kein Kapitalertragsteuerabzug vorzunehmen, sofern bestimmte inländische Körperschaften Gläubiger sind oder die Kapitalerträge inländische Betriebseinnahmen darstellen.

1578 Vgl. *Bron/Seidel*, BB 2010, S. 2599 (2601). Da die den Steuerabzug durchführende Stelle grundsätzlich keine Kenntnis über die Erfolgswirksamkeit bzw. -neutralität einer Spaltung auf Ebene der Anteilseigner hat, ist eine dem § 43 Abs. 1 Satz 7 EStG a.F. vergleichbare Regelung zu fordern, wonach für Zwecke des

Sofern die i.R. eines Anteilstauschs i.S. des § 21 UmwStG durch den übertragenden Rechtsträger erzielten Einkünfte steuerlich veranlagt werden, ist hinsichtlich dieser Anteilsveräußerungseinkünfte das Freistellungsverfahren des § 8b Abs. 2 und 3 KStG bzw. das Teileinkünfteverfahren nach § 3 Nr. 40 Buchst. a, § 3c Abs. 2 EStG anzuwenden.

Die einkommen- bzw. körperschaftsteuerlichen Vorschriften bilden gem. § 7 Satz 1 GewStG die Grundlage für die Ermittlung des Gewerbeertrags. Da die Spezialregelungen des § 21 UmwStG in ihrem Anwendungsbereich die entsprechenden einkommen- bzw. körperschaftsteuerlichen Regelungen überlagern, sind sie auch bei der Ermittlung des Gewerbeertrags zu berücksichtigen. Somit ist der Wertansatz nach § 21 Abs. 1 Satz 1 und 2 UmwStG auch für die gewerbesteuerliche Würdigung des Anteilstauschs maßgeblich.[1579]

Hinsichtlich der unionsrechtlichen Würdigung der Voraussetzungen für einen Bewertungsansatz unterhalb des gemeinen Werts sowie des daraus resultierenden gesetzgeberischen Handlungsbedarfs gelten die Ausführungen in Teil 2,D.I.2. und Teil 2,D.I.3. entsprechend.

V. Spaltungen nach § 24 UmwStG

1. Vermeidung einer Sofortbesteuerung

Nach § 24 Abs. 1 UmwStG wird für die Anwendbarkeit der besonderen Bewertungsregelungen des § 24 Abs. 2 bis 4 UmwStG vorausgesetzt, dass i.R. des Einbringungsvorgangs ein Betrieb, Teilbetrieb oder Mitunternehmeranteil auf eine Personengesellschaft übertragen wird. Durch die Regelung des § 24 UmwStG werden auch die Vorgaben der FRL umgesetzt, da die von Art. 3 FRL erfassten hybriden Gesellschaften aus Sicht des deutschen Steuerrechts als Personengesellschaften gelten. Hinsichtlich der Folgen, die sich hieraus für die Auslegung der Begriffe des Teilbetriebs, Betriebs und Mitunternehmeranteils ergeben, gelten die Ausführungen in Teil 2,B.III.1. entsprechend.[1580]

Kapitalertragsteuerabzugs eine Steuerneutralität fingiert wird, vgl. *Bron/Seidel*, BB 2010, S. 2599 (2601).

1579 Vgl. *Patt*, in: Dötsch u.a., UmwStG, 2007, § 21 Rz. 68.

1580 Teilweise wird vertreten, dass sich die Definition der in § 24 Abs. 1 UmwStG genannten Sacheinlagegegenstände nicht nach sekundärrechtlichen Vorgaben richte, da der Gesetzgeber von der Option des Art. 11 Abs. 4 FRL Gebrauch gemacht habe und demnach die Begriffsauslegung allein nach Maßgabe des deutschen Rechts

Während eine durch eine Gesellschaft i.S. des Art. 3 FRL vorgenommene grenzüberschreitende Ausgliederung einer mehrheitsvermittelnden Kapitalgesellschaftsbeteiligung bzw. einer eine bereits vorhandene mehrheitsvermittelnde Kapitalgesellschaftsbeteiligung stärkende Beteiligung auf eine von Art. 3 FRL geschützte hybride Gesellschaft als Anteilstausch i.S. des Art. 2 Buchst. e FRL gilt, wird dieser Vorgang nicht von § 24 UmwStG erfasst.[1581] Fraglich ist, ob dies einen Sekundärrechtsverstoß begründet. Dies ist m.E. nicht der Fall, da der Verzicht auf die Privilegierung des beschriebenen Vorgangs Ausdruck der Inanspruchnahme der Möglichkeit des optionalen Anwendungsausschlusses nach Art. 11 Abs. 3 FRL ist.[1582] Danach können die Mitgliedstaaten unter anderem die in Art. 8 Abs. 1 und 2 FRL enthaltenen Regelungen über die steuerliche Privilegierung eines grenzüberschreitenden Anteilstauschs unbeachtet lassen, sofern es sich bei der Übernehmerin um eine hybride Gesellschaft handelt.

Sofern die Voraussetzungen des § 24 Abs. 1 UmwStG erfüllt sind, gilt gem. § 24 Abs. 2 Satz 1 UmwStG, dass die übernehmende Personengesellschaft das übertragene Betriebsvermögen grundsätzlich mit dem gemeinen Wert anzusetzen hat. Abweichend davon kann gem. § 24 Abs. 2 Satz 2 UmwStG jedoch der Buchwert oder ein Zwischenwert angesetzt werden, soweit das deutsche Besteuerungsrecht an dem eingebrachten Betriebsvermögen nicht ausgeschlossen oder beschränkt wird. Eine Spaltung kann das deutsche Besteuerungsrecht an dem Gewinn aus der Veräußerung des übertragenen Betriebsvermögens nur insoweit beeinträchtigen, als die stillen Reserven dieses Betriebsvermögens bereits vor Durchführung der Spaltung der deutschen Besteuerungshoheit unterlagen. Sofern der übertragende Rechtsträger eine Personengesellschaft ist, bedarf es einer gesellschafterbezogenen

---

erfolge, vgl. *Rasche*, GmbHR 2007, S. 793 (794). Diese m.E. zu weite Auslegung des durch Art. 11 Abs. 4 FRL statuierten Gleichbehandlungsgrundsatzes ist abzulehnen, da sich der in der genannten Norm vorgesehene optionale Anwendungsausschluss allein auf die Behandlung eines Übernahmegewinns i.S. des Art. 7 FRL bezieht, vgl. dazu allgemein *Winkeljohann/Fuhrmann*, Handbuch Umwandlungssteuerrecht, 2007, S. 605 f.

1581 Das zugrundezulegende europarechtliche Begriffsverständnis verbietet eine dahingehende Auslegung des Teilbetriebsbegriffs, dass auch eine 100%-Beteiligung an einer Kapitalgesellschaft einen Teilbetrieb i.S. des § 24 Abs. 1 UmwStG darstellt. Dies ist darin begründet, dass die sekundärrechtliche Teilbetriebsdefinition des Art. 2 Buchst. j FRL keine Teilbetriebsfiktionen enthält, vgl. hierzu bereits Teil 2,B.I.1.a). Auch § 24 Abs. 1 UmwStG fehlt es an einer ausdrücklichen umwandlungssteuerrechtlichen Teilbetriebsfiktion.

1582 So auch *Benecke/Schnitger*, IStR 2005, S. 641 (646).

Prüfung, in welchem Umfang die stillen Reserven vor dem steuerlichen Übertragungsstichtag der deutschen Besteuerung unterlagen.[1583] Inwieweit nach dem steuerlichen Übertragungsstichtag ein deutsches Besteuerungsrecht hinsichtlich der Einkünfte aus der Veräußerung des übertragenen Betriebsvermögens besteht, muss bei den nach § 24 UmwStG zu behandelnden Spaltungen stets gesellschafterbezogen geprüft werden.[1584]

Beispiel 29: Die im Inland ansässige D-KG spaltet eine inländische Betriebsstätte auf die in Tschechien ansässige E-Personengesellschaft ab. Zu diesem übertragenen Betriebsvermögen gehören auch wesentliche Beteiligungen an der deutschen X-AG sowie der tschechischen Y-A.S.[1585] Sowohl an der D-KG als auch an der E-Personengesellschaft sind die natürlichen Personen P, Q und R beteiligt. P ist in Deutschland, Q in Österreich und R in Tschechien ansässig. Die übertragenen Wirtschaftsgüter sind grundsätzlich sowohl vor als auch nach dem steuerlichen Übertragungsstichtag der inländischen Betriebsstätte zuzuordnen. Eine Ausnahme besteht hinsichtlich der Beteiligungen an der X-AG und der Y-A.S., welche infolge der grenzüberschreitenden Spaltung dem tschechischen Stammhaus der E-Personengesellschaft zuzuordnen sind.

Grundsätzlich kommt es hinsichtlich der übertragenen Wirtschaftsgüter zu keiner Beeinträchtigung des deutschen Besteuerungsrechts, da die hieraus stammenden Einkünfte nach wie vor i.R. der unbeschränkten Steuerpflicht des P bzw. der beschränkten Steuerpflicht der Gesellschafter Q und R in Deutschland steuerverhaftet sind.

Fraglich ist, ob dies auch hinsichtlich der mitübertragenen Kapitalgesellschaftsanteile gilt. Die Einkünfte aus der Beteiligung an der X-AG unterlagen vor Durchführung der Spaltung vollständig der deutschen Besteuerung, da diese Beteiligung der inländischen Betriebsstätte zuzuordnen war. Das österreichische bzw. tschechische Besteuerungsrecht war aufgrund des Art. 13 Abs. 3 DBA-Österreich bzw. des Art. 13 Abs. 2 Satz 1 DBA-Tschechoslowakei ausgeschlossen.

Nach dem steuerlichen Übertragungsstichtag unterliegen die Einkünfte aus einer Veräußerung der nunmehr einer tschechischen Betriebsstätte zuzuordnenden Anteile an der X-AG insoweit nicht mehr der deutschen Besteuerung, als diese Einkünfte auf Q und R entfallen. Soweit die Einkünfte auf Q entfallen, ergibt sich die steuerliche Entstrickung aus Art. 13 Abs. 5 DBA-Österreich, während der Ausschluss des deutschen Besteuerungsrechts hinsichtlich der dem Gesellschafter R zuzurechnenden Anteilsveräußerungseinkünfte aus Art. 13 Abs. 2 Satz 1 DBA-Tschechoslowakei folgt. Lediglich soweit die Einkünfte auf P entfallen, besteht entsprechend Art. 13 Abs. 3 DBA-Tschechoslowakei auch nach der Spaltung noch ein uneingeschränktes deutsches Besteuerungsrecht an den Anteilsveräußerungsgewinnen. Somit sind die

1583 Siehe hierzu die entsprechenden Ausführungen in Teil 2.B.III.3.

1584 Siehe dazu bereits die entsprechenden Ausführungen in Teil 2.B.II.

1585 Die tschechische *Akciová společnost* entspricht einer deutschen AG, vgl. BMF v. 24.12.1999, IV B 4-S 1300-111/99, BStBl. I 1999, S. 1076, Tabelle 2.

stillen Reserven der Anteile an der X-AG nach § 24 Abs. 2 Satz 1 und 2 UmwStG insoweit aufzudecken, als sie auf die Gesellschafter Q und R entfallen.

Die Einkünfte aus der Veräußerung der Beteiligung an der Y-A.S. waren vor dem steuerlichen Übertragungsstichtag entsprechend Art. 13 Abs. 3 DBA-Österreich bzw. Art. 13 Abs. 2 Satz 1 DBA-Tschechoslowakei ausschließlich in Deutschland zu versteuern, soweit sie auf Q bzw. R entfielen. Soweit Gewinne aus der Veräußerung der Anteile an der Y-A.S. auf den Gesellschafter P entfielen, war die tschechische Steuer gem. Art. 23 Abs. 1 Buchst. b, Art. 13 Abs. 3 DBA-Tschechoslowakei auf die entsprechende deutsche Steuer anzurechnen.

Nach dem steuerlichen Übertragungsstichtag sind Einkünfte aus der Veräußerung der Beteiligung an der Y-A.S. generell nicht mehr in Deutschland zu versteuern. Hinsichtlich des Gesellschafters P ergibt sich dies aus Art. 13 Abs. 2 Satz 1 DBA-Tschechoslowakei. Die auf die Gesellschafter Q und R entfallenden stillen Reserven der Anteile an der Y-A.S. werden deshalb steuerlich entstrickt, weil die Anteilsveräußerungseinkünfte nach Durchführung der Spaltung keinen Bezug zur deutschen Steuerhoheit mehr aufweisen. Somit ist die Ausübung des Bewertungswahlrechts nach § 24 Abs. 2 Satz 2 UmwStG gänzlich ausgeschlossen, soweit die Anteile an der Y-A.S. betroffen sind.

Gem. § 24 Abs. 2 Satz 2, 3 i.V.m. § 20 Abs. 2 Satz 3 UmwStG bedarf es für einen niedrigeren Wertansatz neben der Erfüllung der Steuerverstrickungsbedingung auch der Stellung eines entsprechenden Antrags.

Eine von § 24 UmwStG erfasste Einbringung ist eine Betriebsveräußerung i.S. des § 16 Abs. 1 Satz 1 EStG und demnach auch gewerbesteuerrechtlich als solche zu behandeln.[1586] Soweit ein Entstrickungsgewinn auf der Aufdeckung ausländischer stiller Reserven beruht, erfordert die Ermittlung des Gewerbeertrags eine entsprechende Kürzung nach § 9 Nr. 3 GewStG.

2. Besondere steuerliche Folgen innerhalb der Sperrfrist

Von der Regelung des § 24 Abs. 5 UmwStG können Vorgänge im Anschluss an eine durch einen nicht nach § 8b Abs. 2 KStG begünstigten Einbringenden[1587] vorgenommene Einbringung unter dem gemeinen Wert betroffen sein, sofern der Sacheinlagegegenstand auch Anteile an einer Körperschaft, Personenvereinigung oder Vermögensmasse enthielt.[1588] Soweit an der übernehmenden

1586 Vgl. *Patt*, in: Dötsch u.a., UmwStG, 2007, § 24 Rz. 152.

1587 Damit sind einbringende natürliche Personen sowie einbringende Personengesellschaften, an denen zumindest teilweise natürliche Personen unmittelbar oder mittelbar beteiligt sind, von § 24 Abs. 5 UmwStG betroffen.

1588 Dass in § 24 Abs. 1 UmwStG kein Verweis auf § 24 Abs. 5 UmwStG erfolgte, muss als redaktionelles Versehen gewertet werden, vgl. *Patt*, steuer-journal 2007, S. 20 (24).

Personengesellschaft durch § 8b Abs. 2 KStG begünstigte Mitunternehmer beteiligt sind und die übertragenen Anteile innerhalb von sieben Jahren nach dem Einbringungszeitpunkt Objekt eines schädlichen Vorgangs[1589] werden bzw. kein Nachweis i.S. des § 22 Abs. 3 UmwStG erbracht wird, kommt § 22 Abs. 2, 3 und 5 bis 7 UmwStG entsprechend zur Anwendung. Dies bedeutet, dass der Einbringende rückwirkend einen Einbringungsgewinn II zu versteuern hat, sofern innerhalb der mit dem steuerlichen Übertragungsstichtag beginnenden siebenjährigen Sperrfrist eines der pauschal definierten, schädlichen Ereignisse eintritt, an deren Verwirklichung der Gesetzgeber die unwiderlegbare Vermutung einer Steuerumgehung knüpft. Hinsichtlich der europarechtlichen Würdigung einer solchen typisierenden Missbrauchsklausel wird auf die entsprechenden Ausführungen in Teil 2,B.III.8.b)aa) verwiesen.

C. Steuerliche Behandlung des übernehmenden Rechtsträgers

I. Spaltungen nach § 15 UmwStG

1. Bewertung von übernommenem Betriebsvermögen

Die übernehmende Körperschaft hat dem übertragenen Betriebsvermögen einen Wert nach § 12 Abs. 1 Satz 1 UmwStG zuzuweisen, um so eine Grundlage für die Ermittlung des aus der Spaltung resultierenden Übernahmeergebnisses sowie des in den folgenden Veranlagungszeiträumen erzielten Gewinns zu schaffen. Eine Bewertung der übernommenen Wirtschaftsgüter kann unterbleiben, soweit diese nicht für die Feststellung von für die deutsche Besteuerung relevanten gegenwärtigen und zukünftigen Einkünften des übernehmenden Rechtsträgers erforderlich ist. Die aus den übernommenen Wirtschaftsgütern resultierenden Einkünfte sind für die Besteuerung durch den deutschen Fiskus von Bedeutung, wenn sie grundsätzlich, d.h. ungeachtet abkommensrechtlicher Restriktionen, im Inland steuerpflichtig sind. Die Überprüfung einer solchen Steuerpflicht ist sowohl hinsichtlich des Übergangsgewinns als auch der Einkünfte zukünftiger Veranlagungszeiträume erforderlich.

1589 Als schädliche Vorgänge kommen eine Veräußerung der übertragenen Anteile oder die Verwirklichung eines Ersatzrealisationstatbestands i.S. des § 22 Abs. 1 Satz 6 Nr. 1 bis 5 UmwStG in Betracht.

Ein von der übernehmenden Körperschaft erzielter Übernahmegewinn wird gem. der Grundregel des § 12 Abs. 2 Satz 1 UmwStG steuerlich neutralisiert und führt somit grundsätzlich zu keiner Körperschaftsteuerschuld. Nach § 12 Abs. 2 Satz 2 UmwStG ist auf den Gewinn jedoch die Regelung des § 8b KStG anzuwenden, soweit die übernehmende Körperschaft an der übertragenden Körperschaft beteiligt ist.[1590] Bei dem von § 12 Abs. 2 Satz 2 UmwStG erfassten Gewinn handelt es sich um den sog. Übernahmegewinn i.e.S. bzw. den sog. echten Übernahmegewinn, welcher mit einem Anteilsveräußerungsgewinn vergleichbar ist.[1591] Anders als nach § 12 Abs. 2 Satz 1 UmwStG ergibt sich aus dem auf § 8b KStG verweisenden § 12 Abs. 2 Satz 2 UmwStG zwar auch die Steuerbefreiung des Übernahmegewinns.[1592] Allerdings gelten entsprechend § 8b Abs. 3 Satz 1 KStG fünf Prozent dieses Übernahmegewinns als nicht abziehbare Betriebsausgaben und führen so zu einer entsprechenden Erhöhung der steuerlichen Bemessungsgrundlage. Somit ist nach § 12 Abs. 2 Satz 2 i.V.m. § 8b KStG letztlich ein Betrag i.H.v. fünf Prozent des Übernahmegewinns i.e.S. zu versteuern.

Fraglich ist, ob diese Erhöhung der steuerlichen Bemessungsgrundlage gegen die Vorgaben der FRL verstößt.[1593] Übernehmende Körperschaften, die gem. Art. 7 Abs. 2 FRL an der übertragenden Körperschaft eine Beteiligung i.H.v. mindestens 10% halten, werden durch Art. 7 Abs. 1 FRL geschützt. Dieser besagt, dass die sich auf Ebene der Übernehmerin ergebenden Wertsteigerungen beim Untergang

---

1590 Da bei einer Spaltung nicht das gesamte Betriebsvermögen auf den bzw. die einzelnen übernehmenden Rechtsträger übergeht, darf bei der Berechnung des Übernahmegewinns der Buchwert der Anteile nur anteilig angesetzt werden, vgl. *Dötsch/Pung*, in: Dötsch u.a., UmwStG, 2007, § 15 Rz. 35; *Schießl*, in: Widmann/Mayer, UmwG/UmwStG, § 15 UmwStG Rz. 1152 (123. Lfg., 2011). Maßgeblich ist dabei das Verhältnis der gemeinen Werte des übergehenden Betriebsvermögens sowie des vor der Spaltung vorhandenen gesamten Betriebsvermögens des übertragenden Rechtsträgers. Geht beispielsweise Betriebsvermögen auf die übernehmende Körperschaft über, dessen gemeiner Wert 30% des gemeinen Werts des gesamten, dem übertragenden Rechtsträger vor Durchführung der Spaltung zuzurechnenden Betriebsvermögens entspricht, so darf bei der Berechnung des Übernahmegewinns der Buchwert der durch die Übernehmerin gehaltenen Anteile am übertragenden Rechtsträger ebenfalls nur zu 30% berücksichtigt werden.

1591 Vgl. *Dötsch*, in: Dötsch u.a., UmwStG, 2007, § 12 Rz. 32.

1592 Siehe § 8b Abs. 2 Satz 1 KStG.

1593 Einen Sekundärrechtsverstoß annehmend *Körner*, IStR 2006, S. 469 (470); *Rödder/Schumacher*, DStR 2006, S. 1525 (1533); *Schaflitzl/Widmayer*, BB-Beilage, 8/2006, S. 36 (47); *Werra/Teiche*, DB 2006, S. 1455 (1459 f.).

der Anteile[1594] am übertragenden Rechtsträger keiner Besteuerung unterliegen dürfen. Allerdings bedeutet die Anwendbarkeit des § 8b Abs. 3 KStG eine effektive Besteuerung von 5% der betroffenen Einkünfte.[1595] Zwar werden Gewinne aus der Veräußerung von Körperschaftsanteilen aufgrund des § 8b Abs. 2 KStG steuerfrei gestellt[1596] und darüber hinaus gem. § 8b Abs. 3 Satz 2 KStG sogar der uneingeschränkte Abzug von mit den Körperschaftsanteilen in Zusammenhang stehenden Betriebsausgaben zugelassen. Nach § 8b Abs. 3 Satz 1 KStG ist jedoch eine außerbilanzielle Hinzurechnung von Betriebsausgaben vorzunehmen. Die zuletzt genannte Regelung geht pauschalierend von der Annahme aus, dass steuerwirksame Abzüge i.H.v. 5% des Gewinns i.S. des § 8b Abs. 2 Satz 1 KStG geltend gemacht wurden. Indem durch § 8b Abs. 3 Satz 1 KStG nicht abziehbare Betriebsausgaben in entsprechender Höhe fingiert werden, sollen durch das Regelungsregime des § 8b Abs. 2 und 3 KStG sowohl die aus einer Anteilsveräußerung resultierenden Betriebseinnahmen als auch die mit dem Halten und der Veräußerung der Anteile zusammenhängenden Betriebsausgaben von der steuerlichen Erfassung ausgenommen werden.[1597] Hieraus folgt, dass es zumindest verfehlt wäre, generell in der Anwendung des § 8b Abs. 3 Satz 1 KStG auf den Übernahmegewinn einen Verstoß gegen Richtlinienrecht zu sehen. Allerdings kann die typisierende Fiktion dieser Rechtsnorm im Einzelfall dazu führen, dass der einer übernehmenden Körperschaft außerbilanziell hinzugerechnete Betrag an fingierten nicht abziehbaren Aufwendungen höher als der Betrag der tatsächlich geltend gemachten Betriebsausgaben ist. Hätte der Unionsgesetzgeber ein solches Ergebnis billigen wollen, so wäre hierfür die Ergänzung des Art. 7 FRL um eine dem Art. 4 Abs. 2 MTRL entsprechende Norm notwendig gewesen. Nach hier vertretener Auffassung wird demnach gegen Art. 7 Abs. 1 FRL verstoßen, sofern die Fiktion des § 8b Abs. 3

1594 Im Gegensatz zu einer Aufspaltung gehen bei einer Abspaltung die Anteile am übertragenden Rechtsträger nicht unter. Allerdings vermitteln die Anteile nach dem steuerlichen Übertragungsstichtag nur noch ein Vermögensrecht hinsichtlich der dem übertragenden Rechtsträger verbliebenen Wirtschaftsgüter, was wirtschaftlich betrachtet einem partiellen Untergang der Anteile gleich kommt.

1595 Vgl. *Müller-Dott*, in: Flick/Wassermeyer/Baumhoff, Außensteuerrecht, § 26 KStG Rz. 62.9 (61. Lfg., 2007). *Geurts*, in: Ernst & Young, KStG, § 26 Rz. 2.1 (44. Lfg., 2005) ist der Auffassung, dass die entsprechende Regelung des § 8b Abs. 5 KStG eine „Steuerpflicht begründe[t]".

1596 Vgl. entsprechend hinsichtlich § 8b Abs. 5 KStG *Englisch*, Dividendenbesteuerung, 2005, S. 65.

1597 Vgl. entsprechend hinsichtlich § 8b Abs. 5 KStG *Englisch*, Dividendenbesteuerung, 2005, S. 62.

Satz 1 KStG zu einer betragsmäßigen Erhöhung der effektiven Steuerbelastung führt. Eine sekundärrechtskonforme Lösung könnte darin bestehen, dass auf den nach § 8b Abs. 2 KStG freigestellten Übernahmegewinn die Regelung des § 8b Abs. 3 KStG nur angewendet wird, sofern die Übernehmerin nicht nachweist, dass die von ihr im Zusammenhang mit den Anteilen an der Überträgerin steuerlich geltend gemachten Betriebsausgaben tatsächlich niedriger sind als von § 8b Abs. 3 Satz 1 KStG angenommen. Sollte der Übernehmerin jedoch der beschriebene Nachweis gelingen, so darf nur eine entsprechend niedrigere Hinzurechnung von nicht abziehbaren Betriebsausgaben erfolgen.

Sofern der übernehmende Rechtsträger nicht durch Art. 7 Abs. 1 FRL geschützt ist, weil entweder der Anwendungsbereich der FRL nicht erfüllt wird oder keine Beteiligung i.S. des Art. 7 Abs. 2 FRL vorliegt, kann die bisherige Rechtslage aus sekundärrechtlicher Sicht beibehalten werden. Eine Ausdehnung der aufgrund richtlinienkonformer Auslegung gebotenen steuerlichen Behandlung sekundärrechtlich geschützter übernehmender Rechtsträger auf alle grundfreiheitsrechtlich geschützten übernehmenden Rechtsträger ist mangels unilateraler Meistbegünstigungspflicht[1598] auch primärrechtlich nicht geboten. Daraus ergibt sich, dass insoweit die durch die FRL geschützten grenzüberschreitenden Sachverhalte besser zu behandeln sind als sonstige grenzüberschreitende sowie rein innerstaatliche Umstrukturierungen.

a) Identifikation der zu bewertenden Wirtschaftsgüter

Eine Ermittlung des Übernahmegewinns ist nur erforderlich, sofern vor dem steuerlichen Übertragungsstichtag die Einkünfte aus der Veräußerung von Anteilen an der übertragenden Körperschaft grundsätzlich, d.h. ungeachtet etwaiger abkommensrechtlicher Beschränkungen, durch die übernehmende Körperschaft in Deutschland zu versteuern sind. Dies ist der Fall, wenn die übernehmende Körperschaft entweder der unbeschränkten Steuerpflicht in Deutschland unterliegt oder mit ihren Einkünften aus der Veräußerung der Anteile an der Überträgerin nach § 2 Nr. 1, § 8 Abs. 1 Satz 1 KStG i.V.m. § 49 Nr. 2 Buchst. a bzw. Buchst. e Doppelbuchst. aa EStG beschränkt steuerpflichtig ist. Ob das deutsche Besteuerungsrecht am Übernahmegewinn, welcher auch aus abkommensrechtlicher Sicht als Anteilsveräußerungsgewinn zu behandeln ist, durch ein DBA eingeschränkt wird, ist insofern unbeachtlich.[1599] Falls demnach eine Pflicht zur Ermittlung des

1598 Vgl. Teil 1,A.VII.4.b)dd).

1599 A.A. wohl *Dötsch*, in: Dötsch u.a., UmwStG, 2007, § 11 Rz. 61a, wonach ein Anteilsveräußerungsgewinn nach § 12 Abs. 2 Satz 2 UmwStG nicht zu ermitteln ist,

Übernahmegewinns nach Maßgabe des deutschen Steuerrechts besteht, muss zu diesem Zweck eine Bewertung sämtlicher übertragener Wirtschaftsgüter nach deutschem Recht durchgeführt werden, da deren Gesamtwert eine relevante Ausgangsgröße i.R. der Ermittlung des Übernahmegewinns nach § 12 Abs. 2 UmwStG darstellt.

Auch wenn nach deutschem Steuerrecht keine Pflicht zur Ermittlung der Einkünfte aus den Anteilen an der übertragenden Körperschaft besteht, und damit kein deutscher Übernahmegewinn bestimmt werden muss, ist eine Bewertung des übertragenen Betriebsvermögens dennoch insoweit erforderlich, als dieses Betriebsvermögen selbst in künftigen Veranlagungszeiträumen für die Gewinnermittlung nach deutschem Steuerrecht relevant ist. Wirtschaftsgüter sind somit unter der Voraussetzung in die inländische steuerliche Gewinnermittlung einzubeziehen, dass die in diesen Wirtschaftsgütern liegenden stillen Reserven vorbehaltlich der Regelungen eines Doppelbesteuerungsabkommens in Deutschland steuerpflichtig sind.

b) Maßgeblicher Wertansatz

aa) Bewertungsgrundsatz

Nachdem die im Inland zu bewertenden Wirtschaftsgüter identifiziert sind, muss diesen der zutreffende Wertansatz zugewiesen werden. Gem. § 12 Abs. 1 Satz 1 UmwStG hat die übernehmende Körperschaft die auf sie übergegangenen Wirtschaftsgüter mit den Werten anzusetzen, die diesen Wirtschaftsgütern entsprechend § 11 UmwStG in der steuerlichen Übertragungsbilanz der übertragenden Körperschaft beigemessen wurden.[1600] Maßgeblich sind demnach die Werte der nach deutschen Bilanzierungsregeln aufgestellten Übertragungsbilanz, welche der Ermittlung des in Deutschland steuerpflichtigen Gewinns des übertragenden Rechtsträgers dient. Somit erfolgt die Bewertung allein nach den Grundsätzen des deutschen Rechts,[1601] während parallel existierende ausländische

---

sofern aufgrund eines DBA das deutsche Besteuerungsrecht an diesem Anteilsveräußerungsgewinn ausgeschlossen ist.

1600 Durch die Buchwertverknüpfung wird die Besteuerung der bis einschließlich des steuerlichen Übertragungsstichtags in Deutschland steuerverhafteten, nicht aufgedeckten stillen Reserven sichergestellt, vgl. *Dötsch*, in: Dötsch u.a., UmwStG, 2007, § 12 Rz. 6.

1601 Siehe allgemein zur Pflicht, die Besteuerungsgrundlagen stets nach deutschem Steuerrecht zu ermitteln BFH v. 16.02.1996, I R 43/95, BStBl. II 1997, S. 128, unter II. 2. und II. 4. a) und b).

Bewertungsregelungen unbeachtlich sind.[1602] Sofern davon ausgegangen wird, dass § 11 UmwStG eine originäre umwandlungssteuerrechtliche Buchführungspflicht normiert, wonach die übertragende Körperschaft unabhängig von ihrer inländischen Steuerpflicht im Anwendungsbereich des UmwStG stets sämtliche übertragenen Wirtschaftsgüter in einer nach deutschen Regelungen aufgestellten Übertragungsbilanz zu erfassen hat,[1603] stellt sich die Bewertung auf Ebene der übernehmenden Körperschaft in jedem Fall problemlos dar. Sofern jedoch, wie hier, davon ausgegangen wird, dass die übertragende Körperschaft anlässlich einer grenzüberschreitenden Spaltung nur insoweit im Inland bilanzierungspflichtig ist, als ihre Bilanzierungspflicht nach allgemeinen Grundsätzen reicht, stellt sich die Frage, wie das eventuell nicht in einer inländischen steuerlichen Schlussbilanz der übertragenden Körperschaft erfasste, aber für die inländische Besteuerung der übernehmenden Körperschaft relevante übertragene Betriebsvermögen zu bewerten ist. Auch für übertragenes Betriebsvermögen, welches nicht in der nach deutschem Steuerrecht erstellten Übertragungsbilanz enthalten ist, gilt grundsätzlich der nach § 11 UmwStG gewählte Wertansatz. Sofern dieser unterhalb des gemeinen Werts liegt, stellt sich die Frage, auf welcher Grundlage die Ermittlung eines konkreten Betrags durch die übernehmende Gesellschaft erfolgen kann. Nach hier vertretener Auffassung können analog § 146 Abs. 2 Satz 2 und 3 AO grundsätzlich die in einer nach ausländischem Steuerbilanzrecht aufgestellten Schlussbilanz enthaltenen Werte als Ausgangsbasis herangezogen werden, wobei entsprechend § 146 Abs. 2 Satz 4 AO eine Anpassung[1604] an die deutschen Bilanzierungsregelungen vorzunehmen ist.[1605]

1602 Bei grenzüberschreitenden Spaltungen wird auch der andere betroffene Staat Regelungen über die Bewertung der übernommenen Wirtschaftsgüter auf Ebene der übernehmenden Körperschaft vorsehen. Ebenso wie eine Bewertung für Zwecke der deutschen Besteuerung allein nach Maßgabe des deutschen Steuerrechts erfolgt, sind auch die Regelungen des § 12 UmwStG unbeachtlich für den Wertansatz i.R. einer Gewinnermittlung im Ausland, vgl. *Dürrschmidt*, Unternehmensumstrukturierungen, 2008, S. 89.

1603 Siehe zu den verschiedenen Auffassungen Teil 2,B.I.1.e).

1604 Das Anpassungserfordernis begründet die Pflicht zu einer vom ausländischen Wertansatz unabhängigen Bewertung nach deutschem Recht, vgl. *Andresen*, in: Wassermeyer/Andresen/Ditz, Betriebsstätten, 2006, S. 659.

1605 Entsprechend einer anderen Auffassung kann der Fall, dass das übertragene und durch die übernehmende Körperschaft nach deutschem Recht zu bilanzierende Betriebsvermögen nicht in der deutschen steuerlichen Schlussbilanz der übertragenden Körperschaft enthalten ist, aufgrund einer besonderen umwandlungssteuerrechtlichen Bilanzierungspflicht der Überträgerin nicht eintreten, siehe zu diesen Ansicht bb) Erstmalige Verstrickung von Wirtschaftsgütern

Nach zutreffender Auffassung ordnet § 12 Abs. 1 Satz 1 UmwStG eine Übernahme des durch den übertragenden Rechtsträger nach § 11 UmwStG gewählten Wertansatzes auch insoweit an, als die übertragenen Wirtschaftsgüter aufgrund der grenzüberschreitenden Spaltung erstmals in Deutschland steuerlich verstrickt werden.[1606] Zu prüfen ist, ob das deutsche Recht hierdurch gegen primärrechtliche Vorgaben verstößt. Wird beispielsweise neben ausländischem Betriebsvermögen auch inländisches Betriebsstättenvermögen i.R. einer grenzüberschreitenden Hereinspaltung übertragen, so muss der übertragende Rechtsträger für Zwecke der deutschen Besteuerung zum Buchwertansatz optieren, falls eine Aufdeckung der im inländischen Betriebsstättenvermögen ruhenden stillen Reserven vermieden werden soll. In diesem Fall gelten aus Sicht des deutschen Steuerrechts auch diejenigen Wirtschaftsgüter, hinsichtlich derer es im Ausland zu einer steuerlichen Entstrickung und im Inland zu einer steuerlichen Verstrickung kommt, als durch den übertragenden Rechtsträger zum Buchwert angesetzt. Sofern das erstmals steuerlich verstrickte Betriebsvermögen auch durch den übernehmenden, in Deutschland ansässigen Rechtsträger mit dem Buchwert zu bewerten wäre, müsste

---

bereits Teil 2.B.I.1.e). Da es jedoch sehr aufwendig für die übertragende Körperschaft sein kann, in jedem Fall das gesamte übertragene Betriebsvermögen in einer nach deutschen Bilanzierungsgrundsätzen aufgestellten Übertragungsbilanz zu erfassen, regen die Vertreter dieser Auffassung eine Billigkeitsregelung durch die Finanzverwaltung an. Danach soll die übernehmende Körperschaft die Buchwerte ggf. auch aus einer ausländischen Schlussbilanz ableiten dürfen, vgl. *Benecke/Beinert*, FR 2010, S. 1120 (1126); *Schießl*, in: Widmann/Mayer, UmwG/UmwStG, § 11 UmwStG Rz. 27.2 (105. Lfg., 2009); *Figna/Fürstenau*, BB-Beilage 1/2010, S. 12 (17). Nach hier vertretener Auffassung erlaubt bereits die geltende Rechtslage eine solche Vorgehensweise.

1606 Vgl. *Benecke/Beinert*, FR 2010, S. 1120 (1126); *Schießl*, in: Widmann/Mayer, UmwG/UmwStG, § 11 UmwStG Rz. 50.43 (105. Lfg., 2009). Entsprechend zu der vergleichbaren Regelung des § 4 Abs. 1 Satz 1 UmwStG *Pung*, in: Dötsch u.a., UmwStG, 2007, § 4 Rz. 12; *Lemaitre/Schönherr*, GmbHR 2007, S. 173 (175). Dass bei Spaltungen i.S. des § 15 UmwStG im Gegensatz zu steuerlichen Verstrickungen i.R. von Spaltungen nach § 20 UmwStG (siehe dazu Teil 2.B.III.4.) hinsichtlich erstmals verstrickter Wirtschaftsgüter nicht generell ein Ansatz zum gemeinen Wert erfolgt, ist der unterschiedlichen Regelungssystematik geschuldet. Während das Bewertungswahlrecht bei einer Spaltung nach § 20 UmwStG durch die übernehmende Körperschaft selbst ausgeübt wird, hat die übernehmende Körperschaft i.R. einer Spaltung i.S. des § 15 UmwStG den für die übertragende Körperschaft maßgeblichen Wertansatz zu übernehmen.

bei einer späteren Veräußerung dieser Wirtschaftsgüter mit einer Doppelbesteuerungssituation gerechnet werden, da regelmäßig auch ein sich primärrechtskonform verhaltender Outbound-Staat im Zeitpunkt der tatsächlichen Veräußerung von grenzüberschreitend überführten Wirtschaftsgütern auf die darin enthaltenen, in seinem Hoheitsgebiet gebildeten stillen Reserven zugreifen wird. Fraglich ist, ob in dieser doppelten Besteuerung ein und derselben stillen Reserven eine nichtdiskriminierende Beschränkung seitens des Inbound-Staats Deutschland gesehen werden kann.[1607] In seiner Rechtsprechung zur primärrechtlichen Würdigung der juristischen Doppelbesteuerung[1608] betont der EuGH, dass das Unionsrecht bezüglich der Vermeidung einer solchen Doppelbesteuerung „keine allgemeinen Kriterien für die Verteilung der Kompetenzen der Mitgliedstaaten untereinander" vorschreibt.[1609] M.E. kann auch aus den Ausführungen des EuGH in der Rs. *National Grid Indus* nicht auf eine partielle Abkehr von dieser Feststellung geschlossen werden. Zwar konstatiert der EuGH, dass der Ausgangsstaat die in seinem Hoheitsgebiet gebildeten stillen Reserven grundsätzlich auch dann besteuern darf, wenn diese zu einem späteren Zeitpunkt in einem anderen Staat tatsächlich realisiert werden.[1610] Falls der Ausgangsstaat eine steuerliche Entstrickung von stillen Reserven, zu deren Besteuerung er bis zum Zeitpunkt der Grenzüberschreitung nach nationalem Recht und Abkommensrecht befugt war, hinnehmen muss, so darf dieser Staat einem Verlust seines Besteuerungsrechts durch eine gerechtfertigte grundfreiheitliche Beschränkung vorbeugen.[1611] Allerdings kann aus dem Recht des Ausgangsstaats zur Besteuerung der entstrickten stillen Reserven nicht der Umkehrschluss gezogen werden, dass der Bestimmungsstaat zwangsläufig zum Verzicht auf eine Besteuerung der in den überführten Wirtschaftsgütern zum Zeitpunkt der Grenzüberschreitung enthaltenen stillen Reserven grundfreiheitlich

---

1607 Vgl. dazu allgemein *O'Shea*, TNI 2012, S. 201 (205). Aus den Ausführungen des EuGH-Urteils *National Grid Indus* auf eine grundfreiheitliche Pflicht des Bestimmungsstaats zur Gewährung einer steuerneutralen Wertaufstockung der erstmals verstrickten Wirtschaftsgüter schließend *Thömmes*, IWB 2011, S. 896 (899). Eine solche primärrechtliche Pflicht des Zuzugsstaats aufgrund der in dem genannten Urteil angestellten Überlegungen des EuGH hingegen bezweifelnd *Kessler/Philipp*, DStR 2012, S. 267 (271).

1608 Dazu bereits allgemein Teil 1,A.VII.2.b).

1609 Vgl. EuGH v. 14.11.2006, Rs. C-513/04 – *Kerckhaert und Morres*, Slg. 2006, S. I-10967, Rn. 22.

1610 Vgl. EuGH v. 29.11.2011, Rs. C-371/10 – *National Grid Indus*, n.n.v., Rn. 46 und 48.

1611 Vgl. EuGH v. 29.11.2011, Rs. C-371/10 – *National Grid Indus*, n.n.v., Rn. 46.

verpflichtet ist, um so eine etwaige Doppelbesteuerung der ent- bzw. verstrickten stillen Reserven auszuschließen. Vielmehr gilt auch insoweit der Grundsatz, dass die Mitgliedstaaten befugt sind, die Aufteilung der Besteuerungsbefugnisse insbesondere im Wege abkommensrechtlicher Vereinbarungen zu regeln.[1612] Dies bedeutet, dass der EuGH im Urteil *National Grid Indus* keine Aussage trifft, wonach der Inbound-Staat zur Vermeidung einer Doppelbesteuerung den Ansatz der erstmals verstrickten Wirtschaftsgüter mit dem gemeinen Wert gestatten muss. Da keine abkommensrechtlichen Bedenken hinsichtlich einer Verstrickung zum Buchwertansatz bestehen,[1613] kann im Fall eines späteren Realisationsvorgangs auch eine Besteuerung von im Ausland gebildeten stillen Reserven durch den Bestimmungsstaat erfolgen, ohne dass die hieraus resultierende juristische Doppelbesteuerung grundfreiheitlich zu missbilligen wäre. Somit besteht keine grundfreiheitsrechtliche Notwendigkeit, dass das deutsche Steuerrecht hinsichtlich des i.R. von Spaltungen nach § 15 UmwStG erstmals steuerlich verstrickten Betriebsvermögens eine Bewertung zum gemeinen Wert gestattet. Etwas anderes ergibt sich auch nicht aus der Tatsache, dass steuerliche Verstrickungen i.R. von nach § 20 UmwStG zu behandelnden Spaltungen zum gemeinen Wert erfolgen. Wie sich aus den Ausführungen in Teil 1,A.VII.4.b)dd) ergibt, ist eine grundfreiheitliche Pflicht zur unilateralen Meistbegünstigung abzulehnen.

Der Ansatz zum gemeinen Wert ist nach hier vertretener Auffassung jedoch aufgrund der Vertragsbestimmung des Art. 4 Abs. 3 EUV, wonach die Mitgliedstaaten zu unionsfreundlichem Verhalten und gegenseitiger Rücksichtnahme verpflichtet sind,[1614] geboten. Der dem Bereich der allgemeinen Rechtsgrundsätze des Primärrechts zuzuordnende Grundsatz der Unionstreue[1615] verlangt, dass die Mitgliedstaaten in ihrem Handeln stets Rücksicht auf die berechtigten Interessen der anderen Mitgliedstaaten nehmen.[1616] Sofern es i.R. einer Spaltung im Bestimmungsstaat zu einer erstmaligen Verstrickung von Wirtschaftsgütern kommt, besteht insbesondere bei abnutzbarem Anlagevermögen die Möglichkeit, dass dieses mit zunehmendem Zeitablauf an Wert verliert. Es kann also nicht ausgeschlossen werden, dass zwischen dem steuerlichen Übertragungsstichtag und dem Zeitpunkt

1612 Vgl. EuGH v. 29.11.2011, Rs. C-371/10 – *National Grid Indus*, n.n.v., Rn. 45.

1613 Vgl. BFH v. 30.03.1993, VIII R 44/90, BFH/NV 1993, S. 597, unter 2.; BFH v. 19.03.1996, VIII R 15/94, BStBl. II 1996, S. 312, unter II. 2. a).

1614 Vgl. dazu allgemein *Englisch*, StuW 2003, S. 88 (94).

1615 Vgl. *Hatje*, in: Schwarze, EU-Kommentar, 2009, Art. 10 EG Rz. 5.

1616 Vgl. *Streinz*, in: Streinz, EUV/EGV, 2003, Art. 10 EG Rz. 8; *Dürrschmidt*, Unternehmensumstrukturierungen, 2008, S. 348.

der tatsächlichen Veräußerung eines übergegangenen Wirtschaftsguts ein Schwund der stillen Reserven eintritt. Falls der Bestimmungsstaat hinsichtlich der erstmals verstrickten Wirtschaftsgüter einen Wertansatz unterhalb des gemeinen Werts vorsieht, muss – wie bereits dargestellt – nach hier vertretener Auffassung der Ausgangsstaat insoweit von einer Besteuerung des Abschreibungsvorteils absehen und außerdem im Fall der tatsächlichen Realisation die zwischenzeitlich eingetretenen Wertminderungen berücksichtigen.[1617] Dieser Fall bedeutet für den Ausgangsstaat, dass er die in der Zeit vor dem steuerlichen Übertragungsstichtag innerhalb seiner Steuerjurisdiktion gebildeten stillen Reserven letztlich nicht oder nur eingeschränkt besteuern kann. Der Bestimmungsstaat, der eine steuerliche Verstrickung unterhalb des gemeinen Werts vorsieht, macht sich hingegen diese stillen Reserven zu eigen, obwohl kein Veranlassungszusammenhang zwischen seiner Steuerhoheit und der bis zum steuerlichen Übertragungsstichtag erfolgten Bildung von stillen Reserven im übergegangenen Betriebsvermögen besteht. Die künftige Abnutzung des Anlagevermögens und damit der Verbrauch der stillen Reserven im verstrickten Betriebsvermögen führt im Bestimmungsstaat zu keinen bzw. geringeren steuermindernden Abzügen, sofern die Verstrickung zu einem geringeren Wert als dem gemeinen Wert erfolgt. Im Ergebnis bedeutet dies einen zwischenstaatlichen Transfer stiller Reserven zu Lasten des Ausgangsstaats. Die Treuepflicht innerhalb der Union verbietet den einzelnen Mitgliedstaaten, zu Lasten anderer Mitgliedstaaten Handlungsspielräume auszunutzen, um hieraus eigene Vorteile zu ziehen. Demnach darf es nicht es allein im Ermessen des Bestimmungsstaats liegen, welcher der von einer Spaltung betroffenen Staaten die nach dem steuerlichen Übertragungsstichtag eintretenden Wertminderungen des ent- bzw. verstrickten Betriebsvermögens steuermindernd zu berücksichtigen hat. Hieraus ergibt sich m.E. die primärrechtliche Pflicht des Bestimmungsstaats, hinsichtlich der aufgrund einer Spaltung erstmals steuerlich verstrickten Wirtschaftsgüter generell den Ansatz des gemeinen Werts bzw. eines entsprechenden Werts vorzusehen. In Deutschland kann dies durch eine analoge Anwendung von § 8 Abs. 1 KStG i.V.m. § 4 Abs. 1 Satz 8 Halbs. 2, § 6 Abs. 1 Nr. 5a EStG geschehen.[1618]

Durch den Bestimmungsstaat kann ein unterhalb des Verkehrswerts liegender Bewertungsansatz allenfalls insoweit vorgesehen werden, als es hinsichtlich der grenzüberschreitend überführten Wirtschaftsgüter im Ausgangsstaat trotz der dort eintretenden steuerlichen Entstrickung nicht zur Aufdeckung von stillen Reserven

---

1617 Siehe hierzu Teil 2,B.I.1.h)bb)(1).

1618 Vgl. *Schaflitzl/Widmayer*, BB-Beilage 8/2006, S. 36 (40).

kommt. Sofern die Entstrickungsbesteuerung im Ausgangsstaat nicht unter Zugrundelegung von Verkehrswerten, sondern auf Basis niedrigerer Werte erfolgt, kann der Bestimmungsstaat i.S. einer Wertverknüpfung eine Bewertung der erstmals entstrickten Wirtschaftsgüter zum ausländischen Entstrickungswert vorsehen.[1619] Hierdurch wird ähnlich einer Rückfallklausel sichergestellt, dass Teile der in den ent- bzw. verstrickten Wirtschaftsgütern ruhenden stillen Reserven in keinem Staat besteuert werden.

Eine primärrechtskonforme deutsche Regelung könnte hinsichtlich der i.R. einer grenzüberschreitenden Spaltung erstmals verstrickten Wirtschaftsgüter also eine Bewertung mit dem ausländischen Entstrickungswert vorsehen, soweit dieser den gemeinen Wert nicht übersteigt.

2. Kapitalertragsteuer

Auf ein ungeachtet abkommensrechtlicher Beschränkungen in Deutschland steuerpflichtiges Übernahmeergebnis[1620] wird Kapitalertragsteuer erhoben, wenn gleichzeitig der Tatbestand des § 43 Abs. 1 Satz 1 Nr. 9 ggf. i.V.m. Abs. 4 EStG erfüllt ist.[1621]

Nach einer Auffassung ist von einem Kapitalertragsteuerabzug generell abzusehen, sofern eine gebietsfremde übernehmende Körperschaft ihre Anteile an der übertragenden Körperschaft nicht in einem inländischen Betriebsvermögen hält.[1622] Sofern ein Gewinn aus Anteilen i.S. des § 20 Abs. 2 Satz 1 Nr. 1 EStG erzielt werde, fehle es demnach mangels Erfassung durch § 49 Abs. 1 EStG schon an der beschränkten Steuerpflicht. Falls hingegen eine Beteiligung i.S. des § 17 EStG vorliege, sei zwar eine beschränkte Steuerpflicht gem. § 49 Abs. 1 Nr. 2 Buchst. e EStG gegeben, jedoch handele sich dann nicht, wie von § 43 Abs. 1

1619 Generell von einer primärrechtlichen Pflicht des Bestimmungsstaats zur Sicherstellung einer grenzüberschreitenden Wertverknüpfung ausgehend *Schall/Barth*, NZG 2012, S. 414 (416).

1620 Während die grundsätzliche Steuerpflicht in Deutschland bei unbeschränkt steuerpflichtigen übernehmenden Körperschaften stets vorliegt, muss sie sich bei beschränkt Steuerpflichtigen aus § 49 Abs. 1 Nr. 2 Buchst a oder e Doppelbuchst. aa EStG ergeben.

1621 Ein Kapitalertragsteuerabzug wird auch dann zunächst in voller Höhe vorgenommen, wenn die Kapitalerträge aufgrund eines DBA nicht oder nur mit einem reduzierten Steuersatz besteuert werden dürfen, siehe (§ 31 Abs. 1 Satz 1 KStG i.V.m.) § 50d Abs. 1 Satz 1 EStG.

1622 Vgl. dazu allgemein *Bron/Seidel*, BB 2010, S. 2599 (2601 f.).

Satz 1 Nr. 9 EStG vorausgesetzt, um einen Kapitalertrag i.S. des § 20 Abs. 2 Satz 1 Nr. 1 EStG.[1623]

Nach hier vertretener Auffassung können vom Kapitalertragsteuerabzug auch im Ausland ansässige Anteilseigner, deren Anteile keiner inländischen Betriebsstätte zuzuordnen sind, betroffen sein.[1624] Gem. § 49 Abs. 1 Nr. 2 Buchst. e EStG sind i.R. der beschränkten Steuerpflicht nur die unter den Voraussetzungen des § 17 EStG erzielten Anteilsveräußerungseinkünfte erfasst. Anders als bei der Veräußerung von wesentlichen Beteiligungen durch inländische Anteilseigner wird somit neben den Tatbestandsvoraussetzungen des § 17 EStG nicht auch der Tatbestand des gem. § 20 Abs. 8 EStG nachrangigen § 20 Abs. 2 Satz 1 Nr. 1 EStG erfüllt. Dennoch handelt es sich bei einem Veräußerungsgewinn nach § 17 Abs. 2 Satz 1 EStG immer auch um einen Kapitalertrag *im Sinne des* § 20 Abs. 2 Satz 1 Nr. 1 EStG, da ein Vorgang i.S. des eng gefassten § 17 EStG lediglich einen auch vom allgemeineren § 20 Abs. 2 Satz 1 Nr. 1 EStG erfassten Spezialfall darstellt. Obwohl Erträge nach § 20 Abs. 2 Satz 1 Nr. 1 EStG nicht der beschränkten Steuerpflicht unterliegen, handelt es sich folglich bei der Veräußerung von wesentlichen Anteilen an Körperschaften durch einen auslandsansässigen Anteilseigner um einen kapitalertragsteuerpflichtigen Vorgang nach § 43 Abs. 1 Satz 1 Nr. 9 EStG.[1625]

3. Bilanzierungspflicht

Sofern die übernehmende Körperschaft der unbeschränkten Steuerpflicht in Deutschland unterliegt, hat sie entsprechend dem Welteinkommensprinzip grundsätzlich sämtliche von ihr weltweit erwirtschafteten Einkünfte im Inland zu versteuern und demnach auch sämtliche ihr zuzurechnenden inländischen und ausländischen Wirtschaftsgüter i.R. einer inländischen Gewinnermittlung zu erfassen.[1626] Falls die Voraussetzungen des § 140 AO i.V.m. § 238 Abs. 1

1623 Vgl. dazu allgemein BMF v. 22.12.2009, IV C 1-S 2252/08/10004, BStBl. I 2010, S. 94, Rz. 315.

1624 So auch *Schönfeld*, IStR 2007, S. 850 (851).

1625 Im Ergebnis ebenso *Schönfeld*, IStR 2007, S. 850 (851), wonach Kapitalerträge aus der Veräußerung von Anteilen i.S. des § 17 wegen § 43 Abs. 4 EStG von § 43 Abs. 1 Satz 1 Nr. 9 EStG erfasst sind.

1626 Vgl. *Andresen*, in: Wassermeyer/Andresen/Ditz, Betriebsstätten, 2006, S. 37 und 76 f. Soweit ausländische Einkünfte entsprechend der abkommensrechtlichen Freistellungsmethode von der Besteuerung auszunehmen sind, geschieht dies erst in einem weiteren Schritt außerhalb der Bilanz, vgl. *Andresen*, in: Wassermeyer/Andresen/Ditz, Betriebsstätten, 2006, S. 76.

Satz 1 HGB bei der übernehmenden Körperschaft erfüllt sind, ist sie nach deutschen Bilanzierungsregeln buchführungspflichtig und hat auf den steuerlichen Übertragungsstichtag eine Übernahmebilanz bzw. auf die dem steuerlichen Übertragungsstichtag folgenden Bilanzstichtage Schlussbilanzen zu erstellen. Sofern die Voraussetzungen der genannten Rechtsnormen nicht vorliegen, ergibt sich eine originär steuerrechtliche Buchführungs- und Bilanzierungspflicht, wenn die Voraussetzungen des § 141 AO erfüllt sind. Besteht auch nach dieser Norm keine Buchführungspflicht, so genügt jeweils die Ermittlung des Gewinns nach § 4 Abs. 3 EStG.[1627]

Teilweise werden Zweifel geäußert, ob die Pflicht eines unbeschränkt Steuerpflichtigen, auch die ausländischen Gewinne bzw. Wirtschaftsgüter nach deutschem Steuerrecht zu ermitteln bzw. bilanzieren,[1628] mit den Vorgaben des Primärrechts vereinbar ist, wenn eine entsprechende Gewinnermittlung bzw. Bilanzierung bereits nach ausländischem Recht vorzunehmen ist.[1629] Eine Buchführungspflicht sowohl im Ansässigkeits- als auch im Betriebsstättenstaat bedeutet für grenzüberschreitend tätige Steuerpflichtige eine doppelte Belastung und damit eine Schlechterstellung gegenüber rein innerstaatlich Tätigen. Da sich die Benachteiligung allein aus der Kumulation der durch die betroffenen Staaten unterschiedslos geforderten Buchführung nach dem jeweiligen nationalen Recht[1630] ergibt, ist eine nicht-diskriminierende Beschränkung festzustellen. Nach hier vertretener Auffassung ist der durch den EuGH in der Rs. *Cassis-de-Dijon* entwickelte Anerkennungsgrundsatz auf das Steuerrecht übertragbar.[1631] Hinsichtlich der Buchführungspflicht bedeutet dies, dass grundsätzlich der Bestimmungs- bzw. Betriebsstättenstaat zur Vermeidung der Doppelregulierung und damit zum Verzicht auf eine Buchführung nach seinen nationalen Regelungen gehalten ist, sofern der grenzüberschreitend tätige Steuerpflichtige bereits im Ausgangsstaat verpflichtet ist, nach dessen Rechtsnormen eine umfassende Buchführung zu erstellen. Damit ist die Verletzung der Grundfreiheiten eines in Deutschland unbeschränkt

---

1627 Im Gegensatz zu § 11 Abs. 1 Satz 1 UmwStG, wonach die übertragende Körperschaft eine Übertragungsbilanz aufzustellen hat, muss die übernehmende Körperschaft nach § 12 Abs. 1 Satz 1 UmwStG nicht zwangsläufig eine Übernahmebilanz erstellen.

1628 Vgl. BMF v. 24.12.1999, IV B 4-S 1300-111/99, BStBl. I 1999, S. 1076, Rz. 2.1; *Andresen*, in: Wassermeyer/Andresen/Ditz, Betriebsstätten, 2006, S. 76.

1629 Vgl. *Schönfeld*, in: Wassermeyer/Andresen/Ditz, Betriebsstätten, 2006, S. 585.

1630 Nach § 146 Abs. 2 Satz 4 AO muss faktisch auch hinsichtlich ausländischer Betriebsstätten eine Buchführung nach deutschen Bilanzierungsregeln erfolgen.

1631 Vgl. *Schönfeld*, StuW 2005, S. 158 (160).

Steuerpflichtigen allenfalls seitens des ausländischen Betriebsstättenstaats, der trotz einer im Ansässigkeitsstaat Deutschland bereits bestehenden Buchführungspflicht entsprechende eigene Erfordernisse aufstellt, denkbar.

Sofern die übernehmende Körperschaft mit ihren inländischen Einkünfte nach § 49 Abs. 1 EStG grundsätzlich der beschränkten Steuerpflicht in Deutschland unterliegt, ist lediglich eine Bewertung der zur Erzielung dieser Einkünfte erforderlichen Wirtschaftsgüter nötig. Falls die beschränkt steuerpflichtige Übernehmerin eine nach § 13d HGB eingetragene oder eintragungspflichtige inländische Zweigniederlassung unterhält, ist sie insoweit zur Buchführung und Erstellung einer gesonderten Betriebsstättenbilanz nach § 140 AO i.V.m. § 238 Abs. 1 Satz 1 HGB verpflichtet.[1632] Liegen die Voraussetzungen für eine Eintragung als Zweigniederlassung nicht vor, so besteht hinsichtlich einer Betriebsstätte dennoch eine vergleichbare Buchführungs- und Bilanzierungspflicht, falls die Betriebsstätte die Größenmerkmale des § 141 Abs. 1 Satz 1 AO erfüllt und das Finanzamt hierauf gem. 141 Abs. 2 AO hinweist.[1633] Sofern die Voraussetzungen für eine Betriebsstättenbuchführung nicht vorliegen, sind die inländischen Einkünfte nach Maßgabe des § 4 Abs. 3 EStG zu ermitteln.

Wie soeben dargestellt, werden die Grundfreiheiten des grenzüberschreitend Tätigen in nicht-diskriminierender Weise beschränkt, sofern der Bestimmungs- bzw. Betriebsstättenstaat neben dem Ansässigkeitsstaat die Führung von Büchern nach seinen nationalen Rechtsvorschriften verlangt. Weiterhin wurde herausgestellt, dass der Bestimmungsstaat grundsätzlich die Buchführung des Ansässigkeitsstaats anzuerkennen hat und bei einem Verstoß hiergegen als der für die nicht-diskriminierende Beschränkung Verantwortliche identifiziert werden kann. Allerdings ergibt sich aus der Rechtsprechung des EuGH in der Rs. *Futura Participations*, dass diese Beschränkung grundsätzlich i.S. der Wahrung der steuerlichen Kontrolle gerechtfertigt sein kann.[1634] Nach dieser Rechtsprechung ist die dem Bestimmungsstaat anzulastende nicht-diskriminierende Beschränkung bereits dann gerechtfertigt, wenn dieser Staat von beschränkt steuerpflichtigen Gewerbetreibenden nicht nur im Zusammenhang mit bestimmten Sachverhalten die

1632 Vgl. BMF v. 24.12.1999, IV B 4-S 1300-111/99, BStBl. I 1999, S. 1076, Rz. 1.1.3.2; *Andresen*, in: Wassermeyer/Andresen/Ditz, Betriebsstätten, 2006, S. 35.

1633 Vgl. BMF v. 24.12.1999, IV B 4-S 1300-111/99, BStBl. I 1999, S. 1076, Rz. 1.1.3.2; BFH v. 17.12.1997, I R 95/96, BStBl. II 1998, S. 260, unter II. 3.; *Schröder/Strunk*, in: Mössner u.a., Steuerrecht international tätiger Unternehmen, 2005, S. 307; *Drüen*, in: Tipke/Kruse, AO/FGO, § 141 AO Rz. 6 (121. Lfg., 2009).

1634 Vgl. EuGH v. 15.05.1997, Rs. C-250/95 – *Futura Participations*, Slg. 1997, S. I-2471, Rn. 31 bis 33.

Vorlage von nach seinem Recht geführten Büchern verlangt.[1635] Da Deutschland beschränkt Steuerpflichtigen eine generelle, nicht von der Verwirklichung bestimmter Sachverhalte abhängige Pflicht zur Gewinnermittlung bzw. Buchführung nach Maßgabe des deutschen Rechts auferlegt, kann insoweit kein Unionsrechtsverstoß angenommen werden.

4. Steuerliches Einlagekonto

Die besondere Bedeutung des steuerlichen Einlagekontos nach § 27 KStG besteht darin, dass die Rückgewähr der dorthin geleisteten Einlagen gem. § 20 Abs. 1 Nr. 1 Satz 3 EStG nicht zu steuerbaren Einkünften führt und somit mangels Kapitalerträgen i.S. des § 43 Abs. 1 Satz 1 Nr. 1 Satz 1 EStG auch kein Kapitalertragsteuerabzug erfolgt.[1636] In Umwandlungsfällen erfolgt nach § 29 Abs. 1 i.V.m. § 28 Abs. 2 Satz 1 KStG eine Hinzurechnung des fiktiv herabgesetzten Nennkapitals der übertragenden Körperschaft zu deren steuerlichem Einlagekonto. Der auf diese Weise erhöhte Bestand des steuerlichen Einlagekontos der übertragenden Körperschaft wird dem steuerlichen Einlagekonto einer an einer Auf- oder Abspaltung als Übernehmerin teilnehmenden Körperschaft, sofern diese unbeschränkt steuerpflichtig ist, entsprechend § 29 Abs. 3 Satz 1 KStG partiell hinzugerechnet.[1637] Nach § 29 Abs. 4 i.V.m. § 28 Abs. 1 KStG ist schließlich eine Minderung des steuerlichen Einlagekontos der übernehmenden Körperschaft in Höhe der im Zuge der Auf- oder Abspaltung erfolgenden Nennkapitalerhöhung vorzunehmen.[1638]

Nach § 29 Abs. 3 Satz 1 KStG sind die genannten Regelungen anzuwenden, wenn eine Auf- oder Abspaltung i.S. des § 123 Abs. 1 und 2 UmwG vorliegt[1639] und

---

1635 Vgl. EuGH v. 15.05.1997, Rs. C-250/95 – *Futura Participations*, Slg. 1997, S. I-2471, Rn. 37 bis 43; *Schönfeld*, in: Wassermeyer/Andresen/Ditz, Betriebsstätten, 2006, S. 651.

1636 Die Ausschüttung aus dem steuerlichen Einlagekonto mindert lediglich den Buchwert bzw. die Anschaffungskosten der Beteiligung an der ausschüttenden Körperschaft, vgl. H 6.2 EStH 2007.

1637 Die Hinzurechnung erfolgt zum Schluss des Wirtschaftsjahrs der übernehmenden Körperschaft, in das der steuerliche Übertragungsstichtag fällt, vgl. BMF v. 16.12.2003, IV A 2-S 1978-16/03, BStBl. I 2003, S. 768 Rz. 35.

1638 Vgl. BMF v. 16.12.2003, IV A 2-S 1978-16/03, BStBl. I 2003, S. 768 Rz. 41.

1639 Da die übertragende Körperschaft bei einer Ausgliederung i.S. des § 123 Abs. 3 UmwG als Gegenleistung für das übertragene Betriebsvermögen Anteile an der übernehmenden Körperschaft erhält, und sich deshalb keine Auswirkungen auf den Bestand des Einlagekontos ergeben, ist § 29 KStG hier nicht anzuwenden, vgl. BMF v. 16.12.2003, IV A 2-S 1978-16/03, BStBl. I 2003, S. 768 Rz. 29.

die übernehmende Körperschaft unbeschränkt steuerpflichtig ist. Mangels weiterer Einschränkungen ist § 29 KStG damit neben rein innerstaatlichen Auf- und Abspaltungen auch auf grenzüberschreitende Hereinspaltungen anwendbar.[1640] Hierbei ist es unbeachtlich, in welchem ausländischen Staat die übertragende Körperschaft ansässig ist.[1641]

Bei grenzüberschreitenden Hereinspaltungen besteht allerdings das Problem, dass für die übertragende auslandsansässige Körperschaft bisher keine Verpflichtung zur Feststellung eines steuerlichen Einlagekontos nach § 27 Abs. 1 Satz 1 und 2 KStG bestand.[1642] Um die in die übertragende Körperschaft geleisteten, aber nicht dem Nennkapital zugeordneten Einlagen dennoch berücksichtigen zu können, bestimmt § 29 Abs. 6 Satz 1 KStG, dass für die Ermittlung der Kapitalveränderungen durch Umwandlungsvorgänge die nicht in das Nennkapital geleisteten Einlagen an die Stelle des steuerlichen Einlagekontos treten, sofern letzteres für die übertragende Körperschaft bisher nicht festzustellen war. Auch wenn § 29 Abs. 6 Satz 2 KStG die entsprechende Anwendung des § 27 Abs. 8 KStG, der nur für innerhalb der EU unbeschränkt steuerpflichtige Körperschaften gilt, anordnet, führt dies nicht zur räumlichen Einschränkung des Anwendungsbereichs des § 29 Abs. 6 KStG.[1643] Es handelt sich bei § 29 Abs. 6 Satz 2 KStG lediglich um einen Rechtsfolgenverweis, wonach die verfahrensrechtlichen Bestimmungen des § 27 Abs. 8 KStG entsprechend hinsichtlich der Feststellung der nicht in das Nennkapital einer auslandsansässigen Körperschaft geleisteten Einlagen gelten.[1644]

Aus § 29 Abs. 6 Satz 1 KStG folgt, dass entsprechend der Behandlung des steuerlichen Einlagekontos im rein innerstaatlichen Fall auch bei einer Hereinspaltung die nicht in das Nennkapital einer auslandsansässigen Körperschaft geleisteten Einlagen nach § 29 Abs. 1 i.V.m. § 28 Abs. 2 Satz 1 KStG um den Betrag des herabgesetzten Nennkapitals erhöht werden.[1645] Damit der sich hieraus ergebende Bestand der nicht in das Nennkapital der auslandsansässigen Körperschaft

---

1640 Auch grundfreiheitlich geschützte Spaltungen, die aus gesellschaftsrechtlicher Sicht als grenzüberschreitend gelten, sind Spaltungen i.S. des § 123 UmwG, vgl. Teil 2,A.I.3.a)bb)(2).

1641 Vgl. *Stadler/Jetter*, IStR 2009, S. 336 (339).

1642 Siehe hierzu auch *Frotscher*, in: Frotscher/Maas, KStG/GewStG/UmwStG, § 29 KStG Rz. 28 (89. Lfg., 2007).

1643 Vgl. *Schießl*, DStZ 2008, S. 852 (853); *Stadler/Jetter*, IStR 2009, S. 336 (339); a.A. *van Lishaut*, in: Rödder/Herlinghaus/van Lishaut, UmwStG, 2008, Anh. 2 Rz. 8.

1644 Vgl. BT-Drs. 16/2710, S. 32; *Schießl*, DStZ 2008, S. 852 (853 f.); *Stadler/Jetter*, IStR 2009, S. 336 (339).

1645 Vgl. *Stadler/Jetter*, IStR 2009, S. 336 (339).

geleisteten Einlagen nach § 29 Abs. 3 Satz 1 KStG dem steuerlichen Einlagekonto der übernehmenden inlandsansässigen Körperschaft hinzugerechnet werden kann und damit für künftige nicht steuerbare Ausschüttungen letztgenannter Körperschaft zur Verfügung steht, muss nach § 29 Abs. 6 Satz 2 i.V.m. § 27 Abs. 8 Satz 3 KStG ein Antrag auf dessen gesonderte Feststellung erfolgen.[1646] Da es für diese Antragstellung bislang keinen amtlich vorgeschriebenen Vordruck gibt, kann der Antrag entgegen § 29 Abs. 6 Satz 2 i.V.m. § 27 Abs. 8 Satz 4 KStG formlos erfolgen.[1647] Allerdings ist die Antragstellung gem. § 29 Abs. 6 Satz 2 i.V.m. § 27 Abs. 8 Satz 4 KStG nur wirksam, sofern sie bis zum Ende des Kalenderjahrs vorgenommen wird, das auf das Kalenderjahr folgt, „in dem die Leistung erfolgt ist." Im Zusammenhang mit einer Hereinspaltung ist von einer Leistungserbringung i.S. der genannten Bestimmungen im Zeitpunkt des steuerlichen Übertragungsstichtags nach § 2 UmwStG auszugehen.[1648]

Aus der entsprechenden Anwendung des § 27 Abs. 8 Satz 7 KStG folgt, dass in dem zu stellenden Antrag die Umstände darzulegen sind, aus denen sich der Betrag der um das herabgesetzte Nennkapital erhöhten, nicht in das Nennkapital der übertragenden auslandsansässigen Körperschaft geleisteten Einlagen ergibt.[1649] Eine genaue Bestimmung dieser Einlagen wäre nur mithilfe einer „Schattenrechnung", die sämtliche Einlagen und Einlagenrückgewährungen seit der Gründung der übertragenden Körperschaft berücksichtigt, möglich.[1650] Da dies in der Praxis insbesondere bei seit längerem existierenden Körperschaften kaum möglich ist,[1651] muss es für § 29 Abs. 6 Satz 2 i.V.m. § 27 Abs. 8 Satz 7 KStG genügen, wenn der Bestand der nicht in das Nennkapital geleisteten Einlagen auf Grundlage der Kapitalrücklagen, die in der auf den steuerlichen Übertragungsstichtag aufgestellten ausländischen Bilanz der übertragenen Körperschaft ausgewiesen sind, ermittelt wird.[1652]

Da die Antragstellung erst nach dem steuerlichen Übertragungsstichtag erfolgt und dann die ertragsteuerlichen Pflichten der übertragenden Körperschaft bereits

---

1646 Vgl. *Stadler/Jetter*, IStR 2009, S. 336 (340).

1647 Vgl. *Stadler/Jetter*, IStR 2009, S. 336 (339).

1648 Vgl. *van Lishaut*, in: Rödder/Herlinghaus/van Lishaut, UmwStG, Anh. 2 Rz. 35; a.A. *Stadler/Jetter*, IStR 2009, S. 336 (339 f.), wonach für die Bestimmung des Zeitpunkts, an dem die Leistung erfolgt ist, der Zeitpunkt der Eintragung der Umwandlung ins Handelsregister maßgeblich ist.

1649 Vgl. *Stadler/Jetter*, IStR 2009, S. 336 (340).

1650 Vgl. *Stadler/Jetter*, IStR 2009, S. 336 (340).

1651 Vgl. *Rödder/Schumacher*, DStR 2006, S. 1481 (1490).

1652 Vgl. *Stadler/Jetter*, IStR 2009, S. 336 (340).

durch die übernehmende Körperschaft zu erfüllen sind, ist der Antrag nach § 29 Abs. 6 Satz 2 i.V.m. § 27 Abs. 8 Satz 5 KStG bei dem für die übernehmende inlandsansässige Körperschaft zuständigen Finanzamt zu stellen.[1653]

II. Spaltung nach § 16 UmwStG

1. Besteuerung des Übernahmeergebnisses

Nach § 4 Abs. 1 Satz 1 UmwStG hat der übernehmende Rechtsträger die übergegangenen Wirtschaftsgüter mit dem Wert zu übernehmen, der in der steuerlichen Schlussbilanz der übertragenden Körperschaft angesetzt wurde.[1654] Entsprechend § 4 Abs. 4 Satz 1 UmwStG ergibt sich ein Übernahmegewinn bzw. -verlust aus der Differenz zwischen diesen übernommenen Wertansätzen und dem um die Umwandlungskosten erhöhten Wert der Anteile an der übertragenden Körperschaft.[1655]

Zu klären gilt, unter welchen Voraussetzungen ein Übernahmeergebnis nach § 4 Abs. 4 UmwStG zu ermitteln ist. Das Übernahmeergebnis ist der Gewinn bzw. Verlust aus der Veräußerung der Anteile an der übertragenden Körperschaft. Demnach unterliegt ein Übernahmeergebnis grundsätzlich der deutschen Besteuerung, wenn der Bundesrepublik Deutschland vorbehaltlich einschränkender DBA-Normen ein Besteuerungsrecht hinsichtlich der stillen Reserven besagter Anteile zusteht. Hieraus folgt, dass nur dann ein Übernahmeergebnis nach § 4 Abs. 4 UmwStG zu ermitteln ist, wenn die Anteile an der übertragenden Körperschaft einer Betriebsstätte der übernehmenden Personengesellschaft zuzuordnen sind, deren Einkünfte grundsätzlich, d.h. ungeachtet etwaiger entgegenstehender Abkommensnormen, der deutschen Besteuerung unterliegen. Während hinsichtlich der Einkünfte aus in inländischen Betriebsstätten gehaltenen Anteilen vorbehaltlich ggf. einschränkender DBA-Normen stets ein deutsches Besteuerungsrecht besteht,[1656] ist dies

---

1653 Vgl. *Stadler/Jetter*, IStR 2009, S. 336 (340); *Frotscher*, in: Frotscher/Maas, § 29 KStG Rz. 29 (89. Lfg., 2007); a.A. *Schießl*, DStZ 2008, S. 852 (856).

1654 Ob die Steuerverstrickungsbedingung des § 3 Abs. 2 Satz 1 Nr. 2 UmwStG erfüllt ist, muss gesellschafterbezogen geprüft werden, vgl. Teil 2,B.II.

1655 Nach § 4 Abs. 4 Satz 3 UmwStG ist der Wert des übernommenen Betriebsvermögens für Zwecke der Ermittlung des Übernahmeergebnisses jedoch nur insoweit zu berücksichtigen, als die übernehmende Personengesellschaft an der übertragenden Körperschaft beteiligt war.

1656 Inlandsansässige Gesellschafter der Personengesellschaft haben Einkünfte aus in einem inländischen Betriebsvermögen der Personengesellschaft gehaltenen Anteilen grundsätzlich i.R. ihrer unbeschränkten Steuerpflicht zu versteuern. Beschränkt bei Einkünften aus in ausländischen Betriebsstätten gehaltenen Anteilen nur dann der Fall, soweit die Gesellschafter der übernehmenden Personengesellschaft im Inland unbeschränkt steuerpflichtig sind oder sofern die übertragende Körperschaft im Inland ansässig ist und die übernehmende Personengesellschaft an ihr eine Beteiligung i.S. des § 17 EStG hält[1657].

Ein in Deutschland steuerpflichtiges Übernahmeergebnis unterliegt gem. § 43 Abs. 1 Satz 1 Nr. 9 EStG der Kapitalertragsteuer. Sind die Anteile an der übertragenden Körperschaft dem Privatvermögen oder einem ausländischen Betriebsvermögen eines beschränkt Steuerpflichtigen zuzuordnen, so entfaltet der Kapitalertragsteuerabzug gem. § 50 Abs. 2 Satz 1 und 2 EStG bzw. § 32 Abs. 1 Nr. 2 KStG abgeltende Wirkung. Falls die Voraussetzungen für eine Abgeltungswirkung nicht gegeben sind und ein in Deutschland steuerpflichtiger Übernahmegewinn i.R. einer Steuerveranlagung erfasst wird, ist nach § 4 Abs. 7 UmwStG die Regelung des § 8b KStG bzw. § 3 Nr. 40 Buchst. a EStG anzuwenden, soweit der Gewinn auf eine Körperschaft bzw. natürliche Person entfällt.[1658] Hinsichtlich eines i.R. einer Veranlagung erfassten Übernahmeverlusts bestimmt § 4 Abs. 6 UmwStG, inwieweit dieser Verlust die Einkünfte des übernehmenden Rechtsträgers mindert.

Abkommensrechtlich wird der Übernahmegewinn als Anteilsveräußerungsgewinn behandelt. Soweit der Übernahmegewinn auf einen unbeschränkt Steuerpflichtigen entfällt, es sich bei der übertragenden Körperschaft um keine inländische handelt und die Anteile an dieser Körperschaft in einem inländischen Betriebsvermögen gehalten werden, sind ggf. ausländische Steuern nach § 34c EStG bzw. § 26 KStG anzurechnen, wenn zwischen Deutschland und dem Ansässigkeitsstaat der übertragenden Körperschaft entweder kein DBA besteht oder das anzuwendende DBA ausnahmsweise entgegen Art. 13 Abs. 5 OECD-MA auch dem Ansässigkeitsstaat der Körperschaft ein Besteuerungsrecht an den Anteilen zuweist.[1659] Soweit der Übernahmegewinn in einer inländischen Betriebsstätte

---

steuerpflichtige Anteilseigner haben entsprechende Einkünfte grundsätzlich gem. (§ 8 Abs. 1 Satz 1 KStG i.V.m.) § 49 Abs. 1 Nr. 2 Buchst. a EStG in Deutschland zu versteuern.

1657 Siehe (§ 8 Abs. 1 Satz 1 KStG i.V.m.) § 49 Abs. 2, Abs. 1 Nr. 2 Buchst. e Doppelbuchst. aa EStG.

1658 Zur steuerlichen Behandlung eines Übernahmeverlusts siehe § 4 Abs. 6 UmwStG.

1659 Vgl. *Widmann*, in: FS Wassermeyer, 2005, S. 581 (587). Sofern ein Übernahmegewinn durch eine Körperschaft erzielt wird, scheidet eine Anrechnung jedoch faktisch aus, da der Übernahmegewinn entsprechend § 8b Abs. 2 KStG steuerfrei gestellt wird, vgl. *Pung*, in: Dötsch u.a., UmwStG, 2007, § 4 Rz. 167a. Dies gilt entsteht und einem beschränkt Steuerpflichtigen zuzurechnen ist, kommt eine Anrechnung ausländischer Steuern gem. § 50 Abs. 3 i.V.m. (§ 26 KStG,) § 34c EStG nur dann ausnahmsweise in Betracht, wenn die übertragende Körperschaft in einem vom Ansässigkeitsstaat des beschränkt Steuerpflichtigen abweichenden ausländischen Staat ansässig ist und dieser Staat entgegen Art. 13 Abs. 5 OECD-MA gegenüber dem Ansässigkeitsstaat des genannten Steuerpflichtigen zur Besteuerung eines Anteilsveräußerungsgewinns berechtigt ist.

Ein Übernahmeergebnis unterliegt der Gewerbesteuerpflicht, sofern dieses i.R. des Betriebs eines inländischen stehenden Gewerbebetriebs i.S. des § 2 GewStG erzielt wird.[1660] In diesem Fall sind die spezialgesetzlichen Regelungen des § 18 UmwStG zu beachten. Nach § 18 Abs. 1 Satz 1 UmwStG ist zunächst der auf das Übernahmeergebnis entfallende Gewerbeertrag i.S. des § 7 GewStG unter Beachtung der §§ 4, 5 und 7 UmwStG zu ermitteln. Sofern sich hierbei ein positiver oder negativer Gewerbeertrag ergibt, ist dieser jedoch nach § 18 Abs. 2 Satz 1 UmwStG zu eliminieren.

2. Einlagefiktionen

Fraglich ist, ob entsprechend den soeben dargestellten Grundsätzen[1661] auch für die Anteile an der Überträgerin, deren Einlage in das Betriebsvermögen der übernehmenden Personengesellschaft nach § 5 Abs. 2 und 3 UmwStG fingiert wird, nur dann ein Übernahmeergebnis zu ermitteln ist, wenn ein grundsätzliches deutsches Besteuerungsrecht an den stillen Reserven dieser Anteile festgestellt wird. Nach herrschender Meinung setzen die Einlagefiktionen des § 5 Abs. 2 und 3 UmwStG lediglich voraus, dass es sich um Anteile i.S. des § 17 EStG oder um in einem Betriebsvermögen gehaltene Anteile handelt.[1662] Ob die Bundesrepublik Deutschland grundsätzlich zur Besteuerung der stillen Reserven dieser Anteile berechtigt ist, soll demnach ohne Bedeutung für die Anwendung des § 5 Abs. 2 und 3 UmwStG sein.[1663] Ob ein grundsätzliches deutsches Besteuerungsrecht besteht

---

ungeachtet der Tatsache, dass nach § 8b Abs. 3 KStG 5% des Gewinns als nicht abziehbare Betriebsausgaben gelten.

1660 Vgl. *Pung*, in: Dötsch u.a., UmwStG, 2007, § 18 Rz. 10.

1661 Siehe Teil 2,C.II.1.

1662 Vgl. BT-Drs. 16/2710, S. 39; *Pung*, in: Dötsch u.a., UmwStG, 2007, § 4 Rz. 5; *Benecke/Schnitger*, IStR 2006, S. 765 (772 f.).

1663 Vgl. BT-Drs. 16/2710, S. 39; *Benecke/Schnitger*, IStR 2006, S. 765 (772); *Pung*, in: Dötsch u.a., UmwStG, 2007, § 5 Rz. 26, 32 und 40; *Benecke/Beinert*, FR 2010, S. 1120 (1121).

und ob dieses durch ein DBA eingeschränkt wird, sei erst nach der Ermittlung des Übernahmeergebnisses zu prüfen.[1664]

Da die Ermittlung eines Übernahmegewinns, der keinerlei Bezug zur deutschen Besteuerungshoheit aufweist, sinnlos ist, greifen die Einlagefiktionen des § 5 Abs. 2 und 3 UmwStG nach hier vertretener Auffassung nur, soweit vorbehaltlich einschränkender Abkommensnormen ein bisheriges deutsches Besteuerungsrecht an den Anteilen bestand.[1665] Sofern diese Voraussetzung erfüllt wird, ist es unerheblich, ob der jeweilige Anteilseigener unbeschränkt oder beschränkt steuerpflichtig ist und ob die Anteile in einem in- oder ausländischen Vermögen gehalten werden.[1666] Während die Einlage nach § 5 Abs. 2 UmwStG zu Anschaffungskosten erfolgt, ist nach § 5 Abs. 3 Satz 1 UmwStG der um bestimmte in früherer Zeit vorgenommene Abzüge erhöhte Buchwert, soweit hierbei der gemeine Wert nicht überschritten wird, maßgeblich. Die Ermittlung des Einlagewerts nach § 5 Abs. 3 Satz 1 UmwStG hat dabei stets nach inländischen Grundsätzen zu erfolgen.[1667]

Sofern die Rechtsfolge des § 5 Abs. 2 oder 3 UmwStG zum Tragen kommt, führt sie nicht zu einer steuerlichen Zurechnung der betroffenen Anteile zum Betriebsvermögen der übernehmenden Personengesellschaft, da die Einlage allein für Zwecke der Ermittlung des Übernahmeergebnisses nach § 4 Abs. 4 ff. UmwStG fingiert wird und die entsprechenden Einkünfte außerbilanziell hinzugerechnet werden.[1668] Dies bedeutet, dass die von § 5 Abs. 2 oder 3 UmwStG erfassten Anteile an der übertragenden Körperschaft nach wie vor dem Vermögen des jeweiligen bisherigen Anteilseigners steuerlich zuzurechnen sind.[1669] Dementsprechend sind Nichtansässige mit ihrem aufgrund der Einlagefiktion nach § 5 Abs. 2 oder 3 UmwStG erzielten Übernahmeergebnis gem. § 49 Abs. 1 Nr. 2 Buchst. e EStG beschränkt steuerpflichtig, sofern die Anteile keinem inländischen Betriebsvermögen zuzuordnen sind.[1670] Darüber hinaus entfaltet der nach § 43 Abs. 1 Satz 1

1664 Vgl. *Pung*, in: Dötsch u.a., UmwStG, 2007, § 5 Rz. 26, 40.

1665 Vgl. *Klingebiel* u.a. Umwandlungssteuerrecht, 2008, S. 94.

1666 Vgl. *Klingebiel* u.a. Umwandlungssteuerrecht, 2008, S. 87 und 140 f.

1667 Vgl. *Klingebiel* u.a. Umwandlungssteuerrecht, 2008, S. 151; *Pung*, in: Dötsch u.a., UmwStG, 2007, § 5 Rz. 43.

1668 Vgl. *Pung*, in: Dötsch u.a., UmwStG, 2007, § 4 Rz. 5 und § 5 Rz. 30, 42; *Klingebiel* u.a. Umwandlungssteuerrecht, 2008, S. 146; *Förster/Felchner*, DB 2006, S. 1072 (1079 f.).

1669 Vgl. *Klingebiel* u.a. Umwandlungssteuerrecht, 2008, S. 146.

1670 Vgl. *Widmann*, in: FS Wassermeyer, 2005, S. 581 (582 f.); A.A., wonach aufgrund der Einlagefiktion Einkünfte nach § 49 Abs. 1 Nr. 2 Buchst. a EStG vorliegen *Pung*, in: Dötsch u.a., UmwStG, 2007, § 4 Rz. 5 und § 5 Rz. 33, 45; *Lemaitre/Schönherr*,

Nr. 9 EStG vorzunehmende Kapitalertragsteuerabzug[1671] in diesem Fall gem. § 50 Abs. 2 Satz 1 und 2 EStG bzw. § 32 Abs. 1 Nr. 2 KStG abgeltende Wirkung.[1672] Falls die Anteile hingegen tatsächlich zu einer im Inland belegenen Betriebsstätte des Anteilseigners gehören, ergibt sich die beschränkte Steuerpflicht aus § 49 Abs. 1 Nr. 2 Buchst. a EStG. Eine Abgeltungswirkung des Kapitalertragsteuerabzugs kommt dann nicht in Betracht.

3. Durchbrechung der Wertverknüpfung

Der in § 4 Abs. 1 Satz 1 UmwStG normierte Grundsatz der Wertverknüpfung erfährt nach § 4 Abs. 4 Satz 2 UmwStG eine Durchbrechung. Demnach ist den übergehenden Wirtschaftsgütern „[f]ür die Ermittlung des Übernahmegewinns oder Übernahmeverlusts“[1673] der gemeine Wert beizumessen, soweit an diesen Wirtschaftsgütern „kein Recht der Bundesrepublik Deutschland zur Besteuerung des Gewinns aus einer Veräußerung bestand.“[1674] Hintergrund der Regelung ist, dass bis zum steuerlichen Übertragungsstichtag die stillen Reserven der nicht in Deutschland steuerverstrickten Wirtschaftsgüter der übertragenden Körperschaft dennoch mittelbar der deutschen Besteuerung unterliegen, sofern die Anteile an dieser Körperschaft in Deutschland steuerverstrickt sind.[1675] Nach dem steuerlichen Übertragungsstichtag existieren hingegen keine Körperschaftsanteile mehr,

---

GmbHR 2007, S. 173 (181); *Benecke/Beinert*, FR 2010, S. 1120 (1121); *Schnitter*, in: Frotscher/Maas, KStG/GewStG/UmwStG, § 7 UmwStG Rz. 29 (91. Lfg., 2008); *Förster/Felchner*, DB 2006, S. 1072 (1079 f.).

1671 Der Kapitalertragsteuerabzug erfolgt unabhängig davon, ob der Anteilseigner beschränkt oder unbeschränkt steuerpflichtig ist.

1672 Vgl. *Damas*, DStZ 2007, S. 129 (132); *Bodden*, FR 2007, S. 66 (73).

1673 Damit betrifft die Regelung des § 4 Abs. 4 Satz 2 UmwStG ausschließlich die Ermittlung des Übernahmeergebnisses. Die Erhöhung des Übernahmeergebnisses erfolgt dabei außerbilanziell, vgl. *Pung*, in: Dötsch u.a., UmwStG, 2007, § 4 Rz. 58. Entsprechend dem Wortlaut des § 4 Abs. 4 Satz 2 UmwStG hat diese Regelung keinen Einfluss auf die Höhe der Einkünfte nach § 7 UmwStG, vgl. *Pung*, in: Dötsch u.a., UmwStG, 2007, § 4 Rz. 61.

1674 Nach dem Sprachgebrauch der Gesetzesbegründung handelt es sich hierbei um „neutrales Vermögen“, vgl. BT-Drs. 16/2710, S. 39. Keine Bedeutung hat die Regelung des § 4 Abs. 4 Satz 2 UmwStG hinsichtlich der Wirtschaftsgüter, die ohnehin bereits zum gemeinen Wert angesetzt wurden, vgl. *Pung*, in: Dötsch u.a., UmwStG, 2007, § 4 Rz. 58.

1675 Vgl. *Pung*, in: Dötsch u.a., UmwStG, 2007, § 4 Rz. 59; *Benecke/Beinert*, FR 2010, S. 1120 (1123).

in deren Wert die in besagten Wirtschaftsgütern enthaltenen stillen Reserven repräsentiert sind. Nach Durchführung der Spaltung halten die spaltungsbeteiligten Gesellschafter Anteile an der übernehmenden Personengesellschaft, deren Veräußerung nur insoweit der deutschen Besteuerung unterliegt, als Deutschland unter Beachtung abkommensrechtlicher Verteilungsnormen ein Besteuerungsrecht an einem Gewinn aus der Veräußerung des Betriebsvermögens dieser Personengesellschaft zusteht.[1676] Somit beabsichtigt die Regelung des § 4 Abs. 4 Satz 2 UmwStG, den spaltungsbedingt eintretenden Verlust der Möglichkeit zur mittelbaren Besteuerung der im nicht steuerverstrickten übertragenen Betriebsvermögen enthaltenen stillen Reserven zu kompensieren, indem insoweit eine Besteuerung zum steuerlichen Übertragungsstichtag vorgenommen wird.[1677]

Angesichts des soeben formulierten Ziels des § 4 Abs. 4 Satz 2 UmwStG könnte sich diese Regelung als überschießend erweisen.

Zum einen spiegeln sich die stillen Reserven der zu übertragenden, nicht in Deutschland steuerverstrickten Wirtschaftsgüter nicht vollständig in den stillen Reserven der Anteile an der übertragenden Körperschaft wider. Ein gedachter Käufer der Anteile würde nämlich eine fiktive ausländische Steuerbelastung, die im Fall der Aufdeckung eventueller stiller Reserven der ausländischen Wirtschaftsgüter anfallen würde, bei der Bestimmung des Kaufpreises der Anteile wertmindernd berücksichtigen.[1678] Darüber hinaus würde dieser Käufer auch bedenken, dass die Ausschüttung des bei der Veräußerung der ausländischen Wirtschaftsgüter erzielten Nachsteuererlöses eine zusätzliche Ausschüttungsbelastung zur Folge hätte. Hieraus folgt, dass es nicht sachgerecht ist, dass die nicht in Deutschland steuerverstrickten zu übertragenden Wirtschaftsgüter mit dem gemeinen Wert bei der Ermittlung des Übernahmeergebnisses zu berücksichtigen sind.

In der Literatur wird zum anderen angenommen, dass die Wirkung des § 4 Abs. 4 Satz 2 UmwStG auch insoweit über dessen Normzweck hinausgehe, als es infolge der Anwendung des § 4 Abs. 4 Satz 2 UmwStG zu einer doppelten Besteuerung derselben stillen Reserven komme.[1679] Eine solche Situation entstehe insoweit, als die übertragenen Wirtschaftsgüter, an deren stillen Reserven

---

1676 Vgl. *Pung*, in: Dötsch u.a., UmwStG, 2007, § 4 Rz. 59.

1677 Vgl. hierzu *Pung*, in: Dötsch u.a., UmwStG, 2007, § 4 Rz. 59.

1678 Vgl. *Benecke/Beinert*, FR 2010, S. 1120 (1123); *van Lishaut*, in: Rödder/Herlinghaus/van Lishaut, UmwStG, 2008, § 4 Rz. 95; *Schmitt*, in: Schmitt/Hörtnagl/Stratz, 2009, § 4 Rz. 113.

1679 Vgl. *Pung*, in: Dötsch u.a., UmwStG, 2007, § 4 Rz. 60; *Benecke/Beinert*, FR 2010, S. 1120 (1123 f.); *Bogenschütz*, Ubg 2009, S. 604 (617).

vor Durchführung der Spaltung kein deutsches Besteuerungsrecht bestand, nach der Spaltung in Deutschland erstmals steuerverstrickt sind.[1680] In diesen Fällen werde das zuvor bestehende, mittelbare deutsche Besteuerungsrecht hinsichtlich der übertragenen Wirtschaftsgüter durch ein unmittelbares Recht zur Besteuerung eines Gewinns aus der Veräußerung dieser Wirtschaftsgüter ersetzt.[1681] Zumindest insoweit, als hinsichtlich der erstmals steuerlich verstrickten Wirtschaftsgüter ein nicht anrechnungsverpflichtungsbehaftetes deutsches Besteuerungsrecht entsteht, erweist sich nach dieser Auffassung die Regelung des § 4 Abs. 4 Satz 2 UmwStG mit Blick auf das angestrebte Ziel als überflüssig. Eine entsprechende teleologische Reduktion und damit eine partielle Nichtanwendung der genannten Norm sei daher geboten.[1682] Entsprechend dieser Auslegung stelle § 4 Abs. 4 Satz 2 UmwStG nicht darauf ab, inwieweit an den übergegangenen Wirtschaftsgütern auf Ebene des übertragenden Rechtsträgers kein deutsches Besteuerungsrecht bestand, sondern inwieweit hieran nach Übergang des Betriebsvermögens kein deutsches Besteuerungsrecht auf Ebene des übernehmenden Rechtsträgers bestehe.[1683] M.E. entspricht eine solche Auslegung nicht der Absicht des Gesetzgebers. Es wurde in § 4 Abs. 4 Satz 2 UmwStG bewusst darauf abgestellt, ob hinsichtlich der ausländischen Wirtschaftsgüter ein deutsches Besteuerungsrecht *bestand.* Denn sofern Wirtschaftsgüter infolge einer grenzüberschreitenden Umwandlung im Inland steuerlich verstrickt werden, unterliegen zwar künftige Wertsteigerungen dieser Wirtschaftsgüter der deutschen Besteuerung. Da die steuerliche Verstrickung entsprechend der hier vertretenen Auffassung jedoch grundsätzlich zum gemeinen Wert erfolgt,[1684] können die bis zum steuerlichen Übertragungsstichtag entstandenen stillen Reserven der ausländischen Wirtschaftsgüter regelmäßig nicht im Inland besteuert werden. Somit ist die Befürchtung, dass § 4 Abs. 4 Satz 2 UmwStG zu einer Doppelbesteuerung führen kann, unbegründet. Eine teleologische Reduktion des § 4 Abs. 4 Satz 2 UmwStG, wie sie teilweise befürwortet wird, ist damit abzulehnen.[1685]

1680 Vgl. *Pung*, in: Dötsch u.a., UmwStG, 2007, § 4 Rz. 60; *Benecke/Beinert*, FR 2010, S. 1120 (1123 f.).

1681 Vgl. *Pung*, in: Dötsch u.a., UmwStG, 2007, § 4 Rz. 60.

1682 Vgl. *Pung*, in: Dötsch u.a., UmwStG, 2007, § 4 Rz. 60; *Förster/Felchner*, DB 2006, S. 1072 (1080).

1683 Vgl. *Pung*, in: Dötsch u.a., UmwStG, 2007, § 4 Rz. 60.

1684 Vgl. hierzu Teil 2,C.,I.1.b)bb).

1685 Ob die dargestellte, am gesetzgeberischen Willen orientierte Auslegung des § 4 Abs. 4 Satz 2 UmwStG indes mit den Vorgaben des Unionsrechts vereinbar ist, bedarf allerdings einer gesonderten Beurteilung, siehe dazu Teil 2,C.II.4.b).

4. Unionsrechtliche Beurteilung der Übernahmeergebnisbesteuerung

a) Sekundärrechtliche Würdigung

Die Regelungen über die Besteuerung des übernehmenden Rechtsträgers müssen den Vorgaben des Art. 7 Abs. 1 FRL genügen, sofern eine durch letztgenannte Regelung geschützte Transaktion vorliegt.[1686] Bei Spaltungen i.S. des § 16 UmwStG ist der sekundärrechtliche Schutz nur gegeben, wenn es sich zum einen bei dem übernehmenden Rechtsträger um eine vom persönlichen Anwendungsbereich der FRL erfasste hybride Gesellschaft handelt,[1687] und diese übernehmende Gesellschaft zum anderen gem. Art. 7 Abs. 2 FRL zu mindestens 10% an der übertragenden Körperschaft beteiligt ist.

Nach Art. 7 Abs. 1 FRL darf ein i.R. einer grenzüberschreitenden Spaltung durch die Übernehmerin erzielter Gewinn keine Besteuerung auslösen. Soweit der auf Ebene einer geschützten hybriden Gesellschaft ermittelte Übernahmegewinn auf körperschaftsteuerpflichtige Gesellschafter entfällt und somit die Regelung des § 8b KStG angewendet wird, widerspricht dies dem Gewährleistungsgehalt des Art. 7 Abs. 1 FRL, wenn im Zusammenhang mit den Anteilen an der übertragenden Körperschaft tatsächlich geringere Betriebsausgaben geltend gemacht wurden, als fiktive nicht abziehbare Betriebsausgaben nach § 8b Abs. 3 Satz 1 KStG hinzugerechnet werden.[1688] Soweit der Übernahmegewinn hingegen auf einkommensteuerpflichtige Gesellschafter entfällt, begründet die Anwendung des Teileinkünfteverfahrens nach § 3 Nr. 40 Buchst. a, § 3c Abs. 2 EStG sogar eine generelle Inkompatibilität mit der Bestimmung des Art. 7 Abs. 1 FRL.

Dieser grundsätzliche Verstoß gegen die richtlinienrechtlichen Vorgaben ist jedoch ausnahmsweise zulässig, sofern die Voraussetzungen eines optionalen Anwendungsausschlusses[1689] nach Art. 11 Abs. 4 FRL erfüllt sind.[1690] Danach kann

---

1686 Vgl. *Pung*, in: Dötsch u.a., UmwStG, 2007, § 7 Rz. 19.

1687 Siehe dazu Teil 1,B.III.1.a).

1688 Siehe hierzu die entsprechenden Ausführungen in Teil 2,C.I.1.

1689 Die Auffassung von *Blumers/Kinzl*, BB 2005, S. 971 (974), wonach durch diesen optionalen Anwendungsausschluss des Art. 11 Abs. 4 FRL eine ungerechtfertigte grundfreiheitsrechtliche Diskriminierung hybrider Gesellschaften erfolgt, kann nicht geteilt werden. Indem ein Staat eine ausländische hybride Gesellschaftsform ebenso wie eine seinem Gesellschaftsstatut unterworfene transparente Gesellschaft behandelt, nimmt er gerade eine steuerliche Gleichbehandlung rechtstypisch vergleichbarer Gesellschaften vor. Folglich fehlt es insoweit bereits an einer Ungleichbehandlung.

1690 Vgl. *Pung*, in: Dötsch u.a., UmwStG, 2007, § 7 Rz. 19.

ein Staat die Gesellschafter einer gebietsfremden übernehmenden hybriden Gesellschaft mit ausländischer Rechtsform so behandeln, als wären sie Gesellschafter einer übernehmenden transparenten Gesellschaft mit inländischer Rechtsform. Im Umkehrschluss bedeutet dies, dass ein Mitgliedstaat im Fall der Ausübung dieses Wahlrechts die Regelungen des Art. 7 FRL nicht beachten muss.

Voraussetzung für die Inanspruchnahme des Wahlrechts des Art. 11 Abs. 4 FRL ist, dass die Gesellschafter einer übernehmenden hybriden Gesellschaft mit ausländischer Rechtsform bei Nichtanwendung des Art. 7 FRL nicht schlechter gestellt werden dürfen als die Gesellschafter einer übernehmenden transparenten Gesellschaft mit inländischer Rechtsform. Da die im Zusammenhang mit Spaltungen i.S. des § 16 UmwStG anzuwendenden Regelungen über die Besteuerung des auf Ebene der Übernehmerin erzielten Übernahmeergebnisses nicht zwischen übernehmenden Rechtsträgern mit inländischer und ausländischer Rechtsform differenzieren, ist die Vereinbarkeit mit den sekundärrechtlichen Vorgaben sichergestellt.

Fraglich ist, ob dies auch hinsichtlich des Übernahmeergebnisses gilt, welches infolge der Anwendung der Einlagefiktion des § 5 Abs. 2 oder 3 UmwStG erzielt wird. Soweit der Übernahmegewinn auf die von den Gesellschaftern einer hybriden Gesellschaft gehaltenen Anteile entfällt, ist Art. 7 FRL m.E. nicht anzuwenden, da die Einlagefiktion nach § 5 Abs. 2 und 3 UmwStG nur zum Zweck der Einkünfteermittlung erfolgt, aber keine Änderung der steuerlichen Zurechnung[1691] der Anteile bewirkt. Die Anteilseigner der hybriden Gesellschaft werden vielmehr durch Art. 8 Abs. 1 bzw. 2 FRL geschützt, wonach keine Besteuerung daraus resultieren darf, dass eine Beteiligung an der übertragenden Gesellschaft gegen eine Gesellschafterstellung hinsichtlich der übernehmenden Gesellschaft eingetauscht wird. Somit stellt die Besteuerung eines den richtlinienrechtlich geschützten Gesellschaftern direkt zugerechneten Übernahmegewinns grundsätzlich einen Verstoß gegen Art. 8 Abs. 1 bzw. 2 FRL dar. Fraglich ist, ob dies aufgrund des Art. 11 Abs. 3 FRL unbeachtlich ist. Nach Art. 11 Abs. 3 FRL können unter anderem die Vorgaben des Art. 8 Abs. 1 und 2 FRL durch den die Anteilseigner besteuernden Mitgliedstaat unbeachtet bleiben, sofern dieser die „gebietsfremde übernehmende Gesellschaft … als steuerlich transparent" erachtet. Hieraus ist m.E. zu folgern, dass den Gesellschaftern hybrider Gesellschaften keinerlei richtlinienrechtlicher Schutz gewährt werden muss, soweit sie i.R. einer grenzüberschreitenden Spaltung unmittelbar[1692] Einkünfte erzielen. Nach anderer Auffassung hat

1691 Vgl. hierzu bereits Teil 2,C.II.2.

1692 Soweit den Gesellschaftern aufgrund der transparenten Besteuerung von Personengesellschaften hingegen Einkünfte einer hybriden übernehmenden Körperschaft bei Anwendung des Art. 11 Abs. 3 FRL hingegen stets entsprechend der Regelung des Art. 11 Abs. 4 FRL eine Gleichbehandlung der Anteilseigner von hybriden Gesellschaften mit denen inländischer transparenter Gesellschaften zu erfolgen.[1693] Sofern diese Rechtsfolge der Intention des Unionsgesetzgeber entspräche, wäre nach hier vertretener Auffassung wie bei Art. 11 Abs. 1 und 2 FRL eine Bezugnahme des Art. 11 Abs. 3 FRL auf die Regelung des Art. 11 Abs. 4 FRL erfolgt. Außerdem wäre Art. 11 Abs. 4 FRL dann nicht im Sinne eines Wahlrechts formuliert worden. Für die sekundärrechtliche Beurteilung der deutschen Regelungen über die Besteuerung eines direkt den spaltungsbeteiligten Gesellschaftern zugerechneten Übernahmegewinns ist es jedoch unbeachtlich, ob Art. 11 Abs. 3 FRL isoliert oder nur verbunden mit Art. 11 Abs. 4 FRL angewendet werden kann. Da in § 5 Abs. 2 und 3 UmwStG nicht danach unterschieden wird, ob die spaltungsbeteiligten Gesellschafter eine Beteiligung an einer hybriden Gesellschaft oder einer inländischen transparenten Gesellschaft erwerben, würde ohnehin auch dem Gleichbehandlungsgebot des Art. 11 Abs. 4 FRL genügt. Somit ist festzustellen, dass die Regelungen über die direkte Zurechnung und Besteuerung eines Übernahmeergebnisses auf Ebene der spaltungsbeteiligten Gesellschafter mit den Vorgaben der FRL vereinbar sind.

b) Primärrechtliche Würdigung

Aufgrund der Interdependenzen zwischen der steuerlichen Behandlung des Übernahmeergebnisses sowie der Besteuerung der Anteilseigner nach § 7 Satz 1 UmwStG erfolgt eine zusammengefasste grundfreiheitsrechtliche Würdigung erst nach Darstellung der genannten Regelung.[1694]

Lediglich die Rechtsnorm des § 4 Abs. 4 Satz 2 UmwStG kann bereits an dieser Stelle besprochen werden, da sich die dort vorgesehene Werterhöhung allein auf die Höhe des Übernahmeergebnisses und somit nicht auf die Summe der Bezüge nach § 7 UmwStG auswirkt.[1695]

---

zugerechnet werden, ist weder Art. 8 FRL noch Art. 11 Abs. 3 FRL anwendbar. In diesem Fall ist, wie bereits dargestellt wurde, allein die übernehmende hybride Gesellschaft nach Art. 7 FRL sekundärrechtlich geschützt und ein optionaler Anwendungsausschluss nur nach Art. 11 Abs. 4 FRL möglich.

1693 Vgl. *Schindler*, IStR 2005, S. 551 (553).

1694 Siehe zur unionsrechtlichen Prüfung Teil 2,D.II.2.b).

1695 Vgl. *Benecke/Beinert*, FR 2010, S. 1120 (1123); a.A. *Börst*, in: Haritz/Menner, UmwStG, 2010, § 7 UmwStG Rz. 35.

Sowohl bei grenzüberschreitenden wie auch bei rein innerstaatlichen Spaltungen ist es möglich, dass hinsichtlich der zu übertragenden Wirtschaftsgüter vor dem steuerlichen Übertragungsstichtag kein deutsches Besteuerungsrecht besteht. Somit betrifft § 4 Abs. 4 Satz 2 UmwStG grenzüberschreitende und rein innerstaatliche Spaltungen gleichermaßen. Beispielsweise führt auch die i.R. einer rein innerstaatlichen Spaltung erfolgende Übertragung von Wirtschaftsgütern einer Freistellungsbetriebsstätte zu einer Anwendung des § 4 Abs. 4 Satz 2 UmwStG und damit ggf. zu einem höheren Übernahmeergebnis. Somit werden grenzüberschreitende Spaltungen an sich zwar nicht schlechter gestellt, jedoch ist der steuerliche Nachteil des aufgestockten Übernahmeergebnisses in jedem Fall auf eine Diskriminierung der vorangegangenen Investition in ausländische, nicht der deutschen Besteuerung unterliegende Wirtschaftsgüter zurückzuführen.

Damit ist in § 4 Abs. 4 Satz 2 UmwStG eine grundfreiheitliche Diskriminierung zu erkennen.[1696] Da eine Rechtfertigungsmöglichkeit nicht ersichtlich ist, muss insoweit ein Verstoß gegen die Grundfreiheiten angenommen werden.[1697]

5. Missbrauchsklausel des § 18 Abs. 3 Satz 1 UmwStG

Die Regelung des § 18 Abs. 3 Satz 1 UmwStG bestimmt, dass ein Gewinn aus einer Veräußerung oder Aufgabe des Betriebs der übernehmenden Personengesellschaft der Gewerbesteuer unterliegt, sofern die Betriebsveräußerung bzw. -aufgabe innerhalb von fünf Jahren nach der Umwandlung[1698] erfolgt. Diese spezialgesetzliche Regelung verdrängt in ihrem Anwendungsbereich die allgemeinere Rechtsnorm des § 7 Satz 2 GewStG, aus der sich unter anderem ergibt, dass der auf natürliche Personen als unmittelbar beteiligte Mitunternehmer entfallende Gewinn aus der Veräußerung oder Aufgabe des Betriebs einer Mitunternehmerschaft den Gewerbeertrag nicht erhöht.

1696 Vgl. *Förster*, in: FS Schaumburg, 2009, S. 629 (637).

1697 So im Ergebnis auch *Lemaitre/Schönherr*, GmbHR 2007, S. 173 (183); *Schaflitzl/Widmayer*, BB-Beilage 8/2006, S. 36 (44); *Benecke/Beinert*, FR 2010, S. 1120 (1123); a.A. *van Lishaut*, in: Rödder/Herlinghaus/van Lishaut, UmwStG, 2008, § 4 Rz. 96.

1698 Als maßgeblicher Zeitpunkt für den Fristbeginn ist hier der steuerliche Übertragungsstichtag anzusehen, vgl. *Pung*, in: Dötsch u.a., UmwStG, 2007, § 18 Rz. 44; *Widmann*, in: Widmann/Mayer, UmwG/UmwStG, § 18 UmwStG Rz. 213 (110. Lfg., 2009). Ebenso bereits zu § 18 Abs. 4 UmwStG 1995 *Lauermann/Sprenger*, GmbHR 2001, S. 601 (602).

Hintergrund der Regelung des § 18 Abs. 3 Satz 1 UmwStG ist, dass bei einer Spaltung i.S. des § 16 UmwStG wegen § 18 Abs. 1 Satz 1, Abs. 2 Satz 1 UmwStG sowohl die übertragende Körperschaft als auch die übernehmende Personengesellschaft gewerbesteuerlich privilegiert werden. Sofern im Fall der Betriebsveräußerung oder -aufgabe stets die Regelung des § 7 Satz 2 GewStG zur Anwendung käme, könnte dies zu Steuergestaltungen, die allein der Reduzierung der Steuerbelastung dienen, motivieren. Anstatt ihre Wirtschaftsgüter zu veräußern oder auszuschütten und hierbei entsprechend den allgemeinen Vorschriften einen Gewerbeertrag zu erzielen, könnte sich eine Körperschaft dazu entscheiden, ihr Betriebsvermögen i.R. einer Spaltung auf eine Personengesellschaft, an der natürliche Personen unmittelbar beteiligt sind, zu übertragen. Direkt im Anschluss wäre es nach der allgemeinen Regelung des § 7 Satz 2 Nr. 1 GewStG möglich, den Betrieb der übernehmenden Personengesellschaft gewerbesteuerfrei zu veräußern. Somit ist die Regelung des § 18 Abs. 3 UmwStG zur Verhinderung von Steuerumgehungen geeignet.[1699] Da § 18 Abs. 3 UmwStG nicht zwischen grenzüberschreitenden und rein innerstaatlichen Sachverhalten differenziert, ist diese Rechtsnorm aus grundfreiheitsrechtlicher Sicht unbedenklich. Allerdings sind auch die Vorgaben der FRL zu beachten, sofern deren Schutzbereich im Einzelfall eröffnet ist. Da § 18 Abs. 3 UmwStG missbräuchliches Verhalten unter Anknüpfung an starre Fristen annimmt, ist diese Regelung mangels Verhältnismäßigkeit nicht mit den Vorgaben des Art. 15 Abs. 1 Buchst. a FRL vereinbar. Zwar ist die Beibehaltung der typisierenden Annahme einer Steuerumgehung bei einer Betriebsveräußerung bzw. -aufgabe innerhalb von fünf Jahren nach der Durchführung der Spaltung grundsätzlich möglich. Allerdings muss der übernehmenden Personengesellschaft die Möglichkeit eingeräumt werden, die gesetzliche Vermutung durch einen Gegenbeweis zu widerlegen. Der durch die Übernehmerin zu erbringende Beweis, dass keine steuerlich motivierte Gestaltung vorliegt, erfordert die Darlegung wirtschaftlicher Gründe sowohl für die Durchführung des Umwandlungsvorgangs als auch für die zeitnahe Betriebsveräußerung bzw. -aufgabe.

III. Spaltung nach § 20 UmwStG

Nach § 23 Abs. 2 Satz 1 Halbs. 1 UmwStG kann die übernehmende Gesellschaft einen vom Einbringenden zu versteuernden Einbringungsgewinn I im Wirtschaftsjahr des diesen rückwirkenden Gewinn auslösenden schädlichen Vorgangs auf

---

1699 Vgl. auch *Klingebiel* u.a. Umwandlungssteuerrecht, 2008, S. 178; *Pung*, in: Dötsch u.a., UmwStG, 2007, § 18 Rz. 33.

Antrag als sog. Erhöhungsbetrag ansetzen, soweit der Einbringende die Steuer auf den Einbringungsgewinn I entrichtet hat, und hierüber eine Bescheinigung des zuständigen Finanzamts i.S.v. § 22 Abs. 5 UmwStG vorgelegt wird.

Gem. § 23 Abs. 2 Satz 3 UmwStG erhöhen sich die Anschaffungskosten der von der übernehmenden Gesellschaft gehaltenen miteingebrachten Anteile auf Antrag um einen zu versteuernden Einbringungsgewinn II, soweit die Steuer hierauf entrichtet wurde,[1700] und hierüber eine Bescheinigung nach § 22 Abs. 5 UmwStG vorliegt.[1701]

Die Wertaufstockung nach § 23 Abs. 2 UmwStG betrifft nur diejenigen übertragenen Wirtschaftsgüter, deren stille Reserven sich in der Höhe des Einbringungsgewinns I bzw. II widerspiegeln. Damit handelt es sich also um die Wirtschaftsgüter, die sowohl vor als auch unmittelbar nach Durchführung der Einbringung in Deutschland steuerverstrickt sind. Fraglich ist, was hinsichtlich des übertragenen Betriebsvermögens gilt, welches nach dem steuerlichen Übertragungsstichtag durch die übernehmende Körperschaft in eine andere Betriebsstätte überführt und dadurch steuerlich entstrickt wird. Ein solcher Vorgang gilt gem. § 12 Abs. 1 KStG als Veräußerung des überführten Betriebsvermögens zum gemeinen Wert. Nach § 23 Abs. 2 Satz 2 UmwStG kann eine Wertaufstockung auch hinsichtlich des bereits veräußerten Betriebsvermögens beansprucht werden, sofern die Veräußerung zum gemeinen Wert erfolgt ist. Weil die Entstrickungsnorm des § 12 Abs. 1 KStG eine solche Veräußerung zum gemeinen Wert fingiert, ist die Voraussetzung des § 23 Abs. 2 Satz 2 UmwStG erfüllt. Da hinsichtlich der entstrickten Wirtschaftsgüter aber entweder kein oder nur noch ein beschränktes deutsches Besteuerungsrecht besteht, kann anstatt einer Wertminderung des Wirtschaftsguts ein Sofortaufwand in entsprechender Höhe geltend gemacht werden.[1702]

D. Steuerliche Behandlung der Anteilseigner

I. Spaltung nach § 15 UmwStG

Aufgrund einer Spaltung i.S. des § 15 UmwStG erhalten die Anteilseigner der übertragenden Körperschaft Anteile an der übernehmenden Körperschaft. Sofern die Anteile an der übertragenden Körperschaft bis zum Zeitpunkt der steuerlichen

---

1700 Das Steuerausfallrisiko trägt damit der übernehmende Rechtsträger, vgl. *Winkeljohann/Fuhrmann*, Handbuch Umwandlungssteuerrecht, 2007, S. 863.

1701 Angesichts des Verweises auf § 23 Abs. 2 Satz 1 UmwStG hätte es der in § 22 Abs. 2 Satz 3 UmwStG enthaltenen Bedingung, wonach die Steuer entrichtet sein muss, nicht bedurft.

1702 Vgl. *Ritzer*, in: Rödder/Herlinghaus/van Lishaut, UmwStG, 2008, § 23 Rz. 133.

Wirksamkeit der Spaltung[1703] grundsätzlich, d.h. ungeachtet etwaiger abkommensrechtlicher Beschränkungen, der deutschen Besteuerung unterliegen, sind diese Anteile zu bewerten und das durch die Zuteilung von Anteilen an der Übernehmerin erzielte steuerliche Ergebnis zu bestimmen. Für die Ermittlung eines solchen Anteilsveräußerungsgewinns ist es notwendig, dass auch die Anteile an der übernehmenden Körperschaft bewertet werden.

Sofern die Einkünfte aus der Veräußerung der Anteile an der übertragenden Körperschaft weder der unbeschränkten noch der beschränkten Steuerpflicht in Deutschland unterliegen, ist dennoch eine Bewertung der Anteile an der übernehmenden Körperschaft erforderlich, wenn die Einkünfte aus letztgenannten Anteilen grundsätzlich der deutschen Besteuerung unterworfen sind.

Unabhängig davon, welcher Wert den Anteilen nach ausländischem Steuerrecht für Zwecke der dortigen Besteuerung beigemessen wird, sind die für die Besteuerung im Inland relevanten Anteile allein nach Maßgabe des deutschen Steuerrechts zu bewerten. Nach § 13 Abs. 1 UmwStG gelten die Anteile an der übertragenden Körperschaft grundsätzlich als zum gemeinen Wert veräußert und die an ihre Stelle tretenden Anteile an der übernehmenden Körperschaft dementsprechend als mit diesem Wert angeschafft. Abweichend hiervon wird den beteiligten Anteilseignern grundsätzlich ein Wahlrecht zur Buchwertfortführung gewährt, sofern entweder entsprechend § 13 Abs. 2 Satz 1 Nr. 1 UmwStG das deutsche Besteuerungsrecht hinsichtlich der Besteuerung des Gewinns aus der Veräußerung der Anteile an der übernehmenden Körperschaft nicht ausgeschlossen oder beschränkt wird, oder entsprechend § 13 Abs. 2 Satz 1 Nr. 2 UmwStG ein nach Art. 8 FRL privilegierter Vorgang vorliegt.[1704]

1703 Da hinsichtlich der an einer Spaltung i.S. des § 15 UmwStG beteiligten Anteilseigner keine steuerliche Rückwirkung nach § 2 UmwStG möglich ist, treten die steuerlichen Folgen der Spaltung insoweit erst zum Zeitpunkt der handelsrechtlichen Wirksamkeit der Spaltung ein.

1704 Das den Anteilseignern zustehende Bewertungswahlrecht kann bei Vorliegen der Voraussetzungen des § 13 Abs. 2 Satz 1 UmwStG unabhängig davon, welcher Wertansatz für die übertragende Körperschaft nach § 11 UmwStG gilt, ausgeübt werden, vgl. *Dötsch*, in: Dötsch u.a., UmwStG, 2007, § 13 Rz. 6; BMF v. 11.11.2011, IV C 2-S 1978-b/08/10001, BStBl. I 2011, S. 1314, Tz. 13.08. Der Antrag zur Ausübung des Wahlrechts ist nach einer Auffassung i.R. der Steuererklärung für den Veranlagungszeitraum, in den der steuerliche Umwandlungsstichtag fällt, zu stellen, vgl. *Dötsch*, in: Dötsch u.a., UmwStG, 2007, § 13 Rz. 20. M.E. hat die Antragstellung jedoch erst i.R. der Steuererklärung für den Veranlagungszeitraum, in dem die Spaltung zivilrechtlich wirksam wird, zu erfolgen, da die Anteilseigner nicht von der steuerlichen Rückwirkung auf den steuerlichen Übertragungsstichtag nach § 2 UmwStG betroffen sind.

An dieser Stelle ist jedoch die Regelung des § 20 Abs. 4a Satz 1 EStG zu beachten, falls der jeweilige Anteilseigner die Anteile im Privatvermögen hält und keine Beteiligung i.S. des § 17 EStG vorliegt.[1705] Die Rechtsnorm des § 20 Abs. 4a Satz 1 EStG bestimmt, dass § 13 UmwStG nicht anzuwenden ist, sofern ein aufgrund gesellschaftsrechtlicher Maßnahmen vollzogener Anteilstausch erfolgt und entweder ein uneingeschränktes deutsches Besteuerungsrecht an den erhaltenen Anteilen besteht oder ein durch Art. 8 FRL begünstigter Vorgang gegeben ist. Über die Tatbestandsvoraussetzungen des umwandlungssteuerrechtlichen Bewertungswahlrechts nach § 13 Abs. 2 UmwStG hinaus setzt § 20 Abs. 4a Satz 1 EStG damit zusätzlich einen gesellschaftsrechtlich induzierten *Tausch* von Körperschaftsanteilen gegen gleichartige Anteile voraus. Für die Zeit vor der Anwendbarkeit des durch das Amtshilferichtlinie-Umsetzungsgesetz[1706] neu eingeführten § 20 Abs. 4a Satz 7 EStG[1707] war fraglich, inwieweit § 20 Abs. 4a Satz 1 EStG auf Anteilsgewährungen im Zuge von Spaltungen anzuwenden sein konnte. Während die Anteilsgewährung i.R. von Auf- und Abspaltungen problemlos auf einen gesellschaftsrechtlichen Anlass zurückzuführen ist,[1708] kann das Vorliegen eines Tauschs nicht generell angenommen werden. Ein Tausch liegt nur vor, wenn die Anteile am übernehmenden Rechtsträger an die Stelle der Anteile am übertragenden Rechtsträger treten und somit keine der letztgenannten Anteile bei den spaltungsbeteiligten Anteilseignern zurückbleiben.[1709] Sofern die spaltungsbeteiligten Anteilseigner hingegen ihre Anteile am übertragenden Rechtsträger behalten und zusätzlich Anteile am übernehmenden Rechtsträger erhalten, ist das Tauschkriterium nicht erfüllt.[1710] Daraus ergab sich, dass die Regelung des § 20 Abs. 4a Satz 1 EStG zwar grundsätzlich[1711] auf Aufspaltungen[1712], keinesfalls aber

---

1705 Siehe § 20 Abs. 8 Satz 1 und 2 i.V.m. § 17 Abs. 1 Satz 1 EStG.

1706 Gesetz zur Umsetzung der Amtshilferichtlinie sowie zur Änderung steuerlicher Vorschriften v. 26.06.2013, BGBl. I 2013, S. 1809.

1707 Nach § 52a Abs. 10 Satz 12 EStG ist § 20 Abs. 4a Satz 7 EStG ertmals auf Abspaltungen anzuwenden, bei denen die Anmeldung zur Eintragung in das maßgebliche öffentliche Register nach dem 31.12.2012 vorgenommen wird.

1708 Vgl. *Haritz*, FR 2010, S. 589 (590); *Bron/Seidel*, BB 2010, S. 2599 (2600).

1709 Vgl. *Bron/Seidel*, BB 2010, S. 2599 (2600).

1710 Vgl. *Bron/Seidel*, BB 2010, S. 2599 (2600); *Haritz*, FR 2010, S. 589 (590).

1711 Eine Anwendung des § 20 Abs. 4a EStG scheidet aufgrund des § 20 Abs. 8 Satz 1 und 2 i.V.m. § 17 Abs. 1 Satz 1 EStG generell aus, sofern der jeweilige spaltungsbeteiligte Anteilseigner zu mindestens einem Prozent am übertragenden Rechtsträger beteiligt ist und bzw. oder die Anteile in einem Betriebsvermögen hält.

1712 Eine Aufspaltung führt gem. § 123 Abs. 1 UmwG zur Auflösung des übertragenden Rechtsträgers ohne Abwicklung. Somit gehen die Anteile am übertragenden Rechtsträger unter.

auf Abspaltungen[1713] anwendbar war.[1714] Zu prüfen war deshalb, ob Anteilsgewährungen aufgrund von Abspaltungen nach § 20 Abs. 4a Satz 5 EStG steuerneutral gestellt werden konnten. Diese Norm, die wiederum nur im Privatvermögen gehaltene und nicht von § 17 EStG erfasste Beteiligungen betrifft, regelt, dass die erhaltenen Anteile und damit auch der Ertrag aus der Anteilsgewährung mit null Euro anzusetzen sind, wenn insbesondere der Erhalt der Anteile ohne besondere Gegenleistung durch die Anteilseigner erfolgt und die Ermittlung der Höhe des Kapitalertrags nicht möglich ist. Im Zusammenhang mit Abspaltungen ist jedoch unabhängig davon, ob diese rein innerstaatlich oder grenzüberschreitend erfolgen, von einer Ermittelbarkeit des Kapitalertrags auszugehen.[1715] Damit war bislang, sofern eine Abspaltung vorlag, stets § 13 UmwStG einschlägig. Seit Einführung des § 20 Abs. 4a Satz 7 EStG, der gem. § 52a Abs. 10 Satz 12 EStG erstmals auf Abspaltungen anzuwenden ist, bei denen die Anmeldung zur Eintragung ins Handelsregister nach dem 31.12.2012 erfolgt, gilt dies jedoch nicht mehr. Demnach gelten die Regelungen des § 20 Abs. 4a Satz 1 und 2 EStG in entsprechender Weise auch im Zusammenhang mit Abspaltungen.

Falls die Anwendbarkeit des § 20 Abs. 4a Satz 1 EStG nicht ausgeschlossen ist und die Tatbestandsvoraussetzungen dieser Norm erfüllt sind, scheidet die Anwendung des § 13 UmwStG auf Anteilsgewährungen i.R. von Auf- oder Abspaltungen aus. Somit enthält das *lex generalis* EStG an dieser Stelle ausnahmsweise eine Rechtsnorm, die spezieller als die grundsätzlich als *lex specialis* geltenden Regelungen des § 13 UmwStG ist und somit Vorrang genießt. Sofern § 20 Abs. 4a Satz 1 EStG einschlägig ist, bedeutet dies den vollständigen Anwendungsausschluss der Bewertungsregelungen des § 13 UmwStG zugunsten eines Zwangs

---

1713 Aus § 123 Abs. 2 UmwG ergibt sich, dass der abspaltende Rechtsträger fortbesteht. Dementsprechend bleiben die von dessen Anteilseignern gehaltenen Anteile bestehen.

1714 Vgl. *Haritz*, FR 2010, S. 589 (590); *Bron/Seidel*, BB 2010, S. 2599 (2600); BMF v. 22.12.2009, IV C 1-S 2252/08/10004, BStBl. I 2010, S. 94, Rz. 100.

1715 Vgl. *Haisch/Helios*, Ubg 2010, S. 123 (127). Die Finanzverwaltung schließt die Anwendung des § 20 Abs. 4a Satz 5 EStG nur in reinen Inlandsfällen generell aus, vgl. BMF v. 22.12.2009, IV C 1-S 2252/08/10004, BStBl. I 2010, S. 94, Rz. 114 f. Dementsprechend ist nach anderer Auffassung die Regelung des § 20 Abs. 4a Satz 5 EStG auf die i.R. von grenzüberschreitenden Spaltungen erfolgenden Anteilsgewährungen an Anteilseigner, die keine von § 20 Abs. 8 oder § 17 EStG erfassten Anteile halten, anzuwenden. Dies wird damit begründet, dass die Ermittlung des Kapitalertrags in diesen Fällen nicht möglich sei, vgl. *Benecke/Beinert*, FR 2010, S. 1120 (1131).

zum Buchwertansatz.[1716] Da der Steuerpflichtige somit nicht zwischen verschiedenen Wertansätzen wählen darf, ist auch keine entsprechende Antragstellung erforderlich.[1717] Die Rechtsfolge des § 20 Abs. 4a Satz 1 EStG wird durch die Regelung des § 43a Abs. 2 Satz 2 EStG begleitet, wonach die Bewertungsregelung des § 20 Abs. 4a Satz 1 EStG auch für die Bemessung der Kapitalertragsteuer, welche dementsprechend null beträgt, maßgeblich ist. Sofern hingegen die Voraussetzungen des § 20 Abs. 4a Satz 1 EStG nicht vorliegen und auch kein Buchwertansatz nach § 13 Abs. 2 UmwStG erfolgt, ist der daraus resultierende Anteilsveräußerungsgewinn gem. § 43 Abs. 1 Satz 1 Nr. 9 ggf. i.V.m. § 43 Abs. 4 EStG grundsätzlich[1718] mit Kapitalertragsteuer zu belasten.[1719]

Nach hier vertretener Auffassung ist eine Kapitalertragsteuer auf Anteilsveräußerungsgewinne stets zu erheben, sofern hinsichtlich dieser Einkünfte ein grundsätzliches, d.h. ungeachtet etwaiger abkommensrechtlicher Beschränkungen bestehendes deutsches Besteuerungsrecht vorliegt.[1720] Demnach können vom Kapitalertragsteuerabzug auch im Ausland ansässige Anteilseigner, deren Anteile keinem inländischen Betriebsstättenvermögen zuzuordnen sind, betroffen sein.[1721] Gem. § 49 Abs. 1 Nr. 2 Buchst. a EStG und (§ 49 Abs. 2 EStG i.V.m.) § 49 Abs. 1

1716 Vgl. *Bron/Seidel*, BB 2010, S. 2599 (2601).

1717 Vgl. *Benecke/Beinert*, FR 2010, S. 1120 (1131).

1718 Nach § 44 Abs. 1 Satz 3 EStG hat bei Kapitalerträgen i.S. des § 43 Abs. 1 Satz 1 Nr. 9 EStG die die Kapitalerträge auszahlende Stelle den Steuerabzug für Rechnung des Gläubigers der Kapitalerträge vorzunehmen. Gem. § 44 Abs. 1 Satz 4 Nr. 1 Buchst. a Doppelbuchst. aa EStG kommt als auszahlende Stelle i.S. des § 44 Abs. 1 Satz 3 EStG nur ein inländisches Kreditinstitut in Betracht. Sofern diese Voraussetzung nicht gegeben ist, hat kein Einbehalt von Kapitalertragsteuer zu erfolgen. Außerdem ist nach § 43 Abs. 2 Satz 3 EStG kein Kapitalertragsteuerabzug vorzunehmen, sofern bestimmte inländische Körperschaften Gläubiger sind oder die Kapitalerträge inländische Betriebseinnahmen darstellen.

1719 Vgl. *Bron/Seidel*, BB 2010, S. 2599 (2601). Da die den Steuerabzug durchführende Stelle grundsätzlich keine Kenntnis über die Erfolgswirksamkeit bzw. -neutralität einer Spaltung auf Ebene der Anteilseigner hat, ist eine dem § 43 Abs. 1 Satz 7 EStG a.F. vergleichbare Regelung fordern, wonach für Zwecke des Kapitalertragsteuerabzugs auch bei von § 13 UmwStG erfassten Anteilseignern eine Steuerneutralität fingiert wird, vgl. *Bron/Seidel*, BB 2010, S. 2599 (2601).

1720 Ein Kapitalertragsteuerabzug ist gem. § 50d Abs. 1 Satz 1 EStG insbesondere ungeachtet etwaiger abkommensrechtlicher Restriktionen vorzunehmen.

1721 Vgl. *Schönfeld*, IStR 2007, S. 850 (851); A.A. Bron/Seidel, BB 2010, S. 2599 (2601 f.), wonach zumindest bei auslandsansässigen Anteilseignern, die ihre Anteile im Privatvermögen halten, keine Kapitalertragsteuer anfällt.

Nr. 2 Buchst. e EStG sind i.R. der beschränkten Steuerpflicht nur die einer inländischen Betriebsstätte zuzuordnenden oder unter den Voraussetzungen des § 17 EStG erzielten Anteilsveräußerungseinkünfte erfasst. Anders als bei der Veräußerung von im Privatvermögen gehaltenen wesentlichen Beteiligungen durch inländische Anteilseigner wird durch auslandsansässige Anteilseigner, die ihre Anteile im Privatvermögen halten, neben den Tatbestandsvoraussetzungen des § 17 EStG nicht auch der Tatbestand des gem. § 20 Abs. 8 EStG nachrangigen § 20 Abs. 2 Satz 1 Nr. 1 EStG erfüllt, da diese Einkünfte aus Kapitalvermögen nicht der beschränkten Steuerpflicht unterliegen. Erzielt eine auslandsansässige Körperschaft Gewinne aus der Veräußerung von Anteilen, so unterliegen diese Einkünfte nur dann der beschränkten Steuerpflicht nach § 49 Abs. 2 i.V.m. Abs. 1 Nr. 2 Buchst e EStG, wenn die Voraussetzungen des § 17 EStG erfüllt sind.

Ungeachtet dessen, dass auslandsansässige Steuerpflichtige allenfalls unter den Voraussetzungen des § 17 EStG mit ihren Anteilsveräußerungseinkünften im Inland steuerpflichtig sind, wird m.E. auch in diesem Fall der Tatbestand des § 43 Abs. 1 Satz 1 Nr. 9 EStG erfüllt. Dies ergibt sich daraus, dass es sich bei einem Veräußerungsgewinn nach § 17 Abs. 2 Satz 1 EStG immer auch um einen Kapitalertrag *im Sinne des* § 20 Abs. 2 Satz 1 Nr. 1 EStG handelt, da ein unter den eng gefassten § 17 EStG fallender Vorgang lediglich einen auch vom allgemeineren § 20 Abs. 2 Satz 1 Nr. 1 EStG erfassten Spezialfall darstellt. Obwohl also Erträge nach § 20 Abs. 2 Satz 1 Nr. 1 EStG nicht der beschränkten Steuerpflicht unterliegen, handelt es sich folglich bei einer die Tatbestandsvoraussetzungen des § 17 EStG erfüllenden Veräußerung von Anteilen an Körperschaften durch einen auslandsansässigen Anteilseigner um einen kapitalertragsteuerpflichtigen Vorgang nach § 43 Abs. 1 Satz 1 Nr. 9 EStG.[1722]

Sofern die Einkünfte eines an einer Spaltung i.S. des § 15 UmwStG beteiligten Anteilseigners Gegenstand einer Steuerveranlagung sind, ist auf diese Anteilsveräußerungseinkünfte das Schachtelprivileg des § 8b Abs. 2 und 3 KStG bzw. das Teileinkünfteverfahren nach § 3 Nr. 40 Buchst. a, § 3c Abs. 2 EStG anzuwenden.

1. Vermeidung der Sofortbesteuerung

Im Folgenden werden die sowohl in § 13 Abs. 2 Satz 1 UmwStG als auch in § 20 Abs. 4a Satz 1 UmwStG enthaltenen Voraussetzungen für eine Steuerneutralität auf Ebene der Anteilseigner untersucht. Wie bereits oben dargestellt, setzen beide Normen für einen Ansatz des Buchwerts bzw. der Anschaffungskosten der Anteile

1722 A.A. *Bron/Seidel*, BB 2010, S. 2599 (2601 f.).

am übertragenden Rechtsträger voraus, dass entweder das Besteuerungsrecht der Bundesrepublik Deutschland hinsichtlich der erhaltenen Anteile am übernehmenden Rechtsträgers nicht beeinträchtigt wird[1723] oder ein von Art. 8 FRL erfasster Vorgang gegeben ist[1724].

a) Sicherstellung des deutschen Besteuerungsrechts

Nach § 13 Abs. 2 Satz 1 Nr. 1, Satz 2 f. UmwStG bzw. § 20 Abs. 4a Satz 1 EStG können die Anteile an der übernehmenden Körperschaft steuerlich an die Stelle der Anteile am übertragenden Rechtsträger treten, wenn das Recht der Bundesrepublik Deutschland hinsichtlich der Besteuerung des Gewinns aus der Veräußerung der erstgenannten Anteile nicht ausgeschlossen oder beschränkt wird. Die Feststellung einer solchen Beeinträchtigung des deutschen Besteuerungsrechts setzt voraus, dass vor Durchführung der Spaltung hinsichtlich der stillen Reserven der Anteile am übertragenden Rechtsträger überhaupt ein deutsches Besteuerungsrecht bestanden hat.[1725] Ein Ausschluss dieses Besteuerungsrechts liegt vor, wenn dem deutschen Fiskus im Fall einer Veräußerung der erhaltenen Anteile an der Übernehmerin kein Recht zum Zugriff auf die stillen Reserven zusteht. Eine Beschränkung des deutschen Besteuerungsrechts ist dann anzunehmen, wenn hinsichtlich der stillen Reserven der Anteile am übertragenden Rechtsträger ein uneingeschränktes deutsches Besteuerungsrecht bestand, wohingegen bei einer gedachten Veräußerung der Anteile an der übernehmenden Körperschaft eine ausländische Steuer anzurechnen wäre. Keine Beschränkung des deutschen Besteuerungsrechts tritt insbesondere dann ein, wenn sowohl im Fall einer gedachten Veräußerung der Anteile am übertragenden als auch der Anteile am übernehmenden Rechtsträger eine derartige Anrechnungsverpflichtung bestünde.

Sofern die Sicherstellung des deutschen Besteuerungsrechts trotz Durchführung der Spaltung gewährleistet ist, kann bzw. hat der Veräußerungsvorgang nach § 13 Abs. 2 Satz 1 Nr. 2, Satz 3 UmwStG bzw. § 20 Abs. 4a Satz 1 EStG zu Buchwerten bzw. Anschaffungskosten zu erfolgen.[1726]

1723 Siehe § 13 Abs. 2 Satz 1 Nr. 1 UmwStG bzw. § 20 Abs. 4a Satz 1 EStG.

1724 Siehe § 13 Abs. 2 Satz 1 Nr. 2 UmwStG bzw. § 20 Abs. 4a Satz 1 EStG.

1725 Inwieweit ein solches Besteuerungsrecht gegeben ist, muss unter Beachtung der Restriktionen etwaiger anzuwendender DBA ermittelt werden.

1726 Gem. § 13 Abs. 2 Satz 1, 3 UmwStG besteht ein Wahlrecht, die Anschaffungskosten anzusetzen. Nach § 20 Abs. 4a Satz 1 EStG hingegen muss der Veräußerungsvorgang erfolgsneutral erfolgen.

Im Fall einer rein inländisch erfolgenden Spaltung ist die Voraussetzung der Sicherstellung des deutschen Besteuerungsrechts am Gewinn aus der Veräußerung der Anteile an der übernehmenden Körperschaft stets erfüllt, falls die spaltungsbeteiligten Anteilseigner im Inland ansässig sind. Soweit diese Anteilseigner hingegen im Ausland ansässig sind, besteht bei rein innerstaatlichen Spaltungen zumindest aus abkommensrechtlicher Sicht keine Gefahr der Einschränkung des deutschen Besteuerungsrechts an den erhaltenen Anteilen, da auf die Anteilsveräußerungsgewinne der spaltungsbeteiligten Anteilseigner vor und nach der Spaltung entweder jeweils dasselbe oder jeweils kein Doppelbesteuerungsabkommen Anwendung findet.[1727] Allerdings besteht die Möglichkeit, dass der spaltungsbeteiligte Anteilseigner an der übertragenden Körperschaft eine Beteiligung i.S. des § 17 EStG hält, aber als Gegenleistung eine nicht von § 17 EStG erfasste, prozentual geringere Beteiligung an der Übernehmerin erhält. Sofern die Beteiligung an der übernehmenden Körperschaft nicht in einem inländischen Betriebsvermögen gehalten wird, stellt sich die Frage, ob nun keine beschränkte Steuerpflicht mehr besteht und somit ein Ausschluss des deutschen Besteuerungsrechts vorliegt. Schließlich existiert keine dem § 49 Abs. 1 Nr. 2 Buchst e EStG entsprechende Norm, welche eine beschränkte Steuerpflicht auch für Erträge aus Veräußerungen von im Privatvermögen gehaltenen Beteiligungen unterhalb der ein-Prozent-Schwelle des § 17 EStG vorsieht. Die Fiktion des § 17 Abs. 6 EStG greift hier nicht, da diese nur auf solche Anteile angewendet werden kann, die aufgrund eines Einbringungsvorgangs i.S. der §§ 20, 21 UmwStG erworben werden.[1728] Allerdings ist nach hier vertretener Auffassung die in § 13 Abs. 2 Satz 2 UmwStG bzw. § 20 Abs. 4a Satz 1 EStG vorgesehene Rechtsfolge, wonach die Anteile an der

---

1727 Eine Einschränkung des deutschen Besteuerungsrechts ist nur dann denkbar, wenn vor der Durchführung der Spaltung ein deutsches Besteuerungsrecht an den Anteilen am übertragenden Rechtsträger bestand. Bei ausländischen Anteilseignern einer inländischen Überträgerin unterliegen die Anteile nur dann der beschränkten Steuerpflicht in Deutschland, wenn die Anteile in einem inländischen Betriebsvermögen gehalten werden (siehe § 49 Abs. 1 Nr. 2 Buchst. a EStG, Art. 13 Abs. 2 OECD-MA) oder, falls die Anteile (i.S. des § 17 EStG) zum Privatvermögen gehören, sofern entweder kein Doppelbesteuerungsabkommen anwendbar ist (siehe § 49 Abs. 1 Nr. 2 Buchst. e EStG) oder das einschlägige Doppelbesteuerungsabkommen ausnahmsweise das Besteuerungsrecht nicht ausschließlich dem Ansässigkeitsstaat des Anteilseigners zuweist (siehe z.B. § 49 Abs. 1 Nr. 2 Buchst. e EStG, Art. 13 Abs. 3 DBA-Tschechoslowakei).

1728 Vgl. *Eilers/Schmidt*, in: Herrmann/Heuer/Raupach, EStG/KStG, § 17 EStG Rz. 361 (243. Lfg. 2010).

übernehmenden Körperschaft steuerlich an die Stelle der Anteile an der übertragenden Körperschaft treten, so zu verstehen, dass erstgenannte Anteile stets als Anteile i.S. des § 17 EStG gelten, wenn bereits letztgenannte Anteile als solche qualifiziert waren.[1729]

Damit ist festzustellen, dass rein inländische Spaltungen i.S. des § 15 UmwStG unabhängig vom Ansässigkeitsort der beteiligten Anteilseigner keinesfalls zu einem Ausschluss oder einer Beschränkung des deutschen Besteuerungsrechts an den erhaltenen Anteilen führen.

Fraglich ist, ob bzw. in welchen Konstellationen es dagegen bei grenzüberschreitenden Spaltungen zu Einschränkungen des Besteuerungsrechts der Bundesrepublik Deutschland kommt.

Bei Hinausspaltungen unter Beteiligung eines inländischen Anteilseigners besteht vor Durchführung der Spaltung ein deutsches Besteuerungsrecht an dessen Anteilen am übertragenden Rechtsträger, es sei denn, die Anteile sind einer ausländischen Freistellungsbetriebsstätte des Anteilseigners zuzuordnen.[1730] Auf Ebene des Anteilseigners erfolgt die Gewährung von Anteilen i.R. einer Spaltung stets in die Vermögenssphäre, der bereits die Anteile an der Überträgerin zuzuordnen waren. Sofern die Anteile an der übertragenden Körperschaft dem Privatvermögen des Anteilseigners zuzuordnen sind, gilt dies auch für die Anteile an der übernehmenden Körperschaft. Falls die Anteile am übertragenden Rechtsträger hingegen einem bestimmten in- oder ausländischen Betriebsvermögen des Anteilseigners zuzuordnen sind, gehören dementsprechend auch die erhaltenen Anteile an der übernehmenden Körperschaft zu diesem Betriebsvermögen.

Bei einem inlandsansässigen Anteilseigner unterliegen die Einkünfte aus den i.R. einer Hinausspaltung erhaltenen Anteilen an einer im Ausland ansässigen übernehmenden Körperschaft grundsätzlich ebenso der unbeschränkten Steuerpflicht in Deutschland, wie dies bereits hinsichtlich der Anteile am inlandsansässigen übertragenden Rechtsträger der Fall war. Sofern die durch einen unbeschränkt Steuerpflichtigen gehaltenen Anteile an der Überträgerin und folglich auch die aufgrund einer Hinausspaltung erhaltenen Anteile an der Übernehmerin keinem

1729 So auch *Dötsch*, in: Dötsch u.a., UmwStG, 2007, § 13 Rz. 28.

1730 Sofern die Anteile an der übertragenden Körperschaft zu einer ausländischen Freistellungsbetriebsstätte des Anteilseigners gehören, besteht entsprechend Art. 13 Abs. 2 OECD-MA bereits vor Durchführung der grenzüberschreitenden Spaltung kein deutsches Besteuerungsrecht an den Einkünften aus einer Veräußerung dieser Anteile. In diesem Fall kann folglich das deutsche Besteuerungsrecht an den Einkünften aus der Veräußerung der Anteile nicht durch die grenzüberschreitende Spaltung beeinträchtigt werden.

ausländischen Betriebsvermögen zuzuordnen sind, wird das deutsche Besteuerungsrecht i.d.R. entsprechend Art. 13 Abs. 5 OECD-MA nicht eingeschränkt. Eine Beschränkung des deutschen Besteuerungsrechts hinsichtlich der Anteile ergibt sich jedoch infolge einer grenzüberschreitenden Spaltung, sofern zwischen Deutschland und dem Ansässigkeitsstaat der übernehmenden Körperschaft entweder kein DBA geschlossen wurde oder das anzuwendende DBA die Anrechnungsmethode vorsieht.[1731] In diesen Fällen ist die im Ausland erhobene Steuer nach (§ 26 KStG i.V.m.) § 34c EStG zu berücksichtigen. Darüber hinaus tritt ein Ausschluss des deutschen Besteuerungsrechts ein, sofern das zwischen Deutschland und dem Ansässigkeitsstaat der übernehmenden Körperschaft bestehende DBA bestimmt, dass die Einkünfte aus der Veräußerung der Anteile an dieser Gesellschaft ausschließlich im Ausland besteuert werden dürfen.

Sind die durch einen unbeschränkt steuerpflichtigen Anteilseigner gehaltenen Anteile an der übertragenden Körperschaft einer im Ausland belegenen Betriebsstätte zuzuordnen, so gehören auch die aufgrund einer Hinausspaltung erhaltenen Anteile an der übernehmenden Körperschaft zu jener ausländischen Betriebsstätte. Sofern es sich bei der ausländischen Betriebsstätte um eine Freistellungsbetriebsstätte handelt, kann es zu keiner Beeinträchtigung des deutschen Besteuerungsrechts kommen, da bereits vor Durchführung der Spaltung kein solches Recht existiert. Im Fall einer Anrechnungsbetriebsstätte besteht an den Anteilen an der übernehmenden Körperschaft ebenso wie zuvor bereits an den Anteilen an der Überträgerin ein anrechnungsverpflichtungsbehaftetes deutsches Steuerrecht, weshalb auch insoweit keine Gefährdung des deutschen Rechts zur Besteuerung der stillen Reserven der Anteile besteht.

Bei Hinausspaltungen mit im Ausland ansässigen Anteilseignern, deren Anteile keiner inländischen Betriebsstätte zuzuordnen sind, fehlt es i.d.R. aufgrund von dem Art. 13 Abs. 5 OECD-MA nachempfundenen Abkommensregelungen bereits vor Durchführung der Spaltung an einem deutschen Besteuerungsrecht an den Anteilen an der Überträgerin. Folglich kann es bezüglich der Anteile an der übernehmenden Körperschaft regelmäßig auch nicht zu einem Ausschluss oder einer Beschränkung des deutschen Besteuerungsrechts kommen. Ausnahmsweise ist der deutsche Staat aber zur Besteuerung der Anteile am übertragenden

1731 Beispielsweise wird nach Art. 13 Abs. 3 des DBA-Tschechoslowakei, welches sowohl zwischen Deutschland und Tschechien als auch zwischen Deutschland und der Slowakei anzuwenden ist, das Besteuerungsrecht nicht ausschließlich dem Ansässigkeitsstaat des Anteilseigners zugewiesen, sondern auch dem Ansässigkeitsstaat der Körperschaft, an der die Anteile bestehen.

Rechtsträger berechtigt, wenn es sich um Anteile i.S. des § 17 EStG handelt und die beschränkte Steuerpflicht nach § 49 Abs. 1 Satz 1 Nr. 2 Buchst. e Doppelbuchst. aa EStG mangels anzuwendendem DBA bzw. aufgrund einer von Art. 13 Abs. 5 OECD-MA abweichenden Abkommensregelung nicht eingeschränkt wird. Da nach Durchführung der grenzüberschreitenden Hinausspaltung kein Anknüpfungspunkt für eine Besteuerung der Anteile an der übernehmenden Körperschaft mehr besteht, ist in diesen Fällen ein Ausschluss des deutschen Besteuerungsrechts festzustellen.

Eine Sicherstellung des deutschen Besteuerungsrechts ist bei Hinausspaltungen mit beschränkt steuerpflichtigen Anteilseignern nur dann grundsätzlich gegeben, wenn die Anteile am übertragenden und folglich auch am übernehmenden Rechtsträger einer inländischen Betriebsstätte zuzuordnen sind. Da hinsichtlich der Einkünfte aus den Anteilen sowohl vor als auch nach der Spaltung das zwischen Deutschland und dem Ansässigkeitsstaat des Anteilseigners geschlossene DBA anzuwenden ist, droht aus abkommensrechtlicher Sicht keine Beeinträchtigung des deutschen Besteuerungsrechts.[1732] Eine Beschränkung des deutschen Besteuerungsrechts kann allenfalls in bestimmten Drei-Staaten-Konstellationen, die eine Anrechnung von in einem dritten Staat erhobenen Steuern erforderlich machen, eintreten.

Beispiel 30: Die im Inland ansässige D-AG spaltet einen Teilbetrieb auf die im EU-Staat E steuerlich ansässige E-SE ab. Der alleinige Gesellschafter P der übertragenden und übernehmenden Gesellschaft ist im Staat F ansässig und hält die Anteile an der übertragenden und der übernehmenden Kapitalgesellschaft in einem inländischen Betriebsvermögen. Das zwischen Deutschland und dem Staat F bestehende DBA entspricht dem OECD-MA. Das zwischen Staat E und Staat F geschlossene DBA regelt in Abweichung von Art. 13 Abs. 5 OECD-MA, dass Anteilsveräußerungsgewinne im Ansässigkeitsstaat der Körperschaft, an der die Anteile bestehen, besteuert werden dürfen.

Nach dem zwischen Deutschland und dem Staat F geschlossenen DBA ist Deutschland nach Durchführung der Spaltung berechtigt, Einkünfte aus der Veräußerung der Anteile an der E-SE zu besteuern, da diese Anteile ebenso wie bereits die Anteile an der D-AG einer deutschen Betriebsstätte des Gesellschafters zuzuordnen sind. Somit ergibt sich hieraus keine Beeinträchtigung des deutschen Besteuerungsrechts. Allerdings sieht sich der Staat E aufgrund des mit Staat F geschlossenen DBA ebenfalls berechtigt, künftige Einkünfte aus der Veräußerung der Anteile an der E-SE zu besteuern. Um eine Doppelbesteuerung zu vermeiden, rechnet Deutschland im Fall einer späteren Veräußerung der Anteile an der E-SE die im Staat E erhobene Steuer gem. § 50 Abs. 3, § 34c EStG an. Da vor Durchführung der Spaltung

1732 Sofern mit dem Ansässigkeitsstaat des beschränkt steuerpflichtigen Anteilseigners kein DBA geschlossen wurde, gilt entsprechendes.

ein unbeschränktes, nicht anrechnungsverpflichtungsbehaftetes deutsches Besteuerungsrecht hinsichtlich der Anteile an der D-AG bestand, ist insoweit eine Beschränkung des deutschen Besteuerungsrechts zu konstatieren.

Abgesehen von solchen Drei-Staaten-Konstellationen bleibt im Fall einer Hinausspaltung ein auf Ebene eines auslandsansässigen Gesellschafters bestehendes deutsches Besteuerungsrecht unangetastet, wenn die Anteile einem inländischen Betriebsvermögen zuzuordnen sind. Dies ist der Fall, wenn bereits die Anteile am übertragenden Rechtsträger zu jenem Betriebsvermögen gehören bzw. gehörten. Falls die Anteile am inländischen übertragenden und demnach auch am ausländischen übernehmenden Rechtsträger hingegen dem Privatvermögen oder einem ausländischen Betriebsvermögen eines auslandsansässigen Anteilseigners zuzuordnen sind, ist stets der Ausschluss des deutschen Besteuerungsrechts festzustellen. Zum einen besteht durch die Auslandsansässigkeit der übernehmenden Körperschaft für eine inländische Besteuerung i.R. der beschränkten Steuerpflicht kein Anknüpfungspunkt mehr gem. § 49 Abs. 1 Nr. 2 Buchst. e Doppelbuchst. aa EStG. Zum anderen sind die Einkünfte zwar grundsätzlich nach § 49 Abs. 1 Satz 1 Nr. 2 Buchst. e Doppelbuchst. bb EStG von der beschränkten Steuerpflicht erfasst, doch ist es kaum denkbar, dass das zwischen Deutschland und dem Ansässigkeitsstaat des Anteilseigners bestehende DBA das Recht zur Besteuerung der Einkünfte aus der Veräußerung von nicht in einem inländischen Betriebsvermögen zuzuordnenden Anteilen an einer ausländischen Körperschaft dem deutschen Fiskus zuweist.

Im Fall der Hereinspaltung mit inländischen Anteilseignern ist ein Ausschluss oder eine Beschränkung des deutschen Besteuerungsrechts undenkbar, da die Anteile an der übernehmenden Körperschaft stets der deutschen Besteuerung unterliegen.

Bei Hereinspaltungen mit ausländischen Anteilseignern kann eine Einschränkung des deutschen Besteuerungsrechts ausgeschlossen werden. Sofern die Anteile am ausländischen übertragenden Rechtsträger aufgrund ihrer Zuordnung zu einer inländischen Betriebsstätte bereits vor der Spaltung der deutschen Besteuerungshoheit unterlegen haben, bleibt das deutsche Besteuerungsrecht auch nach der Spaltung erhalten. Falls vor Durchführung der Spaltung kein deutsches Besteuerungsrecht an den Anteilen am übertragenden Rechtsträger bestand, ist es allenfalls möglich, dass infolge der Spaltung ein Besteuerungsrecht an den Anteilen an der übernehmenden Körperschaft entsteht.

b) Anwendbarkeit des Art. 8 FRL

Nach § 13 Abs. 2 Satz 1 Nr. 2 Satz 1 Halbs. 1 UmwStG bzw. § 20 Abs. 4a Satz 1 EStG kann bzw. hat die Gewährung von Anteilen an der übernehmenden Körperschaft steuerneutral zu erfolgen, sofern der Spaltungsvorgang die Anwendungsvoraussetzungen der FRL erfüllt und somit hinsichtlich der Anteilsgewährung die Vorgaben des Art. 8 FRL zu berücksichtigen sind. Gem. Art. 8 Abs. 1 FRL dürfen Spaltungen i.S. des Art. 2 Buchst. b FRL, welche der Aufspaltung nach § 15 UmwStG entsprechen, keine Besteuerung der Anteilseigner auslösen. In gleicher Weise ist nach Art. 8 Abs. 2 FRL untersagt, dass anlässlich von Abspaltungen i.S. des Art. 2 Buchst. ba FRL, die Abspaltungen i.S. des § 15 UmwStG entsprechen, die Anteilseigner von übertragenden Körperschaften besteuert werden. Von dem in § 13 Abs. 2 Satz 1 Nr. 2 Satz 1 Halbs. 1 UmwStG enthaltenen Verweis auf Art. 8 FRL profitieren somit die an einer vom Anwendungsbereich der FRL erfassten Spaltung beteiligten Anteilseigner, hinsichtlich derer die Voraussetzungen des § 13 Abs. 2 Satz 1 Nr. 1 UmwStG nicht erfüllt sind, da das deutsche Recht zur Besteuerung der stillen Reserven in den von diesen Gesellschaftern gehaltenen Anteilen an der übernehmenden Körperschaft entweder beschränkt oder ausgeschlossen wird.[1733]

Falls zwar die Anforderungen der Nr. 2 Satz 1 Halbs. 1, nicht aber der Nr. 1 des § 13 Abs. 2 Satz 1 UmwStG erfüllt werden, erleidet die Bundesrepublik Deutschland grundsätzlich Einbußen hinsichtlich des Besteuerungsrechts an den Anteilen an der übernehmenden Körperschaft. Die Beeinträchtigung des nationalen Besteuerungsrechts ist in fehlenden nationalen Besteuerungstatbeständen oder abkommensrechtlichen Restriktionen begründet.[1734] Um dennoch den Verlust von Steuersubstrat zu verhindern, sieht jedoch § 13 Abs. 2 Satz 1 Nr. 2 Satz 1 Halbs. 2 UmwStG in Übereinstimmung mit Art. 8 Abs. 6 FRL vor, dass der Gewinn aus einer späteren Veräußerung der Anteile an der übernehmenden Körperschaft ungeachtet der Bestimmungen eines DBA so zu besteuern ist, wie die Veräußerung der Anteile an der übertragenden Körperschaft zu besteuern wäre.[1735] Da der deutsche Fiskus somit erst zum Zeitpunkt der tatsächlichen Realisation auf die stillen Reserven der Anteile an der übernehmenden Körperschaft zugreift, wird dem Anteilseigner zwar ein Besteuerungsaufschub gewährt. Allerdings führt der *treaty override* des § 13 Abs. 2 Satz 1 Nr. 2 Satz 1 Halbs. 2 UmwStG dazu, dass der

1733 Siehe zur alternativen Voraussetzung der Sicherstellung des deutschen Besteuerungsrechts Teil 2,D.I.1.a).

1734 Siehe Teil 2,D.I.1.a). Siehe hinsichtlich des Verhältnisses der Voraussetzungen des § 13 Abs. 2 Satz 1 Nr. 1 UmwStG und des § 13 Abs. 2 Satz 1 Nr. 2 Satz 1 Halbs. 1 UmwStG zueinander Teil 2,D.I.1.c).

1735 Durch den in § 13 Abs. 2 Satz 1 Nr. 2 Satz 2 UmwStG enthaltenen Verweis auf § 15 Abs. 1a Satz 2 EStG werden weitere Realisationstatbestände einer Veräußerung gleichgestellt, siehe dazu *Dötsch*, in: Dötsch u.a., UmwStG, 2007, § 13 Rz. 26.

deutsche Staat die in den gewährten Anteilen enthaltenen stillen Reserven im Fall von deren tatsächlicher Realisation ungeachtet abkommensrechtlicher Restriktionen besteuert. Außerdem sind gem. § 13 Abs. 2 Nr. 2 Satz 1 Halbs. 1 UmwStG auch die stillen Reserven in Deutschland zu versteuern, die nach der Durchführung der Spaltung gebildet wurden. Somit droht eine juristische Doppelbesteuerung, sofern gleichzeitig ein ausländischer Staat (entsprechend seiner abkommensrechtlichen Befugnis) auf den Anteilsveräußerungsgewinn zugreift und soweit die Anteile an der übernehmenden Körperschaft nach dessen Steuerrecht zum Zeitpunkt der Anteilsgewährung zu einem Wert bewertet wurden, der unterhalb des später erzielten Veräußerungspreises liegt.[1736]

Beispiel 31: Die in Deutschland ansässige D-AG, deren Anteile (Buchwert 100, gemeiner Wert 140) allesamt von der in Deutschland ansässigen natürlichen Person P gehalten werden, überträgt einen Teilbetrieb im Wege der Abspaltung auf die in der Slowakei ansässige S-*Akciová spoločnosť*[1737]. Der Gesellschafter P optiert zum Buchwertansatz. Zu einem späteren Zeitpunkt veräußert P die mittlerweile im Wert gestiegenen Anteile an der S-*Akciová spoločnosť* zum Preis von 160.

Vor der Spaltung bestand ein uneingeschränktes deutsches Besteuerungsrecht hinsichtlich der Anteile an der D-GmbH. Nach Durchführung der Spaltung besteht aufgrund der Art. 13 Abs. 3, Art. 23 Abs. 1 Buchst. b DBA-Tschechoslowakei nur ein anrechnungsverpflichtungsbehaftetes deutsches Besteuerungsrecht hinsichtlich der erhaltenen Anteile an der S-*Akciová spoločnosť*. Ein Buchwertansatz nach § 13 Abs. 2 Satz 1 Nr. 1 UmwStG kommt folglich nicht in Betracht. Da es sich bei der durchgeführten Spaltung um einen durch die Fusionsrichtlinie geschützten Vorgang handelt, sind hinsichtlich der Besteuerung des Anteilseigners allerdings die Vorgaben des Art. 8 FRL zu beachten. Dementsprechend ermöglicht § 13 Abs. 2 Satz 1 Nr. 2 Satz 1 Halbs. 1 UmwStG den Ansatz des Buchwerts durch den Gesellschafter P.

Die spätere Veräußerung der Anteile an der übernehmenden Gesellschaft löst die deutsche Besteuerung eines Anteilsveräußerungsgewinns i.H.v. 60 aus. Obwohl eigentlich entsprechend den Art. 13 Abs. 3, Art. 23 Abs. 1 Buchst. b DBA-Tschechoslowakei eine ggf. anfallende slowakische Steuer angerechnet werden müsste, erfolgt aufgrund des in § 13 Abs. 2 Satz 1 Nr. 2 Satz 1 Halbs. 2 UmwStG enthaltenen *treaty override* keine solche Anrechnung. Selbst wenn die erhaltenen Anteile an der S-*Akciová spoločnosť* zum Zeitpunkt der steuerlichen Wirksamkeit der Spaltung nach slowakischem Steuerrecht zu einem dem gemeinen Wert entsprechenden Wert bewertet werden konnten, werden stille Reserven i.H.v. 20 doppelt besteuert, da in Deutschland auch die nach dem Zeitpunkt der Anteilsgewährung eintretenden

---

1736 Da diese Doppelbesteuerung nicht auf einer Diskriminierung beruht, ist sie grundfreiheitsrechtlich unbedenklich.

1737 Die slowakische *Akciová spoločnosť* entspricht einer deutschen AG, vgl. BMF v. 24.12.1999, IV B 4-S 1300-111/99, BStBl. I 1999, S. 1076, Tabelle 2.

Wertsteigerungen zu versteuern sind. Falls die Anteile nach slowakischem Recht mit dem Buchwert angesetzt werden mussten, erfolgt eine Doppelbesteuerung i.H.v. 60.

Eine Anteilsveräußerungsgewinnbesteuerung erfolgt aufgrund des § 13 Abs. 2 Satz 1 Nr. 2 Satz 1 Halbs. 2 UmwStG auch dann, wenn der Anteilseigner im Ausland ansässig ist.

Beispiel 32: Die in Deutschland ansässige D-AG, deren Anteile (Buchwert 100, gemeiner Wert 140) allesamt von der in der Slowakei ansässigen natürlichen Person P gehalten werden, überträgt einen Teilbetrieb im Wege der Abspaltung auf die in der Slowakei ansässige S-*Akciová spoločnosť*[1738]. Der Gesellschafter P optiert zum Buchwertansatz. Zu einem späteren Zeitpunkt veräußert P die mittlerweile im Wert gestiegenen Anteile an der S-*Akciová spoločnosť* zum Preis von 140.

Vor der Spaltung bestand entsprechend Art. 13 Abs. 3 DBA-Tschechoslowakei ein uneingeschränktes deutsches Besteuerungsrecht hinsichtlich der Anteile an der D-GmbH. Nach Durchführung der Spaltung besteht mangels subjektiven oder objektiven Nexus zur deutschen Besteuerungshoheit kein deutsches Besteuerungsrecht hinsichtlich der erhaltenen Anteile an der S-*Akciová spoločnosť*. Ein Buchwertansatz nach § 13 Abs. 2 Satz 1 Nr. 1 UmwStG kommt folglich nicht in Betracht. Da es sich bei der durchgeführten Spaltung aber um einen durch die Fusionsrichtlinie geschützten Vorgang handelt, sind hinsichtlich der Besteuerung des Anteilseigners allerdings die Vorgaben des Art. 8 FRL zu beachten. Dementsprechend ermöglicht § 13 Abs. 2 Satz 1 Nr. 2 Satz 1 Halbs. 1 UmwStG den Ansatz des Buchwerts durch den Gesellschafter P. Durch die spätere Veräußerung der erhaltenen Anteile wird ein Anteilsveräußerungsgewinn i.H.v. 40 realisiert, der entsprechend dem in § 13 Abs. 2 Satz 1 Nr. 2 Satz 1 Halbs. 2 UmwStG vorgesehenen *treaty override*[1739] gem. § 49 Abs. 1 Nr. 2 Buchst. e Doppelbuchst. bb EStG der beschränkten Steuerpflicht unterworfen wird.[1740]

Sofern sich der deutsche Fiskus im Fall der tatsächlichen Veräußerung der Anteile an der übernehmenden Körperschaft entsprechend § 13 Abs. 2 Satz 1 Nr. 2 Satz 1 Halbs. 2 UmwStG über abkommensrechtliche Restriktionen hinwegsetzt und eine Besteuerung der in den Anteilen enthaltenen stillen Reserven vornimmt, stellt dies grundsätzlich eine Verletzung völkerrechtlicher Pflichten

1738 Die slowakische *Akciová spoločnosť* entspricht einer deutschen AG, vgl. BMF v. 24.12.1999, IV B 4-S 1300-111/99, BStBl. I 1999, S. 1076, Tabelle 2.

1739 Ein *treaty override* liegt im Beispielsfall deshalb vor, weil die durch einen in der Slowakei ansässigen Steuerpflichtigen erzielten Einkünfte aus der Veräußerung von Anteilen an einer nicht in Deutschland ansässigen Kapitalgesellschaft entsprechend Art. 21 DBA-Tschechoslowakei ausschließlich in der Slowakei besteuert werden dürfen.

1740 Vgl. *Gosch*, in: Kirchhof, EStG, 2011, § 49 Rz. 36; *Kumpf*, in: Herrmann/Heuer/Raupach, EStG/KStG, § 49 EStG Rz. 583 (237. Lfg., 2009).

dar.[1741] Regelmäßig würde dies den ausländischen Staat, mit dem das DBA, dessen Bestimmungen missachtet wurden, geschlossen wurde, entsprechend Art. 60 Abs. 1, 3 Buchst. b der Wiener Vertragsrechtskonvention[1742] zur Kündigung oder Suspendierung des Abkommens berechtigen.[1743] Sofern das verletzte DBA mit einem anderen EU-Staat geschlossen wurde, kann dies jedoch ausnahmsweise nicht gelten, da der *treaty override* des § 13 Abs. 2 Satz 1 Nr. 2 Satz 1 Halbs. 2 UmwStG insoweit im Einklang mit Art. 8 Abs. 6 FRL erfolgt. Weil die FRL entsprechend Art. 115 AEUV einstimmig durch den Rat der EU erlassen wurde,[1744] gestehen sich die Mitgliedstaaten implizit gegenseitig zu, abkommensrechtliche Bestimmungen außer Acht zu lassen, soweit eine Besteuerung im Einklang mit Art. 8 Abs. 6 FRL erfolgt.[1745] Ein völkerrechtlicher Verstoß kann damit allenfalls dann angenommen werden, wenn in einem Drittstaat ansässige Anteilseigner an einer durch die FRL geschützten Spaltung[1746] teilnehmen.[1747]

1741 Dazu allgemein *Vogel*, in: Vogel/Lehner, DBA, 2008, Einleitung, Rz. 194; *Musil*, Treaty Overriding, 2000, S. 37 f.; *Bron*, IStR 2007, S. 431 (435).

1742 Wiener Übereinkommen über das Recht der Verträge v. 23.05.1969, BGBl. II 1985, S. 926.

1743 Vgl. *Bron*, IStR 2007, S. 431 (435).

1744 Unbeachtlich ist hierbei, ob der einzelne Mitgliedstaat bereits Teil der EU war, als die FRL erlassen wurde, da diese Teil des von jedem neuen Mitgliedstaat zu übernehmenden sog. *Acquis communautaire* ist.

1745 Beispiel: Eine inlandsansässige Körperschaft mit inländischen Anteilseignern überträgt i.R. einer Spaltung einen Teilbetrieb auf eine tschechische Körperschaft. Während vor Durchführung der Spaltung ein uneingeschränktes inländisches Besteuerungsrecht hinsichtlich der Anteile an der Überträgerin besteht, existiert hinsichtlich des Gewinns aus einer Veräußerung der Anteile an der Übernehmerin nur ein anrechnungsverpflichtungsbehaftetes inländisches Besteuerungsrecht, siehe Art. 23 Abs. 1 Buchst. b Nr. 3, Art. 13 Abs. 3 DBA-Tschechoslowakei. Dennoch werden die Anteilseigner gem. § 13 Abs. 2 Satz 1 Nr. 2 Satz 1 Halbs. 1 UmwStG im Zeitpunkt der Spaltung nicht besteuert. Werden die erhaltenen Anteile an der tschechischen Körperschaft jedoch später veräußert, so sind sämtliche zu diesem Zeitpunkt in den Anteilen enthaltenen stillen Reserven vollständig in Deutschland zu versteuern, ohne dass gem. Art. 23 Abs. 1 Buchst. b Nr. 3, Art. 13 Abs. 3 DBA-Tschechoslowakei eine eventuelle tschechische Steuer angerechnet wird. Der *treaty override* ist in diesem Fall aber völkerrechtlich unbedenklich, da dessen Duldung durch die Mitgliedstaaten aus Art. 8 Abs. 6 FRL folgt.

1746 Die FRL stellt keine persönlichen Anforderungen hinsichtlich der spaltungsbeteiligten Anteilseigner.

1747 Beispiel: Eine inlandsansässige Körperschaft mit in China ansässigen, wesentlich beteiligten Anteilseignern überträgt i.R. einer Spaltung einen Teilbetrieb auf eine innerhalb der EU ansässige Körperschaft. Während vor Durchführung der Spaltung

c) Alternativverhältnis der Voraussetzungen für den Buchwertansatz

Entsprechend der Formulierung des § 13 Abs. 2 Satz 1 UmwStG bzw. § 20 Abs. 4a Satz 1 EStG („oder") besteht ein Alternativitätsverhältnis zwischen den dargestellten Voraussetzungen für eine Buchwertfortführung. Daraus folgt, dass eine kumulative Erfüllung beider Voraussetzungen nicht erforderlich ist.[1748]

Sofern der Buchwertansatz nicht aufgrund der Sicherstellung des deutschen Besteuerungsrechts an den Anteilen an der übernehmenden Körperschaft erfolgt, sondern auf die Anwendbarkeit des Art. 8 FRL gestützt wird, kann aufgrund des § 13 Abs. 2 Satz 1 Nr. 2 Satz 1 Halbs. 2 UmwStG bzw. § 20 Abs. 4a Satz 1 Halbs. 2 EStG eine für den Anteilseigner nachteilige Doppelbesteuerungssituation entstehen. Werden beide Voraussetzungen für die Steuerneutralität erfüllt, so sollte der Buchwertansatz deshalb stets unter Verweis auf die Sicherstellung des deutschen Besteuerungsrechts erfolgen.

2. Primärrechtliche Würdigung der Sofortbesteuerung

Im Folgenden wird geprüft, ob die Regelungen des § 20 Abs. 4a Satz 1 EStG sowie des § 13 Abs. 2 Satz 1 UmwStG einen Primärrechtsverstoß beinhalten.

a) Einschlägige Grundfreiheit

Nach § 20 Abs. 8 EStG findet § 20 Abs. 4a EStG keine Anwendung, soweit Einkünfte aus Gewerbebetrieb betroffen sind. Gewerbliche Einkünfte liegen selbst bei der Veräußerung von im Privatvermögen gehaltenen Anteilen an Kapitalgesellschaften sowie Genossenschaften vor, sofern die Voraussetzungen des § 17 Abs. 1 Satz 1 EStG erfüllt sind.[1749] Daraus ergibt sich, dass § 20 Abs. 4a EStG nur für die Veräußerung von im Privatvermögen gehaltenen Anteilen gilt, die weniger als fünf Jahre

hinsichtlich der Anteile an der Überträgerin ein uneingeschränktes inländisches Besteuerungsrecht gem. § 49 Abs. 1 Nr. 2 Buchst. e EStG, Art. 13 Abs. 4 DBA-China besteht, besteht für eine inländische Besteuerung des Gewinns aus einer Veräußerung der Anteile an der Übernehmerin grundsätzlich kein Anknüpfungspunkt. Dennoch unterliegt der in China ansässige Anteilseigner entsprechend § 13 Abs. 2 Satz 1 Nr. 2 Satz 1 Halbs. 2 UmwStG gem. § 49 Abs. 1 Nr. 2 Buchst. e Doppelbuchst. bb EStG der beschränkten Steuerpflicht, wenn die Anteile an der übernehmenden Körperschaft zu einem späteren Zeitpunkt veräußert werden.

1748 Vgl. *Dötsch*, in: Dötsch u.a., UmwStG, 2007, § 13 Rz. 21.

1749 Gem. § 17 Abs. 7 EStG gelten als Anteile i.S. des § 17 Abs. 1 Satz 1 EStG auch Anteile an Genossenschaften einschließlich der Europäischen Genossenschaft.

gehalten wurden und bzw. oder eine Beteiligung von unter einem Prozent am Kapital der jeweiligen Kapitalgesellschaft bzw. Genossenschaft repräsentieren. Somit kann die Rechtsnorm des § 20 Abs. 4a Satz 1 EStG grundsätzlich sowohl im Zusammenhang mit Portfolio- als auch mit Kontrollbeteiligungen zur Anwendung gelangen.

Die Regelung des § 13 Abs. 2 Satz 1 UmwStG differenziert generell nicht nach der Beteiligungshöhe.

Da folglich sowohl die Bestimmungen des § 20 Abs. 4a Satz 1 EStG als auch des § 13 Abs. 2 Satz 1 UmwStG nicht ausschließlich auf Portfolio- oder Kontrollbeteiligungen anzuwenden sind, ist die Frage nach der Anwendbarkeit der Kapitalverkehrs- oder Niederlassungsfreiheit stets allein in Abhängigkeit von der im konkreten Einzelfall vorliegenden Beteiligungshöhe zu beantworten.[1750]

b) Identifikation einer Beschränkung

Da sowohl § 20 Abs. 4a Satz 1 EStG als auch § 13 Abs. 2 Satz 1 UmwStG die Pflicht bzw. das Wahlrecht zum Ansatz des Buchwerts an die Erfüllung derselben materiell-rechtlichen Kriterien knüpfen, findet innerhalb dieses Gliederungspunkts nur die Regelung des § 13 Abs. 2 Satz 1 UmwStG Erwähnung.

Fraglich ist zunächst, ob § 13 Abs. 2 Satz 1 Nr. 1 UmwStG die Grundfreiheiten beschränkt. Eine Diskriminierung könnte vorliegen, weil der Ansatz des Buchwerts und damit die Steuerneutralität auf Ebene des einzelnen Gesellschafters ausgeschlossen ist, sofern das Recht der Bundesrepublik Deutschland zur Besteuerung des Gewinns aus der Veräußerung der Anteile an der übernehmenden Körperschaft gegenüber dem bisher bestehenden Recht zur Besteuerung des Veräußerungsgewinns aus den Anteilen am übertragenden Rechtsträger eingeschränkt ist. Während das Vorliegen einer offenen oder versteckten Diskriminierung sofort ausgeschlossen werden kann,[1751] ist zu untersuchen, ob die Regelung eine Diskriminierung aufgrund des Differenzierungskriteriums der Grenzüberschreitung enthält. Dies ist der Fall, wenn Anteilseigner, die an einer grenzüberschreitenden Spaltung beteiligt sind, schlechter gestellt werden, als wenn sie an einer hypothetischen vergleichbaren rein inländisch durchgeführten Spaltung beteiligt wären.

Wie in Teil 2,D.I.1.a)aa) gezeigt, können Hinausspaltungen i.S. des § 15 UmwStG zu einem Ausschluss oder einer Beschränkung des deutschen Besteuerungsrechts an den Anteilen an der übernehmenden Körperschaft führen, während dies bei entsprechenden rein innerstaatlich durchgeführten Spaltungen ausgeschlossen

---

1750 Siehe hierzu allgemein Teil 1,A.X.3.

1751 Die Diskriminierung tritt nicht in Abhängigkeit von der Staatsangehörigkeit oder der Ansässigkeit des Anteilseigners ein.

ist. Folglich ist eine Bewertung der Anteile zum Buchwert und damit auch eine Erfolgs- bzw. Steuerneutralität auf Ebene der Anteilseigner nach § 13 Abs. 2 Satz 1 Nr. 1 UmwStG nur im rein innerstaatlichen Fall immer möglich. Soweit der Besteuerungsaufschub hingegen im grenzüberschreitenden Fall nicht ermöglicht wird, führt diese Vorenthaltung eines steuerlichen Vorteils zu einem Liquiditätsnachteil für den betroffenen Anteilseigner und damit zu einer grundfreiheitlich relevanten Schlechterstellung. Somit enthält § 13 Abs. 1 Satz 1 Nr. 1 UmwStG eine vertikale Diskriminierung der Grundfreiheiten.

Fraglich ist, ob das gleiche auch für § 13 Abs. 2 Satz 1 Nr. 2 UmwStG gilt, wonach es für den Ansatz des Buchwerts alternativ auch genügt, wenn die Anteilsgewährung einen Anwendungsfall des Art. 8 FRL darstellt. Unter Berücksichtigung des Anwendungsbereichs der FRL begünstigt Art. 8 Abs. 1 und 2 FRL unter anderem an grenzüberschreitenden Auf- und Abspaltungen beteiligte Anteilseigner, falls es sich bei den übertragenden sowie übernehmenden Rechtsträgern um in verschiedenen EU-Mitgliedstaaten ansässige Körperschaften handelt, welche in Teil A des Anhangs I der FRL aufgezählt sind. Ein Abgleich mit dem Schutzbereich der Grundfreiheiten ergibt, dass der Anwendungsbereich des auf Art. 8 FRL verweisenden § 13 Abs. 2 Satz 1 Nr. 2 UmwStG zu eng gehalten ist, um Diskriminierungen generell auszuschließen. Zum einen greift Art. 8 FRL nur, sofern die an einer grenzüberschreitenden Spaltung beteiligten übertragenden und übernehmenden Rechtsträger im Anhang I Teil A der FRL aufgeführt sind. Sofern also ein dort nicht genannter, aber von Art. 54 AEUV erfasster ausländischer Rechtsträger einem von § 1 Abs. 2 UmwStG erfassten deutschen Rechtsträger entspricht, liegt eine Diskriminierung vor. Zum anderen sind, soweit die Kapitalverkehrsfreiheit anwendbar ist, auch solche Spaltungen grundfreiheitlich geschützt, an denen übertragende und übernehmende Rechtsträger beteiligt sind, die außerhalb der EU ansässig sind oder eine Rechtsform eines Drittstaats aufweisen.

Somit ist festzustellen, dass Anteilseigner aufgrund des § 13 Abs. 2 Satz 1 Nr. 2 Satz 1 Halbs. 1 UmwStG unter Umständen diskriminiert werden, wenn sie an einer grenzüberschreitenden statt an einer rein innerstaatlich durchgeführten Spaltung beteiligt sind.

Fraglich ist, ob darüber hinaus auch § 13 Abs. 2 Satz 1 Nr. 2 Satz 1 Halbs. 2 UmwStG eine grundfreiheitliche Beschränkung enthält. Ein *treaty override* stellt keinen grundfreiheitlichen Eingriff dar, sofern er nicht zur Benachteiligung von grenzüberschreitenden gegenüber rein innerstaatlichen Sachverhalten führt.[1752]

1752 Vgl. EuGH v. 06.12.2007, C-298/05 – *Columbus Container Services*, Slg. 2007, S. I-10451, Rn. 38 f.; EuGH v. 16.07.2009, Rs. C-128/08 – *Damseaux*, Slg. 2009, S. I-6823, Rn. 22; *Bron*, IStR 2007, S. 431 (435); *Terra/Wattel*, European Tax Law,

Indem die Bundesrepublik Deutschland einen späteren Veräußerungsgewinn ohne Rücksicht auf etwaige abkommensrechtliche Restriktionen besteuert, wird ein zuvor an einer grenzüberschreitenden Spaltung beteiligter Anteilsveräußerer so behandelt, wie dies auch der Fall wäre, wenn der Anteilseigner die zu veräußernden Anteile i.R. einer rein innerstaatlichen Spaltung erworben hätte. Eine Diskriminierung der grenzüberschreitenden Aktivitäten des Anteilseigners ist demnach in § 13 Abs. 2 Satz 1 Nr. 2 Satz 1 Halbs. 2 UmwStG nicht zu erkennen. Wie in Teil 2,D.I.1.b) bereits angesprochen, besteht bei einer Veräußerung der i.R. einer Spaltung gewährten Anteile an der übernehmenden Körperschaft allerdings die Gefahr einer Doppelbesteuerung. Diese kumulierte Steuerbelastung ist Ergebnis der jeweils diskriminierungsfreien Behandlung durch die beteiligten Staaten. Zwar werden hierdurch Anteilseigner, die an grenzüberschreitenden Spaltungen teilnehmen, schlechter behandelt, als wenn sie an rein innerstaatlichen Spaltungen beteiligt wären. Entsprechend der EuGH-Rechtsprechung sind aber Doppelbesteuerungssituationen, die aus der parallelen nicht-diskriminierenden Besteuerung durch verschiedene Hoheitsträger resultieren, grundfreiheitlich irrelevant.[1753]

Daraus ergibt sich, dass ein Grundfreiheitsverstoß hinsichtlich der steuerlichen Behandlung spaltungsbeteiligter Anteilseigner nur im Rahmen von Sachverhalten, die innerhalb des Anwendungsbereichs der FRL liegen, ausgeschlossen werden kann.

c) Vergleichbarkeit

Die in § 13 Abs. 2 Satz 1 UmwStG enthaltene vertikale Diskriminierung ist grundsätzlich verboten, sofern sich Anteilseigner, die an einer grenzüberschreitenden Spaltung teilnehmen, in einer vergleichbaren Situation befinden wie spaltungsbeteiligte Anteilseigner i.R. einer rein innerstaatlichen Spaltung. Die in Teil 2,B.I.1.g)bb) gewonnenen Erkenntnisse gelten hier entsprechend. Damit ist die Vergleichbarkeit der Situation der Anteilseigner gegeben.

Folglich liegt grundsätzlich ein Verstoß gegen die Grundfreiheiten vor, es sei denn, dass eine Rechtfertigung gelingt.

d) Rechtfertigung

Zu prüfen ist, ob es entsprechend der *rule of reason* gerechtfertigt ist, wenn ein an einer grenzüberschreitenden Spaltung beteiligter Anteilseigner aufgrund der

---

2008, S. 779; *Leitner*, in: FS Schaumburg, 2009, S. 889 (897); kritisch im Zusammenhang mit dem früheren Art. 293 EG *Lang*, in: FS Reiß, 2008, S. 679 (681 f.).

1753 Vgl. dazu Teil 1,A.VII.2.b) und Teil 1,A.VII.2.c).

Nichterfüllung der Voraussetzungen des § 13 Abs. 2 Satz 1 UmwStG den gemeinen Wert ansetzen muss und somit die in den Anteilen an der übertragenden Körperschaft enthaltenen stillen Reserven sofort zu versteuern hat. Da die in Teil 2,B.1.g) cc) erlangten Untersuchungserkenntnisse über die Rechtfertigbarkeit der Sofortbesteuerung auf Ebene des übertragenden Rechtsträgers auf die Regelung des § 13 Abs. 2 Satz 1 UmwStG übertragen werden können, verfolgt auch letztgenannte Regelung kein zwingendes Allgemeininteresse in verhältnismäßiger Weise. Damit ist ein grundfreiheitlicher Verstoß des § 13 Abs. 2 Satz 1 UmwStG zu konstatieren.

3. Konzeptueller Vorschlag einer unionsrechtskonformen Regelung

Da die Regelung des § 13 Abs. 2 Satz 1 UmwStG zwar mit den Vorgaben der FRL, nicht aber mit jenen der Grundfreiheiten vereinbar ist, stellt sich die Frage, welche Grundzüge eine unionsrechtskonforme Regelung über die steuerliche Behandlung der Anteilseigner aufweisen muss. Angesichts der Vorgaben des Art. 8 FRL ist unter Verweis auf die übertragbaren Erkenntnisse aus Teil 2,B.I.1.h)aa) festzustellen, dass ein diskriminierungsfreier Lösungsansatz hier nicht zielführend ist. Zu entwickeln ist daher ein in gerechtfertigter Weise diskriminierendes Regelungskonzept.

Das in Teil 2,B.I.h)bb) herausgearbeitete Konzept über eine europarechtskonforme Ersatzregelung für § 11 Abs. 2 Satz 1 Nr. 2 UmwStG kann grundsätzlich in entsprechender Weise auch auf die steuerliche Behandlung der Anteilseigner übertragen werden. Eine Ausnahme besteht jedoch hinsichtlich der Anteilseigner, die ihre Anteile im Privatvermögen halten. Da bei diesen Anteilseignern keine Klassifizierung der Anteile als Umlauf- oder Anlagevermögen erfolgt, muss hier generell auf eine Steuererhebung vor Eintritt der tatsächlichen Realisation der entstrickten stillen Reserven in den erhaltenen Anteilen verzichtet werden. Dies ist darin begründet, dass es im Ausland kaum möglich sein wird, Abschreibungen auf im Privatvermögen liegende Anteile geltend zu machen. Da eine steuermindernde Nutzung einer etwaigen im Ausland steuerneutal gewährten Wertaufstockung somit nicht in Betracht kommt, scheidet insoweit eine auf das Kohärenzargument gestützte vorzeitige Erhebung einer in Deutschland festgesetzten Entstrickungssteuer aus.

II. Spaltungen nach § 16 UmwStG

1. Besteuerung von Dividendenbezügen

Nach § 7 Satz 1 UmwStG entstehen bei den Anteilseignern der übertragenden Körperschaft Einkünfte i.S. des § 20 Abs. 1 Nr. 1 EStG. Damit sind diese Bezüge nur für solche Anteilseigner zu ermitteln, die mit ihren im Zusammenhang mit den Anteilen an der übertragenden Körperschaft stehenden Dividendeneinkünften grundsätzlich, d.h. ungeachtet etwaiger einschränkender DBA-Normen, der deutschen Besteuerung unterliegen. Während dies bei unbeschränkt Steuerpflichtigen stets der Fall ist, sind Dividendeneinkünfte beschränkt Steuerpflichtiger gem. (§ 8 Abs. 1 Satz 1 KStG i.V.m.) § 49 Abs. 1 Nr. 2 Buchst. a EStG oder (§ 8 Abs. 1 Satz 1 KStG i.V.m.) (§ 49 Abs. 2 i.V.m.) § 49 Abs. 1 Nr. 5 Buchst. a Halbs. 1 EStG nur dann grundsätzlich steuerpflichtig, wenn sie entweder einer inländischen Betriebsstätte zuzuordnen sind oder wenn die Körperschaft, an der die Anteile bestehen, im Inland steuerlich ansässig ist. Obwohl § 49 Abs. 1 Nr. 5 Buchst. a Halbs. 1 EStG das Vorhandensein eines inländischen Schuldners voraussetzt, scheitert die Anwendung dieser Norm nicht an der aus zivilrechtlicher Sicht fehlenden Schuldnereigenschaft der übertragenden Körperschaft. Bestandteil der Ausschüttungsfiktion des § 7 UmwStG ist auch, dass die übertragende Körperschaft insoweit als Schuldner gilt.[1754]

Nach § 7 Satz 2 UmwStG ist für die Anwendung des § 7 Abs. 1 Satz 1 UmwStG unbeachtlich, ob für den jeweiligen Anteilseigner ein Übernahmeergebnis nach §§ 4, 5 UmwStG zu ermitteln ist.[1755] Eine bloße Pflicht zur Ermittlung von Bezügen nach § 7 Satz 1 UmwStG ergibt sich somit für beschränkt Steuerpflichtige, die im Privatvermögen oder einem ausländischen Betriebsvermögen Anteile an der übertragenden Körperschaft halten, die keine Anteile i.S. des § 17 EStG sind. Ein Übernahmeergebnis nach § 4 Abs. 4 UmwStG ist in diesem Fall angesichts der Voraussetzungen des (§ 49 Abs. 2 i.V.m.) § 49 Abs. 1 Nr. 2 Buchst. e EStG nicht zu ermitteln.[1756]

Die Höhe der Bezüge nach § 7 Satz 1 UmwStG ergibt sich aus dem mit der Beteiligungsquote des Anteilseigners multiplizierten, in der Übertragungsbilanz

---

1754 Vgl. *Benecke/Beinert*, FR 2010, S. 1120 (1122, Anmerkung *Benecke*); *Schnitter*, in: Frotscher/Maas, KStG/GewStG/UmwStG, § 7 UmwStG Rz. 32 (91. Lfg., 2008); *Birkemeier*, in: Rödder/Herlinghaus/van Lishaut, UmwStG, 2008, § 7 Rz. 9; *Widmann*, in: Widmann/Mayer, UmwG/UmwStG, § 7 UmwStG Rz. 100 (106. Lfg., 2009); zweifelnd *Pung*, in: Dötsch u.a., UmwStG, 2007, § 7 UmwStG Rz. 20; a.A. *Benecke/Beinert*, FR 2010, S. 1120 (1122, Anmerkung *Beinert*).

1755 Soweit das Übernahmeergebnis einheitlich und gesondert festgestellt wird, sind auch die entsprechenden Bezüge i.S. des § 7 Satz 1 UmwStG in die einheitliche und gesonderte Gewinnfeststellung einzubeziehen, vgl. *Klingebiel* u.a. Umwandlungssteuerrecht, 2008, S. 166; *Pung*, in: Dötsch u.a., UmwStG, 2007, § 7 Rz. 23.

1756 Etwas anderes ergibt sich, wenn der Auffassung gefolgt wird, dass das Übernahmeergebnis aufgrund der Einlagefiktion des § 5 Abs. 2 bzw. 3 UmwStG nach § 49 Abs. 1 Nr. 2 Buchst. a UmwStG steuerpflichtig ist.

ausgewiesenen und um die Komponenten des Nennkapitals sowie des steuerlichen Einlagekontos geminderten Eigenkapital der übertragenden Körperschaft. Sofern die Überträgerin i.R. einer grenzüberschreitenden Spaltung stille Reserven aufzudecken hat, erhöhen sich ihr Jahresüberschuss und damit auch die von den Anteilseignern zu versteuernden Bezüge i.S. des § 7 UmwStG entsprechend. Sofern die an einer grenzüberschreitenden Spaltung beteiligte übertragende Körperschaft nicht unbeschränkt steuerpflichtig ist, wurde für diese bisher kein steuerliches Einlagekonto i.S. des § 27 Abs. 1 Satz 1 KStG festgestellt. In diesem Fall tritt analog § 29 Abs. 6 Satz 1 KStG der Bestand der nicht in das Nennkapital geleisteten Einlagen an die Stelle des steuerlichen Einlagekontos.[1757] Sofern die Bezüge nach § 7 Satz 1 UmwStG i.R. einer inländischen Steuerveranlagung erfasst werden, sind die § 3 Nr. 40 Buchst. a, § 3c Abs. 2 EStG bzw. § 8b Abs. 1 Satz 1, Abs. 4, Abs. 5 KStG anzuwenden.[1758]

Da die Bezüge nach § 7 Satz 1 UmwStG als Einkünfte i.S. des § 20 Abs. 1 Nr. 1 EStG gelten, unterliegen sie gem. § 43 Abs. 1 Satz 1 Nr. 1 Satz 1 EStG der Kapitalertragsteuer, sofern diese Bezüge bzw. Kapitalerträge inländisch sind.[1759] Falls die Bezüge bzw. Kapitalerträge hingegen als ausländisch gelten, ist ein Kapitalertragsteuerabzug nach § 43 Abs. 1 Satz 1 Nr. 6 EStG vorzunehmen. Dividendenerträge sind gem. § 43 Abs. 3 Satz 1 Halbs. 1 EStG inländisch, wenn der Schuldner, hier also die übertragende Körperschaft,[1760] Geschäftsleitung oder Sitz

1757 Vgl. *Förster/Felchner*, DB 2006, S. 1072 (1080). Die in Teil 2,C.I.4 gemachten Ausführungen gelten hier entsprechend.

1758 Vgl. *Pung*, in: Dötsch u.a., UmwStG, 2007, § 7 Rz. 7. Infolge der Änderungen durch das Gesetz zur Umsetzung des EuGH-Urteils vom 20.10.2011 in der Rs. C-284/09 (EuGHDivUmsG) v. 21.03.2013, BGBl. I 2013, S. 561 werden Dividenden, die nach dem 28.02.2013 zufließen, nicht mehr nach § 8b Abs. 1 Satz 1, Abs. 5 KStG begünstigt, wenn die unmittelbar oder mittelbar über Mitunternehmerschaften gehaltene Beteiligung des Anteilseigners zu Beginn des jeweiligen Kalenderjahres weniger als zehn Prozenz beträgt, siehe § 8b Abs. 4, § 34 Abs. 7a Satz 2 KStG.

1759 Vgl. BMF v. 16.12.2003, IV A 2-S 1978-16/03, BStBl. I 2003, S. 768 Rz. 10; BT-Drs. 16/2710, S. 40; *Herrmann*, in: Frotscher/Maas, § 7 UmwStG Rz. 23 (91. Lfg., 2008); *Widmann*, in: Widmann/Mayer, UmwG/UmwStG, § 7 UmwStG Rz. 39 (106. Lfg., 2009). Einen Kapitalertragsteuerabzug hingegen ablehnend, da die Anteilseigner mangels Forderung gegenüber der übertragenden Körperschaft nicht wie von § 44 Abs. 1 Satz 2 EStG vorausgesetzt als Gläubiger anzusehen seien, *Pung*, in: Dötsch u.a., UmwStG, 2007, § 7 Rz. 18 und 20.

1760 Die übertragende Körperschaft ist zwar im zivilrechtlichen Sinn nicht Schuldnerin der Kapitalerträge, da es sich bei den Bezügen i.S. des § 7 UmwStG nicht um tatsächlich ausgezahlte Dividenden handelt, vgl. *Benecke/Beinert*, FR 2010, S. 1120 im Inland hat. Ausländische Dividendenerträge liegen gem. § 43 Abs. 3 Satz 4 EStG vor, wenn die Voraussetzung des § 43 Abs. 3 Satz 1 Halbs. 1 EStG nicht erfüllt ist.[1761]

Bei beschränkt Steuerpflichtigen ist ggf. die Abgeltungswirkung der Kapitalertragsteuer nach § 32 Abs. 1 Nr. 2 KStG bzw. § 50 Abs. 2 EStG zu beachten.[1762]

Eine nach § 43b Abs. 1 Satz 1 und 2 EStG im Fall von Dividendenbezügen grundsätzlich denkbare Nichterhebung der Kapitalertragsteuer ist gem. § 43b Abs. 1 Satz 4 EStG generell ausgeschlossen, sofern die Dividenden anlässlich einer Spaltung zufließen.[1763]

Nach Ermittlung der Bezüge i.S. des § 7 Satz 1 UmwStG ist zu prüfen, ob das grundsätzlich bestehende deutsche Besteuerungsrecht durch ein DBA eingeschränkt wird. Hierbei ist zu berücksichtigen, dass die Bezüge nach § 7 Satz 1 UmwStG

(1121). Dennoch kann eine übertragende Körperschaft unter den Schuldnerbegriff des § 43 Abs. 3 EStG subsumiert werden, da diese Norm erkennbar nur dazu dient, inländische Kapitalerträge von ausländischen Kapitalerträgen abzugrenzen, vgl. *Benecke/Beinert*, FR 2010, S. 1120 (1121); *Widmann*, in: Widmann/Mayer, UmwG/UmwStG, § 7 UmwStG Rz. 39 (106. Lfg., 2009).

1761 Bei inländischen Dividenden ist gem. § 44 Abs. 1 Satz 3 EStG der Schuldner der Kapitalerträge verpflichtet, den Steuerabzug für Rechnung des Gläubigers vorzunehmen. Im Fall ausländischer Dividenden hat der Steuerabzug hingegen durch die die Kapitalerträge auszahlende Stelle zu erfolgen. Diese ist gem. § 44 Abs. 1 Satz 4 Nr. 1 Buchst. a Doppelbuchst. aa EStG das inländische Kreditinstitut, das die Anteile verwahrt oder verwaltet oder deren Veräußerung durchführt und die Kapitalerträge gutschreibt. Nach § 44a Abs. 7 Satz 2 EStG kann vom Kapitalertragsteuerabzug Abstand genommen werden, soweit es sich u.a. um Erträge aus Anteilen an Gesellschaften mit beschränkter Haftung oder Erwerbs- und Wirtschaftsgenossenschaften handelt. Hier sind ausländische Körperschaften gleich zu behandeln, sofern sie nach dem Typenvergleich den genannten deutschen Rechtsformen entsprechen.

1762 Vgl *Rödder/Schumacher*, DStR 2006, S. 1525 (1531). Siehe hierzu die Ausführungen in Teil 2.B.I.4.b)cc). Hinsichtlich Dividenden, die durch beschränkt steuerpflichtige Körperschaften bezogen werden, führte auch das Gesetz zur Umsetzung des EuGH-Urteils vom 20.10.2011 in der Rs. C-284/09 (EuGHDivUmsG) v. 21.03.2013, BGBl. I 2013, S. 561 grundsätzlich nicht zu einer Beseitigung bestehender Unionsrechtsverstöße, da es insoweit ungeachtet des neugefassten § 8b Abs. 4 KStG bei der abgeltenden Wirkung des Kapitalertragsteuerabzugs nach § 32 Abs. 1 Nr. 2 KStG bleibt. Eine unionsrechtskonforme Behandlung erfahren m.E. lediglich die von dem neu eingeführten § 32 Abs. 5 KStG erfassten Altfälle, in denen eine vollständige Erstattung der einbehaltenen Kapitalertragsteuer erfolgt.

1763 Vgl. *Benecke/Beinert*, FR 2010, S. 1120 (1122).

abkommensrechtlich wie Dividenden behandelt werden.[1764] Sofern ein unbeschränkt Steuerpflichtiger die Anteile an der übertragenden Körperschaft im Privatvermögen oder einem inländischen Betriebsvermögen hält, dürfen die hieraus rührenden Dividenden regelmäßig entsprechend Art. 10 Abs. 1 OECD-MA durch den deutschen Fiskus besteuert werden. Allerdings darf in diesem Fall auch der Quellenstaat regelmäßig entsprechend Art 10 Abs. 2 OECD-MA in Höhe eines beschränkten Quellensteuersatzes auf diese Einkünfte zugreifen.[1765] Die in diesem Fall erhobenen ausländischen Steuern werden im Einklang mit Art. 23A Abs. 2 OECD-MA entsprechend § 34c EStG bzw. § 26 KStG auf die deutsche Steuerschuld angerechnet.[1766]

Sind die Bezüge i.S. des § 7 UmwStG einer ausländischen Betriebsstätte eines unbeschränkt Steuerpflichtigen zuzuordnen, weil die Anteile an der übertragenden Körperschaft zu ebendieser Betriebsstätte gehören, so ist regelmäßig entsprechend den Art. 10 Abs. 4, Art. 7 Abs. 1 OECD-MA zwar der ausländische Betriebsstättenstaat, nicht aber der Ansässigkeitsstaat Deutschland zur Besteuerung der Einkünfte berechtigt.

Hinsichtlich des deutschen Rechts zur Besteuerung von Dividendeneinkünften beschränkt Steuerpflichtiger gilt das bereits Gesagte in umgekehrter Weise.[1767]

Falls die Dividendeneinkünfte einer inländischen Betriebsstätte eines beschränkt Steuerpflichtigen zuzuordnen sind, steht dessen Ansässigkeitsstaat insoweit zwar regelmäßig entsprechend Art. 10 Abs. 4, Art. 7 Abs. 1 OECD-MA kein Besteuerungsrecht zu. Allerdings kann dennoch die Anrechnung einer ausländischen Steuer aufgrund des (§ 31 Abs. 1 Satz 1 KStG i.V.m.) § 50 Abs. 3 EStG geboten sein, sofern die übertragende Körperschaft in einem vom

---

1764 Vgl. BMF v. 11.11.2011, IV C 2-S 1978-b/08/10001, BStBl. I 2011, S. 1314, Tz. 07.02; *Pung*, in: Dötsch u.a., UmwStG, 2007, § 4 Rz. 5; *Wassermeyer*, in: Debatin/Wassermeyer, DBA, Art. 13 OECD-MA Rz. 136 (114. Lfg., 2011); *Förster/Felchner*, DB 2006, S. 1072 (1079); *Benecke/Schnitger*, IStR 2006, S. 765 (773); *Benecke/Beinert*, FR 2010, S. 1120 (1121).

1765 Vgl. *Pung*, in: Dötsch u.a., UmwStG, 2007, § 7 Rz. 18; *Benecke/Schnitger*, IStR 2006, S. 765 (773).

1766 Sofern die Bezüge nach § 7 Satz 1 UmwStG durch eine Körperschaft erzielt werden und die Bezüge zugleich nach § 8b Abs. 1 KStG steuerfrei sind, ist eine Steueranrechnung jedoch faktisch nicht möglich, da in diesem Fall kein Anrechnungsvolumen zur Verfügung steht, vgl. *Pung*, in: Dötsch u.a., UmwStG, 2007, § 7 Rz. 27. Dies gilt ungeachtet der Tatsache, dass nach § 8b Abs. 5 KStG 5% des Gewinns als nicht abziehbare Betriebsausgaben gelten.

1767 Sofern entsprechend Art. 10 Abs. 2 OECD-MA ein der Höhe nach beschränktes deutsches Besteuerungsrecht vorliegt, ist die Regelung des § 50d EStG zu beachten. Siehe hierzu Teil 2,B.I.4.b)dd).

Ansässigkeitsstaat des Anteilseigners abweichenden ausländischen Staat ansässig ist (Drei-Staaten-Konstellation).

Beispiel 33: Die im EU-Staat E ansässige E-SE spaltet einen Teilbetrieb auf die in Deutschland ansässige D-KG ab. Sämtliche Anteile an der E-SE gehören zum Betriebsvermögen einer in Deutschland belegenen Betriebsstätte einer im Staat F ansässigen natürlichen Person P. Zwischen allen der genannten Staaten ist jeweils ein dem OECD-MA vergleichbares DBA anzuwenden.

Der im Staat F ansässige P erzielt nach § 7 UmwStG Einkünfte i.S. des § 20 Abs. 1 Nr. 1 EStG. Diese werden gem. § 20 Abs. 8 EStG in gewerbliche Einkünfte nach § 15 Abs. 1 Satz 1 Nr. 1 EStG umqualifiziert, da sie i.R. der gewerblichen inländischen Betriebsstättentätigkeit erzielt werden. Gem. § 49 Abs. 1 Nr. 2 Buchst. a EStG besteht insoweit grundsätzlich eine beschränkte Steuerpflicht in Deutschland. Im Verhältnis zwischen Deutschland und Staat F ergibt sich aus Art. 7 Abs. 1 Satz 2 OECD-MA, dass die der inländischen Betriebsstätte zuzuordnenden Dividendeneinkünfte ausschließlich in Deutschland zu versteuern sind.

Entsprechend der Aufteilung von Besteuerungsrechten zwischen Staat E und Staat F ist Staat F als Ansässigkeitsstaat des P zur Besteuerung der durch die Spaltung bedingten Bezüge berechtigt. Sofern P nach Auffassung des Staats E Dividenden erzielt, ergibt sich dies aus Art. 10 Abs. 1 und 3 OECD-MA, ansonsten nach Art. 21 Abs. 1 OECD-MA. Falls der Staat E Dividendeneinkünfte annimmt, steht ihm als Quellenstaat entsprechend Art. 10 Abs. 2 Buchst. b OECD-MA ein auf 15% des Bruttobetrags der Dividenden beschränktes Recht zur Quellenbesteuerung zu.

Da Staat F zwar nicht aufgrund des mit Staat E, wohl aber wegen des mit Deutschland geschlossenen DBA auf eine Besteuerung der Dividendenbezüge gänzlich verzichten muss, kann in Staat F keine Anrechnung der im Quellenstaat E ggf. anfallenden Steuern erfolgen. Für diese Fälle ermöglicht § 50 Abs. 3 EStG ausnahmsweise auch einem beschränkt Steuerpflichtigen eine Steueranrechnung entsprechend § 34c Abs. 1 bis 3 EStG in Deutschland.

Neben Bezügen i.S. des § 7 Satz 1 UmwStG erzielt der in Staat F ansässige P auch ein Übernahmeergebnis nach § 4 Abs. 4 ff. UmwStG. Fraglich ist, in welchem Staat dieses steuerlich zu berücksichtigen ist. Entsprechend Art. 13 Abs. 5 des zwischen Staat E und Staat F geschlossenen DBA steht das Besteuerungsrecht an den Anteilen zwar dem Ansässigkeitsstaat des Anteilseigners, also Staat F, zu. Allerdings sind die Anteile der in Deutschland belegenen Betriebsstätte des Anteilseigners zuzuordnen. Folglich unterliegen die Einkünfte hieraus grundsätzlich gem. § 49 Abs. 1 Nr. 2 Buchst. a EStG der beschränkten Steuerpflicht in Deutschland. Da das deutsche Besteuerungsrecht entsprechend Art. 13 Abs. 2 OECD-MA abkommensrechtlich bestätigt wird, hat Staat F insoweit auf eine Besteuerung zu verzichten.

Die Bezüge i.S. des § 7 UmwStG fließen gem. § 18 Abs. 1 Satz 1 UmwStG grundsätzlich in die Ermittlung des Gewerbeertrags nach § 7 GewStG ein, sofern sie i.R. eines inländischen stehenden Gewerbebetriebs erzielt werden. Die Regelung des § 18 Abs. 2 Satz 2 UmwStG bestimmt allerdings, dass ein beim Anteilseigner ermittelter Gewerbeertrag insoweit zu kürzen ist, als die Bezüge i.S. des § 7 UmwStG den Gewerbeertrag erhöht haben.

2. Unionsrechtliche Würdigung

a) Entstehung von steuerpflichtigen Einkünften

Teilweise wird angenommen, dass die Entstehung von steuerpflichtigen Bezügen i.S. des § 7 UmwStG an sich bereits einen Sekundärrechtsverstoß begründet.[1768] Tatsächlich hat eine Besteuerung der spaltungsbeteiligten Anteilseigner im Anwendungsbereich der FRL grundsätzlich entsprechend Art. 8 Abs. 1 bzw. 2 FRL zu unterbleiben. Allerdings werden die an einer durch die FRL geschützten Spaltung beteiligten Anteilseigner nur dann nach § 7 UmwStG behandelt, wenn es sich bei der übernehmenden Gesellschaft um eine hybride Gesellschaft handelt. Da es den Mitgliedstaaten gem. Art. 11 Abs. 3 FRL im Fall von übernehmenden hybriden Gesellschaften gestattet ist, die Bestimmungen des Art. 8 Abs. 1 bis 3 FRL außer Acht zu lassen, verstößt eine Besteuerung der Anteilseigner anlässlich einer Spaltung somit nicht gegen richtlinienrechtliche Vorgaben.

b) Höhe der Bezüge i.S. des § 7 UmwStG

Die nach § 7 Satz 1 UmwStG zu versteuernden Eigenkapitalbestandteile der übertragenden Körperschaft sind betragsmäßig umso höher, je mehr stille Reserven aufgrund des Übertragungsvorgangs i.R. der Spaltung aufgedeckt werden.[1769] Wie bereits dargestellt wurde, können insbesondere grenzüberschreitende Spaltungen zu einer zwangsweisen vorzeitigen Realisation stiller Reserven auf Ebene des übertragenden Rechtsträgers führen, was wiederum entsprechend höhere Wertansätze in der Übertragungsbilanz und eine damit korrespondierende Aufstockung der offenen Rücklagen der Überträgerin bewirkt. Soweit die Aufdeckung der stillen Reserven entgegen der Wahlrechtsausübung der übertragenden Körperschaft aufgrund steuerlicher Entstrickungen erzwungen wird, bedeutet dies eine grundfreiheitliche Diskriminierung. Indem die Regelung des § 7 Satz 1 UmwStG die Besteuerung der durch die verpflichtende Aufdeckung stiller Reserven erhöhten offenen Rücklagen anordnet, macht sie sich entgegen ihrer vordergründig diskriminierungsfreien Ausgestaltung indirekt die diskriminierende Wirkung des § 3 Abs. 2 Satz 1 Nr. 2 UmwStG zu eigen.

1768 Vgl. *Körner*, IStR 2006, S. 109 (111).

1769 Vgl. *Pung*, in: Dötsch u.a., UmwStG, 2007, § 7 Rz. 8; *Schaflitzl/Widmayer*, BB-Beilage 8/2006, S. 36 (43).

Gleiches gilt hinsichtlich des Übernahmegewinns nach § 4 Abs. 4 Satz 1 UmwStG. Nach dieser Norm bestimmt sich der Übernahmegewinn unter Zugrundelegung der Werte, mit denen die übernommenen WG durch den übernehmenden Rechtsträger anzusetzen sind, wobei sich diese Werte nach § 4 Abs. 1 Satz 1 UmwStG wiederum nach den Werten richten, die die übertragende Gesellschaft nach § 3 UmwStG anzusetzen hat.

Fraglich ist, ob die in § 7 Satz 1 und § 4 Abs. 4 Satz 1 UmwStG enthaltenen konsekutiven Diskriminierungen gerechtfertigt werden können. In Betracht kommt allenfalls eine Rechtfertigung aufgrund des Kohärenzarguments, sofern aus der Verflechtung der Regelungen über den Übernahmegewinn sowie die Besteuerung der Anteilseigner spezifische Vorteile für grenzüberschreitende Vorgänge resultieren, welche die dargestellten steuerlichen Nachteile kompensieren. Hierbei ist insbesondere die Regelung des § 4 Abs. 5 Satz 2 UmwStG zu beachten, wonach das Übernahmeergebnis um die Bezüge nach § 7 UmwStG gemindert wird.

Beispiel 34: Einer inländischen Kapitalgesellschaft, deren Anteile allesamt durch eine im Inland ansässige natürliche Person gehalten werden, gehören zwei inländische Teilbetriebe von identischen Buch- und gemeinen Werten. I.R. einer Hinausspaltung wird einer der beiden Teilbetriebe auf eine im EU-Ausland ansässige Personengesellschaft, die im Zuge der Spaltung gegründet wird, übertragen. Der Buchwert des übertragenen Vermögens beträgt 200. Das darauf entfallende Stammkapital beträgt vor der Abspaltung 50, das steuerliche Einlagekonto 0 und die offenen Rücklagen 150. Der gemeine Wert des übertragenen Betriebsvermögens beträgt 400.

Die auf den abgespaltenen Teilbetrieb entfallenden Anteile an der Kapitalgesellschaft wurden durch den Anteilseigner für 300 angeschafft.

Variante a: Das übertragene Betriebsvermögen wird mit dem Buchwert angesetzt. Da die offenen Rücklagen der übertragenden Kapitalgesellschaft somit 150 betragen, hat der Anteilseigner Bezüge nach § 7 Satz 1 UmwStG i.H.v. (150 × 0,6 =) 90 zu versteuern. Das nach § 4 Abs. 4 Satz 1 UmwStG zu ermittelnde Übernahmeergebnis erster Stufe beträgt (200 ./. 300 =) ./.100. Das sich nach Anwendung des § 4 Abs. 5 Satz 2 UmwStG ergebende Übernahmeergebnis zweiter Stufe beträgt (./.100 ./. 150 =) ./.250. Nach § 4 Abs. 6 Satz 4 UmwStG ist ein Übernahmeergebnis i.H.v. (./.150 × 0,6 =) ./.90 € steuerlich zu berücksichtigen. Insgesamt ergeben sich damit steuerpflichtige Einkünfte i.H.v. (90 ./. 90 =) 0.

Variante b: Das übertragene Betriebsvermögen wird mit dem gemeinen Wert angesetzt. Die offenen Rücklagen der Kapitalgesellschaft betragen demnach 350. Folglich unterliegen auf Ebene des Anteilseigners Bezüge i.S. des § 7 Satz 1 UmwStG i.H.v. (350 × 0,6 =) 210 der Besteuerung. Das Übernahmeergebnis erster Stufe beträgt (400 ./. 300 =) 100. Das Übernahmeergebnis zweiter Stufe beträgt (100 ./. 350 =) ./.250. Nach § 4 Abs. 6 Satz 4 UmwStG ist ein Übernahmeergebnis i.H.v. (./.250 × 0,6 =) ./.150 steuerlich zu berücksichtigen. Insgesamt ergeben sich damit steuerpflichtige Einkünfte i.H.v. (210 ./. 150 =) 60.

Der Beispielsfall 34 zeigt, dass die steuerliche Behandlung eines Übernahmeergebnisses nach den §§ 4, 5 UmwStG im Fall eines auf Ebene der übertragenden Körperschaft angesetzten höheren Wertansatzes günstiger wird. Allerdings kann dieser Vorteil den damit einhergehenden Nachteil einer Besteuerung von höheren Bezügen i.S. des § 7 UmwStG nur teilweise ausgleichen.

Bei Anteilseignern, für die kein Übernahmeergebnis nach §§ 4, 5 UmwStG zu ermitteln ist, erfolgt sogar keinerlei Ausgleich der steuerlichen Benachteiligung durch § 7 UmwStG.

Dies führt zu dem Ergebnis, dass die steuerliche Behandlung des Übernahmeergebnisses sowie die Besteuerung der Anteilseigner mit den Vorgaben des Primärrechts nicht kompatibel ist. Eine grundfreiheitskonforme Lösung setzt voraus, dass die Regelungen des § 7 Satz 1 sowie § 4 Abs. 4 Satz 1 UmwStG an Werte anknüpfen, die auf dem von der übertragenden Körperschaft gewählten Wertansatz basieren. Soweit der Ansatz des gemeinen Werts erzwungen wurde, darf dieser nicht auf die genannten Regelungen durchschlagen.

c) Quellensteuerausschluss bei bestimmten EU-Konzernen

Die Regelungen des § 43b EStG dienen der Umsetzung der Vorgaben des Art. 5 Abs. 1 und des Art. 6 MTRL, wonach im Zusammenhang mit Dividenden, die eine Tochtergesellschaft an ihre Muttergesellschaft ausschüttet, kein Steuerabzug an der Quelle erfolgen darf. Nach § 43b Abs. 1 Satz 1 und 2 EStG wird auf Antrag die Kapitalertragsteuer für Dividenden, die eine Tochtergesellschaft an eine im In- oder Ausland ansässige Muttergesellschaft zahlt, nicht erhoben, sofern die Dividendeneinkünfte einer in einem anderen EU-Mitgliedstaat belegenen Betriebsstätte der Muttergesellschaft zuzuordnen sind.

Eine Muttergesellschaft liegt nach § 43b Abs. 2 Satz 1 EStG insbesondere nur dann vor, wenn diese eine der in Anlage 2 des EStG genannten Rechtsformen aufweist und entsprechend Art. 3 Abs. 1 Buchst. a MTRL zu mindestens 10% unmittelbar an der ausschüttenden Körperschaft beteiligt ist. Eine Tochtergesellschaft muss gem. § 43b Abs. 2 Satz 3 EStG insbesondere eine in Anlage 2 des EStG aufgezählte, unbeschränkt steuerpflichtige Gesellschaft sein, deren Anteile entsprechend Art. 3 Abs. 1 Buchst. b MTRL zumindest teilweise von der Muttergesellschaft gehalten werden.

Entsprechend § 43b Abs. 1 Satz 4 EStG ist eine Privilegierung durch § 43b EStG unter anderem hinsichtlich der Kapitalerträge ausgeschlossen, die i.R. von Umwandlungen erzielt werden. Damit schließt der nationale Gesetzgeber eine Anwendung der kapitalertragsteuerlichen Privilegierung durch § 43b EStG aus, soweit Bezüge i.S. des § 7 UmwStG betroffen sind.

Der Grund für die Vorenthaltung der kapitalertragsteuerlichen Begünstigungen im Zusammenhang mit Umwandlungen ist wohl in einer falschen Auslegung des Art. 4 Abs. 1 MTRL begründet. Nach dieser Bestimmung hat der Ansässigkeitsstaat der Muttergesellschaft bzw. der Belegenheitsstaat der Betriebsstätte, der die Gewinnausschüttungen der Tochtergesellschaft zufließen, grundsätzlich entweder auf eine Besteuerung dieser Dividenden zu verzichten oder eine Anrechnung der auf Ebene der ausschüttenden Gesellschaft entstandenen Steuern zuzulassen. Dies gilt jedoch ausdrücklich nicht, sofern die Gewinne anlässlich einer Liquidation der Tochtergesellschaft ausgeschüttet werden.

Tatsächlich ähnelt die Regelung des § 7 Satz 1 UmwStG derjenigen des § 20 Abs. 1 Nr. 2 EStG, wonach Anteilseigner auch im Fall von Liquidationen Bezüge i.H. des Eigenkapitals abzüglich der Eigenkapitalkomponenten des Nennkapitals sowie des steuerlichen Einlagekontos zu versteuern haben.[1770] Da Umwandlungsvorgänge im Gegensatz zu einer Liquidation aber auf die Fortführung einer bestehenden unternehmerischen Tätigkeit gerichtet sind, kann der richtlinienrechtliche Begriff der Liquidation nicht so weit ausgelegt werden, dass darunter auch Umwandlungen subsumiert werden können.[1771]

Unabhängig davon betrifft Art. 4 Abs. 1 MTRL m.E. ausschließlich die endgültige Besteuerung von Gewinnausschüttungen i.R. einer Steuerveranlagung. Da § 43b EStG hingegen Regelungen über den Einbehalt von Kapitalertragsteuer enthält, sind insoweit die Vorgaben der Art. 5 Abs. 1 und Art. 6 MTRL zu beachten. Danach hat im Anwendungsbereich der MTRL ein Steuerabzug an der Quelle mangels Einschränkung unabhängig davon zu unterbleiben, ob die entsprechenden Bezüge i.R. einer Liquidation zufließen.

Im Ergebnis ist deshalb festzustellen, dass die generelle kapitalertragsteuerrechtliche Nichtbegünstigung von Bezügen i.S. des § 7 UmwStG gegen sekundärrechtliche Vorgaben verstößt. Eine Richtlinienkonformität kann nur durch die Streichung des § 43b Abs. 1 Satz 4 EStG erreicht werden.

d) Abkommensrechtliche Quellensteuerbegrenzung

Sofern ein Anteilseigner i.R. der beschränkten inländischen Steuerpflicht Bezüge i.S. des § 7 UmwStG versteuern muss, hat Deutschland bei Anwendbarkeit eines

---

1770 Vgl. *Pung*, in: Dötsch u.a., UmwStG, 2007, § 7 Rz. 4.

1771 Speziell im Zusammenhang mit Fusionen i.S. des Art. 2 Buchst. a FRL zum gleichen Ergebnis gelangend EuGH v. 18.10.2012, Rs. C-371/11 – *Punch Graphix Prepress Belgium*, n.n.v., Rn. 30 bis 37; a.A. ohne Begründung *Förster*, DB 2007, S. 72 (80).

DBA regelmäßig entsprechend Art. 10 Abs. 2 OECD-MA eine Steuersatzbegrenzung zu beachten.

Fraglich ist, ob Deutschland i.R. der Kapitalertragbesteuerung die durch einen beschränkt steuerpflichtigen, grundfreiheitlich geschützten Anteilseigner erzielten Bezüge nach § 7 UmwStG abweichend von den Regelungen des mit dem Ansässigkeitsstaat des Steuerpflichtigen geschlossenen DBA mit einem (noch) niedrigeren Quellensteuersatz zu besteuern hat, sofern Deutschland mit einem dritten Staat ein Abkommen geschlossen hat, welches gegenüber dem anzuwendenden DBA eine weitgehendere Einschränkung der Besteuerung durch den Quellenstaat vorsieht. Die steuerliche Situation des die Einkünfte erzielenden Anteilseigners ist entsprechend der Rechtsprechung des EuGH nicht mit der eines hypothetischen, in dem bereits erwähnten dritten Staat ansässigen Steuerpflichtigen vergleichbar, welcher ebenso Einkünfte nach § 7 UmwStG erzielt.[1772] Die Unvergleichbarkeit ergibt sich hierbei gerade aus der Tatsache, dass für den Steuerpflichtigen sowie den als Vergleichssubjekt heranzuziehenden hypothetischen Steuerpflichtigen unterschiedliche DBA gelten. Könnte der Steuerpflichtige für sich den gleichen niedrigen Steuersatz wie der hypothetische Steuerpflichtige beanspruchen, so würde hierdurch die Ausgewogenheit des für den Steuerpflichtigen geltenden DBA gefährdet. Es besteht nämlich die Möglichkeit, dass der Ansässigkeitsstaat des Steuerpflichtigen mit keinem anderen Staat eine stärkere Einschränkung des Quellensteuersatzes vereinbart hat, als dies in dem mit Deutschland ausgehandelten DBA der Fall ist. Somit hat dieser Abkommensstaat in dem spiegelverkehrten Fall, dass ein in Deutschland Ansässiger in seinem Hoheitsgebiet mit Dividendeneinkünften beschränkt steuerpflichtig ist, keinesfalls seinen Quellensteuersatz i.S. einer Meistbegünstigung zu reduzieren.[1773] Dies würde zu einer ungleichmäßigen Verteilung von Besteuerungsrechten zum Nachteil Deutschlands führen und damit letztlich eine bilaterale Aushandlung von Abkommensnormen unmöglich machen. Letzteres ist jedoch erforderlich, um die sich aus dem Zusammenspiel zweier konkreter Steuerjurisdiktionen ergebenden Besonderheiten im Rahmen eines in seiner Gesamtheit zu betrachtenden, ausgewogenen DBA zu berücksichtigen. Somit ist im Ergebnis festzustellen, dass über die Anwendung der im konkreten Fall einschlägigen Abkommensbestimmungen hinaus keine weitere Reduzierung des vorgesehenen Quellensteuerhöchstsatzes grundfreiheitsrechtlich geboten ist.[1774]

1772 Siehe zu dieser Rechtsprechung des EuGH Teil 1,A.VII.3.

1773 Vgl. *Schnitger*, Grenzen, 2006, S. 303 f.

1774 So auch *van der Linde*, EC Tax Rev. 2004, S. 10 (14); a.A. *Weggenmann*, IStR 2003, S. 677 (683).

Zusammenfassung

Die für grenzüberschreitende Spaltungen von Rechtsträgern relevanten umwandlungssteuerrechtlichen Gesetzesnormen weisen seit Einführung des SEStEG einen vollständig europäisierten und teilweise sogar globalisierten Anwendungsbereich auf. Damit sich nationale steuerrechtliche Regelungen über grenzüberschreitende Umwandlungsvorgänge nicht im Selbstzweck erschöpfen und deren Untersuchung somit nicht ausschließlich von akademischem Interesse, sondern zugleich auch von praktischer Relevanz ist, bedarf es der gesellschaftsrechtlichen Durchführbarkeit solcher Transaktionen. Zwar stellt das deutsche Umwandlungsrecht bislang keine Rechtsgrundlage für die Implementierung grenzüberschreitender Spaltungen unter Beteiligung deutscher Rechtsträger zur Verfügung. Allerdings ergibt sich aus der EuGH-Rechtsprechung zu den Grundfreiheiten das Gebot einer dahingehenden primärrechtskonformen Auslegung der einschlägigen deutschen gesellschaftsrechtlichen Bestimmungen, wonach sowohl Herein- als auch Hinausspaltungen unter Beteiligung inländischer Rechtsträger zulässig sind.

Für die Anwendbarkeit des UmwStG auf grenzüberschreitende Spaltungen ist die Beteiligung inländischer Rechtsträger nicht zwingend erforderlich. Sofern grenzüberschreitende Spaltungen unter alleiniger Beteiligung von ausländischen Rechtsträgern erfolgen und somit das deutsche Umwandlungsrecht nicht tangiert ist, kann das Umwandlungssteuerrecht auch auf diese Umstrukturierungen Anwendung finden, falls das hiervon betroffene Steuersubstrat einen relevanten Inlandsbezug aufweist.

Um eine konkrete grenzüberschreitende Spaltung einem bestimmten Regelungskomplex des UmwStG zuordnen zu können, bedarf es unter anderem der Feststellung, um welche Arten von Rechtsträgern es sich bei den Spaltungsbeteiligten handelt. Dies ist nach dem sog. Typenvergleich zu entscheiden, wonach die Bestimmung des Rechtstypus eines ausländischen Rechtsgebildes anhand verschiedener Kriterien entsprechend den Wertungen des deutschen Steuerrechts zu erfolgen hat.

Die unionsrechtliche Untersuchung des umwandlungssteuerrechtlichen Anwendungsbereichs ergibt, dass dieser in Teilen deutlich weiter gefasst ist als durch die FRL gefordert. Dieser unionsrechtlich unbedenklichen Übererfüllung richtlinienrechtlicher Vorgaben stehen punktuelle Sekundärrechtsverstöße gegenüber, da die FRL im Gegensatz zum UmwStG im Zusammenhang mit hybriden Gesellschaften keine persönlichen und räumlichen Anforderungen hinsichtlich der spaltungsbeteiligten Anteilseigner stellt. Angesichts des unlimitierten persönlichen und räumlichen Schutzbereichs der Kapitalverkehrsfreiheit ist in der größtenteils erfolgten Beschränkung des umwandlungssteuerrechtlichen Anwendungsbereichs auf EU- bzw. EWR-Sachverhalte ein Verstoß gegen die Grundfreiheiten zu sehen. Anstatt Sachverhalten mit Drittstaatenberührung generell den Zugang zu den einzelnen umwandlungssteuerrechtlichen Regelungen zu versperren, wäre ggf. eine steuerrechtliche Differenzierung i.R. einzelner Sachfragen angezeigt.

Eine notwendige Voraussetzung für eine umwandlungssteuerrechtliche Begünstigung von Spaltungen ist die Übertragung einer privilegierten Sachgesamtheit. Die Überprüfung der durch ihren europäischen Ursprung gekennzeichneten Begriffe des Teilbetriebs sowie des Betriebs ergibt, dass bei deren Auslegung unabhängig vom Vorliegen eines grenzüberschreitenden Moments des durchgeführten Übertragungsvorgangs ein europäisches Begriffsverständnis zugrunde zu legen ist. Wie gezeigt wurde, besteht jedoch ungeachtet dessen die Möglichkeit einer entsprechend nationalen Rechtsvorstellungen vorgenommenen Modifikation der genannten Begriffe zugunsten der Steuerpflichtigen.

Der Begriff des Mitunternehmeranteils wurzelt allein im deutschen Steuerrecht. Im Fall der Übertragung von Anteilen an vom persönlichen Anwendungsbereich der FRL geschützten hybriden Gesellschaften verbietet eine richtlinienkonforme Auslegung des Mitunternehmeranteilsbegriffs die Forderung nach einer Mitübertragung von Sonderbetriebsvermögen. Damit kann es insoweit zu einer Besserstellung von fusionsrichtlinienrechtlich geschützten Sachverhalten gegenüber vergleichbaren anderen grenzüberschreitenden sowie rein innerstaatlichen Sachverhalten kommen. Ungleichbehandlungen verschiedener grenzüberschreitender Sachverhalte sind mangels unionsrechtlich fundiertem Meistbegünstigungsgebot unbeachtlich. Umgekehrte Diskriminierungen, d.h. die Schlechterstellung rein innerstaatlicher Sachverhalte, sind ebenfalls nicht zu beanstanden, da es diesen Vorgängen generell am grundfreiheitlichen Schutz fehlt.

Entsprechendes gilt hinsichtlich des i.R. bestimmter Spaltungsvorgänge zu beachtenden umwandlungssteuerrechtlichen Erfordernisses einer Gewährung neuer Anteile. Da es dieser Voraussetzung an sekundärrechtlicher Legitimation mangelt, ist sie (nur) im Zusammenhang mit Sachverhalten, die in den Schutzbereich der FRL fallen, unbeachtlich.

Es wurde i.R. dieser Arbeit die Reichweite der Pflicht des übertragenden Rechtsträgers, das übergehende in- und ausländische Betriebsvermögen i.R. einer nach deutschen Regeln erstellten steuerlichen Schlussbilanz zu erfassen, diskutiert und die Independenz einer solchen Bilanzierung von parallel existierenden ausländischen Bilanzen bzw. ausländischen Bewertungsansätzen herausgestellt.

Für die Beurteilung der für die Vermeidung einer Sofortbesteuerung bzw. die Gewährung der Steuerneutralität grenzüberschreitender Spaltungen besonders bedeutsamen umwandlungssteuerrechtlichen Steuerverstrickungsbedingungen bedarf es einer wirtschaftsgut- und ggf. gesellschafterbezogenen Beurteilung, inwieweit es im konkreten Fall zu einem Ausschluss oder einer Beschränkung des deutschen Besteuerungsrechts kommt. Diese Beurteilung hat unter Beachtung etwaiger abkommensrechtlicher Restriktionen nach Maßgabe des deutschen Steuerrechts zu erfolgen. Anhand von Fallgruppen wurde dargestellt, inwiefern i.R. von grenzüberschreitenden Spaltungen eine besondere Gefahr von steuerlichen Entstrickungen besteht. Die nationalen und abkommensrechtlichen Regeln über die Zuordnung von Wirtschaftsgütern zu Betriebsstätten, welche für die Zuweisung von Besteuerungsrechten von großer Bedeutung ist, wurden in diesem Zusammenhang dargestellt.

Die Überprüfung der umwandlungssteuerrechtlichen Entstrickungsregelungen anhand der Vorgaben der FRL ergab keine Beanstandungen. Die grundfreiheitsrechtliche Untersuchung der Entstrickungsbesteuerung führte jedoch zum Ergebnis einer nicht gerechtfertigten und damit primärrechtswidrigen Diskriminierung. Aufgrund des normhierarchischen Verhältnisses von europäischem Primär- und Sekundärrecht war insoweit zugleich auf die grundfreiheitsrechtliche Inkompatibilität der genannten Richtlinienbestimmungen zu schließen.

Die Annahme der primärrechtlichen Unvereinbarkeit einer sofortigen Erhebung einer Entstrickungssteuer entspricht der EuGH-Rechtsprechung in den Urteilen *N*[1775] sowie *National Grid Indus*[1776]. In diesen Rechtssachen hatte der EuGH über Wegzugsbesteuerungsregelungen im Privatvermögensfall respektive Entstrickungsregelungen betreffend den Fall einer verwaltungssitzverlegenden Kapitalgesellschaft zu entscheiden. In beiden Fällen können die Urteilsbegründungen dogmatisch nicht überzeugen, da der EuGH bei der Benennung der Vorgaben unionsrechtskonformer Entstrickungsregelungen jeweils Bezug auf den Rechtfertigungsgrund der Wahrung der Aufteilung der Besteuerungsbefugnisse nimmt, seine Erwägungen dabei jedoch bei näherer Betrachtung auf die Rechtfertigungsgründe der Wahrung der steuerlichen Kontrolle sowie insbesondere der Wahrung der steuerlichen Kohärenz stützt. Während der EuGH in der Rs. *N* in

1775 EuGH v. 07.09.2006, Rs. C-470/04 – *N*, *Slg.* 2006, S. I-7409.
1776 EuGH v. 29.11.2011, Rs. C-371/10 – *National Grid Indus*, n.n.v.

zutreffender Weise den Weg für eine unionsrechtskonforme Entstrickungsbesteuerung wies, geriet er in der Rs. *National Grid Indus* unter Verweis auf den betrieblichen Kontext des zugrundeliegenden Sachverhalts von diesem Weg ab, ohne dies überzeugend begründet zu haben. Die i.R. der zweitgenannten Entscheidung erfolgten Richtungsvorgaben für eine primärrechtskonforme nationale Regelung lassen das in selbiger Rechtssache gefällte Verdikt des Grundfreiheitsverstoßes als Farce erscheinen und die Befürchtung keimen, dass das grundfreiheitliche Fundamentalprinzip der Besteuerung nach der Leistungsfähigkeit der Befriedigung mitgliedstaatlicher Fiskalinteressen geopfert wurde. Um einer solchen faktischen Bereichsausnahme des grundfreiheitsrechtlichen Schutzes im Zusammenhang mit betrieblichen Entstrickungssachverhalten entgegenzutreten, sollte sich der EuGH in künftigen Urteilen von der *National Grid Indus*-Rechtsprechung abwenden.

Beschränkende mitgliedstaatliche Regelungen stehen einer Rechtfertigung nur insoweit offen, als sie der Verwirklichung einer interpersonalen Belastungsgleichheit dienen. Deshalb erfordert eine unionsrechtskonforme Regelung hinsichtlich des entstrickten Anlagevermögens einerseits, dass eine zum Zeitpunkt der steuerlichen Entstrickung festgesetzte Steuer grundsätzlich bis zum Eintritt der tatsächlichen Realisation der entstrickten stillen Reserven zinslos und ohne die Forderung nach einer Gestellung von Sicherheiten gestundet wird. Zum anderen ist grundsätzlich der Ausgangsstaat i.S. einer diskriminierungsfreien Behandlung grenzüberschreitender Sachverhalte verpflichtet, spätere Wertminderungen der entstrickten Wirtschaftsgüter steuermindernd zu berücksichtigen. Etwas anderes darf mit Blick auf die Wahrung eines kohärenten Besteuerungssystems nur gelten, sofern jene Wertminderungen im Bestimmungsstaat geltend gemacht werden können. Darüber hinaus ist es dem Ausgangsstaat unter bestimmten Voraussetzungen aufgrund des Kohärenzgedankens gestattet, die Stundung der Entstrickungssteuer insoweit vorzeitig aufzuheben, als im Bestimmungsstaat korrespondierende steuerliche Vorteile, die spezifisch auf der Grenzüberschreitung beruhen, gewährt werden. In diesem Fall diskriminiert der Ausgangsstaat in gerechtfertigter Weise, da hierdurch unter Zugrundelegung einer transnationalen Kompensationsanalyse lediglich eine Besserstellung grenzüberschreitender Vorgänge verhindert wird, um zugleich eine leistungsfähigkeitsgerechte Besteuerung sicherzustellen. Hinsichtlich des entstrickten Umlaufvermögens ist es – wiederum mit Blick auf die Wahrung der Kohärenz des Besteuerungssystems – als ausreichend zu erachten, wenn die festgesetzte Entstrickungssteuer unabhängig vom Vorliegen einer tatsächlichen Realisation pauschal über einen Zeitraum von einem Jahr gestundet wird.

Sofern Wirtschaftsgüter einer Anrechnungsbetriebsstätte i.R. einer grenzüberschreitenden Spaltung steuerlich entstrickt werden, kommt es insoweit häufig zum

Ausschluss des deutschen Besteuerungsrechts und damit nach den umwandlungssteuerrechtlichen Bestimmungen zu einer Sofortbesteuerung. Falls die genannte Betriebsstätte innerhalb der EU belegen ist, sieht das UmwStG die Anrechnung einer fiktiven ausländischen Steuer, die der Vermeidung von Doppelbesteuerungssituationen dient, vor. Während die Vorgaben der FRL insoweit korrekt und teilweise hinsichtlich des Anwendungsbereichs sogar überschießend zugunsten der Steuerpflichtigen umgesetzt wurden, ist mit Blick auf die grundfreiheitsrechtlich gesteckten Rahmenbedingungen ein zu enger persönlicher und räumlicher Anwendungsbereich der deutschen Regelungen über die Anrechnung fiktiver ausländischer Steuern zu konstatieren.

Im Zusammenhang mit Verlusten aus Freistellungsbetriebsstätten werden übertragende Rechtsträger mit dem Problem konfrontiert, ausländische Verluste entsprechend der Symmetriethese nicht in Deutschland geltend machen zu können. Sofern das Steuerrecht des Betriebsstättenstaats für den Fall einer Durchführung von Spaltungen den Untergang von in diesem Staat entstandenen Verlusten anordnet, können diese Verluste aufgrund ihrer Finalität unter Verweis auf grundfreiheitsrechtliche Gewährleistungen im Inland steuerlich geltend gemacht werden. Durch die Einführung einer Nachversteuerungsregel kann der deutsche Fiskus im Einklang mit dem Leistungsfähigkeitsprinzip von den Wirkungen eines solchen Verlustimports entlastet werden.

In der vorliegenden Arbeit wurden die Voraussetzungen eines Kapitalertragsteuerabzugs i.R. grenzüberschreitender Spaltungen dargestellt. Hinsichtlich unbeschränkt steuerpflichtiger Empfänger von Kapitalerträgen wurde die unterschiedliche Systematik der Anrechnung in- und ausländischer Kapitalertragsteuern erläutert sowie auf Unionsrechtskonformität überprüft. Betreffend beschränkt steuerpflichtige Spaltungsbeteiligte wurde aufgezeigt, welche Nachteile sich aus einer möglichen Abgeltungswirkung eines inländischen Kapitalertragsteuerabzugs ergeben können. Es wurde gezeigt, dass Deutschland diese Diskriminierung nur aufrechterhalten darf, wenn gleichzeitig die nötigen Vorkehrungen für eine Vollanrechnung der deutschen Kapitalertragsteuer im Ausland getroffen werden.

Falls die steuerlichen Rückbeziehungsregelungen eines anderen von einer grenzüberschreitenden Spaltung betroffenen Staats von den entsprechenden deutschen Regelungen abweichen, so kann es zu weißen Einkünften oder Doppelbesteuerungssituationen kommen. Das fiskalische Risiko einer doppelten Nichtbesteuerung wurde durch den Erlass einer speziellen umwandlungssteuerrechtlichen Regelung, die einer *subject-to-tax*-Klausel ähnelt, gebannt. Dass der deutsche Gesetzgeber auf die Beseitigung einer auf kollidierenden Rückbeziehungsregelungen basierenden wirtschaftlichen Doppelbesteuerung verzichtet, kann trotz der wettbewerbsverzerrenden Wirkungen einer nur grenzüberschreitend Agierende treffenden mehrfachen steuerlichen Erfassung von Einkünften nicht unionsrechtlich angegriffen werden. Dies ist damit zu begründen, dass die drohende wirtschaftliche Doppelbesteuerung eine bloße Folge des Nebeneinanders von unharmonisierten, aber diskriminierungsfrei ausgestalteten Rückbeziehungsregelungen ist und kein Staat grundfreiheitsrechtlich verpflichtet ist, seine Steuerrechtsnormen an diejenigen eines anderen Staats anzupassen.

Hinsichtlich bestimmter Spaltungen normierte der Gesetzgeber eine siebenjährige Sperrfrist, innerhalb derer die Verwirklichung bestimmter pauschal definierter Tatbestände zur Annahme einer missbräuchlichen Ausnutzung steuerrechtlicher Vorteile führt. Aus der Rechtsprechung des EuGH ergibt sich die Unionsrechtswidrigkeit von in nationalen Rechtsordnungen vorgesehenen Missbrauchsvermutungen, die an die Erfüllung vorgegebener Kriterien durch die Steuerpflichtigen geknüpft sind. Zwar darf der Gesetzgeber grundsätzlich auf derartige Typisierungen zurückgreifen, doch muss er dem Steuerpflichtigen dann die Möglichkeit der Erbringung eines entlastenden Gegenbeweises einräumen. Da die umwandlungssteuerrechtlichen Missbrauchsklauseln diesen Vorgaben nicht gerecht werden und dem Steuerpflichtigen somit in jedem Fall eine gerichtlich überprüfbare Einzelfalluntersuchung verwehrt wird, liegt insoweit ein Verstoß gegen die FRL vor. Zum gleichen Ergebnis gelangt auch die unionsrechtliche Prüfung der sonstigen, ebenfalls pauschalierenden umwandlungssteuerrechtlichen Missbrauchsklauseln. Da sich die festgestellte Unionsrechtswidrigkeit klar aus bereits ergangenen EuGH-Urteilen ableiten lässt, kommt eine geltungserhaltende Reduktion sämtlicher umwandlungssteuerrechtlicher Missbrauchsklauseln nicht in Betracht. Vielmehr haben diese im Anwendungsbereich der FRL unangewendet zu bleiben. Ungeachtet dessen sind im Fall von sonstigen grenzüberschreitenden sowie rein innerstaatlichen Sachverhalten die Missbrauchsklauseln des UmwStG weiterhin anwendbar, da durch diese nationalen Regelungen weder eine wörtliche Übernahme von sekundärrechtlichen Bestimmungen, noch ein Verweis auf die entsprechenden Regelungen der FRL erfolgte. Damit ist insoweit eine Besserstellung fusionsrichtlinienrechtlich geschützter Spaltungsvorgänge festzustellen.

Sofern eine grenzüberschreitende Spaltung eine erstmalige Verstrickung von Wirtschaftsgütern bewirkt, sind diese nach den Wertungen des deutschen Ertragsteuerrechts grundsätzlich nur in bestimmten Konstellationen mit dem gemeinen Wert anzusetzen. Eine unionsrechtliche Analyse ergibt, dass eine mitgliedstaatliche Pflicht zur generellen Zuweisung des gemeinen Werts zwar nicht aus den grundfreiheitlichen Gewährleistungen, wohl aber aus dem Gebot der Unionstreue abzuleiten ist. Dieser allgemeine Rechtsgrundsatz verpflichtet die einzelnen Mitgliedstaaten zu unionsfreundlichem Verhalten einschließlich der Rücksichtnahme auf die berechtigten Interessen der jeweils anderen Mitgliedstaaten. Demnach darf ein Mitgliedstaat keine Verstrickung von Wirtschaftsgütern zum Buchwert oder einem Zwischenwert anordnen, da er sich hierdurch den Anspruch auf die Besteuerung der vor dem steuerlichen Übertragungsstichtag innerhalb einer anderen Steuerjurisdiktion gebildeten stillen Reserven aneignen würde. Der ausländische Staat, der die Bildung der stillen Reserven ermöglicht hat, wäre dann i.S. eines grundfreiheitskonformen Entstrickungskonzepts insbesondere verpflichtet, die nach dem Zeitpunkt der Entstrickung eingetretenen Wertminderungen der betroffenen Wirtschaftsgüter steuerlich zu berücksichtigen. Soweit die deutschen Regelungen betreffend die i.R. von grenzüberschreitenden Spaltungen erstmalig erfolgende Verstrickung von Wirtschaftsgütern dem Grundsatz der Unionstreue nicht gerecht werden, könnte dies durch eine analoge Anwendung der allgemeinen ertragsteuerrechtlichen Verstrickungsgrundsätze erreicht werden.

I.R. der Übernahmeergebnisbesteuerung überschreiten die umwandlungssteuerrechtlichen Regelungen sekundärrechtlich gesetzte Grenzen, sofern es sich bei der Übernehmerin um eine Körperschaft handelt. Auch wenn der übernehmende Rechtsträger eine durch die FRL geschützte hybride Gesellschaft ist, widersprechen die umwandlungssteuerrechtlichen Übernahmegewinnermittlungsbestimmungen grundlegenden Maßgaben des Richtlinienrechts. Weil der deutsche Gesetzgeber insoweit jedoch in zulässiger Weise von der Möglichkeit eines optionalen Anwendungsausschlusses der grundsätzlich zu beachtenden Sekundärrechtsvorgaben Gebrauch machte, ist hier aber kein Verstoß gegen die FRL zu erkennen.

Im Fall von auslandsansässigen und damit nicht unbeschränkt steuerpflichtigen übertragenden Kapitalgesellschaften wurde für diese bislang kein Bestand des steuerlichen Einlagekontos festgestellt. Dennoch besteht auch i.R. von Inbound-Aufspaltungen sowie -Abspaltungen die Möglichkeit einer Hinzurechnung zum steuerlichen Einlagekonto einer unbeschränkt steuerpflichtigen übernehmenden Kapitalgesellschaft, da die nicht in das Nennkapital der übertragenden Kapitalgesellschaft geleisteten Einlagen an die Stelle des für letztgenannte Gesellschaft nicht festgestellten steuerlichen Einlagekontos treten können.

Hinsichtlich der spaltungsbeteiligten Gesellschafter wurden die Voraussetzungen für die Ermittlung von durch eine grenzüberschreitende Spaltung ausgelösten Einkünften erläutert, soweit solche Einkünfte nicht bereits aufgrund der Art einer Spaltung ausgeschlossen sind. Die in diesem Zusammenhang zu beachtenden kapitalertragsteuerlichen Regelungen wurden dargestellt und die abkommensrechtliche Behandlung von spaltungsbezogenen Einkünften auf Anteilseignerebene geklärt.

Bezüglich Spaltungen, bei denen sowohl die Überträgerin als auch die Übernehmerin als Körperschaften zu qualifizieren sind, wurden die Voraussetzungen für einen Steueraufschub auf Ebene der Anteilseigner untersucht. Die dabei festgestellte sekundärrechtskonforme Ausgestaltung der deutschen Regelungen geht mit der Grundfreiheitskonformität dieser Rechtsnormen innerhalb des Anwendungsbereichs der FRL einher. Grundfreiheitlich geschützte Sachverhalte außerhalb des Anwendungsbereichs der FRL werden hingegen in ungerechtfertigter Weise diskriminiert. Abhilfe kann hier eine Entstrickungsregelung schaffen, die grundsätzlich dem im Zusammenhang mit der Besteuerung übertragender Rechtsträger vorgeschlagenen Entstrickungskonzept entspricht.

Sofern Anteilseigner i.R. einer grenzüberschreitenden Spaltung unter Beteiligung einer übernehmenden Personengesellschaft besteuert werden, läuft dies den Wertungen der FRL grundsätzlich zuwider, wenn es sich bei der Übernehmerin zugleich um eine sekundärrechtlich geschützte hybride Gesellschaft handelt. Da sich der deutsche Gesetzgeber hierbei jedoch auf die Ausübung eines sekundärrechtlich vorgesehenen Wahlrechts zur Nichtanwendung richtlinienrechtlicher Bestimmungen berufen kann, schließt dies einen Verstoß gegen die FRL aus. Etwas anderes gilt mit Blick auf die Grundfreiheiten, da der Betrag der den Anteilseignern zugerechneten Bezüge mit der Höhe der entstrickten stillen Reserven korreliert. Da es an einer Rechtfertigung einer hieraus resultierenden höheren Besteuerung von an grenzüberschreitenden Spaltungen beteiligten Gesellschaftern fehlt, ist insoweit ein Grundfreiheitsverstoß festzustellen. Dieser ist dadurch zu beseitigen, dass sich betragsmäßige Erhöhungen der Gewinnrücklagen, die Folge einer erzwungenen Aufdeckung stiller Reserven auf Ebene des grenzüberschreitend übertragenden Rechtsträgers sind, nicht in den steuerpflichtigen Bezügen der spaltungsbeteiligten Anteilseigner widerspiegeln dürfen.

Literaturverzeichnis

Aarnio, Katri: Treatment of permanent establishments and subsidiaries under EC law: towards a uniform concept of secondary establishment in European tax law?, EC Tax Rev. 2006, S. 18

Arginelli, Paolo: The Discriminatory Taxation of Permanent Establishments by the Host State in the European Union: a Too Much Separate Entity Approach, Intertax 2007, S. 82

Avery Jones, John F.: Flows of capital between EU and third countries and the consequences of disharmony in European international tax law, EC Tax Rev. 1998, S. 95

Avi-Yonah, Reuven S./Hines Jr. James R./Lang, Michael: Comparative Fiscal Federalism – Comparing the European Court of Justice and the US Supreme Court's Tax Jurisprudence, Alphen aan den Rijn 2007 (zitiert: *Bearbeiter*, in: Avi-Yonah/Hines/Lang, Federalism, 2007)

Axer, Georg: Der Europäische Gerichtshof auf dem Weg zur „doppelten Kohärenz" – Eine Zukunft der Hinzurechnungsbesteuerung nach dem Cadbury Schweppes-Urteil, IStR 2007, S. 162

Baldamus, Ernst-August: Neues zur Betriebsstättengewinnermittlung, IStR 2012, S. 317

Balmes, Frank/Brück, Michael J./Ribbrock, Martin: Der EuGH-Fall Marks & Spencer: Rückschlüsse für die deutsche Organschaftsbesteuerung, BB 2005, S. 966

Balmes, Frank/Grammel, Ralf/Sedemund, Jan: Berücksichtigung von Betriebsstättenverlusten trotz Freistellungsmethode, BB 2006, S. 1474

Balmes, Frank/Rautenstrauch, Gabriele/Kott, Michael: Societas Privata Europaea (Europäische Privatgesellschaft) – laufende Besteuerung und ausgewählte steuerliche Sonderfragen, DStR 2009, S. 1557

Bandehzadeh, Sara/Thoß, Stefan: Die nachträgliche Verlagerung des tatsächlichen Sitzes einer GmbH, NZG 2002, S. 803

Bauernschmitt, Isabell/Blöchle, Daniel: SEStEG: Umwandlung unerwünscht!, BB 2007, S. 743

Baumbach, Adolf/Hopt, Klaus J.: HGB – Kommentar, 35. Aufl., München 2012 (zitiert: *Bearbeiter*, in: Baumbach/Hopt, HGB, 2012)

Bayer, Walter/Schmidt, Jessica: Der Schutz der grenzüberschreitenden Verschmelzung durch die Niederlassungsfreiheit, ZIP 2006, S. 210
Bayer, Walter, Schmidt, Jessica: Grenzüberschreitende Sitzverlegung und grenzüberschreitende Restrukturierungen nach MoMiG, Cartesio und Trabrennbahn – Europäischer Rahmen, deutsche lex lata und rechtspolitische Desiderata, ZHR 2009, S. 735
Becker, Helmut: Die Besteuerung von Betriebsstätten, DB 1989, S. 10
Becker-Pennrich, Christian: Die Sofortbesteuerung nach § 21 Abs. 2 Satz 2 UmwStG beim grenzüberschreitenden Anteilstausch, IStR 2007, S. 684
Beinert, Stefanie/Benecke, Andreas: Internationale Aspekte der Umstrukturierung von Unternehmen – Erster Teil: Entstrickung bei Umwandlungen sowie FusionsRL und Teilbetriebsbegriff im UmwStG 2006, FR 2010, S. 1009
Benecke, Andreas/Schnitger, Arne: Änderungsrichtlinie zur Fusionsrichtlinie: Vermeidung der wirtschaftlichen Doppelbesteuerung und Aufnahme transparenter Gesellschaften – zwei unvereinbare Ziele?, IStR 2005, S. 606
Benecke, Andreas/Schnitger, Arne: Änderungsrichtlinie zur Fusionsrichtlinie: Vermeidung der wirtschaftlichen Doppelbesteuerung und Aufnahme transparenter Gesellschaften – zwei unvereinbare Ziele? – Teil II, IStR 2005, S. 641
Benecke, Andreas/Schnitger, Arne: Neuregelung des UmwStG und der Entstrickungsnormen durch das SEStEG, IStR 2006, S. 765
Benecke, Andreas/Schnitger, Arne: Letzte Änderungen der Neuregelungen des UmwStG und der Entstrickungsnormen durch das SEStEG – Beschlussempfehlung und Bericht des Finanzausschusses, IStR 2007, S. 22
Benecke, Andreas/Staats, Wendelin: Abzug „finaler" ausländischer Betriebsstättenverluste bei der Ermittlung des Gewinns und des Gewerbeertrages erst im Jahr der Schließung der Betriebsstätte – im „Finalitätsjahr", IStR 2010, S. 668
Benecke, Andreas/Beinert, Stefanie: Internationale Aspekte der Umstrukturierung von Unternehmen – Zweiter Teil: Umwandlungen nach §§ 3 ff. und §§ 11 ff. UmwStG sowie Anwendung des § 50d Abs. 9 EStG, FR 2010, S. 1120
Benz, Sebastian/Rosenberg, Oliver: Einbringungsvorgänge nach dem Regierungsentwurf des SEStEG, BB-Beilage 8/2006, S. 51
Bernhard, Winfried: Die steuerliche Berücksichtigung der persönlichen und familiären Verhältnisse im Binnenmarkt – Neues Vorabentscheidungsersuchen an den EuGH vom 18.10.2000, Rs-C-385/00 (de Groot) –, IStR 2001, S. 647
Bernwart, Hermann: Aktuelle Entwicklungen im internationalen Steuerrecht, BB 2008, S. 864
Beutel, David/Rehberg, Martin: National Grid Indus – Schlusspunkt der Diskussion oder Quell neuer Kontroverse zur Entstrickungsbesteuerung?, IStR 2012, S. 94

Binz, Mark K./Mayer, Gerd: Die Rechtsstellung von Kapitalgesellschaften aus Nicht-EU/EWR/USA-Staaten mit Verwaltungssitz in Deutschland – Rechtliches Nullum, Personengesellschaft oder Kapitalgesellschaft mit Handelndenhaftung?, BB 2005, S. 2361

Birk, Dieter: Das sog. „Europäische" Steuerrecht, FR 2005, S. 121

Bizioli, Gianluigi: Impact of the freedom of establishment on tax law, EC Tax Rev. 1998, S. 239

Blümich, Walter: EStG/KStG/GewStG – Kommentar (Loseblatt), 115. Lfg., München 2012 (zitiert: *Bearbeiter*, in: Blümich, EStG/KStG/GewStG)

Blumenberg, Jens: Steuerfragen im Zusammenhang mit der Sitzverlegung der Europäischen Gesellschaft, in: Spindler, Wolfgang/Tipke, Klaus/Rödder, Thomas, Steuerzentrierte Rechtsberatung – Festschrift für Harald Schaumburg zum 65. Geburtstag, Köln 2009, S. 559 (zitiert: *Blumenberg*, in: FS Schaumburg, 2009)

Blumenberg, Jens/Schäfer, Karl P. (Hrsg.): Das SEStEG – Steuer- und gesellschaftsrechtliche Erläuterungen und Gestaltungshinweise, München 2007 (zitiert: *Bearbeiter*, in: Blumenberg/Schäfer, SEStEG, 2007)

Blumers, Wolfgang/Kinzl, Ulrich-Peter: Änderungen der Fusionsrichtlinie: Warten auf den EuGH – Oder: Wie Sekundärrecht gegen Primärrecht verstößt, BB 2005, S. 971

Blumers, Wolfgang: Europäische Umwandlungen mit Teilbetrieben, BB 2008, S. 2041

Bodden, Guido: Verschmelzung und Formwechsel von Kapitalgesellschaften auf gewerbliche Personengesellschaften nach dem SEStEG (§§ 3-10 UmwStG n.F.), FR 2007, S. 66

Bödefeld, Axel/Kuntschik, Nina: Schiedsverfahren nach DBA, IStR 2009, S. 449

Bogenschütz, Eugen: Aktuelle Entwicklungen bei der Umwandlung von Kapital- in Personengesellschaften, Ubg 2009, S. 604

Breuninger, Gottfried E./Ernst, Markus: Abschied vom Abzug endgültig gewordener ausländischer Betriebsstättenverluste im Inland? – Kein „Import-Stopp" nach der EuGH-Entscheidung Wannsee!, DStR 2009, S. 1981

Brinkmann, Jan/Reiter, Peter: National Grid Indus: Auswirkungen auf die deutsche Entstrickungsbesteuerung, DB 2012, S. 16

Brocke, Klaus von/Peter, Markus/Albrecht, Jörg: Schicksal einer Schlussbesteuerung in den Händen wegziehender Gesellschaft, IWB 2011, S. 939

Brocker, Moritz: Die grenzüberschreitende Verschmelzung von Kapitalgesellschaften, BB 2010, S. 971

Bron, Jan: Das Treaty Override im deutschen Steuerrecht vor dem Hintergrund aktueller Entwicklungen, IStR 2007, S. 431

Bron, Jan F./Seidel, Karsten: Die Besteuerung von Kapitalmaßnahmen (§ 20 Abs. 4a EStG) nach dem JStG 2010, BB 2010, S. 2599

Bürgers, Tobias/Körber, Torsten (Hrsg.): Aktiengesetz – Kommentar, 2. Aufl., Heidelberg 2011 (zitiert: *Bearbeiter*, in: Bürgers/Körber, AktG, 2011)

Bullinger, Patrick: Änderung der Mutter-Tochter-Richtlinie ab 2005: Erweiterung des Anwendungsbereiches und verbleibende Probleme, IStR 2004, S. 406

Bungert, Hartwin: Grenzüberschreitende Verschmelzungsmobilität – Anmerkung zur Sevic-Entscheidung des EuGH, BB 2006, S. 53

Callies, Christian/Ruffert, Matthias: EUV/AEUV – Kommentar, 4. Aufl., München 2011 (zitiert: *Bearbeiter*, in: Callies/Ruffert, EUV/AEUV, 2011)

Campos Nave, José A.: Das Ende der gegenwärtigen Wegzugsbesteuerung – Der zweite Blick auf Cartesio, BB 2009, S. 870

Carlé, Dieter/Korn, Klaus/Stahl, Rudolf/Strahl, Martin: Umwandlungen – Praxisleitfaden Umwandlung und Einbringung nach neuem Recht, Bonn/Berlin 2007 (zitiert: *Bearbeiter*, in: Carlé u.a., Umwandlungen, 2007)

Classen, Claus D.: Auf dem Weg zu einer einheitlichen Dogmatik der EG-Grundfreiheiten? – Absolute und relative Gehalte der Grundfreiheiten, EWS 1995, S. 97

Cordewener, Axel: Europäische Grundfreiheiten und nationales Steuerrecht – „Konvergenz" des Gemeinschaftsrechts und „Kohärenz" der direkten Steuern in der Rechtsprechung des EuGH, Köln 2002 (zitiert: *Cordewener*, Grundfreiheiten, 2002)

Cordewener, Axel: Deutsche Unternehmensbesteuerung und europäische Grundfreiheiten – Grundzüge des materiellen und formellen Rechtsschutzsystems der EG, DStR 2004, S. 6

Cordewener, Axel: Grenzüberschreitende Verlustberücksichtigung im Europäischen Recht, in: Groll, Rüdiger von (Hrsg.): Verluste im Steuerrecht, Deutsche Steuerjuristische Gesellschaft e.V., Band 28, Köln 2005, S. 255 (zitiert: *Cordewener*, DStJG 28 2005)

Cordewener, Axel: Körperschaftsteueranrechnung für Gebietsfremde versus Kapitalverkehrsfreiheit – Zum Gutachten des EFTA-Gerichtshofs in Sachen Fokus Bank ASA – Oder: Wie drei Richter aus Island, Liechtenstein und Norwegen auszogen, die EU-Staaten das Fürchten zu lehren!, FR 2005, S. 345

Cordewener, Axel: EG-rechtliche Meistbegünstigungspflicht im Steuerrecht – Aktuelle und potentielle Fallgestaltungen: in: Cordewener, Axel/Enchelmaier, Stefan/Schindler, Clemens P.: Meistbegünstigung im Steuerrecht der EU-Staaten, München 2006, S. 123 (zitiert: *Cordewener*, in: Cordewener/Enchelmaier/Schindler, Meistbegünstigung, 2006)

Cordewener, Axel: EC law protection against "horizontal" tax discrimination on the rise – or how to play snooker in an Internal Market, EC Tax Rev. 2007, S. 210

Cordewener, Axel: Free Movement of Capital between EU Member States and Third Countries: How Far Has the Door Been Closed?, EC Tax Rev. 2009, S. 260

Cordewener, Axel/Dahlberg, Mattias/Pistone, Pasquale/Reimer, Ekkehart/ Romano, Carlo: The Tax Treatment of Foreign Losses: Ritter, M & S, and the Way Ahead (Part Two), ET 2004, S. 218 (zitiert: *Cordewener* u.a., ET 2004, S. 218)

Cordewener, Axel/Schnitger, Arne: Europarechtliche Vorgaben für die Vermeidung der internationalen Doppelbesteuerung im Wege der Anrechnungsmethode, StuW 2006, S. 50

Damas, Jens-Peter: Einführung in das neue Umwandlungssteuerrecht, DStZ 2007, S. 129

Däubler, Wolfgang/Heuschmid, Johannes: Cartesio und MoMiG – Sitzverlagerung ins Ausland und Unternehmensmitbestimmung, NZG 2009, S. 493

Dautzenberg, Norbert: Unternehmensbesteuerung im EG-Binnenmarkt – Problembereiche und Perspektiven, 1. Halbband, Köln 1997 (zitiert: *Dautzenberg*, Unternehmensbesteuerung, 1. Halbband, 1997)

Dautzenberg, Norbert: Unternehmensbesteuerung im EG-Binnenmarkt – Problembereiche und Perspektiven, 2. Halbband, Köln 1997 (zitiert: *Dautzenberg*, Unternehmensbesteuerung, 2. Halbband, 1997)

Dautzenberg, Norbert: Die Kapitalverkehrsfreiheit des EG-Vertrags und die direkten Steuern – Auswirkungen aus dem Grundsatzurteil des EuGH vom 6.6.2000 in der Rechtssache Verkooijen –, StuB 2000, S. 720

Dautzenberg, Norbert: EG-rechtswidrige Behandlung von negativen ausländischen Einkünften nach den EuGH-Entscheidungen Vestergaard und AMID, FR 2001, S. 809

Dautzenberg, Norbert: Kapitalertragsteuer auf deutsche Dividenden an ausländische Kapitalgesellschaften EG-rechtswidrig?, BB 2001, S. 2137

Dautzenberg, Norbert: Gedanken zur Rechtsprechung des EuGH zu den direkten Steuern im Jahre 2004, BB-Beilage Nr. 16/2004, S. 8

De Broe, Luc: Some observations on the 2007 communication from the Commission: "The application of anti-abuse measures in the area of direct taxation within the EU and in relation to third countries", EC Tax Rev. 2008, S. 142

de Graaf, Arnaud: Avoidance of international double taxation: Community or joint policy?, EC Tax Rev. 1998, S. 258

Debatin, Helmut: Das Betriebsstättenprinzip der deutschen Doppelbesteuerungsabkommen (Teil II), DB 1989, S. 1739

Debatin, Helmut: Unternehmensorganisationsstrukturen im Gemeinsamen Markt aus steuerlicher Sicht, BB 1991, S. 947

Debatin, Helmut/Wassermeyer, Franz (Hrsg.): Doppelbesteuerung – Kommentar (Loseblatt), 117. Lfg., München 2012 (zitiert: *Bearbeiter*, in: Debatin/Wassermeyer, DBA)

Desens, Mark: Die Besteuerung des Anteilseigners bei grenzüberschreitenden Gewinnausschüttungen – Überblick und Grundprobleme, IStR 2003, S. 613

Ditz, Xaver: Internationale Gewinnabgrenzung bei Betriebsstätten – Ableitung einer rechtsformneutralen Auslegung des Fremdvergleichsgrundsatzes im internationalen Steuerrecht, Berlin 2004 (zitiert: *Ditz*, Internationale Gewinnabgrenzung, 2004)

Ditz, Xaver/Plansky, Patrick: Aktuelle Entwicklungen bei der Berücksichtigung ausländischer Betriebsstättenverluste, DB 2009, S. 1669

Dörfler, Oliver/Rautenstrauch, Gabriele/Adrian, Gerrit: Verlustnutzung bei Verschmelzung von Körperschaften vor und nach Änderung des § 12 Abs. 3 UmwStG durch das SEStEG, BB 2006, S. 1657

Dörfler, Harald/Wittkowski, Ansas: Zwischenwertansatz als Instrument zur Verlustnutzung bei Verschmelzungen von Körperschaften, GmbHR 2007, S. 352

Dörfler, Oliver/Rautenstrauch, Gabriele/Adrian, Gerrit: Das Jahressteuergesetz 2009 – Ausgewählte Aspekte der Unternehmensbesteuerung, BB 2009, S. 580

Dörr, Ingmar: Abschaffung oder Erweiterung der Organschaft?! – Zu den möglichen Konsequenzen der Rechtssache „Marks and Spencer plc“, IStR 2004, S. 265

Dötsch, Ewald/Pung, Alexandra: SEStEG: Änderungen des UmwStG (Teil I), DB 2006, S. 2704

Dötsch, Ewald/Pung, Alexandra: SEStEG: Änderungen des UmwStG (Teil II), DB 2006, S. 2763

Dötsch, Ewald/Patt, Joachim/Pung, Alexandra/Möhlenbrock, Rolf: Umwandlungssteuerrecht – Kommentar, 6. Aufl., Stuttgart 2007 (zitiert: *Bearbeiter*, in: Dötsch u.a., UmwStG (SEStEG), 2007)

Dötsch, Ewald/Jost, Werner/Pung, Alexandra/Witt, Georg (Hrsg.): KStG – Kommentar (Loseblatt), 74. Lfg., Stuttgart 2012 (zitiert: *Bearbeiter*, in: Dötsch u.a., KStG)

Dourado, Ana Paula: From the *Saint-Gobain* to the *Metallgesellschaft* case: scope of non-discrimination of permanent establishments in the EC Treaty and the most-favoured-nation clause in EC Member States tax treaties, EC Tax Rev. 2002, S. 147

Drüen, Klaus-Dieter: Unternehmensumstrukturierung als Steuerumgehung? – Zum geplanten Missbrauchsvorbehalt im neuen Umwandlungssteuerrecht, DStZ 2006, S. 539

Drüen, Klaus-Dieter: Unternehmerfreiheit und Steuerumgehung, StuW 2008, S. 154

Drüen, Klaus-Dieter/Kahler, Björn: Die nationale Steuerhoheit im Prozess der Europäisierung, StuW 2005, S. 171

Dürrschmidt, Daniel: Besteuerung von grenzüberschreitenden Unternehmensumstrukturierungen und europäische Grundfreiheiten, Berlin 2008 (zitiert: *Dürrschmidt*, Unternehmensumstrukturierungen, 2008)

Dürrschmidt, Daniel/Schiller, Martin: Verhältnis der Grundfreiheiten zu Regelungen der direkten Steuern in den Mitgliedstaaten, EuR 2006, S. 266

Ebenroth, Thomas/Boujong, Karlheinz/Joost, Detlev: HGB – Kommentar, München 2001 (zitiert: *Bearbeiter*, in: Ebenroth/Boujong/Joost, HGB, 2001)

Edwards, Vanessa/Farmer, Paul: Abuse of Law: What is the Value Added of the Tax Dimension?, in: Hinnekens, Luc/Hinnekens, Philippe (Hrsg.): A Vision of Taxes within and outside European Borders – Festschrift in honor of Prof. Dr. Frans Vanistendael, Alphen aan den Rijn, 2008, S. 359 (zitiert: *Edwards/Farmer*, in: FS Vanistendael, 2008)

Eicker, Klaus/Obser, Ralph: Die Kapitalverkehrsfreiheit bekommt Konturen – zugleich Anmerkungen zu den Schlussanträgen in den Rechtssachen Weidert und Paulus, Manninen und Lenz, IStR 2004, S. 443

Elicker, Michael: Die „steuerliche Kohärenz" in der Rechtsprechung des Europäischen Gerichtshofs – Zugleich eine Einordnung der Entscheidung vom 11.3.2004 „de Lasteyrie" –, IStR 2005, S. 89

Emmerich-Fritsche, Angelika: Der Grundsatz der Verhältnismäßigkeit als Direktive und Schranke der EG-Rechtsetzung – Mit Beiträgen zu einer gemeineuropäischen Grundrechtslehre sowie zum Lebensmittelrecht, Berlin 2000 (zitiert: *Emmerich-Fritsche*, Verhältnismäßigkeit, 2000)

Engert, Andreas: Umstrukturierungen unter Beteiligung von EU-Auslandsgesellschaften im deutschen Steuerrecht, DStR 2004, S. 664

Englisch, Joachim: Zur Dogmatik der Grundfreiheiten des EGV und ihren ertragsteuerlichen Implikationen, StuW 2003, S. 88

Englisch, Joachim: Europarechtswidrigkeit des finnischen Körperschaftsteueranrechnungsverfahrens, IStR 2004, S. 684

Englisch, Joachim: Fiscal Cohesion in the Taxation of Cross-Border Dividends (Part One), ET 2004, S. 323

Englisch, Joachim: Fiscal Cohesion in the Taxation of Cross-Border Dividends (Part Two), ET 2004, S. 355

Englisch, Joachim: Europarechtskonforme Dividendenbesteuerung – „Aims and effects"?, RIW 2005, S. 187

Englisch, Joachim: The European Treaties' Implications for Direct Taxes, Intertax 2005, S. 310

Englisch, Joachim: Dividendenbesteuerung: Europa- und verfassungsrechtliche Vorgaben im Vergleich der Körperschaftsteuersysteme Deutschlands und Spaniens, Köln 2005 (zitiert: *Englisch*, Dividendenbesteuerung, 2005)

Englisch, Joachim: Meistbegünstigung im EG-Steuerrecht – Der Weg ins Chaos, in: Cordewener, Axel/Enchelmaier, Stefan/Schindler, Clemens P.: Meistbegünstigung im Steuerrecht der EU-Staaten, München 2006, S. 163 (zitiert: *Englisch*, in: Cordewener/Enchelmaier/Schindler, Meistbegünstigung, 2006)

Englisch, Joachim: Grundfreiheitsbeschränkungen zwecks Wahrung der Aufteilung der Besteuerungsbefugnis – Limitation of Fundamental Freedoms to Safeguard the Allocation of the Power to Impose Taxes, SWI 2007, S. 399

Englisch, Joachim: Wettbewerbsgleichheit im grenzüberschreitenden Handel – mit Schlussfolgerungen für indirekte Steuern, Tübingen 2008 (zitiert: *Englisch*, Wettbewerbsgleichheit, 2008)

Englisch, Joachim: Aufteilung der Besteuerungsbefugnisse – Ein Rechtfertigungsgrund für die Einschränkung von EG-Grundfreiheiten?, IFSt-Schrift Nr. 449, Bonn 2008 (zitiert: *Englisch*, IFSt-Schrift Nr. 449, 2008)

Englisch, Joachim: Verbot des Rechtsmissbrauchs – ein allgemeiner Rechtsgrundsatz des Gemeinschaftsrechts?, StuW 2009, S. 3

Englisch, Joachim: Einige Schlussfolgerungen zur Grundfreiheitskompatibilität des § 1 AStG – zugleich Anmerkung zum Urteil des EuGH in der Rs. SGI, IStR 2010, S. 139

Englisch, Joachim: Taxation of Cross-Border Dividends and EC Fundamental Freedoms, Intertax 2010, S. 197

Erle, Bernd/Sauter, Thomas (Hrsg.): KStG – Kommentar, 3. Aufl., Heidelberg 2010 (zitiert: *Bearbeiter*, in: Erle/Sauter, KStG, 2010)

Ernst & Young (Hrsg.): KStG – Kommentar (Loseblatt), 83. Lfg., Bonn 2011 (zitiert: *Bearbeiter*, in: Ernst & Young, KStG)

Ettinger, Jochen/Königer, Andreas: Steuerliche Rückwirkung bei grenzüberschreitenden Umstrukturierungsvorgängen, GmbHR 2009, S. 590

Everett, Mary: Der Einfluss der EuGH-Rechtsprechung auf die direkten Steuern, DStZ 2006, S. 357

Eyles, Uwe: Das Niederlassungsrecht der Kapitalgesellschaften in der Europäischen Gemeinschaft – Die Überlagerung des deutschen Gesellschaftsrechts und Unternehmenssteuerrechts durch Europäisches Gemeinschaftsrecht, Baden-Baden 1990 (zitiert: *Eyles* Niederlassungsrecht, 1990)

Falthauser, Kurt: Kritische Anmerkungen zur Rechtsprechung des Europäischen Gerichtshofs im Bereich der Unternehmensbesteuerung, in: Kirchhof, Paul/ Lambsdorff, Otto Graf/Pinkwart, Andreas (Hrsg.): Perspektiven eines modernen Steuerrechts – Festschrift für Hermann Otto Solms zum 65. Geburtstag, Berlin 2005, S. 153 (zitiert: *Falthauser*, in: FS Solms, 2005)

Farmer, Paul: EC law and national rules on direct taxation: a phoney war?, EC Tax Rev. 1998, S. 13

Farmer, Paul: The Court's case law on taxation: a castle built on shifting sands?, EC Tax Rev. 2003, S. 75

Fett, Torsten/Förl, Thomas: Die Mitwirkung der Hauptversammlung eine KGaA bei der Veräußerung wesentlicher Unternehmensteile, NZG 2004, S. 210

Figna, Winfried/Fürstenau, Daniel: Steuerliche Praxisfragen bei grenzüberschreitenden Verschmelzungen, BB-Beilage 1/2010, S. 12

Finke, Thorsten: Rückwirkung und Bestandskraft in der Entwicklung der europäischen Rechtsprechung, IStR 2006, S. 212

Fischer, Lutz/Kleineidam, Hans-Jochen/Warneke, Perygrin: Internationale Betriebswirtschaftliche Steuerlehre, 5. Aufl., Berlin 2005 (zitiert: *Fischer/Kleineidam/Warneke*, Steuerlehre, 2005)

Fischer, Michael: Europarecht und Körperschaftsteuerrecht, DStR 2006, S. 2281

Fischer, Peter: Europa macht mobil – bleibt der Verfassungsstaat auf der Strecke?, FR 2005, S. 457

Fischer, Peter: Unorthodoxe Überlegungen zur Verfassungsarchitektur Europas am Beispiel des Falles „Stauffer", FR 2007, S. 361

Fischer, Susanne: Primäres Gemeinschaftsrecht und direkte Steuern – Die Bindung des Steuergesetzgebers an die Grundfreiheiten des EG-Vertrages, Frankfurt a.M. 2001 (zitiert: *Fischer*, Gemeinschaftsrecht, 2001)

Flick, Hans/Wassermeyer, Franz/Baumhoff, Hubertus: Außensteuerrecht – Kommentar (Loseblatt), 68. Lfg., Köln 2011 (zitiert: *Bearbeiter*, in: Flick/Wassermeyer/Baumhoff, Außensteuerrecht)

Forst, Paul/Ruppel, Peter: Änderungen bei der Nutzung ausländischer Betriebsstättenverluste – Die Betriebsstätte als zukünftig vorteilhafte Ansiedlungsform im EU-Ausland, EStB 2005, S. 346

Forst, Paul/Radmer, Christine: Einbringung von Unternehmensteilen in eine Kapitalgesellschaft – Änderungen des Umwandlungssteuerrechts durch das SEStEG, EStB 2007, S. 61

Forst, Paul/Radmer, Christine: Einbringung von Anteilen an einer Kapitalgesellschaft in eine Kapitalgesellschaft (Anteilstausch) – Änderungen des Umwandlungssteuerrechts durch das SEStEG, EStB 2007, S. 112
Förster, Guido: SEStEG: Rechtsänderungen im EStG, DB 2007, S. 72
Förster, Guido: Ausländische Anteilseigner bei der Umwandlung von Kapitalgesellschaften in Personenunternehmen, in: Spindler, Wolfgang/Tipke, Klaus/Rödder, Thomas, Steuerzentrierte Rechtsberatung – Festschrift für Harald Schaumburg zum 65. Geburtstag, Köln 2009, S. 629 (zitiert: *Förster*, in: FS Schaumburg, 2009)
Förster, Guido/Felchner, Jan: Umwandlung von Kapitalgesellschaften in Personengesellschaften nach dem Referentenentwurf zum SEStEG, DB 2006, S. 1072
Förster, Guido/Wendland, Jan: Einbringung von Unternehmensteilen in Kapitalgesellschaften – Auswirkungen des SEStEG auf Umwandlungsvorgänge, BB 2007, S. 631
Forsthoff, Ulrich: Niederlassungsrecht für Gesellschaften nach dem Centros-Urteil des EuGH: Eine Bilanz, EuR 2000, S. 167
Forsthoff, Ulrich: Die Beschränkung der zeitlichen Wirkung von Urteilen des EuGH – Überlegungen zum Fall „Meilicke", DStR 2005, S. 1840
Franz, Alexander: Internationales Gesellschaftsrecht und deutsche Kapitalgesellschaften im In- bzw. Ausland, BB 2009, S. 1250
Franz, Alexander/Laeger, Lars: Die Mobilität deutscher Kapitalgesellschaften nach Umsetzung des MoMiG unter Einbeziehung des Referentenentwurfs zum internationalen Gesellschaftsrecht, BB 2008, S. 678
Frenz, Walter: Handbuch Europarecht, Band 5 – Wirkungen und Rechtsschutz, Berlin 2010 (zitiert: *Frenz*, Handbuch Europarecht, Band 5, 2010)
Frenzel, Ralf: Immer noch keine Wegzugsfreiheit für Gesellschaften im Europäischen Binnenmarkt – die Cartesio-Entscheidung des EuGH, EWS 2009, S. 158
Freundorfer, Clarissa/Festner, Petra: Praxisempfehlungen für die grenzüberschreitende Verschmelzung, GmbHR 2010, S. 195
Friedrich, Katja/Nagler, Jürgen: Das EuGH-Urteil in der Rs. C-471/04, Keller Holding vom 23.2.2006 in diesem Heft S. 235 und seine Auswirkungen auf die Abzugsbeschränkungen des § 8b KStG, IStR 2006, S. 217
Frobenius, Tilmann: „Cartesio": Partielle Wegzugsfreiheit für Gesellschaften in Europa, DStR 2009, S. 487
Frotscher, Gerrit: Zur Vereinbarkeit der „Betriebsstättenbedingung" bei Sitzverlegung und grenzüberschreitender Umwandlung mit den Grundfreiheiten, IStR 2006, S. 65

Frotscher, Gerrit: Internationalisierung des Ertragsteuerrechts – Vorabkommentierung zu allen Änderungen nach dem SEStEG, in: Frotscher, Gerrit/Maas, Ernst (Hrsg.), Körperschaftsteuergesetz, Umwandlungssteuergesetz – Kommentar (Loseblatt), 2007, Freiburg im Breisgau (zitiert: *Frotscher*, in: Frotscher/Maas, Vorabkommentierung SEStEG, 2007)

Frotscher, Gerrit/Maas, Ernst (Hrsg.): KStG/GewStG/UmwStG – Kommentar (Loseblatt), 105. Lfg., Freiburg im Breisgau 2011 (zitiert: *Bearbeiter*, in: Frotscher/Maas, KStG/GewStG/UmwStG)

Füger, Rolf/Rieger, Norbert: Anwendungserlass zu § 8b KStG – Ausgewählte Zweifelsfragen (Teil 1), FR 2003, S. 543

García-Herrera, Cristina/Herrera, Pedro M.: Is tax fairness in Europe under siege? Spanish law and anti-avoidance provisions, EC Tax Rev. 2004, S. 57

Gebert, Daniel/Fingerhuth, Jörn: Die Verlegung des Ortes der Geschäftsleitung ins Ausland – Steuerliche Fallstricke im Licht aktueller gesellschaftsrechtlicher Entwicklungen, IStR 2009, S. 445

Geiger, Rudolf/Khan, Daniel-Erasmus/Kotzur, Markus: EUV/AEUV – Kommentar, 5. Aufl., München 2010 (zitiert: *Bearbeiter*, in: Geiger/Khan/Kotzur, EUV/AEUV, 2010)

Geurts, Matthias: Das Konkurrenzverhältnis der EU-Grundfreiheiten – Zugleich eine Anmerkung zu EuGH Baars Rs. C 251/98, IStR 2000, S. 572

Geyrhalter, Volker/Weber, Thomas: Transnationale Verschmelzungen – im Spannungsfeld zwischen SEVIC und der Verschmelzungsrichtlinie, DStR 2006, S. 146

Gille, Michael: Missbrauchstypisierungen im neuen Umwandlungssteuerrecht: Verstoß gegen die Fusionsrichtlinie?, IStR 2007, S. 194

Glahe, Moritz: Einkünftekorrektur zwischen verbundenen Unternehmen – Vereinbarkeit der deutschen Verrechnungspreisvorschriften und der Zinsschranke mit Europa- und Verfassungsrecht, 2012 (zitiert: *Glahe*, Einkünftekorrektur, 2012)

Gosch, Dietmar: Vielerlei Gleichheiten – Das Steuerrecht im Spannungsfeld von bilateralen, supranationalen und verfassungsrechtlichen Anforderungen, DStR 2007, S. 1553

Gosch, Dietmar: Entwicklung und Rezeption der Rechtsprechung des EuGH aus Sicht des BFH, Ubg 2009, S. 73

Grabitz, Eberhard/Hilf, Meinhard (Hrsg.): Das Recht der Europäischen Union – EUV/EGV, Loseblatt, 40. Lfg., München 2009 (zitiert: *Bearbeiter*, in: Grabitz/Hilf, EUV/EGV, 2009)

Grabitz, Eberhard/Hilf, Meinhard (Hrsg.): Das Recht der Europäischen Union – EUV/AEUV, Loseblatt, 43. Lfg., München 2010 (zitiert: *Bearbeiter*, in: Grabitz/Hilf, EUV/EGV, 2011)

Graw, Christian: Zur Europarechtswidrigkeit des § 22 UmwStG 2006, FR 2009, S. 837
Großfeld, Bernhard: Basisgesellschaften im Internationalen Steuerrecht, Tübingen 1974 (zitiert: *Großfeld*, Basisgesellschaften, 1974)
Grube, Frank/Behrendt, Lars: Nutzung steuerlicher Verluste einer ausländischen gewerblichen Betriebsstätte im Inland, SteuerStud 2003, S. 593
Gutmann, Daniel: The *Marks & Spencer* case: proposals for an alternative way of reasoning, EC Tax Rev. 2003, S. 154
Hagemann, Jens/Jakob, Burkhard/Ropohl, Florian/Viebrock, Björn: SEStEG – Das neue Konzept der Verstrickung und Entstrickung sowie die Neufassung des Umwandlungssteuerrechts, NWB-Sonderheft 1/2007, S. 1 (zitiert: *Hagemann* u.a., NWB-Sonderheft 1/2007)
Hahn, Hartmut: § 175 Abs. 2 AO n.F. und das EuGH-Urteil in der Rechtssache Manninen – ein Lehrstück darüber, wie man es nicht macht, IStR 2005, S. 145
Hahn, Hartmut: Gemeinschaftsrecht und Recht der direkten Steuern – Teil II, DStZ 2005, S. 469
Hahn, Hartmut: Gemeinschaftsrecht und Recht der direkten Steuern – Teil III, DStZ 2005, S. 507
Hahn, Hartmut: Die Veräußerung spaltungsgeborener Anteile – Überlegungen zu BFH v. 3.8.2005 und zur Spaltungsregelung nach dem SEStEG, GmbHR 2006, S. 462
Hahn, Hartmut: Der Entwurf des SEStEG: Geplante Änderungen bei grenzüberschreitenden Fusionen, GmbHR 2006, S. 617
Hahn, Hartmut: Bemerkungen zum EuGH-Urteil „Cadbury Schweppes“, IStR 2006, S. 667
Hahn, Hartmut: Kritische Erläuterungen und Überlegungen zum Entwurf des SEStEG, IStR 2006, S. 797
Hahn, Hartmut: Überlegungen zum Urteil des EuGH in der Rechtssache National Grid Indus, BB 2012, S. 681
Haisch, Martin L./Helios, Marcus: Corporate Actions und Abgeltungssteuer – Bestandsaufnahme nach dem BMF-Schreiben vom 22.12.2009 –, Ubg 2010, S. 123
Haritz, Detlef: Abgeltungssteuer und Umwandlungssteuergesetz – Geplante Gesetzesänderungen durch das JStG 2010, FR 2010, S. 589
Haritz, Detlef/Menner, Stefan: Umwandlungssteuergesetz – Kommentar, München 2010 (zitiert: *Bearbeiter*, in: Haritz/Menner, UmwStG, 2010)
Haslehner, Werner C.: Das Konkurrenzverhältnis der Europäischen Grundfreiheiten in der Rechtsprechung des EuGH zu den direkten Steuern, IStR 2008, S. 565

Hecht, Stephen A./Lampert, Steffen/Schulz, Kay A.: Das Auskunftsabkommen zwischen der Bundesrepublik Deutschland und dem Fürstentum Liechtenstein – Implikationen aus steuerrechtlicher Sicht, BB 2010, S. 2727

Heinicke, Wolfgang: Diskriminierung im Ertragsteuerrecht der EG- und EWR-Staaten nach der Rechtsprechung des EuGH, DStR 1998, S. 1332

Helminen, Marjaana: EU Tax Law – Direct Taxation, Amsterdam 2009 (zitiert: *Helminen*, EU Tax Law, 2009)

Hemmelrath, Alexander/Kepper, Philipp: Die Bedeutung des „Authorized OECD Approach" (AOA) für die deutsche Abkommenspraxis, IStR 2013, S. 37

Herrler, Sebastian: Ermöglichung grenzüberschreitender Verschmelzungen von Kapitalgesellschaften durch Änderung des Umwandlungsgesetzes – Umsetzung der Verschmelzungsrichtlinie unter Vernachlässigung der primärrechtlichen Rahmenbedingungen, EuZW 2007, S. 295

Herrmann, Carl/Heuer, Gerhard/Raupach, Arndt: Einkommensteuer- und Körperschaftsteuergesetz – Kommentar (Loseblatt), 250. Lfg., Köln 2012 (zitiert: *Bearbeiter*, in: Herrmann/Heuer/Raupach, EStG/KStG)

Herzig, Norbert/Dautzenberg, Norbert: Die Einwirkungen des EG-Rechts auf das deutsche Unternehmenssteuerrecht, DB 1997, S. 8

Herzig, Norbert/Griemla, Stefan: Steuerliche Aspekte der Europäischen Aktiengesellschaft/Societas Europaea (SE), StuW 2002, S. 55

Herzig, Norbert/Englisch, Joachim/Wagner, Thomas: Steuerliche Berücksichtigung von Verlusten ausländischer Konzerntöchter – Überlegungen nach den Schlussanträgen in der Rechtssache Marks & Spencer, Der Konzern 2005, S. 298

Herzig, Norbert/Wagner, Thomas: EuGH-Urteil „Marks & Spencer" – Begrenzter Zwang zur Öffnung nationaler Gruppenbesteuerungssysteme für grenzüberschreitende Sachverhalte, DStR 2006, S. 1

Heurung, Rainer/Engel, Benjamin: Grenzüberschreitende Berücksichtigung von Betriebsstättenverlusten in der EU – Klärung weiterer Zweifelsfragen durch den BFH, GmbHR 2010, S. 1065

Hey, Friedrich E. F.: Stellung der US (Delaware) Limited Liability Company im internationalen Steuerrecht, in: Burmester, Gabriele/Endres, Dieter (Hrsg.): Außensteuerrecht, Doppelbesteuerungsabkommen und EU-Recht im Spannungsverhältnis – Festschrift für Helmut Debatin zum 70. Geburtstag, München 1997, S. 121 (zitiert: *Hey*, in: FS Debatin, 1997)

Hey, Johanna: Umwandlungssteuergesetz nach der Unternehmenssteuerreform – Anpassung an das Halbeinkünfteverfahren; Notwendigkeit einer Öffnung für grenzüberschreitende Sachverhalte, GmbHR 2001, S. 993

Hey, Johanna: Perspektiven der Unternehmensbesteuerung in Europa, StuW 2004, S. 193

Hey, Johanna: Erosion nationaler Besteuerungsprinzipien im Binnenmarkt? – zugleich zu den Rechtfertigungsgründen der „Europatauglichkeit“ und „Wettbewerbsfähigkeit“ des Steuersystems, StuW 2005, S. 317

Hey, Johanna: Die EuGH-Entscheidung in der Rechtssache Marks & Spencer und die Zukunft der deutschen Organschaft – Haben die Mitgliedstaaten den EuGH domestiziert?, GmbHR 2006, S. 113

Hey, Johanna: Spezialgesetzliche Missbrauchsgesetzgebung – aus steuersystematischer, verfassungs- und europarechtlicher Sicht, StuW 2008, S. 167

Hey, Johanna: Gestaltungsspielraum des Gesetzgebers und Sicherung des Steueraufkommens – Mit einem Plädoyer für eine Vorabprüfung durch die EU-Kommission, FR 2008, S. 1033

Hey, Johanna: Umsetzung der Rechtsprechung des Europäischen Gerichtshofs im nationalen Steuerrecht – Geltungserhaltende Normreduktion und gesetzgeberische Korrekturpflichten zwischen gemeinschaftsrechtlichem Anwendungsvorrang und Verfassungsrecht, StuW 2010, S. 301

Heydt, Volker: Das Verbot der Doppelbesteuerung – ein rechtsverbindlicher Bestandteil des Binnenmarktes, EuZW 2000, S. 33

Hinnekens, Luc: European court goes for robust tax principles for treaty freedoms. What about reasonably exceptions and balances?, EC Tax Rev. 2004, S. 65

Hofmeister, Ferdinand: Sind die Rechtsfolgen des § 12 Abs. 1 KStG mit Art. 43, 48 EG-Vertrag vereinbar?, in: Gocke, Rudolf/Gosch, Dietmar/Lang, Michael (Hrsg.): Körperschaftsteuer, Internationales Steuerrecht, Doppelbesteuerung – Festschrift für Franz Wassermeyer zum 65. Geburtstag, München 2005, S. 437 (zitiert: *Hofmeister*, in: FS Wassermeyer, 2005)

Hommelhoff, Peter/Teichmann, Christoph: Eine GmbH für Europa: Der Vorschlag der EU-Kommission zur Societas Privata Europaea (SPE), GmbHR 2008, S. 897

Hommelhoff, Peter/Teichmann, Christoph: Die SPE vor dem Gipfelsturm – Zum Kompromissvorschlag des schwedischen EU-Ratspräsidentschaft, GmbHR 2010, S. 337

Honrath, Alexander: Umfang und Grenzen der Freiheit des Kapitalverkehrs – Die Möglichkeiten zur Einführung einer Devisenzwangsbewirtschaftung in der Europäischen Union, Baden-Baden 1998 (zitiert: *Honrath*, Freiheit des Kapitalverkehrs, 1998)

Hruschka, Franz: Umwandlung Kapital- auf Personengesellschaften (§§ 3 ff. UmwStG), Beihefter zu DStR 2 2012, S. 4

Jacobs, Otto H./Endres, Dieter/Spengel, Christoph: Internationale Unternehmensbesteuerung – Deutsche Investitionen im Ausland, Ausländische Investitionen im Inland, 7. Aufl., München 2011 (zitiert: *Jacobs/Endres/Spengel*, Internationale Unternehmensbesteuerung, 2011)

Jarass, Hans D.: Elemente einer Dogmatik der Grundfreiheiten II, EuR 2000, S. 705

Jäschke, Dirk: Probleme bei der Behandlung eines Geschäfts- oder Firmenwertes im neuen Umwandlungssteuerrecht, FR 2010, S. 10

Kahle, Holger: Die Steuerbilanz der Personengesellschaft, DStZ 2012, S. 61

Kahle, Holger/Mödinger, Jörg: Erfolgs- und Vermögensabgrenzung bei ausländischen Betriebsstätten – Status Quo und aktuelle Entwicklungen, DB 2011, S. 2338

Kallmeyer, Harald (Hrsg.): Umwandlungsgesetz – Kommentar, 4. Aufl., Köln 2010 (zitiert: *Bearbeiter*, in: Kallmeyer, UmwG, 2010)

Kallmeyer, Harald/Kappes, Stephan: Grenzüberschreitende Verschmelzungen und Spaltungen nach SEVIC und der EU-Verschmelzungsrichtlinie, AG 2006, S. 224

Kellersmann, Dietrich/Treisch, Corinna: Europäische Unternehmensbesteuerung, Wiesbaden 2002 (zitiert: *Kellersmann/Treisch*, Unternehmensbesteuerung, 2002)

Kemmeren, Eric: The termination of the "most favoured nation clause" dispute in tax treaty law and the necessity of a Euro Model Tax Convention, EC Tax Rev. 1997, S. 146

Kerssenbrock, Otto-Ferdinand: § 8b Abs. 5 KStG nach der „Lankhorst-Hohorst"-Entscheidung des EuGH – Die zu erwartende Gesetzesänderung löst keineswegs alle Fragen, BB 2003, S. 2148

Kessler, Wolfgang/Schmitt, Claudio P./Janson, Gunnar: Berücksichtigungsverbot abkommensrechtlich „befreiter" Betriebsstättenverluste?, IStR 2001, S. 729

Kessler, Wolfgang/Huck, Friederike/Obser, Ralph/Schmalz, Andrea: Wegzug von Kapitalgesellschaften – Teil II – Gesellschafts- und steuerrechtliche Aspekte der Unternehmensverlagerung ins Ausland nach de Lasteyrie du Saillant, DStZ 2004, S. 855 (zitiert: *Kessler* u.a., DStZ 2004, S. 855)

Kessler, Wolfgang/Huck, Friederike: Der (zwangsweise) Weg in den Betriebsstättenkonzern am Beispiel der Hinausverschmelzung von Holdinggesellschaften, IStR 2006, S. 433

Kessler, Wolfgang/Jehl, Melanie: Kritische Analyse der Zentralfunktion des Stammhauses, IWB v. 08.08.2007, F. 10 Gr. 2, S. 1977

Kessler, Wolfgang/Philipp, Moritz: Rechtssache National Grid Indus BV – Ende oder Bestätigung der Entstrickungsbesteuerung?, DStR 2012, S. 267

Kiem, Roger: Die Regelung der grenzüberschreitenden Verschmelzung im deutschen Umwandlungsgesetz, WM 2006, S. 1091

Kimms, Frank: Die Kapitalverkehrsfreiheit in der Europäischen Union, Frankfurt a.M. 1996 (zitiert: *Kimms*, Kapitalverkehrsfreiheit, 1996)

Kinzl, Ulrich-Peter: Zuordnung von Kapitalgesellschaftsbeteiligungen zu ausländischen Betriebsstätten und Grundfreiheiten, IStR 2005, S. 693

Kirchhof, Paul: Maßstäbe für die Ertragsbesteuerung von Unternehmen – Eröffnung der Jahrestagung und Rechtfertigung des Themas –, in: Seeger, Siegbert (Hrsg.): Perspektiven der Unternehmensbesteuerung, Deutsche Steuerjuristische Gesellschaft e.V., Band 25, Köln 2002, S. 1 (zitiert: *Kirchhof*, DStJG 25 2002)

Kirchhof, Paul (Hrsg): EStG – Kommentar, 10. Aufl., Köln 2011 (zitiert: *Bearbeiter*, in: Kirchhof, EStG, 2011)

Klingberg, Dietgard/van Lishaut, Ingo: Die Internationalisierung des Umwandlungssteuerrechts, Der Konzern 2005, S. 698

Klingebiel, Jörg/Patt, Joachim/Rasche, Ralf/Krause, Torsten: Umwandlungssteuerrecht, 2. Aufl., Stuttgart 2008 (zitiert: *Klingebiel* u.a., Umwandlungssteuerrecht, 2008)

Kluge, Volker: Das Internationale Steuerrecht – Gemeinschaftsrecht, Außensteuerrecht, Abkommensrecht, 4. Aufl., München 2000 (zitiert: *Kluge*, Steuerrecht, 2000)

Knipping, Jens: Das BMF-Schreiben zum BFH-Folgeurteil in der Rechtssache Lidl Belgium, IStR 2010, S. 49

Knobbe-Keuk, Brigitte: Niederlassungsfreiheit: Diskriminierungs- oder Beschränkungsverbot? – Zur Dogmatik des Art. 52 EWG-Vertrag – am Beispiel einiger gesellschaftsrechtlicher Beschränkungen, DB 1990, S. 2573

Knobbe-Keuk, Brigitte: Wegzug und Einbringung von Unternehmen zwischen Niederlassungsfreiheit, Fusionsrichtlinie und nationalem Steuerrecht, DB 1991, S. 298

Knof, Béla/Mock, Sebastian: Das MoMiG und die Auslandsinsolvenz haftungsbeschränkter Gesellschaften – Herausforderung oder Sisyphismus des modernen Gesetzgebers?, GmbHR 2007, S. 852

Kobelt, Robert: Internationale Optionen deutscher Kapitalgesellschaften nach MoMiG, „Cartesio" und „Trabrennbahn" – zur Einschränkung der Sitztheorie, GmbHR 2009, S. 808

Kofler, Georg W.: Doppelbesteuerungsabkommen und Europäisches Gemeinschaftsrecht, Wien 2007 (zitiert: *Kofler*, Doppelbesteuerungabkommen, 2007)

Kofler, Georg W./Schindler, Clemens P.: Grenzüberschreitende Umgründungen unter Beteiligung hybrider Gesellschaften – Cross-Border Reorganizations Involving Hybrid Entities, SWI 2006, S. 262

Köhler, Stefan: Grenzüberschreitende Outbound-Verschmelzung und Sitzverlegung vor dem Hintergrund der jüngsten BFH-Rechtsprechung, IStR 2010, S. 337

Kokott, Juliane/Henze, Thomas: Tendenzen der EuGH-Rechtsprechung im Bereich der direkten Steuern – Diskriminierung, Kohärenz, Meistbegünstigung, in: Lüdicke, Jürgen (Hrsg.), Tendenzen der Europäischen Unternehmensbesteuerung, Köln 2005, S. 67 (zitiert: *Kokott/Henze*, in: Lüdicke, Tendenzen, 2005)

Kokott, Juliane/Henze, Thomas: Die Beschränkung der zeitlichen Wirkung von EuGH-Urteilen in Steuersachen, NJW 2006, S. 177

Kokott, Juliane/Henze, Thomas: Ist der EuGH – noch – ein Motor für die Konvergenz der Steuersysteme?, BB 2007, S. 913

Körner, Andreas: Das „Bosal"-Urteil des EuGH – Vorgaben für die Abzugsfähigkeit der Finanzierungsaufwendungen des Beteiligungserwerbs, BB 2003, S. 2436

Körner, Andreas: § 8a KStG n.F. – Darstellung, Gestaltungsmöglichkeiten, Europarechtsinkonformität – Teil II, IStR 2004, S. 253

Körner, Andreas: Europarecht und Wegzugsbesteuerung – Das EuGH-Urteil „de Lasteyrie du Saillant", IStR 2004, S. 424

Körner, Andreas: Europarecht und CFC-Regelungen – Anrufung des EuGH im Verfahren „Cadbury Schweppes", IStR 2004, S. 697

Körner, Andreas: Europarecht und Umwandlungssteuerrecht, IStR 2006, S. 109

Körner, Andreas: Anmerkungen zum SEStEG-Entwurf vom 21.4.2006, IStR 2006, S. 469

Körner, Andreas: Neue Erkenntnisse zu Ent- und Verstrickung, IStR 2010, S. 208

Körner, Andreas: Europarechtliches Verbot der Sofortbesteuerung stiller Reserven beim Transfer ins EU-Ausland – Anmerkung zum Urteil des EuGH vom 29.11.2011, C-371/10, IStR 2012, S. 1

Krause, Nils/Kulpa, Norman: Grenzüberschreitende Verschmelzungen – Vor dem Hintergrund der „*Sevic*"-Entscheidung und der Reform des deutschen Umwandlungsrechts –, ZHR 2007, S. 38

Kube, Hanno: Grundfreiheiten und Ertragskompetenz – die Besteuerung der grenzüberschreitenden Konzernfinanzierung nach dem Lankhorst-Urteil des EuGH, IStR 2003, S. 325

Kube, Hanno: Grenzüberschreitende Verlustverrechnung und die Zuordnung von Verantwortung, IStR 2008, S. 305

Kube, Hanno: EuGH-Rechtsprechung zum direkten Steuerrecht – Stand und Perspektiven, Referat im Rahmen der Vortragsreihe „Rechtsfragen der Europäischen Integration", Bonn 2009

Kumpf, Wolfgang: Ergebnis- und Vermögenszuordnung bei Betriebsstätten, in: Curtius-Hartung, Rudolf/Herig, Norbert/Niemann, Ursula (Hrsg.): Steuerberater-Jahrbuch 1988/1989 – zugleich Bericht über den 40. Fachkongreß [sic] der Steuerberater, Köln, 3. bis 5. Oktober 1988, Köln 1989, S. 399 (zitiert: *Kumpf*, StbJb 1988/1989, S. 399)

Kußmaul, Heinz/Beckmann, Stefan: Die Dividendenbesteuerung im nationalen und internationalen Kontext – Ist der Grundsatz der Freiheit des Kapitalverkehrs gewahrt? –, DB 2001, S. 608

Kußmaul, Heinz/Tcherveniachki, Vassil: Die EuGH-Rechtssache Marks & Spencer und ihre Bedeutung für die körperschaftsteuerliche Organschaft, StuB 2005, S. 626

Lackhoff, Klaus: Die Niederlassungsfreiheit des EGV – nur ein Gleichheits- oder auch ein Freiheitsrecht?, Berlin 2000 (zitiert: *Lackhoff*, Niederlassungsfreiheit, 2000)

Lambrecht, Claus: Europa- und verfassungsrechtlicher Rechtsschutz jenseits der deutschen Finanzgerichtsbarkeit, StuW 2006, S. 201

Lamsa, Michael: BGH: Beschränkungen für schweizerische Aktiengesellschaften mit Sitz in Deutschland gelten fort – „Trabrennbahn", BB 2009, S. 16

Lang, Joachim/Englisch, Joachim: A European Legal Tax Order Based on Ability to Pay, in: Amatucci, Andrea (Hrsg.): International Tax Law, Alphen aan den Rijn 2006, S. 251

Lang, Michael/Heidenbauer, Sabine: Wholly Artificial Arrangements, in: Hinnekens, Luc/Hinnekens, Philippe (Hrsg.): A Vision of Taxes within and outside European Borders – Festschrift in honor of Prof. Dr. Frans Vanistendael, Alphen aan den Rijn, 2008, S. 597 (zitiert: *Lang/Heidenbauer*, in: FS Vanistendael, 2008)

Lang, Michael: Die Bindung der Doppelbesteuerungsabkommen an die Grundfreiheiten des EU-Rechts, in: Gassner, Wolfgang/Lang, Michael/Lechner, Eduard (Hrsg.): Doppelbesteuerungsabkommen und EU-Recht – Auswirkungen auf die Abkommenspraxis, Wien 1996, S. 25 (zitiert: *Lang*, in: Gassner/Lang/Lechner, Doppelbesteuerungsabkommen, 1996)

Lang, Michael: Marks and Spencer – more questions than answers: an analysis of the Opinion delivered by Advocate General Maduro, EC Tax Rev. 2005, S. 95

Lang, Michael: Direct Taxation: Is the ECJ Heading in a New Direction?, ET 2006, S. 421

Lang, Michael: Die Rechtsprechung des EuGH zu den direkten Steuern – Welcher Spielraum bleibt den Mitgliedstaaten?, Frankfurt a.M. 2007 (zitiert: *Lang*, Rechtsprechung, 2007)

Lang, Michael: ECJ case law on cross-border dividend taxation – recent developments, EC Tax Rev. 2008, S. 67
Lang, Michael: Die Zukunft der Doppelbesteuerungsabkommen im Lichte von Columbus Container, in: Kirchhof, Paul/Nieskens, Hans (Hrsg.): Festschrift für Wolfram Reiß zum 65. Geburtstag, Köln 2008, S. 679 (zitiert: *Lang*, in: FS Reiß, 2008)
Lang, Michael: Recent Case Law of the ECJ in Direct Taxation: Trends, Tensions, and Contradictions, EC Tax Rev. 2009, S. 98
Langheim, Hagen: Die Einbringung von Unternehmensteilen nach der Fusionsrichtlinie und ihre Umsetzung im deutschen Umwandlungssteuergesetz – Unter besonderer Berücksichtigung des europäischen Teilbetriebsbegriffs –, Würzburg 2008 (zitiert: *Langheim*, Einbringung 2008)
Larenz, Karl: Methodenlehre der Rechtswissenschaft, 6. Aufl., Berlin u.a. 1991 (zitiert: *Larenz*, Methodenlehre der Rechtswissenschaft, 1991)
Lauermann, Hans-Ulrich/Sprenger, Ina: Ertragsteuerliche Nachwirkungen des Formwechsels einer Kapital- in eine Personengesellschaft, GmbHR 2001, S. 601
Laule, Gerhard: Die Harmonisierung des europäischen Steuerrechts, IStR 2001, S. 297
Lausterer, Martin: X und Y: Neues zu den Grundfreiheiten des EG-Vertrages, IStR 2003, S. 19
Lehner, Moris: Wettbewerb der Steuersysteme im Spiegel europäischer und US-amerikanischer Steuerpolitik, StuW 1998, S. 159
Lehner, Moris: Steuergerechtigkeit in der Rechtsprechung des Gerichtshofs der Europäischen Gemeinschaften, in: Kirchhof, Paul/Jakob, Wolfgang/Beermann, Albert (Hrsg.): Steuerrechtsprechung, Steuergesetz, Steuerreform – Festschrift für Klaus Offerhaus zum 65. Geburtstag, Köln 1999, S. 117 (zitiert: *Lehner*, in: FS Offerhaus, 1999)
Lehner, Moris: Der Einfluss des Europarechts auf die Doppelbesteuerungsabkommen, IStR 2001, S. 329
Lehner, Moris: Das Territorialitätsprinzip im Licht des Europarechts, in: Gocke, Rudolf/Gosch, Dietmar/Lang, Michael (Hrsg.): Körperschaftsteuer, Internationales Steuerrecht, Doppelbesteuerung – Festschrift für Franz Wassermeyer zum 65. Geburtstag, München 2005, S. 241 (zitiert: *Lehner*, in: FS Wassermeyer, 2005)
Lehner, Moris: Streitbeilegung im Internationalen Steuerrecht, in: Kirchhof, Paul/Nieskens, Hans (Hrsg.): Festschrift für Wolfram Reiß zum 65. Geburtstag, Köln 2008, S. 665 (zitiert: *Lehner*, in: FS Reiß, 2008)

Leible, Stefan/Hoffmann, Jochen: Cartesio – fortgeltende Sitztheorie, grenzüberschreitender Formwechsel und Verbot materiellrechtlicher Wegzugsbeschränkungen, BB 2009, S. 58

Leitner, Reinhard: Deutsche Unternehmenssteuerreform 2008 und ihre Auswirkungen auf das Doppelbesteuerungsabkommen zwischen Deutschland und Österreich, in: Spindler, Wolfgang/Tipke, Klaus/Rödder, Thomas, Steuerzentrierte Rechtsberatung – Festschrift für Harald Schaumburg zum 65. Geburtstag, Köln 2009, S. 889 (zitiert: *Leitner*, in: FS Schaumburg, 2009)

Lemaitre, Claus/Schnittker, Helder/Siegel, Karina: Die steuerliche Einordnung der US-amerikanischen Limited Liability Company (LLC) auf der Grundlage des BMF-Schreibens vom 19.03.2004 – Auswirkungen auf die Beratungspraxis, GmbHR 2004, S. 618

Lemaitre, Claus/Schönherr, Frank: Die Umwandlung von Kapitalgesellschaften in Personengesellschaften durch Verschmelzung und Formwechsel nach der Neufassung des UmwStG durch das SEStEG, GmbHR 2007, S. 173

Lennerz, Ursula: Die internationale Verschmelzung und Spaltung unter Beteiligung deutscher Gesellschaften, Köln 2001 (zitiert: *Lennerz*, Verschmelzung und Spaltung, 2001)

Lenz, Otto/Borchardt, Klaus-Dieter (Hrsg.): EU-Verträge – Kommentar nach dem Vertrag von Lissabon, 5. Aufl., Wien 2010 (zitiert: *Bearbeiter*, in: Lenz/Borchardt, EUV/AEUV, 2010)

Leuering, Dieter: Von Scheinauslandsgesellschaften hin zu Gesellschaften mit Migrationshintergrund, ZRP 2008, S. 73

Ley, Ursula: Einbringungen nach §§ 20, 24 UmwStG in der Fassung des SEStEG, FR 2007, S. 109

Lieber, Bettina: Neuregelung der Hinzurechnungsbesteuerung durch das Unternehmenssteuerfortentwicklungsgesetz, FR 2002, S. 139

Lieber, Bettina/Rasch, Stephan: Mögliche Konsequenzen der Rechtssache „Cadbury Schweppes" für die deutsche Hinzurechnungsbesteuerung, GmbHR 2004, S. 1572

Lieder, Jan/Kliebisch, René: Nichts Neues im Internationalen Gesellschaftsrecht: Anwendbarkeit der Sitztheorie auf Gesellschaften aus Drittstaaten? – Zugleich Besprechung des BGH-Trabrennbahnurteils, BB 2009, S. 338

Lindemann, Hans/Hackemann, Tim: Die Rückwirkung von EuGH-Urteilen unter besonderer Betrachtung des „Marks & Spencer"-Falls, IStR 2005, S. 786

Littmann, Eberhard/Bitz, Horst/Pust, Hartmut: EStG – Kommentar (Loseblatt), 93. Lfg., Stuttgart 2011 (zitiert: *Bearbeiter*, in: Littmann/Bitz/Pust, EStG)

Löwenstein, Ulrich/Looks, Christian (Hrsg.): Betriebsstättenbesteuerung – Inboundinvestitionen, Outboundinvestitionen, Steuergestaltungen, Branchenbesonderheiten,

München 2003 (zitiert: *Bearbeiter*, in: Löwenstein/Looks, Betriebsstättenbesteuerung, 2003)

Lüdicke, Jürgen: Neue Entwicklungen der Besteuerung von Personengesellschaften im internationalen Steuerrecht, in: Herzig, Norbert/Günkel, Manfred/Niemann, Ursula (Hrsg.): Steuerberater-Jahrbuch 1997/1998– zugleich Bericht über den 49. Fachkongreß [sic] der Steuerberater, Köln, 21. und 22. Oktober 1997, Köln 1998, S. 449

Lutter, Marcus/Winter, Martin (Hrsg.): UmwG – Kommentar, 4. Aufl., Köln 2009 (zitiert: *Bearbeiter*, in: Lutter/Winter, UmwG, 2009)

Lyal, Richard: Non-discrimination and direct tax in Community law, EC Tax Rev. 2003, S. 68

Maschke, Clemens: Die Societas Privata Europaea im Rahmen von Unternehmenstransaktionen, BB 2011, S. 1027

Mayr, Gunter: Moderne Konzernbesteuerung im Lichte der EuGH-Rechtsprechung, BB 2008, S. 1312

Menner, Stefan/Broer, Frank: Europäischer Teilbetriebsbegriff und Zuordnung von Wirtschaftsgütern, DB 2002, S. 815

Meussen, Gerard: The *Marks & Spencer* case: reaching the boundaries of the EC Treaty, EC Tax Rev. 2003, S. 144

Middendorf, Oliver/Stegemann, Dieter: Down-stream merger einer Personenhandelsgesellschaft auf ihre 100%ige Tochterkapitalgesellschaft, DStR 2005, S. 1082

Mitschke, Wolfgang: Entstrickung und Verstrickung – BFH I R 77/06 und § 4 Abs. 1 Satz 3 EStG, IStR 2010, S. 211

Mitschke, Wolfgang: Aufgabe der finalen Entnahmetheorie durch den BFH und gesetzliches Entstrickungskonzept des SEStEG – wie geht es weiter?, Ubg 2010, S. 355

Mitschke, Wolfgang: National Grid Indus – Ein Phyrrussieg [sic] für die Gegner der Sofortbesteuerung?, IStR 2012, S. 6

Mitschke, Wolfgang: Das EuGH-Urteil „National Grid Indus" vom 29.11.2011 – Eine Bestandsaufnahme und eine Bewertung aus Sicht der Finanzverwaltung, DStR 2012, S. 629

Möller-Gosoge, Dagmar/Kaiser, Florian: Die deutsche EXIT-Besteuerung bei Wegzug von Unternehmen ins Ausland, BB 2012, S. 803

Mörsdorf, Oliver: Beschränkung der Mobilität von EU-Gesellschaften im Binnenmarkt – eine Zwischenbilanz, EuZW 2009, S. 97

Mörsdorf, Oliver: Was von Daily Mail übrig blieb – Die Wegzugsbesteuerung von EU-Gesellschaften nach dem EuGH-Urteil National Grid Indus, EuZW 2012, S. 296

Mössner, Jörg M. u.a.: Steuerrecht international tätiger Unternehmen – Handbuch der Besteuerung von Auslandsaktivitäten inländischer Unternehmen und von Inlandssaktivitäten ausländischer Unternehmen, 3. Aufl., Köln 2005 (zitiert: *Bearbeiter*, in: Mössner u.a., Steuerrecht international tätiger Unternehmen, 2005)

Müller, Johannes C.: Kapitalverkehrsfreiheit in der Europäischen Union – Bedeutung, Inhalt und Umfang, Weiterentwicklung, Auswirkung auf Völkerrecht und nationales Recht, Berlin 2000 (zitiert: *Müller*, Kapitalverkehrsfreiheit, 2000)

Musil, Andreas: Deutsches Treaty Overriding und seine Vereinbarkeit mit Europäischem Gemeinschaftsrecht, Berlin 2000 (zitiert: *Musil*, Treaty Overriding, 2000)

Musil, Andreas: Kein europarechtliches Beschränkungsverbot für die direkten Steuern – Eine Analyse der Rechtsprechung des EuGH zur tatbestandlichen Reichweite der Personenverkehrsfreiheiten im Zusammenhang mit dem Recht der direkten Steuern, IStR 2001, S. 482

Musil, Andreas: Rechtsprechungswende des EuGH bei den Ertragsteuern? – Eine Analyse aktueller Leitentscheidungen des EuGH, DB 2009, S. 1037

Mutscher, Axel: Anwendungsbereich der fiktiven Steueranrechnung im UmwStG, IStR 2010, S. 820

Nacke, Alois: Die einkommensteuerlichen Änderungen durch das Jahressteuergesetz 2009, DB 2008, S. 2792

Neumann, Steffen: Der Teilbetrieb, EStB 2002, S. 437

O'Shea, Tom: The ECJ, the "*D*" case, double tax conventions and most-favoured nations: comparability and reciprocity, EC Tax Rev. 2005, S. 190

O'Shea, Tom: Dutch Exit Tax Rules Challenged in *National Grid Indus*, TNI 2012, S. 201

Oestreicher, Andreas: Verlustberücksichtigung bei grenzüberschreitender Unternehmenstätigkeit, in: Lüdicke, Jürgen (Hrsg.): Besteuerungspraxis bei grenzüberschreitender Tätigkeit, Köln 2003, S. 67 (zitiert: *Oestreicher*, in: Lüdicke, Besteuerungspraxis, 2003)

Orth, Manfred: Einbringung eines wirtschaftlichen Geschäftsbetriebs oder eines Betriebs gewerblicher Art in eine Kapitalgesellschaft nach dem UmwStG i.d.F. des SEStEG, DB 2007, S. 419

Otte, Sabine/Rietschel, Knut: Freifahrschein für den grenzüberschreitenden Rechtsformwechsel nach „Cartesio"?, GmbHR 2009, S. 983

Palandt, Otto: Bürgerliches Gesetzbuch – Kommentar, 69. Aufl., München 2010 (zitiert: *Bearbeiter*, in: Palandt, BGB, 2010)

Patt, Joachim: Die steuerliche Behandlung der Einbringung von Unternehmensteilen in eine Kapitalgesellschaft oder Europäische Genossenschaft und des Anteilstauschs nach dem SEStEG, Der Konzern 2006, S. 730

Patt, Joachim: SEStEG: Die neuen Regelungen zur Einbringung eines (Teil-) Betriebs oder Mitunternehmeranteils in eine Personengesellschaft nach § 24 UmwStG, steuer-journal 2007, S. 20

Paus, Bernhard: Einbringen von Betrieben in eine GmbH – Grundlegend umgestaltete gesetzliche Bestimmungen schaffen neue Steuerfallen, EStB 2007, S. 180

Peritz, Michael/Schuch, Josef: Die Verteilung der Besteuerungsrechte zwischen Ansässigkeits- und Quellenstaat aus dem Blickwinkel der gemeinschaftsrechtlichen Grundfreiheiten, in: Gassner, Wolfgang u.a. (Hrsg.): Die Verteilung der Besteuerungsrechte zwischen Ansässigkeits- und Quellenstaat im Recht der Doppelbesteuerungsabkommen, Wien 2005, S. 123 (zitiert: *Peritz/Schuch*, in: Gassner u.a., Verteilung der Besteuerungsrechte, 2005)

Peters, Carsten: Verlegung des tatsächlichen Verwaltungssitzes der GmbH ins Ausland – Aufgabe der Sitztheorie durch das MoMiG?, GmbHR 2008, S. 245

Peters, Cees/Snellaars, Margreet: Non-discrimination and tax law: structure and comparison of the various non discrimination clauses, EC Tax Rev. 2001, S. 13

Pistone, Pasquale: Tax treatment od foreign losses: an urgent issue for the European Court of Justice, EC Tax Rev. 2003, S. 149

Pohl, Dirk/Raupach, Arndt: Überreglementierung der Besteuerung des Inlandsfalls – Ausweg aus der EG-Rechtswidrigkeit oder Irrweg, in: Gocke, Rudolf/Gosch, Dietmar/Lang, Michael (Hrsg.): Körperschaftsteuer, Internationales Steuerrecht, Doppelbesteuerung – Festschrift für Franz Wassermeyer zum 65. Geburtstag, München 2005, S. 179 (zitiert: *Pohl/Raupach*, in: FS Wassermeyer, 2005)

Portner, Rosemarie: Zwei bemerkenswerte Entscheidungen zur Verrechnung von Auslandsverlusten im Wohnsitzstaat bei DBA-Freistellung des der Auslandsbetriebsstätte zuzurechnenden positiven Ergebnisses, IStR 2005, S. 376

Preuß, Nicola: Die Wahl des Satzungssitzes im geltenden Gesellschaftsrecht und nach dem MoMiG-Entwurf, GmbHR 2007, S. 57

PricewaterhouseCoopers AG (Hrsg.): Reform des Umwandlungssteuerrechts – Auswirkungen des SEStEG auf Reorganisationen und internationale Entstrickungen, Stuttgart 2007 (zitiert: *Bearbeiter*, in: PwC, Reform, 2007)

Prinz, Ulrich: „Teilwegzug“ von Unternehmen in das europäische Ausland, GmbHR 2007, S. 966

Prüm, Thomas: Die grenzüberschreitende Spaltung, Konstanz 2006 (zitiert: *Prüm*, Spaltung, 2006)

Pusill-Wachtsmuth, Kirsten: Der Typenvergleich zur Einordnung ausländischer Gesellschaften in das deutsche System der Einkommensbesteuerung – Zudem konkrete Einordnung der Gesellschaftsformen der Staaten Ungarn, Polen und Slowenien, Frankfurt 2003 (zitiert: *Pusill-Wachtsmuth*, Typenvergleich, 2003)

Quilitzsch, Carsten: Grenzüberschreitende Verlustverrechnung bei gewerblichen Betriebsstätten und Tochterkapitalgesellschaften in der Europäischen Union – Eine öknonomische Analyse, Halle (Saale) 2010 (zitiert: *Quilitzsch*, Verlustverrechnung, 2010)

Rädler, Albert: Meistbegünstigung im Binnenmarkt, in: Cordewener, Axel/Enchelmaier, Stefan/Schindler, Clemens P.: Meistbegünstigung im Steuerrecht der EU-Staaten, München 2006, S. 213 (zitiert: *Rädler*, in: Cordewener/Enchelmaier/Schindler, Meistbegünstigung, 2006)

Rasche, Ralf: Stellt eine das gesamte Nennkapital einer Kapitalgesellschaft umfassende Beteiligung einen (fiktiven) Teilbetrieb i.S.d. § 24 Abs. 1 UmwStG dar?, GmbHR 2007, S. 793

Raupach, Arndt: Die Neuordnung des Körperschaftsteuersystems, in: Seeger, Siegbert (Hrsg.): Perspektiven der Unternehmensbesteuerung, Deutsche Steuerjuristische Gesellschaft e.V., Band 25, Köln 2002, S. 9 (zitiert: *Raupach*, DStJG 25 2002)

Reichl, Alexander/Wittkowski, Ansas: Europarechtswidrigkeit der Nichtberücksichtigung ausländischer Betriebsstättenverluste? – BFH begehrt in zwei Verfahren Vorabentscheidungen durch den EuGH, BB 2006, S. 2496

Reimer, Ekkehart: Die Auswirkungen der Grundfreiheiten auf das Ertragsteuerrecht der Bundesrepublik Deutschland – Eine Bestandsaufnahme, in: Lehner, Moris (Hrsg.): Grundfreiheiten im Steuerrecht der EU-Staaten, München 2000, S. 39 (zitiert: *Reimer*, in: Lehner, Grundfreiheiten, 2000)

Reimer, Ekkehart: Das Anerkennungsprinzip im Europäischen Ertragsteuerrecht, FR 2007, S. 217

Reuter, Hans-Georg/Klein, Martin: Erschüttert Gerritses Trommeln die deutsche Dividendenbesteuerung?, IStR 2003, S. 634

Ribbrock, Martin: Das EuGH-Urteil in der Rechtssache Manninen – Anforderungen an eine europarechtskonforme Besteuerung von Auslandsdividenden, RIW 2005, S. 130

Richter, Lutz: Der identitätswahrende Wegzug deutscher Gesellschaften ins EU-/EWR-Ausland auf dem Vormarsch – Zugleich Anmerkungen zu den Schlussanträgen in der Rechtssache Cartesio vom 22.5.2008, IStR 2008, S. 719

Richter, Lutz/Heyd, Steffen: Die Bedeutung des EuGH-Urteils in der Rs. Cartesio für die deutsche Wegzugsbesteuerung unter besonderer Beachtung des grenzüberschreitenden Rechtsformwechsels, StuW 2010, S. 367

Riedel, Lisa: Steuerentstrickung bei der Hinausverschmelzung von Kapitalgesellschaften – zur Änderungsbedürftigkeit des Umwandlungssteuererlasses nach *National Grid Indus*, Ubg 2013, S. 30

Rödder, Thomas/Schumacher, Andreas: Das BMF-Schreiben zu § 8b KStG, DStR 2003, S. 909

Rödder, Thomas: Deutsche Unternehmensbesteuerung im Visier des EuGH, DStR 2004, S. 1629

Rödder, Thomas: Steuerfreier Exit von stillen Reserven beim Wegzug von Unternehmen aus Deutschland?, IStR 2005, S. 297

Rödder, Thomas/Schönfeld, Jens: Meistbegünstigung und EG-Recht: Anmerkung zu EuGH vom 5.7.2005, C-376/03 („D."), IStR 2005, S. 523

Rödder, Thomas: Gründung und Sitzverlegung der Europäischen Aktiengesellschaft (SE) – Ertragsteuerlicher Status quo und erforderliche Gesetzesänderungen, DStR 2005, S. 893

Rödder, Thomas: Deutsche Unternehmensbesteuerung im Visier des EuGH, in: Gocke, Rudolf/Gosch, Dietmar/Lang, Michael (Hrsg.): Körperschaftsteuer, Internationales Steuerrecht, Doppelbesteuerung – Festschrift für Franz Wassermeyer zum 65. Geburtstag, München 2005, S. 163 (zitiert: *Rödder*, in: FS Wassermeyer, 2005)

Rödder, Thomas/Schumacher, Andreas: Das kommende SEStEG – Teil I: Die geplanten Änderungen des EStG, KStG und AStG – Der Regierungsentwurf eines Gesetzes über steuerliche Begleitmaßnahmen zur Einführung der Europäischen Gesellschaft und zur Änderung weiterer steuerrechtlicher Vorschriften, DStR 2006, S. 1481

Rödder, Thomas/Schmumacher, Andreas: Das kommende SEStEG – Teil II: Das geplante neue Umwandlungssteuergesetz – Der Regierungsentwurf eines Gesetzes übersteuerliche Begleitmaßnahmen zur Einführung der Europäischen Gesellschaft und zur Änderung weiterer steuerrechtlicher Vorschriften, DStR 2006, S. 1525

Rödder, Thomas/Schumacher, Andreas: Das SEStEG – Überblick über die endgültige Fassung und die Änderungen gegenüber dem Regierungsentwurf, DStR 2007, S. 369

Rödder, Thomas/Herlinghaus, Andreas/van Lishaut, Ingo: Umwandlungssteuergesetz – Kommentar, Köln 2008 (zitiert: *Bearbeiter*, in: Rödder/Herlinghaus/van Lishaut, UmwStG, 2008)

Röhrbein, Jens/Eicker, Klaus: Verlustberücksichtigung über die Grenze – Aktuelle Rechtslage, BB 2005, S. 465

Roser, Frank: Umsetzung und Umfang der Verlustnutzung nach Marks & Spencer – Umsetzungsfragen in der Praxis, Ubg 2010, S. 30

Roth, Andreas: Zurechnung von Wirtschaftsgütern bei Betriebsstätten und Personengesellschaften, in: Lüdicke, Jürgen (Hrsg.): Zurechnung von Wirtschaftsgütern im Internationalen Steuerrecht, Köln 2000 (zitiert: *Roth*, in: Lüdicke, Zurechnung, 2000)

Ruf, Martin: Anforderungen an die Kapitalverkehrsfreiheit und Niederlassungsfreiheit im Sinne des EGV aus Sicht der Wirtschaftswissenschaften, StuW 2008, S. 62

Ruiner, Christoph: Überlegungen zur deutschen Wegzugsbesteuerung von Gesellschaften im Licht des EuGH-Urteils in der Rs. National Grid Indus BV, IStR 2012, S. 49

Runge, Berndt: Die Dotation einer Betriebsstätte, IStR 2002, S. 825

Rust, Alexander: Renaissance der Kohärenz, EWS 2004, S. 450

Rust, Alexander: Rechtsfolgen EG-rechtswidriger Normen, IStR 2009, S. 382

Rust, Alexander: Anforderungen an eine EG-rechtskonforme Dividendenbesteuerung, DStR 2009, S. 2568

Säcker, Franz J./Rixecker, Roland: Münchener Kommentar zum Bürgerlichen Gesetzbuch – Internationales Privatrecht, Internationales Wirtschaftsrecht, Einführungsgesetz zum Bürgerlichen Gesetzbuche, Band 11, 5. Aufl., München 2010 (zitiert: *Bearbeiter*, in: Münchener Kommentar zum BGB, 2010, IntGesR)

Saenger, Ingo: Wegzug von Personengesellschaften, in: Birk, Dieter (Hrsg.): Transaktionen, Vermögen, Pro Bono – Festschrift zum zehnjährigen Bestehen von P+P Pöllath + Partners, München 2008

Saß, Gert: Zum Einfluss der Rechtsprechung des EuGH auf die beschränkte Einkommen- und Körperschaftsteuerpflicht, DB 1992, S. 857

Saß, Gert: Zur Rechtsprechung des EuGH und einigen Folgerungen für das deutsche Steuerrecht, FR 1998, S. 1

Saß, Gert: Einfluß [sic] des Europarechts auf die deutschen Ertragsteuern in der Währungsunion, StuW 1999, S. 164

Saß, Gert: Zum Schutz von Kapitalbewegungen in der EU gegen steuerliche Diskriminierung – Das „Verkooijen"-Urteil des EuGH v. 6.6.2000 – Rs. C-35/98, FR 2000, S. 1270

Schaden, Michael: Wegzug und Entstrickung, in: Lüdicke, Jürgen (Hrsg.): Europarecht – Ende der nationalen Steuersouveränität?, Köln 2006 (zitiert: *Schaden*, in: Lüdicke, Europarecht, 2006)

Schaflitzl, Andreas/Widmayer, Gerhard: Die Besteuerung von Umwandlungen nach dem Regierungsentwurf des SEStEG, BB-Beilage 8/2006, S. 36

Schall, Alexander/Barth, Alexander: Stirbt Daily Mail langsam? – Zu den Folgen von EuGH C-371/10 (National Grid Indus) für Kollisionsrecht und Wegzugsbesteuerung, NZG 2012, S. 414

Schaumburg, Harald: Systemdefizite im internationalen Steuerrecht, StuW 2000, S. 369

Schaumburg, Harald: Zurechnung von Wirtschaftsgütern im nationalen sowie im Abkommensrecht, in: Piltz, Detlev J./Schaumburg, Harald (Hrsg.): Internationale Betriebsstättenbesteuerung, Köln 2001, S. 53 (zitiert: *Schaumburg*, in: Piltz/Schaumburg, Internationale Betriebsstättenbesteuerung, 2001, S. 53)

Schaumburg, Heide/Schaumburg, Harald: Steuerliche Leistungsfähigkeit und europäische Grundfreiheiten im Internationalen Steuerrecht, StuW 2005, S. 306

Scheffer, Urban: Die Marktfreiheiten des EG-Vertrages als Ermessensgrenze des Gemeinschaftsgesetzgebers, Frankfurt a.M. 1997 (zitiert: *Scheffer*, Marktfreiheiten, 1997)

Schindler, Clemens P.: Hughes de Lasteyrie du Saillant als Ende der (deutschen) Wegzugsbesteuerung?, IStR 2004, S. 300

Schindler, Clemens P.: Generalthema II: Die Änderungen der Fusionsbesteuerungsrichtlinie, IStR 2005, S. 551

Schließl, Harald: Erstmalige Feststellung eines steuerlichen Einlagekontos von ausländischen Körperschaften im Fall der Hereinverschmelzung (§ 29 Abs. 6 KStG), DStZ 2008, S. 852

Schmidt, Karsten: Die BGB-Außengesellschaft – rechts- und parteifähig – Besprechung des Grundlagenurteils II ZR 331/00 vom 29-1-2001, NJW 2001, S. 993

Schmidt, Ludwig: EStG – Kommentar, 31. Aufl., München 2012 (zitiert: *Bearbeiter*, in: Schmidt, EStG, 2012)

Schmidt, Lutz/Heinz, Carsten: Neues zur Betriebsstättenbesteuerung im Jahressteuergesetz 2009 – Unstimmigkeiten und Empfehlungen, IStR 2009, S. 43

Schmidt, Richard/Sedemund, Jan: Der ertragsteuerliche Status doppelansässiger Kapitalgesellschaften vor und nach dem „Centros"-Urteil des EuGH, DStR 1999, S. 2057

Schmidt-Kessel, Martin: Niederlassungsfreiheit gestattet Wegzugsbeschränkungen. Anmerkung zu EuGH, Urteil vom 16.12.2008, C-210/06 – *Cartesio*, GPR 2009, S. 26

Schmitt, Joachim/Hörtnagl, Robert/Stratz, Rolf-Christian: Umwandlungsgesetz/Umwandlungssteuergesetz – Kommentar, 5. Aufl., München 2009 (zitiert: *Bearbeiter*, in: Schmitt/Hörtnagl/Stratz, UmwG/UmwStG, 2009)

Schnitger, Arne: Anrechnung ausländischer Quellensteuern bei steuerfreien ausländischen Einkünften unter besonderer Beachtung von § 8b Abs. 5 KStG, IStR 2003, S. 298

Schnitger, Arne: Das Ende der Bruttobesteuerung beschränkt Steuerpflichtiger – Die Lehren der Rs. Gerritse –, FR 2003, S. 745

Schnitger, Arne: Verstoß der Wegzugsbesteuerung (§ 6 AStG) und weiterer Entstrickungsnormen des deutschen Ertragsteuerrechts gegen die Grundfreiheiten des EG-Vertrags – Auswirkungen der Rs. Lasteyrie du Saillant auf den deutschen Rechtskreis, BB 2004, S. 804

Schnitger, Arne: Grenzüberschreitende Körperschaftsteueranrechnung und Neuausrichtung der Kohärenz nach dem EuGH-Urteil in der Rs. Manninen, FR 2004, S. 1357

Schnitger, Arne: Die Kapitalverkehrsfreiheit im Verhältnis zu Drittstaaten – Vorabentscheidungsersuchen in den Rs. van Hilten, Fidium Finanz AG und Lasertec, IStR 2005, S. 493

Schnitger, Arne: § 20 Abs. 2 und 3 AStG a.F. vor dem EuGH – Meistbegünstigung „Reloaded"?, FR 2005, S. 1079

Schnitger, Arne: Die Grenzen der Einwirkung der Grundfreiheiten des EG-Vertrages auf das Ertragsteuerrecht, Düsseldorf 2006 (zitiert: *Schnitger*, Grenzen, 2006)

Schnitger, Arne: Änderungen des § 1 AStG und Umsetzung des AOA durch das JStG 2013, IStR 2012, S. 633

Schnitger, Arne/Papantonopoulos, Andreas: Deutsche Vorabentscheidungsersuchen zu den direkten Steuern des Jahres 2004, BB 2005, S. 407

Schnittker, Helder: Steuersubjektqualifikation ausländischer hybrider Rechtsgebilde, StuW 2004, S. 39

Schnittker, Helder/Lemaitre, Claus: Steuersubjektqualifikation ausländischer Personen- und Kapitalgesellschaften anhand des Rechtstypenvergleichs: Welche Vergleichskriterien sind heranzuziehen?, GmbHR 2003, S. 1314

Schön, Wolfgang: Freie Wahl zwischen Zweigniederlassung und Tochtergesellschaft – ein Grundsatz des Europäischen Unternehmensrechts, EWS 2000, S. 281

Schön, Wolfgang: Der „Wettwewerb" der europäischen Steuerordnungen als Rechtsproblem, in: Pelka, Jürgen (Hrsg.): Europa- und verfassungsrechtliche Grenzen der Unternehmensbesteuerung, Deutsche Steuerjuristische Gesellschaft e.V., Band 23, Köln 2000, S. 191 (zitiert: *Schön*, DStJG 23 2000)

Schön, Wolfgang: Der freie Warenverkehr, die Steuerhoheit der Mitgliedstaaten und der Systemgedanke im europäischen Steuerrecht – Teil I: Die Grundlagen und das Verbot der Zölle und zollgleichen Abgaben –, EuR 2001, S. 216

Schön, Wolfgang: Hinzurechnungsbesteuerung und Europäisches Gemeinschaftsrecht, DB 2001, S. 940

Schön, Wolfgang: Besteuerung im Binnenmarkt – die Rechtsprechung des EuGH zu den direkten Steuern, IStR 2004, S. 289

Schön, Wolfgang: Der Kapitalverkehr mit Drittstaaten und das internationale Steuerrecht, in: Gocke, Rudolf/Gosch, Dietmar/Lang, Michael (Hrsg.): Körperschaftsteuer, Internationales Steuerrecht, Doppelbesteuerung – Festschrift für Franz Wassermeyer zum 65. Geburtstag, München 2005, S. 489 (zitiert: *Schön*, in: FS Wassermeyer, 2005)

Schön, Wolfgang: Rechtsmissbrauch und Europäisches Steuerrecht, in: Kirchhof, Paul/Nieskens, Hans (Hrsg.): Festschrift für Wolfram Reiß zum 65. Geburtstag, Köln 2008, S. 571 (zitiert: *Schön*, in: FS Reiß, 2008)

Schön, Wolfgang: Zurück in die Zukunft? Gesellschafter-Fremdfinanzierung im Lichte der EuGH-Rechtsprechung, IStR 2009, S. 882

Schön, Wolfgang/Schindler, Clemens P.: Seminar D: Zur Besteuerung der grenzüberschreitenden Sitzverlegung einer Europäischen Aktiengesellschaft, IStR 2004, S. 571

Schön, Wolfgang/Thömmes, Otmar: Aktuelle Fragen zum Europäischen Steuer- und Gesellschaftsrecht, in: Drüen, Klaus-Dieter (Hrsg.): Jahrbuch der Fachanwälte für Steuerrecht 2008/2009 – Aktuelle steuerrechtliche Beiträge, Referate und Diskussionen der 59. Steuerrechtlichen Jahresarbeitstagung, Wiesbaden, vom 5. bis 7. Mai 2008, Herne 2009, S. 29 (zitiert: *Schön/Thömmes*, JbFStR 2008/2009, S. 29)

Schönfeld, Jens: Hinzurechnungsbesteuerung zwischen Steuerwettbewerb und Europäischen Grundfreiheiten, StuW 2005, S. 158

Schönfeld, Jens: Hinzurechnungsbesteuerung und europäisches Gemeinschaftsrecht, Köln 2005 (zitiert: *Schönfeld*, Hinzurechnungsbesteuerung, 2005)

Schönfeld, Jens/Lieber, Bettina: Nun auch schwedische Hinzurechnungsbesteuerung auf dem Prüfstand des EG-Rechts, FR 2005, S. 927

Schönfeld, Jens: Doppelbesteuerung und EG-Recht, StuW 2006, S. 79

Schönfeld, Jens: Ausgewählte internationale Aspekte der neuen Regelungen über die Kapitalertragsteuer, IStR 2007, S. 850

Schönfeld, Jens: Auskunftserteilung in Steuersachen als (neue) einfachgesetzliche Voraussetzung für die Inanspruchnahme der EG-Grundfreiheiten – Zweifelsfragen zur Auslegung von § 8 Abs. 2 Satz 2 AStG und § 15 Abs. 6 Nr. 2 AStG i.d.F. des RegE-JStG 2009 –, DB 2008, S. 2217

Schönherr, Frank/Lemaitre, Claus: Der Entwurf des SEStEG: Geplante Änderungen im Einkommen-, Körperschaft- und Gewerbesteuergesetz – Überblick und erste Anmerkungen, GmbHR 2006, S. 561

Schönherr, Frank/Lemaitre, Claus: Grundzüge und ausgewählte Aspekte bei Einbringungen in Kapitalgesellschaften nach dem SEStEG, GmbHR 2007, S. 459

Schulze zur Wiesche, Dieter: Übertragung von Bruchteilen eines Mitunternehmeranteils und Sonderbetriebsvermögen, FR 1999, S. 988

Schulze zur Wiesche, Dieter: Das neue Umwandlungssteuerrecht nach SEStEG, WPg 2007, S. 162

Schumacher, Andreas/Neumann, Ralf: Ausgewählte Zweifelsfragen zur Auf- und Abspaltung von Kapitalgesellschaften und Einbringung von Unternehmensteilen in Kapitalgesellschaften, DStR 2008, S. 325

Schwab, Florian: Der Europäische Gerichtshof und der Verhältnismäßigkeitsgrundsatz: Untersuchung der Prüfungsdichte insbesondere in der Gegenüberstellung der Kontrolle von Gemeinschaftsakten und von Maßnahmen der Mitgliedstaaten, Frankfurt am Main, 2002 (zitiert: *Schwab*, Verhältnismäßigkeitsgrundsatz, 2002)

Schwarze, Jürgen (Hrsg.): EU-Kommentar, 2. Aufl., Baden-Baden 2009 (zitiert: *Bearbeiter*, in: Schwarze, EUV/EGV, 2009)

Schwemer, Rolf-Oliver: Die Bindung des Gemeinschaftsgesetzgebers an die Grundfreiheiten, Frankfurt am Main 1995 (zitiert: *Schwemer*, Bindung des Gemeinschaftsgesetzgebers, 1995)

Schwenke, Michael: Die Kapitalverkehrsfreiheit im Wandel? – Eine erste Analyse neuer Entwicklungen in der Rechtsprechung des EuGH, IStR 2006, S. 748

Schwenke, Michael: Europarechtliche Vorgaben und deren Umsetzung durch das SEStEG, DStZ 2007, S. 235

Sedemund, Jan: Die Bedeutung des Prinzips der steuerlichen Kohärenz als Rechtfertigungsaspekt für Eingriffe in die Grundfreiheiten des EG-Vertrages, IStR 2001, S. 190

Sedemund, Jan: Der BFH verabschiedet sich von der Sitztheorie im Steuerrecht – Änderung der Rechtsprechung durch das BFH-Urteil vom 29.1.2003 – I R 6/99, BB 2003, S. 1362

Sedemund, Jan: DBA- und EG-rechtliche Diskriminierungsverbote – zwei Paar Schuhe? –, BB 2005, S. 1144

Sedemund, Jan: EU-weite Verschmelzungen: Gesellschaftsrechtliche Vorgaben und steuerliche Implikationen des SEVIC-Urteils des EuGH vom 13.12.2005, BB 2006, S. 519

Sedemund, Jan: Grenzüberschreitende Berücksichtigung von Betriebsstättenverlusten – Anm. zum EuGH-Urteil „Lidl" vom 15.5.2008 –, DB 2008, S. 1120

Sedemund, Jan: Der Rote Faden in der EuGH-Rechtsprechung zu den direkten Steuern, Ubg 2009, S. 560

Sedemund, Jan/Sterner, Ingo: Auswirkungen von Sitzverlegungen, Satzungsänderungen und Umwandlungen von ausländischen Zwischengesellschaften auf die deutsche Hinzurechnungsbesteuerung, BB 2005, S. 2777

Seer, Roman: Die beschränkte Steuerpflicht aus dem Blickwinkel des Gemeinschaftsrechts, IWB v. 08.10.2003, F. 11 Fr. 2, S. 573

Seer, Roman: „Unfairer" und „fairer" Steuerwettbewerb in der EU, IWB v. 12.04.2006, F. 11 Gr. 2, S. 725

Seer, Roman/Müller, Jörg P.: Begrenzung der Wirkungen seiner Richtersprüche durch den EuGH, IWB v. 12.03.2008, F. 11 Gr. 2, S. 851

Seer, Roman/Müller, Jörg P.: Begrenzung der Rechtsfolgen von EuGH-Richtersprüchen durch den nationalen Gesetzgeber, IWB v. 26.03.2008, F. 11 Gr. 2, S. 865

Seiler, Christian: Das Steuerrecht unter dem Einfluss der Marktfreiheiten, StuW 2005, S. 25

Seiler, Christian/Axer, Georg: Die EuGH-Entscheidung im Fall „Lidl-Belgium" als (Zwischen-) Schritt auf dem Weg zur Abstimmung von nationaler Steuerhoheit und europäischem Recht, IStR 2008, S. 838

Sethe, Rolf/Winzer, Katharina: Der Umzug von Gesellschaften in Europa nach dem Cartesio-Urteil, WM 2009, S. 536

Siems, Mathias M.: SEVIC: Der letzte Mosaikstein in Internationaen Gesellschaftsrecht der EU?, EuZW 2006, S. 135

Snel, Freek: Non-Deductibility of Expenses Relating to the Holding of Foreign Participations: Preliminary Ruling Requested from ECJ, ET 2001, S. 403

Spahlinger, Andreas/Wegen, Gerhard: Deutsche Gesellschaften in grenzüberschreitenden Umwandlungen nach „SEVIC" und der Verschmelzungsrichtlinie in der Praxis, NZG 2006, S. 721

Spatscheck, Rainer/Alvermann, Jörg: Steuerfahndung ohne Grenzen? – Auslandsermittlungen im Steuer und Steuerstrafverfahren –, IStR 2001, S. 33

Spindler, Gerald/Stilz, Eberhard (Hrsg.): Aktiengesetz – Kommentar, München 2007 (zitiert: *Bearbeiter*, in: Spindler/Stilz, AktG, 2007)

Stadler, Rainer/Jetter, Jann: Grenzüberschreitende Verschmelzung von Kapitalgesellschaften und steuerliches Einlagekonto, IStR 2009, S. 336

Ståhl, Kristina: Free movement of capital between Member States and third countries, EC Tax Rev. 2004, S. 47

Staringer, Claus: Dividendenbesteuerung und Kapitalverkehrsfreiheit, in: Lechner, Eduard/Staringer, Claus/Tumpel, Michael (Hrsg.): Kapitalverkehrsfreiheit und Steuerrecht – Eine Analyse des österreichischen Steuerrechts vor dem Hintergrund der Kapitalverkehrsfreiheit des EG-Rechts, Wien 2000, S. 93 (zitiert: *Staringer*, in: Lechner/Staringer/Tumpel, Kapitalverkehrsfreiheit, 2000)

Staudinger, Julius von: Kommentar zum Bürgerlichen Gesetzbuch mit Einführungsgesetz und Nebengesetzen – Internationales Gesellschaftsrecht, Berlin 1998 (zitiert: *Bearbeiter*, in: Staudinger, IntGesR, 1998)

Steichen, Alain: Der Gleichheitssatz im europäischen Steuerrecht, in: Burmester, Gabriele/Endres, Dieter (Hrsg.): Außensteuerrecht, Doppelbesteuerungsabkommen und EU-Recht im Spannungsverhältnis – Festschrift für Helmut Debatin zum 70. Geburtstag, München 1997, S. 417 (zitiert: *Steichen*, in: FS Debatin, 1997)

Stewen, Tobias: Europäische Niederlassungsfreiheit und deutsches Internationales Steuerrecht – Zuzug und Wegzug von Gesellschaften nach „Daily Mail", „Centros", „Überseering", „Inspire Art" und „Lastyrie du Saillant", Baden-Baden 2007 (zitiert: *Stewen*, Niederlassungsfreiheit, 2007)

Streinz, Rudolf (Hrsg.): EUV/EGV – Vertrag über die Europäische Union und Vertrag zur Gründung der Europäischen Gemeinschaft – Kommentar, München 2003 (zitiert: *Bearbeiter*, in: Streinz, EUV/EGV, 2003)

Strobl-Haarmann, Elisabeth: Der Teilbetrieb der Fusionsrichtlinie und seine Umsetzung im deutschen Recht, in: Wassermeyer, Franz/Mayer, Dieter/Rieger, Norbert (Hrsg.): Umwandlungen im Zivil- und Steuerrecht – Festschrift für Siegfried Widmann zum 65. Geburtstag, Bonn 2000, S. 553 (zitiert: *Strobl-Haarmann*, in: FS Widmann, 2000)

Suhrbier-Hahn, Ute: Zum deutschen Verbot des Betriebsausgabenabzugs für Gebietsfremde, EuZW 2003, S. 464

Tanzer, Michael: Die Rückforderung gemeinschaftsrechtswidrig erhobener Abgaben, in: Holoubek, Michael/Lang, Michael (Hrsg.): Das EuGH-Verfahren in Steuersachen, Wien 2000, S. 207 (zitiert: *Tanzer*, in: Holoubek/Lang, EuGH-Verfahren, 2000)

Terra, Ben J.M./Wattel, Peter J.: European Tax Law, 5. Aufl., Alphen aan den Rijn 2008 (zitiert: *Terra/Wattel*, European Tax Law, 2008)

Thiel, Jochen: Die grenzüberschreitende Umstrukturierung von Kapitalgesellschaften im Ertragsteuerrecht, GmbHR 1994, S. 277

Thömmes, Otmar: Verbote der Diskriminierung von Steuerausländern und Steuerinländern, in: Lehner, Moris (Hrsg.): Steuerrecht im Europäischen Binnenmarkt – Einfluss des EG-Rechts auf die nationalen Steuerrechtsordnungen, Deutsche Steuerjuristische Gesellschaft e.V., Band 19, Köln 1996, S. 81 (zitiert: *Thömmes*, DStJG 19 1996)

Thömmes, Otmar: Stand und Entwicklungstendenzen der EuGH-Rechtsprechung zu den direkten Steuern, in: Herzig, Norbert/Günkel, Manfred/Niemann, Ursula (Hrsg.): Steuerberater-Jahrbuch 1998/1999 – zugleich Bericht über den 50. Fachkongreß [sic] der Steuerberater, Köln, 13. und 14. Oktober 1998, Köln 1999, S. 173 (zitiert: *Thömmes*, StbJb 1998/1999, S. 173)

Thömmes, Otmar: Teilbetriebsbegriff der EG-Fusionsrichtlinie, in: Wassermeyer, Franz/Mayer, Dieter/Rieger, Norbert (Hrsg.): Umwandlungen im Zivil- und

Steuerrecht – Festschrift für Siegfried Widmann, Bonn 2000, S. 583 (zitiert: *Thömmes*, in: FS Widmann, 2000)

Thömmes, Otmar: § 8b KStG und EG-Recht, DB 2001, S. 775

Thömmes, Otmar: Missbrauch und Missbrauchsverhütung aus EG-rechtlicher Sicht, in: Gocke, Rudolf/Gosch, Dietmar/Lang, Michael (Hrsg.): Körperschaftsteuer, Internationales Steuerrecht, Doppelbesteuerung – Festschrift für Franz Wassermeyer zum 65. Geburtstag, München 2005, S. 207 (zitiert: *Thömmes*, in: FS Wassermeyer, 2005)

Thömmes, Otmar: Phasengleiche Berücksichtigung von Betriebsstättenverlusten nicht EG-rechtlich geboten, IWB v. 11.06.2008, F. 11A, S. 1185

Thömmes, Otmar: Wegzugsbesteuerung von Gesellschaften verstößt gegen Unionsrecht, IWB 2011, S. 896

Thömmes, Otmar/Schulz, Andreas/Eismayr, Rainer/Müller, Stefanie: Kritische Anmerkungen zum SEStBeglG, IWB v. 14.06.2006, Gr. 2 F. 11, S. 747 (zitiert: *Thömmes* u.a., IWB v. 14.06.2006, Gr. 2 F. 11, S. 747)

Thömmes, Otmar/Linn, Alexander: Verzinsung und Sicherheitsleistung bei aufgeschobener Fälligkeit von Steuern im Wegzugsfall, IStR 2012, S. 282

Tipke, Klaus/Lang, Joachim: Steuerrecht, 20. Aufl., Köln 2010 (zitiert: *Bearbeiter*, in: Tipke/Lang, Steuerrecht, 2010)

Tipke, Klaus/Kruse, Heinrich W. (Hrsg.): AO/FGO – Kommentar (Loseblatt), 126. Lfg., Köln 2011 (zitiert: *Bearbeiter*, in: Tipke/Kruse, AO/FGO)

Triebel, Volker/Hase, Karl von: Wegzug und grenzüberschreitende Umwandlungen deutscher Gesellschaften nach Überseering und Inspire Art, BB 2003, S. 2409

Trossen, Nils: Aufgabe der Maßgeblichkeit bei Umwandlungsvorgängen – Erste Beratungsempfehlungen zur bevorstehenden Änderung der §§ 3 und 11 UmwStG durch das SEStBeglG, FR 2006, S. 617

Tumpel, Michael: Die Bedeutung der abkommensrechtlichen Ansässigkeit für die Mutter-Tochter-Richtlinie und die Fusionsrichtlinie, in: Gassner, Wolfgang/Lang, Michael/Lechner, Eduard (Hrsg.): Doppelbesteuerungsabkommen und EU-Recht – Auswirkungen auf die Abkommenspraxis, Wien 1996, S. 181 (zitiert: *Tumpel*, in: Gassner/Lang/Lechner, Doppelbesteuerungsabkommen, 1996)

Tumpel, Michael: Europarechtliche Besteuerungsmaßstäbe für die grenzüberschreitende Organisation und Finanzierung von Unternehmen, in: Pelka, Jürgen (Hrsg.): Europa- und verfassungsrechtliche Grenzen der Unternehmensbesteuerung, Deutsche Steuerjuristische Gesellschaft e.V., Band 23, Köln 2000, S. 321 (zitiert: *Tumpel*, DStJG 23 2000)

Ungemach, Markus: Europarechtliche und abkommensrechtliche Beurteilung der Entstrickungsregelungen des deutschen Umwandlungssteuerrechts, Ubg 2011, S. 251

Urban, Bernd: Der Abzug von Ausgaben für Fortbildungsveranstaltungen an Urlaubsorten vor dem Hintergrund des EuGH-Urteils vom 28.10.1999, INF 2000, S. 555

Urtz, Christoph: Die EU-Amtshilferegelungen und der Informationsaustausch nach den Doppelbesteuerungsabkommen, in: Gassner, Wolfgang/Lang, Michael/Lechner, Eduard (Hrsg.): Doppelbesteuerungsabkommen und EU-Recht – Auswirkungen auf die Abkommenspraxis, Wien 1996, S. 227 (zitiert: *Urtz*, in: Gassner/Lang/Lechner, Doppelbesteuerungsabkommen, 1996)

van den Brande, Eva: The Merger Directive amended: the final version, EC Tax Rev. 2005, S. 119

van den Hurk, Hans: The European Court of Justice knows its limits – (A discussion inspired by the *Gilly* and *ICI* cases), EC Tax Rev. 1999, S. 211

van der Linde, Ruud: Some thoughts on most-favoured-nation treatment within the European Community legal order in pursuance of the *D* case, EC Tax Rev. 2004, S. 10

van Thiel, Servaas: Free Movement of Persons and Income Tax Law – the European Court in search of principles, Amsterdam 2002 (zitiert: *van Thiel*, Free Movement, 2002)

van Thiel, Servaas: Removal of income tax barriers to market integration in the European Union: litigation by the Community citizen instead of harmonization by the Community legislature?, EC Tax Rev. 2003, S. 4

van Thiel, Servaas/Achilles, Charlotte: Die Beseitigung ertragsteuerlicher Hindernisse im Binnenmarkt: Eine Darstellung der Einflüsse der Rechtsprechung des EuGH auf die Ertragsbesteuerung in der Europäischen Union (Teil I), IStR 2003, S. 530

van Thiel, Servaas/Achilles, Charlotte: Die Beseitigung ertragsteuerlicher Hindernisse im Binnenmarkt: Eine Darstellung der Einflüsse der Rechtsprechung des EuGH auf die Ertragsbesteuerung in der Europäischen Union (Teil II), IStR 2003, S. 553

Vanistendael, Frans: A comparative and economic approach to equality in European Taxation, in: Gocke, Rudolf/Gosch, Dietmar/Lang, Michael (Hrsg.): Körperschaftsteuer, Internationales Steuerrecht, Doppelbesteuerung – Festschrift für Franz Wassermeyer zum 65. Geburtstag, München 2005, S. 523 (zitiert: *Vanistendael*, in: FS Wassermeyer, 2005)

Vanistendael, Frans: The ECJ at the Crossroads: Balancing Tax Sovereignty against the Imperatives of the Single Market, ET 2006, S. 413

Veil, Rüdiger: Kollisionsrechtliche und sachrechtliche Lösungen für eine Verschmelzung und eine Spaltung über die Grenze, DK 2007, S. 98

Vetter, Jochen: Die Regelung der grenzüberschreitenden Verschmelzung im UmwG, AG 2006, S. 613

Vogel, Klaus: Doppelbesteuerungsabkommen und ihre Auslegung (I), StuW 1982, S. 111

Vogel, Klaus: Harmonisierung des Internationalen Steuerrechts in Europa als Alternative zur Harmonisierung des (materiellen) Körperschaftsteuerrechts, StuW 1993, S. 380

Vogel, Klaus: Internationales Steuerrecht, DStZ 1997, S. 269

Vogel, Klaus: Der EuGH und die direkten Steuern, StuW 2005, S. 373

Vogel, Klaus/Lehner, Moris: Doppelbesteuerungsabkommen – Kommentar, 5. Aufl., München 2008 (zitiert: *Bearbeiter*, in: Vogel/Lehner, DBA, 2008)

Wacker, Roland: Zur Einbringung von Mitunternehmeranteilen in eine Kapitalgesellschaft nach § 20 UmwStG, BB 1996, S. 2224

Wassermeyer, Franz: Die Vermeidung der Doppelbesteuerung im Europäischen Binnenmarkt, in: Lehner, Moris (Hrsg.): Steuerrecht im Europäischen Binnenmarkt – Einfluss des EG-Rechts auf die nationalen Steuerrechtsordnungen, Deutsche Steuerjuristische Gesellschaft e.V., Band 19, Köln 1996, S. 151 (zitiert: *Wassermeyer*, DStJG 19 1996)

Wassermeyer, Franz: Die Fortentwicklung der Besteuerung von Auslandsbeziehungen – Anmerkungen zu den derzeitigen Überlegungen zur Reform des Außensteuerrechts, IStR 2001, S. 113

Wassermeyer, Franz: Steuerliche Konsequenzen aus dem EuGH-Urteil „Hughes de Lasteyrie du Saillant", GmbHR 2004, S. 613

Wassermeyer, Franz: Diskriminierungsfreie Betriebsstättengewinnermittlung, IStR 2004, S. 733

Wassermeyer, Franz: Die abkommensrechtliche Aufteilung von Unternehmensgewinnen zwischen den beteiligten Vertragsstaaten, IStR 2012, S. 277

Wassermeyer, Franz/Andresen, Ulf/Ditz, Xaver: Betriebsstätten Handbuch – Gewinnermittlung und Besteuerung in- und ausländischer Betriebsstätten, Köln 2006 (zitiert: *Bearbeiter*, in: Wassermeyer/Andresen/Ditz, Betriebsstätten, 2006)

Wassermeyer, Franz/Schönfeld, Jens: Die EuGH-Entscheidung in der Rechtssache "Cadbury Schweppes" und deren Auswirkungen auf die deutsche Hinzurechnungsbesteuerung, GmbHR 2006, S. 1065

Wattel, Peter J.: Corporate tax jurisdiction in the EU with rspect to branches and subsidiaries; dislocation distinguished from discrimination and disparity; a plea for territoriality; EC Tax Rev. 2003, S. 194

Wattel, Peter J.: Exit Taxation in the EU/EEA Before and After *National Grid Indus*, TNI 2012, S. 371

Weber, Dennis: The *Bosal Holding* Case: Analysis and Critique, EC Tax Rev. 2003, S. 220

Weber, Dennis/Spierts, Etienne: The "D Case": Most-Favoured-Nation Treatment and Compensation of Legal Costs before the European Court of Justice, ET 2004, S. 65

Weber-Grellet, Heinrich: Europäisches Steuerrecht, München 2005 (zitiert: *Weber-Grellet*, Europäisches Steuerrecht, 2005)

Weber-Grellet, Heinrich: Neu-Justierung der EuGH-Rechtsprechung, DStR 2009, S. 1229

Weggenmann, Hans: EG-rechtliche Aspekte steuerlicher Meistbegünstigung im Abkommensrecht, IStR 2003, S. 677

Weier, Dagmar: Der deutsche Teilbetrieb wird europäisch, DStR 2008, S. 1002

Weiss, Susanne/Wöhlert, Helge-Torsten: Die „SEVIC"-Entscheidung des EuGH – „sudden death" für Societas Europaea und Richtlinie zur grenzüberschreitenden Verschmelzung und Wegbereiter für grenzüberschreitende Spaltungen?, WM 2007, S. 580

Weiß, Wolfgang: Nationales Steuerrecht und Niederlassungsfreiheit – Von der Konvergenz der Grundfreiheiten als Beschränkungsverbote zur Auflösung der Differenzierung zwischen unterschiedslosen und unterschiedlichen Maßnahmen, EuZW 1999, S. 493

Werner, Rüdiger: Das deutsche Internationale Gesellschaftsrecht nach „Cartesio" und „Trabrennbahn", GmbHR 2009, S. 191

Wernsmann, Rainer/Nippert, Allit: Gemeinschaftsrechtliche Vorgaben für die grenzüberschreitende Verlustberücksichtigung im Konzern – Zugleich zur deutschen Organschaftsbesteuerung nach dem Urteil des EuGH in der Rs. Marks & Spencer –, FR 2006, S. 153

Werra, Matthias/Teiche, Andreas: Das SEStBeglG aus der Sicht international tätiger Unternehmen, DB 2006, S. 1455

Wessel, Eduard: Doppelbesteuerung und EWG-Vertrag – Die Ableitung der DBA-Bestimmungen aus dem EWG-Vertrag, Münster 1988 (zitiert: *Wessel*, Doppelbesteuerung, 1988)

Widmann, Siegfried/Mayer, Robert: Umwandlungsgesetz/Umwandlungssteuergesetz – Kommentar (Loseblatt), 128. Lfg., Bonn/Berlin 2012 (zitiert: *Bearbeiter*, in: Widmann/Mayer, UmwG/UmwStG)

Widmann, Siegfried: Auswirkungen der beschränkten Steuerpflicht und der Doppelbesteuerungsabkommen bei Umwandlungen, in: Gocke, Rudolf/Gosch,

Dietmar/Lang, Michael (Hrsg.): Körperschaftsteuer, Internationales Steuerrecht, Doppelbesteuerung – Festschrift für Franz Wassermeyer zum 65. Geburtstag, München 2005, S. 581 (zitiert: *Widmann*, in: FS Wassermeyer, 2005)

Winkeljohann, Norbert/Fuhrmann, Sven: Handbuch Umwandlungssteuerrecht – Kommentar für die praktische Fallbearbeitung, Düsseldorf 2007 (zitiert: *Winkeljohann/Fuhrmann*, Handbuch Umwandlungssteuerrecht, 2007)

Wissenschaftlicher Beirat des Fachbereichs Steuern der Ernst & Young AG: Thesen zur Wegzugsbesteuerung, BB 2005, S. 2166 (zitiert: Wissenschaftlicher Beirat Ernst & Young, BB 2005, S. 2166)

Wittkowski, Ansas/Lindscheid, Friederike: Berücksichtigung ausländischer Betriebsstättenverluste nach dem JStG 2009, IStR 2009, S. 225

Witzel, David: Die europarechtlichen Anforderungen an die Besteuerung von Auslandsdividenden – Der Fall „Schmid" – IStR 2002, S. 758

Wöhrle, Winfried/Schelle, Diether/Gross, Ekkehard: AStG – Kommentar (Loseblatt), 29. Lfg., Stuttgart 2011 (zitiert: *Bearbeiter*, in: Wöhrle/Schelle/Gross, AStG)

Wouters, Jan: The principle of non-discrimination in European Community law, EC Tax Rev. 1999, S. 98

Wunderlich, Nina/Albath, Lars: Der Europäische Gerichtshof und die direkten Steuern – Ein Beitrag zum Verhältnis von Gemeinschaftsrecht und nationalem Recht –, DStZ 2005, S. 547

Zippelius, Reinhold: Juristische Methodenlehre, 10. Aufl., München 2006 (zitiert: *Zippelius*, Methodenlehre, 2006)

Zorn, Nikolaus: Rechtsangleichungskompetenzen des Rates der Europäischen Gemeinschaften für die Besteuerung von Unternehmen, in: Pelka, Jürgen (Hrsg.): Europa- und verfassungsrechtliche Grenzen der Unternehmensbesteuerung, Deutsche Steuerjuristische Gesellschaft e.V., Band 23, Köln 2000, S. 227 (zitiert: *Zorn*, DStJG 23 2000)

Finanz- und Steuerrecht in Deutschland und Europa

Herausgegeben von Klaus-Dieter Drüen, Hanno Kube
und Rainer Wernsmann

Band 1 Gordon Dreher: Das Alterseinkünftegesetz. Systematische Darstellung und verfassungsrechtliche Zweifelsfragen. 2007.

Band 2 Nils Meyer-Sandberg: Die Duale Einkommensteuer als Modell ungleicher Besteuerung von Arbeit und Kapital. 2008.

Band 3 Alexander Pfab: Die Behandlung von Bildungsaufwendungen im deutschen Einkommensteuerrecht. 2008.

Band 4 Christian Johannes Müller: Einnahmeverzicht im Einkommensteuerrecht – insbesondere durch verbilligte Wohnungsüberlassung an nahe Angehörige. 2009.

Band 5 Melanie Falkner: Die Einkunftserzielungsabsicht als subjektives Besteuerungsmerkmal. Eine Analyse subjektiver Tatbestandsmerkmale im Steuerrecht. Zugleich ein Beitrag zur Liebhaberei im Steuerrecht. 2009.

Band 6 Steffen Ott: Die Vertreterbetriebsstätte nach OECD-MA. 2009.

Band 7 Christoph Wagner: Steuergleichheit unter Standortvorbehalt? Verfassungsrechtliche Grenzen einer ungleichen Einkommensbesteuerung von Kapital und Arbeit. 2010.

Band 8 Andreas Goetze: Die Ersetzung der sieben Einkunftsarten des EStG durch eine einzige. Zur Gleichheit aller Erwerbsgrundlagen in einem vereinfachten Steuerrecht. 2010.

Band 9 Hanno Kube: Der bundesstaatliche Finanzausgleich. Verfassungsrechtlicher Rahmen, aktuelle Ausgestaltung, Entwicklungsperspektiven. 2011.

Band 10 Katharina Brauer: Abgrenzung der Lebensmittellieferung von der Restaurationsdienstleistung im Umsatzsteuerrecht. 2011.

Band 11 Marc Schubert: Die Verfassungswidrigkeit der Erbschaft- und Schenkungsteuer und die verfassungsrechtlichen Anforderungen an eine Neuregelung. 2011.

Band 12 Martin Rehberg: Der Zuzug und Wegzug von Kapitalgesellschaften in gesellschafts- und steuerrechtlicher Hinsicht. 2011.

Band 13 Dirk Wünschig: Perspektiven eines europarechtskonformen Gemeinnützigkeits- und Zuwendungsrechts. Eine Untersuchung nach „Stauffer“ und „Persche“ bei gleichzeitiger Kritik an der Neufassung des Gemeinnützigkeitsrechts nach dem Jahressteuergesetz 2009. 2011.

Band 14 Sebastian Grimm: Die negative Konkurrentenklage im Steuerrecht. 2011.

Band 15 Arne von Freeden: Minder- und Mehrabführungen nach § 14 Abs. 4, § 27 Abs. 6 KStG. Ausgleichspostenlösung und Einlagelösung. 2011.

Band 16 Anne Keller: Rechtsschutz gegen Maßnahmen der steuerlichen Außenprüfung. 2011.

Band 17 Larissa Maier-Bledjian: Sondervermögen des Bundes. 2011.

Band 18 Philipp Riedl: Die internationale Doppelbesteuerung im EU-Binnenmarkt. 2012.

Band 19 Anna Schwarz: Die Pensionszusage an den Mitunternehmer der Personengesellschaft im Einkommensteuerrecht. 2012.

Band 20 Carsten Höink: Nichtsteuerbare Vermögensübertragungen im Umsatzsteuerrecht. Eine rechtssystematische Analyse der Entwicklung des Rechtsinstituts der Geschäftsveräußerung im Ganzen. 2013.

www.peterlang.com